应用型高等院校会计系列教材

中级财务会计

陈利霞　范丽芳　编著

崔　彤　　　　主审

南开大学出版社

天　津

图书在版编目(CIP)数据

中级财务会计 / 陈利霞，范丽芳编著. —天津：南开大学出版社，2014.10

应用型高等院校会计系列教材

ISBN 978-7-310-04524-2

Ⅰ. ①中… Ⅱ. ①陈… ②范… Ⅲ. ①财务会计－高等学校－教材 Ⅳ. ①F234.4

中国版本图书馆 CIP 数据核字(2014)第 123769 号

南开大学出版社出版发行

出版人:孙克强

地址:天津市南开区卫津路 94 号　　邮政编码:300071

营销部电话:(022)23508339　23500755

营销部传真:(022)23508542　　邮购部电话:(022)23502200

*

河北昌黎太阳红彩色印刷有限责任公司印刷

全国各地新华书店经销

*

2014 年 10 月第 1 版　　2014 年 10 月第 1 次印刷

230×170 毫米　16 开本　38.25 印张　2 插页　685 千字

定价:59.00 元

如遇图书印装质量问题,请与本社营销部联系调换,电话:(022)23507125

内容提要

本教材结合最新的《企业会计准则》，以财务会计理论为基础，着重阐述各会计要素确认、计量的基本准则，重点介绍了各项业务的会计处理方法。全书共十六章，主要内容有：总论、货币资金、应收及预付款项、存货、金融资产、长期股权投资、固定资产、无形资产、投资性房地产、负债、非货币性资产交换、或有事项、债务重组、所有者权益、收入费用与利润、财务报告。同时，每章都安排了学习目标、案例、课堂测试以及课后习题，注重理论与实际相结合。

前　言

本教材是南开大学出版社的应用型高等院校会计系列教材之一，为高等院校会计学、财务管理、审计学等专业的核心专业课程。在教材的编写过程中，以资产、负债、所有者权益、收入、费用和利润六个要素为主线，全面、系统、综合地介绍了财务会计的基本理论和方法，重点突出利用财务会计理论解决企业财务会计核算的方法与技巧以及财务报告的编制方法。为了实现应用型教学目标，在编写过程中突出以下特色：

第一，内容全面，适用性强。本教材在编写过程中，参考最新《企业会计准则》，共安排了十六章的内容，既满足了教学使用，也满足学生考会计职称的需要。

第二，突出应用性。本教材在编写过程中，穿插了开篇案例、篇中案例和篇后案例，注重学生思维能力、创新能力训练，注重会计职业判断。重点介绍各项业务的会计处理方法，强调理论与实际相结合。

第三，注重学生对基本知识的掌握与巩固。本教材每章均涉及学习目标与要求、本章小结、核心概念、思考题，有助于学生分清重点、难点，加深对知识的掌握与巩固。

第四，注重课堂、课后练习。本教材每节、每章都安排了大量的练习题，通过学生的反复练习，可以加强对业务的账务处理能力。

本教材由陈利霞担任主编，负责本书编写大纲的拟订，并对全书书稿进行修改；崔彤教授担任主审，负责对教材内容结构和初稿进行审阅，具体编写分工是第一、五、六、十一、十二、十三、十六章由陈利霞编写；第二、四、八章由王涤非编写；第三、七、十章由宋春丽编写；第九、十四、十五、十七章由范丽芳编写；课后习题由苏丞编写。

在教材的写作过程中，借鉴参考了许多著作、教材和其他研究资料的研究成果，在此一并表示由衷感谢；感谢李越对课后习题的修改；感谢韩传模教授对本教材大纲的修改以及对该系列教材的大力支持；感谢南开大学出版社王乃合主任和其他同仁的帮助和支持！

书中不足之处，敬请读者批评指正！

陈利霞

2014 年 5 月

目 录

第一章 总 论

【学习目标】通过本章学习，掌握财务会计的定义、特征、目标；了解会计信息质量要求；理解会计要素及其确认；掌握会计计量属性。

第一节 财务会计概述

一、财务会计含义

财务会计是现代企业会计的一个重要分支，又称为"对外报告会计"，是通过对会计要素确认、计量、记录和报告，向会计信息的使用者提供会计信息的一项管理活动。在企业，财务会计主要反映企业的财务状况、经营成果和现金流量、并对企业经营活动和财务收支进行监督。旨在向企业外部的投资人、债权人和其他相关的利益集团，提供投资决策和其他决策所需要的信息，这种会计信息最终体现为通用的会计报表和其他会计报告。

二、财务会计的特征

（一）财务会计必须遵守公认的会计原则和会计法规制度

公认的会计原则是指被会计人员所公认、进行财务会计工作和编制财务会计报告所应遵循的原则，包括会计的各项惯例、规则和程序等。会计法规制度是由国家统一的，具体内容包括会计准则、会计制度、会计规章、办法等规范性文件。我国《中华人民共和国会计法》是财务会计的法律依据；企业会计准则体系是会计核算工作的规范，是处理会计实务的准绳。

（二）财务会计提供的全部信息主要是通过财务会计报告进行的

财务会计报告是指企业对外提供的反映企业某一特定日期财务状况和某一会计期间经营成果、现金流量的文件。财务报告是会计工作的核心，财务会计作为一定的会计信息系统，是以会计报表作为最终成果的。

三、财务会计目标

财务会计目标就是财务会计要达到的目的和要求。一般而言，为财务会计信息使用者提供对其决策有用的信息是财务会计的目标。在市场经济条件下，财务会计信息使用者一般有：投资人或潜在投资者、债权人、企业职工、企业管理当局、证券交易所、政府部门等。具体来说，财务会计的目标主要有以下几个方面：

（一）帮助投资者和债权人做出合理的决策

一般而言，投资者和债权人是最为关注企业会计信息的，这类使用者的决策对于社会资源的分配具有重大影响。符合投资者和债权人的重要信息，一般对其他使用者也是有用的，因此，财务会计把服务于投资者和债权人作为其主要目标。投资者和债权人所需要的经济信息包括：企业的特定日期的财务状况；某一期间的经营绩效和财务状况的变动。但从决策有用性的观点看，不论是投资者还是债权人甚至企业职工，其经济利益者与企业未来的现金流动密切相关，如投资者应分得的股利，债权人应得到的贷款本金及利息、职工应得的工资和资金等，都需要预期现金流量的信息。

（二）考核、评价企业管理当局受托管理资源的责任和绩效

投资者和债权人投入企业的经济资源由企业的管理当局保管和使用，作为经济资源的所有者，他们与管理当局形成一种经济受托关系。为了保护自己的利益，投资者和债权人要随时了解和掌握企业经营者管理和运用其资源的情况，以便考评经营者的经营绩效，适时改变投资方向或更换经营者，这就要求企业财务报告提供这方面的信息，说明企业的经营者怎样管理和使用资源，向所有者报告其经营情况，以便明确其经营责任。

（三）为国家提供宏观调控所需要的特殊信息

企业经营状况的好坏，经济效益的高低，直接影响着国民经济的运行情况。政府需要通过一定的宏观调控和各项管理措施对国民经济运行情况加以调节，需要借助于对企业会计所提供的会计信息的分析，了解、掌握和判断国民经济的运行情况，以便制定有效的宏观调控措施和管理办法，促进国民经济健康、有序、稳定地发展。

【课堂测试 1-1】

1. 企业对外提供的反映企业某一特定日期财务状况的报表是（　　）。

A. 资产负债表　　B. 利润表

C. 现金流量表　　D. 所有者权益（或股东权益）变动表

2. 财务会计信息使用者包括（　　）。

A. 投资者　　B. 债权人

C. 证券交易所　　D. 企业管理者

E. 企业职工

第二节　会计信息质量要求

为了规范会计核算行为，保证会计信息质量，必须明确会计信息的质量要求。会计信息质量要求是对企业财务报告中所提供的会计信息质量的最基本要求，是使财务报告中所提供的会计信息对投资者等使用者决策有用应具备的基本特征。

一、可靠性

可靠性要求“企业应当以实际发生的交易或者事项为依据进行会计确认、计量和报告，如实反映符合确认和计量要求的各项会计要素及其他相关信息，保证会计信息真实可靠、内容完整”(《企业会计准则——基本准则》第十二条)。

按照可靠性要求，企业应当做到：第一，内容真实。以实际发生的交易或者事项为依据进行确认、计量，将符合会计要素定义及其确认条件的资产、负债、所有者权益、收入、费用和利润等如实反映在财务会计报告中，不得根据虚构的、没有发生的或者尚未发生的交易或者事项进行确认、计量和报告。第二，数字准确。应当准确地计量各会计要素的增减变动，保证会计信息的正确，具有可验证性。第三，全面完整。在符合重要性原则和成本效益原则的前提下，保证会计信息的完整性，所编报的会计报表的种类、项目及其附注内容等应当保持完整，凡与信息使用者决策相关的会计信息都应当充分披露，不能随意遗漏或者减少应予披露的信息。

二、相关性

相关性要求“企业提供的会计信息应当与财务会计报告使用者的经济决策需要相关，有助于财务会计报告使用者对企业过去、现在或未来的情况作出评价或者预测”(《企业会计准则——基本准则》第十三条)。

会计的目标是为企业外部和内部的信息使用者提供有用的会计信息。会计信息是否有用，关键是看其与使用者的决策需要是否相关，是否有助于决策或者提高决策水平。相关的会计信息应当能够有助于使用者评价企业过去决策的合理性、正确性，以及决策、计划的执行情况，具有反馈价值。相关的会计信息还应当具有预测价值，有助于使用者根据财务会计报告所提供的会计信息预测企业未来的财务状况、经营成果和现金流量，据以做出新的决策。

按照相关性要求，需要企业在确认、计量和报告会计信息的过程中，充分考虑使用者的决策模式和信息需要。应当指出，相关性并不是要求企业提供的财务会计报告满足所有会计信息使用者的全部需要。企业提供的会计核算资料，特别是对外报送的财务会计报告，只能提供通用的会计信息。

三、可理解性

可理解性要求“企业提供的会计信息应当清晰明了，便于财务会计报告使用者理解和使用”（《企业会计准则——基本准则》第十四条）。

企业编制财务会计报告、提供会计信息的目的在于使用，而要使使用者有效使用会计信息，需要两方面的配合：首先，会计信息的提供者应当了解使用者的需求，严格按照会计准则的要求，尽量以比较容易理解和接受的方式提供会计信息，文字简炼，含义明确，通俗易懂，使会计信息的使用者了解会计信息的内涵，提高会计信息的有用性。同时，会计信息是一种专业性较强的信息产品，会计信息价值的高低和利用程度的大小与使用者的理解程度有直接关系。这就要求会计信息的使用者应当具有一定的经营管理和会计方面的基本知识，并付出努力去研究这些信息。

对于某些复杂的信息，如交易本身较为复杂或者会计处理较为复杂，但其与会计信息使用者的经济决策相关，企业就应当在财务会计报告的附注中予以充分披露。

四、可比性

可比性要求“企业提供的会计信息应当具有可比性”（《企业会计准则——基本准则》第十五条）。可比性主要包括两层含义：

第一，会计信息的可比性要求同一企业不同时期发生的相同或者相似的交易或者事项，应当采用一致的会计政策，不得随意变更。其目的在于使财务会计报告使用者了解和比较企业在不同时期财务状况、经营成果和现金流量及其变动趋势，全面、客观地评价过去、预测未来，进而作出决策。

第二，会计信息的可比性要求不同企业发生的相同或者相似的交易或者事项，应当采用规定的会计政策，确保会计信息口径一致、相互可比。其目在于：

财务会计报告使用者可以通过对比、分析和评价不同企业的财务状况、经营成果和现金流量及其变动情况，作出正确判断。同时，也便于国家综合管理部门对各企业提供的会计信息进行比较、分析和汇总，以利于国家的宏观调控。

应当指出会计信息的可比性，并非要求企业永远不能改变其采用的会计政策和会计方法。如果经济环境、经济政策发生了变化，按照规定或者在会计政策和会计方法变更后可以提供更可靠、相关的会计信息时，可以变更，但是必须将有关变更的情况（如变更的内容、变更的理由以及变更对会计信息产生的影响等）在报表附注中予以说明，以便于会计信息使用者进行正确的理解和判断。

五、实质重于形式

实质重于形式要求“企业应当按照交易或者事项的经济实质进行会计确认、计量和报告，不应仅以交易或者事项的法律形式为依据”（《企业会计准则——基本准则》第十六条）。

企业发生的交易或者事项在多数情况下，其经济实质和法律形式是一致的。但在有些情况下，会出现不一致。例如，以融资租赁方式租入的固定资产，虽然从法律形式来讲企业并不拥有其所有权，不应当确认为企业的资产。但是由于租赁合同中规定的租赁期相当长，接近于该资产的使用寿命；租赁期结束时承租企业有优先购买该资产的选择权；在租赁期内承租企业有权支配资产并从中受益等，因此，从其经济实质来看，企业能够控制融资租入固定资产所创造的未来经济利益和承担可能产生的风险。在会计确认、计量和报告时就应当将以融资租赁方式租入的固定资产视为企业的资产，列入企业的资产负债表。

实质重于形式的要求，体现了对交易或者事项的经济实质的尊重，能更客观地对外报告反映交易或者事项经济实质的会计信息。否则，会不利于会计信息使用者的决策，甚至会误导决策。

六、重要性

重要性要求“企业提供的会计信息应当反映与企业财务状况、经营成果和现金流量等有关的所有重要交易或者事项”（《企业会计准则——基本准则》第十七条）。

在会计实务中，重要性应根据企业所处的环境、企业的实际情况，以及对信息使用者决策的影响程度，从项目的性质和金额的数量两方面作出职业判断。对财务状况、经营成果有较大影响，并进而影响会计信息使用者据以作出合理判断和决策的重要会计事项，必须分别核算、力求准确，在财务会计报告中要分项反映、充分披露。对于次要的经济业务或会计事项，在不影响会计信息可靠性的前提下，可以适当简化核算程序，简化处理，在财务会计报告中合并反映。这样处理既体现了重要性原则，也减少了会计信息处理过程中的成本，符合成本效益原则。

七、谨慎性

谨慎性要求“企业对交易或者事项进行会计确认、计量和报告时应当保持应有的谨慎，不应高估资产或者收益、低估负债或者费用”(《企业会计准则——基本准则》第十八条)。

在市场经济环境下，企业的生产经营活动面临着许多风险和不确定性。当企业在面临不确定性因素的情况下作出职业判断进行会计核算时，应当保持应有的谨慎，合理估计可能发生的负债和费用，不应高估资产和收益，尽可能减少经营者的负担和风险。谨慎性原则在会计实务中的应用是多方面的，如对应收账款提取坏账准备、采用加速折旧法计提固定资产折旧、对可能发生的资产减值损失计提资产减值准备等。

合理估计可能发生的费用和损失，而不高估资产和收益，可以避免虚增资产和所有者权益，以使会计信息使用者提高警觉和应变能力，应对纷繁复杂的经济环境的变化，把风险、损失限制或缩减到尽量小的范围内，以保护投资者和债权人的利益。

谨慎性原则的应用是有限制的，不允许企业设置秘密准备，如果企业任意低估资产或者收益，或者故意高估负债或者费用，不符合会计信息的可靠性和相关性要求，会损害会计信息质量，扭曲企业实际的财务状况和经营成果，从而对使用者的决策产生误导，这是会计准则所不允许的。

八、及时性

及时性要求“企业对于已经发生的交易或者事项，及时进行会计确认、计量和报告，不得提前或者延后”(《企业会计准则——基本准则》第十九条)。

会计信息的价值在于为会计信息的使用者进行经济决策提供真实、可靠、相关的依据，有很强的时效性。即使是可靠、相关的会计信息，如果不及时提供，也会失去其价值。在会计确认、计量和报告过程中贯彻及时性，一是要求及时收集会计信息，即在经济交易或者事项发生后，及时收集整理各种原始单据或者凭证；二是要求及时处理会计信息，即按照会计准则的规定，及时对经济交易或者事项进行确认、计量和记录，并编制财务会计报告；三是要求及时传递会计信息，即按照国家规定的时限，及时地将所编制的财务会计报告传递给财务会计报告使用者。

【课堂测试1-2】

1．会计核算应当以实际发生的经济活动为依据，如实反映财务状况和经营成果体现的是（　　）。

A．实质重于形式　　B．可理解性

C．可靠性　　D．相关性

2．企业计提坏账遵循会计信息质量要求的是（　　）。

A．可比性　　B．谨慎性

C．相关性　　D．可靠性

3．对任何会计事项都应按谨慎要求处理。（　　）

第三节　会计要素及其确认与计量属性

一、会计要素

会计要素是会计对象的具体化，是对会计对象的具体内容按照其经济特征所作的分类。我国《企业会计准则》将企业会计要素划分为资产、负债、所有者权益、收入、费用和利润。

（一）资产

1．资产的概念与特征

资产是指企业过去的交易或者事项形成的、由企业拥有或者控制的、预期会给企业带来经济利益的资源。根据资产的定义，资产具有以下特征：

（1）资产是预期会给企业带来经济利益的资源

资产预期会给企业带来经济利益，是指资产具有直接或者间接导致现金和现金等价物流入企业的潜力。资产预期能为企业带来经济利益是资产的本质特征。资产可以是有实物形态的，如：利用生产设备对原材料进行加工生产出产品，一经销售即可形成销售收入，生产设备、原材料属于资产；资产也可以是没有实物形态的，如专利权、商标权等无形资产，通过对其有效利用也会为企业带来经济利益，也属于资产。如果某一项资产预期不能给企业带来经济利益，那么就不能确认为企业的资产，如报废了的生产设备、材料，已丧失了其使用价值，虽有实体存在也不能确认为企业的资产。

（2）资产是过去的交易或者事项形成的

资产应当由企业过去的交易或者事项形成。过去的交易或者事项包括购买、生产、建造行为或者其他交易或事项。“交易”是指企业与其他经济实体之间所发生的商品或劳务交换、资产取得、款项结算等经济活动。“事项”是指企业内部所发生的经济活动，如自行生产加工等。预期在未来发生的交易或者事项不形成资产。

（3）资产必须是企业拥有或者控制的

资产作为一项资源，应当由企业拥有或者控制。这里的“拥有”是指企业享有某项资源的所有权。“控制”是指企业虽然不享有某项资源的所有权，但该资源能被企业所控制。如以融资租赁方式租入的固定资产，尽管企业并不拥有其所有权，但企业能控制该资产的使用及其所能带来的经济利益，应当将其作为企业的资产予以确认。

2．资产的分类

资产包括各种财产、债权和其他权利。资产可以按照不同的标准进行分类。常用的是按照流动性进行分类，可以分为流动资产和非流动资产。资产的流动性是指资产变现或被耗用的能力。

（1）流动资产

流动资产是指预计在1年或者超过1年的一个正常营业周期内变现或被耗用的资产。这里的正常营业周期，通常是指企业从购买用于加工的资产起至实现现金或现金等价物的期间。正常营业周期通常短于一年，但也存在正常营业周期长于一年的情况，如房地产开发企业开发用于出售的房地产开发产品、造船企业制造用于出售的大型船舶等，往往超过一年才变现、出售或耗用，仍应归类为流动资产。流动资产主要包括库存现金、银行存款、应收票据、应收账款、其他应收款、预付账款、原材料、库存商品等。

（2）非流动资产

非流动资产是指除流动资产之外的所有资产项目，主要包括长期股权投资、固定资产、无形资产等。长期股权投资是指为获得被投资单位的股权而进行的长期权益性投资，如长期股票投资。固定资产是指为生产商品、提供劳务、出租或经营管理而持有的，使用寿命超过一个会计年度的有形资产，如房屋、建筑物、机器设备、机械、运输工具等。无形资产是指企业拥有或者控制的没有实物形态的可辨认非货币性资产。无形资产通常包括专利权、非专利技术、商标权、著作权、土地使用权、特许权等。

（二）负债

1. 负债的概念与特征

负债是指企业过去的交易或者事项形成的、预期会导致经济利益流出企业的现时义务。根据负债的定义，负债具有以下特征：

（1）负债预期会导致经济利益流出企业

预期会导致经济利益流出企业是负债的一个本质特征。负债是一种债务，负债的形成就意味着将于未来某一特定时期清偿。在履行现时义务清偿负债时（如以现金偿还、以实物偿还、以提供劳务形式偿还等），会导致经济利益流出企业。

（2）负债是由企业过去的交易或者事项形成的现时义务

过去的交易或者事项形成的现行条件下应承担的义务才形成负债。如本期应偿还的借款义务、本期计算出的应付未付的职工薪酬、应交税费、应付股利等。企业未来将要发生的交易或者事项形成的潜在义务（如财务预算、借款计划、购货合同、对企业员工的承诺等）不能确认为负债。

2. 负债的分类

负债按其流动性分为流动负债和非流动负债。所谓负债的流动性是指承担偿债义务期限的长短。

（1）流动负债

流动负债是指将在1年或超过1年的一个正常营业周期偿还的债务。流动负债包括短期借款、应付账款、应付票据、预收账款、应付职工薪酬、应交税费、应付利息、应付股利、其他应付款等。

（2）非流动负债

非流动负债是指偿还期在1年或者超过1年的一个营业周期以上的长期债务。非流动负债主要包括长期借款、应付债券、长期应付款等。

（三）所有者权益

1. 所有者权益的概念与特征

所有者权益是指企业资产扣除负债后，由所有者享有的剩余权益。所有者权益是所有者对企业资产的剩余索取权，它是企业资产中扣除债权人权益后应由所有者享有的部分。所有者权益既反映了所有者投入资本的保值增值情况，又体现了保护债权人权益的理念。根据所有者权益的定义，所有者权益具有以下特征：

（1）企业通常不需要偿还所有者权益。所有者投入企业的资本是企业赖以生存、维持经营的基础，通常作为永久性投资，在企业经营期内无需返还，除非经有关部门批准减资或终止经营，投资者不能随意抽回。

（2）所有者权益是所有者对企业资产的剩余权益。企业在清算时，要优先清偿负债，而所有者权益只有在清偿所有的债务之后才返还给所有者，即所有者仅对企业的净资产享有所有权。

（3）所有者权益表明企业的产权关系，要求保值增值。

2. 所有者权益的来源

所有者权益的来源包括所有者投入的资本、直接计入所有者权益的利得和损失、留存收益等。

所有者投入的资本是指所有者实际投入企业的各种财产物资，既包括构成企业注册资本或者股本部分的金额（称实收资本或股本），也包括投入资本超过注册资本或者股本部分的金额，即资本溢价或者股本溢价（称资本公积）。

直接计入所有者权益的利得和损失，是指不应计入当期损益、会导致所有者权益发生增减变动、与所有者投入资本或者向所有者分配利润无关的利得或者损失。其中，利得是指由企业非日常活动所形成的、会导致所有者权益增加的、与所有者投入资本无关的经济利益的流入。损失是指由企业非日常活动所发生的、会导致所有者权益减少的、与向所有者分配利润无关的经济利益的流出。例如，可供出售金融资产的公允价值变动额为直接计入所有者权益的利得和损失。

留存收益是企业历年实现的净利润留存于企业的部分，主要包括累计计提的盈余公积和未分配利润。

所有者权益通常由实收资本（或股本）、资本公积、盈余公积和未分配利润构成。

（四）收入

1. 收入的概念与特征

收入是指企业在日常活动中形成的、会导致所有者权益增加的、与所有者投入资本无关的经济利益的总流入。根据收入的定义，收入具有以下特征：

（1）收入是企业在日常活动中形成的经济利益流入

日常活动是指企业为完成其经营目标所从事的经常性活动以及与之相关的活动，如生产并销售商品、提供劳务、让渡资产使用权等事项。日常活动中形成的经济利益流入，具有经常性、重复性和可预见性，并能与相应的成本费用相配比计算营业利润，称之收入。非日常活动产生的偶然性、非正常的经济利益流入（如固定资产盘盈净值、转让固定资产净收入等）并无相关的成本、费用产生，只能形成利得，而不是收入。

（2）收入会导致所有者权益增加

收入的形成总是伴随着资产的增加或负债的减少，从而导致所有者权益增加。不会导致所有者权益增加的经济利益流入，不应确认为收入。例如，企业向银行借入款项，尽管也导致了货币资金的流入，但该流入并不导致所有者权益的增加，反而使企业承担了一项现时义务，应当确认为一项负债。

（3）收入是与所有者投入资本无关的经济利益流入

所有者投入资本虽然也会导致所有者权益增加，但是不应当确认为收入，而应当将其直接确认为所有者权益。

2．收入的组成

按照企业从事日常活动的性质，可将收入分为销售商品收入、提供劳务收入、让渡资产使用权收入等。销售商品收入是指企业通过销售商品实现的收入。提供劳务的收入是指企业通过提供劳务（如提供来料加工、来件装配、安装等）产生的收入。让渡资产使用权收入是指企业提供他人使用本企业资产（如出租固定资产、出租包装物等）产生的收入。

按照企业日常活动对企业的重要性，可将其分为主营业务和其他业务。主营业务是指企业为完成其经营目标所从事的经常性活动，由此产生的经济利益的流入称为主营业务收入，例如，制造企业的产品销售收入、提供劳务收入。其他业务是指企业除主营业务活动以外的其他经营活动，其实现的收入称为其他业务收入，包括让渡资产使用权收入、销售多余材料的收入等。

（五）费用

1．费用的概念与特征

费用是指企业在日常活动中发生的、会导致所有者权益减少的、与向所有者分配利润无关的经济利益的总流出。根据费用的定义，费用具有以下特征：

（1）费用是企业在日常活动中发生的经济利益流出

费用必须是企业日常活动中发生的、与收入有配比关系（直接配比关系和间接配比关系）的支出，即为取得收入而付出的代价。如为销售产品必须生产产品，并发生材料费、人工费和制造费用，此种对象化的生产费用即为产品生产成本，并形成与产品销售收入有直接配比关系的产品销售成本。在产品销售过程中也会发生诸如广告费、运杂费、展览费等与产品销售收入有间接配比关系的销售费用。日常活动的界定与收入定义中涉及的日常活动的界定相一致。企业非日常活动所发生与收入无配比关系的、偶然发生的经济利益的流出（如因自然灾害造成的非常损失、处置固定资产净损失等）不能确认为费用，而应当计入损失。

（2）费用会导致所有者权益减少

费用的发生表示经济利益的流出，具体表现为资产的减少或负债的增加，从而导致所有者权益的减少。但并非所有资产减少都意味着发生了费用。如以银行存款偿还贷款，虽然有现金流出，但并未减少所有者权益，因此不是一项费用。

（3）费用是与向所有者分配利润无关的经济利益的总流出

企业向所有者分配利润也会导致经济利益流出，而该经济利益的流出显然属于所有者权益的抵减项目，不应确认为费用，应当将其排除在费用之外。

2. 费用的组成

费用一般包括营业成本、营业税金及附加和期间费用。其中，营业成本包括主营业务成本和其他业务成本。期间费用包括销售费用、管理费用和财务费用。

主营业务成本是指企业确认销售产品、提供劳务等主营业务收入时应结转的相应成本，如产品销售成本。其他业务成本是指企业确认的除主营业务活动以外的其他经营活动所发生的支出，包括销售材料的成本、出租固定资产的折旧额、出租无形资产的摊销额等。

营业税金及附加是指企业从事经营活动应交纳的各种税费（如营业税、消费税、城市维护建设税、资源税和教育费附加等）。

销售费用是指企业销售商品和材料、提供劳务的过程中发生并应当负担的各种费用（如运杂费、保险费、广告费、展览费等）。

管理费用是指企业行政管理部门为组织和管理企业生产经营所发生的各种费用。

财务费用是指企业为筹集生产经营所需资金等而发生的筹资费用（如银行借款利息、银行手续费等）。

（六）利润

1. 利润的概念

利润是指企业在一定会计期间的经营成果，是收入与费用相抵后的盈余。通常情况下，如果企业实现了利润，表明企业的所有者权益将增加，业绩得到了提升；反之，如果企业发生了亏损（即利润为负数），表明企业的所有者权益将减少，业绩下滑了。因此，利润往往是评价企业管理层业绩的一项重要指标，也是投资者等财务报告使用者进行决策时的重要参考。

2. 利润的构成

企业的利润就其来源看，包括收入减去费用后的净额、直接计入当期利润的利得和损失等。其中，收入减去费用后的净额反映的是企业日常活动的业绩，即营业利润；直接计入当期利润的利得和损失是指应当计入当期损益、最终会引起所有者权益发生增减变动、与所有者投入资本或者向所有者分配利润无关的利得或者损失（如营业外收入、营业外支出等）。企业应当严格区分收入和利得、费用和损失，以更加全面地反映企业的经营业绩。

在理解利润这一概念时，要注意：通常将利润分为三个层次，即营业利润、利润总额和净利润。一般所讲的利润是指净利润，它反映了企业最终经营成果。企业实现的净利润加上以前年度未分配利润是企业本年度可供分配的利润。

二、会计要素计量属性

会计计量是为了将符合确认条件的会计要素登记入账并列报于财务报表而确定其金额的过程。企业应当按照规定的会计计量属性进行计量，确定相关金额。主要包括历史成本、重置成本、可变现净值、现值和公允价值。

（一）历史成本

历史成本，又称为实际成本，指取得或制造某项财产物资时所实际支付的现实或者其他等价物。在历史成本计量下，资产按照其购置时支付的现金或者现金等价物的金额，或者按照购置资产时所付出的对价的公允价值计量。负债按照其因承担现时义务而实际收到的款项或者资产的金额，或者承担现时义务的合同金额，或者按照日常活动中为偿还负债预期需要支付的现金或者现金等价物的金额计量。

（二）重置成本

重置成本又称现行成本，是指按照当前市场条件，重新取得同样一项资产所需支付的现金或现金等价物金额。在重置成本计量下，资产按照现在购买相同或者相似资产所需支付的现金或者现金等价物的金额计量。负债按照现在偿付该项债务所需支付的现金或者现金等价物的金额计量。

（三）可变现净值

可变现净值是指在正常生产经营过程中，以预计售价减去进一步加工成本和销售所必需的预计税金、费用后的净值。在可变现净值计量下，资产按照其正常对外销售所能收到的现金或者现金等价物的金额扣减该资产至完工时估计将要发生的成本、估计的销售费用以及相关税金后的金额计量。

（四）现值

现值是指对未来现金流量以恰当的折现率进行折现后的价值。它是考虑货币时间价值因素等的一种计量属性。在现值计量下，资产按照预计从其持续使用和最终处置中所产生的未来净现金流入量的折现金额计量。负债按照预计期限内需要偿还的未来净现金流出量的折现金额计量。

（五）公允价值

公允价值是指在公平交易中，熟悉情况的交易双方自愿进行资产或者债务清偿的金额。在公允价值计量下，资产和负债按照在公平交易中，熟悉情况的交易双方自愿进行资产交换或者债务清偿的金额计量。

【课堂测试 1-3】

1．下列属于动态会计要素的是（　　）。

A．资产　　B．负债

C．收入　　D．利润

2．下列属于静态会计要素的是（　　）。

A．资产　　B．负债

C．收入　　D．利润

3．属于所有者权益的是（　　）。

A．实收资本　　B．资本公积

C．盈余公积　　D．未分配利润

4．会计计量属性包括（　　）。

A．历史成本　　B．重置成本

C．可变现净值　　D．现值

E．公允价值

本章小结

财务会计是现代企业会计的一个重要分支，又称为“对外报告会计”，是通过对会计要素确认、计量、记录和报告，向会计信息的使用者提供会计信息的一项管理活动。在市场经济条件下，财务会计信息使用者一般有：投资人或潜在投资者、债权人、企业职工、企业管理当局、证券交易所、政府部门等。

会计信息质量要求满足可靠性、相关性、可理解性、可比性、实质重于形式、重要性、谨慎性、及时性等特征。会计要素包括资产、负债、所有者权益、收入、费用、利润。会计计量属性一般包括历史成本、重置成本、可变现净值、现值、公允价值。

核心概念

财务会计（financial accounting）

资产（assets）
负债（liabilities）
所有者权益（owner’s equity）
费用（cost）
历史成本（historical cost）
公允价值（fair value）

思考题

1. 简述财务会计目标。
2. 财务会计信息质量要求有哪些？
3. 简述资产的概念与特征。
4. 简述负债的概念与特征。
5. 简述所有者权益的概念与特征。
6. 简述收入的概念与特征。
7. 简述费用的概念与特征。
8. 会计计量属性包括哪些？

练习题

（一）单项选择题

1. 在会计基本前提的基础上，对会计对象进行的基本分类称为（　　）。
   A. 会计核算　　B. 会计假设
   C. 会计主体　　D. 会计要素
2. 反映企业经营成果的最终要素是（　　）。
   A. 资产　　B. 收入
   C. 利润　　D. 所有者权益
3. 一个企业资产的价值量必然等于（　　）。
   A. 负债与所有者权益之和　　B. 所有者权益与负债之差
   C. 收入与所有者权益之和　　D. 收入与费用之差
4. 会计的基本职能是（　　）。
   A. 会计核算与会计预测　　B. 会计核算与会计决策
   C. 会计分析与会计监督　　D. 会计核算与会计监督
5. 反映会计主体财务状况，确定经营成果的基本单位是（　　）。
   A. 会计要素　　B. 会计假设

C．会计科目　　D．会计凭证

6．会计信息的可理解性要求会计信息必须（　　）。

A．清晰易懂　　B．真实可靠

C．及时提供　　D．简化缩略

7．可靠性要求会计信息必须是客观的和（　　）。

A．可理解的　　B．及时的

C．正确的　　D．可验证的

8．下列各项业务中，能使企业资产和所有者权益总额同时增加的是（　　）。

A．支付借款利息

B．交易性金融资产期末公允价值上升

C．权益法核算的长期股权投资期末确认的享有被投资单位实现的净利润份额

D．可供出售金融资产期末公允价值上升

9．下列关于会计要素及其确认与计量的表述中，不正确的是（　　）。

A．利润反映的是收入减去费用、利得减去损失后净额的概念

B．与费用相关的经济利益流出会导致所有者权益减少

C．费用是企业在非日常活动中产生的

D．企业对会计要素计量时一般采用历史成本计量

10．下列各项中，属于企业负债的是（　　）。

A．预收款项　　B．预付款项

C．交易性金融资产　　D．应收款项

11．下列各项中，符合资产确认条件的是（　　）。

A．已出售但未运走的商品

B．已购买但暂时放置在被购买方的商品

C．预收款项

D．债务重组时，债权人的或有应收款项

12．确立会计核算的时间范围，所依据的会计基本假设是（　　）。

A．会计主体　　B．持续经营

C．会计分期　　D．货币计量

13．下列有关会计主体的表述中，不正确的是（　　）。

A．企业合并中，应以合并集团作为会计主体

B．会计主体不一定是法律主体

C. 会计主体可以是营利组织，也可以是非营利组织

D. 会计主体必须要有独立的资金，并独立编制财务报告对外报送

14. M公司对N公司投资，占N公司表决权资本的12%，N公司生产产品依靠M公司所提供的配方，并规定N公司不得改变其配方，M公司据此认定其对N公司具有重大影响。此事项体现的会计信息质量要求是（ ）。

A. 重要性　　B. 实质重于形式

C. 谨慎性　　D. 相关性

15. 会计信息质量要求中的（ ）要求企业提供的会计信息应当清晰明了，便于财务会计报告使用者理解和使用。

A. 谨慎性　　B. 可靠性

C. 可理解性　　D. 及时性

（二）多项选择题

1. 下列有关会计主体的说法中正确的有（ ）。

A. 法律主体一定是会计主体

B. 基金管理公司管理的证券投资基金，也可以成为会计主体

C. 对于拥有子公司的母公司来说，企业集团应作为一个会计主体来编制财务报表

D. 会计主体一定是法律主体

E. 分公司和子公司一样都是法律主体，也是会计主体

2. 以下体现实质重于形式原则的有（ ）。

A. 附追索权的商业承兑汇票贴现

B. 合并报表中关于购买少数股权产生现金流量的说法

C. 合并报表的编制

D. 对赊销的商品，出于对方财务状况恶化的原因而没有确认收入

3. 按照企业会计准则的规定，上市公司的下列行为中，不违反会计信息质量可比性要求的有（ ）。

A. 应收某企业货款100万元，鉴于该企业财务状况恶化，有证据表明该货款全部无法收回，本期对应收该企业的账款改按100%提取坏账准备

B. 根据企业会计准则的要求，将所得税会计由应付税款法改为资产负债表债务法

C. 将已达到预定可使用状态的工程借款的利息支出予以费用化

D. 根据企业会计准则的要求，将对子公司的股权投资由权益法改按成

本法核算

E. 企业有确凿证据表明可以采用公允价值模式计量的投资性房地产，由按成本模式计量改为按公允价值模式计量

4. 我国企业财务报告的目标是向（ ）提供与企业财务状况、经营成果和现金流量等有关的会计信息，反映企业管理层受托责任履行情况，有助于财务报告使用者作出经营决策。

A. 银行　　B. 投资者

C. 股东　　D. 债权人

E. 管理者

5. 下列各项中，体现实质重于形式要求的有（ ）。

A. 将融资租赁的固定资产作为自有固定资产入账

B. 合并会计报表的编制

C. 关联方关系的判断

D. 对周转材料的摊销采用一次摊销法

E. 售后回购

6. 下列各项会计处理，体现实质重于形式的会计信息质量要求的有（ ）。

A. 对某企业投资占其表决权资本的40%，根据章程或协议，投资企业有权控制被投资单位的财务和经营政策，故采用成本法核算长期股权投资

B. 融资租入固定资产视同自有固定资产进行核算

C. 售后租回交易形成经营租赁，在没有确凿证据表明售后租回交易是按公允价值达成时，售价高于公允价值的差额应该予以递延计入递延收益科目

D. 商品售后回购，其回购价格在确定的情况下，不确认商品销售收入

E. 商品售后回购，其回购价格是按照回购时的市场价格确定的，应该确认商品销售收入

7. 下列各项中，体现了谨慎性要求的有（ ）。

A. 在有确凿证据表明未来期间很可能获得足够的应纳税所得额用来抵扣可抵扣暂时性差异时，才应当全额确认相关的递延所得税资产

B. 因被投资单位将发生重大亏损，将长期股权投资由权益法改为成本法核算

C. 对于季节性停用的固定资产在停用期间仍继续计提折旧

D．存货期末按成本与可变现净值孰低计量

E．物价持续上涨的期间，采用先进先出法计量发出存货的成本

8．下列各种会计处理方法中，体现谨慎性要求的有（　　）。

A．对于企业发生的或有事项，通常不能确认或有资产，只有当相关经济利益基本确定能够流入企业时，才能作为资产予以确认

B．对于企业发生的或有事项，相关的经济利益很可能流出企业，金额能可靠计量而且构成现时义务时，应当及时确认为预计负债

C．企业在进行所得税会计处理时，只有在有确凿证据表明未来期间很可能获得足够的应纳税所得额用来抵扣可抵扣暂时性差异时，才应当确认相关的递延所得税资产

D．对于发生的相关应纳税暂时性差异，应当及时足额确认递延所得税负债

E．计提递延所得税资产减值准备

9．下列经济事项中，可以引起资产和负债同时变化的有（　　）。

A．对无形资产进行摊销

B．投资性房地产的租金收入

C．在资本化期间内，计提专门借款的利息

D．到期偿还长期借款

10．下列各项中，不应作为负债确认的有（　　）。

A．因债务担保导致的诉讼赔偿，法院尚未判决且金额无法合理估计

B．以赊购方式购进货物的货款

C．计划向银行借款 100 万元

D．债务重组中，债务人的或有应付利息

11．下列资产中，属于本企业资产的有（　　）。

A．计划购买的原材料

B．经营租赁方式租出设备

C．融资租入设备

D．盘亏的存货

12．下列各项中，说法正确的有（　　）。

A．明确界定会计主体是开展会计确认、计量和报告工作的重要前提

B．在持续经营前提下，会计确认、计量和报告应当以企业持续、正常的生产经营活动为前提

C．在会计分期假设下，企业应当划分会计期间，分期结算账目和编

制财务报告

D．会计主体在会计确认、计量和报告时应以货币计量，反映其生产经营活动

13．下列各项中，体现会计核算谨慎性要求的有（ ）。

A．对公允价值能够可靠计量的投资性房地产采用公允价值计量

B．采用双倍余额递减法对固定资产计提折旧

C．对应收账款计提坏账准备

D．对可供出售金融资产期末采用公允价值计量

14．下列各项支出中，不应作为费用要素确认的有（ ）。

A．地震灾害导致一批库存商品毁损的损失

B．成本模式计量的投资性房地产计提的折旧

C．销售商品结转的成本

D．用库存现金购买的工程物资

15．下列业务或事项中，体现权责发生制会计基础的有（ ）。

A．预收款销售商品时通常在发出商品时确认收入

B．考虑弃置费用时，按预计负债摊余成本和实际利率计算确定的利息费用在发生时计入财务费用

C．分期付款购入固定资产具有融资性质的，未确认融资费用按实际利率法摊入各期财务费用

D．事业单位收到财政部门拨入的日常事业活动经费10万元计入财政补助收入

（三）判断题

1．负债必须是企业承担的现时义务，这里的义务指的是法定义务。（ ）

2．由于会计分期假设，产生了当期与以前期间、以后期间的差别，产生了权责发生制和收付实现制的区别。（ ）

3．及时性要求企业对已经发生的交易或事项，应当及时进行确认、计量和报告，不得提前或延后。（ ）

4．依据会计信息可比性要求，企业不得变更会计政策。（ ）

5．可供出售金融资产的公允价值变动额计入公允价值变动损益，属于计入当期损益的利得或损失。（ ）

6．按照相关规定，我国所有单位都应以权责发生制作为会计核算基础。（ ）

7．企业出售无形资产、固定资产和投资性房地产所取得的净收益，均属

于企业利得，计入营业外收入。（ ）

8．企业发生的各项利得或损失，均应计入当期损益。（ ）

9．如果企业某项会计信息错报金额较小，则该信息就不属于重要的信息。（ ）

10．我国财务报告的目标是向投资者提供与企业财务状况、经营成果和现金流量等有关的会计信息，反映企业管理层受托责任履行情况，有助于投资者作出经济决策。（ ）

11．会计对象是指企业的资金运动及其所反映的经营活动或业务活动。（ ）

12．某一会计事项是否具有重要性，在很大程度上取决于会计人员的职业判断。对于某一会计事项，在某一企业具有重要性，在另一企业则不具有重要性。（ ）

13．融资租入的固定资产，由于企业对其不拥有所有权，因此不应将其作为企业资产予以确认。（ ）

14．不能给企业带来未来经济利益的物品，不能作为企业的资产确认。（ ）

15．负债将导致企业未来经济利益的流出。（ ）

第二章　货币资金

【学习目标】上一章作为整本书的基础，为我们讲述了会计核算的基本概念、会计核算的前提、会计要素和会计核算的原则。从本章开始，我们将从会计要素入手，分别进行讲解和说明。货币资金作为资产的重要部分，是指企业的经营资金在周转过程中暂时停留在货币形态上的那部分资金，可以直接投入流通，用来偿还企业债务以及购买商品或者劳务。货币资金包括库存现金、银行存款和其他货币资金。通过本章学习，我们需要了解货币资金的内容并熟悉其管理要求；掌握库存现金和银行存款的概念及相关的会计核算与清查；掌握其他货币资金的概念和相关会计核算。

【开篇案例】

小津从学校毕业后到一家公司的财务部做出纳，在这个岗位上，她要负责的是公司日常的费用报销；日常现金、支票的收入与支出，信用卡的核对，及时登记现金及银行存款日记账等。每天她都要对库存现金进行盘点，做到账实相符。在每月月末的时候，她都要与会计核对现金日记账和银行存款日记账，编制银行存款余额调节表。到了发工资的日子，她还要配合人事部编制工资表。小津把每一项工作都当作学习的机会，积极向有经验的前辈请教，几年下来，她的进步有目共睹，也顺利地被提升到了会计的岗位。

第一节　库存现金

一、库存现金的管理

（一）库存现金概念

库存现金是指企业持有可随时用于支付的现金。这是企业为了满足经营过程中零星支付需要所持有的货币资金，存放在企业财会部门由出纳人员管理，包括人民币现金和外币现金。库存现金是流动性最强的资产，作为交易的媒介，可以随时用于购买商品及劳务，支付各项费用和偿还债务，还可以随时存入银行作为银行存款供日后支取。

（二）库存现金的管理

国家鼓励企业和个人在经济活动中，采取银行转账方式进行结算，减少使用现金。根据国务院颁发的《现金管理暂行条例》和中国人民银行发布的《现金管理暂行条例实施细则》规定，企业之间的各项经济活动，除以下范围内可以使用现金外，其他均应当通过开户银行进行转账结算。

企业可以在下列范围内使用库存现金：

（1）职工工资、津贴；

（2）个人劳务报酬；

（3）根据国家规定颁发给个人的科学技术、文化艺术、体育等各种奖金；

（4）各种劳保，福利费用以及国家规定的对个人的其他支出；

（5）向个人收购农副产品和其他物资的价款；

（6）出差人员必须随身携带的差旅费；

（7）结算起点（1 000 元）以下的零星支出；

（8）中国人民银行确定需要支付现金的其他支出。

按照规定，每个企业都可以留存一定额度的库存现金，以保证日常零星支出需要。每个企业按照规定留存现金的最高数额称为库存现金限额。库存现金限额是由开户银行根据企业实际运营需要，按照其 3 天至 5 天的日常零星开支所需的现金数额来核定。某些企业由于地处边远地区或交通不便，其库存现金限额可以为多于 5 天，但不得超过 15 天的日常零星开支。

库存现金限额一经核定，就要求企业必须严格遵守，超过限额的库存现金应当及时存入银行。企业支付现金，可以从本单位现金库存中支付或者从开户银行提取，但是不得从本单位的现金收入中直接支付（即坐支）。当企业由于生产或者业务变化，需要增加或者减少库存现金限额时，应当向开户银行提出申请，由开户银行核定，经批准后再进行调整。

二、库存现金的核算

企业必须严格遵守国家的现金管理制度，为了准确核算本企业库存现金的收入、支出和结存的情况，应设置“库存现金”账户，账户借方登记一定会计期间内库存现金的增加额，贷方登记库存现金减少额，期末余额登记在借方，表示企业现有的库存现金数额。如果企业在内部周转中需使用备用金，应在“其他应收款”账户或者按需要单独设置“备用金”账户进行核算，不应在“库存现金”账户中核算。

按照规定，企业应当设置现金日记账，由出纳人员根据收付款凭证，按照业务发生顺序进行逐笔登记。每次办理完收付款业务应及时结出账面余额，每日终了，应当计算当日的现金收入合计额、现金支出合计额和结余额，并将结余额与实际库存额核对，做到账款相符，到期末与现金总账核对，做到账账相符。现金日记账一般采用三栏式账页，借方栏根据现金收款凭证登记，贷方栏根据现金付款凭证登记。但对于企业和银行间的资金相互划转业务，比如提取现金或将现金存入银行，为避免重复记账，一般只编制银行存款付款凭证，不编制收款凭证，所以，也应根据银行存款付款凭证登记现金日记账的借方栏。

存在外币现金的企业，应当按照币种，以人民币和各种外币分别设置“现金日记账”，进行明细核算。

【例 2-1】滨海公司以现金支票形式提取现金 5 000 元准备发放职工工资，编制会计分录如下：

借：库存现金　　5 000
　贷：银行存款　　5 000

【例 2-2】采购员王某预借差旅费 1 000 元，以现金支付，编制会计分录如下：

借：其他应收款——王某　　1 000
　贷：库存现金　　1 000

【例 2-3】王某出差归来，报销差旅费 800 元，余款交回，编制会计分录如下：

借：库存现金　　200
　　管理费用　　800
　贷：其他应收款——王某　　1 000

三、库存现金的清查

企业按照规定对库存现金进行清查一般采取实地盘点法。一般应由企业的清查人员会同现金出纳人员共同负责库存现金的清查工作，清查人员应在出纳人员在场时清点库存现金，将现金的实存数与现金日记账的账面余额进行核对，以查明盈亏情况，根据清查的结果最终填制成现金盘点报告单，并由检查人员和出纳人员签名或盖章。清查中发现的有待查明原因的库存现金短缺或溢余，通过“待处理财产损益”账户进行核算。当发生库存现金短缺情况，登记在“待处理财产损益——待处理流动资产损益”账户借方，贷方登记“库存现金”账户；当发生库存现金溢余时，作相反方向的会计处理。

盘点时，除查明账款是否相符外，清查人员还需要检查财务部门有无违反现金管理制度规定，是否有挪用现金，有无以“白条”抵充现金，现金库存是否超过银行核定的限额，有无坐支现金等。

一旦出现挪用现金、白条顶库的情况，应及时纠正；对于超出核定限额留存的现金要及时送存开户银行；如果账款不符，应该及时查明原因，根据不同情况分别加以处理：（1）属于记账差错的应及时予以更正；（2）关系到具体人员或相关单位的，现金短缺时，借记“其他应收款”或“库存现金”等账户，贷记“待处理财产损益——待处理流动资产损益”账户；如果出现现金溢余，应按实际溢余的数额，借记“待处理财产损益——待处理流动资产损益”账户，贷记“其他应付款”账户；（3）库存现金短缺或溢余的原因不明时，经上级领导部门批准，现金短缺情况下，借记“管理费用”账户，贷记“待处理财产损益——待处理流动资产损益”账户；现金溢余情况下，借记“待处理财产损益——待处理流动资产损益”账户，贷记“营业外收入”账户。

借　　　　　　　　待处理财产损益　　　　　　　　贷

借	贷
发生额： （1）审批前的财产盘亏数 （2）审批后结转待处理财产盘盈数	发生额： （1）审批前的财产盘盈数 （2）审批后结转待处理财产盘亏数

【例 2-4】滨海公司在现金清查中，发现现金短缺 500 元，其中，300 元属于出纳员责任，由其负责赔偿，另外 200 元未查明原因，编制会计分录如下：

借：其他应收款　　　　　　　　　　　　　　300
　　管理费用　　　　　　　　　　　　　　　200
　贷：待处理财产损益——待处理流动资产损益　　500

【例 2-5】滨海公司在现金清查时，发现现金溢余 300 元，其中包括应支付给 A 单位的包装费 180 元，另外 120 元未查出原因，编制会计分录如下：

借：待处理财产损益——待处理流动资产损益　300
　贷：其他应付款　　　　　　　　　　　　　　180
　　　营业外收入　　　　　　　　　　　　　　120

【课堂测试 2-1】

1．我国会计上界定的现金概念是指企业的（　）。

A．库存现金　　B．银行存款

C．在途货币资金　　D．其他货币资金

2．企业一般不得从现金收入中直接支付现金，因特殊情况需要坐支现金的，应事先报请（　）审查批准。

A．工商行政管理部门　　B．上级主管部门

C．税务部门　　D．开户银行

3．下列业务中，可以通过现金账户核算的有（　）。

A．支付个人农副产品收购款 5 000 元

B．支付给采购员差旅费 1 100 元

C．购买原材料，支付货款 3 000 元

D．支付个人劳务报酬 1 000 元

4．某企业在现金清查中发现库存现金较账面余额多出 200 元，经反复核查仍不明原因，经批准后应转入（　）账户。

A．现金　　B．营业外收入

C．待处理财产损溢　　D．其他应付款

第二节　银行存款

一、银行存款概述

银行存款是指企业存入银行和其他金融机构的货币资金。银行存款的管理主要包括银行存款开户管理及结算管理。按照国家现金管理和结算制度的规定，每个企业都要在银行开设账户，用来办理存款、取款和转账结算。

中国人民银行自 2003 年 9 月 1 日起开始施行《人民币银行结算账户管理办法》，同时废止之前一直沿用的 1994 年发布的《银行账户管理办法》。

按照规定，以企业名称开立的银行结算账户按用途分为基本存款账户、一般存款账户、专用存款账户和临时存款账户。

基本存款账户是企业因办理日常转账结算和现金收付需要开立的银行结算账户，一般应在注册地或住所地开立，是企业的主办账户。企业只能选择一家银行开立一个基本存款账户，不能在多家银行开设。企业日常经营活动的资金

收付及其工资、奖金和现金的支取，应通过该账户办理。

一般存款账户是企业因借款或其他结算需要，在基本存款账户开户银行以外的银行营业机构开立的银行结算账户。一般存款账户用于办理企业借款转存、借款归还和其他结算的资金收付。该账户可以办理现金缴存，但不得办理现金支取。

专用存款账户是企业按照法律、行政法规和规章，对其特定用途资金进行专项管理和使用而开立的银行结算账户，用于办理各项专用资金的收付，如企业的证券交易结算资金、信托基金等。该账户的资金必须由其基本存款账户转账存入，不得办理现金收付业务。

临时存款账户是存款人因临时需要并在规定期限内使用而开立的银行结算账户，如企业设立临时机构、异地临时经营活动或者注册验资等。

除因注册验资需要开立的临时存款账户外，企业开立基本存款账户、临时存款账户和预算单位开立专用存款账户都必须实行核准制度，经中国人民银行核准后由开户银行核发开户登记证。

企业可以自主选择银行开立银行结算账户。除国家法律、行政法规和国务院规定外，任何单位和个人不得强令企业到指定银行开立银行结算账户。

企业在开立和使用银行结算账户时应当遵守法律、行政法规，不得利用银行结算账户进行偷逃税款、逃废债务、套取现金及其他违法犯罪活动。

二、银行转账结算方式

根据中国人民银行《支付结算办法》规定，目前企业通过银行办理的转账结算业务方式主要包括银行汇票、银行本票、商业汇票、支票、信用卡、汇兑、委托收款、托收承付和信用证。

（一）银行汇票

银行汇票是汇款人将款项存入当地出票银行，由出票银行签发的，由其在见票时，按照实际结算金额无条件支付给持票人或收款人的票据。适用于先收款后发货或钱货两清的商品交易。单位和个人各种款项结算都可以使用银行汇票。银行汇票可以用于转账，填明“现金”字样的银行汇票还可以用于支取现金。银行汇票是目前异地结算中较为广泛采用的一种结算方式。凡是各单位、个体经济户和个人需要在异地进行商品交易、劳务供应和其他经济活动及债权债务的结算，都可以使用银行汇票。

申请人使用银行汇票，应先向出票银行提交“银行汇票申请书”，填明收款人名称、汇票金额、申请人名称、申请日期等事项并签章，签章为其预留银行的签章。申请人或者收款人为单位的，不得在“银行汇票申请书”上填明“现金”字样。

出票银行在受理银行汇票申请书并收妥款项后签发银行汇票，并用压数机压印出票金额，将银行汇票和解讫通知一并交给申请人。收款人收到申请人交付的银行汇票时，应在出票金额以内，根据实际需要的款项办理结算，并将实际结算金额和多余金额准确、清晰地填入银行汇票和解讫通知的有关栏内。未填明实际结算金额和多余金额或实际结算金额超过出票金额的，银行将不予受理。银行汇票的付款期限一般为出票日起一个月内，超过付款期限向代理付款银行提示付款未获付款的，持票人应当在票据权利时效内作出说明，并提供本人身份证或单位证明，持银行汇票和解讫通知书向出票银行请求付款。

收款人可以将银行汇票背书转让给被背书人。银行汇票的背书转让以不超过出票金额的实际结算金额为准。未填写实际结算金额或实际结算金额超过出票金额的银行汇票不得背书转让。单位持银行汇票购货，凡在汇票的汇款金额之内的，可根据实际采购金额办理支付，多余款项将由银行自动退回，可以有效防止交易尾欠的发生。

（二）银行本票

银行本票是银行签发的，承诺自己在见票时无条件支付确定的金额给收款人或者持票人的票据。单位和个人在同一票据交换区域需要支付各种款项，均可以使用银行本票。银行本票可以用于转账，注明“现金”字样的银行本票可以用于支取现金。

银行本票分为不定额本票和定额本票两种。不定额银行本票需用压数机压印出票金额。定额银行本票面额为 1 千元、5 千元、1 万元和 5 万元。银行本票的提示付款期限自出票日起最长不得超过 2 个月。持票人超过付款期限提示付款的，代理付款人不予受理。

申请人使用银行本票，应向银行填写“银行本票申请书”，填明收款人名称、申请人名称、支付金额、申请日期等事项并签章。申请人和收款人均为个人需要支取现金的，应在“支付金额”栏先填写“现金”字样，后填写支付金额。申请人或收款人为单位的，不得申请签发现金银行本票。出票银行受理银行本票申请书，在收妥款项后签发银行本票。银行本票可以背书转让。

申请人因银行本票超过提示付款期限或其他原因要求退款时，应将银行本票提交到出票银行，申请人为单位的，应出具该单位的证明；申请人为个人的，应出具该本人的身份证件。出票银行对于在本行开立存款账户的申请人，只能将款项转入原申请人账户；对于现金银行本票和未在本行开立存款账户的申请人，才能退付现金。

（三）商业汇票

商业汇票是出票人签发的，委托付款人在指定日期无条件支付确定的金额给收款人或者持票人的票据。在银行开立存款账户的法人以及其他组织之间，必须具有真实的交易关系或债权债务关系，才能使用商业汇票，适用于同城或异地结算。商业汇票分为商业承兑汇票和银行承兑汇票。商业承兑汇票由银行以外的付款人承兑，银行承兑汇票则由银行承兑。

商业汇票可以在出票时向付款人提示承兑后使用，也可以在出票后先使用再向付款人提示承兑。定日付款或者出票后定期付款的商业汇票，持票人应当在汇票到期日前向付款人提示承兑。见票后定期付款的汇票，持票人应当自出票日起 1 个月内向付款人提示承兑。

商业汇票的付款期限，最长不得超过 6 个月。商业汇票的提示付款期限，自汇票到期日起 10 日。对未按照规定期限提示承兑的汇票，持票人丧失对其前手的追索权。

符合条件的商业汇票的持票人可持未到期的商业汇票连同贴现凭证向银行申请贴现。贴现银行可持未到期的商业汇票向其他银行转贴现，也可向中国人民银行申请再贴现。贴现、转贴现、再贴现时，应做成转让背书，并提供贴现申请人与其直接前手之间的增值税发票和商品发运单据复印件。

1. 商业承兑汇票

商业承兑汇票是由银行以外的付款人承兑的票据。商业承兑汇票可以由付款人签发并承兑，也可以由收款人签发交由付款人承兑。商业汇票的付款人为承兑人。商业承兑汇票的出票人，为在银行开立存款账户的法人以及其他组织，与付款人具有真实的委托付款关系，具有支付汇票金额的可靠资金来源。

2. 银行承兑汇票

银行承兑汇票是由出票人签发并由其开户银行承兑的票据。银行承兑汇票票面金额最高为 1000 万元（含），按票面金额向承兑申请人收取万分之五的手续费，不足 10 元的按 10 元计，承兑期限最长不超过 6 个月。承兑申请人在银行承兑汇票到期未付款的，按规定计收逾期罚息，提示付款期为自汇票到期日起 10 日。

（四）支票

支票是出票人签发的，委托办理支票存款业务的银行在见票时无条件支付确定的金额给收款人或者持票人的票据。支票上印有“现金”字样的为现金支票，只能用于支取现金；印有“转账”字样的为转账支票，只能用于转账。支票上未印有“现金”或“转账”字样的为普通支票，既可以用于支取现金，也可以用于转账。

在普通支票左上角划两条平行线的，为划线支票，划线支票只能用于转账，不得支取现金。

支票的出票人签发支票的金额不得超过付款时在付款人处实有的存款金额。禁止签发空头支票。出票人签发空头支票、签章与预留银行签章不符的支票、使用支付密码地区，支付密码错误的支票，银行应予以退票，并按票面金额处以百分之五但不低于 1 千元的罚款；持票人有权要求出票人赔偿支票金额 2%的赔偿金。

除中国人民银行另有规定的以外，支票的提示付款期限为自出票日起 10 日。超过提示付款期限提示付款的，持票人开户银行将不予受理，付款人不予付款。出票人在付款人处的存款足以支付支票金额时，付款人应当在见票当日足额付款。存款人领购支票，必须填写“票据和结算凭证领用单”并签章，签章应与预留银行的签章相符。存款账户结清时，必须将全部剩余空白支票交回银行注销。

（五）信用卡

信用卡是指商业银行向个人和单位发行的，凭以向特约单位购物、消费和向银行存取现金，且具有消费信用的特制载体卡片。

信用卡按使用对象分为单位卡和个人卡；按信誉等级分为金卡和普通卡。

凡在中国境内金融机构开立基本存款账户的单位可申领单位卡。单位卡可申领若干张，持卡人资格由申领单位法定代表人或其委托的代理人书面指定和注销。单位卡一律不得支取现金。严禁将单位的款项存入个人卡账户。

凡具有完全民事行为能力的公民可申领个人卡。个人卡的主卡持卡人可为其配偶及年满 18 周岁的亲属申领附属卡，申领的附属卡最多不得超过两张，也有权要求注销其附属卡。单位或个人申领信用卡，应按规定填制申请表，连同有关资料一并送交发卡银行。符合条件并按银行要求交存一定金额的备用金后，银行为申领人开立信用卡存款账户，并发放信用卡。

单位卡账户的资金一律从其基本存款账户转账存入，不得交存现金，不得将销货收入的款项存入其账户。

信用卡备用金存款利息，按照中国人民银行规定的活期存款利率及计息办法计算。信用卡透支额，金卡最高不得超过 1 万元，普通卡最高不得超过 5 千元。信用卡透支期限最长为 60 天。信用卡透支利息，自签单日或银行记账日起 15 日内按日息万分之五计算，超过 15 日按日息万分之十计算，超过 30 日或透支金额超过规定限额的，按日息万分之十五计算。透支计息不分段，按最后期限或者最高透支额的最高利率档次计息。持卡人使用信用卡不得发生恶意透支。

（六）汇兑

汇兑是汇款人委托银行将其款项支付给收款人的结算方式。汇兑分为信汇、电汇两种，由汇款人选择使用。单位和个人的各种款项的结算，均可使用汇兑结算方式。汇兑凭证上记载收款人为个人的，收款人需要到汇入银行领取汇款，汇款人应在汇兑凭证上注明“留行待取”字样；留行待取的汇款，需要指定单位的收款人领取汇款的，应注明收款人的单位名称；信汇凭收款人签章支取的，应在信汇凭证上预留其签章。

汇款人确定不得转汇的，应在汇兑凭证备注栏注明“不得转汇”字样。汇款人和收款人均为个人，需要在汇入银行支取现金的，应在信、电汇凭证的“汇款金额”大写栏，先填写“现金”字样，后填写汇款金额。汇款人对汇出银行已经汇出的款项可以申请退汇。对在汇入银行开立存款账户的收款人，由汇款人与收款人自行联系退汇；对未在汇入银行开立存款账户的收款人，汇款人应出具正式函件或本人身份证件以及原信、电汇回单，由汇出银行通知汇入银行，经汇入银行核实汇款确未支付，并将款项汇回汇出银行，方可办理退汇。

（七）委托收款

委托收款是收款人委托银行向付款人收取款项的结算方式。单位和个人凭已承兑商业汇票、债券、存单等付款人债务证明办理款项的结算，均可以使用委托收款结算方式，同城、异地均可以使用。

收款人办理委托收款应向银行提交委托收款凭证和有关的债务证明。银行接到寄来的委托收款凭证及债务证明，审查无误办理付款。以银行为付款人的，银行应在当日将款项主动支付给收款人。以单位为付款人的，银行应及时通知付款人，按照有关办法规定，需要将有关债务证明交给付款人的应交给付款人，并签收。付款人应于接到通知的当日书面通知银行付款。按照有关办法规定，付款人未在接到通知日的次日起3日内通知银行付款的，视同付款人同意付款，银行应于付款人接到通知日的次日起第4日上午开始营业时，将款项划给收款人。付款人审查有关债务证明后，对收款人委托收取的款项需要拒绝付款的，可以办理拒绝付款。

（八）托收承付

托收承付是根据购销合同由收款人发货后委托银行向异地付款人收取款项，由付款人向银行承认付款的结算方式。

使用托收承付结算方式的收款单位和付款单位，必须是国有企业、供销合作社以及经营管理较好，并经开户银行审查同意的城乡集体所有制工业企业。办理托收承付结算的款项，必须是商品交易，以及因商品交易而产生的劳务供应的款项。代销、寄销、赊销商品的款项，不得办理托收承付结算。

收付双方使用托收承付结算必须签有符合《经济合同法》的购销合同，并在合同上订明使用托收承付结算方式。收付双方办理托收承付结算，必须重合同、守信用。收款人对同一付款人发货托收累计三次收不回货款的，收款人开户银行应暂停收款人向该付款人办理托收；付款人累计三次提出无理拒付的，付款人开户银行应暂停其向外办理托收。除个别情况外，收款人办理托收，必须具有商品确已发运的证件（包括铁路、航运、公路等运输部门签发运单、运单副本和邮局包裹回执）。托收承付结算每笔的金额起点为 1 万元，新华书店系统每笔的金额起点为 1 千元。

收款人按照签订的购销合同发货后，委托银行办理托收。付款人开户银行收到托收凭证及其附件后，应当及时通知付款人。通知的方法可以根据具体情况与付款人签订协议，采取付款人来行自取、派人送达、对距离较远的付款人邮寄等。付款人应在承付期内审查核对，安排资金。承付货款分为验单付款和验货付款两种，由收付双方商量选用，并在合同中明确规定。付款人不得在承付货款中，扣抵其他款项或以前托收的货款。付款人在承付期满日银行营业终了时，如无足够资金支付，其不足部分，即为逾期未付款项，按逾期付款处理。对付款人逾期支付的款项，付款人开户银行应当根据逾期付款金额和逾期天数，按每天万分之五计算逾期付款赔偿金。收款人对被无理拒绝付款的托收款项，在收到退回的结算凭证及其所附单证后，需要委托银行重办托收，应当填写四联“重办托收理由书”，将其中三联连同购销合同、有关证据和退回的原托收凭证及交易单证，一并送交银行。

（九）信用证

信用证是一种银行开立的有条件的承诺付款的书面文件，它是一种银行信用。信用证是银行（即开证行）依照进口商（即开证申请人）的要求和指示，对出口商（即受益人）发出的、授权出口商签发以银行或进口商为付款人的汇票，保证在交来符合信用证条款规定的汇票和单据时，必须履行承兑和付款义务的保证文件。信用证以其是否跟随单据，分为光票信用证和跟单信用证两大类。

信用证这种支付方式是随着国际贸易的发展，在银行参与国际贸易结算的过程中逐步形成的。由于货款的支付以取得符合信用证规定的货运单据为条件，避免了预付货款的风险，因此信用证支付方式在很大程度上解决了进、出口双方在付款和交货问题上的矛盾。它已成为国际贸易中的一种主要付款方式，被大多数国家和地区接受和使用。信用证有效期是开船后 15 天之内有效。

三、银行存款的核算

企业的银行存款应设置“银行存款”账户核算，核算企业存入银行或其他金融机构的各种存款。当企业将款项存入时，借记“银行存款”账户，贷记“库存现金”等账户；企业将存款从银行或其他金融机构取出或用于支付时，应借记“库存现金”等账户，贷记“银行存款”账户，期末余额一般在借方，反映企业在银行或者其他金融机构中的各项存款。

有多币种存款的企业，应当按照币种分别在“银行存款”账户下按照人民币和对应外币设置明细账进行核算。企业发生外币业务时，应按照业务发生时的汇率或业务发生当期的期初汇率将有关外币金额折算为人民币进行入账。期末时，各外币账户的期末余额应按照期末汇率折算为人民币，将折算后金额与原账面人民币金额进行比对，两者之间差额作为汇兑损益处理。

除此之外，企业还应当根据开户银行和其他金融机构、存款种类、币种等，分别设置“银行存款日记账”，进行明细核算。由企业出纳人员根据收付款凭证，按照业务的发生时间顺序逐笔登记，每日工作结束应结出余额。“银行存款日记账”应定期与“银行对账单”核对，每月至少一次。如果月末时企业银行存款的账面余额与银行对账单余额之间存在差额，应按月编制“银行存款余额调节表”进行调节，使之金额相符。

【例 2-6】滨海公司收到 A 公司前欠货款 20 000 元，存入银行，编制会计分录如下：

借：银行存款　　　　20 000

　　贷：应收账款——A 公司　　　　20 000

【例 2-7】滨海公司购入原材料一批，买价 20 000 元，进项税额 3 400 元，共计 23 400 元，材料已全部验收入库，货款由银行转账支付，编制会计分录如下：

借：原材料　　　　20 000

　　应交税费——应交增值税（进项税额）　　3 400

　贷：银行存款　　　　23 400

四、银行存款的清查

银行存款应定期进行清查以保证其安全完整，通常每月至少进行一次。银行存款的清查一般采取核对法，即将开户银行转来的对账单与本企业的银行存款日记账逐笔进行核对，以查明银行存款收、付及余额是否正确相符。在与银行对账之前，应先检查本企业的银行存款日记账是否正确完整。通过核对，若发现双方账目不相符，应及时查明原因并进行调整。造成此情况的主要原因一般有以下两种：

一是企业或银行一方或双方存在记账错漏，或者是对银行存款结存额的计算有误，这都是不正常的，应及时查明更正；

二是存在未达账项，这是一种正常情况。所谓未达账项，是指企业与银行之间，因取得有关凭证的时间不同，而发生的一方已接到有关结算凭证并已经登记入账，而另一方由于尚未接到有关结算凭证因而未登记入账的款项。总的来说，未达账项分为两类：企业已经入账而银行尚未入账的款项和银行已经入账而企业尚未入账的款项。

具体有以下四种情况：

（1）企业已收，银行未收——企业已收款入账，银行尚未收款入账，如企业收到其他单位的转账支票等。

（2）企业已付，银行未付——企业已付款入账，银行尚未付款入账，如企业开出的转账支票，对方尚未到银行办理提现或转账手续的账项等。

（3）银行已收，企业未收——银行已收款入账，企业尚未收款入账，如委托银行收款、存款利息等。

（4）银行已付，企业未付——银行已付款入账，企业尚未付款入账，如借款利息扣付，托收无承付等。

在（1）、（4）两种情况下，会使企业账面上的银行存款余额大于银行对账单的余额；而在（2）、（3）两种情况下，又会使企业账面上的银行存款余额小于银行对账单的余额。

为消除未达账项的影响，企业需要编制“银行存款余额调节表”进行调节。余额调节表调节后的双方余额如果相等，一般表明双方记账无误，企业银行存款账实相符。若调节后余额仍不一致，则说明账户内结存额存在错误，双方应及时查明原因，进行更正。

需要说明的是，“银行存款余额调节表”仅仅起到对账作用，因此，不需要根据调节表做任何账务处理，双方账面仍维持原有余额，待收到相关收、付款结算凭证后方可入账。

表 2-1　银行存款余额调节表

编制单位：　　　　　　　　　　年　　月　　日　　　　　　　　　　单位：元

项　　目	金　额	项　　目	金　额
企业银行存款日记账余额		银行对账单余额	
加：银行已收、企业未收 减：银行已付、企业未付		加：企业已收、银行未收 减：企业已付、银行未付	
调节后的存款余额		调节后的存款余额	

【篇中案例】

新华网北京 2 月 23 日电（记者：涂铭）利用“空壳公司”在银行申请 POS 机，以虚构交易的方式，使用 POS 机为信用卡持卡人刷卡套现，累计近 3.5 万笔涉案近 4.5 亿元，非法获利 800 余万元。2010 年，北京市海淀区法院开庭审理了这起非法经营案，涉案 15 人全部出庭受审。

据北京市海淀区检察院介绍，2008 年 9 月至 2010 年 12 月间，被告人胡成等 15 人在北京市门头沟区、大兴区注册成立 20 家公司，然后向建设银行、工商银行、交通银行、中信银行等 4 家银行申领了 37 个 POS 机，通过网站发布广告帖、回头客介绍等方式招揽客户，在北京市海淀区百乐宾馆、国海广场等地，以获取非法利益为目的，违反国家规定，以虚构交易的方式，使用 POS 机为信用卡持卡人刷卡套现，累计刷卡套现近 3.5 万笔，刷卡金额近 4.5 亿元人民币，非法获利 800 余万元。

根据被告人的供述，他们一般先在工商部门注册公司，这些公司多以“某某商贸公司”命名，然后向银行申请安装销售点终端机（POS 机）。被告人一般会通过报纸、网络对外发布提供套现服务的广告，“客户”（信用卡持卡人）看到信息或通过熟人介绍上门后，他们就以虚拟交易的方式为信用卡持卡人提供套现服务。持卡人在 POS 机虚拟交易刷卡消费后，账户信息会传送到银联，银联处理后把信息发送给发卡行，发卡行则从持卡人账户上扣除相应金额，并且把款项打入被告人的开户行账户，最后被告人再把现金支付给持卡人，完成套现。在套现过程中，被告人一般会向持卡人收取套现金额 1%至 2%的手续费。

2009 年 12 月 15 日，最高人民法院、最高人民检察院和人民银行联合发布了《关于办理妨害信用卡管理刑事案件具体应用法律若干问题的解释》，该司法解释第 7 条规定：“违反国家规定，使用销售点终端机具（POS 机）等方法，以虚构交易、虚开价格、现金退货等方式向信用卡持卡人直接支付现金，情节严重的，应当依据刑法第二百二十五条的规定，以非法经营罪定罪处罚。”从而首次界定了“非法套现”并明确了其犯罪性质。据本案的承办人、海淀区检察院代理检察员赵峰介绍，本案是该司法解释颁布以来北京市涉案金额最大的一起信用卡套现案，而涉案的15名被告人均被公诉机关以非法经营罪提起公诉。

在两年多的时间里，15名被告注册“空壳公司”，向银行申请POS机，虚构交易为他人非法刷卡套现，竟然“一路绿灯”，最终是审计机关对其中一家银行进行审计时才发现其中的异常。“这中间暴露出工商部门在企业注册时对于申请注册人资信状况审查的缺失，还暴露出银行在信用卡申领环节、企业申请POS机环节都没有做到尽职审查，尤其是银行对于企业使用POS机的情况缺乏后续的跟踪监管。”检察员赵峰说，“目前，上级检察机关已经向相关的银行发送了司法建议，提醒银行今后在这方面加强监管。”

来源：新华网

作者：涂铭

【课堂测试 2-2】

1. 商业汇票结算方式适用于购销双方（　　）。

A. 订有购销合同的商品交易　　B. 非商品交易的劳务供应

C. 各种预收款项的结算　　D. 各种托收款项的结算

2. 采用商业承兑汇票结算，销货企业应在（　　）送交开户银行办理收款手续。

A. 收到承兑的汇票时　　B. 提交商品后

C. 汇票即将到期时　　D. 汇票到期时

3. 按照《银行账户管理办法》规定，银行存款账户分为（　　）。

A. 基本存款账户　　B. 一般存款账户

C. 临时存款账户　　D. 专用存款账户

4. 按照《银行结算办法》规定，下列票据可以背书转让的有（　　）。

A. 现金支票　　B. 银行汇票　　C. 银行本票

D. 商业汇票　　E. 转账支票

5. 导致企业账面上银行存款的余额与银行账面上企业存款的余额在同一日期不一致的情况有（　　）。

A. 银行已记作企业的存款增加，而企业尚未接到收款通知，尚未记账的款项

B. 银行已记作企业的存款减少，而企业尚未接到付款通知，尚未记账

的款项

C．企业已记作银行存款增加，而银行尚未办妥入账手续的款项

D．企业已记作银行存款减少，而银行尚未支付入账的款项

6．经过“银行存款余额调节表”调整后的银行存款余额为（　　）。

A．企业账上的银行存款余额

B．银行账上的企业存款余额

C．企业可动用的银行存款数额

D．企业应当在会计报表中反映的银行存款余额

第三节　其他货币资金

一、其他货币资金概述

其他货币资金是指企业除库存现金、银行存款以外的其他各种货币资金，即存放地点和用途均与库存现金和银行存款不同的货币资金，包括外埠存款、银行汇票存款、银行本票存款、信用卡存款、信用证保证金存款和存出投资款等。

外埠存款是企业到外地进行临时零星采购商品而汇往采购地银行采购专户的款项，开立采购专户，需经开户地银行批准；银行汇票存款是企业为取得银行汇票按照规定存入银行的款项；银行本票存款是企业为取得银行本票按照规定存入银行的款项；信用卡存款是指企业为取得信用卡按照规定存入银行的款项；信用证保证金存款是企业存入银行作为信用证保证金专户的款项；存出投资款是指企业已存入证券公司但尚未进行短期投资的现金。

二、其他货币资金的核算

由于其他货币资金的支付方式和存在形式具有特殊性，企业应设置“其他货币资金”账户单独对其进行核算。

“其他货币资金”账户应设置“外埠存款”、“银行汇票存款”、“银行本票存款”、“信用卡存款”、“信用证保证金存款”、“存出投资款”等明细账户，并按外埠存款的开户银行，银行汇票或本票、信用证的收款单位等设置明细账。有信用卡业务的企业应当在“信用卡存款”明细账户中按开出信用卡的银行和信用卡种类设置明细账。

（一）外埠存款

企业将款项委托当地银行汇往采购地开立专户时，根据汇出款项凭证编制付款凭证，借记“其他货币资金——外埠存款”，贷记“银行存款”。当企业会计部门收到供应单位发票账单等报销凭证时，编制付款凭证，借记“在途物资”或“原材料”、“库存商品”、“应交税费——应交增值税（进项税额）”等账户，贷记“其他货币资金——外埠存款”账户。将多余的外埠存款转回当地银行时，企业会计部门应根据银行的收账通知编制收款凭证，借记“银行存款”账户，贷记“其他货币资金——外埠存款”账户。

【例 2-8】滨海公司在外埠开立临时存款账户，委托银行汇入 100 000 元，编制会计分录如下：

借：其他货币资金——外埠存款　　100 000
　贷：银行存款　　100 000

【例 2-9】滨海公司用外埠存款购进 80 000 元原材料，增值税为 13 600 元，共计 93 600 元，材料已验收入库，编制会计分录如下：

借：原材料　　80 000
　　应交税费——应交增值税（进项税额）　　13 600
　贷：其他货币资金——外埠存款　　93 600

【例 2-10】滨海公司将外埠存款余额 6 400 元转回当地银行，收到银行通知后，会计部门进行入账，编制会计分录如下：

借：银行存款　　6 400
　贷：其他货币资金——外埠存款　　6 400

（二）银行汇票存款

企业在使用银行汇票进行结算时，应先填写“银行汇票申请书”并将相应款项交存银行，取得银行汇票后，根据银行盖章退回的申请书存根联，借记“其他货币资金——银行汇票存款”账户，贷记“银行存款”账户。企业使用银行汇票进行支付后，会计部门应根据发票账单等报销凭证编制付款凭证，借记“在途物资”、“原材料”、“库存商品”或“应交税费——应交增值税（进项税额）”等账户，贷记“其他货币资金——银行汇票存款”账户；账户内如有余额或因汇票超过付款期限等原因退回款项时，企业会计部门应根据开户行转来的多余款收账通知，借记“银行存款”账户，贷记“其他货币资金——银行汇票存款”账户。

【例 2-11】滨海公司因采购需要向开户行申请办理银行汇票，将银行存款 200 000 元转为银行汇票存款，编制会计分录如下：

借：其他货币资金——银行汇票存款　　　　200 000

　贷：银行存款　　　　　　　　　　　　　　200 000

【例 2-12】公司购买原材料，货款 160 000 元，增值税 27 200 元，以银行汇票存款结算，材料已验收入库，编制会计分录如下：

借：原材料　　　　　　　　　　　　　　　　160 000

　　应交税费——应交增值税（进项税额）　　27 200

　贷：其他货币资金——银行汇票存款　　　　　187 200

【例 2-13】银行将多余款项 12 800 元退回公司银行存款账户，收到银行通知后，会计部门入账，编制会计分录如下：

借：银行存款　　　　　　　　　　　　　　12 800

　贷：其他货币资金——银行汇票存款　　　　12 800

（三）银行本票存款

企业在向银行提交“银行本票申请书”并将款项交存银行，取得银行本票后，根据银行盖章退回的申请书存根联，借记“其他货币资金——银行本票存款”账户，贷记“银行存款”账户。企业使用银行本票进行支付后，根据发票账单等有关凭证，企业会计部门编制付款凭证，借记“材料采购”或“原材料”、“库存商品”、“应交税费——应交增值税（进项税额）”等账户，贷记“其他货币资金——银行本票存款”账户。因本票超过付款期等原因而要求退款时，会计部门应当填制进账单一式两联，连同本票一并送交银行，根据银行盖章退回的进账单第一联，借记“银行存款”账户，贷记“其他货币资金——银行本票存款”账户。

【例 2-14】滨海公司因采购需要向银行提出办理银行本票申请，将银行存款 80 000 元转为银行本票存款，编制会计分录如下：

借:其他货币资金——银行本票存款　　　　80 000

　贷：银行存款　　　　　　　　　　　　　　80 000

【例 2-15】公司以银行本票购买原材料，货款 60 000 元，增值税 10 200 元，尚未验收入库，编制会计分录如下：

借：在途物资　　　　　　　　　　　　　　　60 000

　　应交税费——应交增值税（进项税额）　　10 200

　贷：其他货币资金——银行本票存款　　　　　70 200

【例 2-16】银行将多余款项 9 800 元退回公司银行存款账户，收到银行通知后，会计部门入账，编制会计分录如下：

借：银行存款　　　　　　　　　　　　　9 800

贷：其他货币资金——银行本票存款 9 800

（四）信用卡存款

办理信用卡存款时，企业应先按规定填写申请表，连同款项和有关资料一并提交发卡银行，根据银行盖章退回的存根联，借记“其他货币资金——信用卡存款”账户，贷记“银行存款”账户。企业用信用卡购物或进行支付时，借记相关账户，贷记“其他货币资金——信用卡存款”账户。企业信用卡在使用过程中，需要向其账户续存资金时，借记“其他货币资金——信用卡存款”账户，贷记“银行存款”账户。

【例 2-17】滨海公司将银行存款 20 000 元转入信用卡账户，编制会计分录如下：

借：其他货币资金——信用卡存款 20 000

贷：银行存款 20 000

【例 2-18】公司购买一批总价 16 000 元的办公用品供行政管理人员使用，用信用卡支付，编制会计分录如下：

借：管理费用 16 000

贷：其他货币资金——信用卡存款 16 000

（五）信用证保证金存款

企业向银行申请开立信用证，应按照规定向银行提交“开证申请书”、“信用证申请人承诺书”和购销合同副本等相关材料，并将相应款项转入信用证保证金存款账户，根据银行退回的申请书存根联，借记“其他货币资金——信用证保证金存款”账户，贷记“银行存款”账户。使用信用证时，根据开证行交来的信用证来单通知书及相关单据，借记“在途物资”、“原材料”、“库存商品”或“应交税费——应交增值税（进项税额）”等账户，贷记“其他货币资金——信用证保证金存款”账户。

【例 2-19】公司因采购需要向银行申请开立信用证，将银行存款 81 900 元转入信用证存款，编制会计分录如下：

借:其他货币资金——信用证保证金存款 81 900

贷：银行存款 81 900

【例 2-20】公司使用上述款项支付采购费用，其中材料货款 70 000 元，增值税 11 900 元，收到供货单位信用证结算凭证和增值税发票后，编制会计分录如下：

借：原材料 70 000

应交税费——应交增值税（进项税额） 11 900

贷:其他货币资金——信用证保证金存款　　81 900

（六）存出投资款

企业进行证券投资时应先向证券公司申请资金账号，并将资金划入开户账号，按照实际金额借记“其他货币资金——存出投资款”账户，贷记“银行存款”账户；购买股票、债券时，按实际发生金额，借记“交易性金融资产”账户，贷记“其他货币资金——存出投资款”账户。

【例 2-21】滨海公司在某证券公司以企业名义开立证券资金账户并存入资金 500 000 元。编制会计分录如下：

借：其他货币资金——存出投资款　　500 000

　贷：银行存款　　500 000

【例 2-22】随后公司委托该证券公司从深圳证券交易所购入 A 上市公司股票，总价为 200 000 元，编制会计分录如下：

借：交易性金融资产　　200 000

　贷：其他货币资金——存出投资款　　200 000

【课堂测试 2-3】

1．下列各项中，不通过“其他货币资金”账户核算的有（　　）。

A．银行汇票存款　　B．银行承兑汇票

C．备用金　　D．存出投资款

2．下列项目中，通过“其他货币资金”账户核算的有（　　）。

A．取得由本企业开户银行签发的银行本票

B．本企业签发并由开户银行承兑的商业汇票

C．取得由本企业开户银行签发的银行汇票

D．取得由购货单位签发并承兑的商业汇票

E．开出转账支票

3．企业采购人员持银行汇票到外地办理款项支付结算后，根据有关凭证账单报销时，应借记有关账户，贷记（　　）。

A．“银行存款”账户　　B．“应付票据——商业承兑汇票”账户

C．“其他货币资金”账户　　D．“应付票据——银行承兑汇票”账户

4．以下不符合企业会计制度规定的做法的是（　　）。

A．属于无法查明原因的现金溢余，经批准后冲减管理费用

B．属于无法查明原因的现金短缺，经批准后计入管理费用

C．企业内部周转使用备用金的，可以单独设置“备用金”账户，使用和报销有关备用金支出时都通过“备用金”账户核算

D．外埠存款不计利息，一律转账，不得支取现金

本章小结

库存现金、银行存款和其他货币资金一起统称为货币资金，是企业的重要支付手段和流通手段。其中，库存现金作为企业中流动性最强的资产，在使用管理上有严格的规定，只有在规定单位内的可以用现金结算，超出范围的应通过开户银行进行转账结算。企业必须按照规定设置现金日记账，来进行库存现金的核算。出纳人员必须按照业务发生顺序进行逐笔登记，做到每日与实际库存额核对，期末核对现金总账，做到账款相符、账账相符。企业一般采取实地盘点法进行库存现金清查，一旦发现问题，要及时进行纠正和处理。银行存款是指企业存入银行和其他金融机构的货币资金。为加强现金管理，超出现金收支范围的应通过银行办理转账结算。目前企业通过银行办理的转账结算业务方式主要包括银行汇票、银行本票、商业汇票、支票、信用卡、汇兑、委托收款、托收承付和信用证。银行存款的清查一般采取核对法，通常每月至少进行一次。其他货币资金是指企业除库存现金、银行存款以外的其他各种货币资金，即存放地点和用途均与库存现金和银行存款不同的货币资金，包括外埠存款、银行汇票存款、银行本票存款、信用卡存款、信用证保证金存款和存出投资款等。

【篇后案例】

小出纳 大问题

一、案例介绍

案例 1. 2000 年 7 月，原北京某区教委出纳员周某三次挪用、贪污公款达到 211 万元，被法院以挪用公款罪和贪污罪两罪并罚判处有期徒刑 20 年。1985 年，周某到北京某区教育局财务科做出纳，15 年的工作经历使周某对单位的财务状况了如指掌，其中的漏洞也心中有数。周某交代说："我可以决定提取现金的数量，支票也由我处理，可以随时加盖支票印鉴。在每月同会计对账时，也只是核对总额，而不进行明细账的核对。此外，我挪用公款，银行账上有反映，但我们的银行对账单由我保管，单位也不易察觉。"

案例 2. 2008 年，宁夏某大药房（国有企业）出纳刘某利用职务便利，分 246 次从单位银行账户上提现共计 239.9 万多元据为己有，被检察机关以涉嫌贪污立案并逮捕。根据银川市检察院指控，2004 年 10 月 20 日至 2008 年 9 月 2 日，刘某在担任宁夏某大药房出纳期间，利用管理单位现金支票的便利，将部分空白现金支票私自留存，并偷盖了单位财务专用章和法定代表

人印章。随后，刘某分 246 次从药房银行账户上提取现金 239.9 万多元据为已有。庭审中，据刘某向检察机关交代，这些款项中，150 万元用于炒股，40 多万元用于个人消费，其余用于吸食毒品等方面的挥霍。检察机关认为，应以贪污罪追究刘某的刑事责任。

资料来源：中国新闻网 www.chinanews.com.cn

二、案例分析及启示

上述两个小案例都是由于企业会计工作中不相容、职务不分离导致的。分析本案例，归纳其案发的原因，主要有以下几个方面：

（1）凭证、银行印鉴管理不严。根据会计法规的相关规定，企业的印鉴和结算单据应由专人负责保管，经过一定的程序和恰当授权，相关人员才能使用。然而在实际工作中，很多单位为贪图便利，片面追求效率，往往把不同印鉴交给一人保管。在上述两个案例中，企业银行支票的管理和支票印鉴管理未实行职务分离制度。根据企业会计内部控制制度的要求，保管企业支票的人员不能同时担任支票印鉴的管理工作，如果两种职务都由一人承担，就会给企业货币资金舞弊行为的发生留下隐患。

（2）疏于对支票领用备查簿的检查。按照《公司财务管理制度》等的相关规定，企业应当定期对支票领用备查簿进行检查，了解企业支票的使用状况。而在上述两个案例中，企业显然是疏于这方面的管理的。从而为出纳截留空白支票创造了条件。

（3）岗位轮换不勤。对涉及货币资金管理和控制的业务人员实行定期轮岗制度可以起到对企业资金管理工作进行监督和检查的作用。可以有效地防范贪污、挪用现金行为的发生。但是在本案例中，企业的出纳职务长期由一人担任，这就给出纳人员的舞弊行为创造了条件。

（4）内控制度执行不力，财务检查不细致。在案例 1 中，该单位每月会计与出纳进行对账时，只是核对总账，而从来都不核对明细账目。也未按照规定将银行日记账和银行对账单进行核对，这些疏忽使得企业内部监督检查的职能未能有效实施，导致了出纳周某长期贪污而未被发现的后果。

从上述两个案例中不难看出，加强企业内部会计制度的建设，杜绝货币资金舞弊现象迫在眉睫，具体说来，应该从以下几个方面着手：

（1）加强与货币资金有关的票据、印章鉴的管理。企业的印鉴和结算单据应由专人负责保管，经过一定的程序和恰当授权，相关人员才能使用。

（2）建立不相容职务分离制度，并定期进行岗位轮换。单位内部涉及会计工作的岗位、职务应坚持不相容原则，确保不同岗位、职务间权责分明、相互制约、相互监督。要特别强调的是，出纳员不得兼任稽核、会计档案保管和收入、支出、费用、债权债务账目的登记工作；不得由一人办理货币资金业务的全过程。

（3）健全监督机制，加强内部监督。要确保内部会计制度的切实执行，就必须施以有效的监督。这就要求各单位通过建立完整的监督机制来加强内部监督，由内部审计部门会同财务管理部门具体执行内部检查工作。

（4）加强会计人员的业务素质和职业道德教育。要提高会计工作质量和会计队伍的整体素质，人的道德因素是至关重要的，会计人员除了要提高自己的业务技能和理论水平之外，还必须树立良好的职业道德风尚，做到爱岗敬业、忠于职守、依法办事、不谋私利，做一个德才兼备的理财者和管理者。

三、思考题

1. 在本案例中，案犯主要是利用企业货币资金管理中的哪些漏洞实施犯罪行为的？

2. 结合本案例讨论应该如何加强企业货币资金的管理？

核心概念

货币资金（money funds） 库存现金（vault cash）
银行存款（bank deposit） 银行汇票（bank draft; bank bill）
商业汇票（commercial bill） 银行承兑汇票（bank acceptance）
商业承兑汇票（trade acceptance） 支票（check）
其他货币资金（other monetary assets）

思考题

1. 简述货币资金的内容。
2. 简述库存现金的使用范围。
3. 其他货币资金的核算过程有什么特点？
4. 什么叫空头支票？在银行存款余额调节表中应如何处理？
5. 有人说“现金等价物和现金是一样的”，这种观点你同意吗？
6. 请解释为什么账面现金余额和银行存款余额经常会发生不一致的现象，并举例说明。

练习题

（一）单项选择题

1．企业支付的银行承兑汇票手续费应计入（　　）科目。

A．营业费用　　B．财务费用

C．营业外支出　　D．管理费用

2．月末，（　　）的余额应与“库存现金”总账的余额核对相符。

A．备用金　　B．库存现金日记账

C．银行存款　　D．其他应收款

3．企业发现现金短缺属于无法查明的其他原因，按照管理权限经批准处理时，应在（　　）账户中核算。

A．财务费用　　B．管理费用

C．营业外支出　　D．其他应收款

4．下列各种结算方式中，既可用于同城结算，又可用于异地结算的是（　　）。

A．银行汇票结算方式　　B．汇兑结算方式

C．银行本票结算方式　　D．委托收款结算方式

5．商业汇票的付款期限最长不得超过（　　）。

A．2个月　　B．3个月　　C．4个月　　D．6个月

6．在编制银行存款余额调节表时，因出票人存款不足而被对方银行退回的票据应当（　　）。

A．减少银行对账单余额　　B．增加银行对账单余额

C．减少银行存款日记账余额　　D．增加银行存款日记账余额

7．商业承兑汇票的期限最长不得超过（　　）。

A．3个月　　B．6个月　　C．9个月　　D．一年

8．在企业开立的诸多账户中，可以办理提现发放工资的是（　　）。

A．专用存款账户　　B．一般存款账户

C．临时存款账户　　D．基本存款账户

9．下列各项中，不属于其他货币资金的是（　　）。

A．向银行申请的银行承兑汇票

B．委托银行开出的银行汇票

C．存入证券公司准备购买股票的款项

D．汇到外地并开立专户的款项

10．以下各类款项，适用于托收承付结算方式的是（　　）。

A．寄销商品的款项　　B．代销商品的款项

C．赊销商品的款项　　D．因商品交易产生的款项

11．银行汇票的提示付款期限为自出票日起（　　）。

A．10天　　B．20天　　C．1个月　　D．2个月

12．企业一般不得从本单位的现金收入中直接支付现金，因特殊情况需要坐支现金的，应事先报经（　　）审查批复。

A．开户银行　　B．本企业财务负责人

C．税务部门　　D．上级主管部门

13．下列不属于未达账项的是（　　）。

A．开户单位已收，银行未收的款项

B．开户单位已付，银行未付的款项

C．银行已收，开户单位未收的款项

D．银行已付，开户单位已付的款项

14．收款企业受理银行本票，经审核无误后，应连同进账单，交送开户银行办理银行转账，同时借记“（　　）”科目。

A．银行存款　　B．银行本票

C．其他货币资金——银行本票　　D．银行本票存款

15．不包括现金使用范围内的业务是（　　）。

A．结算起点以下的零星支出　　B．向个人收购农副产品

C．支付职工福利费　　D．支付银行借款利息

（二）多项选择题

1．企业发生下列支出中按规定可以用现金支付的有（　　）。

A．支付的职工差旅费　　B．支付银行承兑手续费

C．职工报销医药费　　D．支付的购置设备价款

E．收购农产品支付的价款

2．下列事项中，不符合银行结算纪律的是（　　）。

A．考虑企业的未来现金收入，签发了一张远期支票。

B．在不影响企业自身业务的情况下，将账户暂时借给他人使用。

C．根据企业自身需要，企业可开立多个基本存款账户。

D．企业是否付款由其自主决定，不用考虑账户是否有足够的资金。

3．企业在银行可以开立的账户包括（　　）。

A．基本账户　　B．一般账户

C．临时账户　　D．专用账户

E．临时公款账户

4．下列项目中，属于其他货币资金的有（　　）。

A．收到的商业汇票

B．收到债务人交来的银行汇票

C．存入证券公司准备购买股票的款项

D．银行本票存款

E．信用证存款

5．银行汇票按承兑人不同，可以分为（　　）。

A．商业承兑汇票　　B．企业承兑汇票

C．银行承兑汇票　　D．带息商业汇票

E．不带息商业汇票

6．在企业的下列存款中，应通过“其他货币资金”账户核算的有（　　）。

A．银行本票存款　　B．银行汇票存款

C．信用证存款　　D．转账支票存款

E．信用卡存款

7．现金溢余的会计核算涉及的科目有（　　）。

A．待处理财产损溢　　B．管理费用

C．其他应收款　　D．营业外收入

E．营业外支出

8．下列项目应包括在资产负债表“货币资金”项目中的是（　　）。

A．银行汇票存款　　B．信用证保证金存款

C．库存现金　　D．在途货币资金

E．存出投资款

9．下列符合企业银行存款开户的有关规定的是（　　）。

A．一般存款账户可以办理工资、奖金等现金的支取

B．临时存款账户可以办理转账结算，但不能办理现金收付

C．不得在同一家银行的几个分支机构开立一般存款账户

D．一个企业只能选择一家银行的一个营业机构开立一个基本存款账户

E．一般存款账户可以办理转账结算和现金缴存，但不能办理现金支取

10．其他货币资金包括（　　）。

A．银行存款　　B．外埠存款

C．备用金　　D．存出投资款

E．信用卡存款

11．下列货币资金应作为“其他货币资金”核算的有（ ）。

A．存出投资款　　B．信用证保证金存款

C．信用卡存款　　D．收到的银行本票存款

12．只能用于异地交易的结算方式有（ ）。

A．银行汇票　　B．商业汇票

C．支票　　D．银行本票

E．托收承付

13．银行汇票适用于（ ）的商品交易。

A．先发货后收款　　B．先收款后发货

C．钱货两清　　D．所有类型交易

14．在托收承付结算方式下，付款人在承付期内可以向银行提出拒绝付款的理由有（ ）。

A．供货方提前交货　　B．供货方逾期交货

C．付款人存款不足以支付　　D．验单时发现货款计算有误

15．根据现金管理规定，下列各项允许使用现金的是（ ）。

A．向个人收购农副产品支付的价款

B．出差人员随身携带的差旅费

C．支付给职工的工资及各项福利费用

D．采购原材料支付的价款

E．按照国家规定发给个人的科技进步奖

16．企业银行日记账与银行对账单不一致的原因有（ ）。

A．记账差错　　B．未达账项

C．预收账款　　D．应收账款

E．其他应收款

（三）判断题

1．企业用银行汇票支付购货款时，应通过“应付票据”账户核算。（ ）

2．通过“银行余额调节表”可以了解企业当月银行存款收支情况和月末可动用的银行存款实有数。（ ）

3．在企业的货币性资产中，现金的流动性是最强的。（ ）

4．企业银行存款实有额通常需要以编制银行余额调节表的方法进行确定。（ ）

5．已存入证券公司但尚未进行投资的资金，应当作为其他货币资金核算。

（　）

6.“银行存款”账户反映企业在银行的全部存款，因此，企业的银行本票存款也属于银行存款的核算内容。（　）

7.“预付账款”户属于资产类账户，因此该账户的期末余额一定在借方。（　）

8.公司收到一张2012年8月5日签发的100 000元、期限为90天的票据，其到期日为当年的11月5日。（　）

9．现金清查时发现现金溢余，将溢余金额计入“待处理财产损溢”科目，后经进一步核查，无法查明原因，经批准后，冲减当期管理费用。（　）

10．企业到外地进行零星或临时采购，汇往采购地银行开立采购专户的款项，应借记“其他货币资金——外埠存款”科目，贷记“银行存款”科目。（　）

11．银行存款余额调节表是用来核对账目的，不能用来作为记账的凭证。（　）

12．将现金存入银行或从银行提取现金可以编制付款凭证，也可编制收款凭证。（　）

13．企业以其出纳员的名义在银行开立了账户，存入单位资金。（　）

14．银行汇票存款结算后余额只能从收款单位收取，不能从银行转回。（　）

15．外币业务主要包括企业买入或者卖出以外币计价的商品或者劳务、企业借入或者借出外币资金、企业承担或清偿以外币计价的债务等。（　）

（四）核算题

1．鑫达公司2010年10月发生下列业务：

（1）企业销售产品一批，增值税发票上注明价款300 000元，增值税额为51 000元，货款已收存银行。

（2）企业销售产品一批，增值税发票上注明价款500 000元，增值税额为85 000元，收到客户交来的转账支票一张，金额为585 000元，已办妥进账手续。

（3）签发支票800 000元，用于支付前欠B公司货款。

（4）收到A公司的电汇单，A公司支付前欠的货款500 000元。

（5）用转账支票支付材料的运杂费20 000元。

（6）用转账支票支付本月厂部水电费10 000元。

（7）发放职工薪酬500 000元。

（8）用转账支票支付本月车间排污费100 000元。

2. 鸿运公司2009年6月30日银行存款日记账余额是265 400元，银行送来的对账单上本企业银行存款余额是270 420元，经逐笔校对，发现以下四笔未达账项：

（1）企业6月29日送存转账支票3 800元，企业已入账，银行尚未登入企业存款账。

（2）企业委托银行代收货款6 000元，银行已经收到入账，企业尚未登账。

（3）企业6月30日开出转账支票一张，金额3 000元，用于支付劳务费，但持票人尚未办理转账手续。

（4）银行支付企业委收的电话费180元，企业尚未接到付款通知。

要求：根据上述资料，编制“银行存款余额调节表”。

3. 企业从2013年1月起对办公室实施备用金制度，经核定备用金额为2 000元。

（1）1日备用金保管员领用备用金2 000元。

（2）13日备用金保管员报销1 600元。

（3）25日企业决定取消备用金制度，备用金保管员报销单据1 400元。

要求：根据上述业务编制会计分录。

4. 南开公司为增值税一般纳税人，2013年6月份发生以下经济业务：

（1）开出现金支票从银行提取5 000元备用。

（2）委托开户银行汇出500 000元至广州某银行开设临时采购专户，供本企业驻广州采购组采购材料用。

（3）用现金1 200元购买行政管理部门办公用品。

（4）销售产品给A公司，增值税专用发票注明的价款为850 000元，增值税税额为144 500元，收到对方开来的转账支票，并已向银行办妥进账。

（5）厂部的技术员刘辉出差预借差旅费4 000元，付给现金。

（6）通过银行还欠B公司的货款128 000元。

（7）银行转来委托收款结算收账通知，收到M公司承付货款285 000元。

（8）收到本企业驻广州采购组寄来的发票账单，购入材料400 000元，增值税税额为68 000元，运杂费5 000元（不考虑增值税），材料已验收入库。

（9）向银行申请并经银行同意，有开户银行签发的银行汇票一张，金额为250 000元，交采购员李红持往外地（北京）采购材料。

（10）通过银行发放本月职工工资168 500元。

（11）厂部技术员刘辉出差回来报销差旅费3 200元，余款退回现金。

（12）收到银行通知，广州临时采购存款户余额已转回企业本地银行存款户。

（13）企业销售产品一批，价款 1 200 000 元，增值税税额为 204 000 元，货款尚未收到。

（14）采购员李红交来从外地采购材料的发票账单，材料价款 200 000 元，增值税税额为 34 000 元，运杂费 2 000 元，材料已验收入库。

（15）收到银行转来多余款收账通知，将银行汇票结余款 14 000 元转回入账。

（16）收到银行转来的委托收款凭证的付款通知，转账支付本月的水电费 8 500 元。

（17）前已收到的商业汇票（不带息）现在到期，票面金额 420 000 元，款项已经进账。

要求：根据上述经济业务编制相应会计分录。

第三章　应收及预付款项

【学习目标】通过本章学习，了解应收票据、应收票据贴现、应收账款、预付账款、其他应收款项的概念；熟悉应收票据的分类、到期日的确定、到期值的计算；掌握应收票据的相关业务核算；掌握应收账款的确认标准和基本核算；掌握净价法和总价法的区别和应用；掌握预付账款的核算；掌握其他应收款的内容与核算；掌握坏账准备金计提方法和会计处理。

【开篇案例】

你的一个朋友经营商品赊销已达数年，从未计提过坏账。最近新换的会计员建议按赊销净额计提一定的坏账准备，并纳入财务报表。而你的朋友则认为推测和估计数不宜入账，并强调会计数据必须客观并且可验证，对会计员的建议犹豫不决。

试向你的朋友说明是否可以估计坏账损失并纳入报表并解释原因。

第一节　应收票据

一、应收票据概述

（一）应收票据概念

在我国会计实务中，应收票据是指企业在采用商业汇票结算方式时，因销售商品、产品或提供劳务而收到的商业汇票。商业汇票是由出票人签发的，委托付款人在指定日期无条件支付确定的金额给收款人或者持票人的票据。

根据我国现行法律的有关规定，商业汇票的付款期限，最长不得超过六个月。因此，应收票据是一种流动资产。

（二）应收票据分类

应收票据可按不同的标准进行分类。

1. 根据承兑人身份的不同，分为商业承兑汇票和银行承兑汇票

商业承兑汇票是由银行以外的付款人承兑的票据。商业承兑汇票可以由付款人签发并承兑，也可以由收款人签发交由付款人承兑。

银行承兑汇票是由出票人签发并由其开户银行承兑的票据。

2. 按照是否带有利息，分为带息票据和不带息票据

带息票据到期时除需支付票据面额外，尚需按票面规定的利率支付利息，不带息票据到期时只需支付票据面额。

3. 按照是否附有追索权，分为附有追索权票据和不附有追索权票据

附有追索权票据是指票据贴现时，贴现企业因背书而在法律上负有连带偿债责任，这种责任可能发生，也可能不发生；可能是部分的，也可能是全部的。

不附有追索权票据是指票据一经贴现，企业将应收票据上的风险（不可收回账款的可能性）和未来经济利益全部转让给银行。

所谓追索权，是指企业在转让应收款项的情况下，接受方在应收款项拒付时，向应收款项转让方索取应收金额的权利。

（三）应收票据到期日的确定

应收票据的到期日应按不同的约定方式来确定。

（1）票据期限按日表示时，应从出票日起按实际出票天数计算。出票日和到期日只能计算其中的一天，即“算头不算尾”或“算尾不算头”。例如，4 月 20 日开出、出票后 60 天付款的票据的到期日为 6 月 19 日。

（2）票据期限按月表示时，在计算时按到期月份的对应日确定，而不论各月是大月还是小月。例如，4 月 16 日签发、承兑的见票后 3 个月到期的商业汇票，到期日为 7 月 16 日。如果票据签发日为月末的最后一天，则到期日为若干月后的最后一天。例如，1 月 31 日签发、承兑的见票后 1 个月到期的商业汇票，到期日为 2 月 28 日或 29 日；若 2 个月到期的商业汇票，到期日为 3 月 31 日；若 3 个月到期的商业汇票，到期日为 4 月 30 日，以此类推。

（四）应收票据到期值的计算

不带息应收票据到期值=票据面值

带息应收票据到期值=票据面值×(1+票面利率×票据期限)

上式中，利率一般以年利率表示；票据期限则用月或日表示，在实际业务中，为了计算方便，常把一年定为 360 天，一月定为 30 天。例如，一张面值为 1 000 元，期限为 90 天，票面利率为 10%的商业汇票，到期价值为：1 000×（1+

10%×90/360）=1 025 元。

二、应收票据的核算

为了反映和监督应收票据取得、票款收回等经济业务，企业应当设置“应收票据”科目，借方登记取得的应收票据的面值和应计提的票据利息，贷方登记到期收回票款或到期前向银行贴现的应收票据的票面余额，期末余额在借方，反映企业持有的商业汇票的票面金额。本科目可按照开出、承兑商业汇票的单位进行明细核算，并设置“应收票据备查簿”，逐笔登记商业汇票的种类、号数和出票日、票面金额、交易合同号和付款人、承兑人、背书人的姓名或单位名称、到期日、背书转让日、贴现日、贴现率和贴现净额以及收款日和收回金额、退票情况等资料。商业汇票到期结清票款或退票后，在备查簿中应予注销。

（一）不带息应收票据的核算

企业销售产品或提供劳务收到承兑的商业汇票时，按应收票据的面值，借记“应收票据”科目，按确认的销售收入，贷记“主营业务收入”等科目，按专用发票上注明的增值税，贷记“应交税费——应交增值税(销项税额)”科目。企业收到用以抵偿应收账款的应收票据时，借记“应收票据”科目，贷记“应收账款”科目。

应收票据到期收回时，按票面金额借记“银行存款”科目，贷记“应收票据”科目。

商业承兑汇票到期，承兑人违约拒付或无力支付，企业在收到银行退回的商业承兑汇票、委托收款凭证、未付票款通知书或拒绝付款证明等时，应将到期票据的票面金额转入“应收账款”科目，即借记“应收账款”科目，贷记“应收票据”科目。

【例 3-1】滨海公司 2012 年 5 月 10 日向 A 公司销售一批产品，货款为 100 000 元，增值税税额为 17 000 元，当日收到 A 公司签发并承兑的一张不带息的、见票后 90 天付款的汇票，面值 117 000 元。

滨海公司的账务处理如下：

（1）收到商业承兑汇票时：

借：应收票据　　117 000

　贷：主营业务收入　　100 000

　　应交税费——应交增值税（销项税额）　　17 000

（2）若应收票据到期，收回款项存入银行：

借：银行存款　　117 000

贷：应收票据　　　　117 000

（3）若应收票据到期，A 公司无力支付：

借：应收账款　　　　117 000

贷：应收票据　　　　117 000

（4）若滨海公司于 6 月 15 日将上述应收票据背书转让，以取得生产经营所需的 A 材料，该材料价款为 100 000 元，增值税税额为 17 000 元，材料未入库，按实际成本核算。滨海公司应编制如下会计分录：

借：在途物资　　　　100 000

应交税费——应交增值税（进项税额）　　17 000

贷：应收票据　　　　117 000

（二）带息应收票据的核算

企业收到的带息应收票据，除按照上述原则进行核算外，还应于期末，按应收票据的票面价值和确定的利率计算计提票据利息，并增加应收票据的账面余额，同时，冲减“财务费用”。

应收票据到期收回时，按到期值借记“银行存款”科目，按账面余额贷记“应收票据”科目，按到期值与账面余额之间的差额（尚未计提利息部分），贷记“财务费用”科目。

到期不能收回的带息应收票据，应转入“应收账款”科目，按应收票据账面余额，借记“应收账款”科目，贷记“应收票据”科目，期末不再计提利息，其所包含的利息（尚未计提利息部分），在有关备查簿中进行登记，待实际收到时再冲减当期的财务费用。

【例 3-2】承【例 3-1】，若为带息票据，票面利率为 6%。其余条件相同。

滨海公司的账务处理如下：

（1）收到商业承兑汇票时：

借：应收票据　　　　117 000

贷：主营业务收入　　　　100 000

应交税费——应交增值税（销项税额）　　17 000

（2）2012 年 6 月 30 日计提利息，票据利息=117 000×6%/360×50=994.5（元）

借：应收票据　　　　994.5

贷：财务费用　　　　994.5

（3）2012 年 8 月 8 日票据到期，收回款项存入银行，尚未计提利息，票据利息=117 000×6%/360×39=760.5（元）

借：银行存款　　　　118 755

贷：应收票据 117 994.5

财务费用 760.5

（4）若应收票据到期，A 公司无力支付：

借：应收账款 117 994.5

贷：应收票据 117 994.5

三、应收票据贴现

（一）应收票据贴现的含义

企业收到商业汇票，如在票据未到期前需要提前取得资金，可以持未到期的商业汇票向银行申请贴现。贴现是指企业将未到期的商业汇票经过背书，交给银行，银行受理后，从票面金额中扣除按银行的贴现率计算确定的贴现息后，将余额付给贴现企业。票据贴现实质上是一种融通资金的行为。

背书的应收票据是此项借款的担保品。用应收票据向银行申请贴现时，企业必须在票据上“背书”。票据到期值与贴现收到的金额之间的差额，通常记作“财务费用”。

背书是指在票据的背面作必要记载，表示该票据的权利由背书者转让给被背书者的行为。

（二）应收票据贴现的计算

在贴现中，企业付给银行的利息称为贴现利息，银行计算贴现利息的利率称为贴现率，企业从银行获得的票据到期值扣除贴现利息后的货币收入，称为贴现所得。

贴现利息的数额根据票据的到期值按日贴现率及贴现天数计算。其计算公式为：

贴现利息=票据到期值×日贴现率×贴现天数

贴现所得=票据到期值－贴现利息

带息应收票据的到期值是其面值加上按票据载明的利率计算的票据应收利息；不带息应收票据的到期值就是其面值。

在实际业务中，为了计算方便，常把一年定为 360 天，一月定为 30 天，因此日贴现率=年贴现率/360=月贴现率/30。

根据现行制度规定，贴现期的计算一定要用贴现天数计算，贴现天数的计算：从贴现日至到期日，算头不算尾。如到期日为 7 月 5 日的应收票据，4 月 5 日贴现，贴现期不能按 3 个月计算，而要按贴现的实际天数（26＋31＋30＋4＝91 天）计算。承兑人在异地的，贴现利息的计算应加 3 天的划款日期。

（三）应收票据贴现的核算

1. 附有追索权的应收票据贴现

企业在贴现应收票据时，如与银行等金融机构签订的协议中规定为附有追索权的票据贴现，即：在贴现的应收票据到期，债务人未按期偿还时，申请贴现的企业负有向银行等金融机构还款的责任。

根据实质重于形式的原则，该类贴现从实质上看，与所贴现应收债权有关的风险和报酬并未转移，应收债权可能产生的风险仍由申请贴现的企业承担，属于以应收债权为质押取得的借款，申请贴现的企业应按照以应收债权为质押取得借款的规定进行会计处理，值得注意的是此时的贴现息应视为提前向银行支付的借款利息，直接计入财务费用。这很好地体现了会计核算的实质重于形式的原则。

附有追索权的应收票据（如商业承兑汇票）贴现时，企业应按贴现时实际所得金额，借记“银行存款”科目；按票据到期值，贷记“短期借款”科目；按贴现利息，借记“财务费用”科目。

（1）票据到期时，承兑人按期付款。企业应按票据到期值借记“短期借款”科目；按票据的账面余额贷记“应收票据”科目；按两者的差额贷记“财务费用”科目。也就是说，如果是不带息票据，贴现企业应按出票金额转销应收票据（贷记“应收票据”科目），同时减少短期借款（借记“短期借款”科目）；如果是带息票据，具体还要分不跨期与跨期两种情况进行处理：若不跨期，应按出票金额转销应收票据（贷记“应收票据”科目），而按票据到期值减少短期借款（借记“短期借款”科目），两者的差额（全部票据利息）冲减财务费用（贷记“财务费用”科目）；若跨期，应按出票金额和已确认利息转销应收票据（贷记“应收票据”科目），而按票据到期值减少短期借款（借记“短期借款”科目），两者的差额（尚未确认的票据利息）冲减财务费用（贷记“财务费用”科目）。

（2）票据到期时，承兑人拒绝付款。贴现企业承担连带责任，可视为贴现企业按票据到期值向银行归还借款本金。企业应按票据到期值借记“短期借款”科目，贷记“银行存款”科目；同时，贴现企业应将应收票据转为应收账款，按应收票据账面余额，借记“应收账款”科目，贷记“应收票据”科目，期末不再计提利息，其所包含的利息（尚未计提利息部分），在有关备查簿中进行登记，待实际收到时再冲减当期的财务费用。如果贴现企业存款科目余额不足，银行作逾期贷款处理。

【例 3-3】滨海公司收到购货单位交来 2012 年 4 月 5 日签发、承兑的不带息商业汇票一张，金额 600 000 元，见票后 90 天付款。2012 年 5 月 20 日滨海公司持汇票向银行申请贴现，附有追索权，年贴现率 8%。

滨海公司的账务处理如下：

（1）票据贴现：

到期日为 7 月 4 日（25＋31＋30＋4＝90 天）；到期值为 600 000 元；贴现天数为 45 天（12＋30＋3＝45 天）；日贴现率为 8%/360。

贴现利息＝票据到期值×日贴现率×贴现天数

＝600 000×8%/360×45＝6 000（元）

贴现所得＝票据到期值－贴现利息＝600 000－6 000＝594 000（元）

借：银行存款　　594 000

　　财务费用　　6 000

　贷：短期借款　　　600 000

（只是在备查簿中记录这个票据已经贴现了）。

（2）若票据到期，承兑人拒付：

借：短期借款　　600 000

　贷：银行存款　　600 000

借：应收账款　　600 000

　贷：应收票据　　600 000

（3）若票据到期，承兑人付款：

借：短期借款　　600 000

　贷：应收票据　　600 000

【例 3-4】承【例 3-3】，若为带息票据，票面利率为 6%。其余条件相同。

滨海公司的账务处理如下：

（1）票据贴现：

到期值＝600 000×（1+6%/360）×90＝609 000（元）

贴现利息＝票据到期值×日贴现率×贴现天数

＝609 000×8%/360×45＝6 090（元）

贴现所得＝票据到期值－贴现利息＝609 000－6 090＝602 910（元）

借：银行存款　　602 910

　　财务费用　　6 090

　贷：短期借款　　　609 000

（只是在备查簿中记录这个票据已经贴现了。）

（2）2012 年 6 月 30 日计提利息，票据利息＝600 000×6%/360×86＝8 600（元）

借：应收票据　　8 600

　贷：财务费用　　8 600

（3）若票据到期，承兑人拒付：

2012 年 7 月 4 日票据到期，尚未计提利息，票据利息＝600 000×6%/360×4＝400（元）

借：短期借款　　609 000

　贷：银行存款　　609 000

借：应收账款　　608 600

　贷：应收票据　　608 600

（4）若票据到期，承兑人付款：

借：短期借款　　609 000

　贷：应收票据　　608 600

　　　财务费用　　400

【篇中案例】

已贴现票据的或有负债

东方公司 10 月 10 日将 A 公司出具的一面值 100 000 元、年利率 6%、为期 3 个月、签发票据日期为 9 月 20 日的票据背书后向银行贴现，银行的年贴现率为 9%，贴现应收票据使背书人产生了或有负债。如果票据的出票人（在我们的例子中为 A 公司）不能向新的收款人（银行）支付票据的到期值，那么原来的收款人（东方公司——票据的背书人）必须依法向银行支付到期金额。现在我们看看为什么这项负债是或有负债。如果 A 公司向银行付款，那么东方公司就没有负债，但是如果 A 公司拒绝偿付这张票据，东方公司就有一项实际负债。

东方公司的这项或有负债存在于背书贴现日至票据到期日之间。在我们的例子中，或有负债存在于 2008 年 10 月 10 日（背书贴现日）至 2008 年 12 月 20 日（到期日）。

或有负债不包括在资产负债表的实际负债之中，毕竟这不是真实的负债。但是，财务报表使用者应警惕企业的这种潜在债务。许多企业在财务报表中以附注的形式报告或有负债。东方公司期末的资产负债表中可能有这样的附注：

“2008 年 10 月 31 日，公司有一笔由金额为 101 500 元的贴现应收票据所引起的或有负债。”

2. 不附有追索权的应收票据贴现

企业在贴现应收票据时，如与银行等金融机构签订的协议中规定为不附有追索权的票据贴现，即：在贴现的应收票据到期，债务人未按期偿还时，申请贴现的企业不负有任何偿还责任，应按照应收债权的出售进行处理。值得注意的是，与应收债权出售不同的是，应收票据贴现时应收票据的账面余额与贴现所得资金之间的差额计入财务费用而非营业外支出。

不附有追索权的应收票据（如银行承兑汇票）贴现时，企业应按贴现时实际所得金额，借记“银行存款”科目；按票据贴现时的账面余额减少应收票据，贷记“应收票据”科目；按票据贴现时的账面余额与贴现时实际所得金额之间的差额，借记或贷记“财务费用”科目。也就是说，如果是不带息票据，贴现企业应按出票金额转销应收票据（贷记“应收票据”科目），按贴现时实际所得金额，借记“银行存款”科目，贴现息计入财务费用，借记“财务费用”科目；如果是带息票据，应按账面余额（出票金额和已确认利息）转销应收票据（贷记“应收票据”科目），按贴现时实际所得金额，借记“银行存款”科目，按票据贴现时的账面余额与贴现时实际所得金额之间的差额，借记或贷记“财务费用”科目。

【例 3-5】滨海公司收到购货单位交来 2012 年 4 月 5 日签发、银行承兑的不带息商业汇票一张，金额为 600 000 元，90 天到期。2012 年 5 月 20 日滨海公司持汇票向银行申请贴现，该汇票不附有追索权，贴现率为 8%。

滨海公司的账务处理如下：

到期日为 7 月 4 日（25＋31＋30＋4＝90 天）；到期值为 600 000 元；贴现天数为 45 天（12＋30＋3＝45 天）；日贴现率为 8%/360。

贴现利息＝票据到期值×日贴现率×贴现天数

＝600 000×8%/360×45＝6 000（元）

贴现所得＝票据到期值－贴现利息＝600 000－6 000＝594 000（元）

借：银行存款　　594 000

　　财务费用　　　6 000

　贷：应收票据　　　600 000

【例 3-6】承【例 3-5】，该票据若为带息票据，票面利率为 6%。其余条件相同。

票据贴现：

到期值=600 000×（1+6%/360×90）=609 000（元）

贴现利息＝票据到期值×日贴现率×贴现天数

　　　＝609 000×8%/360×45＝6 090（元）

贴现所得＝票据到期值－贴现利息＝609 000－6 090=602 910（元）

财务费用＝应收票据账面余额－贴现所得＝600 000－602 910＝－2 910（元）

借：银行存款　　602 910

　贷：应收票据　　　600 000

　　　财务费用　　　　2 910

【课堂测试 3-1】

1．应收票据在贴现时，其贴现息应该计入（　　）。

A．商业承兑汇票　　B．银行承兑汇票

C．财务费用　　D．应收票据

2．甲企业 2012 年 11 月 1 日销售一批商品，并于当日收到面值 6 000 元、期限 3 个月的银行承兑汇票一张。12 月 31 日，该应收票据的账面价值为（　　）元。

A．6 000　　B．6 025

C．6 050　　D．6 075

3．某企业 2012 年 9 月 1 日收到一张面额 10 万、年利率 6%的商业承兑汇票，期限 6 个月，则 2012 年末的资产负债表上“应收票据”项目金额为（　　）万元。

A．10.6　　B．10.2

C．10.3　　D．10.5

4．2011 年 7 月 2 日，某企业将一张带息应收票据到银行贴现。该票据面值为 1 000 000 元，2011 年 6 月 30 日已计利息 1 000 元，尚未计提利息 1 200 元，银行贴现息为 900 元。该应收票据贴现时计入财务费用的金额为（　　）元。

A．-300　　B．-100

C．-1 300　　D．300

第二节 应收账款

一、应收账款概述

（一）应收账款的概念

应收账款是指企业因销售商品、提供劳务等经营活动，应向购货单位或接受劳务单位收取的款项，主要包括企业销售商品或提供劳务等应向有关债务人收取的价款及代购货单位垫付的运杂费等。

（二）应收账款的确认

应收账款的入账价值包括销售商品或提供劳务从购货方或接受劳务方应收的合同或协议价款（应收的合同或协议价款不公允的除外）、增值税销项税额，以及代购货单位垫付的运杂费等。由于实际商业活动中存在商业折扣、现金折扣，所以应收账款的入账价值还需要考虑商业折扣和现金折扣等因素。

1. 商业折扣

商业折扣是指企业根据市场供需情况，或针对顾客购买商品数量多少给予的价格上的优惠，通常以百分比来表示，如5%、10%等。企业在销售商品时，价目单上往往标明各种商品的价格，买方一般按价目单上的价格扣除卖方给予的折扣后的净额付款，则实际价格（发票价格）为折扣后的价格。

在商业折扣情况下，企业应收账款入账金额应按扣除商业折扣以后的实际售价加以确认。由于商业折扣一般在交易发生时即已确定，商业折扣仅仅是确定实际销售价格的一种手段，不在买卖任何一方的账上进行反映，所以，商业折扣对应收账款入账金额的确认并无实质性影响。

2. 现金折扣

现金折扣是指企业为了鼓励客户在一定时期内早日偿还货款而给予的一种折扣优惠。通常用符号“折扣/付款期限”表示，如“2/10、1/20、n/30”，即10天内付款折扣为2%，11到20天付款折扣为1%，21到30天内付款不享受折扣。

由于现金折扣发生于交易成立后，且对于销售企业来说其实际能收到的款项视购买方付款的时间不同而不同。因此，存在现金折扣的情况下，应收账款金额的确认有两种方法：一种是总价法；另一种是净价法。

总价法是将未减去现金折扣前的金额作为实际售价，记作应收账款的入账金额。现金折扣只有客户在折扣期内支付货款时，才予以确认。销售方给予客户的现金折扣，从融资角度出发，属于一种理财费用，会计上应当作为财务费用处理。

净价法是将扣减最大现金折扣后的金额作为应收账款的入账价值。这种方法是把客户取得折扣视为正常现象，认为客户一般都会提前付款，所以将由于客户超过折扣而多收入的金额，视为提供信贷获得的收入，冲减“财务费用”。

根据我国企业会计制度，企业应收账款的入账价值，应按总价法确定。

二、应收账款的核算

为了反映和监督应收账款的增减变动及其结存情况，企业应设置“应收账款”科目，不单独设置“预收账款”科目的企业，预收的账款也在“应收账款”科目核算。“应收账款”科目的借方登记应收账款的增加，贷方登记应收账款的收回及确认的坏账损失，期末余额一般在借方，反映企业尚未收回的应收账款；如果期末余额在贷方，则反映企业预收的账款。

企业销售商品等发生应收款项时，借记“应收账款”科目，贷记“主营业务收入”、“应交税费——应交增值税（销项税额）”等科目；收回应收账款时，借记“银行存款”等科目，贷记“应收账款”科目。

企业代购货单位垫付运杂费时，借记“应收账款”科目，贷记“银行存款”等科目；收回代垫费用时，借记“银行存款”科目，贷记“应收账款”科目。

如果企业应收账款改用应收票据结算，在收到承兑的商业汇票时，借记“应收票据”科目，贷记“应收账款”科目。

【例 3-7】滨海公司向甲公司赊销商品一批，货款 100 000 元，增值税额为 17 000 元，以银行存款代垫运杂费 2 000 元（不考虑增值税）。滨海公司账务处理如下：

（1）确认收入时：

借：应收账款　　119 000

　贷：主营业务收入　　100 000

　　应交税费——应交增值税（销项税额）　　17 000

　　银行存款　　2 000

（2）收到货款时：

借：银行存款　　119 000

　贷：应收账款　　119 000

【例 3-8】承【例 3-7】，若滨海公司在销售时给予甲公司 10%的商业折扣，其余条件相同。滨海公司账务处理如下：

（1）确认收入时：

借：应收账款 107 300

贷：主营业务收入 90 000

应交税费——应交增值税（销项税额） 15 300

银行存款 2 000

（2）收到货款时：

借：银行存款 107 300

贷：应收账款 107 300

【例 3-9】承【例 3-7】，若滨海公司在赊销商品时规定的现金折扣条件为“2/10、1/20、n/30”，假定计算现金折扣时不考虑增值税，其余条件相同。滨海公司账务处理如下：

1. 总价法：

（1）确认收入时：

借：应收账款 119 000

贷：主营业务收入 100 000

应交税费——应交增值税（销项税额） 17 000

银行存款 2 000

（2）若甲公司在 10 天内付款：

借：银行存款 117 000

财务费用 2 000

贷：应收账款 119 000

（3）若甲公司在 11～20 天付款：

借：银行存款 118 000

财务费用 1 000

贷：应收账款 119 000

（4）若甲公司超过 20 天付款：

借：银行存款 119 000

贷：应收账款 119 000

2. 净价法：

（1）确认收入时：

借：应收账款 117 000

贷：主营业务收入 98 000

应交税费——应交增值税（销项税额） 17 000
银行存款 2 000

（2）若甲公司在 10 天内付款：

借：银行存款 117 000
　贷：应收账款 117 000

（3）若甲公司在 11～20 天付款：

借：银行存款 118 000
　贷：应收账款 117 000
　　财务费用 1 000

（4）若甲公司超过 20 天付款：

借：银行存款 119 000
　贷：应收账款 117 000
　　财务费用 2 000

三、坏账损失的确认及其核算方法

坏账是指企业无法收回或收回的可能性极小的应收款项。由于发生坏账而产生的损失称为坏账损失。

（一）坏账损失的确认

企业确认坏账，必须有确凿证据表明该项应收账款确实无法收回或收回的可能性极小。一般来讲，企业的应收账款符合下列条件之一的，应确认为坏账：

（1）债务人死亡，以其遗产清偿后仍然无法收回的账款；

（2）债务人破产，以其破产财产清偿后仍然无法收回的账款；

（3）债务人较长时期内未履行其偿债义务，并有足够的证据表明无法收回或收回可能性极小的账款。

上述三个条件中的每一个条件都是充分条件，其中第三个条件是需要会计人员作出职业判断的。我国现行制度规定，上市公司坏账损失的决定权在公司董事会或股东大会。

应当指出，对于已确认为坏账的应收款项，并不意味着企业放弃了追索权，一旦重新收回，应及时登记入账。

（二）坏账损失的核算方法

坏账损失的核算方法有直接转销法和备抵法两种。我国《企业会计制度》规定，企业只能采用备抵法。

1．直接转销法

直接转销法是指在实际发生坏账时，将坏账损失直接计入当期损益，同时注销该笔应收款项，即借记“资产减值损失”科目，贷记“应收账款”等科目。这种方法账务处理简单，不需要设置“坏账准备”科目。

在该法下，如果已冲销的应收账款以后又收回，应做两笔会计分录，即先借记“应收账款”科目，贷记“资产减值损失”科目；然后再借记“银行存款”科目，贷记“应收账款”科目。

【例 3-10】滨海公司应收甲公司的 20 000 元货款已超过 3 年，公司屡次催收无效，确认已无法收回。经公司有关部门审批同意，对该项应收账款作坏账损失处理。滨海公司的账务处理如下：

（1）确认无法收回时：

借：资产减值损失——坏账损失　　20 000

　贷：应收账款——甲公司　　20 000

（2）如果已注销的应收账款后来又收回时：

借：应收账款——甲公司　　20 000

　贷：资产减值损失——坏账损失　　20 000

同时：

借：银行存款　　20 000

　贷：应收账款——甲公司　　20 000

直接转销法的账务处理简单、真实，但却忽视了坏账损失与应收款项的业务关系，在转销坏账损失的前期，对于坏账的情况不做任何处理，显然不符合权责发生制及收入与费用配比的会计原则，而且核销手续繁杂，致使企业发生大量陈账、呆账、长年挂账，得不到处理，虚增了利润，也夸大了前期资产负债表上应收款项的可实现价值。因此，我国会计制度规定，不允许企业采用直接转销法核算坏账损失。

2. 备抵法

备抵法是指按期估计坏账损失，据以计提坏账准备，当某一应收款项全部或者部分确认为坏账时，应根据其金额冲减坏账准备，同时转销相应的应收款项金额。

采用备抵法核算坏账损失，企业应设置“坏账准备”科目。该科目是应收账款的备抵科目。企业在年度终了时，应对应收账款进行全面检查，预计各项应收款项发生减值的，应当计提坏账准备。其账务处理如下：

企业在提取坏账准备时，应借记“资产减值损失”科目，贷记“坏账准备”

科目。如本期应计提的坏账准备金额大于坏账准备账面余额的，应当按其差额计提，借记“资产减值损失”科目，贷记“坏账准备”科目。如本期应提取的坏账准备金额小于“坏账准备”账面余额，应按其差额作相反会计分录，借记“坏账准备”科目，贷记“资产减值损失”科目。

对于确实无法收回的应收款项，按管理权限报经批准后作为坏账处理，转销应收款项，借记“坏账准备”科目，贷记“应收账款”等科目。

已确认坏账损失并转销的应收款项，以后又全部或部分收回时，应按实际收回的金额借记“应收账款”等科目，贷记“坏账准备”科目；同时借记“银行存款”等科目，贷记“应收账款”等科目。也可以按照实际收回的金额直接借记“银行存款”等科目，贷记“坏账准备”科目。

资产减值损失是指企业在资产负债表日，经过对资产的测试，判断资产的可收回金额低于的其账面价值而计提资产减值损失准备所确认的相应损失。

企业的应收款项、存货、长期股权投资、持有至到期投资、固定资产、无形资产、贷款等资产发生减值的，按应减记的金额，借记本科目，贷记“坏账准备”、“存货跌价准备”、“长期股权投资减值准备”、“持有至到期投资减值准备”、“固定资产减值准备”、“无形资产减值准备”、“贷款损失准备”等科目。

企业计提坏账准备、存货跌价准备、持有至到期投资减值准备、贷款损失准备等，相关资产的价值又得以恢复的，应在原已计提的减值准备金额内，按恢复增加的金额，借记“坏账准备”、“存货跌价准备”、“持有至到期投资减值准备”、“贷款损失准备”等科目，贷记本科目。

期末，应将本科目余额转入“本年利润”科目，结转后本科目无余额。

计提坏账准备的方法由企业自行确定。企业应当列出目录，具体注明计提坏账准备的范围、提取方法、账龄的划分和提取比例，按照管理权限，经股东大会或董事会，或经理（厂长）会议或类似机构批准，并且按照法律、行政法规的规定报有关各方备案，并备置于公司所在地，以供投资者查阅。坏账准备提取方法一经确定，不得随意变更。如需变更，仍然应按上述程序，经批准后报送有关各方备案，并在会计报表附注中予以说明。

具体来说坏账准备的计提方法有三种：即“应收账款余额百分比法”、“账龄分析法”和“销货百分比法”。

（1）余额百分比法

余额百分比法是按照期末应收账款余额的一定百分比估计坏账损失的方法。坏账百分比由企业根据以往的资料或经验自行确定。在余额百分比法下，企业应在每个会计期末根据本期末应收账款的余额和相应的坏账率估计出期末坏账准备账户应有的余额，它与调整前坏账准备账户已有的余额的差额，就是当期应提的坏账准备金额。

采用余额百分比法计提坏账准备的计算公式如下：

①首次计提坏账准备的计算公式：

当期应计提的坏账准备＝期末应收账款余额×坏账准备计提百分比

②以后计提坏账准备的计算公式：

当期应计提的坏账准备＝当期按应收账款计算应计提的坏账准备金额＋（或－）坏账准备账户借方余额（或贷方余额）

【例 3-11】滨海公司 2009 年 12 月 31 日应收账款余额为 800 000 元，该公司坏账准备的提取比例为应收账款余额的 0.4%。2010 年 7 月 10 日发生坏账 4 000 元，该年末应收账款余额为 980 000 元。2011 年 5 月 10 日发生坏账损失 3 000 元，8 月 15 日上年冲销的账款中有 2 000 元本年度又收回，并存入银行。2011 年 12 月 31 日应收账款余额为 600 000 元。假设坏账准备科目在 2009 年初余额为 0。要求：计算各年提取的坏账准备并编制会计分录。

滨海公司的账务处理如下：

①2009 年 12 月 31 日，计提坏账准备：

应计提的坏账准备＝800 000×0.4%＝3 200（元）

借：资产减值损失　　3 200

　贷：坏账准备　　　　3 200

②2010 年 7 月 10 日，冲销发生的坏账损失时：

借：坏账准备　　　　4 000

　贷：应收账款　　　　4 000

③2010 年 12 月 31 日，计提坏账准备：

应计提的坏账准备＝980 000×0.4%＝3 920（元）

年末计提坏准备账前“坏账准备”账户的余额为：4 000－3 200＝800（借方）

本期应补提的坏账准备＝3 920＋800＝4 720（元）

借：资产减值损失　　4 720

　贷：坏账准备　　　　4 720

④2011 年 5 月 10，冲销发生的坏账损失时：

借：坏账准备　　3 000

　贷：应收账款　　3 000

⑤2011 年 8 月 15 日收回已冲销的应收账款时：

借：应收账款　　　2 000

　贷：坏账准备　　　2 000

借：银行存款　　　2 000

　贷：应收账款　　　2 000

⑥2011 年 12 月 31 日，计提坏账准备：

应计提的坏账准备＝600 000×0.4%＝2 400（元）

年末计提坏账准备前“坏账准备”账户的余额为：

3 920－3 000＋2 000＝2 920（元）（贷方）

应冲销多提的坏账准备＝2 920－2 400＝520（元）

借：坏账准备　　　　520

　贷：资产减值损失　　520

（2）账龄分析法

账龄是指负债人所欠账款的时间。账龄分析法是根据应收账款账龄的长短来估计坏账损失的方法。通常而言，应收账款的账龄越长，发生坏账的可能性越大。为此，将企业的应收账款按账龄长短进行分组，分别确定不同的计提百分比估算坏账损失，使坏账损失的计算结果更符合客观情况。

应用账龄分析法估计可能的坏账金额：

第一步：在会计末期，应根据企业应收账款资料编制应收账款账龄分析表；

第二步：根据应收账款账龄表和企业事先确定的不同账龄的估计坏账百分比计算和编制期末坏账损失估计表；

第三步：根据表中计算所得的估计损失金额，确定期末应补提或冲销的坏账准备金额；

第四步：编制相应的会计分录登记账簿。

采用账龄分析法计提坏账准备的计算公式如下：

①首次计提坏账准备的计算公式：

当期应计提的坏账准备＝ ∑（期末各账龄组应收账款余额×各账龄组坏账准备计提百分比）

②以后计提坏账准备的计算公式：

当期应计提的坏账准备＝当期按应收账款计算应计提的坏账准备金额＋（或－）坏账准备账户借方余额（或贷方余额）

【例 3-12】滨海公司财务部门根据 2011 年 12 月 31 日的应收账款资料编制账龄分析表，见表 3-1。

表 3–1 应收账款账龄分析表 单位：元

客户名称	余额	未到期	已过期		
			3 个月以内	3 到 6 个月	6 个月以上
A	100 000	100 000	——	——	——
B	80 000	——	60 000	20 000	——
C	35 000	——	20 000	10 000	5 000
合计	215 000	100 000	80 000	30 000	5 000

根据应收账款账龄表和企业事先确定的不同账龄的估计坏账百分比，会计人员编制期末坏账损失估计表，见表 3-2。

表 3–2 坏账损失估计表 单位：元

应收账款账龄	应收账款余额	估计坏账百分比（%）	估计损失金额
未到期	100 000	0.5	500
3 个月以内	80 000	1	800
3 到 6 个月	30 000	2	600
6 个月以上	5 000	8	400
合计	215 000	——	2 300

根据表 3-2，企业 2011 年 12 月 31 日估计的坏账损失为 2 300 元，所以年末坏账准备余额应为 2 300 元。假设在计提坏账准备前“坏账准备”账户的贷方余额 2 000 元，则企业应补提坏账准备 300（2 300－2 000）元，据此作相应账务处理如下：

借：资产减值损失——计提的坏账准备 300

　贷：坏账准备 300

账龄分析法和余额百分比法一样在计提坏账准备时，考虑到了该账户原有的余额再做出调整。这两种方法都是从资产负债表的观点来估计坏账，注重的是期末坏账准备应有的余额，使资产负债表中的应收账款能更合理地按变现价值评价。但是，期末的应收账款并不都是本期的赊销产生的，可能含有以往年度销售产生的账款，采用这两种方法计算出的坏账费用就不能完全于本期的销售收入配合，在实务上，账龄分析法也使得账务处理的成本有所提高。

（3）销货百分比法

销货百分比法是根据赊销金额的一定百分比估计坏账损失的一种方法。企业可以根据过去的经验和有关资料，估计坏账损失与赊销金额之间的比率，也可以用其他更合理的方法进行估计。

采用销货百分比法计提坏账准备的计算公式如下：

当期应计提的坏账准备＝本期销售总额（或赊销额）× 坏账准备计提比例

【例 3-13】滨海公司 2011 年赊销金额为 20 000 元，根据以往资料和经验，估计坏账损失率为 1%，2011 年初坏账准备账户余额为贷方 200 元。滨海公司的账务处理如下：

2011 年末应计提的坏账准备为：20 000×1%=200（元）

借：资产减值损失　　200

　贷：坏账准备　　　　200

2011 年末坏账准备科目余额为：200+200=400（元）

可以看出，采用销货百分比法，在决定各年度应提的坏账准备金额时，并不需要考虑坏账准备账户上已有的余额。从利润表的观点看，由于这种方法主要是根据当期利润表上的销货收入数字来估计当期的坏账损失，因此坏账费用与销货收入能较好地配合，比较符合配比概念。但是由于计提坏账时没有考虑到坏账准备账户以往原有的余额，如果以往年度出现坏账损失估计错误的情况就不能自动更正，资产负债表上的应收账款净额也就不一定能正确地反映其变现价值。因此，采用销货百分比法还应该定期地评估坏账准备是否适当，及时做出调整，以便能更加合理地反映企业的财务状况。

【篇中案例】

宇通客车被指利用坏账准备调节利润

宇通客车（600066.SH）2012 年三季报显示，截至 9 月 30 日，公司其他应收款为 9.76 亿元，较年初增长 371.20%。公司称，其他应收款变动的主要原因是将预付土地款转入所致。

2012 年一季度，宇通客车将 8 亿元预付土地款转入其他应收款，并同时按 5%的比例计提了约 4000 万元的坏账准备。

据了解，宇通客车因“客车技术改造项目”曾于 2010 年二季度和 2011 年一季度分期向郑州市管城区财政局和管城回族区宇通汽车产业园合计预付土地购置款 8 亿元。宇通客车工作人员表示，因政府发展规划发生变化，这宗土地由工业用地调整为现在的住宅用地，而这两笔预付账款则全部转为其他应收款。

宇通客车工作人员表示，一方面，由于政府土地出让实行收支两条线管理，收很容易，退则手续繁琐；另一方面，今年以来，地方政府土地出让金严重欠收，财政收入增幅锐减。故而，宇通客车及时足额拿到郑州市管城区财政局退地款和补偿可能并不容易。而宇通工作人员也回应称，该款项今年收回来可能性较小，估计明年可能收回。

故此，2012 年一季度，宇通客车将这 8 亿元预付土地款转入其他应收款，并同时按 5%的比例计提坏账准备。然而，有分析人士却认为，宇通客车此举涉嫌调节净利润，致使一季度净利润增长率被做低。

一季度，宇通客车实现营业收入 39.69 亿元，同比增长 35%；实现净利润 2.42 亿元，同比增长 31%。上述分析人士认为，一季度，如果剔除预付土地款转为其他应收款后产生的约 4000 万元的坏账准备的影响，宇通客车一季度净利润增长率将更高。而 8 亿元的土地预付款，相当于交给政府的拿地押金，收不回来的可能性较小，一旦收回，计提的资产减值就可冲回。

上述人士认为，宇通客车隐藏利润或是为来年的股权激励做准备。根据宇通客车 6 月通过的股权激励方案显示，未来三年每年 7 月初将解锁一批股份，而 2013 年 7 月将是第一批 20%的限制性股票解锁。按照股权激励方案，以 2011 年为基准年，宇通客车 2012～2014 年营业收入增长率分别不低于 16%、30%和 50%；净利润增长率不低于 18%、30%和 50%。

2012 年 1～9 月，公司实现营业收入 133.09 亿元，同比增长 19%；实现净利润 9.73 亿元，同比增长 26%。从业绩增长来看，不出意外，宇通客车达到今年股权激励条件是毫无疑问的。将利润留到以后，可以使明年甚至后年的报表同比更好看，在一定程度上减轻了以后期间的业绩压力。

资料来源：http://stock.caijing.com.cn/2012-11-20/112297508.html

【课堂测试 3-2】

1．下列项目中，属于应收账款范围的是（　　）。

A．应向接受劳务单位收取的款项

B．应收外单位的赔偿款

C．应收存出保证金

D．应向职工收取的各种垫付款项

2．总价法是将（　　）作为实际售价，记为应收账款的入账价值。

A．未扣减商业折扣前的金额

B．未扣减现金折扣前的金额

C．扣减现金折扣后的金额

D．扣减商业折扣和现金折扣的金额

3．企业某项应收账款 100 000 元，现金折扣条件为 2/10、1/20、n/30，客户在 10 天内付款，该企业实际收到的款项金额为（　　）元。

A．98 000　　B．98 500　　C．99 000　　D．100 000

4．企业年末应收款项余额为 400 000 元，坏账准备为借方余额 1 500 元，按 5%提取坏账准备，则应提的坏账准备数额为（　　）元。

A．20 000　　B．1 500　　C．21 500　　D．18 500

第三节　预付账款及其他应收款项

一、预付账款

（一）预付账款的含义

预付账款是指企业按照合同规定预付的款项。预付账款是买卖双方协议商定，由购货方预先支付一部分货款给供应方而发生的一项债权。预付账款一般包括预付的货款、预付的购货定金，如预付的材料、商品采购货款、必须预先发放的在以后收回的农副产品预购定金等。

（二）预付账款的核算

企业应当设置“预付账款”科目，核算预付账款的增减变动及其结存情况。借方登记企业向供货商预付的款项和补付的款项，贷方登记企业收到所购物品应结转的预付款项和因预付货款多而退回的款项，期末余额一般在借方，表示企业实际预付的款项。期末余额如果在贷方，表示企业尚未补付的款项。该科目应按供货单位进行明细核算。预付款项业务不多的企业，也可以不设置“预付账款”科目，而直接通过“应付账款”科目核算。

预付账款的核算包括预付款项和收到货物两个方面。

企业根据购货合同的规定向供应单位预付款项时，借记“预付账款”科目，贷记“银行存款”科目。

企业收到所购物资，按应计入购入物资成本的金额，根据有关发票账单金额，借记“原材料”、“库存商品”、“应交税费——应交增值税（进项税额）”等科目，贷记“预付账款”科目；当预付货款小于采购货物所需支付的款项时，应将不足部分补付，借记“预付账款”科目，贷记“银行存款”科目；当预付货款大于采购货物所需支付的款项时，对收回的多余款项应借记“银行存款”科目，贷记“预付账款”科目。

【例 3-14】滨海公司向甲公司采购某材料，所需支付的款项总额 50 000 元。

按照合同规定向甲公司预付货款的50%，验收货物后补付其余款项。

滨海公司的账务处理如下：

（1）预付50%的货款时：

借：预付账款　25 000

　贷：银行存款　25 000

（2）收到材料，验收无误入库，增值税专用发票记载的货款为50 000元，增值税税额为8 500元。滨海公司以银行存款补付款项33 500元，按实际成本核算。应编制如下会计分录：

借：原材料　50 000

　应交税费——应交增值税（进项税额）　8 500

　贷：预付账款　58 500

借：预付账款　33 500

　贷：银行存款　33 500

企业的预付账款不得计提坏账准备。但是，如果有确凿的证据表明企业预付账款的性质已经发生改变，或者因供货单位破产、撤销等原因已经无望再收到所购货物的，应将原计入预付账款的金额转入其他应收款，并按规定计提坏账准备。

二、其他应收款项

（一）其他应收款项的含义

其他应收款是指企业除应收票据、应收账款、预付账款等以外的其他各种应收及暂付款项。其主要内容包括：

（1）应收的各种赔款、罚款，如因企业财产等遭受意外损失而应向有关保险公司收取的赔款等；

（2）应收的出租包装物租金；

（3）应向职工收取的各种垫付款项，如为职工垫付的水电费、应由职工负担的医药费、房租费等；

（4）向企业有关部门拨出的备用金；

（5）存出保证金，如租入包装物支付的押金；

（6）其他各种应收、暂付款项。

（二）其他应收款项的核算

为了反映其他应收账款的增减变动及其结存情况，企业应当设置“其他应收款”科目进行核算。“其他应收款”科目的借方登记其他应收款的增加，贷方登记其他应收款的收回，期末余额一般在借方，反映企业尚未收回的其他应收款项。

企业发生其他应收款时，借记“其他应收款”科目，贷记“库存现金”、“银行存款”、“营业外收入”等科目；收回或转销其他应收款时，借记“库存现金”、“银行存款”、“应付职工薪酬”等科目，贷记“其他应收款”科目。

企业应当定期或者至少于每年年度终了，对其他应收款进行检查，预计其可能发生的坏账损失，并计提坏账准备。企业对于不能收回的其他应收款应当查明原因，追究责任。对确实无法收回的，按照企业的管理权限，经股东大会或董事会，或经理（厂长）会议或类似机构批准作为坏账损失，冲销提取的坏账准备。

经批准作为坏账的其他应收款，借记“坏账准备”科目，贷记“其他应收款”科目。

已确认并转销的坏账损失，如果以后又收回，按实际收回的金额，借记“其他应收款”科目，贷记“坏账准备”科目；同时，借记“银行存款”科目，贷记“其他应收款”科目。

“其他应收款”科目应按其他应收款的项目分类，并按不同的债务人设置明细账，进行明细核算。“其他应收款”科目期末借方余额，反映企业尚未收回的其他应收款。

【例 3-15】滨海公司在采购过程中发生材料毁损，按保险合同规定，应由保险公司赔偿损失 30 000 元，赔款尚未收到。

滨海公司的账务处理如下：

借：其他应收款　　30 000

　贷：材料采购　　　　30 000

收到保险公司赔款时：

借：银行存款　　30 000

　贷：其他应收款　　　30 000

【例 3-16】滨海公司以银行存款替副总经理垫付应由其个人负担的医疗费 5 000 元，拟从其工资中扣回。

滨海公司的账务处理如下：

垫支时：

借：其他应收款　　5 000

　贷：银行存款　　　　5 000

扣款时：

借：应付职工薪酬　　5 000

　贷：其他应收款　　　5 000

【例 3-17】滨海公司租入包装物一批，以银行存款向出租方支付押金 10 000 元。

滨海公司的账务处理如下：

用银行存款支付押金：

借：其他应收款　　10 000

　贷：银行存款　　10 000

收到出租方退还的押金，存入银行：

借：银行存款　　10 000

　贷：其他应收款　　10 000

若企业发生的备用金业务频繁，金额也比较大，可以单独设置“备用金”科目核算；反之，则可以不单独设置“备用金”科目，而是在“其他应收款”科目下设置“备用金”明细科目加以核算。

【课堂测试 3-3】

1．下列应收、暂付款项中，不通过“其他应收款”科目核算的是（　　）。

A．应收保险公司的赔款

B．应向购货方收取的代垫运杂费

C．应向职工收取的各种垫付款项

D．应收出租包装物的租金

2．甲公司在采购过程中发生材料毁损，按保险合同规定，应由保险公司赔偿损失 30 000 元，赔款尚未收到。之后如数收到应收赔款。写出会计分录。

本章小结

本章主要讲述了应收及预付款项的相关内容，具体而言，讲述了应收票据的概念、分类、到期日的确定、到期值的计算、核算，应收票据贴现的含义、计算、核算；应收账款的概念、确认、核算，坏账损失的确定、核算；预付账款的含义、核算；其他应收款项的含义、核算。

在我国会计实务中，应收票据是指企业因销售商品、提供劳务等而收到的远期商业汇票。按是否附息，分为附息应收票据和无息应收票据。不带息应收票据到期值＝票据面值；带息应收票据到期值＝票据面值＋票据面值×票面利率×票据期限。附息应收票据和无息应收票据的核算也有区别。

应收票据贴现是持票人将未到期的应收票据通过背书转让给银行，银行从票据到期值中扣除贴现利息后，将余额付给持票人的一种融资行为。

贴现利息的数额根据票据的到期值按日贴现率及贴现天数计算。其计算公式为：

贴现利息＝票据到期值×日贴现率×贴现天数

贴现所得＝票据到期值－贴现利息

应收票据贴现的核算分为附有追索权和不附有追索权两种情况。

应收账款是指企业因销售商品、提供劳务等经营活动，应向购货单位或接受劳务单位收取的款项，主要包括企业销售商品或提供劳务等应向有关债务人收取的价款及代购货单位垫付的包装费、运杂费等。

应收账款的入账价值包括销售商品或提供劳务从购货方或接受劳务方应收的合同或协议价款（应收的合同或协议价款不公允的除外）、增值税销项税额，以及代购货单位垫付的包装费、运杂费等。由于实际商业活动中存在商业折扣、现金折扣，所以应收账款的入账价值还需要考虑商业折扣和现金折扣等因素。

坏账是指企业无法收回或收回的可能性极小的应收款项。由于发生坏账而产生的损失称为坏账损失。

坏账损失的核算方法有直接转销法和备抵法两种。我国《企业会计制度》规定，企业只能采用备抵法。

坏账准备的计提方法有三种，即“应收账款余额百分比法”、“账龄分析法”和“销货百分比法”。

预付账款是指企业按照合同规定预付的款项。预付账款是买卖双方协议商定，由购货方预先支付一部分货款给供应方而发生的一项债权。

其他应收款是指企业除应收票据、应收账款、预付账款等以外的其他各种应收及暂付款项。

【篇后案例】

哈高科预付账款的秘密

哈高科 2002 年 1～3 月净利润为负 5 559.73 万元，中期继续预亏。哈高科称，发生较大亏损是由于继续计提了坏账准备。人们不由得感到纳闷，哈高科去年不是已经对历年的应收账款计提了巨额的坏账准备了吗？怎么老是计提不完呢?

2001 年中期哈高科还报了 1 355 万元净利润，年底却亏损了 12 495 万元，据称主要原因是由于公司按照证监会巡检整改通知的要求调整了应收账款账龄计算的方法，以及按照国家计提 8 项减值准备会计政策的规定计提坏账、减值准备而导致的财务亏损。4.4 亿元应收款，经调整账龄，三年以上的竟高达 2.14 亿元，比上年增加了 132.50%，于是一下子计提坏账准备 1.42 亿元，使管理费用剧增。

我们注意到，哈高科在 2002 年第一季度季报中称："经过对公司现有经营能力和经营状况以及公司应收账款、其他应收款账龄和余额的分析，公司认为 2002 年中期将会继续出现亏损。"其实，只要具体了解一下其财务状况，就不难发现，与其说当前影响 2002 年财务状况和经营业绩的威胁主要来自应收账款和其他应收款，不如说预付账款更说明问题。

哈高科历年披露的应收账款、其他应收款均无持有本公司 5%以上股份的主要股东单位的欠款，但总是有高新技术开发区管理办公室、哈尔滨高新集团实业发展公司、哈尔滨高新房屋开发总公司、哈尔滨高新技术开发区管理委员会、哈尔滨高新技术开发区基础设施开发建设有限公司等名义出现的一、二年期不等的借款，其利用牛头不对马嘴的账龄掩盖大股东占用资金的秘密已为中国证监会调查发现。但更深的秘密其实隐藏在预付账款之中。

预付账款问题是哈高科的一个特殊问题，也可以说是哈高科问题症结的秘密所在。哈高科董事会在 2001 年报中就 1999 年 12 月以公司名义向国家开发行贷款 4.77 亿元所作的解释性说明，其实已经初步托出了这一秘密。这笔巨额贷款，实际上完全为开发区基础设施公司所占用，后者主要用于开发区基础设施建设（水、电、煤、路等）。董事会承认，"公司在贷款的具体使用中，按照哈尔滨高新技术产业开发区管委会的委托，根据开发项目的进度情况，分期、分批地向高新技术开发区基础设施建设有限公司支付开发费用。公司一直以'预付货款'方式进行账务处理，负债表现为'长期借款'。"公司在 2001 年度调整应收款项账龄时，将 9 525 万元预付账款转为其他应收款而计提坏账准备。即使如此，年末预付款余额仍高达 50 081.41 万元。

哈高科计提坏账，从会计制度来看并无不合，但从其应收账款、其他应收款尤其是预付账款形成的实际状况来看，值得关注的是，其计提坏账是否意味着替大股东赖账?

根据有关会计政策，坏账准备只能逐年按比例计提，一次性全部计提坏账准备是不可行的，也是不合理的。而坏账准备的增加将随账龄的不同而呈不等量的递增，欠款时间每增加一年，坏账准备可能增加 40%～50%。哈高科 2001 年调整应收款项账龄以后，其应收账款余额为 10 474 万元，今年第一季度已减少到 8 191.66 万元；其他应收款 19 325 万元，今年一季度有无减少不详。即使按保守估算，依目前的账龄，2002 年预计将计提坏账准备约

7 000 万元。而今年一季度预付账款则比 2001 年末又增加了 7%，达到 53 587.03 万元，假如按 2001 年将预付账款转为其他应收款而计提坏账准备的方法，则估计因此而将增提坏账准备约 4 700 万元。更严重的是，假如来年继续如法炮制，预计 2003 年将因数额最大的预付账款账龄分别进入 2～3 年期和 3 年以上期而增提坏账准备逾 1 亿元。

核心概念

应收票据（note receivable ）　　贴现（discount）

应收账款（account receivable）　　坏账（bad debt）

商业折扣（trade discount）　　现金折扣（cash discount）

预付账款（repaid payment）

思考题

1. 简述应收票据到期日的确定。
2. 简述应收票据的分类。
3. 企业应收账款符合什么条件的可以确认为坏账？
4. 应收账款的入账价值包括哪些？
5. 简述坏账损失的核算方法。
6. 简述坏账准备的计提方法。
7. 简述商业折扣和现金折扣的区别。

练习题

（一）单项选择题

1. 某企业于 4 月 16 日销售产品一批，应收账款为 100 000 元，规定对方付款条件为 2/10、1/20、N/30，购货单位于 4 月 21 日付款。该企业实际收到的金额为（　　）元。

A. 100 000　　B. 90 000　　C. 98 000　　D. 80 000

2. 预付账款不多的企业，可以不设“预付账款”科目，而将预付的款项计入（　　）。

A. “应付账款”科目的借方　　B. “应付账款”科目的贷方

C. “应收账款”科目的借方　　D. “应收账款”科目的贷方

3. 在采用总价法确认应收账款入账金额的情况下，销售方应将其给予客户的现金折扣计入（ ）。

A．管理费用 B．销售费用

C．财务费用 D．营业外支出

4．2009 年 7 月 3 日，某企业持一张带息应收票据到银行贴现。该票据面值为 1 000 000 元，2009 年 6 月已计提利息 1 000 元，尚未计提利息 1 200 元，银行贴现息为 900 元。该应收票据贴现当期计入财务费用的金额为（ ）元。

A．-300 B．-100 C．-1 300 D．900

5．销售产品一批，价目表表明售价（不含税）20 000 元，商业折扣条件为 10%，现金折扣条件为 5/10、3/20、N/30，客户于第 25 天付款。增值税税率为 17%。总价法下，应收账款入账金额为（ ）元。

A．21 060 B．23 400 C．20 428.2 D．18 000

6．某公司 2009 年 5 月 1 日销售产品收到票据一张，面值为 40000 元，年利率 10%，半年前，该公司于 8 月 1 日贴现，贴现率为 8%，该项业务发生后对 2009 年 8 月的损益影响的金额是（ ）元。

A．2 000 B．280 C．1 160 D．667

7．2009 年 4 月 16 日，甲公司销售商品一批，价款 400 万元，增值税额 68 万元，收到期限为 6 个月的商业承兑汇票一张，年利率 7%，则该票据到期时，甲公司收到的票款为（ ）万元。

A．468 B．484.38 C．400 D．414

8．企业采用备抵法核算时，确认坏账损失的会计分录为（ ）。

A．借：管理费用
　　贷：应收账款

B．借：营业外支出
　　贷：应收账款

C．借：销售费用
　　贷：应收账款

D．借：坏账准备
　　贷：应收账款

9．根据我国企业会计准则规定，在存在现金折扣的情况下，应收账款入账的价值应采用（ ）。

A．直接法 B．间接法 C．净价法 D．总价法

10．面值 3 000 000 元，限期为 90 天，利率为 12%的票据的到期值是（ ）。

A．3 090 000 元 B．3 000 000 元

C．3 080 000 元 D．3 050 000 元

11．某企业销售一批商品，增值税专用发票上的价格是 60 万元，适用的增值税税率为 17%，为购买方代垫的运杂费为 2 万元，款项尚未收回，则企业确认的应收账款为（ ）。

A．60 万元　　B．70.2 万元　　C．72.2 万元　　D．62 万元

12．甲企业 2012 年年末坏账准备借方余额 1000 元，2013 年 1 月末，应收账款借方余额 68 000 元，当月发生坏账损失 1 500 元，按应收账款余额的 2% 计提坏账准备，则该企业 1 月末坏账准备的余额为（　　）。

A．借方 2 500 元　　B．贷方 1 360 元

C．贷方 1 500 元　　D．借方 1 140 元

13．A 企业将销售商品收到的银行承兑汇票背书转让给 B 企业，用于支付购买原材料的价款，应贷记的科目是（　　）。

A．应收账款　　B．应收票据　　C．应付票据　　D．银行存款

14．2013 年 7 月 18 日，A 企业将收到的出票日为 5 月 20 日、期限为 180 天、面值为 100 000 元的票据到银行申请贴现。该票据的贴现天数为（　　）天。

A．180　　B．122　　C．120　　D．121

15. 企业的应收票据在到期时，承兑人无力偿还票款的，应将其转入（　　）科目。

A．应收账款　　B．应付账款　　C．其他应收款　　D．预收账款

（二）多项选择题

1．企业采用备抵法进行坏账核算时，估计坏账损失的方法有（　　）。

A．应收账款余额百分比法　　B．账龄分析法

C．销售百分比法　　D．年数总和法

E．双倍余额递减法

2．与“应收票据”账户贷方相对应的借方账户可能有（　　）。

A．应收账款　　B．银行存款

C．财务费用　　D．应付票据

E．累计折旧

3. 下列各项内容中，引起期末企业应收账款账面价值发生变化的有（　　）。

A．计提应收账款坏账准备　　B．收回应收账款

C．收回已转销的坏账　　D．结转到期不能收回的应收票据

E．赊销商品

4．下列内容属于企业应收账款项目的有（　　）。

A．应收账款　　B．预收账款

C．预付账款　　D．应收票据

E．其他应收款

5. 下列属于其他应收款核算范围的有（　　）。

A. 销售商品时代垫的运杂费　　B. 备用金

C. 存出保证金　　D. 应收出租包装物的租金

E. 应向职工收取的各种垫付款项

6. 下列各项，构成应收账款入账价值的有（　　）。

A. 增值税销项税额　　B. 商业折扣

C. 代购货方垫付的保险费　　D. 销售货款

E. 代购货方垫付的运杂费

7. 下列各项中，应计入“坏账准备”科目贷方的有（　　）。

A. 按规定提取的坏账准备

B. 当期发生的坏账损失

C. 收回已确认为坏账并转销的应收账款

D. 冲回多提的坏账准备

E. 补提的坏账准备

8. 下列各项中，会影响应收账款账面价值的有（　　）。

A. 收回前期应收账款　　B. 发生赊销商品的业务

C. 收回已转销的坏账　　D. 结转到期不能收回的票据

E. 按规定计提应收账款的坏账准备

9. 下列关于现金折扣与商业折扣的说法，正确的是（　　）。

A. 商业折扣是指在商品标价上给予的扣除

B. 现金折扣是指债权人为鼓励债务人早日付款，而向债务人提供的债务扣除

C. 存在商业折扣的情况下，企业应收账款入账金额应按扣除商业折扣后的实际售价确认

D. 我国会计实务中采用总价法核算存在现金折扣的交易

E. 总价法是将未减去现金折扣前的金额作为实际售价，记作应收账款的入账价值

10. 企业将无息应收票据贴现时，影响贴现利息计算的因素有（　　）。

A. 票据的面值　　B. 票据的期限

C. 票据的种类　　D. 贴现的利息

11. 按现行会计制度规定，采用备抵法核算坏账损失的企业，下列各项中，不计提坏账准备的项目有（　　）。

A. 其他应收款　　B. 应收票据

C．预付账款　　　　　　　　　D．应收利息

12．下列各项中，应计入“坏账准备”科目借方的有（　　）。

A．提取坏账准备　　　　　　　B．冲回多提坏账准备

C．收回以前确认并转销的坏账　D．备抵法下实际发生的坏账

13．按现行企业会计制度的规定，下列各项应收款项中，不能全额计提坏账准备的有（　　）。

A．当年发生的应收款项

B．计划对应收款项进行重组

C．与关联方发生的应收款项

D．其他已逾期但无确凿证据表明不能收回的应收款项

14．一般来讲企业的应收款项符合下列条件之一的，应确认为坏账（　　）。

A．债务人死亡，以其遗产清偿后，仍然无法收回

B．债务人破产，以其破产财产清偿后，仍然无法收回

C．债务人较长时间内未履行其偿债义务，并有足够的证据表明无法收回或收回的可能性很小

D．超过一年的应收款项

15．用备抵法核算坏账损失的特点是（　　）。

A．账务处理较简单　　　　　　B．防止虚增企业资产

C．符合权责发生制原则　　　　D．不符合配比原则

（三）判断题

1．应收票据有发生坏账的风险，一般企业应对其计提坏账准备。（　　）

2．不带息票据的到期值等于应收票据的面值。（　　）

3．应收账款是企业因销售商品等经营活动所形成的债务。（　　）

4．企业应收债权的利息在“应收账款”科目核算。（　　）

5．商业折扣是债权人为鼓励债务人在规定期限内付款而向其提供的债务扣除。（　　）

6．总价法将销售方给予客户的现金折扣视为融资的财务费用。（　　）

7．净价法将销售方给予客户的现金折扣视为提供信贷获得的收入。（　　）

8．无论应收票据是否记息，企业从银行获得的贴现款一定小于应收票据的面值。（　　）

9．采用备抵法核算坏账损失，需设置“坏账准备”科目。（　　）

10．用应收账款余额百分比法估计坏账损失，是根据企业本期赊销金额和估计的坏账率来计提坏账准备的方法。（　　）

11. 企业坏账准备提取的方法和提取的比例应由国家统一规定。（ ）

12. 我国会计制度规定，应收账款的入账金额应该包括商业折扣，但不包括现金折扣。（ ）

13. 采用直接转销法和备抵法核算坏账损失，二者对当年损益的影响不同。（ ）

14. 根据我国会计制度的有关规定，在提取应收账款坏账准备时，除有确凿证据表明该应收账款不能收回或收回的可能性不大外，当年发生的应收账款不能全额计提坏账准备。（ ）

15. 预付账款属于企业的流动资产，期末应列示于资产负债表流动资产项下的预付账款项目，如果是贷方余额，则以负数表示。（ ）

（四）核算题

1. 某企业 2004 年 10 月发生有关销售及票据如下：

（1）销售产品一批，价款为 500 000 元，增值税额为 85 000 元，收到客户交来的为期 3 个月的银行承兑汇票一张。

（2）将到期的银行承兑汇票 100 000 元，送交开户银行办理委托收款手续，几天后，收到票款。

（3）销售产品一批，收到购货企业签发并承兑的为期 6 个月的商业承兑汇票 819 000 元（增值税税率为 17%）。

（4）购货企业 D 公司签发并承兑的商业汇票 234 000 元到期，不能如期付款。

（5）购货企业 M 公司交来由其签发并承兑的商业汇票 200 000 元，抵付其所欠货款。

（6）将所收银行承兑汇票 600 000 元，背书转让给供货企业 B 公司，作为预付材料的货款。

（7）企业由于资金紧张，将一张面额为 400 000 元的商业承兑汇票提前 3 个月贴现，月贴现率为 7‰。

（8）企业已贴现的商业承兑汇票到期，因付款单位美颐公司无力承付，银行退回应收票据，又因企业户头资金不足，银行将其承兑金额 600 000 元转为短期贷款。

要求：根据上述业务，编制会计分录。

2. 甲公司 2001 年发生如下经济业务：

（1）3 月 1 日，销售 A 公司产品一批，贷款为 50 000 元，增值税为 8 500 元，收到商业承兑汇票一张，面额 58 500 元，出票日期为 2001 年 3 月 1 日，期限为 3 个月。

（2）4 月 2 日，销售 B 公司商品一批，价款为 60 000 元，增值税为 10 200 元。现金折扣条件为 2/10、N/30，销售时用银行存款代垫运杂费 800 元。

（3）5 月 20 日，收到 B 公司用银行存款支付的代垫运杂费 800 元，并受到 B 公司的一张面值为 70 200 元，期限为 3 个月的商业承兑汇票。

（4）6 月 1 日，因 A 公司银行存款不足，无法支付其签发的面值 58 500 元，期限 3 个月，出票日为 3 月 1 日的商业承兑汇票（参见第（1）小题）。

（5）6 月 20 日，甲公司将 B 公司 5 月 20 日签发为期 3 个月的商业汇票 70 200 元向银行贴现，银行年贴现率为 3%。

（6）9 月 1 日，赊销给 C 公司商品一批，贷款为 40 000 元，增值税为 6 800 元。11 月 1 日，收到 C 公司同日签发并承兑的期限为 6 个月的银行承兑汇票一张，面额为 46 800 元。

要求：根据上述经济业务进行计算，并编制有关会计分录。

3．某企业 2003 年开始计提坏账准备，2003 年年末应收账款余额为 130 万元，提取坏账准备的比例为 5‰。2004 年，发生坏账损失 10 000 元，其中 A 公司 8 000 元，B 公司 2 000 元，当年末“应收账款”账户的余额为 150 万元；2005 年已核销的上年 A 公司应收账款 8 000 元又重新回收，当年末“应收账款”账户的余额为 180 万元；2006 年年末，“应收账款”账户余额为 200 万元。

要求：根据以上业务，计算每年应提取的坏账准备，并编制有关的会计分录。

4．某企业 2008 年年末科目余额表上列示的有关收账款数额如下：

应收账款　　　1 500 000

坏账准备　　　　　7 500

2009 年发生下列经济业务：

（1）全年赊销产品总额 351 万元。

（2）收回客户前欠货款 400 万元。

（3）按规定转销坏账 8 万元。

（4）收到以前年度作为坏账转销的应收账款 5 万元，款项已存入银行。

（5）年末按应收账款余额的 5‰调整坏账准备。

要求：

根据以上资料编制会计分录。计算本年度应提坏账准备，并予以调整。

5．A 公司采用“应收账款余额百分比法”核算坏账损失，坏账准备的提取比率为 5‰，2008 年 12 月 1 日应收账款期初余额为 1 000 万元，坏账准备贷方余额 8 万元；企业发生如下经济业务：

（1）12 月 5 日，销售给 B 公司商品 300 万元，增值税 51 万元。

（2）12 月 20 日，因产品质量问题，B 公司要求退回本月 15 日购买的部分商品，A 公司同意 B 公司退货并办理退货手续和开具红字增值税发票，A 公司收到 B 公司退回的商品 50 万元，增值税 8.5 万元。

（3）12 月 25 日，因宏达公司破产所欠货款 10 万元不能收回，确认为坏账。

（4）12 月 28 日，收回前期已确认为大华公司坏账 5 万元，存入银行。收回前欠 D 公司货款 200 万元。2008 年 12 月 31 日，计提坏账准备。

要求：根据上述经济业务进行计算，并编制有关会计分录。

6．某企业为一般纳税人，2009 年 10 月发生下列经济业务：

（1）为购进 P 材料预付给甲企业 100 000 元，签发转账支票支付。

（2）从甲企业购进 P 材料 1 000 千克，单价 80 元，计 80 000 元，增值税 13 600 元。货款以预付账款结算，多余款收回存入银行。

（3）乙企业发来 Q 材料，共计进价 100 000 元，增值税 17 000 元。上月预付乙企业 80 000 元，差额填制信汇凭证结清。

（4）经理王平出差，预借差旅费 2 000 元，出纳员付给现金。

（5）财会人员李青出差归来，报销差旅费 1 200 元，差额 300 元交回现金。

（6）签发转账支票支付水电费 5 000 元，其中：车间耗用 4 500 元，行政部门耗用 480 元，为青年职工王娟垫付 20 元。

（7）上月末财产清查中发现的原材料少 500 元，已列入“待处理财产损溢——待处理流动资产损溢”账户。经查，属保管员朱彬责任，则令其赔偿，但赔款尚未收到。

（8）发放本月工资 32 000 元，扣除上述（6）、（7）项业务垫款、赔款后，其余以现金当即发放完毕。

（9）购入甲材料 10 000 元，税款 1 700 元，随后借入丙单位包装物一批，押金 200 元，均以转账支票支付。

（10）甲材料入库，包装物退回，收回押金。

（11）为业务部门核定备用金 1 000 元，付给现金，不设“备用金”账户核算。

（12）业务部门报来办公用品发票，共计 550 元，以现金补足其备用金。

要求：根据上述经济业务编制会计分录。

第四章　存　货

【学习目标】虽然与之前所讲的库存现金、银行存款、应收票据和应收账款等同属于流动资产，但是存货是一种具有物资实体的有形资产，在流动性上要低于其他流动资产。通常情况下，存货是企业流动资产中一项重要的组成部分，因此，其计量和核算的正确与否，将直接影响企业的经济效益和财务状况。通过对本章的学习，我们需要了解存货的基本理论知识，理解存货计量方法的基本原理，熟练掌握存货收发的计量方法以及存货的期末计量和存货清查的核算。

【开篇案例】

小安在大学里学的是管理，但她一直梦想着拥有一家自己的咖啡店，在家人的支持下，她开始学习关于咖啡和蛋糕的制作，凭着一股热情，她的愿望终于实现了，拥有了属于自己的一家小店。虽然店面不大，可小安仍然费劲心思去装饰有限的空间，努力寻找优质的原料供应渠道，并不断地学习提升自己的咖啡和蛋糕的制作水平。在她的操作台上，你可以看到来自世界各地的食品原料，光咖啡豆就有来自巴西、委内瑞拉、哥伦比亚等不同国家的十几种，还有比利时的巧克力、马达加斯加的香草、新西兰的奶油等。柜台上，可以看到小安刚刚做好的曲奇饼干和新鲜果酱；透明的冷藏柜里，还有口感香浓的芝士蛋糕和奶油冰淇淋。此外，为了方便顾客外带饮料和食品，小安还特别订制了好几款不同规格的纸杯和纸盒。

在小安的店里，哪些可以被视为存货呢？

第一节　存货概述

一、存货的概念及特征

存货是指企业在日常活动中持有以备出售的产成品或商品、处在生产过程中的在产品、在生产过程或提供劳务过程中耗用的材料和物料等。存货区别于固定资产等非流动性资产的最基本特征是，企业持有存货的最终目的是为了出售。

二、存货的确认

在符合定义的前提下，存货还要满足以下两个条件才能予以确认。

（一）与该存货有关的经济利益很可能流入企业

资产最重要的特征是预期会给企业带来经济利益。存货作为企业的一项重要的流动资产，判断的关键是其是否很可能给企业带来经济利益或其所包含的经济利益是否很可能流入企业。通常，拥有存货的所有权是与该存货有关的经济利益很可能流入本企业的一个重要标志。企业在判断与存货相关的经济利益能否流入企业时，主要结合该项存货所有权的归属情况进行分析确定。一般情况下，根据销售合同已经售出（取得现金或收取现金的权利），所有权已经转移的存货，因所含经济利益已不能流入本企业，因而不能再作为企业的存货进行核算，即使该存货尚未运离企业。而委托代销商品，由于其所有权并未转移至受托方，因而委托代销的商品仍应当确认为委托企业存货的一部分。

（二）该存货的成本能够可靠地计量

作为企业资产的组成部分，企业必须能够对存货的成本进行可靠地计量。存货的成本能够可靠地计量必须依靠确凿、可靠且具有可验证性的证据为依据。如果存货成本不能可靠地计量，则不能确认为一项存货。例如，企业承诺的订货合同，由于并未实际发生，不能可靠确定其成本，因此就不能确认为企业存货。

三、存货的分类

企业存货通常包括原材料、在产品、半成品、产成品、商品和周转材料等。

（一）原材料：企业在生产过程中经加工改变其形态或性质并构成产品主要实体的各种原料及主要材料、辅助材料、外购半成品（外购件）、修理用备件（备品备件）、包装材料、燃料等。

（二）在产品：企业正在制造尚未完工的产品，包括正在各个生产工序加工的产品，以及已加工完毕但尚未检验或已检验但尚未办理入库手续的产品。

（三）半成品：经过一定生产过程并已检验合格交付半成品仓库保管，但尚未制造完工成为产成品，仍需进一步加工的中间产品。

（四）产成品：工业企业已经完成全部生产过程并验收入库，可以按照合同规定的条件送交订货单位，或者可以作为商品对外销售的产品。企业接受外来原材料加工制造的代制品和为外单位加工修理的代修品，制造和修理完成验收入库后应视同企业的产成品。

（五）商品：商品流通企业外购或委托加工完成验收入库用于销售的各种商品。

（六）周转材料：企业能够多次使用，但不符合固定资产定义的材料，主要包括商品包装物、企业在经营活动中使用的各种低值易耗品以及其他周转材料等。

需要注意的是：为在建工程准备的工程物资不属于存货的范畴；房地产企业的房屋建筑物是存货，但是一般的企业房屋则应视为固定资产；用于出租的房屋建筑物，属于投资性房地产，也不是存货。

【课堂测试 4-1】

1. 下列各种物资中，应作为企业存货核算的有（　　）。

　A. 已发出商品　B. 工程物资　C. 包装物　D. 低值易耗品

2. 存货的归属以（　　）作为划分标准。

　A. 经济用途　B. 存放地点　C. 所有权　D. 到达时间

3. 判断：工业企业购入材料和商业企业购入商品时所发生的运杂费、保险费等均应计入存货成本。

第二节　存货的计价

一、存货的初始计价

（一）存货的成本构成

存货成本包括采购成本、加工成本和其他成本三个组成部分。

1. 采购成本

存货的采购成本是指企业物资从采购到入库前所发生的全部支出，包括购买价款、相关税费、运输费、装卸费、保险费以及其他可归属于存货采购成本的费用。

存货的购买价款，指企业购入的材料或商品的发票账单上列明的价款，但不包括按规定可以抵扣的增值税额。

存货的相关税费，是指企业购买、自制或委托加工存货发生的进口关税、消费税、资源税和不能抵扣的增值税进项税额等应计入存货采购成本的税费。

其他可归属于存货采购成本的费用，是指采购成本中除上述各项以外的可归属于存货采购成本的费用，如在采购过程中发生的仓储费、包装费、运输途中的合理损耗、入库前的挑选整理费用等。这些费用中，能分清负担对象的，应直接计入存货采购成本；不能分清负担对象的，可按所购存货的数量或采购价格比例进行分配，分别计入相关存货的采购成本，也可选择其他合理的分配方法。

在日常工作中，企业也可以将发生的运输费、装卸费、保险费以及其他可归属于存货采购成本的费用等采购费用先行归集，在期末按照采购商品的存销情况进行分摊。对于已销售商品的进货费用，计入主营业务成本；对于未售商品的进货费用，计入期末存货成本。商品流通企业采购商品的进货费用金额较小的，可以在发生时直接计入当期销售费用。

2. 加工成本

存货的加工成本实质是企业在进一步加工存货的过程中追加发生的生产成本，不包括直接由材料存货转移来的价值，由直接人工和制造费用构成。其中，直接人工，是指企业在生产产品过程中直接从事产品生产的工人的职工薪酬。直接人工和间接人工的划分依据通常是生产工人是否与所生产的产品直接相关（即可否直接确定其服务的产品对象）。制造费用是一种间接生产成本，包括企业生产部门（如生产车间）管理人员的职工薪酬、折旧费、办公费、水电费、机物料消耗、劳动保护费、季节性和修理期间的停工损失等。

企业在加工存货过程中发生的直接人工和制造费用，如果能够直接计入有关的成本核算对象，则应直接计入该成本核算对象。否则，应按照合理方法分配计入有关成本核算对象。分配方法一经确定，不得随意变更。如需变更，应当在财务报表附注中予以说明。

月末，企业应当根据在产品数量的多少、各月在产品数量变化的大小、各项成本比重大小，以及定额管理基础的好坏等具体条件，采用适当的分配方法将直接人工、制造费用以及直接材料等生产成本在完工产品与在产品之间进行分配。常用的分配方法有：不计算在产品成本法、在产品按固定成本计价法、在产品按所消耗直接材料成本计价法、约当量比例法、在产品按定额成本计价法、定额比例法等。

企业在进行成本计算时，应当根据其生产经营特点、生产经营组织类型和成本管理要求，确定成本计算方法。成本计算的基本方法有有品种法、分批法和分步法三种。

3. 其他成本

存货的其他成本是指除采购成本、加工成本以外的，使存货达到目前场所和状态所发生的其他支出。

企业取得存货的其他方式主要包括接受投资者投资、非货币性资产交换、债务重组、企业合并及存货盘盈等。另外，企业在设计产品过程中发生的设计费用通常应计入当期损益，但是为特定客户设计产品所发生的，可直接确定的设计费用应计入存货的成本。

投资者投入存货的成本，应当按照投资合同或协议约定的价值确定，但合同或协议约定价值不公允的除外。在投资合同或协议约定价值不公允的情况下，按照该项存货的公允价值作为其入账价值。

企业通过非货币性资产交换、债务重组和企业合并取得的存货的成本，应当分别按照本书相关章节以及《企业会计准则第 7 号——非货币性资产交换》、《企业会计准则第 12 号——债务重组》和《企业会计准则第 20 号——企业合并》确定。但是，该项存货的后续计量和披露应当执行存货准则的规定。

企业盘盈的存货应按其重置成本作为入账价值，并通过“待处理财产损益”账户进行会计处理，按管理权限报经批准后冲减当期管理费用。

（二）不计入存货成本的相关费用

下列费用应当在发生时确认为当期损益，不计入存货成本：

（1）非正常消耗的直接材料、直接人工和制造费用。

（2）仓储费用（不包括生产过程中为达到下一个生产阶段所必需的费用）。

（3）不能归属于使存货达到目前场所和状态的其他支出。

【篇中案例】

零库存管理

它并不是指以仓库储存形式的某种或某些物品的储存数量真正为零，而是通过实施特定的库存控制策略，实现库存量的最小化。所以“零库存”管理的内涵是以仓库储存形式的某些种物品数量为“零”，即不保存经常性库存，它是在物资有充分社会储备保证的前提下，所采取的一种特殊供给方式。

虽然传统的仓储管理给企业带来了一系列好处，如：可以避免缺货，保障向客户供应；应对各种意外变化；保证生产与经营过程的连续进行；缩短供货周期；应对产品季节性需求波动；通过价格投机获取利润等。但是其弊端也是显而易见的：仓储占用大量资金，增加库存利息支出，为仓储而发生的不动产投资增大等，更有甚者可能会掩盖企业的管理缺陷，不利于责任明确以及提高管理水平。而与此同时，生产的发展、竞争的加剧，对企业降低成本的要求越来越迫切，因而“零库存”作为一个新的降低成本和提高管理水平的方式便应运而生。

零库存管理最早产生于日本，在日本企业中有着广泛的应用。经过几十年的发展，零库存管理在日本已经拥有了供、产、销的集团化作业团队，形成了以零库存管理为核心的供应链体系。而美国的企业从20世纪80年代开始逐步了解并认识了零库存管理理论。现在，零库存管理管理已从最初的一种减少库存水平的方法，发展成为内涵丰富，包括特定知识、技术、方法的管理哲学。如戴尔计算机公司运用直销模式以实现产成品的零库存，通过“供应商管理库存”的方式，实现原材料的零库存管理。

近十年来，我国企业也正不断地在向这个目标迈进。众多企业也正借助先进的信息技术，以市场链为纽带，通过整合全球供应链资源和用户资源，逐步向“零库存、零营运资本和（与用户）零距离”的终极目标迈进。

二、发出存货的计量方法

（一）发出存货成本的计量方法

发出存货成本的计量方法必须根据企业各类存货的流转方式、企业的管理要求以及存货的性质等实际情况进行合理的选择。对于性质和用途相似的存货，应当采用相同的计量方法确定发出存货的成本。企业在确定发出存货的成本时，可以采用先进先出法、移动加权平均法、月末一次加权平均法和个别计价法等方法。

1. 先进先出法

先进先出法以先购入的存货应先发出（销售或耗用）的存货实物流动假设为前提，对发出存货进行计价。先购入的存货成本早于后购入存货成本转出，据此确定发出存货和期末存货的成本。

2. 移动加权平均法

移动加权平均法指以每次进货的成本加上原有库存存货的成本，除以每次进货数量和原有库存存货的数量之和，据以计算加权平均单位成本。

移动加权平均单价=原有存货成本+本次购入存货成本

本次发出存货成本=移动加权平均单价×本次发出存货数量

3. 月末一次加权平均法

月末一次加权平均法是指以当月全部进货数量加上月初存货数量作为权

数，除以当月全部进货成本与月初存货成本之和，计算出存货的加权平均单位成本，以此为基础计算当月发出存货的成本和期末存货的成本。

加权平均单位成本=月初存货成本+本月购入存货成本总数

当月发出存货成本=加权平均单位成本×当月发出存货数量

期末存货成本=加权平均单位成本×期末存货数量

4. 个别计价法

个别计价法，又称个别认定法、具体辨认法、分批实际法，其特征是注重所发出存货具体项目的实物流转与成本流转之间的联系，逐一辨认各批发出存货和期末存货所属的购进批别或生产批别，分别按其购入或生产时所确定的单位成本计算各批发出存货和期末存货的成本。即把每一种存货的实际成本作为计算发出存货成本和期末存货成本的基础。

采用个别计价法计算发出存货的成本和和期末存货的成本比较合理准确，但是实物操作的工作量繁重，较为困难。因此通常用于容易识别、不能替代使用或是为特定项目专门购入或制造的存货以及提供的劳务，如贵重珠宝、字画等。在实际工作中，伴随越来越多的企业采用计算机信息系统进行会计处理，个别计价法将会广泛应用于发出存货的计价，由个别计价法确定的存货成本也最为准确。

【例 4-1】滨海公司 2013 年 6 月份关于 A 商品的库存商品明细账如下：

库存商品明细账

单位：元

2013 年		凭证号	摘要	借方				贷方				余额				存放库
月	日			数量（件）		单价	金额	数量（件）		单价	金额	数量（件）		单价	金额	
				购进	其他			购进	其他			购进	其他			
6	1	（略）	结存									300		10	3000	
	7		购进	500		12	6000					800				
	12		发出					600				200				
	17		购进	300		13	3900					500				
	26		发出					300				200				
6	30		合计	800			9900	800				200				

要求：用先进先出法、移动加权平均法和月末一次加权平均法分别计算 A 商品在 2013 年 6 月发出存货的成本和月末结存存货的成本。

（1）先进先出法

本月发出存货成本=300×10+300×12+200×12+100×13=10 300（元）

本月月末结存存货成本=200×13=2 600（元）

（2）移动加权平均法

6 月 7 日购货的加权平均单位成本=（300×10+500×12）÷（300+500）=11.25（元）

6 月 12 日发出存货的成本=600×11.25=6 750（元）

6 月 17 日购货的加权平均单位成本=（200×11.25+300×13）÷（200+300）=12.3（元）

6 月 26 日发出存货的成本=300×12.3=3 690（元）

本月发出存货成本=6750+3690=10 440（元）

本月月末结存存货成本=200×12.3=2 460（元）

（3）月末一次加权平均法

加权平均单位成本=（3 000+9 900）÷（300+800）=11.73（元）

本月发出存货成本=800×11.73=9 384（元）

本月月末结存存货成本=200×11.73=2 346（元）

三、存货成本的结转

对于存货为商品或产成品的，企业应当采用先进先出法、移动加权平均法、月末一次加权平均法或者个别计价法确定已发出存货的实际成本。存货为非商品存货的，如材料等，应将已出售材料的实际成本予以结转，计入当期其他业务成本。对于性质和用途相似的存货，应当采用相同的成本计算方法确定发出存货的成本。

对于已售存货，应当将其成本结转为当期损益，计入营业成本。对于已经计提存货跌价准备的，相应的存货跌价准备也应当予以结转，冲减当期主营业务成本或其他业务成本。

企业的周转材料符合存货定义和确认条件的，应按照使用次数分次计入成本费用。余额较小的，可在领用时一次计入成本费用，但为加强实物管理，应当在备查簿上进行登记。

企业因非货币性资产交换、债务重组和企业合并取得的存货的成本，应当分别按照《企业会计准则第 7 号——非货币性资产交换》、《企业会计准则第 12 号——债务重组》和《企业会计准则第 20 号——企业合并》确定。

企业提供劳务的，所发生的从事劳务提供人员的直接人工和其他直接费用以及可归属的间接费用，计入存货成本。

【课堂测试 4-2】

1．下列各项中，不应计入存货实际成本中的是（　　）。

A．小规模纳税企业委托加工物资收回时所支付的增值税

B．用于继续加工的委托加工应税消费品收回时支付的消费税

C．发出用于委托加工的物资在运输过程中发生的合理损耗

D．商品流通企业外购商品时所发生的合理损耗

2．某企业为一般纳税人，新购入一批总价为 72 000 元的原料，增值税税额为 12 240 元，另发生运费 600 元（可按 7%抵扣增值税），装卸费 400 元，途中保险费为 180 元，材料运到后验收数量有所损耗，作价 2 400 元，则该材料的入账价值为（　）元。

A．70 738　　B．73 138　　C．82 978　　D．85 378

3．甲材料月初结存存货 3 000 元，本月增加存货 4 000 元，月初数量 1 500 件，月末则为 4 000 件，甲材料本月的加权平均单位成本为每件（　　）元。

A．1.6　　B．1.75　　C．2　　D．2.5

4．判断：在物价持续下跌的情况下，企业采用先进先出法计量发出存货的成本，当月发出存货单位成本小于月末结存存货的单位成本。（　　）

第三节　原材料

原材料按照生产用途可以分为原料及主要材料、辅助材料、外购半成品、修理用备件、包装材料和燃料等六类。原材料日常的会计核算方法主要有实际成本法和计划成本法两种。具体采用何种方法，由企业根据具体情况自行决定。

一、实际成本法

原材料按照实际成本法进行日常核算，是指每种材料的收入、发出和结存都要按照实际成本计价入账，一般适用于规模较小、存货品种和业务类型都比较单一的企业。

（一）账户设置

1.“原材料”账户

用于核算库存各种材料的收发与结存情况。本账户应按照原材料的保管地点、原材料的类别、品种和规格设置材料明细账。在原材料按实际成本核算时，

借方登记入库原材料的实际成本，贷方登记发出原材料的实际成本，期末余额在借方，反映企业库存原材料的实际成本。

2.“在途物资”账户

用于核算企业货款已付但尚未到达或尚未验收入库的各种物资的实际采购成本。本账户应按照供应单位和物资品种进行明细核算。借方登记企业已付款或已开出、承兑商业汇票但尚未验收入库的物资的实际成本，贷方登记已验收入库的物资的实际成本，期末余额在借方，反映企业在途物资的实际采购成本。

（二）账务处理

1. 购入材料

由于支付方式和采购地点不同，原材料入库的时间与付款的时间可能一致，也可能不一致，因此在会计处理上也有所不同。情况有以下几种：

（1）单据与材料同时到达

企业已经支付货款或者已经开出、承兑商业汇票，材料同时验收入库。企业应根据发票账单等结算凭证，确定材料成本，借记“原材料”账户，根据取得的增值税专用发票上注明的金额，借记“应交税费——应交增值税（进项税额）”账户；按照实际支付款项或应付票据面值，贷记“银行存款”、“应付票据”等账户。

【例 4-2】滨海公司购入单价 50 元的原材料 100 公斤，增值税税率为 17%，货款已通过银行转账支付，材料已验收入库，编制会计分录如下：

借：原材料　　5 000

　　应交税费——应交增值税（进项税额）　　850

　贷：银行存款　　5850

（2）单据已到，材料未到

企业已经支付货款或者已开出、承兑商业汇票，材料尚未到达或尚未验收入库。此时，企业应根据发票账单等结算凭证，借记“在途物资”账户和“应交税费——应交增值税（进项税额）”账户，贷记“银行存款”、“应付票据”等账户；待材料验收入库后，根据收料单等凭证，借记“原材料”账户，贷记“在途物资”账户。

【例 4-3】假设上题中企业已支付货款，但材料尚未到达。企业应在收到发票账单等结算凭证时，编制会计分录如下：

借：在途物资　　5 000

　　应交税费——应交增值税（进项税额）　　850

　贷：银行存款　　5 850

待材料验收入库后，再编制会计分录如下：

借：原材料　　　　　　　　　　　　5 000

　贷：在途物资　　　　　　　　　　　5 000

（3）材料已到，单据未到

材料已经验收入库，而因发票账单未到无法支付货款。此时为了简化核算手续，在月份内收到的材料只需要登记明细分类账，待支付货款后，再按照实际支付金额登记总账。若到月末仍未能收到发票账单等结算凭证，为使账实相符，应先按照材料的合同价值或暂估价值入账，借记“原材料”账户，贷记“应付账款——暂估应付账款”账户。到下月初，用红字做同样的记账凭证予以冲回，待收到相关凭证支付货款后，再按照正常程序借记“原材料”账户，贷记“银行存款”或“应付票据”等账户。

【例 4-4】滨海公司购入原材料一批已验收入库，但至月末仍未收到发票账单，因此按合同价值 10 000 元入账。做如下账务处理：

月末暂估入账：

借：原材料　　　　　　　　　　　　10 000

　贷：应付账款——暂估应付账款　　　　10 000

下月初以红字记账凭证冲回：

借：原材料　　　　　　　　　　　　[10 000]

　贷：应付账款——暂估应付账款　　　　[10 000]

【例 4-5】接上题，下月中该公司收到发票账单等相关凭证，实际价款为 8 000 元，增值税税率为 17%，货款由银行存款支付，编制会计分录如下：

借：原材料　　　　　　　　　　　　8 000

　　应交税费——应交增值税（进项税额）1 360

　贷：银行存款　　　　　　　　　　　9 360

2. 采用预付货款方式采购原材料

企业购买原材料时采取预付货款形式，在预付货款时，原材料的所有权尚未发生转移，因此应按照实际的预付金额，借记“预付账款”账户，贷记“银行存款”账户；待原材料到达并验收入库后，再按照发票账单等相关凭证上所列明的金额，借记“原材料”和“应交税费——应交增值税（进项税额）”账户，贷记“预付账款”账户。若有多预付的款项，退回时借记“银行存款”账户，贷记“预付账款”账户；预付款项不足时，则需按照补交的金额，借记“预付账款”账户，贷记“银行存款”账户。

【例 4-6】滨海公司 2013 年 8 月份签订合同购入一批材料，并预付货款

10 000 元，9 月份材料入库，收到的发票账单上注明原材料价款为 8 000 元，增值税金额 1 360 元，账务处理如下：

8 月份预付账款时：

借：预付账款　　10 000

　贷：银行存款　　10 000

9 月份材料入库并收到发票时：

借：原材料　　8 000

　　应交税费——应交增值税（进项税额）　　1 360

　贷：预付账款　　9 360

收到退回款项时：

借：银行存款　　640

　贷：预付账款　　640

3. 自制原材料

企业自行制造原材料，应在材料完工并验收入库后，按照实际成本，借记“原材料”等账户，贷记“生产成本”账户。

【例 4-7】滨海公司耗用库存材料制造生产所需的另一种材料，材料成本 3 000 元，编制会计分录如下：

借：原材料　　3 000

　贷：生产成本　　3 000

4. 投资者投入

投资者直接以原材料作为投资参股，账务处理时应按照合同约定的价值或者公允价值，借记“原材料”和“应交税费——应交增值税（进项税额）”等账户，贷记“股本（或实收资本）”账户。

【例 4-8】滨海公司收到投资者投资的一批原材料，按照合同约定，该批原料价格为 50 000 元，增值税税额为 8 500 元，编制会计分录如下：

借：原材料　　50 000

　　应交税费——应交增值税（进项税额）　　8 500

　贷：实收资本　　58 500

二、计划成本法

计划成本法是指企业存货的日常收入、发出和结余均按预先制定的计划成本计价，同时另设“材料成本差异”账户，用来登记实际成本和计划成本的差额，月末再通过对存货成本差异的分摊，将发出存货的计划成本和结存存货的计划成本调整为实际成本进行反映的一种核算方法。

（一）账户设置

计划成本法只能对存货进行日常的会计核算。在会计期末，企业需要通过“材料成本差异”等账户，将发出的存货和期末结余的存货调整为实际成本。

存货采用计划成本法核算，除需要设置“原材料”、“包装物”、“低值易耗品”等实际成本法核算运用的账户外，还需要增加“材料成本差异”账户，并将“在途物资”账户改为“物资采购”账户。

1.“材料采购”账户

企业设置“材料采购”账户用来核算其采用计划成本所购入材料的采购成本。借方登记已经付款的外购材料等存货的实际成本和结转已经验收入库实际成本小于计划成本的节约差额；贷方登记已经付款并验收入库的材料等存货的计划成本和结转实际成本大于计划成本的超支差额。期末余额在借方，表示已经付款但尚未入库的材料等存货（即在途货物）的实际成本。“材料采购”账户应按照供应单位和物资品种设置明细账，进行明细核算。

2.“材料成本差异”账户

“材料成本差异”账户用来核算企业采用计划成本法进行核算的各种材料的实际成本与计划成本的差异，以及调整发出材料应负担的成本差异。借方登记验收入库材料成本的超支差异；贷方登记验收入库材料成本的节约差异以及发出材料应负担的成本差异（超支差异用蓝字登记，节约差异用红字登记）。期末余额在借方，反映企业库存材料的超支差异；期末余额在贷方，反映企业库存材料的节约差异。

企业根据具体情况，可以单独设置本账户，也可以直接在“原材料”、“包装物”、“低值易耗品”等账户下分别设置“成本差异”明细账户进行核算。

（二）账务处理

会计实务中，企业采用计划成本法进行原材料日常核算时，分以下几方面进行账务处理：

（1）购进材料时，按照采购材料的实际成本进行登记，借记“材料采购”和“应交税费——应交增值税（进项税额）”账户，贷记“银行存款”等相关账户。

（2）材料验收入库时，已经结算的，根据所购材料的计划成本借记“原材料”账户，按照实际采购成本贷记“材料采购”账户，差额计入“材料成本差异”账户。若每月有多笔材料验收入库，可在月末汇总后一次性进行登记。对于在月末已经将材料验收入库但货款尚未结算的，应抄列清单，按照计划成本暂估入账，借记“原材料”账户，贷记“应付账款”账户，并在下月月初做相反会计分录或用红字冲回。

（3）发出材料时，应根据领用材料的部门和用途，按照发出原材料的计划成本，借记“生产费用”、“制造费用”、“管理费用”、“销售费用”等账户，贷记“原材料”账户。

（4）月末结算时，应结转材料成本差异额，将材料成本差异总额按照当月的成本差异率分别计算，分摊到已发出材料和期末库存材料中。计算公式为：

$$本期材料成本差异率=\frac{期初结存材料的成本差异+本期入库材料的成本差异}{期初结存材料的计划成本+本期验收入库材料的计划成本}\times 100\%$$

本期应结转的材料成本差异＝发出材料的计划成本×本期材料成本差异率

按照发出材料的计划成本核算分摊的成本超支差异额，借记“生产成本”、“制造费用”、“管理费用”、“销售费用”等账户，贷记“材料成本差异”账户；若存在成本节约差异额，则需要做相反会计分录。

【例 4-9】滨海公司 3 月份发生业务如下：

（1）购入甲材料一批，计划成本 50 000 元，实际支付货款 40 000 元，发票账单已收到，材料已验收入库。

（2）购入乙材料一批，已验收入库，发票账单尚未收到，月末按照计划成本 30 000 元入账。

（3）以银行承兑汇票方式购入丙材料，货款 20 000 元，发票账单已收到，材料已验收入库，计划成本 25 000 元。

（4）月末汇总本月已付款或已开出承兑汇票的入库材料。

要求，编制公司 3 月份原材料收入及结转材料成本差异的会计分录。

会计分录编制如下：

（1）借：材料采购　　40 000

　　应交税费——应交增值税（进项税额）　　6 800

　　贷：银行存款　　46 800

（2）月末暂估入账：

借：原材料——乙材料　　30 000

　贷：应付账款　　30 000

下月初以红字记账凭证冲回：

借：原材料——乙材料　　[30 000]

　贷：应付账款　　[30 000]

（3）借：材料采购　20 000
　　应交税费——应交增值税（进项税额）　3 400
　　贷：应付票据　23 400

（4）借：原材料——甲材料　50 000
　　——丙材料　25 000
　　贷：材料采购　75 000

入库材料的计划成本为 75 000 元，实际成本为 60 000 元，材料成本差异为节约 15 000 元。

借：材料采购　15 000
　贷：材料成本差异　15 000

【例 4-10】滨海公司月初“原材料”账户余额为 10 000 元，“材料成本差异”账户期初贷方余额为 500 元；本月购入材料一批；实际支付 28 000 元，计划成本 30 000 元；已通过银行存款支付。本月生产领用材料一批，计划成本为 5 600 元。

要求：（1）计算材料成本差异率。
　　（2）计算发出材料应负担的差异额。
　　（3）编制相关会计分录。

（1）材料成本差异率 $=\dfrac{-500-2\,000}{10\,000+30\,000}\times100\%=-6.25\%$

（2）发出材料应负担的差异额=5 600×(−6.25%)=−350 元
　发出材料实际成本=5 600−350=5 250 元

（3）会计分录为：

①购入时

借：材料采购　28 000
　　应交税费——应交增值税（进项税额）　4 760
　贷：银行存款　32 760

②验收入库时

借：原材料　30 000
　贷：材料采购　28 000
　　材料成本差异　2 000

③本月生产部门领用时

借：生产成本　5 600
　贷：原材料　5 600

④月底结转时

借：材料成本差异　　　　　　　　　　　　　　350

　贷：生产成本　　　　　　　　　　　　　　　350

三、实际成本法和计划成本法的区别及其适用范围

（一）实际成本法和计划成本法的区别

（1）账户使用不同。对于企业购买的尚未验收入库材料，在实际成本法下，按照其实际成本记入“在途物资”账户；而在计划成本法下，应按照实际成本记入“材料采购”账户，同时将实际成本和计划成本之间的差额记入“材料成本差异”账户。

（2）计入成本费用时，实际成本可以直接转入，但是计划成本法首先要将计划成本转入，然后将“材料成本差异”转入到相关的成本费用中去。

（二）适用范围

原材料按实际成本法计价时无法从账面上直接反映出实际成本相对于计划成本来说是节约还是超支，也无法反映材料价格变动对于产品成本产生的影响，因此适用于材料品种单一且收发业务较少或材料价格变动幅度较大的中小企业。而通过计划成本法核算时，便于企业对采购成本进行有效监控，同时简化会计处理工作，方便考核经营成果，适用于材料品种繁多、收发业务频繁的企业。

【课堂测试 4-3】

1. 滨海公司采用计划成本法核算原材料，某材料计划成本为每吨 20 元。本期购进 6 000 吨，收到增值税专用发票上注明的款项总额为 102 000 元。增值税额为 17 340 元，另发生运费 1 400 元，保险费 359 元。原材料到达后验收入库时发现损耗 5 吨，属合理范围。购进该材料发生的成本差异为（　）元。

A. 1 099　　B. 1 199　　C. 16 141　　D. 16 241

2. 计划成本法下，下列项目中应记入材料成本差异账户贷方的是（　）。

A. 购入材料时，实际成本小于计划成本的差额

B. 购入材料时，实际成本大于计划成本的差额

C. 调整减少原材料的计划成本

D. 调整增加原材料的计划成本

第四节　其他存货

一、库存商品

（一）库存商品的内容

库存商品是指企业已完成全部生产过程并已验收入库，合乎标准规格和技术条件，可以按照合同规定的条件送交订货单位，或可以作为商品对外销售的产品以及外购或委托加工完成验收入库用于销售的各种商品。具体包括库存产成品、外购商品、存放在门市部准备出售的商品、发出展览的商品以及寄存在外的商品等，企业接受外来原材料加工制造的代制品和为外单位加工修理的代修品，在制造和修理完成验收入库后，也视同本企业的产品。企业委托外单位加工的商品及委托其他单位代销的商品，不应作为企业的库存商品。

（二）库存商品的账户设置

企业应设置“库存商品”账户用来核算企业库存商品的实际成本或计划成本，借方登记已验收入库的库存商品成本，贷方登记已发出的库存商品成本，期末余额在借方，反映企业各种库存商品的实际成本或售价，属于资产类账户。核算方法与原材料核算方法相似，采用计划成本法时，可单独设置“产品成本差异”账户，用来核算库存商品的实际成本和计划成本间的差异。

（三）从事工业生产的企业库存商品的核算

从事工业生产的企业，其库存商品主要指产成品，设置“库存商品”账户进行核算。企业接受外来原材料加工制造的代制品和为外单位加工修理的代修品，制造和修理完成验收入库后，也视同本企业的产成品，属于库存商品，所发生的支出，也在“库存商品”账户核算。

工业企业的库存商品一般应按实际成本进行核算。企业生产完成验收入库的商品，按其实际成本，借记“库存商品”账户，贷记“生产成本”等账户。在销售商品并确认收入时，应结转成本，借记“主营业务成本”账户，贷记“库存商品”账户。

（四）从事商品流通的企业库存商品的核算

从事商品流通的企业，其库存商品主要指外购、加工后用于销售或委托加工完成验收入库用于销售的各种商品。

从事商品流通的企业购入商品抵达仓库前发生的包装费、运杂费、运输存储过程中的保险费、装卸费、运输途中的合理损耗和入库前的挑选整理费用等采购费用，不计入购入商品的实际成本，应于发生时确认为当期的销售费用。

商品流通核算方法一般有数量进价金额核算法、数量售价金额核算法、售价金额核算法、进价金额核算法和毛利率法。企业通常采用售价金额核算法和毛利率法两种。

1. 售价金额核算法

售价金额核算法又称零售价格法，是在商品验收入库时，以售价记账，控制库存商品购进、销售、结存情况的一种核算方法，广泛采用于经营商品种类、品种、规格等繁多且要求按商品零售价格标价的商业零售业务的企业（如百货公司、超市等）。

使用售价金额核算法时，库存商品的进、销、存一律按销售价格入账，只记金额，不记数量。设置“商品进销差价”账户，以反映商品进价与售价之间的差价，正确计算销售商品的进价成本。

计算公式如下：

$$\text{商品进销差价率}=\frac{\text{期初库存商品进销差价}+\text{本期购入商品进销差}}{\text{期初库存商品售价}+\text{本期购入商品售价}}\times 100\%$$

本期销售商品应分摊的商品进销差价＝本期商品销售收入×商品进销差价率

本期销售商品的成本＝本期商品销售收入－本期销售商品应分摊的商品进销差价

期末结存商品的成本＝期初库存商品的进价成本＋本期购进商品的进价成本－本期销售商品的成本

由于企业的商品进销差价各期之间相对均衡，因此，也可以采用上期商品进销差价率计算分摊本期商品进销差价。年度终了，企业应对商品进销差价进行核实调整。采用售价金额核算方法，可以简化核算手续，减少工作量，是零售企业商品核算的主要方法。其不足之处是由于只记金额，不记数量，因此从账面上不能提供数量指标以控制商品进、销、存情况，一旦发生差错，难以查明原因。

【例 4-11】滨海公司月初存货的进价成本为 68 000 元，售价金额为 82 000 元，本月购进商品进价成本为 100 000 元，售价金额为 128 000 元，本月商品的销售收入为 125 000 元。计算本月商品销售和月末库存的成本。

$$\text{商品进销差价率}=\frac{14\,000+28\,000}{82\,000+28\,000}\times 100\%=20\%$$

本月销售商品应分摊的商品进销差价=125 000×20%=25 000（元）

本月销售商品的成本=125 000−25 000=100 000（元）

期末结存商品的成本=68 000+100 000−100 000=68 000（元）

月末公司结转销售商品应分摊的商品进销差价，编制会计分录如下：

借：商品进销差价　　25 000

　贷：主营业务成本　　25 000

2. 毛利率法

毛利率法是指根据本期销售净额乘以上期实际（或本期计划）毛利率匡算本期销售毛利，并据以计算发出存货和期末存货成本的一种方法。

计算公式如下：

$$毛利率=\frac{销售毛利}{销售净额}\times 100\%$$

销售净额＝商品销售收入－销售退回与折让

销售毛利＝销售净额×毛利率

销售成本＝销售净额－销售毛利

期末存货成本＝期初存货成本＋本期购货成本－本期销售成本

这一方法是商品流通企业，尤其是商业批发企业常用的计算本期商品销售成本和期末库存商品成本的方法。商品流通企业由于经营商品的品种繁多，如果分品种计算商品成本，工作量将大大增加，而且，一般来讲，商品流通企业同类商品的毛利率大致相同，采用这种存货计价方法既能减轻工作量，也能满足对存货管理的需要。

【例 4-12】滨海公司月初甲商品存货 62 000 元，本月又购进该商品 80 000 元（不含增值税），按照售价计算，销售该商品收入 140 000 元（不含增值税），销售退回与折让 4 000 元，该商品上季度毛利率 30%。计算该商品本月销售和月末库存的成本。

本月销售净额=140 000−4 000=136 000（元）

本月销售毛利=136 000×30%=40 800（元）

本月销售成本=136 000−40 800=95 200（元）

月末存货成本=62 000+80 000−95 200=46 800（元）

月末公司结转成本编制会计分录如下：

借：主营业务成本　　95 200

　贷：库存商品　　95 200

（五）库存商品盘盈、盘亏的核算

企业清查盘点中发现的库存商品盘盈，应按该商品的市价或公允价格作为实际成本，借记“库存商品”账户，贷记“管理费用”账户。库存商品盘亏或毁损，其相应的成本及不可抵扣的增值税进项税额，在减去责任人或者保险公司等赔款和残料价值之后，属于自然灾害造成的，计入当期营业外支出；属于其他情况的，计入当期管理费用。

二、委托加工物资

（一）委托加工物资的内容

委托加工物资是指企业委托外单位进行加工的各种材料和商品等物资。企业委托其他单位加工的物资的实际成本包括加工耗用物资的实际成本、支付的加工费及往返的运杂费和保险费等，以及为此支付的增值税和消费税等税金。委托加工的物资加工完毕后应验收入库，按照企业存货进行管理核算。

（二）账户设置

应设置“委托加工物资”账户用来核算企业委托外单位加工的各种物资的实际成本，反映其增减变动及结存情况。借方登记已发给外单位加工的物资的实际成本以及支付的各种费用，贷方登记企业收回的已加工完成验收入库物资和剩余物资的实际成本，期末余额在借方，反映企业委托外单位加工尚未完成物资的实际成本。

（三）账务处理

1. 发出委托加工物资

发出外单位用于加工的物资，应按实际成本，借记“委托加工物资”账户，贷记“原材料”、“库存商品”等账户；按计划成本或售价核算的，还应同时结转材料成本差异或商品进销差价，借记“委托加工物资”账户，贷记“产品成本差异”或“商品进销差价”账户；实际成本小于计划成本的差异，做相反的会计分录。

2. 支付加工费、运杂费等费用及各项税金

企业支付的加工费、运杂费和增值税等，借记“委托加工物资”、“应交税费——应交增值税（进项税额）”等账户，贷记“银行存款”等账户。

需要交纳消费税的委托加工物资，消费税由受托方代收代交，账务处理上有两种情况：一是物资收回后用于直接销售的，应将消费税额计入委托加工物资成本，借记“委托加工物资”账户，贷记“银行存款”、“应付账款”等账户；二是物资收回后用于继续加工的，借记“应交税费——应交消费税”账户，贷

记“银行存款”、“应付账款”等账户。

3. 加工完成收回并验收入库的物资和剩余物资

企业加工完成收回并验收入库的物资和剩余物资，应按其实际成本，借记“原材料”、“库存商品”等账户，贷记“委托加工物资”账户。采用计划成本或售价核算的，按计划成本或售价，借记“原材料”、“库存商品”等账户，按实际成本贷记“委托加工物资”账户，实际成本与计划成本或售价之间的差额，借记或贷记“材料成本差异”、“商品进销差价”账户。

【例 4-13】滨海公司和外单位签订合同，将库存甲材料运往该单位加工一批商品，材料成本 20 000 元，并以现金支付运费 1 000 元（其中按规定准予扣除的进项税额为 70 元），编制会计分录如下：

借：委托加工物资　　20 000
　贷：原材料——甲材料　　20 000

借：委托加工物资　　930
　　应交税费——应交增值税（进项税额）　　70
　贷：库存现金　　1 000

三、周转材料

（一）周转材料的内容

周转材料是指企业能够多次使用、但不符合固定资产定义的材料，如为了包装本企业商品而储备的各种包装物、各种工具、管理用具、玻璃器皿、劳动保护用品以及在经营过程中周转使用的容器等低值易耗品和建造承包商的钢模板、木模板、脚手架等其他周转材料。

（二）账户设置

企业应设置“周转材料”账户核算其增减变动及结存情况，分“在库”、“在用”和“摊销”三种情况进行明细核算，可按其品种设置三级账户，也可以单独设置“包装物”、“低值易耗品”等账户。

（三）账务处理

企业在购入、自制或委托外单位加工完成并已验收入库的周转材料时，应对照“原材料”账户的相关规定进行处理。

采用一次转销法的，领用时应按其账面价值，借记“管理费用”、“生产成本”、“销售费用”、“工程施工”等账户，贷记“周转材料”账户。周转材料报废时，应按报废周转材料的残料价值，借记“原材料”等账户，贷记“管理费用”、“生产成本”、“销售费用”、“工程施工”等账户。

采用其他摊销法的，领用时应按其账面价值，借记“周转材料——在用”，贷记“周转材料——在库”；摊销时应按摊销额，借记“管理费用”、“生产成本”、“销售费用”、“工程施工”等账户，贷记“周转材料——摊销”。周转材料报废时应补提摊销额，借记“管理费用”、“生产成本”、“销售费用”、“工程施工”等账户，贷记“周转材料——摊销”；同时，按报废周转材料的残料价值，借记“原材料”等账户，贷记“管理费用”、“生产成本”、“销售费用”、“工程施工”等账户；并转销全部已提摊销额，借记“周转材料——摊销”，贷记“周转材料——在用”。

周转材料采用计划成本进行日常核算的，领用等发出周转材料时，还应同时结转应分摊的成本差异。

【例 4-14】2013 年 3 月 2 日，滨海公司购进一批价值 50 000 元的周转材料，增值税税率为 17%，企业按实际成本计价，货款未支付，材料已验收入库，编制会计分录如下：

借：周转材料　　50 000

　　应交税费——应交增值税（进项税额）　　8 500

　贷：应付账款　　58 500

【例 4-15】接上题，若公司采用一次转销法核算周转材料。2013 年 3 月 7 日，该企业领用周转材料一批，用于生产甲产品，价值 10 000 元，编制会计分录如下：

借：生产成本——甲产品　　10 000

　贷：周转材料　　10 000

【例 4-16】接【例 4-14】，若公司采用五五摊销法进行周转材料核算。2013 年 3 月 14 日，管理部门领用周转材料一批，价值 40 000 元，编制会计分录如下：

借：周转材料——在用　　40 000

　贷：周转材料——在库　　40 000

借：管理费用　　20 000

　贷：周转材料——摊销　　20 000

2013 年 9 月 30 日，该批周转材料做报废处理，收到残料价值 800 元，编制会计分录如下：

借：管理费用　　20 000

　贷：周转材料——摊销　　20 000

借：原材料　　800

贷：管理费用　　800

结转周转材料摊销额：

借：周转材料——摊销　　40 000

　贷：周转材料——在用　　40 000

四、包装物

包装物的核算内容包括：

（1）生产过程中用于包装产品作为产品组成部分的包装物；

（2）随同商品出售而不单独计价的包装物；

（3）随同商品出售而单独计价的包装物；

（4）出租或出借给购买单位使用的包装物。

企业应设置“包装物”账户核算企业库存的各种包装物的实际成本或计划成本。

各种包装材料，如纸、绳、铁丝、铁皮等，应在“原材料”账户内核算；用于储存和保管商品、材料而不对外出售的包装物，应按价值大小和使用年限长短，分别在“固定资产”或“低值易耗品”账户核算。包装物数量不大的企业，可以不设置“包装物”账户，将包装物并入“原材料”账户内核算。单独列作企业商品产品的自制包装物，应作为库存商品处理，不在“包装物”账户核算。

购入、自制、委托外单位加工完成验收入库的包装物、企业接受的债务人以非现金资产抵偿债务方式取得的包装物、非货币性交易取得的包装物等，以及对包装物的清查盘点，比照“原材料”账户的相关规定进行会计处理。

生产领用包装物，借记“生产成本”等账户，贷记“包装物”账户；随同商品出售但不单独计价的包装物，借记“销售费用”账户，贷记“包装物”账户；随同商品出售并单独计价的包装物，借记“其他业务成本”账户，贷记“包装物”账户。

出租、出借包装物时应加强实物管理，并在备查簿上进行登记。在第一次领用新包装物时，应结转成本，借记“其他业务成本”账户（出租包装物）、“销售费用”账户（出借包装物），贷记“包装物”账户。

收到出租包装物的租金，借记“库存现金”、“银行存款”等账户，贷记“其他业务收入”等账户。以出借形式提供包装物时，因不需要支付费用，只要求客户将包装物按期完整归还即可，所以不需要做会计分录。

收到出租、出借包装物的押金，借记“库存现金”、“银行存款”等账户，贷记“其他应付款”账户，退回押金作相反会计分录。对于逾期未退包装物，按没收的押金，借记“其他应付款”账户；按应交的增值税，贷记“应交税费——应交增值税（销项税额）”账户；按其差额，贷记“其他业务收入”账户。这部分没收的押金收入应交的消费税等税费，计入其他业务成本，借记“其他业务成本”账户，贷记“应交税费——应交消费税”等账户；对于逾期未退包装物没收的加收的押金，应转作“营业外收入”处理，企业应按加收的押金，借记“其他应付款”账户；按应交的增值税、消费税等税费，贷记“应交税费”等账户；按其差额，贷记“营业外收入——逾期包装物押金没收收入”账户。

出租、出借的包装物，不能使用而报废时，按其残料价值，借记“原材料”等账户，贷记“其他业务成本”（出租包装物）、“销售费用”（出借包装物）等账户。

采用计划成本进行材料日常核算的企业，月度终了，结转生产领用、出售、出租、出借所领用新包装物应分摊的成本差异。借记“生产成本”、“其他业务成本”、“销售费用”等账户，贷记“材料成本差异”账户（实际成本小于计划成本的差异，用红字登记）。

出租、出借包装物频繁、数量多、金额大的企业，出租、出借包装物的成本，也可以采用五五摊销法、一次摊销法等方法计算出租、出借包装物的摊销价值，在这种情况下，“包装物”账户应设置“库存未用包装物”、“库存已用包装物”、“出租包装物”、“出借包装物”、“包装物摊销”五个明细账户。以出租形式提供包装物时，包装物的成本或价值摊销应计入其他业务成本；以出借形式提供包装物时，包装物的成本或价值摊销应计入销售费用。“包装物”账户的期末余额，为期末库存未用包装物的实际成本或计划成本和出租、出借以及库存已用包装物的摊余价值。除此规定外，“包装物”账户期末借方余额，反映企业库存未用包装物的实际成本或计划成本。

“包装物”账户应按包装物的种类设置明细账，进行明细核算。

【例 4-17】滨海公司某年 9 月份发生若干经济业务，其包装物按实际成本核算，编制会计分录如下：

（1）以银行存款购进总价为 5 000 元的包装物，并交纳增值税 850 元。

借：周转材料——包装物　　5 000

　　应交税费——应交增值税（进项税额）　　850

　贷：银行存款　　5 850

（2）为包装商品，生产领用包装物，实际成本 600 元。

借：生产成本　　600

　　贷：周转材料——包装物　600

（3）销售部门领用不单独计价的包装物，实际成本 300 元。

借：销售费用　300

　　贷：周转材料——包装物　300

（4）销售部门领用单独计价的包装物，实际成本 200 元，销售价格 351 元（其中包括增值税 51 元）。

借：银行存款　351

　　贷：其他业务收入　300

　　　　应交税费——应交增值税（进项税额）　51

借：其他业务成本　200

　　贷：周转材料——包装物　200

（5）公司出借包装物一批，包装物实际成本 1200 元，收取押金 1500 元。包装物价值摊销采用分期摊销法，计划分 6 期在 1 年内平均摊销。

收取押金时：

借：银行存款　1 500

　　贷：其他应付款　1 500

领用包装物时：

借：周转材料——包装物——在用　1 200

　　贷：周转材料——包装物——在库　1 200

分期摊销时：

借：销售费用　200

　　贷：周转材料——包装物——在用　200

五、低值易耗品的总分类核算

（一）低值易耗品的特点及其分类

低值易耗品是指不作为固定资产核算的各种用具物品，如工具、管理用具、玻璃器皿以及在经营过程中周转使用的包装容器等。一般可以分为以下几大类：

（1）经营用具，指经营中使用的各种用具，如清洁器械、消防器械、绿化器械等。

（2）管理用具，指企业管理中的各种家具用具，如保险柜、沙发、桌椅、汽车等。

（3）包装容器，指物业管理企业在经营过程中使用的周转箱、包装袋等。

（4）其他用具，指不属于以上分类的低值易耗品。

（二）低值易耗品的账务处理

设置“低值易耗品”账户，借方登记购入和其他原因增加的低值易耗品，贷方登记售出、报废或其他原因减少的低值易耗品，余额表示低值易耗品的实际金额。在“低值易耗品”账户下，应设置“低值易耗品——在用”、“低值易耗品——在库”和“低值易耗品——摊销”三个明细账户，分别进行明细核算。

【例 4-18】滨海公司部门员工领用扫雪工具 5 套，每套 80 元。根据领用单据，编制会计分录如下：

借：主营业务成本　　400

　贷：低值易耗品　　400

【课堂测试 4-4】

1. 下列各项存货中，属于周转材料的是（　）。

A. 委托加工物资　　B. 委托代销商品

C. 包装物　　D. 低值易耗品

2. 下列各项中，应计入销售费用的是（　）。

A. 对外销售的原材料成本

B. 领用的用于出借的新包装物成本

C. 随同商品出售的单独计价的包装物成本

D. 随同商品出售的不单独计价的包装物成本

3. 某商场采用售价金额核算法对库存商品进行核算，月初库存商品的售价金额为 9 万元，商品进销差价账户月初余额为 3 万元，本月购进商品的进价成本是 8 万元，售价金额 11 万元，本月销售收入 15 万元。假设不考虑增值税，该商场月末库存商品的实际成本为（　）万元。

A. 3.5　　B. 3.6　　C. 3.68　　D. 3.74

第五节　存货的清查

一、存货数量的盘存方法

企业对存货数量的盘存方法主要有实地盘存法和永续盘存法两种。

（一）实地盘存法

实地盘存法又称定期盘存法，是在期末通过盘点实物来确定库存品数量，并据以算出库存成本和销售或耗用成本的一种方法，适用于商品、原材料、在产品、产成品和消耗物资等。它用于商品流通企业时，又称“以存计销”或“盘存计销”；用于工业企业时，又称“以存计耗”或“盘存计耗”。采用这种方法，平时对库存品只记购进或收入，不记发出；期末通过实地盘点确定数量后，据以计算库存成本和销售或耗用成本。

其计算公式为：

期末库存成本=库存数量（实地盘存数）×进货单价

本期销售（或耗用）成本=期初存货成本+本期购进（或收入）金额-期末存货成本

实地盘存法的优点是核算工作比较简单，工作量较小；缺点是手续不够严密，不能通过账簿随时精确反映和监督各项财产物资的收、发、结存情况，无法连续反映存货的增减变化，将物资毁损、盗窃、丢失等因管理不当产生的存货数量减少也视为销售或耗用，不利于存货的管理和监督，因此实地盘存法只适应数量大、价值低、收发频繁的存货。

（二）永续盘存法

永续盘存法也称账面盘存法，是对库存品设置存货明细账，逐笔或逐日登记收入、发出数，并随时记列其结存数的一种核算方法。采用这种方法时，要求企业按照存货的品种、规格分别设置存货明细账。在明细账中，要逐日逐笔登记收、发、结存数量，有的还同时登记金额，并随时结出账面结存的数量和金额。在永续盘存法下，对存货仍须定期或不定期地进行实地盘点，以便核对账存数和实存数是否相符，至少每年一次。

其计算公式为：

存货账面期末余额=存货账面期初余额+本期存货增加数－本期存货减少数

永续盘存法的优点是加强了对存货的管理。在存货明细账中，可以随时反映出每种存货的收入、发出和结存情况，并在数量和金额两方面进行控制。明细账上的结存数量，可以通过盘点与实存数量进行核对。当发生库存溢余或短缺，可以查明原因，及时纠正。此外，明细账上的结存数，还可以随时与预定的最高和最低库存限额进行比较，以便及时对存货采取购销或处理，加速资金周转。缺点则是采用分类核算的工作量较大，需要耗用较多的人力和费用。

但和实地盘存法相比，永续盘存法在控制和保护财产物资安全方面具有明显的优越性。所以在实际工作中，除少数特殊存货外，一般都采用永续盘存制。

二、存货清查的核算

企业应定期清查盘点存货，一旦发现盘盈、盘亏或毁损，应先记入“待处理财产损溢”账户，借方余额反映尚未处理的存货净损失；贷方余额为尚未处理的存货净溢余，并在期末前查明原因，根据管理权限报经批准后在期末结账前处理完毕。盘盈的存货，应冲减当期管理费用；盘亏或毁损的存货，在减去责任人或保险公司赔款和存货残值后，余额计入当期管理费用；由于自然灾害造成的损失，应计入当期营业外支出。

【课堂测试 4-5】

1. 企业发生的原材料盘亏或损毁中，不应作为管理费用列支的是（ ）。

A. 自然灾害造成的净损失

B. 管理不善造成的盘亏损失

C. 收发计量造成的盘亏损失

D. 保管过程中发生的定额内自然损耗

2. 属于定额内耗的材料盘亏，经批准后可转作（ ）。

A. 管理费用 B. 生产成本 C. 营业外支出 D. 其他应收款

第六节 存货的期末计量

一、存货期末计量原则

资产负债表日，存货应当按照成本与可变现净值孰低计量。存货成本高于其可变现净值的，应当计提存货跌价准备，计入当期损益。

二、可变现净值的含义

可变现净值，是指在日常活动中，存货的估计售价减去至完工时估计将要发生的成本、估计的销售费用以及相关税费后的金额。

（一）可变现净值的基本特征

（1）确定存货可变现净值的前提是企业在进行日常活动。

（2）可变现净值为存货的预计未来现金流量，而不是存货的售价或合同价。

（3）不同存货可变现净值的构成不同。其中，产成品、商品和用于出售的材料等直接用于出售的商品存货，其可变现净值为在正常生产经营过程中，该存货的估计售价减去估计的销售费用和相关税费后的金额。而需要经过加工的材料存货，其可变现净值为在正常生产经营过程中，以该材料所生产的产成品的估计售价减去至完工时估计将要发生的成本、销售费用和相关税费后的金额。

（二）确定存货的可变现净值应考虑的因素

企业确定存货的可变现净值，应当以取得的确凿证据为基础，并且考虑持有存货的目的、资产负债表日后事项的影响等因素。

存货可变现净值的确凿证据，是指对确定存货的可变现净值有直接影响的确凿证明，如产品或商品的市场销售价格、与企业产品或商品相同或类似商品的市场销售价格、供货方提供的有关资料、销售方提供的有关资料、生产成本资料等。

三、存货期末计量的具体方法

（一）存货估计售价的确定

（1）为执行销售合同或者劳务合同而持有的存货，通常应以产成品或商品的合同价格作为其可变现净值的计量基础。

如果企业与购买方签订了销售合同并且合同订购的数量大于或等于企业持有的存货数量，在这种情况下，在确定与该项销售合同直接相关存货的可变现净值时，应以销售合同价格作为其可变现净值的计量基础。即如果企业就其产成品或商品签订了销售合同，则该批产成品或商品的可变现净值应以合同价格作为计量基础；如果企业销售合同所规定的标的物还没有生产出来，但持有专门用于该标的物生产的材料，其可变现净值也应以合同价格作为计量基础。

（2）如果企业持有存货的数量多于销售合同订购的数量，超出部分的存货可变现净值，应以产成品或商品的一般销售价格（一般应为市价）作为计量基础。

（二）材料存货的期末计量

根据会计谨慎性原则，存货的期末计量采用成本与可变现净值孰低法。

（1）对于用于生产而持有的材料等（如原材料、在产品、委托加工材料等），如果用其生产的产成品的可变现净值预计高于成本，则该材料应按照成本计量。其中，“可变现净值预计高于成本”中的成本是指产成品的生产成本。

（2）如果材料价格的下降等原因表明产成品的可变现净值低于成本，则该材料应按可变现净值计量。

（三）计提存货跌价准备的方法

存货跌价准备通常应当按单个存货项目计提。但是，对于数量繁多、单价较低的存货，可以按照存货类别计提存货跌价准备。与在同一地区生产和销售的产品系列相关、具有相同或类似最终用途或目的，且难以与其他项目分开计量的存货，可以合并计提存货跌价准备。

期末计量时，如果在同一类存货中，一部分是有合同价格约定的，另一部分不存在合同价格，在这种情况下，企业应区分这两类存货，分别确定其期末可变现净值，并对应其成本进行比较，从而分别确定是否需计提存货跌价准备。

（四）存货跌价准备转回的处理

1. 资产负债表日，企业应当确定存货的可变现净值

企业应当在资产负债表日确定存货的可变现净值。企业确定存货的可变现净值应当以资产负债表日的状况为基础确定，既不能提前确定存货的可变现净值，也不能延后确定存货的可变现净值，并且在每一个资产负债表日都应当重新确定存货的可变现净值。

2. 企业的存货在符合条件的情况下可以转回计提的存货跌价准备

存货跌价准备转回的条件是以前减记存货价值的影响因素已经消失，而不是在当期造成存货可变现净值高于成本的其他影响因素。

3. 当符合存货跌价准备转回的条件时，应在原已计提的存货跌价准备的金额内转回

在对该项存货、该类存货或该合并存货已计提的存货跌价准备的金额内转回。转回的存货跌价准备与计提该准备的存货项目或类别应当存在直接对应关系，但转回的金额以将存货跌价准备的余额冲减至零为限。

（五）存货盘亏或毁损的处理

存货发生的盘亏或毁损，应作为待处理财产损益进行核算。按照管理权限报经批准后，根据造成存货盘亏或毁损的原因，分别进行处理。

属于非常原因造成的净损失计入营业外支出，属于计量收发差错和管理不善等原因造成的净损失计入管理费用。

【课堂测试 4-6】

1. 判断：期末每期都应重新确定存货的可变现净值，如果以前减记存货价值的影响因素已经消失，则减记的金额应予以回复，并在原已计提存货跌价准备的金额里转回。（ ）

2. 下列情况中，按规定应提取存货跌价损失准备的有（ ）。

A. 存货陈旧过时

B. 已过期且无转让价值的存货

C. 市价持续下跌，且在可预见的未来无回升的希望

D. 企业使用该项原材料生产的产品成本大于产品的销售价格

3. 对于需要加工才能对外销售的在产品，下列各项中，属于在确定其可变现净值时应考虑的因素有（ ）。

A. 在产品已经发生的生产成本

B. 在产品加工成产成品后对外销售的预计销售价格

C. 在产品未来加工成产成品估计将要发生的加工成本

D. 在产品加工成产成品后对外销售预计发生的销售费用

本章小结

作为流动资产中重要的组成部分，企业持有存货的最终目的都是为了出售。在符合定义的基础上，存货还要满足以下两个条件才能予以确认：第一，与该存货有关的经济利益很可能流入企业；第二，该存货的成本能够可靠地计量。企业存货通常包括原材料、在产品、半成品、产成品、商品和周转材料等六大类。存货的初始成本主要由采购成本、加工成本和其他成本三部分构成。而在确认发出存货的成本时，则需要根据实际需要选择不用的计量方法。通常可以采用先进先出法、移动加权平均法、月末一次加权平均法和个别计价法等。存货的期末计量一般采用成本与可变现净值孰低法。期末计量时，企业应区分同一类存货中具有合同价格和不存在合同价格这两类存货，分别确定其期末可变现净值。企业对存货数量的盘存方法主要有实地盘存法和永续盘存法两种。

采用不同的方法计量存货的成本，在价格不断变化的实际市场中，可能会导致巨大的差异，使其在账面上被错误地高估或低估，直接影响到企业的经营成果，因此，必须要根据实际情况，客观选择适合企业的方法进行计量。

【篇后案例】

达尔曼财务舞弊案例

2005年3月25日，ST达尔曼成为中国第一个因无法披露定期报告而遭退市的上市公司。从上市到退市，在长达八年的时间里，达尔曼极尽造假之能事，通过一系列精心策划的系统性舞弊手段，制造出具有欺骗性的发展轨迹，从股市和银行骗取资金高达三十多亿元，给投资者和债权人造成严重损失。

一、案例简介

西安达尔曼实业股份有限公司于 1993 年以定向募集方式设立，主要从事珠宝、玉器的加工和销售。1996 年 12 月，公司在上交所挂牌上市，并于

1998 年、2001 年两次配股，在股市募集资金共计 7.17 亿元。西安翠宝首饰集团公司一直是达尔曼第一大股东，翠宝集团名为集体企业，实际上完全由许宗林一手控制。

从公司报表数据看：1997～2003 年间，达尔曼销售收入合计 18 亿元，净利润合计 4.12 亿元，资产总额比上市时增长 5 倍，达到 22 亿元，净资产增长 4 倍，达到 12 亿元。在 2003 年之前，公司各项财务数据呈现均衡增长。然而，2003 年公司首次出现净利润亏损，主营业务收入由 2002 年的 3.16 亿元下降到 2.14 亿元，亏损达 1.4 亿元，每股收益为-0.49 元；同时，公司的重大违规担保事项浮出水面，涉及人民币 3.45 亿元、美元 133.5 万元；还有重大质押事项，涉及人民币 5.18 亿元。

2004 年 5 月 10 日，达尔曼被上交所实行特别处理，变更为“ST 达尔曼”，同时证监会对公司涉嫌虚假陈述行为立案调查。2004 年 9 月，公司公告显示，截至 2004 年 6 月 30 日，公司总资产锐减为 13 亿元，净资产-3.46 亿元，仅半年时间亏损高达 14 亿元，不仅抵销了上市以来大部分业绩，而且濒临退市破产。此后，达尔曼股价一路狂跌，2004 年 12 月 30 日跌破一元面值。2005 年 3 月 25 日，达尔曼被终止上市。

2005 年 5 月 17 日，证监会公布了对达尔曼及相关人员的行政处罚决定书（证监罚字[2005]10 号），指控达尔曼虚构销售收入、虚增利润，通过虚签建设施工合同和设备采购合同、虚假付款、虚增工程设备价款等方式虚增在建工程，重大信息（主要涉及公司对外担保、重大资产的抵押和质押、重大诉讼等事项）未披露或未及时披露。同时，证监会还处罚了担任达尔曼审计工作的三名注册会计师，理由是注册会计师在对货币资金、存货项目的审计过程中，未能充分勤勉尽责，未能揭示 4.27 亿元大额定期存单质押情况和未能识别 1.06 亿元虚假钻石毛坯。

调查表明，达尔曼从上市到退市，在长达八年之久的时间里都是靠造假过日子的。这场造假圈钱骗局的“导演”就是公司原董事长许宗林。经查明，1996～2004 年期间，许宗林等人以支付货款、虚构工程项目和对外投资等多种手段，将十几亿元的上市公司资金腾挪转移，其中有将近 6 亿元的资金被转移至国外隐匿。监守自盗了大量公司资产后，许宗林携妻儿等移民加拿大。到 2004 年初公司显现败落时，许以出国探亲和治病的借口出国到加拿大，从此一去不回。2004 年 12 月 1 日，西安市人民检察院认定，许宗林涉嫌职务侵占罪和挪用资金罪，应依法逮捕。2005 年 2 月，证监会对许宗林开出“罚单”：给予警告和罚款 30 万元，并对其实施永久性市场禁入的处罚。但直到今天，达尔曼退市了，许宗林依然在国外逍遥。

达尔曼造假的主要手法之一就是虚假采购、虚增存货。这一方面是为了配合公司虚构业绩需要；另一方面是为达到转移资金的目的。达尔曼虚假采购主要是通过关联公司和形式上无关联的"壳公司"来实现的。从年报可以看出，公司对大股东翠宝集团的原材料采购在1997~2001年呈现递增趋势，至2001年占到了全年购货额的26%。2002年年报显示，公司当年期末存货增加了8 641万元，增幅达86.15%，系年末从西安达福工贸有限公司购进估价1.06亿元的钻石毛坯所致，该笔采购数额巨大且未取得购货发票。后经查明，该批存货实际上是从"壳公司"购入的非常低廉的锆石。注册会计师也因未能识别该批虚假存货而受处罚。（马军生等《财务与会计》2006年第2期）

核心概念

存货（inventory）

先进先出法（first in first out, FIFO）

加权平均法（weighted average method）

实地盘存法（periodic inventory system）

永续盘存法（perpetual inventory system）

可变现净值（net realisable value）

思考题

1. 存货的范围及基本特征是什么？
2. 存货入账价值如何确定?
3. 存货的确认应具备哪些条件？
4. 材料存货的期末计量有什么特点？
5. 什么是存货盘盈和盘亏？如何进行会计处理？
6. 什么是计划成本法？有哪些优点？

练习题

（一）单项选择题

1．企业发生盘盈的存货，有关经济部门批准后，应该（　　）。

A．作为其他业务收入处理　　　B．作为营业外收入处理

C．冲减管理费用　　　　　　　　　D．冲减其他业务成本

2．工业企业出租包装物收取的租金应当（　　）。

A．计入其他业务收入　　　　　　　B．计入营业业务收入

C．计入营业外收入　　　　　　　　D．冲减管理费用

3．某企业原材料采用计划成本核算，2011 年 6 月 1 日“材料成本差异”科目的借方余额为 4 000 元，“原材料”科目余额为 250 000 元。本月购入原材料实际成本 475 000 元，计划成本 425 000 元，本月发出原材料计划成本 100 000 元，则该企业 2011 年 6 月 30 日原材料实际成本为（　　）元。

A．621 000　　B．614 185　　C．577 400　　D．575 000

4．通过盘存先确定期末存货的数量，然后推算出本期发出存货的数量，这种方法称为（　　）。

A．永续盘存制　　　　　　　　　　B．实地盘存制

C．权责发生制　　　　　　　　　　D．收付实现制

5．某企业 2013 年 1 月 1 日结存存货为 200 件，单价为 50 元；1 月 10 日购进 200 件，单价为 60 元；1 月 20 日售出 200 件。该企业对期末存货采用月末一次加权平均法计价，则本月发出存货的成本为（　　）元。

A．11 000　　B．12 000　　C．10 000　　D．9 000

6．按计划成本进行日常材料核算的企业，对于月末尚未收到发票账单，但材料已收到并入库的业务，应当（　　）。

A．暂不做账务处理，待单据收到时再记账

B．按计划成本暂估入账，记入“原材料”科目

C．按计划成本暂估入账，记入“在途物资”科目

D．按合同价格入账，记入“原材料”和“材料成本差异”科目

7．某工业企业为增值税一般纳税企业，材料按计划成本核算，甲材料计划单位成本为每千克 35 元。企业购入甲材料 500 千克，增值税专用发票上注明的材料价款为 17 600 元，增值税额为 2 992 元。企业验收入库时实收 490 千克，短缺的 10 千克为运输途中合理损耗。该批入库材料的材料成本差异为（　　）元。

A．450　　B．100　　C．3 442　　D．3 092

8．某企业委托外单位加工材料一批，该批委托加工材料为消费税应税消费品（非金银饰品）。该批材料回收后，直接用于销售。该企业应于提货时，将受托单位代扣代缴的消费税记入（　　）。

A．“委托加工物资”科目借方

B．“应交税费——应交消费税”科目借方

C．“应交税费——应交消费税”科目贷方

D．“营业税金及附加”科目借方

9．在物价持续上涨的情况下，下列各种计价方法中，使期末存货价值最大的是（　　）。

A．先进先出法　　B．个别计价法

C．月末一次加权平均法　　D．移动加权平均法

10．进行存货核算时，确认存货的时间为（　　）。

A．支付货款的时间　　B．收到货款的时间

C．取得其产权的时间　　D．签订购货合同的时间

11．企业期末编制资产负债表时，下列各项应包括在“存货”项目中的是（　　）。

A．已销售但购货方尚未运走的商品

B．委托代销商品

C．未来约定购入的商品

D．为在建工程购入的工程物资

12．“成本与可变现净值孰低法”是指按成本与可变现净值两者之中较低者对（　　）计价的方法。

A．购时存货　　B．发出存货

C．销售成本　　D．期末存货

13．某企业 6 月 1 日存货的结存数量为 200 件，单价为 4 元；6 月 3 日发出存货 150 件；6 月 6 日购进存货 200 件，单价 4.4 元；6 月 9 日发出存货 100 件。在存货采用移动加权平均法的情况下，6 月 9 日结存的存货实际成本为（　　）元。

A．628　　B．432　　C．1 080　　D．1 032

14. C 公司为上市公司，期末对存货采用成本与可变现净值孰低计价。2011 年 12 月 31 日库存 A 材料的实际成本为 60 万元，市场购买价格为 56 万元，假设不发生其他交易费用。由于 A 材料市场价格的下降，市场上用 A 材料生产的甲产品的销售价格由 105 万元降为 90 万元，但生产成本不变，将 A 材料加工成甲产品预计进一步加工所需费用为 24 万元，预计销售费用及税金为 12 万元。C 公司决定将其用于生产甲产品，不直接出售 A 材料。假定该公司对 A 材料已计提存货跌价准备 1 万元，则 2011 年 12 月 31 日对 A 材料应计提的存货跌价准备为（　　）万元。

A. 30　　B. 5　　C. 24　　D. 6

15. 甲公司系增值税一般纳税人，增值税税率为17%。甲公司2012年12月购入一批商品，增值税专用发票上注明的售价为260 000元，所购商品到达后，验收发现短缺15%，其中合理损失5%，另10%的短缺尚待查明原因。假设不考虑其他因素，该存货的实际成本为（　　）元。

A. 234 000　　B. 260 000　　C. 221 000　　D. 304 200

（二）多项选择题

1. "材料成本差异"科目贷方登记（　　）。

A. 实际成本小于计划成本的差异额

B. 实际成本大于计划成本的差异额

C. 发出材料负担的超支差异

D. 发出材料负担的节约差异

2. 企业会计制度规定，工业生产企业发出存货的日常核算可以采用（　　）。

A. 实际成本法　　B. 计划成本法

C. 毛利率法　　D. 售价金额核算法

3. 企业期末存货成本如果计价过高，可能会引起（　　）。

A. 当期利润增加　　B. 当期销售收入增加

C. 当期所得税增加　　D. 当期所有者权益增加

4. 计算可变现净值时，应从预计售价中扣除的项目有（　　）。

A. 出售前发生的行政管理人员的工资

B. 存货的账面成本

C. 销售过程正发生的销售费用

D. 出售前进一步加工的加工费

5. 一般纳税企业委托其他单位加工材料收回后用于连续生产的，其发生的下列支出中，应计入委托加工物资成本的有（　　）。

A. 加工费　　B. 增值税

C. 发出材料的实际成本　　D. 受托方代收代交的消费税

6. 原材料按经济内容可分为（　　）。

A. 原料及主要材料　　B. 辅助材料

C. 在途材料　　D. 包装材料

7. 原材料按其存放地点可分为（　　）。

A. 受托加工材料　　B. 在途材料

C．库存材料　　D．委托加工材料

8．下列各项中，属于货币性资产的有（　　）。

A．固定资产　　B．其他应收款

C．可供出售金融资产　　D．股权投资

E．准备持有至到期的债券投资

9．下列各项应计入工业企业存货成本的有（　　）。

A．运输途中的合理损耗

B．入库前的挑选整理费用

C．存货运到企业并验收入库前所发生的运杂费

D．进口原材料支付的关税

E．自然灾害造成的原材料净损失

10．一般纳税企业委托外单位加工材料收回后直接对外销售，发生的下列支出中，应计入委托加工物资成本的有（　　）。

A．加工费　　B．发出材料的实际成本

C．受托方代收代交的消费税　　D．增值税

E．运费

11．下列费用应当在发生时计入当期损益，不计入存货成本的有（　　）。

A．非正常消耗的直接材料、直接人工和制造费用

B．已验收入库原材料发生的仓储费用

C．生产过程中为达到下一个生产阶段所必需的仓储费用

D．企业提供劳务发生的直接人工和其他直接费用以及可归属的间接费用

E．不能归属于使存货达到目前场所和状态的其他支出

12．下列各项中，应计入存货采购成本的有（　　）。

A．小规模纳税人购入存货时支付的增值税

B．进口商品应支付的关税

C．运输途中合理损耗

D．采购人员差旅费

13．下列各项中，构成工业企业外购存货入账价值的有（　　）。

A．买价

B．运杂费

C．运输途中的合理损耗

D．入库前的挑选整理费用

14．下列有关确定存货可变现净值的表述中，正确的有(　　)。

A．无销售合同的库存商品以该库存商品的估计售价为基础

B．有销售合同的库存商品以该库存商品的合同价格为基础

C．用于出售的无销售合同的材料以该材料的市场价格为基础

D．用于生产有销售合同产品的材料以该材料的市场价格为基础

15．企业计提存货跌价准备时，以下方法中允许采用的计提方式有(　　)。

A．按照存货总体计提

B．与具有类似目的或最终用途并在同一地区生产和销售的产品系列相关，且难以将其与该产品系列的其他项目区别开来进行估计的存货，可以合并计提

C．数量繁多、单价较低的存货可以按照类别计提

D．按照存货单个项目计提

（三）判断题

1．各种包装物如纸、绳、铁丝等，应在“原材料”科目核算。(　　)

2．企业某种存货的期初实际成本 200 万元，期初“存货跌价准备”账户贷方余额 2.5 万元，本期购入该种存货实际成本 45 万元，领用 150 万元，期末估计库存该存货的可变现净值为 91 万元。则本期应计提存货跌价准备额为 1.5 万元。(　　)

3．自然灾害造成的原材料净损失应该计入原材料的入账价值。(　　)

4．企业采用计划成本法核算原材料，除单位成本发生较大变动外，为了保持计划成本的相对稳定，年度内一般不作调整。(　　)

5．企业确认存货时，应以存货是否具有法定所有权和是否存放在企业为依据。(　　)

6．某企业本月月初库存原材料计划成本 50 000 元，材料成本差异借方余额 1 000 元，本月购进原材料计划成本 300 000 元，实际成本 292 000 元。则本月材料成本差异率为超支 2%。(　　)

7．企业期末清查存货发现存货盘盈，经批准后，应冲减“管理费用”科目。(　　)

8．企业以公允价值 79 万元的电子设备换取一辆汽车，同时支付 40 万元的补价，此项交易为非货币性交易。(　　)

9．存货属于企业的固定资产。(　　)

10．凡企业对其具有法定产权的货物，可确认为本企业存货。(　　)

11．企业受托代销商品，由于在企业资产负债表上反映，所以应确认为企

业的存货。（ ）

12．存货计价方法的选择不仅影响着资产负债表中资产总额的多少，而且也影响利润表中的净利润。（ ）

13．定期盘存法通过账面记录，结出存货的结存数量、金额。（ ）

14．购进存货所取得的现金折扣，作为理财收益，冲减当期财务费用。（ ）

15．企业外购存货支付的运输费用所准予扣除的进项税额不应作为存货入账值。（ ）

（四）核算题

1．某企业为增值税一般纳税人，存货按其实际成本计价，2005 年 8 月发生下列经济业务：

（1）购入甲材料一批，增值税专用发票上注明甲材料的买价为 200 000 元，增值税额为 34 000 元。货款已用电汇支付，材料未到。

（2）购入乙材料一批，增值税专用发票上注明乙材料的买价为 500 000 元，增值税额为 85 000 元。货款已于上月预付。同时，用转账支票支付材料运杂费 2 000 元，材料已验收入库。

（3）领用钢辊，实际成本 2 000 元。

（4）领用随同产品出售不单独计价的包装袋 100 个，每个实际成本 3 元。

（5）购入钢辊，增值税专用发票上注明其买价为 100 000 元，增值税额为 17 000 元，对方包送货，钢辊已验收入库，货款未付。

要求：根据上述资料，编制会计分录。

2．美伊公司为增值税一般纳税人，存货按计划成本价，2005 年 8 月发生下列经济业务：

（1）5 日，签发银行汇票 400 000 元用于购买甲材料，增值税专用发票上注明甲材料的买价为 300 000 元，增值税额为 51 000 元。对方代运运杂费 20 000 元。甲材料已验收入库，其计划成本为 310 000 元，同时收到银行转来银行汇票余款 29 000 元收账通知。

（2）16 日，采购乙材料，增值税专用发票上注明乙材料的买价为 200 000 元，增值税额为 34 000 元。货款已用电汇支付，材料未到。

（3）25 日，收到丙材料，但未收到结算凭证，货款未付；月末，仍未收到结算凭证。按暂估价 80 000 元暂估入库。

（4）本月生产领用甲材料 200 000 元，成本差异率为-3%。

要求：根据上述材料，编制会计分录。

3．资料：红星工厂2012年8月甲商品的期初结存和本期购销情况如下：

8月1日	期初结存	150件	单价50元	计7 500元
8月8日	销售	60件		
8月15日	购进	100件	57元	计5 700元
8月20日	销售	40件		
8月24日	销售	90件		
8月28日	购进	200件	65元	计13 000元
8月30日	销售	60件		

要求：根据以上资料，分别采用先进先出法、加权平均法、移动加权平均法，计算本期发出存货成本和期末结存存货的成本。

4．资料：某批发企业1998年7月1日A种商品期初结存30万元，本月购进该种商品60万元，本月该种商品销售收入80万元，发生销售折让5 000元，上月该种商品毛利率为15%。

要求：计算7月份已销商品成本和库存商品成本。

5．资料：A企业采用成本与可变现净值孰低法进行存货计价，并且用备抵法进行账务处理。

（1）2010年末A种存货账面成本为52万元，预计可变现净值为48万元，计提存货跌价准备2万元。

（2）2011年末A种存货的预计可变现净值有所恢复，数额为8 000元。

（3）2012年末A种存货的可变现净值已恢复到原账面成本以上，冲减计提的存货跌价损失准备。

要求：根据以上经济业务编制会计分录。

6．资料：A企业原材料按实际成本计价，发生以下经济业务：

（1）购进甲种原材料一批，价款2万元，增值税额0.34万元，共计2.34万元，以银行存款支付，材料尚未运到。

（2）购进乙种原材料一批，价款2.5万元，增值税额0.425元，共计2.925万元，材料验收入库，款项以银行存款支付。

（3）购进甲种材料运到并验收入库。（参看业务1）

（4）购进丙种材料一批，合同价4万元，材料验收入库，结算凭证尚未到达。

（5）月末购进丙种材料的结算凭证仍未到达，按暂估价4万元入账。

（6）下月初冲回入库未付款材料款。

（7）购进丙种材料的结算凭证到达，价款4万元，增值税额0.68万元，共计 4.68 万元，以银行存款支付。

（8）根据乙种材料“发料凭证汇总表”所列，生产车间领用 1.5 万元，管理部门领用 0.4 万元。

要求：根据以上经济业务编制会计分录。

7. A 公司是一家生产电子产品的上市公司，为增值税一般纳税企业。2011 年 12 月 31 日，A 公司期末存货有关资料如下：

（1）甲产品账面余额为 1 000 万元，按照一般市场价格预计售价为 1 060 万元，预计销售费用和相关税金为 30 万元。已计提存货跌价准备 40 万元。

（2）乙产品账面余额为 400 万元，其中有 20%已签订销售合同，合同价款为 80 万元；另有 80%未签订合同。期末库存乙产品如果按照一般市场价格计算，其预计销售价格为 440 万元。有合同部分乙产品的预计销售费用和税金为 6 万元，无合同部分乙产品的预计销售费用和税金为 24 万元。此前未计提存货跌价准备。

（3）因产品更新换代，丙材料已不适应新产品的需要，准备对外销售。丙材料的账面余额为 250 万元，预计销售价格为 220 万元，预计销售费用及相关税金为 25 万元，此前未计提跌价准备。

（4）丁材料 30 吨，每吨实际成本 15 万元。该批丁材料用于生产 20 件 X 产品，X 产品每件加工成本为 10 万元，现有 7 件已签订销售合同，合同规定每件为 40 万元，每件一般市场售价为 35 万元，假定销售税费均为销售价格的 10%。丁材料未计提存货跌价准备。

（5）对存货采用单项计提存货跌价准备，按年计提跌价准备。

要求：

分别计算上述存货的期末可变现净值和应计提的跌价准备，并进行相应的账务处理。（以万元为单位）

8. 甲企业委托乙企业加工应税消费品 A 材料，收回后的 A 材料用于继续生产应税消费品 B 产品，适用的消费税税率均为 10%；甲、乙两企业均为增值税一般纳税人，适用的增值税税率均为 17%。甲企业对原材料按实际成本进行核算。有关资料如下：

（1）2011 年 11 月 2 日，甲企业发出委托加工材料一批，实际成本为 620 000 元。

（2）2011 年 12 月 20 日，甲企业以银行存款支付乙企业加工费 100 000 元（不含增值税）以及相应的增值税和消费税。

（3）12 月 25 日甲企业以银行存款支付往返运杂费 20 000 元。

（4）12 月 31 日，A 材料加工完成，已收回并验收入库。甲企业收回的 A 材料用于生产合同所需的 B 产品 1 000 件，B 产品合同价格为 1 200 元/件。

（5）2011 年 12 月 31 日，库存 A 材料的预计市场销售价格为 70 万元，加工成 B 产品估计至完工尚需发生加工成本 50 万元，预计销售 B 产品所需的税金及费用为 5 万元，预计销售库存 A 材料所需的销售税金及费用为 2 万元。

要求：

（1）编制甲企业委托加工材料的有关会计分录。

（2）计算甲企业 2011 年 12 月 31 日对该存货应计提的存货跌价准备，并编制有关会计分录。

第五章　金融资产

【学习目标】通过本章学习，了解金融资产的概念、内容；理解交易性金融资产的初始计量、后续计量方法；掌握交易性金融资产的会计核算；理解持有至到期投资的初始计量、后续计量方法；掌握持有至到期投资的会计核算；理解可供出售金融资产的初始计量、后续计量方法；掌握可供出售金融资产的会计核算。

【开篇案例】

近两年，雅戈尔在证券金融领域的成功投资迅速走红全国，成为国内民营企业涉足金融投资领域的典范。然而股市风云突变，金融风暴席卷全球，从美洲、欧洲到亚洲，无一不受波及。事实证明，此次风暴来到，首当其冲受影响的就是金融资产，其市场价值应声而落，惨不忍睹。如今，雅戈尔的金融资产已从最高处的200亿元缩水至100亿元左右。雅戈尔股票本身的市值更是在2008年蒸发385.65亿元，位列浙江省上市公司之首。“除了当初投资中信证券、宁波银行的收益大大缩水之外，雅戈尔去年的金融投资基本上都是失败的。”一证券界人士介绍说，其实雅戈尔并没有摆脱很多民营企业“炒股”的心态。雅戈尔公布的第三季度季报显示，在2008年11月份前，雅戈尔持有海通证券2亿股，买入价为17.94元，而在目前海通证券的股价只有13元左右，以此估算雅戈尔已经浮亏8亿元；此外，在金马股份上面的投资也存在近7 000万元浮亏。事实上，金融投资受挫的不仅仅是这两个超大项目，雅戈尔在双鹤药业、中国铁建、大秦铁路、攀钢钢钒上的投资均有折损，仅有中信证券、宁波银行等因持股较早成本超低而依然获利颇丰。这个谜底要等到雅戈尔的2008年年报才能彻底揭开。这个案例中，我们不得不思考的问题是，到底什么是金融资产？金融资产分类有哪些？案例中提到的股票可以划分为哪类金融资产？并且如何进行会计核算？

第一节　金融资产概述

金融资产是指企业持有的现金、权益工具投资、从其他单位收取现金或其他金融资产的合同权利，以及在有利条件下与其他单位交换金融资产或金融负债的合同权利，主要包括库存现金、银行存款、应收账款、应收票据、其他应收款项、债权投资、股权投资、衍生金融资产等。

本书在前面阐述了货币资金和应收款项的相关会计处理，贷款业务仅产生于金融企业，所以本章对此类金融资产不再单独讲述。长期股权投资将在第六章中讲解。故本章主要涉及证券投资类的金融资产。

金融资产的分类是其确认和计量的基础。企业应当结合自身业务特点、投资策略和风险管理要求，将取得的金融资产在初始确认时划分为以下几类：（1）以公允价值计量且其变动计入当期损益的金融资产；（2）持有至到期投资；（3）贷款和应收款项；（4）可供出售的金融资产。

金融资产的分类应是管理层意图的如实表达，某项金融资产具体应划分为哪一类，主要取决于企业管理层的风险管理、投资决策等因素。金融资产分类与金融资产计量密切相关。不同类别的金融资产，其初始计量和后续计量采用的基础也不完全相同。因此，金融资产的分类一经确定，不应随意变更。

【课堂测试 5-1】

1．下列各项中，属于金融资产的有（　　）。

A．库存现金

B．持有的其他单位的权益工具

C．持有的其他单位的债务工具

D．从其他单位收取现金的合同权利

2．下列各项中，属于金融资产范围的有（　　）。

A．持有至到期的国债

B．发行的债券

C．应收股利

D．对子公司的股权投资

第二节　以公允价值计量且其变动计入当期损益的金融资产

一、以公允价值计量且其变动计入当期损益的金融资产概述

以公允价值计量且其变动计入当期损益的金融资产可以进一步划分为交易性金融资产和直接指定为以公允价值计量且其变动计入当期损益的金融资产。

（一）交易性金融资产的概述

满足以下条件之一的金融资产，应当划分为交易性金融资产：

（1）取得该金融资产的目的主要是为了近期内出售。例如，企业以赚取差价为目的从二级市场购入的股票、债券和基金等。

（2）属于进行集中管理的可辨认金融工具组合的一部分，且有客观证据表明企业近期采用短期获利方式对该组合进行管理。在这种情况下，即使组合中有某个组成项目持有的期限稍长也不受影响。

（3）属于衍生工具。但是，被指定为有效套期工具的衍生工具、属于财务担保合同的衍生工具、与在活跃市场中没有报价且其公允价值不能可靠计量的权益工具的投资挂钩并须通过交付该权益工具结算的衍生工具除外。其中，财务担保合同是指保证人和债权人约定，当债务人不履行债务时，保证人按照约定履行债务或者承担责任的合同。

（二）指定为以公允价值且其变动计入当期损益的金融资产的概述

企业不能随意将某项金融资产直接指定为以公允价值计量且其变动计入当期损益的金融资产。只有在满足下列条件之一时，企业才能将某项金融资产直接指定为以公允价值计量且其变动计入当期损益的金融资产：

（1）该指定可以消除或明显减少由于该金融资产的计量基础不同所导致的相关利得或损失在确认或计量方面不一致的情况。

设立这个条件的目的在于通过直接指定为以公允价值计量，并将其变动计入当期损益，以消除会计上可能存在的不配比现象。例如，按照金融工具确认和计量准则规定，有些金融资产可以被指定或划分为可供出售的金融资产，从而其公允价值变动计入所有者权益，但与之直接相关的金融负债却被划分为以摊余成本进行后续计量的金融负债，从而导致会计处理上的不配比。

（2）企业风险管理或投资策略的正式书面文件已载明，该金融资产组合或该金融资产和金融负债组合，以公允价值为基础进行管理、评价并向关键管理

人员报告。

这一条件是以企业日常管理及业绩评价的方式为依据的，其不是关注金融工具组合中各组成部分的性质。如风险投资机构、证券投资基金或类似会计主体，其经营活动的主要目的在于从投资工具的公允价值变动中获取回报，这在其风险管理或投资策略的正式书面文件已被说明。

应该强调的是，在活跃市场中没有报价、公允价值不能可靠计量的权益工具投资，不得指定为以公允价值计量且其变动计入当期损益的金融资产。

活跃市场是指同时具有下列特征的市场：①市场内交易的对象具有同质性；②可随时找到自愿交易的买方和卖方；③市场价格信息是公开的。

二、以公允价值计量且其变动计入当期损益的金融资产的核算

（一）会计账户设置

1.“交易性金融资产”账户

“交易性金融资产”账户主要核算企业为交易目的所持有的债券投资、股票投资、基金投资等交易性金融资产的公允价值。企业持有的直接指定为以公允价值计量且其变动计入当期损益的金融资产，也在本账户核算。该账户属于资产类账户，借方登记交易性金融资产的取得成本、资产负债表日其公允价值高于账面余额的差额；贷方登记资产负债表日其公允价值低于账面余额的差额，以及企业出售交易性金融资产时结转的成本和公允价值变动损益；期末借方余额，反映企业持有的交易性金融资产的公允价值。本账户可按交易性金融资产的类别和品种，分别“成本”（核算取得时的公允价值）、“公允价值变动”（期末公允价值变动）等进行明细核算。

2.“公允价值变动损益”账户

“公允价值变动损益”账户主要核算企业交易性金融资产等公允价值变动而形成的应计入当期损益的利得或损失。该账户属于损益类账户，借方登记因公允价值变动而形成的损失金额和贷方发生额的转出额；贷方登记因公允价值变动而形成的收益金额和借方发生额的转出额。期末，将本账户余额转入“本年利润”账户，结转后本账户无余额。本账户按照交易性金融资产、交易性金融负债、投资性房地产等进行明细核算。

3.“投资收益”账户

“投资收益”账户主要核算企业持有交易性金融资产等期间取得的投资收益以及处置交易性金融资产等实现的投资收益或投资损失。该账户属于损益账户，借方登记取得投资时发生的交易费用、出售交易性金融资产投资时实际收到金

额小于其账面余额的差额，以及同时转销该项交易性金融资产投资公允价值变动的损失；贷方登记交易性金融资产投资持有期间获得的被投资企业宣告发放的现金股利，或在资产负债表日按分期付息、一次还本债券投资的票面利率计算的利息、出售交易性金融资产投资时实际收到金额大于其账面余额的差额以及同时转销该项交易性金融资产投资公允价值变动的利得；期末应将该账户的余额结转至“本年利润”账户，结转后无余额。该账户应当按照投资项目进行明细核算。

（二）主要的会计处理

以公允价值计量且其变动计入当期损益的金融资产的会计处理，着重于该金融资产与金融市场的紧密结合性，反映该类金融资产相关市场变量变化对其价值的影响，进而对企业财务状况和经营成果的影响。

相关会计处理如下：

（1）企业取得交易性金融资产时，按交易性金融资产的公允价值，借记“交易性金融资产（成本）”科目，按发生的交易费用，借记“投资收益”科目，对于价款中包含已宣告但尚未发放的现金股利或利息，借记“应收股利”或“应收利息”科目，按实际支付的金额，贷记“银行存款”等科目。

（1）在持有交易性金融资产期间被投资单位宣告发放的现金股利或债券利息，借记“应收股利”或“应收利息”科目，贷记投资收益。收到现金股利或利息时，借记“银行存款”科目，贷记“应收股利”或“应收利息”科目。

（2）资产负债表日，交易性金融资产的公允价值高于其账面余额的差额，借记“交易性金融资产（公允价值变动）”科目，贷记“公允价值变动损益”科目；公允价值低于其账面余额的差额，做相反的会计分录。

（4）出售交易性金融资产时，应按实际收到的金额，借记“银行存款”等科目，按该项交易性金融资产的成本，贷记“交易性金融资产（成本）”科目，按该项交易性金融资产的公允价值变动，贷记或借记“交易性金融资产——公允价值变动”，按其差额，贷记或借记“投资收益”科目。同时，按该项交易性金融资产的公允价值变动，借记或贷记“公允价值变动损益”科目，贷记或借记“投资收益”科目。

【例 5-1】2012 年 3 月 5 日滨海公司购入股票 1 000 000 股，作为交易性金融资产，取得时公允价值为每股 1.1 元，含已宣告但尚未发放的现金股利 0.1 元，发生交易费 3 000 元，其他资料如下：

（1）2012 年 3 月 15 日，收到最初支付价款中所含现金股利。

（2）2012 年末，该股票公允价值为每股 1.08 元。

（3）2013 年 1 月 15 日，将该股票全部处置，每股 1.1 元。

滨海公司的账务处理如下：

（1）2012 年 3 月 5 日，购入股票

借：交易性金融资产——成本　　1 000 000
　　应收股利　　100 000
　　投资收益　　3 000
　贷：银行存款　　1 103 000

（2）2012 年 3 月 15 日，收到现金股利

借：银行存款　　100 000
　贷：应收股利　　100 000

（3）2012 年末，确认该交易性金融资产的公允价值变动

借：交易性金融资产——公允价值变动　80 000
　贷：公允价值变动损益　　80 000

（4）2013 年 1 月 15 日，处置该交易性金融资产，确认投资收益

借：银行存款　　1 100 000
　　公允价值变动损益　　80 000
　贷：交易性金融资产——成本　　1 000 000
　　　　　　　　　　——公允价值变动　　80 000
　　　投资收益　　100 000

【例 5-2】2012 年 1 月 1 日，滨海公司从二级市场支付价款 1 020 000 元（含已到付息期但尚未领取的利息 20 000 元）购入某公司发行的债券，另发生交易费用 30 000 元。该债券面值 1 000 000 元，剩余期限为 2 年，票面年利率为 4%，每半年付息一次，甲企业将其划分为交易性金融资产。其他资料如下：

（1）2012 年 1 月 5 日，收到该债券 2011 年下半年利息 20 000 元；

（2）2012 年 6 月 30 日，该债券的公允价值为 1 150 000 元（不含利息）；

（3）2012 年7月 5 日，收到该债券半年利息；

（4）2012 年 12 月 31 日，该债券的公允价值为 1 100 000 元（不含利息）；

（5）2013 年 1 月 5 日，收到该债券 2012 年下半年利息；

（6）2013 年 3 月 31 日，甲企业将该债券出售，取得价款 1 180 000 元（含 1 季度利息 10 000 元）。假定不考虑其他因素。

滨海公司的账务处理如下：

（1）2012 年 1 月 1 日，购入债券

借：交易性金融资产——成本　　1 000 000

　　应收利息　　20 000
　　投资收益　　30 000
　贷：银行存款　　1 050 000

（2）2012 年 1 月 5 日，收到该债券 2011 年下半年利息

借：银行存款　　20 000
　贷：应收利息　　20 000

（3）2012 年 6 月 30 日，确认债券公允价值变动和投资收益（上半年利息收入）

借：交易性金融资产——公允价值变动　150 000
　贷：公允价值变动损益　　150 000
借：应收利息　　20 000
　贷：投资收益　　20 000

（4）2012 年7 月 5 日，收到该债券半年利息

借：银行存款　　20 000
　贷：应收利息　　20 000

（5）2012 年 12 月 31 日，确认债券公允价值变动和投资收益（下半年利息收入）

借：公允价值变动损益　　50 000
　贷：交易性金融资产——公允价值变动　　50 000
借：应收利息　　20 000
　贷：投资收益　　20 000

（6）2013 年 1 月 5 日，收到该债券 2012 年下半年利息

借：银行存款　　20 000
　贷：应收利息　　20 000

（7）2013 年 3 月 31 日，将该债券予以出售

借：应收利息　　10 000
　贷：投资收益　　10 000
借：银行存款　　1 170 000
　　公允价值变动损益　　100 000
　贷：交易性金融资产——成本　　1 000 000
　　　　　　　　　　——公允价值变动　　100 000
　　投资收益　　170 000
借：银行存款　　10 000

贷：应收利息 10 000

【课堂测试 5-2】

1．企业购入交易性金融资产，支付的价款为 1 030 000 元，其中包含已到期尚未领取的利息 30 000 元，另支付交易费用 20 000 元。该项交易性金融资产的入账值为（ ）元。

A．1 030 000

B．1 000 000

C．1 020 000

D．1 050 000

2．对于以公允价值计量且其变动计入当期损益的金融资产，下列有关业务中，应贷记“投资收益”的是（ ）。

A．企业转让交易性金融资产时对持有期间累计公允价值变动损失的处理

B．企业收到的包含在买价中已到期但尚未领取的利息

C．资产负债日，持有的股票大于其账面价值

D．企业持有期间获得的现金股利

3．关于交易性金融资产的计量，下列说法正确的是（ ）。

A．取得交易性金融资产时，要按取得的公允价值和相关费用之和作为初始确认金额。

B．应当按取得该金融资产的公允价值作为初始确认金额

C．资产负债表日，交易性金融资产的公允价值变动计入当期所有者权益

D．处置该金融资产时，其公允价值与初始入账金额之间的差额应确认为投资收益，不调整公允价值变动损益

4．下列各项中，不应计入交易性金融资产的入账价值的有（ ）。

A．支付的手续费

B．支付的印花税

C．取得时交易性金融资产的公允价值

D．已宣告但尚未分放的现金股利

第三节 持有至到期投资

一、持有至到期投资概述

（一）概念

持有至到期投资，是指到期日固定、回收金额固定或可确定，且企业有明确意图和能力持有至到期的非衍生金融资产。通常情况下，能够划分为持有至到期投资的金融资产，主要是债券投资，如企业从二级市场上购入的固定利率国债、浮动利率金融债券等。股权投资因没有固定的到期日，因而不能划分为持有至到期投资。

企业不能将下列非衍生金融资产划分为持有至到期投资：

(1)初始确认时即被指定为以公允价值计量且其变动计入当期损益的非衍生金融资产；

(2)符合贷款和应收款项的定义的非衍生金融资产；

(3)初始确认时被指定为可供出售的非衍生金融资产。

（二）特点

1．到期日固定、回收金额固定或可确定

到期日固定、回收金额固定或可确定是指相关合同明确了投资者在确定的时间内获得或应收取现金流量的金额和时间。因此，从投资者角度看，首先，如果不考虑其他条件，在将某项投资划分为持有至到期投资时可以不考虑可能存在的发行方重大支付风险。其次，由于要求到期日固定，从而权益工具投资不能划分为持有至到期投资。最后，如果符合其他条件，不能由于某债务工具投资是浮动利率投资而不将其划分为持有至到期投资。

2．有明确意图持有至到期

有明确意图持有至到期投资是指投资者在取得投资时意图明确，准备将投资持有至到期，除非遇到一些企业所不能控制、预期不会重复发生且难以合理预计的独立事件，否则将持有至到期。

存在下列情况之一的，表明企业没有明确意图将金融资产持有至到期：(1)持有该金融资产的期限不确定；(2)发生市场利率变化、流动性需要变化、替代投资机会及其投资收益率变化、融资来源和条件变化、外汇风险变化等情况时，将出售该金融资产，但是，无法控制、预期不会重复发生且难以合理预计的独立事项引起的金融资产除外；（3）该金融资产的发行方可以按照明显低于其摊余成本的金额清偿；（4）其他表明企业没有明确意图将该金融资产持有至到期的情况。

3．有能力持有至到期。

有能力持有至到期是指企业有足够的财务资源，并不受外部因素影响将投资持有至到期。

存在下列情况之一的，表明企业没有能力将具有固定期限的金融资产投资持有至到期：（1）没有可利用的财务资源持续地为该金融资产投资提供资金支持，以使该金融资产持有至到期；（2）受法律、行政法规的限制，使企业难以将该金融资产投资持有至到期；（3）其他表明企业没有能力将具有固定期限的金融资产投资持有至到期的情况。

二、持有至到期投资核算

（一）会计账户设置

"持有至到期投资"账户用于核算企业持有至到期投资摊余成本的增减变动情况。该科目属于资产类科目，借方登记企业取得持有至到期投资的取得成本、支付的价款扣除已到付息期但尚未领取的债券利息后的金额高于其面值的差额（利息调整即债券溢价）、资产负债表日按票面利率计算确定的应收未收利息低于摊余成本和实际利率计算确定的利息收入的差额（利息调整即债券折价摊销）等；贷方登记支付的价款扣除已到付息期但尚未领取的债券利息后金额低于其面值的差额（利息调整即债券折价）、资产负债表日按票面利率计算确定的应收未收利息高于摊余成本和实际利率计算确定的利息收入的差额（利息调整即债券溢价摊销）等；期末借方余额，反映企业持有至到期投资的摊余成本。按持有至到期投资的类别和品种，分别设置"成本"、"利息调整"、"应计利息"等科目进行明细核算。

（二）主要的会计处理

1．持有至到期投资取得的核算

企业取得持有至到期债券时，应按实际支付的全部价款，包括税金、手续费等相关费用作为初始投资成本，但不包含已到付息期但尚未领取的利息。

2．到期投资在持有期间投资收益的核算

持有至到期投资在持有期间应当按照实际利率法确认利息收入，计算各期投资收益。实际利率法是指按照金融资产（含一组金融资产）的实际利率计算其摊余成本及各期利息收入或利息费用的方法。

实际利率应当在取得该金融资产时确定，并在该金融资产预期存续期间或适用的更短期间内保持不变。实际利率与票面利率差别较小的，也可按票面利率计算利息收入。实际利率是指将金融资产在预期存续期间或适用的更短期间内的未来现金流量，折现为该金融资产当前账面价值所使用的利率。在确定实际利率时，应当在考虑金融资产所有合同条款的基础上预计未来现金流量，但不应当考虑未来信用损失。金融资产合同各方之间支付或收取的、属于实际利率组成部分的各项收费、交易费用有溢价或折价等，应当在确定实际利率时予以考虑。金融资产的未来现金流量或存续期间无法可靠预计时，应当采用该金融资产在整个合同期内的合同现金流量。

金融资产的摊余成本，是指该金融资产或金融负债的初始确认金额经下列调整后的结果：扣除已偿还的本金；加上采用实际利率法将该初始确认金额与到期日金额之间的差额进行摊销形成的累计摊销额；扣除已发生的减值损失。

资产负债表日，持有至到期投资为分期付息、一次还本债券投资的，应按票面利率计算确定的应收未收利息，借记“应收利息”科目，按持有至到期投资摊余成本和实际利率计算确定的利息收入，贷记“投资收益”科目，按其差额，借记或贷记“持有至到期投资——利息调整”科目。

持有至到期投资为一次还本付息债券投资的，应按票面利率计算确定的应收未收利息，借记“持有至到期投资——应计利息”科目，按持有至到期投资摊余成本和实际利率计算确定的利息收入，贷记“投资收益”科目，按其差额，借记或贷记“持有至到期投资——利息调整”科目。

收到分期付息、一次还本持有至到期投资持有期间支付的利息，借记“银行存款”科目，贷记“应收利息”科目。

3．到期投资处置的核算

出售持有至到期投资，应按实际收到的金额，借记“银行存款”等科目，按其账面余额，贷记“持有至到期投资——成本、利息调整、应计利息”科目，按其差额，贷记或借记“投资收益”科目。已计提减值准备的，还应同时结转减值准备。

【例 5-3】2012 年 1 月 1 日，滨海公司支付价款 105 元（含交易费用）从上海证券交易所购入 A 公司发行的 5 年期公司债券，债券票面价值总额为 100 元，票面年利率为 5%，按年支付利息（即每年利息为 5 元），本金在债券到期时一次性偿还。甲会司将其划分为持有至到期投资。该债券投资的实际利率为 3.89%。

滨海公司应编制如下会计分录：

（1）2012 年 1 月 1 日，购入债券：

借：持有至到期投资——成本 100

——利息调整 5

贷：银行存款 105

（2）

表 5-1 各年利息计算及调整表（1） 单位：元

年份	期初摊余成本	实际利息	应计利息	利息调整	期末摊余成本
2012	105	4.08	5	0.92	104.08
2013	104.08	4.05	5	0.95	103.13
2014	103.13	4.01	5	0.99	102.14
2015	102.14	3.97	5	1.03	101.11
2016	101.11	3.89※	5	1.11	100

※最后一期的实际利息倒挤计算：应计利息－未摊销的利息调整。

根据上表，各年的账务处理如下：

2012 年 12 月 31 日，确认实际利息收入、收到票面利息等：

实际利息=105×3.89%=4.08（元） 票面利息=100×5%=5（元）

借：应收利息 5

贷：投资收益 4.08

持有至到期投资——利息调整 0.92

2012 年 12 月 31 日的摊余成本=105-0.92=104.08（元）

同样的方法可以确定

2013 年 12 月 31 日的账务处理

借：应收利息 5

贷：投资收益 4.05

持有至到期投资——利息调整 0.95

2014 年 12 月 31 日的账务处理

借：应收利息 5

贷：投资收益 4.01

持有至到期投资——利息调整 0.99

2015 年 12 月 31 日的账务处理

借：应收利息 5

贷：投资收益 3.97

持有至到期投资——利息调整 1.03

2016 年 12 月 31 日的账务处理

借：应收利息　5

　贷：投资收益　3.89

　　持有至到期投资——利息调整　1.11

【例 5-4】接【例 5-3】，若发行价为 95 元，该债券投资的实际利率为 6.19%，则滨海公司应编制如下会计分录：

（1）2012 年 1 月 1 日，购入债券：

借：持有至到期投资——成本　100

　贷：银行存款　95

　　持有至到期投资——利息调整　5

（2）

表 5-2　各年利息计算及调整表（2）　单位：元

年份	期初摊余成本	实际利息	应计利息	利息调整	期末摊余成本
2012	95	5.88	5	0.88	95.88
2013	95.88	5.93	5	0.93	96.81
2014	96.81	5.99	5	0.99	97.8
2015	97.8	6.05	5	1.05	98.85
2016	98.85	6.15※	5	1.15	100

※最后一期的实际利息倒挤计算：应计利息+未摊销的利息调整。

各年的账务处理如下：

2012 年 12 月 31 日的账务处理

借：应收利息　5

　　持有至到期投资——利息调整　0.88

　贷：投资收益　5.88

2013 年 12 月 31 日的账务处理

借：应收利息　5

　　持有至到期投资——利息调整　0.93

　贷：投资收益　5.93

2014 年 12 月 31 日的账务处理

借：应收利息　5

　　持有至到期投资——利息调整　0.99

　贷：投资收益　5.99

2015 年 12 月 31 日的账务处理

借：应收利息　5

　　持有至到期投资——利息调整　1.05

贷：投资收益 6.05

2016 年 12 月 31 日的账务处理

借：应收利息 5

持有至到期投资——利息调整 1.15

贷：投资收益 6.15

从上述例题不难看出，企业在购买债券时产生的溢价或折价金额，在债券持有期间按照实际利率法摊销，调整各期的投资收益。调整的过程如下：

应计利息＝面值×票面利率

实际利息（即投资收益）＝各期期初账面摊余成本×实际利率

溢价摊销额＝应计利息－实际利息

折价摊销额＝实际利息－应计利息

4. 持有至到期投资的减值准备

持有至到期投资以摊余成本后续计量，其发生减值时，应当在将该金融资产的账面价值与预计未来现金流量现值之间差额，确认减值损失，计入当期损益。

对已摊余成本计量的金融资产确认减值损失后，如有客观证据表明该金融资产价值已恢复，且客观上与确认该损失后发生的事项有关，原确认的减值损失应当予以转回，计入当期损益。但是，该转回后的账面价值不应当超过假定不计提减值准备情况下该金融资产的在转回日的摊余成本。

为了核算企业持有至到期投资的减值准备，企业应设置“持有至到期投资减值准备”科目。“持有至到期投资减值准备”科目的贷方登记持有至到期投资发生的减值；借方登记已计提减值准备的持有至到期投资价值以后又得以恢复，在原已计提的减值准备金额内，恢复增加的金额；期末贷方余额，反映企业已计提但尚未转销的持有至到期投资减值准备。

【课堂测试 5-3】

1．企业持有至到期投资的特点包括（　　）。

A．有能力持有至到期

B．发生市场利率变化、流动性需要变化等情况时，将出售该金融资产

C．有明确意图持有至到期

D．到期日固定，回收金额固定或确定

2．下列各项中，应作为持有至到期投资取得时初始成本入账的有（　　）。

A．投资时支付的税金

B．投资时支付的手续费

C．投资时支付款项中所含的已到付息期但尚未领取的利息

D．投资时支付的不含应收利息的价款

3．2008 年 8 月 1 日，甲上市公司购入乙公司的债券，准备持有至到期。购入时支付的账买价值为 1 050 000 元（其中包含已到付息期但尚未领取的利息 40 000 元），另外用银行存款支付交易费用 30 000 元，债券的面值为 1 000 000 元。甲公司购入时计入“持有至到期投资”的科目金额为（　　）。

A．1 050 000　　　　B．1 010 000

C．1 040 000　　　　D．1 080 000

4．出售持有至到期投资时，应按实际收到的金额，借记“银行存款”科目，已计提减值准备的，借记“持有至到期投资减值准备”科目，按其账面余额，贷记“持有至到期投资（成本、利息调整、应计利息）”科目，按其差额，贷记或借记（　　）科目。

A．投资收益　　　　B．营业外收入

C．资本公积　　　　D．资产减值损失

5．M 公司 2008 年 1 月 1 日购入 A 公司发行的 3 年期公司债券。公允价值为 10 560.42 万元，债券面值 10 000 万元，每半年付息一次，到期还本，票面利率为 6%，实际年利率为 4%。采用实际利率法摊销，则 M 公司 2009 年 1 月 1 日持有至到期投资摊余成本为（　　）万元。

A．10 471.63　　　　B．10 381.06

C．1 056.04　　　　D．1 047.16

【篇中案例】

对摊余成本的反思

摊余成本的概念应用于金融资产（负债），在金额上等于账面价值，摊余成本或账面价值均不属于《企业会计准则——基本准则》规范的 5 种会计要素计量属性之一。摊余成本与账面价值的区别在于：摊余成本运用于金融资产（负债）的后续计量，体现按实际利率法摊销的动态过程，表示在每期摊销后的余额；账面价值注重各资产或负债相关账户与备抵账户在某一时点的数量关系。

若将摊余成本的概念从金融资产（负债）的后续计量扩展到其他资产（负债）的计量过程，则可以进一步扩展到分期付款购买资产、分期收款销售商品无形资产以及融资租赁等业务的核算。例如，在分期付款购买资产业务中，长期应付款的摊余成本＝初始确认金额－未确认融资费用的初始确认金

额－已偿还的本金＋未确认融资用的累计分摊额；长期应付款的账面价值＝“长期应付款”账户余额经过“未确认融资费用”费用账户余额调整后的金额，即长期应付款在资产负债表上列示的金额；分期付款信用期内每个资产负债表日未确认融资费用的分摊额＝长期应付款的摊余成本×折现率。

第四节 可供出售金融资产

一、可供出售金融资产概述

可供出售金融资产，是指初始确认时即被指定为可供出售的非衍生金融资产，以及没有划分为持有至到期投资、贷款和应收款项及公允价值计量且其变动计入当期损益的金融资产。一般情况下，可供出售金融资产在活跃市场上有报价。例如，企业购入的在活跃市场上有报价的股票、债券和基金等，没有划分为以公允价值计量且其变动计入当期损益的金融资产或持有至到期投资等金融资产的，可归为此类。

某项金融资产具体应分为哪一类，主要取决于企业管理层的风险管理、投资决策等因素。

二、可供出售金融资产核算

（一）会计账户设置

“可供出售金融资产”账户核算企业持有的可供出售金融资产的公允价值。该科目属于资产类科目，借方登记可供出售金融资产的取得成本、支付的价款扣除已到付息期但尚未领取的债券利息后的金额高于其面值的差额（利息调整即债券溢价）、资产负债表日按票面利率计算确定的应收未收利息低于摊余成本和实际利率计算确定的利息收入的差额（利息调整即债券折价摊销）、资产负债表日可供出售金融资产的公允价值高于其账面余额（如可供出售金融资产为债券，即为其摊余成本）的差额等；贷方登记支付的价款扣除已到付息期但尚未领取的债券利息后的金额低于其面值的差额（利息调整即债券折价）、资产负债表日按票面利率计算确定的应收未收利息高于摊余成本和实际利率计算确定的利息收入的差额（利息调整即债券溢价摊销）、资产负债表日可供出售金融资产的公允价值低于其账面余额（如可供出售金融资产为债券，即为其摊余成本）

的差额等；期末借方余额，反映企业持有的可供出售金融资产的公允价值。按可供出售金融资产的类别和品种，分别设置“成本”、“利息调整”、“应计利息”、“公允价值变动”等科目进行明细核算。

（二）主要的会计处理

1．可供出售金融资产的初始计量

企业取得可供出售金融资产，应按实际取得成本入账，包括发生的交易费用，但不包括支付的价款中包含的已宣告但尚未发放的现金股利或已到付息期但尚未领取的利息。

（1）企业取得可供出售的金融资产时，应按其公允价值与交易费用之和，借记“可供出售金融资产——成本”科目，按支付价款中包含的已宣告但尚未发放的现金股利，借记“应收股利”科目，按实际支付的金额，贷记“银行存款”等科目。

（2）企业取得可供出售的金融资产为债券投资时，应按债券面值，借记“可供出售金融资产——成本”科目，按支付价款中包含的已到付息期但尚未领取的债券利息借记“应收股利”科目，按实际支付的金额，贷记“银行存款”等科目，按其差额，借记或贷记“可供出售金融资产——利息调整”科目。

2．可供出售金融资产的后续计量

（1）资产负债表日计算利息

资产负债表日，可供出售债券为分期付息、一次还本债券投资的，应按票面利率计算确定的应收未收利息，借记“应收利息”科目，按可供出售债券的摊余成本和实际利率计算确定的利息收入，贷记“投资收益”科目，按其差额，借记或贷记“可供出售金融资产——利息调整”科目。

可供出售债券为一次还本付息债券投资的，应按票面利率计算确定的应收未收利息，借记“可供出售金融资产——应计利息”科目，按可供出售债券的摊余成本和实际利率计算确定的利息收入，贷记“投资收益”科目，按其差额，借记或贷记“可供出售金融资产——利息调整”科目。

（2）资产负债表日的计量

资产负债表日，可供出售金融资产的公允价值高于其账面余额的差额，借记“可供出售金融资产——公允价值变动”科目，贷记“资本公积——其他资本公积”科目；公允价值低于其账面余额的差额作相反的会计分录。

3．可供出售金融资产的处置

出售可供出售金融资产，应按实际收到的金额，借记“银行存款”等科目，按其账面余额，贷记“可供出售金融资产——成本、公允价值变动、利息调整、应计利息”科目，按应从所有者权益中转出的公允价值累计变动额，借记或贷记“资本公积——其他资本公积”科目，按其差额，贷记或借记“投资收益”科目。

【例 5-5】滨海公司于 2012 年 7 月 13 日从二级市场购入股票 1 000 000 股，每股市价 15 元，手续费 30 000 元；初始确认时，该股票划分为可供出售金融资产。其他资料如下：

（1）滨海公司至 2012 年 12 月 31 日仍持有该股票，该股票当时的市价为 16 元。

（2）2013 年 2 月 1 日，滨海公司将该股票售出，售价为每股 13 元，另支付交易费用 30 000 元。假定不考虑其他因素，滨海公司的账务处理如下：

① 2012 年 7 月 13 日，购入股票：

借：可供出售金融资产——成本　　15 030 000

　贷：银行存款　　15 030 000

② 2012 年 12 月 31 日，确认股票价格变动：

借：可供出售金融资产——公允价值变动　　970 000

　贷：资本公积——其他资本公积　　970 000

③ 2013 年 2 月 1 日，出售股票：

借：银行存款　　12 970 000

　资本公积——其他资本公积　　970 000

　投资收益　　2 060 000

　贷：可供出售金融资产——成本　　15 030 000

　　　　　　　　　——公允价值变动　　970 000

【例 5-6】2012 年 1 月 1 日滨海公司支付价款 1 028.24 元购入某公司发行的 3 年期公司债券，该公司债券的票面总金额为 1 000 元，票面利率 4%，实际利率为 3%，利息每年末支付，本金到期支付。滨海公司将该公司债券划分为可供出售金融资产。2012 年 12 月 31 日，该债券的市场价格为 1 000.09 元。假定无交易费用和其他因素的影响，滨海公司的账务处理如下：

（1）2012 年 1 月 1 日，购入债券：

借：可供出售金融资产——成本　　1 000

　　　　　　　　　——利息调整　　28.24

　贷：银行存款　　1 028.24

（2）2012 年 12 月 31 日，收到债券利息、确认公允价值变动：

实际利息＝1 028.24×3%＝30.8472≈30.85（元）

年末摊余成本＝1 028.24＋30.85－40＝1 019.09（元）

借：应收利息　40

　贷：投资收益　30.85

　　　可供出售金融资产——利息调整　9.15

借：银行存款　40

　贷：应收利息　40

借：资本公积——其他资本公积　9

　贷：可供出售金融资产——公允价值变动　9

4．可供出售金融资产的减值

（1）可供出售金融资产减值的计量

①可供出售金融资产发生减值时的计量

可供出售金融资产发生减值时，即使该金融资产没有终止确认，原直接计入所有者权益的因公允价值下降形成的累计损失，也应当予以转出，计入当期损益。该转出的累计损失，为可供出售金融资产的初始取得成本扣除已收回本金和已摊销金额、当前公允价值和原已计入损益的减值损失后的余额。

在活跃市场中没有报价且其公允价值不能可靠计量的权益工具投资，发生减值时，应当将该权益工具投资或衍生金融资产的账面价值，与按照类似金融资产当时市场收益率对未来现金流量折现确定的现值之间的差额，确认为减值损失，计入当期损益。与该权益工具挂钩并须通过交付该权益工具结算的衍生金融资产发生减值的，也应当采用类似的方法确认减值损失。

②可供出售金融资产减值损失恢复时的计量

对于已确认减值损失的可供出售债务工具，在随后的会计期间公允价值已上升且客观上与确认原减值损失后发生的事项有关的，应在已确认的减值损失范围内按已恢复的金额予以转回，计入当期损益。

可供出售权益工具投资发生的减值损失，不得通过损益转回。但在活跃市场中没有报价且其公允价值不能可靠计量的权益工具投资，或与该权益工具挂钩并须通过交付该权益工具结算的衍生金融资产发生的减值损失，不得转回。

（2）可供出售金融资产减值的账务处理

确定可供出售金融资产发生减值的，按应减记的金额，借记“资产减值损失”科目，按应从所有者权益中转出已计入资本公积的累计损失金额，贷记“资本公积——其他资本公积”科目，按其差额，贷记“可供出售金融资产——减值准备”科目。

对于已确认减值损失的可供出售金融资产，在随后会计期间内公允价值已上升且客观上与确认原减值损失后事项有关的，应在原确认的减值损失范围内按已恢复的金额，借记“可供出售金融资产——减值准备”等科目，贷记“资产减值损失”科目；但可供出售金融资产为股票等权益工具投资（不含在活跃市场中没有报价且其公允价值不能可靠计量的权益工具投资）的，借记“可供出售金融资产——减值准备”等科目，贷记“资本公积——其他资本公积”科目。

【例 5-7】滨海公司 2010 年 3 月 10 日购入 A 公司股票 100 000 股，每股价格 5.2 元（含已宣告但尚未发放的现金股利 0.2 元），另支付税费 2 500元，滨海公司将购入的股票划分为可供出售金融资产。其他资料如下：

（1）2010 年 3 月 12 日，滨海公司收到 A 公司发放现金股利 20 000 元；

（2）2010 年 6 月 30 日，A 公司股票价格 5.5 元；

（3）2010 年 12 月 31 日，A 公司股票价格 4.5 元；

（4）2011 年 6 月 30 日，A 公司经营陷入困境，股票价格跌至 3 元，滨海公司认为发生减值；

（5）2011 年 12 月 31 日，A 公司生产恢复正常，公司股票价格回升至 3.5 元；

（6）2012 年 1 月 25 日，A 公司将股票全部出售，获得价款 400 000 元。

滨海公司账务处理如下：

（1）2010 年 3 月 10，购买时：

借：可供出售金融资产——成本　502 500

　　应收股利　20 000

　贷：银行存款　522 500

（2）2010 年 3 月 12 日，收到现金股利：

借：银行存款　20 000

　贷：应收股利　20 000

（3）2010 年 6 月 30 日，确认股票价格变动：

借：可供出售金融资产——公允价值变动　47 500

　贷：资本公积——其他资本公积　47 500

（4）2010 年 12 月 31 日，确认股票价格变动：

借：资本公积——其他资本公积　100 000

　贷:可供出售金融资产——公允价值变动　100 000

（5）2011 年 6 月 30 日，滨海公司确认减值：

借：资产减值损失　202 500

贷:资本公积——其他资本公积　52 500

可供出售金融资产——公允价值变动　150 000

（6）2011 年 12 月 31 日，股票恢复：

借：可供出售金融资产——公允价值变动　50 000

贷：资本公积——其他资本公积　50 000

（7）2012 年 1 月 25 日，出售股票

借：银行存款　400 000

可供出售金融资产——公允价值变动　152 500

贷：可供出售金融资产——成本　502 500

投资收益　50 000

借：资本公积——其他资本公积　50 000

贷：投资收益　50 000

三、金融资产的重分类

企业因持有意图或能力发生改变，使某项投资不再适合划分为持有至到期投资的，应当将其重分类为可供出售金融资产，并以公允价值进行后续计量。重分类日，该投资的账面价值与其公允价值之间的差额计入所有者权益，在该可供出售金融资产发生减值或终止确认时转出，计入当期损益。

持有至到期投资部分出售或重分类的金额较大，且不属于例外情况，使该投资的剩余部分不再适合划分为持有至到期投资的，企业应当将该投资的剩余部分重分类为可供出售金融资产，并以公允价值进行后续计量。重分类日，该投资剩余部分的账面价值与其公允价值之间的差额计入所有者权益，在该可供出售金融资产发生减值或终止确认时转出，计入当期损益。

【课堂测试 5-4】

1. 甲企业于 2008 年 10 月 6 日从证券市场上购入乙企业发行在外的股票 1 000 000 股作为可供出售金融资产，每股支付价款 2 元（含已宣告但尚未发放的现金股利 0.25 元），另支付相关费用 60 000 元，甲企业取得可供出售金融资产时的入账价值为（　　）万元。

A. 175　　B. 181

C. 200　　D. 206

2. 甲公司于 2008 年 1 月 1 日从证券市场购入乙公司发行在外的股票 30 000 股作为可供出售金融资产，每股支付价款 10 元，另支付相关费用 6 000 元。2008 年 12 月 31 日，这部分股票的公允价值为 295 000 元，该价格下跌为正常的价

格波动，则甲公司 2008 年 12 月 31 日计入公允价值变动损益科目的金额为（ ）元。

A. 0　　B. 收益 14 000

C. 收益 5 000　　D. 损失 10 000

3. 出售可供出售金融资产时，应按实际收到的金额，借记"银行存款"等科目，按其账面余额，贷记"可供出售金融资产"科目，按应从所有者权益中转出的公允价值累计变动额，借记或贷记"资本公积——其他资本公积"科目，按其差额，贷记或借记（ ）科目。

A. 资产减值损失　　B. 资本公积

C. 投资收益　　D. 营业外收入

4. 可供出售金融资产在发生减值时，可能涉及的会计科目有（ ）。

A. 资产减值损失

B. 公允价值变动损益

C. 可供出售金融资产——公允价值变动

D. 资本公积——其他资本公积

5. 关于金融资产的重分类，下列说法正确的是（ ）。

A. 交易性金融资产和持有至到期投资之间不能进行重分类

B. 交易性金融资产在符合一定条件时可以和贷款进行重分类

C. 交易性金融资产和可供出售金融资产之间可以进行重分类

D. 可供出售金融资产可以随意和持有至到期投资进行重分类

本章小结

企业取得交易性金融资产时，按交易性金融资产的公允价值作为初始投资成本，发生的交易费用在发生时计入当期损益，对于价款中包含已宣告但尚未发放的现金股利或利息，应单独确认应收项目。在持有交易性金融资产期间被投资单位宣告发放的现金股利或债券利息，作为投资收益处理。资产负债表日，按金融资产的公允价值调整原有的金融资产的账面余额；交易性金融资产处置收入与账面余额记入当期投资收益。

企业取得持有至到期债券时，应按实际支付的全部价款，包括税金、手续费等相关费用作为初始投资成本，但不包含已到付息期但尚未领取的利息。持有至到期投资在持有期间应当按照实际利率法确认利息收入，计算各期投资收益。实际利率法是指按照金融资产（含一组金融资产）的实际利率计算其摊余成本及各期利息收入或利息费用的方法。

出售持有至到期投资，应按实际收到的金额持有至到期投资以摊余成本后续计量；其发生减值时，应当在将该金融资产的账面价值与预计未来现金流量现值之间差额，确认减值损失，计入当期损益。

企业取得可供出售金融资产，应按实际取得成本入账，包括发生的交易费用，但不包括支付的价款中包含的已宣告但尚未发放的现金股利或已到付息期但尚未领取的利息。资产负债表日，应按票面利率计算确定的应收未收利息，借记“应收利息”科目或者“可供出售金融资产——应计利息”，按可供出售债券的摊余成本和实际利率计算确定的利息收入，贷记“投资收益”科目，按其差额，借记或贷记“可供出售金融资产——利息调整”科目。

出售可供出售金融资产，应按实际收到的金额，借记“银行存款”等科目，按其账面余额，贷记“可供出售金融资产——成本、公允价值变动、利息调整、应计利息”科目，按应从所有者权益中转出的公允价值累计变动额，借记或贷记“资本公积——其他资本公积”科目，按其差额，贷记或借记“投资收益”科目。发生减值时，即使该金融资产没有终止确认，原直接计入所有者权益的因公允价值下降形成的累计损失，也应当予以转出，计入当期损益。

【篇后案例】

金融资产分类的原则

在现实的金融市场中并不存在交易性金融资产、可供出售金融资产等说法，为何在会计上有这样的分类？其实这是近年来，我国的金融工具交易，尤其是衍生工具交易有了较快的发展，为了如实地反映企业的金融工具交易，便于投资者更好地了解企业的财务状况和经营成果，对相关会计准则的制定提出了迫切要求，由此《企业会计准则第 22 号——金融工具和计量》顺应而生。对金融资产分类的一个重要原则就是结合企业自身的情况、管理的要求以及投资的策略等。如果管理者持有金融资产的目的是短期出售获利，则应当划分为公允价值计量且其变动计入当期损益的金融资产；如果管理者的意图为持有到 3 年后再出售，则应划分为持有至到期投资；如果管理者持有意图不是很明确，则可以将其划分为可供出售金融资产。因此不能认为某项金融资产一定是交易性金融资产或是可供出售金融资产等，还得必须看管理者的意图。

对金融资产分类必须谨慎，因为一旦确定类别，不得随意变更。准则这样规定主要是为了防止企业调节利润，因为同一金融资产划分为不同的类别，对企业的损益影响是不同的，比如交易性金融资产的公允价值变动和交易费用计入当期损益，而可供出售金融资产的公允价值变动计入所有者权益，交易费用计入成本，持有至到期投资采用摊余成本，交易费用也计入成本，可见它们对企业的损益的影响是不同的。

某项金额资产划分为以公允价值计量且其变动计入当期损益的金融资产后，不能再与其他类别的金融资产互相重分类；而持有至到期投资、贷款和应收款项、可供出售金融资产等三类金融资产之间，不得随意分类。

核心概念

公允价值（fair value）
公允价值变动（fair value adjustments）
交易性金融资产（trading securities）
持有至到期投资（held-to-maturity securities）
实际利率（effective interest rate）
摊余成本（amortized cost）
可供出售金融资产（available-for-sale securities）

思考题

1. 金融资产的概念及范围是什么？
2. 交易性金融资产的确认条件是什么？
3. 可供出售金融资产的确认条件是什么？
4. 持有至到期投资的概念及特征是什么？
5. 如何确定持有至到期投资各期的投资收益？

练习题

（一）单项选择题

1. 下列各项中，应反映在交易性金融资产的初始计量金额中的有（　　）。

A. 债券的买入价　　B. 支付的手续费

C. 支付的印花税　　D. 已到付息期但尚未领取的利息

2. 2007 年 2 月 2 日，甲公司支付 830 万元取得一项股权投资作为交易性金融资产核算，支付价款中包括已宣告尚未领取的现金股利 20 万元，另支付交易费用 5 万元。甲公司该项交易性金融资产的入账价值为（　　）万元。

A. 810　B. 815　C. 830　D. 835

3. 2009 年 2 月 1 日，甲公司支付 800 万元取得一项股权投资作为交易性金融资产核算，支付价款中包括已宣告尚未领取的现金股利 20 万元，另支付交易费用 5 万元。甲公司该项交易金融资产的入账价值为（　　）万元。

A. 780　　B. 785　　C. 800　　D. 805

4. 甲公司于 2006 年 5 月 20 日从证券市场购入 A 公司股票 60 000 股，划分为交易性金融资产，每股买价 8 元（其中包含已宣告发放尚未领取的现金股利 0.5 元），另外支付印花税及佣金 5 000 元。2006 年 12 月 31 日，甲公司持有的该股票的市价总额（公允价值）为 510 000 元。2007 年 2 月 10 日，甲公司出售 A 公司股票 60 000 股，收入现金 540 000 元。甲公司出售该项金融资产时应确认的投资收益为（　　）元。

A. 30 000　　B. 60 000

C. 85 000　　D. 90 000

5. 下列金融资产中，应按公允价值进行初始计量，且交易费用不计入初始入账价值的是（　）。

A. 交易性金融资产　　B. 持有至到期股资

C. 应收款项　　D. 可供出售金融资产

6. 根据《企业会计准则第 22 号——金融工具确认和计量》的规定，下列交易性金融资产的后续计量表述中，正确的是（　）。

A. 按照摊余成本进行后续计量

B. 按照公允价值进行后续计量，公允价值变动计入当期投资收益

C. 按照公允价值进行后续计量，变动计入资本公积

D. 按照公允价值进行后续计量，公允价值变动计入当期公允价值变动损益

7. 对于以公允价值计量且其变动计入当期损益的金融资产，下列有关业务中，应贷记“投资收益”的是（　　）。

A. 企业转让交易性金融资产时对持有期间累计产生的公允价值变动损失的处理

B. 企业收到的包含在买价中已到期但尚未领取的利息

C. 资产负债表日，持有的股票市价大于其账面价值

D. 企业持有期间获得的现金股利

8. 关于交易性金融资产的计量，下列说法正确的是（　　）。

A. 取得交易性金融资产时，要按取得的公允价值和相关交易费用之和作为初始确认金额

B. 应当按取得该金融资产的公允价值作为初始确认金额，相关交易费用发生时计入投资收益

C. 资产负债表日，交易性金融资产的公允价值变动计入当期所有者权益

D. 处置该金融资产时，其公允价值与初始入账金额之间的差额应确认为投资收益，不调整公允价值变动损益

9. 甲公司与乙公司共同出资设立丙公司，按甲乙双方协议，丙公司的总经理由甲公司委派，董事长由乙公司委派，各方的出资比例均为 50%，股东按出资比例行使表决权。在这种情况下，（ ）。

A. 甲公司采用权益法核算该长期股权投资，乙公司采用成本法核算

B. 甲公司采用成本法核算该长期股权投资，乙公司采用权益法核算

C. 甲公司和乙公司均采用成本法核算该长期股权投资

D. 甲公司和乙公司均采用权益法核算该长期股权投资

10. 某企业于 2012 年 1 月 1 日，购进当日发行的面值为 1 200 万元的公司债券，债券的买价为 1 350 万元，相关税费为 10 万元。该公司债券票面年利率为 8%，期限为 5 年，一次还本付息。企业将其划分为持有至到期投资，则该企业计入"持有至到期投资"科目的金额为（ ）万元。

A. 1 360 B. 1 200 C. 1 350 D. 1 340

11. 出售持有至到期投资时，应按实际收到的金额，借记"银行存款"科目，已计提减值准备的，借记"持有至到期投资减值准备"科目，按其账面余额，贷记"持有至到期投资（成本、利息调整、应计利息）"科目，按其差额，贷记或借记（ ）科目。

A. 投资收益 B. 营业外收入

C. 资本公积 D. 资产减值损失

12. M 公司 2008 年 1 月 1 日购入 A 公司发行的 3 年期公司债券。公允价值为 10 560. 42 万元，债券面值 10 000 万元，每半年付息一次，到期还本，票面年利率为 6%，实际年利率 4%。采用实际利率法摊销，则 M 公司 2009 年 1 月 1 日持有至到期投资摊余成本为（ ）万元。

A. 10 471.63 B. 10 381.06

C. 1 056.04 D. 1 047.16

13. 交易性金融资产主要是指企业为了近期内出售而持有的金融资产。下列各项中不属于交易性金融资产的有（ ）。

A. 企业以赚取差价为目的从一级市场购入的股票

B. 企业对联营企业的权益性投资

C. 企业以赚取差价为目的从二级市场购入的认股权证

D. 企业以赚取差价为目的从二级市场购入的开放式基金

14. 甲企业于 2008 年 10 月 6 日从证券市场上购入乙企业发行在外的股票 100 万股作为可供出售金融资产，每股支付价款 2 元（含已宣告但尚未发放的现金股利 0.25 元），另支付相关费用 6 万元，甲企业取得可供出售金融资产时的入账价值为（　　）万元。

A. 175　　B. 181　　C. 200　　D. 206

15. 关于金融资产的重分类，下列说法中正确的是（　　）。

A. 交易性金融资产和持有至到期投资之间不能进行重分类

B. 交易性金融资产在符合一定条件时可以和贷款进行重分类

C. 交易性金融资产和可供出售金融资产之间可以进行重分类

D. 可供出售金融资产可以随意和持有至到期投资进行重分类

（二）多项选择题

1. 下列各项中，应确认投资收益的事项有（　　）。

A. 交易性金融资产在持有期间获得现金股利

B. 交易性金融资产在资产负债表日的公允价值大于账面价值的差额

C. 持有至到期投资在持有期间按摊余成本和实际利率计算确认的利息收入

D. 可供出售债券在持有期间按摊余成本和实际利率计算确认的利息收入

2. 企业持有至到期投资的特点包括（　　）。

A. 有能力持有至到期

B. 到期日固定、回收金额固定或可确定

C. 有明确意图持有至到期

D. 发生市场利率变化、流动性需要变化时，将出售该金额资产

3. 下列各项中，属于金融资产的有（　　）。

A. 库存现金　　B. 持有的其他单位的权益工具

C. 持有的其他单位的债务工具　　D. 从其他单位收取现金的合同权利

4. 满足下列（　　）条件的金融资产，应当划分为交易性金融资产。

A. 属于财务担保合同的衍生工具

B. 取得该金融资产的目的，主要是为了近期出售

C. 被指定为有效套期工具的衍生工具

D. 属于进行集中管理的可辨认金融工具组合的一部分，且有客观证据表明企业近期采用短期获利方式对该组合进行管理

5. 下列各项中，不应计入交易性金融资产的入账价值的有（ ）。

A. 支付的手续费

B. 支付的印花税

C. 取得时交易性金融资产的公允价值

D. 已宣告但尚未发放的现金股利

6. 下列各项中，应作为持有至到期投资取得时初始成本入账的有(　　)。

A. 投资时支付的税金

B. 投资时支付的手续费

C. 投资时支付款项中所含的已到付息期但尚未领取的利息

D. 投资时支付的不含应收利息的价款

7. 在金融资产的初始计量中，关于交易费用处理的叙述正确的有（　　）。

A. 交易性金融资产发生的相关交易费用直接计入当期损益

B. 可供出售金融资产发生的相关交易费用应当计入初始确认金额

C. 持有至到期投资发生的相关交易费用应当计入初始确认金额

D. 交易性金融资产发生的相关交易费用应当计入初始确认金额

8. 关于金融资产的后续计量，下列说法中正确的有（　　）。

A. 资产负债表日，企业应将“以公允价值计量且其变动计入当期损益”的金融资产的公允价值变动计入当期损益

B. 持有至到期投资在持有期间应当按照摊余成本和实标利率计算确认利息收入，计入投资收益

C. 资产负债表日，可供出售金融资产应当以公允价值计量，且公允价值变动计入资本公积

D. 资产负债表日，可供出售金融资产应当以公允价值计量，且公允价值变动计入当期损益

9. 下列金融资产中，应按摊余成本进行后续计量的有（　　）。

A. 交易性金融资产　　B. 持有至到期投资

C. 可供出售债务工具　　D. 贷款

10. 下列可供出售金融资产的表述中，正确的有（　　）。

A. 可供出售金融资产发生的减值损失应计入当期损益

B. 以外币计价的可供出售货币性金融资产发生的汇兑差额应计入当期损益

C. 可供出售金融资产持有期间取得的现金股利应冲减资产成本

D. 取得可供出售金融资产发生的交易费用应计入初始确认金额

E. 可供出售金融资产发生的减值损失一经计提，以后期间不能转回

11. 下列各项中，应计入当期损益的事项有（　）。

A. 交易性金融资产在持有期间获得的债券利息

B. 交易性金融资产在资产负债表日的公允价值小于账面价值的差额

C. 持有至到期债券投资发生的减值损失

D. 可供出售债务工具在资产负债表日的公允价值大于账面价值的差额

12. 可供出售金融资产在发生减值时，可能涉及的会计科目有（　　）。

A. 资产减值损失

B. 公允价值变动损益

C. 可供出售金融资产——公允价值变动

D. 资本公积——其他资本公积

13. 下列各项中，应计入当期损益的事项有（　）。

A. 交易性金融资产在资产负债表日的公允价值大于账面价值的差额

B. 交易性金融资产在持有期间获得的债券利息

C. 持有至到期投资发生的减值损失

D. 可供出售金融资产在资产负债表日的一般公允价值变动

E. 持有至到期投资确认的利息收入

14. 企业取得下列金融资产时，应将交易费用计入初始入账金额的有（　）。

A. 贷款　　B. 持有至到期投资

C. 交易性金融资产　　D. 可供出售金融资产

E. 长期股权投资

15. 企业购入面值 10 万元、5 年期，年利率 10%，每半年支付一次利息的债券一批，作为持有至到期投资，实际购买价格 92 620 元。如果采用直线法摊销，则每半年（　）。

A. 利息收益 9 262 元　　B. 投资收益 5 738 元

C. 利息收益 5 000 元　　D. 折价摊销 738 元

E. 折价摊销 1 476 元

（三）判断题

1. 企业在初始确认时将某项金融资产划分为以公允价值且其变动计入当

期损益的金融资产后，视情况变化可以将其重分类为其他类金融资产。（ ）

2. 金融资产在初始确认时分为交易性金融资产、持有至到期投资、贷款和应收款项及可供出售金融资产。（ ）

3. 取得交易性金融资产时支付的交易费用，应计入交易性金融资产的初始入账成本。（ ）

4. 交易性金融资产持有期间被投资单位宣告发放的现金股利，可在资产负债表日按分期付息、一次还本债券投资的票面利率计算的利息，应该冲减交易性金融资产的成本。（ ）

5. 交易性金融资产和可供出售金融资产的相同点是都按公允价值进行后续计量，且公允价值变动计入当期损益。（ ）

6. 企业取得的持有至到期投资，应按该投资的公允价值加上支付的交易费用，借记“持有至到期投资——成本”科目。（ ）

7. 对持有至到期投资、贷款和应收款项等金融资产的减值损失一经确认，不得转回。（ ）

8. 对于已确认减值损失的可供出售权益工具，在随后的会计期间公允价值已上升且客观上与原减值损失确认后发生的事项有关的，原确认的减值损失应当予以转回，计入当期损益。（ ）

9. 可供出售金融资产发生减值后，利息收入应当按照票面利率计算确认。（ ）

10. 持有至到期投资重分类为可供出售金融资产，重分类日，该投资的账面价值与公允价值之间的差额计入公允价值变动损益科目。（ ）

11. 持有至到期投资在持有期间应当按照摊余成本和票面利率计算确认利息收入。（ ）

12. 购入的股权投资因其没有固定的到期日，不符合持有至到期投资的条件，不能划分为持有至到期投资。（ ）

13. 可出售金融资产符合一定条件时可重分类为交易性金融资产。（ ）

14. 企业因持有意图或能力发生改变，使某项投资不再适合划分为持有至到期投资的，应当将其重分类为可供出售金融资产，并以公允价值进行后续计量。重分类日，该投资的账面价值与公允价值之间的差额计入所有者权益，在该可供出售金融资产发生减值或终止确认时转出，计入当期损益。（ ）

15. 由于经营亏损导致企业资金紧缺，企业准备将初始确认为持有至到期投资的某公司债券予以出售。因投资意图和能力的改变，资产负债表日，企业应将该项尚未出售的投资重分类为以公允价值计量且其变动计入当期损益的投

资。（ ）

（四）核算题

1. 某股份有限公司 2012 年有关交易性金融资产的资料如下：

（1）3 月 9 日以银行存款购入 A 公司股票 10 000 股，并准备随时变现，每股买价 16 元，同时支付相关税费 1 000 元。

（2）4 月 20 日，A 公司宣告发放的现金股利每股 0.4 元。

（3）4 月 21 日又购入 A 公司股票 50 000 股，并准备随时变现，每股买价 18.4 元（其中包含已宣告发放尚未支取的股利每股 0.4 元），同时支付相关税费 6 000 元。

（4）4 月 25 日收到 A 公司发放的现金股利 20 000 元。

（5）6 月 30 日 A 公司股票市价为每股 16. 4 元。

（6）7 月 18 日该公司以每股 17. 5 元的价格转让 A 公司股票 30 000 股，扣除相关税费 10 000 元，实得金额为 515 000 元。

（7）12 月 31 日 A 公司股票市价为每股 18 元。

要求：根据上述经济业务编制有关会计分录。

2. 甲公司于 2008 年 7 月 13 日从二级市场购入股票 1 000 000 股，每股市价 15 元，手续费 30 000 元；初始确认时，该股票划分可供出售金融资产。甲公司至 2008 年 12 月 31 日仍持有该股票。该股票当时的市价为 16 元。2009 年 2 月 1 日，甲公司将该股票售出，价值为每股 13 元，另支付交易费用 13 000 元。

要求：假定不考虑其他因素，做出甲公司的账务处理。

3. 2009 年 1 月 1 日，甲公司从活跃市场购买了一项乙公司 5 年债券，划分为持有至到期投资。债券本金 1 100 万元，公允价值 961 万元（含交易费用 10 万元），到期还本、分期付息，每年 1 月 5 日按照票面利率 3%支付利息。假定实际利率为 6%。

要求：做出甲公司的相关账务处理。

4. 某一公司从市场上购入债券进行交易性金融资产投资，有关情况如下：（1）2006 年 1 月 1 日购入某公司债券，共支付价款 1 000 万元（含债券应该发放的 2006 年利息），支付交易费用 15 万元。已知该债券面值为 800 万元，2005 年 1 月 1 日发行，票面利率为 5%，按年支付利息。（2）该公司于 2007 年 1 月 15 日收到该债券 2006 年的利息。（3）2006 年 6 月 30 日，该债券的公允价值为 900 万元。（4）2006 年 12 月 31 日，该债券的公允价值为 1 200 万元。（5）2007 年 1 月 10 日，收到该债券 2006 年利息。（6）2007 年 3 月 15 日，该公司将该债券以 1 100 万元价格售出，款项已存入银行。

要求：编制该公司上述经济业务有关的会计分录（以万元为单位）。

5. 甲股份有限公司（以下简称甲公司）为上市公司。甲公司持有至到期债券投资于每年年末计提债券利息，并采用实际利率法摊销债券溢折价。甲公司发生的有关长期债券投资业务如下：

（1）2005 年 12 月 31 日，以 21 909.2 万元的价格购入乙公司于 2005 年 1 月 1 日发行的 5 年期一次还本、分期付息债券，债券面值总额为 20 000 万元，付息日为每年 1 月 1 日，票面年利率为 6%，实际年利率为 5%。未发生其他相关税费。

（2）2006 年 1 月 1 日，收到乙公司发放的债券利息，存入银行。

（3）2006 年 12 月 31 日，计提债券利息，并摊销债券溢价。

（4）2007 年 1 月 1 日，收到乙公司发放的债券利息，存入银行。

（5）2007 年 12 月 31 日，计提债券利息，并摊销债券溢价。

（6）2008 年 1 月 1 日，收到乙公司发放的债券利息，存入银行。

（7）2008 年 12 月 31 日，计提债券利息，并摊销债券溢价。

（8）2009 年 1 月 1 日，收到乙公司发放的债券利息，存入银行。

（9）2009 年 12 月 31 日，计提债券利息，并摊销债券溢价。

（10）2010 年 1 月 1 日，该债券到期，收到乙公司发放的债券本金和利息，存入银行。

假定各年实际利率均为 5%，不考虑其他因素。

要求：

（1）计算该债券年票面利息。

（2）计算各年的投资收益和溢价摊销额。

（3）逐笔编制上述各项业务的会计分录。

6. 2008 年 5 月 1 日，大河公司以 480 万元购入大海公司股票 60 万股作为可供出售金融资产，另支付手续费 10 万元，2008 年 6 月 30 日该股票每股市价为 7.5 元，2008 年 8 月 10 日，大海公司宣告分派现金股利，每股 0.2 元，8 月 20 日大河公司收到分派的现金股利。至 12 月 31 日，大河公司仍持有该可供出售金融资产，期末每股市价为 8.5 元，2009 年 1 月 3 日以 515 万元出售该可供出售金融资产。假定大河公司每年 6 月 30 日和 12 月 31 日对外提供财务报告。

要求：

（1）编制上述经济业务的会计分录。

（2）计算该可供出售金融资产的累计损益。

第六章　长期股权投资

【学习目标】通过本章学习，了解长期股权投资的概念；理解长期股权投资的初始计量、后续计量和会计核算；掌握长期股权投资权益法和成本法的具体要求和区别、相互转换以及长期股权投资的减值。

【开篇案例】

日常生活中，我们经常听到这样的例子，比如中海油和海尔分别并购美国优尼科和美泰克，华为欲并购英国马尼可，谷歌并购摩托罗拉等等，可见并购已成企业迅速扩张和企业家迅速增长财富的重要手段，当然有人为之自豪与狂欢，有人则为此沮丧和懊恼。并购使企业综合竞争力被迫迅速提升，行业品牌集中度迅速加大，企业经营技能迅速攀升。我们不得不思考一个问题，他们如何实现了并购？在并购过程中难免会有股权之间的竞争，股权取得是通过哪些途径实现的？以及当并购方取得被并购方的股权时，如何进行计量？

第一节　长期股权投资概述

长期股权投资是指通过投资取得被投资单位的股权，期限在一年以上的投资，包括股票投资和其他股权投资。

投资企业进行股权投资，目的不仅仅为了取得被投资企业的投资收益，而或者是为了达到控制被投资单位的目的，即对子公司投资；或者是为了对被投资单位施加重大影响，即对联营企业投资；或者是为了与其他合营方一同对被投资单位实施共同控制，即对合营企业投资；或者是为了与被投资单位建立密切关系，以分散经营风险。股权投资通常具有投资大、投资期限长、风险大以及能为企业带来较大的利益等特点。

企业设置“长期股权投资”科目用来核算和监督企业长期股权投资的增减变动和结存情况，该科目属于资产类科目，借方登记长期股权投资的增加额；贷方登记长期股权投资的减少额；期末余额在借方，表示企业期末长期股权投资的持有额。

【课堂测试 6-1】

请大家思考什么是长期股权投资？并举例说明。

第二节　长期股权投资初始计量

一、企业合并形成的长期股权投资

企业合并形成的长期股权投资，初始投资成本的确定应区分企业合并的类型，分为同一控制下合并与非同一控制下合并。

（一）同一控制下的企业合并形成的长期股权投资

同一控制下的企业合并是指参与合并的企业在合并前后均受同一方或相同的多方最终控制且该控制并非暂时性的企业合并。由于同一控制下的企业合并是发生在同一企业集团内部企业之间的合并，所以从整个企业集团来看，企业在合并前后能够控制的资产没有发生变化，合并方在企业合并中取得的资产和负债，应当按照合并日在被合并方的账面价值计量。

合并方以支付现金、转让非现金资产或承担债务方式作为合并对价的，应当在合并日按照取得被合并方所有者权益账面价值的份额作为长期股权投资的初始投资成本。长期股权投资的初始投资成本与支付的现金、转让的非现金资产及所承担债务账面价值之间的差额，应当调整资本公积；资本公积不足冲减的，调整留存收益；合并方以发行权益性证券作为合并对价的，应按发行股份的面值总额作为股本，长期股权投资初始投资成本与所发行股份面值总额之间的差额，应当调整资本公积；资本公积不足冲减的，调整留存收益。

会计处理时，合并方在合并日按取得被合并方所有者权益账面价值的份额，借记“长期股权投资”科目，按应享有被投资单位已宣告但尚未发放的现金股利或利润，借记“应收股利”科目，按支付的合并对价的账面价值，贷记有关资产或负债科目，按其差额，贷记“资本公积——资本溢价或股本溢价”科目；如果借方差额，借记“资本公积——资本溢价或股本溢价”科目，资本公积不足冲减的，借记“盈余公积”、“利润分配——未分配利润”科目。如果以发行权益性证券方式进行的，贷记“股本”科目。

合并方在确定长期股权投资的初始投资成本时，应注意合并前合并方与被合并方采用的会计政策应当一致。如果不一致，应首先按照合并方的会计政策对被合并方资产、负债的账面价值进行调整，再计算确定长期股权投资的初始投资成本。

【例 6-1】滨海公司和南开公司同为 A 集团的子公司，2013 年 6 月 1 日，滨海公司以银行存款取得南开公司所有者权益的 70%，同日南开公司所有者权益的账面价值为 10 000 000 元。

（1）若滨海公司支付银行存款 620 万元

借：长期股权投资——南开公司　　7 000 000

　贷：银行存款　　6 200 000

　　　资本公积——资本溢价　　800 000

（2）若滨海公司支付银行存款 800 万元

借：长期股权投资——南开公司　　7 000 000

　　资本公积——资本溢价　　1 000 000

　贷：银行存款　　8 000 000

如资本公积不足冲减，冲减留存收益。

【例 6-2】滨海公司和南开公司同为 A 集团的子公司，2012 年 8 月 1 日滨海公司发行 6 000 000 股普通股（每股面值 1 元）作为对价取得南开公司 60%的股权，同日乙企业账面净资产总额为 13 000 000 元。

借：长期股权投资——南开公司　　7 800 000

　贷：股本　　6 000 000

　　　资本公积——股本溢价　　1 800 000

（二）非同一控制下的企业合并形成的长期股权投资

非同一控制下的企业合并是指参与合并的各方在合并前后不受同一方或相同的多方最终控制的企业合并。实质上是将合并行为看作是一方购买另一方的交易，购买方为了取得对被购买方的控制权而放弃的资产、发生或承担的负债、发行的权益性证券等均应按其在购买日的公允价值计量，所有为进行企业合并而支付对价的公允价值之和以及发生的各项相关费用作为合并中形成的长期股权投资的成本。其中，支付非货币性资产为对价的，所支付的非货币性资产在购买日的公允价值与其账面价值的差额应作为资产处置损益；发行权益性证券为对价的，其公允价值与股本（面值）之间的差额仍作为资本公积核算。

会计处理时，合并方应在购买日按企业合并成本（不含被投资单位已宣告但尚未发放的现金股利或利润），借记“长期股权投资”科目，按享有被投资单位已宣告但尚未发放的现金股利或利润，借记“应收股利”科目，按支付合并对价的账面价值，贷记有关资产或借记有关负债科目，按发生的相关费用，贷记“银行存款”等科目，差额记“营业外收入”或“营业外支出”等科目。如果涉及以库存商品等作为合并对价的，应按库存商品的公允价值，贷记“主营业务收入”科目，同时结转相关成本。

【例 6-3】2012 年 1 月 1 日，滨海公司以一台固定资产和银行存款 2 000 000 元向南开公司投资（滨海公司和南开公司不属于同一控制的两个公司），占南开公司注册资本的 60%，该固定资产的账面原价为 80 000 000 元，已计提累计折旧 500 万元，已计提固定资产减值准备 2 000 000 元，公允价值为 76 000 000 元。不考虑其他相关税费。

滨海公司的账务处理如下：

借：固定资产清理　　73 000 000
　　累计折旧　　5 000 000
　　固定资产减值准备　　2 000 000
　贷：固定资产　　80 000 000

借：长期股权投资——南开公司　　78 000 000
　贷：固定资产清理　　73 000 000
　　　银行存款　　2 000 000
　　　营业外收入　　3 000 000

【例 6-4】2012 年 5 月 1 日，滨海公司以一项专利权和银行存款 200 万元向丙公司投资（滨海公司和丙公司不属于同一控制的两个公司），占南开公司注册资本的 70%，该专利权的账面原价为 5000 万元，已计提累计摊销 600 万元，已计提无形资产减值准备 200 万元，公允价值为 4 000 万元。不考虑其他相关税费。

滨海公司的账务处理如下：

借：长期股权投资——南开公司　　42 000 000
　　累计摊销　　6 000 000
　　无形资产减值准备　　2 000 000
　　营业外支出　　2 000 000
　贷：无形资产　　50 000 000
　　　银行存款　　2 000 000

【例 6-5】滨海公司 2012 年 4 月 1 日与南开公司原投资者 A 公司签订协

议，滨海公司和南开公司不属于同一控制下的公司。滨海公司以存货和承担A公司的短期还贷款义务换取A持有的南开公司股权，2012年7月1日合并日南开公司可辨认净资产公允价值为10 000 000元，滨海公司取得70%的份额。滨海公司投出存货的公允价值为5 000 000元，增值税850 000元，账面成本4 000 000元，承担归还贷款义务2 000 000元。

滨海公司账务处理如下：

	借方	贷方
借：长期股权投资——南开公司	7 850 000	
贷：短期借款		2 000 000
主营业务收入		5 000 000
应交税费——应交增值税（销项税额）		850 000
借：主营业务成本	4 000 000	
贷：库存商品		4 000 000

二、企业合并以外其他方式取得的长期股权投资

（一）以现金作为对价取得长期股权投资

以支付现金取得的长期股权投资，应按照实际支付的购买价款作为长期股权投资的初始投资成本，包括购买过程中支付的手续费等必要支出。但支付价款中包含的被投资单位已宣告但尚未发放的现金股利或利润，应作为应收项目核算，不构成长期股权投资的成本。

【例6-6】滨海公司于2012年5月10日，自公开市场中买入南开公司20%的股份，实际支付价款70 000 000元（包含南开公司已宣告但尚未发放的现金股利200 000元）。另外，在购买过程中，支付手续费等相关费用1 500 000元。滨海公司取得该部分股权后，能够对南开公司的生产经营决策施加重大影响。

滨海公司的账务处理如下：

	借方	贷方
借：长期股权投资——南开公司	71 300 000	
应收股利	200 000	
贷：银行存款		71 500 000

（二）以权益性证券作为对价取得的长期股权投资

以发行权益性证券取得的长期股权投资，应按照发行权益性证券的公允价值作为初始投资成本。其中为发行权益性证券支付的手续费、佣金等费用不构成长期股权投资的成本，应从权益性证券的溢价发行收入中扣除，溢价收入不足的，应冲减盈余公积和未分配利润。

【例6-7】2012年6月，A公司通过增发80 000 000股本公司普通股（每股

面值 1 元）取得 B 公司 20%的股权，每股售价 2 元。同时向证券承销机构支付了 3 000 000 元的佣金和手续费。假定 A 公司取得该部分股权后，能够对 B 公司的生产经营决策施加重大影响。

A 公司的账务处理如下：

借：长期股权投资——B 公司　　160 000 000
　贷：股本　　80 000 000
　　资本公积　　77 000 000
　　银行存款　　3 000 000

（三）投资者投入的长期股权投资

投资者投入的长期股权投资，应按照投资合同或协议约定的价值作为初始投资成本，但合同或协议约定的价值不公允的除外。

【例 6-8】2012 年 3 月，滨海公司以其持有的对 A 公司的长期股权投资作为出资投入 B 公司。投资各方在投资合同中约定，作为出资的该项长期股权投资作价 65 000 000 元。B 公司的注册资本为 300 000 000 元。滨海公司的出资占 B 公司注册资本的 20%。取得该项投资后，滨海公司根据其持股比例，能够派人参与 B 公司的财务和生产经营决策。

B 公司的账务处理如下：

借：长期股权投资——A 公司　　65 000 000
　贷：实收资本　　60 000 000
　　资本公积——资本溢价　　5 000 000

（四）非货币性资产交换取得的长期股权投资

通过非货币性资产交换取得的长期股权投资，其初始投资成本应当按照《企业会计准则第 7 号——非货币性资产交换》确定。

（五）债务重组取得的长期股权投资

通过债务重组取得的长期股权投资，其初始投资成本应当按照《企业会计准则第 12 号——债务重组》确定。

【课堂测试 6-2】

1．对同一控制下的企业合并，企业以支付非现金资产作为合并对价的，下列说法正确的是（　　）。

A．应当在合并日按照取得被合并方所有者权益账面价值份额作为初始投资成本，该投资成本与非现金资产账面价值之间的差额计入当期损益。

B．应当在合并日按照取得被合并方净资产的公允价值份额作为初始投

资成本，该投资成本与非现金资产账面价值之间的差额计入当期损益

C. 应当在合并日按照取得被合并方所有者权益账面价值份额作为初始投资成本，该投资成本与非现金资产账面价值之间的差额调整资本公积和留存收益。

D. 应当在合并日按照取得被合并方净资产的公允价值份额作为初始投资成本，该投资成本与非现金账面价值之间的差额调整资本公积和留存收益。

2. 下列各项中，可能构成长期股权投资初始投资成本的有（　　）。

A. 非企业合并方式下取得长期股权投资发生的直接相关费用

B. 非同一控制下企业合并形成的长期股权投资发生的审计费用

C. 非同一控制下企业合并形成的长期股权投资，以溢价发行权益性证券作为对价发生的手续费

D. 非同一控制下企业合并取得长期股权投资而作为对价的权益性证券的公允价值

3. 甲公司和乙公司同为F集团的子公司，2007年3月3日甲公司发行权益性证券取得乙公司60%的权益，该权益性证券的面值为1 800万元，公允价值为2 000万元，同日乙公司所有者权益的账面价值为2 000万元，可辨认净资产的公允价值为2 500万元。则长期股权投资的入账价值为（　　）万元。

A. 1 500　　B. 1 800

C. 1 200　　D. 2 000

4. 以发行权益性证券取得的长期股权投资（非合并），其初始投资成本应按照（　　）确定。

A. 发行权益性证券的账面价值

B. 取得被投资单位账面所有者权益份额

C. 取得被投资单位可辨认净资产公允价值份额

D. 发行权益性证券的公允价值

5. 关于投资者投入的长期股权投资，下列说法正确的是（　　）。

A. 按协议日的市价确定初始投资成本

B. 按原投资者持有投资的账面价值作为初始投资成本

C. 按投资合同或协议价格作为初始投资成本，但合同或协议价格不公允的除外

D. 无论合同或协议价格是否公允，都按投资合同或协议价格作为初始投资成本

【篇中案例】

对价的理解

对价的基本含义是非流通股股东为获得流通权而支付的代价。对价原本是英美合同法上的效力原则，其本意是"为换取另一个做某事的允诺，某人付出的不一定是金钱的代价"，也许是"购买某种允诺的代价"。

《票据法》中规定："票据的取得，必须给付对价，即应当给付票据双方当事人认可的相对应的代价。"如果一方当事人提供不符合双方认可的对价，不仅构成民法中的违约责任，在票据法中也被认为是无对价，只有在事后追认同意的，才构成对价。

把一概念引入股权分置改革，其基本含义是未来非流通股转为可流通时，由于会导致流通股股价下跌，因此，流通股股东同意非流通股可流通的同时，非流通股股东也要对这一行为发生时将充分保护流通股股东的利益不受损作出相应承诺。显然，这实际上是双向承诺。其目的是要展望中国股市必然并轨的未来，尤其是保护中小股东的利益。把对价这一法律概念引入中国的股权分置改革，其特殊内涵如下：(1) 对价的双方是流通股和非流通股两类股东；(2) 对价的标的物是非流通股的可流通权。未来非流通股要流通，导致流通股股价下跌，会给股民造成非流通股可流通的风险或损失，非流通股股东可流通权的获得必须要与股民对价才能实现。(3) 对价的前提是：一方为达其经济利益的最优化对可能给另一方造成的损失给予一个承诺来进行保护。在西方规范的股市中发起人股东持有股份的可流通属性是与生俱来的，非流通股到时候就流动出来，并不受与中小股东对价的约束。中国特殊的政策原因，导致上市公司发起人大股东在其持有的股份转入可流通问题上信息披露不充分，对这一给社会公众股东肯定会造成的风险既没披露，更无防范措施公示。因此，中国非流通股要获得流通权就必须要靠和流通股股东对价、通过赎买或者承诺才能实现。

第三节　长期股权投资后续计量

长期股权投资在持有期间，根据投资企业对被投资单位的影响程度等情况分别采用成本法和权益法进行核算。

一、长期股权投资的成本法

（一）成本法核算的适用范围

长期股权投资的成本法核算适用下列情况：

1．投资企业能够对被投资单位实施控制的长期股权投资

控制是指有权决定一个企业的财务和经营政策，并能据以从该企业的经营活动中获取利益。控制情形一般包括以下几种情况：

（1）投资企业直接拥有被投资单位50%以上（不包括50%）的表决权资本。

（2）投资企业虽然直接拥有被投资单位50%或以下的表决权资本，但具有实质控制权的。

2．投资企业对被投资单位不具有共同控制或重大影响，并且在活跃市场中没有报价、公允价值不能可靠计量的长期股权投资

共同控制是指按照合同约定对某项经济活动所共有的控制，仅在于该项经济活动相关的重要财务和经营决策需要分享控制权的投资方一致同意时存在。投资企业与其他方对被投资单位实施共同控制的，被投资单位为其合营企业。

重大影响是指对一个企业的财务和经营政策有参与决策的权利，但并不能够控制或者与其他方一起共同控制这些政策的制定。投资企业能够对被投资单位施加重大影响的，被投资单位为其联营企业。投资企业直接或通过子公司间接拥有被投资单位20%以上但低于50%的表决权股份时，一般认为对被投资单位具有重大影响。

（二）成本法核算

成本法核算方法如下：

（1）长期股权投资应当按照初始投资成本计价。追加或者收回投资应当增加或者减少长期股权投资的账面价值。

（2）被投资单位宣告分派的现金股利或利润中，投资企业按应享有的部分，确认为当期投资收益；但投资企业确认的投资收益仅限于所获得的被投资单位在接受投资后产生的累积净利润的分配额。所获得的被投资单位宣告分派的利

润或现金股利超过被投资单位在接受投资后产生的累积净利润的部分，作为初始投资成本的收回，冲减长期股权投资的账面价值。具体处理如下：

①投资年度的利润或现金股利的处理

企业当年实现的盈余一般与下年度发放利润或现金股利。因此，投资企业投资当年分得的利润或现金股利，是由投资前被投资单位实现的利润分配得来的，不作为当期的投资收益，应作为初始投资成本的收回。

②投资年度以后的利润或现金股利的处理

投资年度以后的利润或现金股利，确认投资收益或冲减初始投资成本的金额，具体计算公式如下：

应冲减初始投资成本的金额＝（投资后至本年末止被投资单位累积分派的利润或现金股利－投资后至上年末止被投资单位累积实现的净损益）×投资企业的持股比例－投资企业已冲减的初始投资成本

应确认的投资收益＝投资企业当年获得的利润或现金股利－应冲减初始投资成本的金额

如果投资后至本年末止被投资单位累积分派的利润或现金股利大于投资后至上年末止被投资单位累积实现的净损益，根据上述公式可以计算应冲减初始投资成本的金额；如果投资后至本年末止被投资单位累积分派的利润或现金股利等于或小于投资后至上年末止被投资单位累积实现的净损益，则被投资单位当期分派的利润或现金股利中应由投资企业享有的部分，应于当期全部确认为投资企业的投资收益。如果已冲减初始投资成本的股利，又由投资后被投资单位实现的未分配利润弥补，应将原已冲减初始投资成本以后又由被投资单位实现的未分配的净利润弥补的部分予以转回，并确认为当期投资收益。

【例 6-9】滨海公司 2011 年 1 月 1 日以 8 000 000 元的价格购入南开公司 15%的股份，购买过程中另支付相关税费 200 000 元。滨海公司对南开公司无控制权或重大影响，采用成本法核算。其他资料如下：

（1）2011 年 4 月 10 日，南开公司宣告分派 2010 年的现金股利 6 000 000 元；

（2）2011 年 12 月 31 日，南开公司财务报告中净利润为 20 000 000 元；

（3）2012 年 3 月 1 日，南开公司宣告分派现金股利 10 000 000 元；

（4）2012 年 7 月 15 日，滨海公司将其持有的南开公司股份全部售出，售价为 10 000 000 元。

滨海公司的账务处理如下：

（1）滨海公司 2011 年 1 月 1 日，购入股份时：

借：长期股权投资——南开公司　　8 200 000

　贷：银行存款　　8 200 000

（2）4 月 10 日，南开公司宣告股利时：

借：应收股利　　900 000

　贷：长期股权投资——南开公司　　900 000

（3）2012 年 3 月 1 日，南开公司宣告分派股利时：

借：应收股利　　1 500 000

　　长期股权投资——南开公司　　900 000

　贷：投资收益　　2 400 000

如果南开公司宣告分派现金股利为 1 500 万元：

借：应收股利　　3 750 000

　贷：投资收益　　3 000 000

　　　长期股权投资——南开公司　　750 000

（4）2012 年 7 月 15 日，滨海公司售出股份时：

借：银行存款　　10 000 000

　贷：长期股权投资——南开公司　　8 200 000

　　　投资收益　　1 800 000

结论：投资企业确认投资收益上限，不能超过投资年度后被投资单位实现的净利润乘以股权比例；长期股权投资恢复的上限不能超过投资企业原冲减的长期股权投资成本。

二、长期股权投资的权益法

（一）权益法核算的适用范围

权益法是投资以初始投资成本计量后，在投资持有期间根据投资企业享有被投资单位所有者权益的份额的变动对投资的账面价值进行调整的方法。

投资企业对被投资单位具有共同控制或重大影响的长期股权投资，即对合营企业投资及对联营企业投资，应当采用权益法核算。

（二）权益法核算

长期股权投资采用权益法核算时，应在“长期股权投资”科目下分别设置“成本”、“损益调整”、“其他权益变动”等明细科目核算。

（1）长期股权投资应当按照初始投资成本计价，追加投资时按照追加投资成本计价。长期股权投资的初始投资成本大于投资时应享有被投资单位可辨认净资产公允价值份额的，该部分差额实际上是投资企业在交易作价过程中多付出的代价，不需要调整，而是构成长期股权投资的成本。长期股权投资的初始投资成本小于投资时应享有被投资单位可辨认净资产公允价值份额的，该部分差额实际上是双方在交易作价过程中转让方的让步。该部分经济利益流入应作为收益处理，计入取得投资当期的营业外收入，同时调增长期股权投资的账面价值。

【例 6-10】A 企业于 2012 年 1 月取得 B 公司 30%的股权，支付的价款为 60 000 000 元。取得投资时被投资单位净资产账面价值为 150 000 000 元。假定被投资单位各项可辨认资产、负债的公允价值与其账面价值相同。A 公司取得 B 公司股权后，能够对 B 公司施加重大影响。

A 企业的账务处理如下：

借：长期股权投资——成本　　60 000 000

　贷：银行存款　　60 000 000

假定上述例题中 A 企业取得投资时被投资单位可辨认净资产的公允价值为 240 000 000 元，则 A 企业的账务处理如下：

借：长期股权投资——成本　　72 000 000

　贷：银行存款　　60 000 000

　　　营业外收入　　12 000 000

（2）投资企业应当按照应享有或应分担的被投资单位实现的净损益的份额，调整长期股权投资的账面价值，确认投资损益。投资企业按照被投资单位宣告分派的利润或现金股利计算应分得的部分，相应减少长期股权投资的账面价值。投资企业确认被投资单位发生的净亏损，应当以长期股权投资的账面价值以及其他实质上构成对被投资单位净投资的长期权益减记至零为限，投资企业负有承担额外损失义务的除外。其他实质上构成对被投资单位净投资的长期权益，通常是指长期性的应收项目，如企业对被投资单位的长期债权，该债权没有明确的清收计划且在可预见的未来期间不准备收回的，实质上构成对被投资单位的净投资。

企业存在其他实质上构成对被投资单位净投资的长期权益项目以及负有承担额外损失义务的情况下，在确认应分担被投资单位发生的亏损时，应当按照以下顺序进行处理：①冲减长期股权投资的账面价值；②如果长期股权投资的账面价值不足以冲减的，应当以其他实质上构成对被投资单位净投资的长期权益账面价值为限继续确认投资损失，冲减长期权益的账面价值；③如果按照投资合同或协议约定企业仍承担额外义务的，应按预计承担的义务确认预计负债，计入当期投资损失。

被投资单位以后期间实现盈利的，扣除未确认的亏损分担额后，应按与上述相反的顺序处理，减记已确认预计负债的账面余额、恢复长期股权投资的账面价值，同时确认投资收益。

【例 6-11】滨海公司持有南开公司 40%的股权，2010 年 12 月 31 日长期股权投资的账面价值为 30 000 000 元。其他资料如下：

（1）南开公司 2011 年实现净利润 10 000 000 元；

（2）南开公司 2012 年由于经营不善，当年发生亏损 20 000 000 元；

（3）假如南开公司 2012 年发生亏损 90 000 000 元。

假定滨海公司在取得投资时，南开公司各项可辨认资产、负债的公允价值与其账面价值相等，双方所采用的会计政策及会计期间也相同。

滨海公司的账务处理如下：

（1）2011 年确认的投资收益为 1 000×40%＝4 000 000（元）

借：长期股权投资——损益调整　　　4 000 000

　贷：投资收益　　　4 000 000

（2）2012 年确认的投资损失为 2 000×40%＝8 000 000（元）

借：投资收益　　　8 000 000

　贷：长期股权投资——损益调整　　　8 000 000

（3）假设南开公司亏损 90 000 000 元，滨海公司 2012 年确认的投资损失为 90 000 000×40%=36 000 000 元，但长期股权投资账面价值仅为 3 4 000 000 元，所以甲应确认的投资损失为 3 4 000 000 元，超额损失备查登记，账务处理如下：

借：投资收益　　　34 000 000

　贷：长期股权投资——损益调整　　　34 000 000

如果在确认了 34 000 000 元的投资损失后，滨海公司账上仍有应收南开公司的长期应收款 5 000 000 元，则在长期应收款的账面价值大于 2 000 000 元的情况下，应进一步确认投资损失 2 000 000 元，账务处理如下：

借：投资收益　　　36 000 000

　贷：长期股权投资　　　34 000 000

　　　长期应收款　　　2 000 000

【例 6-12】滨海公司于 2011 年 1 月 5 日取得南开公司 30%的股权，实际支付价款为 30 000 000 元。取得投资时被投资单位账面所有者权益总额为 80 000 000 元（假定该时点被投资单位各项可辨认资产、负债的公允价值与其账面价值相同）。滨海公司能够对南开公司施加重大影响。滨海公司对该投资采用权益法核算。滨海公司与南开公司采用的会计政策相同。其他资料如下：

（1）2011 年度南开公司实现税后净利润为 5 000 000 元；

（2）2012 年 3 月 15 日南开公司股东大会决议，发放现金股利 2 000 000 元；

（3）2012 年 5 月 20 日滨海公司收到股利并存入银行；

（4）2012 年度南开公司亏损 1 000 000 元。

滨海公司账务处理如下：

（1）2011 年 1 月 5 日购入时

借：长期股权投资——成本　　30 000 000

　贷：银行存款　　30 000 000

（2）2011 年末

借：长期股权投资——损益调整　　1 500 000

　贷：投资收益　　1 500 000

（3）2012 年 3 月 15 日

借：应收股利　　600 000

　贷：长期股权投资——损益调整　　600 000

（4）2012 年 5 月 20 日

借：银行存款　　600 000

　贷：应收股利　　600 000

（5）2012 年末

借：投资收益　　300 000

　贷：长期股权投资——损益调整　　300 000

（3）投资企业在确认应享有被投资单位净损益的份额时，应当以取得投资时被投资单位各项可辨认资产等的公允价值为基础，对被投资单位的净利润进行调整后确认。

如果被投资单位采用的会计政策及会计期间与投资企业不一致的，应当按照投资企业的会计政策及会计期间对被投资单位的财务报表进行调整，并据此确认投资损益。

投资企业的投资收益，应当以取得投资时被投资单位各项可辨认资产等的公允价值为基础，对被投资单位净损益进行调整后加以确定。例如，以取得投资时被投资单位固定资产的公允价值为基础计提的折旧额，相对于被投资单位已计提的折旧额之间存在差额的，应按其差额对被投资单位净损益进行调整，按确定后的净损益计算确认投资损益。如果可辨认资产的公允价值无法确定，或者可辨认资产的公允价值与账面价值之间差额较小的，可以按照被投资单位的账面净损益确认投资收益，并在附注中标明。

【例 6-13】滨海公司于 2012 年 1 月 8 日购入南开公司 30%的股份，购买价款为 22 000 000 元，并自取得投资之日起派人参与南开公司的生产经营决策。取得投资当日，南开公司可辨认净资产公允价值为 60 000 000 元，除表 6-1 所列项目外，南开公司其他资产、负债的公允价值与账面价值相同。

表 6-1　南开公司资产的账面价值与公允价值　　单位：万元

	账面原价	已提折旧或摊销	公允价值	南开公司预计使用年限	滨海公司取得投资后剩余使用年限
存货	700		950		
固定资产	1 200	240	1 600	20	16
无形资产	800	140	1 000	10	8
小计	2 700	380	3 550		

假设南开公司 2012 年实现净利润 6 500 000 元，其中在滨海公司取得投资时的账面存货有 80%对外出售。滨海公司与南开公司的会计年度及采用的会计政策相同。固定资产、无形资产均按直线法提取折旧或摊销，预计净残值均为 0。

滨海公司在确定其应享有的投资收益时，应在南开公司实现净利润的基础上，根据取得投资时南开公司有关资产的账面价值与其公允价值差额的影响进行调整（假定不考虑所得税影响）：

存货账面价值与公允价值的差额应调减的利润＝(950－700)×80%＝200（万元）

固定资产公允价值与账面价值差额应调整增加的折旧额＝1 600÷16－(1 200÷20)＝40（万元）

无形资产公允价值与账面价值差额应调整增加的摊销额=1 000÷8－(800÷10)＝45（万元）

调整后的净利润＝650－200－40－45＝365（万元）

滨海公司应享有份额＝365×30%＝109.5（万元）

确认投资收益的账务处理为：

借：长期股权投资——损益调整　　1 095 000

　贷：投资收益　　1 095 000

（4）投资企业对于被投资单位除净损益以外所有者权益的其他变动，在持股比例不变的情况下，按照持股比例计算应享有或承担的部分，调整长期股权投资的账面价值，同时增加或减少资本公积。

【例 6-14】A 公司持有 B 公司 30%的股份，能够对 B 企业施加重大影响。当期 B 公司因持有的可供出售金融资产公允价值的变动计入资本公积的金额为 5 000 000 元，除该事项外，B 公司当期实现的净损益为 30 000 000 元。假定 A 公司与 B 公司适用的会计政策、会计期间相同，投资时有关资产的公允价值与其账面价值也相同。

A 公司的账务处理如下：

借：长期股权投资——损益调整　　9 000 000

　　　　　　　　——其他权益变动　1 500 000

　贷：投资收益　　　　　　　　　9 000 000

　　　资本公积——其他资本公积　　1 500 000

【课堂测试 6-3】

1．下列情形，形成控制关系的有（　　）。

A．投资单位直接拥有被投资单位 50%以上的表决权资本

B．投资单位与另一企业分别拥有被投资单位 50%的表决权资本

C．投资单位直接拥有被投资单位 30%的表决权资本，且投资单位与其他投资者（享有 25%股份）达成协议，代表其他投资者行使在被投资单位的权益

D．投资单位有权任免被投资单位董事会等类似权力机构的多数成员，并且董事会能够控制被投资单位

2．关于共同控制或重大影响，下列说法中正确的是（　　）。

A．重大影响，是指对一个企业的财务和经营决策有参与决策的权力，但并不能够控制或者与其他方一起共同控制这些政策的制定

B．重大影响，是指有权决定一个企业的财务和经营政策，并能据以从该企业的经营活动中获取利益

C．投资企业与其他方对被投资单位实施共同控制的，被投资单位为其合营企业

D．只有持股比例达到 20%或以上，投资企业才能对被投资单位实施重大影响

3．按照会计准则规定，下列说法正确的是（　　）。

A．对子公司的投资应采用成本法核算，编制合并报表时按权益法核算

B．对子公司的投资应采用权益法核算

C．对子公司的投资既可采用成本法核算，也可采用权益法核算

D．对子公司的投资应按公允价值核算

4. 甲公司2007年初用货币资金购入乙公司10%的股份，并准备长期持有。采用成本法核算，乙公司2007年4月4日宣告分派上年度股利60万元，上年度乙公司实现净利润100万元，则甲公司确认的投资收益为（　　）万元。

A. 6　　　　B. 10

C. 0　　　　D. 4

5. 在长期股权投资采用权益法核算时，下列各项中，应当确认投资收益的是（　　）。

A. 收到被投资企业分配的股票股利

B. 被投资企业提取盈余公积

C. 收到被投资企业分配的现金股利

D. 被投资企业实现净利润

6. 长期股权投资采用权益法核算时，被投资单位除净损益以外所有者权益的增加，投资企业按持股比例计算应享有的份额，借记的科目是（　　）。

A. 长期股权投资——成本

B. 长期股权投资——损益调整

C. 长期股权投资——其他权益变动

D. 资本公积——其他资本公积

7. 投资企业不应确认为投资收益的有（　　）。

A. 成本法核算被投资企业实现净利润

B. 成本法核算被投资单位宣告的现金股利属于投资后实现的净利润

C. 权益法核算被投资单位宣告发放股票股利

D. 权益法核算被投资单位宣告发放现金股利

第四节　长期股权投资成本法与权益法的转换

长期股权投资在持有期间，一些情况的发生导致持股比例发生变化，核算方法也要相应变化。

一、成本法转为权益法

长期股权投资的核算由成本法转为权益法时，应以成本法下长期股权投资的账面价值作为按照权益法核算的初始投资成本，并比较该初始投资成本与应享有被投资单位可辨认净资产公允价值的份额，调整长期股权投资的账面价值。

（一）因持股比例上升由成本法改为权益法

原持有的对被投资单位不具有控制、共同控制或重大影响、在活跃市场中没有报价、公允价值不能可靠计量的长期股权投资，因追加投资导致持股比例上升，能够对被投资单位施加重大影响或是实施共同控制的，由成本法转为权益法时，应当区分原持有的长期股权投资以及新增长期股权投资两部分分别处理。

（1）原持有长期股权投资的账面余额与按照原持股比例计算确定应享有原取得投资时被投资单位可辨认净资产公允价值份额之间的差额，前者大于后者的，不调整长期股权投资的账面价值；前者小于后者的，根据其差额调整长期股权投资的账面价值和留存收益。

（2）对于原取得投资后至新取得投资的交易日之间被投资单位可辨认净资产公允价值的变动相对于原持股比例的部分，属于在此期间被投资单位实现净损益中应享有份额的，应当调整长期股权投资的账面价值，属于跨年的调整留存收益，不跨年度的调整当期损益；其他原因导致的被投资单位可辨认净资产公允价值变动中应享有的份额，在调整长期股权投资账面价值的同时，应当计入“资本公积——其他资本公积”账户。

（3）对于新取得的股权部分，应比较新增投资的成本与取得该部分投资时应享有被投资单位可辨认净资产公允价值的份额，前者大于后者的，不调整长期股权投资的成本；前者小于后者的，根据差额分别调整增加长期股权投资的成本和当期的营业外收入。

【例 6-15】滨海公司于 2011 年 2 月取得南开公司 10%的股权，其成本为 6 500 000 元，取得投资时南开公司可辨认净资产公允价值总额为 60 000 000 元（假定公允价值与账面价值相同）。因对投资单位不具有重大影响且无法可靠确定该项投资的公允价值，滨海公司对其采用成本法核算。同时滨海公司按照净利润 10%提取盈余公积。

2012 年 4 月 15 日，滨海公司又以 15 000 000 元的价格取得南开公司 15%的股权，当日南开公司可辨认净资产公允价值总额为 85 000 000 元。取得该部分股权后，按照南开公司章程规定，滨海公司能够派人参与南开公司的生产经营决策，对该项长期股权投资转为采用权益法核算。假设滨海公司在取得对南开公司 10%股权后至新增投资日，南开公司通过生产经营活动实现的净利润为 8 000 000 元，未派发现金股利或利润。除所实现净利润外，未发生其他计入资本公积的交易或事项。

（1）2012 年 4 月 15 日，滨海公司应确认对南开公司的长期股权投资

借：长期股权投资　　　　　　　　　　15 000 000

　贷：银行存款　　　　　　　　　　　　15 000 000

（2）对长期股权投资账面价值的调整

确认了该部分长期股权投资后，滨海公司对南开公司投资的账面价值为6 500 000＋1 5 000 000＝215 000 000（元）

①对于原10%股权的成本6 500 000元与原投资时应享有被投资单位可辨认净资产公允价值份额6 000 000元（60 000 000×10%）之间的差额500 000元，属于原投资时体现的商誉，该部分差额不调整长期股权投资的账面价值。

对于被投资单位可辨认净资产在原投资时至新增投资交易日之间公允价值的变动（85 000 000－60 000 000）相对于原持股比例的部分2 500 000元，其中属于投资后被投资单位实现净利润部分800 000元（8 000 000×10%），应调整增加长期股权投资的账面余额，同时调整留存收益；除实现净损益外其他原因导致的可辨认净资产公允价值的变动1 700 000元，应当调整增加长期股权投资的账面余额，同时计入资本公积（其他资本公积）。账务处理如下：

借：长期股权投资　　　　　　　　　　2 500 000

　贷：资本公积——其他资本公积　　　　1 700 000

　　　盈余公积　　　　　　　　　　　　　80 000

　　　利润分配——未分配利润　　　　　　720 000

②对于新取得的股权，成本为15 000 000元，与取得该投资时按照持股比例计算确定应享有被投资单位可辨认净资产公允价值的份额12 750 000元（85 000 000×15%）之间的差额为投资作价中体现的商誉，不要求调整长期股权投资成本。

（二）因持股比例下降由成本法改为权益法

因处置投资导致对被投资单位的影响能力有控制转为具有重大影响或是与其他投资方一起实施共同控制的情况下，首先应按处置或收回投资的比例结转应终止确认的长期股权投资成本。

（1）将剩余长期股权投资成本与按照剩余持股比例计算原投资时应享有被投资单位可辨认净资产公允价值的份额进行比较，属于投资作价中体现的商誉部分，不调整长期股权投资的账面价值；属于投资成本小于应享有被投资单位可辨认净资产公允价值份额的，应按差额投资长期股权投资的账面价值，同时调整留存收益。

（2）对于原取得投资后至转变为权益法核算之间被投资单位实现净损益中应享有的份额，应当调整长期股权投资的账面价值，属于跨年度的调整留存收益，不跨年度的调整当期损益；其他原因导致被投资单位所有者权益变动中应享有的份额，调整长期股权投资账面价值，同时，应当计入“资本公积——其他资本公积”账户。

【例 6-16】滨海公司持有南开公司 60%的股权，账面余额 15 000 000 元，未提减值准备。2012 年 12 月 20 日，滨海公司将其持有的对南开公司长期股权投资中的 20%出售给某企业，售价为 9 000 000 元，当日被投资单位可辨认净资产公允价值总额为 40 000 000 元。滨海公司原取得南开公司 60%时，南开公司可辨认净资产公允价值总额为 22 500 000 元（假定公允价值与账面价值相同）。自滨海公司取得对南开公司长期股权投资后至部分处置投资前，南开公司实现净利润 12 500 000 元。假定南开公司一直未进行利润分配。除所实现净损益外，南开公司未发生其他计入资本公积的交易或事项。滨海公司按净利润的 10%提取盈余公积。在出售 20%的股权后，滨海公司对南开公司的持股比例为 40%，在被投资单位董事会中派有代表，但不能对南开公司生产经营决策实施控制。对南开公司长期股权投资应由成本法改为权益法核算。

（1）确定长期股权投资处置损益

借：银行存款　　9 000 000

　贷：长期股权投资　　5 000 000

　　投资收益　　4 000 000

（2）调整长期股权投资账面价值

剩余长期股权投资的账面价值为 10 000 000 元，与原投资时应享有被投资单位可辨认净资产公允价值份额之间的差额为 1 000 000 元（10 000 000－22 500 000×40%）为商誉，该部分商誉的价值不需要对长期股权投资的成本进行调整。

处置投资后按照持股比例计算享有被投资单位自购买日至处置投资日期间实现的净损益为 5 000 000 元（12 500 000×40%），应调整增加长期股权投资的账面价值，同时调整留存收益。账务处理如下：

借：长期股权投资　　5 000 000

　贷：盈余公积　　500 000

　　利润分配——未分配利润　　4 500 000

二、权益法转为成本法

投资企业因追加投资或者减少投资等原因对被投资单位不再具有共同控制或重大影响的，并且在活跃市场中没有报价、公允价值不能可靠计量的长期股权投资，应将长期股权投资核算由权益法改转换为成本法，并以转换时长期股权投资的账面价值作为按照成本法核算的基础。

【例 6-17】A 公司持有 B 公司 30%的有表决权股份，能够对 B 公司的生产经营决策施加重大影响，采用权益法核算。2013 年 6 月，A 公司出售该投资的一半，出售以后，无法再对 B 公司施加重大影响，且该投资不存在活跃市场，公允价值无法可靠确定，转为成本法核算。出售时，该长期股权投资的账面价值为 40 000 000 元，其中投资成本 28 000 000 元，损益调整为 12 000 000 元，出售取得价款 26 000 000 元。

A 公司账务处理为：

借：银行存款　　26 000 000

　贷：长期股权投资　　20 000 000

　　　投资收益　　6 000 000

【课堂测试 6-4】

讨论长期股权投资成本法改权益法和权益法改成本法的会计处理。

第五节　长期股权投资减值及处置

一、长期股权投资减值

长期股权投资期末如果存在减值迹象，且其可收回金额低于账面价值，则应当将长期股权投资的账面价值减记至可收回金额，减记的金额确认为长期股权投资减值损失，计入“资产减值损失”科目，同时计提相应的长期股权投资减值准备，计入“长期股权投资减值准备”科目。处置长期股权投资时，应同时结转已计提的长期股权投资减值准备。

二、长期股权投资处置

企业处置长期股权投资时，所获得的处置收入与处置的长期股权投资账面价值的差额，应确认为处置损益。

采用权益法核算的长期股权投资，原计入资本公积中的金额，在处置时也应结转，将与所出售股权相对应的部分在处置时自资本公积转入当期损益。

【例 6-18】滨海公司原持有南开公司 40%的股权，2012 年 12 月 25 日，滨海公司决定出售持有南开公司 10%的股权，出售时滨海公司账面上为：成本

10 000 000 元，损益调整 2 600 000 元，其他权益变动 1 400 000 元，出售取得价款 4 000 000 元。

滨海公司账务处理如下：

（1）滨海公司确认的处置损益

借：银行存款　　4 000 000

　贷：长期股权投资——成本　　2 500 000

　　　　　　　——损益调整　　650 000

　　　　　　　——其他权益变动　　350 000

　　　投资收益　　500 000

（2）同时，应将原计入资本公积的部分按比例转为当期损益

借：资本公积——其他资本公积　　350 000

　贷：投资收益　　350 000

【课堂测试 6-5】

1．讨论当长期股权投资减值金额大于长期股权投资账面价值时，应如何处理？

2．企业处置长期股权投资时，正确的处理方法有（　　）。

A．处置长期股权投资，其账面价值与实际取得价款的差额，应计入投资收益

B．处置长期股权投资，其账面价值与实际取得价款的差额，应计入营业外收入

C．采用权益法核算的长期股权投资，因被投资单位除净损益以外所有者权益的其他变动而计入所有者权益的，处置该项投资时应当将原计入所有者权益的部分按相应比例转入投资收益

D．采用权益法核算的长期股权投资，因被投资单位除净损益以外所有者权益的其他变动而计入所有者权益的，处置该项投资时应当将原计入所有者权益的部分全部转入营业外收入

3．处置长期股权投资时，所涉及到的账户有（　　）。

A．长期股权投资　　B．投资收益

C．资本公积　　D．应收股利

本章小结

企业合并形成的长期股权投资，初始投资成本的确定应区分企业合并的类型，分为同一控制下合并与非同一控制下合并。同一控制下的企业合并形成的

长期股权投资，应当在合并日按照取得被合并方所有者权益账面价值的份额作为长期股权投资的初始投资成本。初始投资成本与支付的现金、转让的非现金资产及所承担债务账面价值之间的差额，应当调整资本公积；资本公积不足冲减的，调整留存收益。非同一控制下的企业合并形成的长期股权投资，实质上是将合并行为看作是一方购买另一方的交易，购买方为了取得对被购买方的控制权而放弃的资产、发生或承担的负债、发行的权益性证券等均应按其在购买日的公允价值计量，所有为进行企业合并而支付对价的公允价值之和以及发生的各项相关费用作为合并中形成的长期股权投资的成本。

长期股权投资在持有期间，根据投资企业对被投资单位的影响程度等情况分别采用成本法和权益法进行核算。成本法核算特点：长期股权投资的账面价值一般保持不变，确定投资收益仅限于所获得的被投资单位接受投资后所产生的累积净利润的分配，所获得的被投资企业宣告分派利润和现金股利超过被投资单位在接受投资之后产生累积净利润的部分，冲减长期股资的账面价值。权益法核算特点：长期股权投资的账面价值随被投资单位所有者权益的变动而变动。投资企业在投资后被投资单位在实现净利润或发生净亏损时，要相应地调整长期投资的账面价值；被投资单位除净损益以外其他所有者权益变动的项目，包括被投资单位接受捐赠等。长期股权投资期末要按照可收回金额低于投资的账面价值部分确认为投资损失；投资处置时，收入与账面价值的差额确认为当期损益。

【篇后案例】

A 公司是一家大型纺织品生产企业，为扩展生产经营规模，A 企业决定收购位于同城的 B 纺织企业。由于 B 企业负债累累，为避免整体合并后承担过高债务的风险，A 企业决定仅收购 B 企业从事纺织品生产的所有资产。2013 年 5 月 1 日，双方达成收购协议，A 企业收购 B 企业涉及纺织品生产地所有资产。2013 年 4 月 15 日，B 企业所有资产经评估后的资产总额为 1 750 万元。A 企业以 B 企业经评估后资产总价值 1 730（计税基础为 1 200 万元）为准，向 B 企业支付了两项对价：一、支付现金 130 万元；二、A 企业将其持有的其全资子公司 20%的股权合计 800 万股，支付给 B 公司，该项长期股权投资的公允价值为 1 600 万元，计税基础为 800 万元。

假设 A 企业该项资产收购是为了扩大生产经营，具有合理的商业目的，且 A 企业承诺收购 B 企业纺织品资产后，除进行必要的设备更新后，在连续 12 个月内仍用该项资产从事纺织品生产。

解释该案例中，A 和 B 之间的关系，以及 A 公司取得成本如何确定。

核心概念

长期股权投资（long-term equity investment）
成本法（cost method）
权益法（equity method）
控制（control）
共同控制（common control）
重大影响（significant influence）
合并（consolidation）

思考题

1．分别说明长期股权投资的成本法和权益法的适用范围是什么？

2．同一控制下企业合并与非同一控制下企业合并形成的长期股权投资取得成本的确定有何区别？

3．简述长期股权投资成本法核算和权益法核算的异同。

4．长期股权投资核算从成本法转为权益法应如何进行处理？

5．长期股权投资核算从权益法转为成本法应如何进行处理？

练习题

（一）单项选择题

1. 投资企业因减少投资等原因对长期股权投资由权益法改为成本法时，下列各项中可作为成本法下长期股权投资的初始投资成本的是(　　)。

A. 股权投资的公允价值
B. 原权益法下股权投资的账面价值
C. 在被投资单位所有者权益中所占份额
D. 被投资方的所有者权益

2. 某企业于 2008 年 6 月 1 日以银行存款取得甲公司 10%的股份，并准备长期持有。甲公司当年实现净利润 600 000 元（假定利润均衡实现），2009 年 5 月 20 日宣告分配上年现金股利 240 000 元，该企业当年应确认的投资收益为(　　) 元。

A. 24 000　　B. 35 000　　C. 21 000　　D. 3 000

3. 投资企业因减少投资等原因对长期股权投资由权益法改为成本法时，下列各项中可作为成本法下长期股权投资的初始投资成本的是(　　)。

A. 股权投资的公允价值

B. 原权益法下股权投资的账面价值

C. 在被投资单位所有者权益中所占份额

D. 被投资方的所有者权益

4. 在长期股权投资的权益法下，被投资企业发生的下列事项中，会引起投资企业“长期股权投资”的账面价值和“投资收益”减少的是（　　）。

A. 发生亏损　　B. 对外捐赠资产

C. 资产评估减值　　D. 向投资者分配股利

5. 甲公司以 2 000 万元取得乙公司 30%的股权，取得投资时被投资单位可辨认净资产的公允价值为 6 000 万元。如果甲公司能够对乙公司施加重大影响，则甲公司计入长期股权投资的金额为（　　）万元。

A. 2 000　　B. 1 800　　C. 4 000　　D. 6 000

6. 甲公司对乙公司进行投资，持股比例为 70%。截至 2008 年年末该项长期股权投资账户余额为 650 万元，2009 年年末该项投资的减值准备余额为 20 万元，乙公司 2009 年发生亏损 1 000 万元。2009 年年末甲公司“长期股权投资”的账面价值应为（　　）万元。

A. 0　　B. 630　　C. 20　　D. −20

7. 2008 年年初甲公司购入乙公司 30%的股权，成本为 60 万元；2008 年年末长期股权投资的可收回金额为 50 万元，故计提了长期股权投资减值准备 10 万元；2009 年年末该项目长期股权投资的可收回金额为 70 万元，则 2009 年年末甲公司应恢复长期股权投资减值准备（　　）万元。

A. 10　　B. 20　　C. 30　　D. 0

8. 下列资产中，计提的资产减值准备不可以转回的是（　　）。

A. 长期股权投资　　B. 可供出售金融资产

C. 持有至到期投资　　D. 库存商品

9. 甲公司与乙公司共同出资设立丙公司，按甲乙双方协议，丙公司的总经理由甲公司委派，董事长由乙公司委派，各方的出资比例均为 50%，股东按出资比例行使表决权。在这种情况下，（　　）。

A. 甲公司采用权益法核算该长期股权投资，乙公司采用成本法核算

B. 甲公司采用成本法核算该长期股权投资，乙公司采用权益法核算

C. 甲公司和乙公司均采用成本法核算该长期股权投资

D. 甲公司和乙公司均采用权益法核算该长期股权投资

10. 甲公司出资 1 000 万元，取得乙公司 80%的控股权，加入购买股权时

乙公司的账面净资产价值为 1 500 万元，甲乙公司合并前后均受同一方控制，则甲公司确认的长期股权投资成本为（ ）万元。

A. 1 000　　B. 1 500　　C. 800　　D. 1 200

11. 投资者投入的长期股权投资，如果合同或协议约定价值是公允的，应当按照（ ）作为初始投资成本。

A. 投资合同或协议约定的价值　　B. 账面价值

C. 公允价值　　D. 市场价值

12. 甲公司与A公司属于同一控制下的两企业，2007 年 1 月 1 日，甲公司以发行普通股票 1 000 万股(股票面值为每股 1 元，公允价值为每股 5 元)作为合并对价，取得 A 公司 70%的普通股权，并准备长期持有。A 公司 2007 年 1 月 1 日的所有者权益账面价值总额为 8 000 万元，可辨认净资产的公允价值为 7 500 万元。甲公司取得 A 公司股份时的初始投资成本为（ ）万元。

A. 5 000　　B. 5 250

C. 5 600　　D. 1 000

13. M 公司和 N 公司不属于同一控制的两个公司。2007 年 2 月 26 日，M 公司以一项专利权和银行存款 75 万元向 N 公司投资，占 N 公司注册资本的 60%，该专利权的账面原价为 4 940 万元，已计提累计摊销 340 万元，已计提无形资产减值准备 160 万元，公允价值为 4 500 万元。不考虑其他相关税费。则 M 公司的合并成本为（ ）万元。

A. 75　　B. 60　　C. 4 575　　D. 4 940

14. A、B 两家公司属于非同一控制下的独立公司。A 公司于 2008 年 7 月 1 日以本企业的固定资产对 B 公司投资，取得 B 公司 60%的股份。该固定资产原值 1 500 万元，已计提折旧 400 万元，已提取减值准备 50 万元，8 月 1 日该固定资产公允价值为 1 250 万元。B 公司 2008 年 7 月 1 日所有者权益为 2 000 万元。A 公司由于该项投资计入当期损益的金额为（ ）万元。

A. 250　　B. 50　　C. 200　　D. 500

15. 非同一控制下的企业合并取得长期股权投资发生的下列项目中，不应计入初始投资成本的是（ ）。

A. 作为合并对价发行的权益性证券的公允价值

B. 企业合并中发行权益性证券发生的手续费、佣金等费用

C. 为进行企业合并而支付的审计、评估费用

D. 作为合并对价发行的债券的公允价值

（二）多项选择题

1. 根据《企业会计准则第 2 号——长期股权投资》的规定，长期股权投资采用成本法核算时，下列各项可能会引起长期股权投资账面价值变动的有（　）。

A. 追加投资

B. 减少投资

C. 被投资企业实现净利润

D. 被投资企业宣告发放现金股利

E. 被投资方宣告股票股利

2. 企业的长期股权投资采用权益法核算的，其正确的会计处理为（　　）。

A. 长期股权投资的初始投资成本大于投资时应享有被投资单位可辨认净资产公允价值份额的，不调整已确认的初始投资成本

B. 长期股权投资的初始投资成本大于投资时应享有被投资单位可辨认净资产公允价值份额的，作为商誉进行确认

C. 长期股权投资的初始投资成本小于投资时应享有被投资单位可辨认净资产公允价值份额的，应按其差额，借记“长期股权投资——成本”科目，贷记“营业外收入”科目

D. 长期股权投资的初始投资成本小于投资时应享有被投资单位可辨认净资产公允价值份额的，作为股权投资贷方差额，计入资本公积

E. 被投资单位除净损益以外所有者权益的其他变动，企业按持股比例计算应享有的份额，借记“长期股权投资——其他权益变动”科目，贷记“资本公积——其他资本公积”科目

3. 采用权益法核算时，下列各项业务发生时，会引起投资企业资本公积发生变动的有（　　）。

A. 被投资企业接受非现金资产捐赠

B. 被投资企业可供出售金融资产公允价值变动

C. 被投资企业发放股票股利

D. 被投资企业以权益结算的股份支付确认资本公积

E. 被投资企业宣告分配现金股利

4. 在采用权益法核算的情况下，下列各项中不会引起长期股权投资账面价值发生增减变动的有（　　）。

A. 被投资企业接受现金捐赠时

B. 被投资企业提取盈余公积

C. 被投资企业宣告分派现金股利

D. 被投资企业宣告分派股票股利

E. 被投资企业以盈余公积转增资本

5. 对长期股权投资采用权益法核算时，被投资企业发生的下列事项中，投资企业应该调整长期股权投资账面价值的有（　　）。

A. 被投资企业实现净利润

B. 被投资企业购买无形资产

C. 被投资企业宣告分配现金股利

D. 被投资企业可供出售金融资产的公允价值变动

E. 被投资单位发生净亏损

6. 对长期股权投资采用权益法核算时，被投资企业发生的下列事项中，投资企业应该调整长期股权投资账面价值的有（　　）。

A. 被投资企业发放股票股利

B. 被投资企业宣告分配现金股利

C. 被投资企业接受捐赠的当时

D. 被投资企业实现净利润

E. 被投资单位持有的可供出售金融资产公允价值发生变动

7. 下列各项中，投资方不应确认投资收益的事项有（　　）。

A. 采用权益法核算长期股权投资，被投资方实现的净利润

B. 采用权益法核算长期股权投资，被投资方因可供出售金融资产公允价值上升而增加的资本公积

C. 采用权益法核算长期股权投资，被投资方宣告分派的现金股利

D. 采用成本法核算长期股权投资，被投资方宣告分派的属于投资后实现的现金股利

E. 采用权益法核算长期股权投资，被投资方宣告分派的股票股利

8. 下列各项中，可能计入投资收益科目的有（　　）。

A. 长期股权投资采用权益法下被投资方宣告分配的现金股利

B. 长期股权投资采用成本法下被投资方宣告分配的现金股利

C. 期末长期股权投资账面价值大于可收回金额的差额

D. 处置长期股权投资时，结转的“资本公积——其他资本公积”

E. 被投资方发生超额亏损

9. 下列经济业务或事项应通过“投资收益”科目核算的内容有（　　）。

A. 企业处置交易性金融资产、交易性金融负债、指定为以公允价值计

量且其变动计入当期损益的金融资产或金融负债、可供出售金融资产实现的损益

B. 企业的持有至到期投资在持有期间取得的投资收益和处置损益

C. 长期股权投资采用成本法核算的，被投资单位宣告发放的现金股利或利润中属于投资后本企业享有的部分

D. 长期股权投资采用权益法核算的，资产负债表日根据被投资单位实现的净利润或经调整的净利润计算应享有的份额

E. 处置采用权益法核算的长期股权投资时，应按处置长期股权投资的比例结转原计入“资本公积——其他资本公积”科目的金额

10. 企业根据《企业会计准则第 2 号——长期股权投资》规定，长期股权投资核算方法转换的处理正确的有（　　）。

A. 将长期股权投资自成本法转按权益法核算的，应按转换时该项长期股权投资的账面价值作为权益法核算的初始投资成本

B. 将长期股权投资自成本法转按权益法核算的，应按转换时该项长期股权投资的公允价值作为权益法核算的初始投资成本

C. 将长期股权投资自成本法转按权益法核算的，初始投资成本小于占被投资单位可辨认净资产公允价值份额的差额，借记“长期股权投资——成本”科目，贷记“营业外收入”科目，初始投资成本大于投资时应享有被投资单位可辨认净资产公允价值份额的，不调整已确认的初始投资成本

D. 长期股权投资自权益法转按成本法核算的，除构成企业合并的以外，应按中止采用权益法时投资的账面价值作为成本法核算的初始投资成本

E. 长期股权投资自权益法转按成本法核算的，除构成企业合并的以外，应按中止采用权益法时投资的公允价值作为成本法核算的初始投资成本

11. 下列项目中构成长期股权投资的投资成本的是（　　）。

A. 取得长期股权投资时支付的价款

B. 取得长期股权投资时支付的税金

C. 取得长期股权投资时支付的已宣告但尚没领取的股利

D. 取得长期股权投资后收到的投资以前被投资企业实现的利润

E. 取得长期股权投资时支付的手续费等费用

12. 对股票投资实行权益法核算的，能引起长期股权投资账面价值发生增

减变动的事项有（ ）。

A. 转让长期股权投资

B. 被投资企业宣告分派现金股利

C. 计提长期股权投资减值准备

D. 被投资企业提取盈余公积

E. 被投资企业获得捐赠

13. 下列项目中，不作为长期股权投资企业投资收益确认的有（ ）。

A. 被投资企业在投资企业投资前宣告发放的但没有支付的股利

B. 权益法核算的购入价格小于实际按公允价值享有的份额的价值

C. 权益法下被投资企业实现利润

D. 权益法下被投资企业接受捐赠

E. 成本法下被投资企业获取利润

14. 下列长期股权投资中，应采用成本法核算的是（ ）。

A. 投资企业占被投资企业 15%的表决权资本

B. 投资企业占被投资企业 75%的表决权资本

C. 投资企业占被投资企业 45%的表决权资本

D. 投资企业占被投资企业 15%的表决权资本，但被投资企业依赖投资企业的技术资料

E. 投资企业占被投资企业 18%的表决权资本，但向被投资企业派出管理人员

15. 企业购入面值 10 万元、5 年期，年利率10%，每半年支付一次利息的债券一批，作为持有至到期投资，实际购买价格 92 620 元。如果采用直线法摊销，则每半年（ ）。

A. 利息收益 9 262 元　　B. 投资收益 5 738 元

C. 利息收益 5 000 元　　D. 折价摊销 738 元

E. 折价摊销 1 476 元

（三）判断题

1. 企业在长期股权投资持有期间所取得的现金股利，应全部计入投资收益。（ ）

2. 长期股权投资在成本法核算下，只要被投资单位宣告现金股利就应确认投资收益。（ ）

3. 企业对子公司的长期股权投资应采用权益法核算。（ ）

4. 投资者投入的长期股权投资，均应按照协议约定的价值确定初始投资成

本。（　　）

5. 采用权益法核算，被投资企业发生盈亏，投资企业应于会计期末按持股比例相应调整长期股权投资账面价值，同时借记或贷记“投资收益”账户。（　　）

6. A公司购入B公司（非上市公司）5%的股份，买价161 000元，其中含有已宣告但尚未领取的现金股利4 000元。那么A公司取得长期股权投资的成本为161 000元。（　　）

7. 通过企业合并形成的长期股权投资，发生的审计费、评估费和咨询费等中介费用，均应直接计入当期损益。（　　）

8. 权益法下，长期股权投资的初始投资成本大于投资时应享有被投资单位可辨认净资产公允价值份额的，按照其差额调减长期股权投资，并确认商誉；长期股权投资的初始投资成本小于投资时应享有被投资单位可辨认净资产公允价值份额的，应按其差额调增长期股权投资，并计入营业外收入。（　　）

9. 非同一控制下的企业合并，合并成本以企业作为对价所付出的资产、发生或者承担的负债以及发行权益性证券的公允价值进行计量。所支付的非货币性资产在购买日的公允价值与账面价值的差额计入资本公积。（　　）

10. 权益法下，投资企业在确认投资收益时，对于投资双方因顺流—逆流交易产生的未实现内部交易损益，应全部予以抵销。（　　）

11. 对于共同控制资产在经营、使用过程中发生的费用，包括有关直接费用以及应由本企业承担的共同控制资产发生的折旧费用、借款利息费用等，合营各方应当按照合同或协议的约定确定应由本企业承担的部分，作为本企业的费用确认。（　　）

12. 在权益法下，被投资企业宣告发放股票股利时，投资企业不做账务处理。（　　）

13. 权益法核算下，处置长期股权投资时，应按实际收到的金额，借记“银行存款”等科目，按其账面余额，贷记“长期股权投资”科目，按尚未领取的现金股利或利润，贷记“应收股利”科目，按其差额，贷记或借记“投资收益”科目。已计提减值准备的，还应同时结转减值准备。除上述规定外，还应结转原计入资本公积的相关金额，借记或贷记“资本公积——其他资本公积”科目，贷记或借记“营业外收入”科目。（　　）

14. 长期股权投资期末应按历史成本计量，不计提减值准备。（　　）

15. 合并方在企业合并中取得被合并方100%的股权，不一定属于吸收合并。（　　）

（四）核算题

1. 甲企业 2009 年 4 月 2 日购入 A 公司股份 50 000 股，每股价格 6 元，另支付相关税费 5 000 元。甲企业占 A 公司有表决权资本的 3%，并准备长期持有。A 公司于 2009 年 5 月 2 日宣告分派 2008 年度的现金股利，每股 0.1 元。

要求：做出甲企业的账务处理。

2. 2010 年 1 月 1 日，甲上市公司以其库存商品对乙企业投资，投出商品的成本为 360 万元，公允价值和计税价格均为 400 万元，增值税税率为 17%（不考虑其他税费）。甲上市公司对乙企业的投资占乙企业注册资本的 20%，甲上市公司采用权益法核算该项长期股权投资。2010 年 1 月 1 日，乙企业所有者权益账面价值及可辨认净资产公允价值均为 2 000 万元。乙企业 2010 年实现净利润 1 200 万元。2011 年乙企业发生亏损 4 400 万元。假定甲企业账上有应收乙企业长期应收款 160 万元。2012 年乙企业实现净利润 2 000 万元。

要求：根据上述资料，编制甲上市公司对乙企业投资及确认投资收益的会计分录。

3. A 公司于 2010 年 1 月 1 日以 1 000 万元购入 B 公司股票 400 万股，每股面值 1 元，占 B 公司实际发行在外股数的 30%，A 公司采用权益法核算此项投资。2010 年 1 月 1 日 B 公司可辨认净资产公允价值为 3 000 万元。除下表所列项目外，其他账面资产、负债的公允价值与账面价值相同（单位：万元）。

项目	账面价值	公允价值	预计尚可使用年限
存货	300	500	-
固定资产	200	300	10（已使用 1 年）
无形资产	50	100	5

B 公司上述固定资产、无形资产均采用直线法计提折旧或摊销，预计净残值均为 0。在 A 公司取得投资时的 B 公司账面存货于 2010 年对外部第三方售出 60%，剩余部分于 2011 年全部对外售出。

2010 年 B 公司实现净利润 340 万元。2011 年 B 公司发生亏损 500 万元。假定不考虑其他因素。

要求：完成 A 公司上述有关投资业务的会计分录。

4. 甲股份有限公司 2007 年至 2009 年投资业务有关的资料如下：

（1）2007 年 1 月 1 日，甲公司以银行存款 3 300 万元购入乙公司（非上市公司）股份 2 000 万股，进行长期投资，不考虑相关税费。购入后，甲公司持有乙公司有表决权股份的 10%，对乙公司的财务和经营政策没有重大影响且无法可靠确定该项投资的公允价值。2007 年 1 月 1 日，乙公司可辨认净资产的公允价值总额为 28 000 万元（假定公允价值与账面价值相同）。

（2）2007 年 5 月 10 日，乙公司宣告发放 2006 年度现金股利 2 000 万元，并于 5 月 25 日发放。

（3）2007 年度，乙公司实现净利润 1 300 万元。

（4）2008 年 5 月 11 日，乙公司宣告发放 2007 年度现金股利 600 万元，并于 5 月 26 日发放。

（5）2008 年，乙公司实现净利润 2 000 万元。

（6）2009 年 1 月 1 日，甲公司又以银行存款 6 400 万元从二级市场购入乙公司股票 4 000 万股，进行长期投资，不考虑相关税费。甲公司占乙公司有表决权股份的比例由 10%增加到 30%，对乙公司的财务和经营政策有重大影响。2009 年 1 月 1 日，乙公司可辨认净资产公允价值总额为 28 700 万元。

（7）2009 年 5 月 5 日，乙公司宣告发放 2008 年度现金股利 1 000 万元，并于 5 月 20 日发放。

（8）2009 年度，乙公司可供出售金融资产公允价值变动导致资本公积增加了 1 200 万元。

（9）2009 年度，乙公司发生净亏损 4 000 万元。

（10）2009 年 12 月 31 日，甲公司对乙公司长期股权投资发生减值，可收回金额预计为 7 800 万元。

假定：①除上述交易或事项外，乙公司未发生导致其所有者权益发生变动的其他交易或事项；②不考虑所得税的影响。

要求：

（1）编制甲公司上述（1）、（2）、（4）业务相关的会计分录。

（2）编制甲公司 2009 年 1 月 1 日追加投资的会计分录。

（3）计算甲公司 2009 年 1 月 1 日购入的长期股权投资核算由成本法转为权益法时，追溯调整的相关会计分录。

（4）编制甲公司上述（7）、（8）、（9）、（10）业务相关的会计分录。

第七章 固定资产

【学习目标】通过本章学习，了解固定资产的概念、特征、分类及确认条件；了解固定资产折旧的概念和影响固定资产折旧的因素；熟悉固定资产减值迹象的判断；掌握固定资产取得时的核算；掌握固定资产折旧范围和计算折旧的方法及计提折旧的核算；掌握固定资产后续支出及减值准备的核算；掌握固定资产处置和盘盈盘亏的核算。

【开篇案例】

固定资产使用年限是否可以随意确定

N公司是一家上市公司，公司目前正遇到财务危机，正在想办法渡过危机。于是公司的 CEO 要求会计师在计算固定资产折旧时，将原来规定的折旧年限 5 年改为 10 年，认为这样可以大大节约成本，因为，改变了折旧年限可使折旧费用减少一半。但该公司的会计师则认为，这种作法不尽恰当，属于随意改变会计估计问题，而且还涉及到纳税问题。但 CEO 坚持要改变折旧年限。因此，请你分析：固定资产折旧年限的变更应由谁决定？CEO 是否可以决定公司的会计政策和会计估计？

第一节 固定资产概述

一、固定资产的概念与特征

固定资产是指同时具有下列特征的有形资产：

（1）为生产商品、提供劳务、出租或经营管理而持有的。

（2）使用寿命超过一个会计年度。

从定义看，固定资产具有如下特征：

1. 固定资产是为生产商品、提供劳务、出租或经营管理而持有的

企业持有固定资产的目的是为了生产商品、提供劳务、出租或经营管理，即企业持有的固定资产是企业的劳动工具或手段，而不是用于出售的产品。其中“出租”的固定资产，是指企业以经营租赁方式出租的机器设备类固定资产，不包括以经营租赁方式出租的建筑物，后者属于企业的投资性房地产，不属于固定资产。

2. 固定资产的使用寿命超过一个会计年度

固定资产的使用寿命，是指企业使用固定资产的预计期间，或者该固定资产所能生产产品或提供劳务的数量。固定资产使用寿命超过一个会计年度，意味着固定资产属于长期资产，企业为了获得固定资产并把它投入生产经营活动所发生的支出，属于资本性支出而不是收益性支出，从而将其与流动资产区别开来。

3. 固定资产属于有形资产

也就是说，固定资产具有实物形态，如机器设备、房屋建筑物等。固定资产具有实物特征，这一特征将固定资产与无形资产区别开来。有些无形资产可能同时符合固定资产的其他特征，如专利权、商标等无形资产，虽然也为生产商品、提供劳务而持有，使用寿命超过一个会计年度，但是，由于其没有实物形态，所以，不属于固定资产。

二、固定资产的分类

根据不同的管理需要和核算要求以及不同的分类标准，可以对固定资产进行不同的分类，主要有以下几种分类方法：

（一）按经济用途分类

按固定资产的经济用途分类，可分为生产经营用固定资产和非生产经营用固定资产。

（1）生产经营用固定资产，是指直接服务于企业生产、经营过程的各种固定资产，如生产经营用的房屋、建筑物、机器、设备、器具、工具等。

（2）非生产经营用固定资产，是指不直接服务于生产、经营过程的各种固定资产，如职工宿舍、食堂、浴室、理发室等使用的房屋、设备和其他固定资产等。

（二）按使用情况分类

按固定资产使用情况分类，可分为使用中的固定资产、未使用的固定资产和不需用的固定资产。

（1）使用中的固定资产，是指正在使用中的经营性和非经营性的固定资产。由于季节性经营或大修理等原因，暂时停止使用的固定资产仍属于企业使用中的固定资产；企业出租给其他单位使用的固定资产和内部替换使用的固定资产，也属于使用中的固定资产。

（2）未使用的固定资产，是指已完工或已购建的尚未交付使用的新增固定资产以及因进行改建、扩建等原因暂停使用的固定资产，如企业购建的尚待安装的固定资产、经营任务变更停止使用的固定资产等。

（3）不需用的固定资产，是指企业多余或不适用，需要调配处理的各种固定资产。

（三）按所有权分类

按固定资产的所有权分类，可以分为自有固定资产和租入固定资产。

（1）自有固定资产，是指企业拥有所有权的各种固定资产。

（2）租入固定资产，是指企业从外部租赁来的固定资产，租入固定资产又可分为经营租赁资产以及融资租赁固定资产，经营租赁资产所有权不属于承租人，而融资租赁固定资产，所有权虽然不属于承租人，但会计处理上应视为同自有固定资产。

（四）按来源渠道分类

固定资产按照来源渠道分类，可以分为以下七类：

（1）外购的固定资产，是指企业从外部购入的固定资产。

（2）自行建造的固定资产，是指企业自行组织技术人员或施工人员，自行研制的设备、建造的房屋和建筑物等。

（3）投资者投入的固定资产，是指企业收到的投资者以设备和房屋等向企业投入，作为资本投资的固定资产。

（4）融资租入的固定资产，是指企业以融资租赁方式租入的固定资产。

（5）改建、扩建新增的固定资产，是指企业通过改建或扩建而形成的固定资产。固定资产的改建一般是指企业在不扩大产品生产能力的情况下对原有固定资产的改造；固定资产的扩建一般是指企业以扩大产品生产能力为目的对原有固定资产的改造。但是，不论改建还是扩建，一般都会增加企业的固定资产。

（6）接受捐赠的固定资产，是指企业接受其他单位或个人捐赠的固定资产。

（7）盘盈的固定资产，是指企业在财产清查中发现的实有数大于账面数的那部分固定资产。

此外，固定资产的来源渠道还包括合并形成、政府补助形成、非货币性资产交换形成等渠道。

（五）综合分类

固定资产按照经济用途和使用情况等可以划分为七类：

（1）生产经营用固定资产。

（2）非生产经营用固定资产。

（3）租出固定资产（指在经营租赁方式下出租给外单位使用的固定资产）。

（4）不需用固定资产。

（5）未使用固定资产。

（6）土地（指过去已经估价单独入账的土地。因征地而支付的补偿费，应计入与土地有关的房屋、建筑物的价值内，不单独作为土地价值入账。企业取得的土地使用权，应作为无形资产管理，不作为固定资产管理）。

（7）融资租入固定资产（指企业以融资租赁方式租入的固定资产，在租赁期内，应视同自有固定资产进行管理）。

企业应当根据固定资产的定义，结合本企业的具体情况，制定适合于本企业的固定资产目录和分类方法，作为固定资产管理和价值核算的依据。

三、固定资产的确认条件

一项资产如要作为固定资产加以确认，首先需要符合固定资产的定义，其次还要符合固定资产的确认条件，即：与该固定资产有关的经济利益很可能流入企业，同时，该固定资产的成本能够可靠地计量。

（一）与该固定资产有关的经济利益很可能流入企业

企业在确认固定资产时，需要判断与该项固定资产有关的经济利益是否很可能流入企业。实务中，主要是通过判断与该固定资产所有权相关的风险和报酬是否转移到了企业来确定。

通常情况下，取得固定资产所有权是判断与固定资产所有权有关的风险和报酬是否转移到企业的一个重要标志。凡是所有权已属于企业，无论企业是否收到或拥有该固定资产，均可作为企业的固定资产；反之，如果没有取得所有权，即使存放在企业，也不能作为企业的固定资产。但是所有权是否转移不是判断的唯一标准。在有些情况下，某项固定资产的所有权虽然不属于企业，但是，企业能够控制与该项固定资产有关的经济利益流入企业，在这种情况下，企业应将该固定资产予以确认。例如，融资租赁方式下租入的固定资产，企业（承租人）虽然不拥有该项固定资产的所有权，但企业能够控制与该固定资产有关的经济利益流入企业，与该固定资产所有权相关的风险和报酬实质上已转移到了企业，因此，符合固定资产确认的第一个条件。

企业由于安全或环保的要求购入设备等，虽然不能直接给企业带来经济利益，但有助于企业从其他相关资产的使用获得未来经济利益或者获得更多的未来经济利益，也应确认为固定资产。例如，为净化环境或者满足国家有关排污标准的需要购置的环保设备，这些设备的使用虽然不会为企业带来直接的经济利益，但却有助于企业提高对废水、废气、废渣的处理能力，有利于净化环境，企业为此将减少未来由于污染环境而需支付的环境治理费或者罚款，因此，企业应将这些设备确认为固定资产。

固定资产的各组成部分，如果各自具有不同使用寿命或者以不同方式为企业提供经济利益，从而适用不同折旧率或折旧方法的，表明这些组成部分实际上是以独立的方式为企业提供经济利益，因此，企业应当将各组成部分确认为单项固定资产。例如，飞机的引擎，如果其与飞机机身具有不同的使用寿命，适用不同折旧率和折旧方法，则企业应当将其单独确认为一项固定资产。

（二）该固定资产的成本能够可靠地计量

成本能够可靠地计量是资产确认的一项基本条件。要确认固定资产，企业取得该固定资产所发生的支出必须能够可靠地计量。企业在确定固定资产成本时，有时需要根据所获得的最新资料，对固定资产的成本进行合理的估计。如果企业能够合理地估计出固定资产的成本，则视同固定资产的成本能够可靠地计量。

【课堂测试 7-1】

1. 下列关于固定资产确认条件的表述及应用，说法不正确的是（　　）。

A. 与该固定资产有关的经济利益很可能流入企业

B. 该固定资产的成本能够可靠地计量

C. 企业由于安全或环保的要求购入的设备，虽然不能直接给企业带来未来经济利益，但有助于企业从其他相关资产的使用获得未来经济利益或者将减少企业未来经济利益的流出，也应确认为固定资产

D. 以经营租赁方式租入的固定资产，企业（承租人）虽然不拥有该项固定资产所有权，但因享有使用权，也应将其作为自己的固定资产核算

2. 企业因出售、报废、毁损等原因转入清理的固定资产净值应记入（　　）科目。

A.“营业外支出”　　B.“管理费用”

C.“资本公积”　　D.“固定资产清理”

第二节　固定资产取得的核算

固定资产应当按照成本进行初始计量。固定资产的成本，是指企业购建某项固定资产达到预定可使用状态前所发生的一切合理、必要的支出。企业取得固定资产的方式一般包括外购、自行建造、融资租入、投资者投入、非货币性资产交换、债务重组等。下面介绍不同取得方式下固定资产的账务处理。

一、外购固定资产

企业外购固定资产的成本，包括购买价款、相关税费、使固定资产达到预定可使用状态前所发生的可归属于该项资产的运输费、装卸费、安装费和专业人员服务费等。

企业外购固定资产的核算包括以下几种情况：

（一）企业购入不需要安装固定资产的核算

企业购入不需要安装的固定资产，应按实际支付的买价、进口关税等相关税费，以及为使固定资产达到预定可使用状态前所发生的可直接归属于该资产的其他支出，如运输费、装卸费和专业人员服务费等作为固定资产的入账价值，借记“固定资产”科目，贷记“银行存款”、“应付账款”、“应付票据”等科目。

【例 7-1】滨海公司为增值税一般纳税人，于 2012 年 3 月购入不需要安装的设备一台，价款 50 000 元，增值税额 8 500 元，运杂费 1 500 元（不考虑增值税抵扣），包装费 500 元，款项均以银行存款支付。

滨海公司的账务处理如下：

借：固定资产　52 000

　　应交税费——应交增值税（进项税额）　8 500

　贷：银行存款　60 500

（二）企业购入需要安装固定资产的核算

购入需要安装的固定资产，先记入“在建工程”科目，达到预定可使用状态时再转入“固定资产”科目。具体账务处理如下：

（1）购入时，按实际支付的价款、相关税费、运输费、装卸费等，借记“在建工程”科目，贷记“银行存款”、“应付账款”、“应付票据”等科目。

（2）发生安装调试费用时，借记“在建工程” 科目，贷记“银行存款”、“原材料”、“应付职工薪酬”等科目。

（3）安装完毕达到预定使用状态时，按在建工程的累计成本，借记“固定资产”科目，贷记“在建工程”科目。

“在建工程”核算企业基建、技改等在建工程发生的价值。该账户借方登记投入在建工程的各项支出增加数；贷方登记工程竣工，固定资产交付使用的工程成本数及项目工程物资和退回工程款、退库材料的发生额；借方余额表示尚未竣工的在建工程的实际成本。

【例 7-2】滨海公司为增值税一般纳税人，于 2012 年 3 月购入需要安装的设备一台，价款 50 000 元，增值税额 8 500 元，运杂费 1 500 元（不考虑增值税抵扣），包装费 500 元，款项均以银行存款支付；直接投入安装，安装过程中领用本公司原材料 1 000 元，应支付安装工人工资 1 000 元，用银行存款支付安装费用 3 000 元。

滨海公司的账务处理如下：

（1）购入时：

借：在建工程　　52 000

　　应交税费——应交增值税（进项税额）　　8 500

　贷：银行存款　　60 500

（2）安装时：

借：在建工程　　5 000

　贷：银行存款　　3 000

　　　原材料　　1 000

　　　应付职工薪酬　　1 000

（3）安装完毕交付使用时：

借：固定资产　　57 000

　贷：在建工程　　57 000

【篇中案例】

固定资产计价——附加费

某机器的合同价格为 300 000 元，其安装成本及交通、搬运等费用为 50 000 元。该机器估计使用寿命为 10 年，没有残值。该企业的业主建议将 50 000 元的附加成本计入当期费用，理由如下：

（1）如果该机器出售，这些成本得不到补偿。

（2）将 50 000 元包括在机器的账面值中，与该机器的公平市价可能不符，因供求关系在变化，同时机器的公平市价与运输等费用无关。

（3）将50 000元计入当期费用可获得一定的纳税利益。
要求：试评述该业主的种种理由。

（三）企业同时购入多项没有单独标价固定资产的核算

在实际工作中，企业可能以一笔款项购入多项没有单独标价的固定资产。此时，应当按照各项固定资产的公允价值比例对总成本进行分配，分别确定各项固定资产的成本。如果以一笔款项购入的多项资产中除固定资产之外还包括其他资产，也应按类似的方法予以处理。

【例7-3】2012年9月15日，滨海公司一次购入3套不同型号且具有不同生产能力的设备A、B和C。滨海公司为该批设备共支付价款5 000 000元，增值税进项税额850 000元，保险费17 000元，装卸费3 000元，全部以银行转账支付；假定A、B和C设备分别符合固定资产的定义，并满足固定资产确认条件，公允价值分别为1 560 000元、2 340 000元和1 300 000元。假定不考虑其他相关税费，甲公司的账务处理如下：

（1）确定应计入固定资产成本的金额，包括购买价款、保险费、装卸费等，即：

5 000 000＋17 000＋3 000 ＝5 020 000（元）

（2）确定A、B和C的价值分配比例

A设备的分配比例为：

1 560 000÷（1 560 000＋2 340 000＋1 300 000）×100% = 30%

B设备的分配比例为：

2 340 000÷（1 560 000＋2 340 000＋1 300 000）×100% = 45%

C设备的分配比例为：

1 300 000÷（1 560 000＋2 340 000＋1 300 000）×100% = 25%

（3）确定A、B和C设备各自的成本

A设备的成本 = 5 020 000×30% = 1 506 000（元）

B设备的成本 = 5 020 000×45% = 2 259 000（元）

C设备的成本 = 5 020 000×25% = 1 255 000（元）

（4）编制会计分录

借：固定资产——A　　1 506 000
　　　　　　——B　　2 259 000
　　　　　　——C　　1 255 000
　　应交税费——应交增值税（进项税额）　　850 000

贷：银行存款　　　　　　　　　　　5 870 000

（四）企业延期支付购买固定资产的核算

购买固定资产的价款超过正常信用条件延期支付，实质上具有融资性质的，固定资产的成本以购买价款的现值为基础确定。实际支付的价款与购买价款的现值之间的差额，应当在信用期间内采用实际利率法进行摊销，摊销金额除满足借款费用资本化条件应当计入固定资产成本外，均应当在信用期间内确认为财务费用，计入当期损益。

购入固定资产时，按购买价款的现值，借记“固定资产”或“在建工程”科目；按应支付的金额，贷记“长期应付款”科目；按其差额，借记“未确认融资费用”科目。

【例 7-4】假定滨海公司于 2007 年 1 月 1 日从甲公司购入一台需要安装的大型机械设备。根据合同规定，设备的总价款为 1 000 000 元（假定不考虑增值税），滨海公司将于 2007 至 2011 年每年的 12 月 31 日支付款项 200 000 元。2007 年 1 月 1 日，滨海公司收到设备并投入安装，发生运杂费等相关费用 80 000 元，已用银行存款支付。2007 年 12 月 31 日，设备达到预定可使用状态，共发生安装费用 20 000 元，款项用银行存款支付。假定设备的折现率为 8%，不考虑其他因素，则滨海公司的账务处理如下：

（1）计算设备购买价款的现值

折现率为 8%、期限为 5 年的年金现值系数是 3.992。

设备购买价款的现值＝200 000×3.992＝798 400 (元)

（2）购入时：

借：在建工程　　　　　　798 400

　　未确认融资费用　　　201 600

　贷：长期应付款　　　　　1 000 000

（3）支付运杂费等相关费用时：

借：在建工程　　　　　　80 000

　贷：银行存款　　　　　　80 000

（4）支付安装费时：

借：在建工程　　　　　　20 000

　贷：银行存款　　　　　　20 000

（5）确定信用期间未确认融资费用的分摊额，如表 7-1。

表 7-1 未确认融资费用分摊表

日期	分期付款额	确认的融资费用	应付本金减少额	应付本金余额
	（1）	(2)=期初(4)×8%	(3)=(1)−(2)	期末(4)= 期初(4)－(3)
2007 年 1 月 1 日				798 400
2007 年 12 月 31 日	200 000	63 872	136 128	662 272
2008 年 12 月 31 日	200 000	52 981.76	147 018.24	515 253.76
2009 年 12 月 31 日	200 000	41 220.30	158 779.7	356 474.06
2010 年 12 月 31 日	200 000	28 517.92	171 482.08	184 991.98
2011 年 12 月 31 日	200 000	15 008.02*	184 991.98	0
合计	1 000 000	201 600	798 400	

注：*尾数调整。

（6）2007 年 1 月 1 日至 2007 年 12 月 31 日为设备的安装期间，未确认融资费用的分摊额符合资本化条件，计入固定资产成本。2007 年 12 月 31 日所编制的会计分录为：

借：在建工程 63 872

贷：未确认融资费用 63 872

（7）2007 年 12 月 31 日，支付款项时：

借：长期应付款 200 000

贷：银行存款 200 000

（8）2007 年 12 月 31 日，固定资产达到预定可使用状态时：

借：固定资产 200 000

贷：在建工程 200 000

固定资产的成本=798 400＋80 000＋20 000＋63 872＝962 272（元）

（9）2008 年 12 月 31 日，分摊未确认融资费用时：

借：财务费用 52 981.76

贷：未确认融资费用 52 981.76

（10）2008 年 12 月 31 日，支付款项时：

借：长期应付款 200 000

贷：银行存款 200 000

（11）2009 年 12 月 31 日，分摊未确认融资费用时：

借：财务费用 41 220.30

贷：未确认融资费用 41 220.30

（12）2009 年 12 月 31 日，支付款项时：

借：长期应付款　　200 000

　贷：银行存款　　　200 000

（13）2010 年 12 月 31 日，分摊未确认融资费用时：

借：财务费用　　　　28 517.92

　贷：未确认融资费用　　28 517.92

（14）2010 年 12 月 31 日，支付款项时：

借：长期应付款　　200 000

　贷：银行存款　　　200 000

（15）2011 年 12 月 31 日，分摊未确认融资费用时：

借：财务费用　　　　15 008.02

　贷：未确认融资费用　　15 008.02

（16）2011 年 12 月 31 日，支付款项时：

借：长期应付款　　200 000

　贷：银行存款　　　200 000

（五）考虑弃置费用的固定资产

对于特殊行业的特定固定资产，确定其初始入账成本还应考虑弃置费用。弃置费用通常是指根据国家法律和行政法规、国际公约等规定，企业承担的环境保护和生态恢复等义务所确定的支出，如核电站核设施等的弃置和恢复环境等义务。对于这些特殊行业的特定固定资产，企业应当按照弃置费用的现值计入相关固定资产的成本。石油天然气开采企业应当按照油气资产的弃置费用现值计入相关油气资产的成本。在固定资产或油气资产的使用寿命内，按照预计负债的摊余成本和实际利率计算确定的利息费用，应当在发生时计入财务费用。

一般工商企业的固定资产发生的报废清理费用，不属于弃置费用，应当在发生时作为固定资产处置费用处理。

二、自行建造固定资产

自行建造的固定资产，其成本由建造该项资产达到预定可使用状态前所发生的必要支出构成，包括工程用物资成本、人工成本、交纳的相关税费、应予资本化的借款费用以及应分摊的间接费用等。企业为建造固定资产通过出让方式取得土地使用权而支付的土地出让金不计入在建工程成本，应确认为无形资产（土地使用权）。自行建造的固定资产先通过“在建工程”科目进行核算，待工程达到预定可使用状态时，再从“在建工程”科目转入“固定资产”科目。

企业自行建造固定资产包括自营建造和出包建造两种方式。

（一）自营方式建造固定资产

企业以自营方式建造固定资产，是指企业自行组织工程物资采购、自行组织施工人员施工的建筑工程和安装工程，其成本应当按照实际发生的材料、人工、机械施工费等计量。

购入工程物资时，应当按照实际支付的买价、运输费、保险费等相关税费作为实际成本，借记"工程物资"科目，对于允许抵扣进项税的机械设备等动产，还应借记"应交税费——应交增值税（进项税额）"科目，贷记"银行存款"等科目。

领用工程物资时，借记"在建工程"科目，贷记"工程物资"科目。

领用本企业原材料时，借记"在建工程"科目，贷记"原材料"科目，对于不允许抵扣进项税的建筑物等不动产，还应贷记"应交税费——应交增值税（进项税额转出）"科目。

领用本企业生产的商品时，借记"在建工程"科目，贷记"库存商品"科目，对于不允许抵扣进项税的建筑物等不动产，还应贷记"应交税费——应交增值税（销项税额）"科目。

在建工程应负担的职工薪酬，借记"在建工程"科目，贷记"应付职工薪酬"科目。

辅助生产部门为工程提供的水、电、设备安装、修理、运输等劳务，借记"在建工程"科目，贷记"生产成本——辅助生产成本"等科目。

在建工程发生的管理费、征地费、可行性研究费、临时设施费、公证费、监理费及应负担的税费等，借记"在建工程"科目（待摊支出），贷记"银行存款"等科目。

在建工程发生的借款费用满足借款费用准则资本化条件的，借记"在建工程"科目（待摊支出），贷记"长期借款"、"应付利息"等科目。

由于自然灾害等原因造成的单项工程或单位工程报废或毁损，减去残料价值和过失人或保险公司等赔款后的净损失，借记"在建工程"科目（待摊支出）科目，贷记"在建工程"科目（建筑工程、安装工程等）；在建工程全部报废或毁损的，应按其净损失，借记"营业外支出——非常损失"科目，贷记"在建工程"科目。

建设期间发生的工程物资盘亏、报废及毁损净损失，借记"在建工程"科目（待摊支出），贷记"工程物资"科目；盘盈的工程物资或处置净收益，做相反的会计分录。

在建工程进行负荷联合试车发生的费用，借记“在建工程”科目（待摊支出），贷记“银行存款”、“原材料”等科目；试车形成的产品对外销售或转为库存商品的，借记“银行存款”、“库存商品”等科目，贷记“在建工程”科目（待摊支出）。

上述事项涉及增值税的，应结转相应的增值税额。

在建工程完工已领出的剩余物资应办理退库手续，借记“工程物资”科目，贷记“在建工程”科目。

在建工程达到预定可使用状态时，应计算分配待摊支出，借记“在建工程”科目（××工程），贷记“在建工程”科目（待摊支出）；结转在建工程成本时，借记“固定资产”等科目，贷记“在建工程”科目（××工程）。

【例 7-5】滨海公司自行建造厂房一座，发生的经济业务如下：

（1）购入工程物资 200 000 元，支付的增值税额为 34 000 元，款项已用银行存款支付。会计分录如下：

借：工程物资　　234 000

　贷：银行存款　　234 000

（2）实际领用工程物资（含增值税）210 600 元。会计分录如下：

借：在建工程——厂房　　210 600

　贷：工程物资　　210 600

（3）领用生产用的原材料一批，实际成本为 30 000 元，应转出的增值税为 5 100 元。会计分录如下：

借：在建工程——厂房　　35 100

　贷：原材料　　30 000

　　应交税费——应交增值税（进项税额转出）　　5 100

（4）领用本公司生产的产品一批，实际成本为 35 000 元，税务部门确定的计税价格为 40 000 元，其应负担的增值税额为 6 800 元。会计分录如下：

借：在建工程——厂房　　41 800

　贷：库存商品　　35 000

　　应交税费——应交增值税（销项税额）　　6 800

（5）应付施工人员工资 50 000 元。会计分录如下：

借：在建工程——厂房　　50 000

　贷：应付职工薪酬　　50 000

（6）企业辅助生产车间为工程提供有关劳务支出 10 000 元。会计分录如下：

借：在建工程——厂房　　10 000

贷：生产成本——辅助生产成本　　10 000

（7）工程完工交付使用。会计分录如下：

借：固定资产　　　　　　　347 500

贷：在建工程——厂房　　　347 500

（8）剩余工程物资转作企业存货时。会计分录如下：

借：原材料　　　　　　　　　　　　　　20 000

应交税费——应交增值税（进项税额）　3 400

贷：工程物资　　　　　　　　　　　　　　23 400

（二）出包方式建造固定资产

采用出包方式建造固定资产，企业要与建造承包商签订建造合同。企业的新建、改建、扩建等建设项目，通常均采用出包方式。

企业以出包方式建造固定资产，其成本由建造该项固定资产达到预定可使用状态前所发生的必要支出构成，包括发生的建筑工程支出、安装工程支出，以及需分摊计入的待摊支出。待摊支出是指在建设期间发生的、不能直接计入某项固定资产价值、而应由所建造固定资产共同负担的相关费用，包括为建造工程发生的管理费、可行性研究费、临时设施费、公证费、监理费、应负担的税费、符合资本化条件的借款费用、建设期间发生的工程物资盘亏、报废及毁损净损失，以及负荷联合试车费等。

以出包方式建造固定资产的具体支出，由建造承包商核算，“在建工程”科目实际成为企业与建造承包商的结算科目，企业将与建造承包商结算的工程价款作为工程成本，统一通过“在建工程”科目进行核算。

企业应按合理估计的工程进度和合同规定结算的进度款，借记“在建工程”科目，贷记“银行存款”等科目。工程完成时，按合同规定补付的工程款，借记“在建工程”科目，贷记“银行存款”等科目。

企业采用出包方式建造固定资产发生的、需分摊计入固定资产价值的待摊支出，应按下列公式进行分摊：

待摊支出分摊率＝累计发生的待摊支出÷建筑、安装工程支出×100%

××工程应分摊的待摊支出＝××建筑、安装工程支出×待摊支出分摊率

在建工程达到预定可使用状态时，结转在建工程成本，借记“固定资产”等科目，贷记“在建工程”科目（××工程）。

【例 7-6】甲公司是一家化工企业，2011 年 1 月经批准启动硅酸钠项目建设工程，整个工程包括建造新厂房和冷却循环系统以及安装生产设备等 3 个单项工程。2011 年 2 月 1 日，甲公司与乙公司签订合同，将该项目出包给乙公司承

建。根据双方签订的合同，建造新厂房的价款为 6 000 000 元，建造冷却循环系统的价款为 4 000 000 元，安装生产设备需支付安装费用 500 000 元，建造期间发生的有关经济业务如下：

（1）2011 年 2 月 10 日，甲公司按合同约定向乙公司预付 10%备料款 100 万，其中厂房 600 000 元，冷却循环系统 400 000 元。会计分录如下：

借：预付账款——乙公司　　1 000 000
　贷：银行存款　　1 000 000

（2）2011 年 8 月 2 日，建造厂房和冷却循环系统的工程进度达到 50%，甲公司与乙公司办理工程价款结算 5 000 000 元，其中厂房 3 000 000 元，冷却循环系统 2 000 000 元。甲公司抵扣了预付备料款后，将余款通过银行转账付讫。会计分录如下：

借：在建工程——乙公司——厂房　　3 000 000
　　　　　　　　　　——冷却循环系统　　2 000 000
　贷：银行存款　　4 000 000
　　　预付账款——乙公司　　1 000 000

（3）2011 年 10 月 8 日，甲公司购入需安装的设备，取得的增值税专用发票上注明的价款为 4 500 000 元，增值税税额为 765 000 元，已通过银行转账支付。会计分录如下：

借：工程物资——×× 设备　　4 500 000
　　应交税费——应交增值税（进项税额）　　765 000
　贷：银行存款　　5 265 000

（4）2012 年 3 月 10 日，建筑工程主体已完工，甲公司与乙公司办理工程价款结算 5 000 000 元，其中，厂房 3 000 000 元，冷却循环系统 2 000 000 元，款项已通过银行转账支付。会计分录如下：

借：在建工程——乙公司——厂房　　3 000 000
　　　　　　　　　　——冷却循环系统　　2 000 000
　贷：银行存款　　5 000 000

（5）2012 年 4 月 1 日，甲公司将生产设备运抵现场，交乙公司安装。会计分录如下：

借：在建工程——乙公司——×× 设备　　4 500 000
　贷：工程物资——×× 设备　　4 500 000

（6）2012 年 5 月 10 日，生产设备安装到位，甲公司与乙公司办理设备安装价款结算 500 000 元，款项已通过银行转账支付。会计分录如下：

借：在建工程——乙公司——×× 设备　500 000

　贷：银行存款　500 000

（7）整个工程项目发生管理费用、可行性研究费、监理费共计 300 000 元，已通过银行转账支付。会计分录如下：

借：在建工程——乙公司——待摊支出　300 000

　贷：银行存款　300 000

（8）2012 年 6 月 1 日，完成验收，各项指标达到设计要求。结转固定资产：

①计算待摊支出的分摊：

待摊支出分摊率：300 000/（6 000 000＋4 000 000＋4 500 000＋500 000）×100%＝2%

厂房应分摊的待摊支出：6 000 000×2%＝120 000（元）

冷却循环系统应分摊的待摊支出：4 000 000×2%＝80 000（元）

安装工程应分摊的待摊支出：（4 500 000+500 000）×2%＝100 000（元）

会计分录如下：

借：在建工程——乙公司——厂房　120 000

　　　　　　　　　　——冷却循环系统　80 000

　　　　　　　　　　——×× 设备　100 000

　贷：在建工程——乙公司——待摊支出　300 000

②计算完工固定资产的成本：

厂房的成本：6 000 000＋120 000＝6 120 000（元）

冷却循环系统的成本：4 000 000＋80 000＝4 080 000（元）

生产设备的成本：（4 500 000＋500 000）＋100 000＝5100000（元）

会计分录如下：

借：固定资产——厂房　6 120 000

　　　　　——冷却循环系统　4 080 000

　　　　　——×× 设备　5 100 000

　贷：在建工程——乙公司——厂房　6 120 000

　　　　　　　　　　——冷却循环系统　4 080 000

　　　　　　　　　　——×× 设备　5 100 000

所建造的固定资产已达到预定可使用状态，但尚未办理竣工结算的，应当自达到预定可使用状态之日起，根据工程预算、造价或者工程实际成本等，按暂估价值转入固定资产，并按有关计提固定资产折旧的规定，计提固定资产折旧。待办理竣工结算手续后再调整原来的暂估价值，但不需要调整已计提的折旧额。

三、租入固定资产

租赁有两种形式：一种是经营租赁；另一种是融资租赁。

（一）融资租赁固定资产的核算

融资租赁是指实质上转移与一项资产有关的主要风险和报酬的一种租赁。满足以下一项或数项标准的租赁，应当认定为融资租赁：

（1）在租赁期届满时，租赁资产的所有权转移给承租人。

（2）承租人有购买租赁资产的选择权，所订立的购买价款预计将远低于行使选择权时融资资产的公允价值，因而在租赁开始日就可以合理确定承租人将会行使这种选择权。

（3）即使资产的所有权不转移，但租赁期占租赁资产使用寿命的大部分通常是租赁期大于、等于资产使用年限的75%。

（4）承租人在租赁开始日的最低租赁付款额现值，几乎相当于租赁开始日租赁资产公允价值；出租人在租赁开始日的最低租赁收款额现值，几乎相当于租赁开始日租赁资产公允价值。通常是租赁最低付款额的现值大于、等于资产公允价值的90%。

融资租赁的固定资产尽管从法律上资产的所有权在租赁期内仍然属于出租方，但由于资产租赁期基本上包括了资产的有效使用年限，可以说承租公司获得了该项租赁资产所提供的主要经济利益，同时承担了与该项资产相关的风险。因此，作为承租公司应该将融资租入的固定资产作为一项资产计价入账，同时确认相应的负债，并计提固定资产折旧。

对融资租入固定资产在“固定资产”科目下设置“融资租入固定资产”明细科目进行核算。融资租入固定资产交付使用时，借记“固定资产——融资租入固定资产”科目，贷记“在建工程”、“长期应付款”、“利息支出”等科目。租赁期满，如合同规定将固定资产所有权转移给承租公司，则承租公司应该将该项固定资产从“融资租入固定资产”明细科目转入其他固定资产明细科目。

（二）经营租赁固定资产的核算

经营租赁是指融资租赁以外的另一种租赁。经营租赁的特点是：租赁的目的主要是解决临时的周转需要，并不是长期拥有，故租赁期相对较短；租赁期内资产的所有权仍属出租方，承租方只有该资产的使用权；租赁期满，承租方将资产归还给出租方。因此，作为承租公司对出租人的资产不需要也不应该作为公司的资产计价入账，也不需计提折旧，只作备查记录，另设备查簿进行登记。其会计处理较为简单，企业不需将租赁资产资本化，只需将支付或应付的租金按一定方法计入相关资产成本或当期损益。通常情况下，企业应当将经营租赁的租金在租赁期内各个期间，按照直线法计入相关资产成本或者当期损益。

四、其他方式取得的固定资产

接受固定资产投资的企业，在办理了固定资产移交手续之后，应按投资合同或协议约定的价值加上应支付的相关税费作为固定资产的入账价值，但合同或协议约定价值不公允的除外。

非货币性资产交换、债务重组等方式取得的固定资产的成本，分别参见本书第十一章和第十三章的相关内容。

五、盘盈的固定资产

企业在财产清查中若发现盘盈固定资产，应作为前期会计差错进行更正，通过“以前年度损益调整”科目核算。

【课堂测试 7-2】

1. 某企业自行建造管理用房屋一间，购入所需的各种物资 100 000 元，支付增值税 17 000 元，全部用于建造中。另外还领用本企业生产的产品一批，实际成本 2 000 元，售价 2 500 元，支付工程人员工资 20 000 元，提取工程人员的福利费 2 800 元，支付其他费用 3 755 元。该企业适用的增值税税率为 17%，则该房屋的实际造价为（ ）元。

A. 145 980　　B. 145 895　　C. 145 555　　D. 143 095

2. 采用自营方式建造固定资产的情况下，下列项目中应计入固定资产取得成本的有（ ）。

A. 工程项目尚未达到预定可使用状态前因正常原因造成的单项工程或单位工程报废或毁损的净损失

B. 工程人员的工资

C. 工程领用本企业的商品实际成本

D. 企业行政管理部门为组织和管理生产经营活动而发生的管理费用

E. 工程达到预定可使用状态前因进行试运转所发生的净支出

3. 自营工程领用本企业产品时应作分录为（ ）。

A. 借：在建工程　　B. 借：工程物资

C. 贷：应交税费　　D. 贷：库存商品

4. 甲公司为增值税一般纳税人，适用的增值税税率为 17%，2011 年 1 月购入一台设备，取得的增值税专用发票上标明价款为 10 000 元，增值税税额为 1 700 元。取得运输发票一张，运输费为 1 000 元，运输费可以按 7%抵扣进项税。另发生保险费 1 500 元、装卸费 300 元。款项全部以银行存款支付，则甲公司购入该设备的入账价值为（　　）元。

A. 11 800　　B. 12 800　　C. 12 970　　D. 12 730

第三节　固定资产折旧的核算

一、固定资产折旧的概念

固定资产折旧是指在固定资产的使用寿命内，按照确定的方法对应计折旧额进行系统分摊。应计折旧额是指应当计提折旧的固定资产的原价扣除其预计净残值后的金额。对于已计提减值准备的固定资产，还应当扣除已计提的固定资产减值准备累计金额。

固定资产折旧是固定资产由于磨损和损耗而逐渐转移的价值。这部分转移的价值以折旧费的形式计入相关成本费用、并从企业的营业收入中得到补偿。因此企业应当在固定资产的使用寿命内按照确定的方法对应计折旧额进行系统分摊。

固定资产磨损和损耗包括固定资产的有形损耗和无形损耗。其中有形损耗又分为实物损耗和自然损耗。固定资产的实物损耗是指固定资产在使用过程中其实物形态由于运转磨损等原因发生的损耗，一般是指机器磨损。固定资产本身结构、质量和使用状况以及固定资产的维修情况对固定资产实物磨损程度起决定性的作用。固定资产的自然损耗是指固定资产受自然条件的影响发生的腐蚀性损失。固定资产的无形损耗是指固定资产在使用过程中由于技术进步等非实物磨损、非自然损耗等原因发生的价值损失。

二、影响固定资产折旧的因素

影响折旧的因素主要有以下几个方面：

（一）固定资产原价，即固定资产的成本。

（二）预计净残值，是指假定固定资产预计使用寿命已满并处于使用寿命终了时的预期状态，企业目前从该项资产处置中获得的扣除预计处置费用以后的金额，即固定资产的预计残值收入扣除预计清理费用后的净额。由于在计算折旧时对固定资产的残余价值和清理费用是人为估计的，所以净残值的确定有一定的主观性。

（三）固定资产的使用寿命，是指企业使用固定资产的预计期间或者该固定资产所能生产产品或提供劳务的数量。固定资产使用寿命的长短直接影响各期应计提的折旧额。在确定固定资产使用寿命时主要应当考虑下列因素：

（1）该项资产预计生产能力或实物产量。

（2）该项资产预计的有形损耗，如设备使用中发生磨损、房屋建筑物受到自然侵蚀等。

（3）该项资产预计的无形损耗，如因新技术的出现而使现有的资产技术水平相对陈旧、市场需求变化使产品过时等。

（4）法律或者类似规定对该项资产使用的限制。

为此，企业应当根据固定资产的性质和使用情况，合理确定固定资产的使用寿命和预计净残值，一经确定，不得随意变更。

三、固定资产的折旧范围

（一）折旧的空间范围

除以下情况外，企业应对所有固定资产计提折旧：

（1）已提足折旧仍继续使用的固定资产。

（2）按规定单独估价作为固定资产入账的土地。

注意：

（1）融资租赁方式租入的固定资产和经营租赁方式租出的固定资产，应当计提折旧。

（2）融资租赁方式租出的固定资产和以经营租赁方式租入的固定资产，不提折旧。

（二）折旧的时间范围

企业在具体计提折旧时，一般应按月提取折旧，当月增加的固定资产，当月不提折旧，从下月起计提折旧；当月减少的固定资产，当月照提折旧，从下月起不提折旧。固定资产提足折旧后，不论能否继续使用，均不再提取折旧；提前报废的固定资产，也不再补提折旧。

（三）确定折旧范围时应注意的几点问题

（1）已达到预定可使用状态尚未办理竣工决算的固定资产，应当按照估计价值确定其成本，并计提折旧；待办理竣工决算后，再按实际成本调整原来的暂估价值，但不需要调整原已计提的折旧额。

（2）处于更新改造过程停止使用的固定资产，应将其账面价值转入在建工程，不再计提折旧。更新改造项目达到预定可使用状态转为固定资产后，再按照重新确定的折旧方法和该项固定资产尚可使用寿命计提折旧。

（3）因进行大修理而停用的固定资产，应当照提折旧，计提的折旧额应计入相关资产成本或当期损益。

四、固定资产的折旧方法

企业应当根据与固定资产有关的经济利益的预期实现方式合理选择折旧方法。可选用的折旧方法包括年限平均法、工作量法、双倍余额递减法和年数总和法。企业选用不同的固定资产折旧方法，将影响固定资产使用寿命期间内不同时期的折旧费用，因此，固定资产的折旧方法一经确定，不得随意变更，确需变更，应视为会计政策变更。企业为某一固定资产选择的折旧方法如与税法所许可的折旧方法不一致，在申报企业所得税时应进行纳税调整。

（一）年限平均法

年限平均法又称直线法，是指将固定资产的应计折旧额均衡地分摊到固定资产预定使用寿命内的一种方法。采用这种方法计算的每期折旧额相等。计算公式如下：

年折旧率＝（1－预计净残值率）/预计使用寿命（年）×100%

月折旧率＝年折旧率/12

月折旧额＝固定资产原价×月折旧率

【例 7-7】滨海公司一台机器设备原价为 200 000 元，预计净残值率为 4%，预计使用年限为 10 年，采用年限平均法计提折旧。

年折旧率＝（1－4%）/10×100%＝9.6%

月折旧率＝9.6%/12＝0.8%

月折旧额＝200 000×0.8%＝1 600（元）

年限平均法最大的优点是简单明了，易于掌握，简化了会计核算。因此在实际工作中得到了广泛的应用。但也存在明显的不足：首先，固定资产在使用前期操作效能高，使用资产所获得收入比较高，根据收入与费用配比的原则，前期应提的折旧额应该相应的比较多；其次，固定资产使用的总费用包括折旧费和修理费两部分，通常在固定资产使用后期的修理费会逐渐增加，而平均年限法的折旧费用在各期是不变的，这造成了总费用逐渐增加，不符合配比的原则；再次，平均年限法未考虑固定资产的利用程度和强度，忽视了固定资产使用磨损程度的差异及工作效能的差异；最后，平均年限法没有考虑到无形损耗对固定资产的影响。

当一项固定资产在各期使用情况大致相同，其负荷程度也相同；修理和维护费用在资产的使用期内没有显著的变化；资产的收入在整个年限内差不多时，满足或部分满足这些条件时，选择平均年限法比较合理。在实际工作中，平均年限法适用于房屋、建筑物等固定资产折旧的计算。

（二）工作量法

工作量法是根据实际完成工作量计提每期应提折旧额的一种方法。它的理论依据在于资产价值的降低是资产使用状况的函数，根据企业的经营活动情况或设备的使用状况来计提折旧。假定固定资产成本代表了购买一定数量的服务单位（可以是行驶里程数、工作小时数或产量数），然后按服务单位分配成本。计算公式如下：

单位工作量折旧额＝固定资产原价×（1－预计净残值率）/ 预计总工作量

某项固定资产月折旧额＝该项固定资产当月工作量×单位工作量折旧额

【例 7-8】滨海公司有货运卡车一辆，原价为 150 000 元，预计净残值率为 5%，预计总行驶里程为 300 000 公里，本月行驶里程为 5 000 公里。则该项固定资产的本月折旧额计算如下：

单位行驶里程折旧额＝150 000×（1－5%）/ 300 000＝0.475（元）

本月折旧额＝5 000×0.475＝2 375（元）

工作量法弥补了年限平均法只重使用时间，不考虑使用强度的特点。假定资产价值的降低不是由于时间的推移，而是由于使用的缘故。对于许多种资产来讲，工作量法这一假定是合理的，特别是在有形磨损比经济折旧更为重要的情况下。但也存在明显的不足：首先，同年限平均法一样，未能考虑到修理费用递增以及操作效能或收入递减等因素；其次，资产所能提供的服务数量也难于准确的估计；最后，工作量法忽视了无形损耗对资产的影响。

实际工作中，在运输企业和其他的专业车队和客货汽车中使用工作量法计提折旧。某些价值大而又不经常使用或季节性使用的大型机器设备中，可以用工作量法来计提折旧。

（三）双倍余额递减法

双倍余额递减法，是指在不考虑固定资产预计净残值的情况下，根据每期期初固定资产原价减去累计折旧后的金额（即固定资产净值）和双倍的直线法折旧率计算固定资产折旧的一种方法。双倍余额递减法是加速折旧法的一种，是假设固定资产的服务潜力在前期消耗较大，在后期消耗较少，为此，在使用前期多提折旧，后期少提折旧，从而相对加速折旧。计算公式如下：

年折旧率＝2/预计的折旧年限×100％

年折旧额＝固定资产期初账面净值×年折旧率

月折旧率＝年折旧率/12

月折旧额＝固定资产期初账面净值×月折旧率

固定资产期初账面净值＝固定资产原值－累计折旧－固定资产减值准备

由于每年年初固定资产账面净值没有扣除预计净残值，因此，在双倍余额递减法下，必须注意不能使固定资产的净值低于其预计净残值以下。当某个年度按双倍余额递减法计算的年折旧额小于使用年限平均法计算的折旧额时，应改用年限平均法计提折旧。在实务工作中，通常在其折旧年限到期前两年内，将固定资产净值扣除预计净残值后的余额平均摊销。

【例 7-9】滨海公司某项固定资产原价为 80 000 元，预计净残值为 5 000 元，预计使用年限为 5 年。

滨海公司按双倍余额递减法计算折旧，每年折旧额计算如下：

年折旧率＝2/5×100％＝40%

第 1 年应计折旧额＝80 000×40%＝32 000（元）

第 2 年应计折旧额＝（80 000－32 000）×40%＝19 200（元）

第 3 年应计折旧额＝（80 000－32 000－19 200）×40%＝11 520（元）

从第 4 年改为年限平均法计提折旧：

第 4 年应计折旧额＝（80 000－32 000－19 200－11 520－5 000）/2＝6 140（元）

第 5 年折旧同第 4 年。

采用双倍余额递减法计算的各年折旧额见表 7-2。

表 7–2　双倍余额递减法各年折旧额计算表　　金额单位：元

使用年次	折旧率（%）	年折旧额	累计折旧额	账面净值
0				80 000
1	40	32 000	32 000	48 000
2	40	19 200	51 200	28 800
3	40	11 520	62 720	17 280
4	——	6 140	68 860	11 140
5	——	6 140	75 000	5 000
合计		75 000		

（四）年数总和法

年数总和法也称为合计年限法，是将固定资产的原值减去净残值后的净额和以一个逐年递减的分数计算每年的折旧额，这个分数的分子代表固定资产尚可使用的年数，分母代表使用年数的逐年数字总和。计算公式如下：

年折旧率＝尚可使用年限/预计使用年限折数总和

或：年折旧率＝（预计使用年限－已使用年限）/［预计使用年限×（预计使用年限＋1）/2］×100%

月折旧率＝年折旧率/12

月折旧额＝（固定资产原值－预计净残值）×月折旧率

【例 7-10】承【例 7-9】，采用年数总和法计算各年折旧额，见表 7-3。

表 7–3 年数总和法各年折旧额计算表 金额单位：元

年份	尚可使用年限	原值-预计净残值	年折旧率	年折旧额	累计折旧额
1	5	75 000	5/15	25 000	25 000
2	4	75 000	4/15	20 000	45 000
3	3	75 000	3/15	15 000	60 000
4	2	75 000	2/15	10 000	70 000
5	1	75 000	1/15	5 000	75 000
合计				75 000	

五、固定资产折旧的账务处理

固定资产折旧通过“累计折旧”科目核算，并根据用途计入相关资产的成本或者当期损益。生产车间使用的固定资产，其计提的折旧应计入“制造费用”；管理部门所使用的固定资产，其计提的折旧应计入“管理费用”；销售部门所使用的固定资产，其计提的折旧应计入“销售费用”；企业自行建造固定资产过程中使用的固定资产，其计提的折旧应计入“在建工程”；经营租出的固定资产，其计提的折旧额应计入“其他业务成本”。企业每月计提折旧时：

本月应提折旧额＝上月应提折旧额＋上月增加的固定资产应提折旧额－上月减少的固定资产应提折旧额

【例 7-11】滨海公司于 2012 年 10 月计提固定资产折旧 11 430 000 元。其中，企业生产车间厂房计提折旧 2 000 000 元，机器设备计提折旧 1 300 000 元；管理部门使用的固定资产计提折旧 2 900 000 元；销售部门使用的固定资产计提折旧 5 230 000 元。当月新购置机器设备一台，入账价值为 5 000 000 元，预计使用寿命为 10 年，该企业同类设备计提折旧采用年限平均法。月末滨海公司的账务处理如下：

借：制造费用 3 300 000
　　管理费用 2 900 000
　　销售费用 5 230 000
　贷：累计折旧 11 430 00

需要注意的是，加速折旧法计提的折旧额是以年为时间单位计提折旧的，而且每年计提的固定资产折旧额是不同的，需要根据每年计算的应计提折旧额按 12 个月平均分摊。例如，增加的固定资产是在上年 12 月份，当年将计算的应计提的年折旧额按 12 个月平均分摊，从而计算出应计提的月折旧额。如果增加的固定资产不是在上年 12 月份，而是在当年的某个月份，应先计算应计提的年折旧额，然后再在跨年度的 12 个月平均分摊。假设 2010 年 9 月增加某生产设备一台，计算第 1 年应计提的年折旧额应在 2010 年 10 月至 2011 年 9 月之间的 12 个月平均分摊；第 2 年应计提的年折旧额应在 2011 年 10 月至 2012 年 9 月之间的 12 个月平均分摊；其他各年的加速折旧额的分配依次类推。

企业一般通过编制"固定资产折旧计算表"进行折旧的计算和分配。

【例 7-12】2012 年 8 月 31 日，滨海公司编制的固定资产折旧计算见表 7-4。

表 7–4 固定资产折旧计算表

2012 年 8 月 31 日　　单位：元

使用部门	固定资产项目	上月折旧额	上月增加固定资产应提月折旧额	上月减少固定资产应提月折旧额	本月折旧额
生产车间	厂房	50 000			50 000
	设备	150 000	18 400	1 200	167 200
	小计	200 000	18 400	1 200	217 200
厂部	办公楼	30 000			30 000
	办公设备	18 000		900	17 100
	小计	48 000		900	47 100
销售部门	设备	9 000			9 000
合计		257 000	18 400	2 100	273 300

根据上述固定资产折旧计算表进行的账务处理如下：

借：制造费用 217 200
　　管理费用 47 100
　　销售费用 9 000
　贷：累计折旧 273 300

【篇中案例】

加计扣除：一个案例的分析

近日，河南省南阳市国税局税务人员在对某仪表生产企业进行纳税评估时发现，企业在2008年购进了15台价值不菲的精密仪表，单台价值在10万元左右，企业记入了固定资产明细账，并计提了折旧。税务人员对仪表实物进行盘查后发现，实际库存比账上少了5台。财务人员解释说，该企业也是仪表生产企业，购进的这些仪表其实是国外或其他国内企业生产的仪表，购入目的是为了进行拆解研究，了解这些仪表的工艺后，再改进本企业的产品。这5台仪表已在2008年研究开发时进行拆解，没有了使用价值，拆解研究后大部分零件已作为废品处理了。财务人员领税务人员到研发车间查看了拆解后剩下的部分零配件，核查结果证实了财务人员的解释。

财务人员认为这些仪表价值较大，应该属于固定资产，就按照电子设备分类记入了固定资产明细账，按3年计提折旧。同时，企业从事的研发活动属于国家发展和改革委员会等部门公布的《当前优先发展的高技术产业化重点领域指南（2007年度）》规定项目的研究开发活动，就按要求在2008年企业所得税年度申报时对当年计提的折旧进行了加计扣除，并向税务机关备了案。

税务人员经过分析后认为，这些仪表虽然价值较高，但不属于固定资产，应该属于研发材料，按照存货进行核算。《企业所得税法实施条例》第五十七条规定，《企业所得税法》第十一条所称固定资产，是指企业为生产产品、提供劳务、出租或者经营管理而持有的、使用时间超过12个月的非货币性资产，包括房屋、建筑物、机器、机械、运输工具以及其他与生产经营活动有关的设备、器具、工具等。对于固定资产的判定，不能仅仅依据价格的高低，而应当根据税法的规定综合考虑，这些购进的仪表虽然单位价值在10万元左右，但是使用时间没有超过12个月，在当期拆解研究之后就不再有使用价值，所以不能视为固定资产，而应被视作存货管理。

《企业所得税法实施条例》第七十二条规定存货是指企业持有以备出售的产品或者商品、处在生产过程中的在产品、在生产或者提供劳务过程中耗用的材料和物料等。研究开发是生产的重要环节，仪表虽然价值较高，但也属于研发过程中耗用的材料，应按存货进行核算。

《企业研究开发费用税前扣除管理办法（试行）》（国税发〔2008〕116

号）第四条规定，企业从事《国家重点支持的高新技术领域》和国家发展改革委员会等部门公布的《当前优先发展的高技术产业化重点领域指南（2007年度）》规定项目的研究开发活动，其在一个纳税年度中实际发生的下列费用支出，允许在计算应纳税所得额时按照规定实行加计扣除。（一）新产品设计费、新工艺规程制定费以及与研发活动直接相关的技术图书资料费、资料翻译费。（二）从事研发活动直接消耗的材料、燃料和动力费用。（三）在职直接从事研发活动人员的工资、薪金、奖金、津贴、补贴。（四）专门用于研发活动的仪器、设备的折旧费或租赁费。（五）专门用于研发活动的软件、专利权、非专利技术等无形资产的摊销费用。（六）专门用于中间试验和产品试制的模具、工艺装备开发及制造费。（七）勘探开发技术的现场试验费。（八）研发成果的论证、评审、验收费用。企业购入的精密仪表虽然价值较高，但也只是从事研发活动直接消耗的材料，可以按仪表价值全额为依据享受加计扣除，而不是计提的折旧额。

该企业2008年先把精密仪表计入固定资产，又按固定资产计提了折旧，然后以折旧为依据进行了加计扣除，对比存货应当在耗用当期扣除的规定，这样的做法实质上是放弃了部分应该享受的加计扣除优惠，因为加计扣除不能在以后年度补充加计扣除。《关于企业所得税税收优惠管理问题的补充通知》（国税函〔2009〕255号）规定，列入企业所得税优惠管理的各类企业所得税优惠包括免税收入、定期减免税、优惠税率、加计扣除、抵扣应纳税所得额、加速折旧、减计收入、税额抵免和其他专项优惠政策。除国务院明确的企业所得税过渡类优惠政策、执行新税法后继续保留执行的原企业所得税优惠政策、《企业所得税法》第二十九条规定的民族自治地方企业减免税优惠政策，以及国务院另行规定实行审批管理的企业所得税优惠政策外，其他各类企业所得税优惠政策，均实行备案管理。按照此项规定，加计扣除就属于列入企业所得税优惠管理的项目，应实行备案管理。备案管理的具体方式分为事先备案和事后报送相关资料两种。列入事先备案的税收优惠，纳税人应向税务机关报送相关资料，提请备案，经税务机关登记备案后执行。对需要事先向税务机关备案而未按规定备案的，纳税人不得享受税收优惠；经税务机关审核不符合税收优惠条件的，税务机关应书面通知纳税人不得享受税收优惠。所以，研发费用加计扣除作为税收优惠，只能在当年年度申报时备案享受，年度汇算清缴期过后则不能再做加计扣除。企业在当年只按折旧进行了加计扣除，没有按仪表价值全额加计扣除，就相当于放弃了部分加计扣除的优惠。

税务人员提醒企业财务人员，应当及时进行账务调整，把库存未用的精密仪表由固定资产账调到存货账，未耗用的 10 台仪表不能再计提折旧，这 10 台仪表 2008 年已经计提并加计扣除的折旧要及时转回调减补税，在 2009 年度耗用的仪表可以作为研发材料备案后在 2009 年企业所得税年度申报时一次性加计扣除。

资料来源：http://www.iaudit.cn/accountant/ShowArticle.asp?ArticleID=77203

【课堂测试 7-3】

1. 下列应计提折旧的固定资产是（ ）。

A. 经营租入的固定资产

B. 经营租出的固定资产

C. 已提足折旧继续使用的固定资产

D. 未提足折旧提前报废的固定资产

2. 能使企业在较短时间内收回大部分固定资产投资的折旧方法是（ ）。

A. 年限平均法　　B. 双倍余额递减法

C. 工作量法　　D. 年数总和法

3. 1 月末企业固定资产账面原值为 900 000 元，2 月份报废设备 220 000 元，一条新建的生产线投入使用，入账原值为 350 000 元，企业采用年限平均法计提折旧，2 月末计算应提折旧的固定资产原值是（ ）。

A. 900 000 元　B. 680 000 元　C. 1250 000 元　D. 1030 000 元

4. 2012 年 12 月 29 日甲企业一栋办公楼达到了预定可使用状态，但尚未办理竣工决算手续。已经记入“在建工程”科目的金额是 1 000 万元，预计办理竣工决算手续还将发生的费用为 10 万元，所以甲企业按照 1 010 万元的暂估价计入“固定资产”科目。甲企业采用年数总和法对其计提折旧，预计使用年限为 5 年，预计净残值为 6 万元。2013 年 3 月 28 日竣工决算手续办理完毕，实际发生的费用是 12 万元，则该企业应该调整的固定资产累计折旧的金额为（ ）万元。

A. 2　B. 0　C. 0.67　D. 0.13

第四节 固定资产后续支出的核算

固定资产的后续支出属于固定资产后续计量的范畴，是指企业为了维护或提高固定资产的使用效能，而对资产进行维护、改建、扩建或者改良所发生的开支，如生产设备的日常维修、定期大修，房屋进行装修等。

一、固定资产后续支出的处理原则

固定资产后续支出的处理原则是：后续支出满足固定资产确认条件的，按资本化的后续支出处理；后续支出不能满足固定资产确认条件的，按费用化的后续支出处理。在具体实务中，对于各项后续支出，通常的处理方法是：

（1）固定资产修理。经常性的维修，通常不满足固定资产的确认条件，按费用化的后续支出处理，应在发生时直接计入当期费用。不得采用预提或待摊方式处理。

（2）固定资产改良。改良固定资产通常能满足固定资产的确认条件，按资本化的后续支出处理，应在发生时计入固定资产的账面价值。

（3）混合型修改。如果后续支出不能区分是固定资产修理还是固定资产改良，或固定资产修理和固定资产改良结合在一起，则企业应当判断该后续支出是否满足固定资产的确认条件。如果满足了固定资产的确认条件，后续支出应当计入固定资产账面价值：否则，后续支出应当确认为当期费用。

（4）固定资产装修。如果满足固定资产的确认条件，装修费用应当计入固定资产账面价值，并在“固定资产”科目下单设“固定资产装修”明细科目进行核算，在两次装修间隔期间与固定资产尚可使用年限两者中较短的期间内，采用合理的方法单独计提折旧。如果在下次装修时，与该项固定资产相关的“固定资产装修”明细科目仍有账面价值，应将该账面价值一次全部计入当期营业外支出。

（5）融资租入固定资产的装修。融资租入固定资产发生的装修费用等，满足固定资产确认条件的，按资本化的后续支出处理，计入固定资产账面价值；不能满足固定资产确认条件的，按费用化的后续支出处理，计入当期损益。满足固定资产确认条件的装修费用等，应在两次装修间隔期间、剩余租赁期和固定资产尚可使用年限三者中较短的期间内，采用合理的方法单独计提折旧。

（6）经营租入固定资产的装修。经营租入固定资产发生的装修费用等，不论是否满足固定资产确认条件，均按费用化的后续支出处理。费用较少的维护或装修等费用应当在发生时计入当期损益；费用较多的装修或改良等支出，在停工装修或改良过程中先通过“在建工程”科目核算，装修或改良工程达到预定可使用状态交付使用时，再转入“长期待摊费用”科目核算，并在剩余租赁期与租赁资产尚可使用年限两者中较短的期间内，摊销计入每期损益。

二、资本化的后续支出

资本化的后续支出是指“与固定资产的更新改造等有关、符合固定资产确认条件的，应当计入固定资产成本，同时将被替换部分的账面价值扣除”，以避免将替换部分的成本和被替换部分的账面价值同时计入固定资产成本。如果企业不能确定被替换部分的账面价值，可将替换部分的成本视为被替换部分的账面价值。

企业固定资产发生资本化的后续支出时，首先应将相关固定资产的原价、已计提的累计折旧和减值准备转销，将固定资产的账面价值转入在建工程，并停止计提折旧，发生的支出通过“在建工程”科目核算，待工程完工并达到预定可使用状态时，再从在建工程转为固定资产，并按重新确定的使用寿命、预计净残值和折旧方法计提折旧。

【例 7-13】滨海公司为一般纳税企业，增值税率为 17%。2011 年 12 月该企业对一项生产设备的某一主要部件进行更换，该设备原价为 6 000 000 元，采用年限平均法计提折旧，使用寿命为 10 年，预计净残值为零，已使用 2 年，已提折旧 1 200 000 元，未计提固定资产减值准备。2012 年 1 月购买工程物资，用银行存款支付价款 4 000 000 元、增值税 680 000 元，符合固定资产确认条件，被更换的部件的原价为 3 000 000 元，不考虑残值。该设备更换部件达到预定可使用状态后生产能力提高，预计延长设备使用寿命 2 年，即为 10 年。假定更换部件后，设备预计净残值率为 0, 折旧方法仍采用年限平均法计提折旧。滨海公司的账务处理如下：

对该项固定资产进行更换前的账面价值＝600－120＝480（万元）

减去被更换部件的账面价值：300－300/10×2＝240（万元）

加上发生的后续支出：400 万元

对该项固定资产进行更换后的原价＝480－240＋400＝640（万元）

借：在建工程　　　　4 800 000

　　累计折旧　　　　1 200 000

　贷：固定资产　　　　　　6 000 000

借：营业外支出　　　　2 400 000

　贷：在建工程　　　　　2 400 000

借：在建工程　　　　　　　　　　　4 000 000

　应交税费——应交增值税（进项税额）680 000

　贷：银行存款　　　　　　　　　　　4 680 000

借：固定资产　　　　6 400 000

　贷：在建工程　　　　　6 400 000

转为固定资产后，按重新确定的固定资产原价、使用寿命、预计净残值和折旧方法计提折旧。

三、费用化的后续支出

费用化的后续支出是指与固定资产有关的修理费用等后续支出，不符合固定资产确认条件的，应当根据不同情况分别在发生时计入当期管理费用或销售费用等。

固定资产修理是指固定资产投入使用之后，由于固定资产磨损、各组成部分耐用程度不同，可能导致固定资产的局部损坏，为了维护固定资产的正常运转和使用，充分发挥其使用效能，企业将对固定资产进行必要的维护和修理。固定资产的日常修理、大修理等只是确保固定资产的正常工作状况，这类维修一般范围较小、间隔时间较短，一次修理费用较少，不能改变固定资产的性能，不能增加固定资产的未来经济利益，不符合固定资产的确认条件，在发生时应直接计入当期损益。

企业生产车间（部门）和行政管理部门等发生的固定资产修理费用等后续支出，借记“管理费用”科目，贷记“银行存款”等科目；企业发生的与专设销售机构相关的固定资产修理费用等后续支出，借记“销售费用”科目，贷记“银行存款”等科目。

【例 7-14】滨海公司 2012 年 6 月 1 日，某生产车间对现有的一台机器设备进行日常修理，修理过程中领用原材料一批，成本 20 000 元，应支付的维修人员工资为 3 000 元。该机器设备属于日常维护性修理，发生的后续支出不符合固定资产的确认条件，因此，在其发生时计入当期损益。滨海公司的账务处理如下：

借：管理费用　　　　23 000

　贷：原材料　　　　　　20 000

　　　应付职工薪酬　　　3 000

【课堂测试 7-4】

1. 2007 年 1 月 1 日，AS 公司决定对现有生产线进行改扩建，以提高其生产力能力。原值 2 400 万元，已计提折旧 750 万元。经过五个月的改扩建，完成了对这条生产线的改扩建工程，共发生支出 1 200 万元，符合固定资产确认条件。被更换的部件的原价为 200 万元，被更换的部件的折旧为 50 万元。则对该项生产线进行更换后的原价为（　　）万元。

A．3 450　　B．2 700　　C．3 600　　D．3 000

2. 企业生产车间使用的固定资产发生的下列支出中，直接计入当期损益的是（　　）。

A．购入时发生的安装费用　　B．发生的装修费用

C．购入时发生的运杂费　　D．发生的修理费

3. 甲公司因新产品生产需要，2009 年 10 月份对一生产设备进行改良，12 月底改良完成，改良时发生相关支出共计 32 万元，估计能使设备延长使用寿命 3 年。根据 2009 年 10 月末的账面记录，该设备的原账面原价为 200 万元，已计提折旧 80 万元，已计提减值准备 30 万元。被替换部分的账面原值为 50 万元，则该公司 2009 年 12 月份改良后固定资产价值为（　　）万元。

A. 182　　B. 92　　C. 127　　D. 99.5

第五节　固定资产减值的核算

固定资产减值是指资产可收回金额低于其账面价值。固定资产可回收金额，是根据资产的公允价值减去处置费用后的净额，与资产预计未来现金流量的现值，两者之间较高者确定。资产可回收金额低于其账面价值的差额为资产减值损失，记入当期损益，资产减值损失一经确认，在以后会计期间不得转回。

一、固定资产减值的迹象判断

（一）资产如果当期大幅度下跌，其跌幅明显高于因时间的推移或者正常使用而预计的下跌；

（二）企业经营所处的经济、技术或者法律等环境以及资产所处的市场在当期或者在近期发生重大变化，从而对企业产生不利影响；

（三）市场利率或者其他市场投资报酬率在当期已经提高，从而影响企业计算资产未来现金流量现值的折现率，导致资产可回收金额大幅度降低；

（四）有证据表明资产已经陈旧或者其实体已经损坏；

（五）资产已经或者被闲置、终止使用或者计划提前处置；

（六）企业内部报告的证据表明资产的经济绩效已经低于预期，如资产所创造的净现金流量或者营业利润（或者亏损）远远低于（或者高于）预计金额；

（七）其他表明资产可能已经发生减值的迹象。

二、固定资产可收回金额的计量

根据资产减值准则的要求，企业存在减值迹象的，应当进行减值测试，估计可收回金额，并将可收回金额与账面价值进行比较，以确定资产减值是否存在。

可收回金额实际上反映了企业在处置资产和继续使用资产两者之间作出的决策。在资产减值存在时，企业要么将资产变卖，要么继续使用该资产。如果处置资产给企业带来的利益较高，企业就会处置该资产；如果继续使用该资产所带来的利益较高，企业就会继续使用该资产。处置该资产给企业带来的利益为公允价值减去处置费用后的净额，而继续使用该资产给企业带来的利益是资产预计未来现金流量的现值两者之间较高者为资产的可回收金额。

例如：2009 年末，某企业对一辆汽车进行检查时发现该汽车可能因市场环境变化发生减值，汽车的公允价值为 100 000 元，处置费 10 000 元，尚可使用三年，预计其未来两年内每年末产生的现金流量分别为 48 000 元、40 000 元，第三年产生的现金流量以及使用寿命结束时处置形成的现金流量合计为 45 000 元，折现率为 10%。则可回收金额计算如下：

汽车的公允价值减去处置费用后的净额＝100 000－10 000＝90 000（元）

汽车预计未来现金流量现值＝48 000×0.909 1＋40 000×0.826 5＋45 000×0.751 3＝43 636.8＋33 060＋33 808.5=110 505.3（元）

根据孰高原则，汽车的可回收金额为 110 505.3 元。

三、固定资产减值准备的核算

固定资产在资产负债表日存在可能发生减值的迹象时，其可收回金额低于账面价值的，企业应当将该固定资产的账面价值减记至可收回金额，减记的金额确认为减值损失，计入当期损益，同时计提相应的资产减值准备，借记“资产减值损失——计提的固定资产减值损失”科目，贷记“固定资产减值准备”科目。固定资产减值损失一经确认，在以后会计期间不得转回。

【例 7-15】2011 年 12 月 31 日，滨海公司的某生产线存在可能发生减值的迹象。经计算，该机器的可收回金额合计为1 230 000元。生产线原值为2 800 000元，按10年计提折旧，已计提折旧5年，净残值为0，按照直线法计提折旧。以前年度未对该生产线计提过减值准备。滨海公司的账务处理如下：

计算固定资产账面价值＝280－280/10×5=140（万元）

计算固定资产减值准备＝140－123＝17（万元）

借：资产减值损失——计提的固定资产减值损失　170 000

　贷：固定资产减值准备　170 000

【课堂测试7-5】

资产减值损失的计算：

A公司某类设备原值1 000万元，已提折旧150万元，已提减值准备50万元，2005年12月31日，A公司该类设备明显存在减值迹象，减值测试表明，如果该公司出售设备，买方愿意以560万元的销售净价收购；如果继续使用，尚可使用5年，未来四年现金流量净值及第五年使用和期满处置现金流量净值分别为200万元、150万元、125万元、100万元、95万元，采用折现率5%。请计算A公司的固定资产减值损失。

第六节　固定资产处置的核算

固定资产处置，是指固定资产在使用过程中由于各种原因而需退出生产经营过程所作的处理活动，包括固定资产的出售、转让、报废和毁损、对外投资、非货币性资产交换、债务重组等。

一、固定资产处置会计处理步骤

企业因出售、转让、报废和毁损、对外投资、非货币性资产交换、债务重组等处置固定资产，其会计处理一般经过以下几个步骤：

（一）固定资产转入清理。固定资产转入清理时，按固定资产账面价值，借记“固定资产清理”科目，按已计提的累计折旧，借记“累计折旧”科目，按已计提的减值准备，借记“固定资产减值准备”科目，按固定资产账面原价，贷记“固定资产”科目。

（二）发生的清理费用。固定资产清理过程中发生的有关费用以及应支付的相关税费，借记“固定资产清理”科目，贷记“银行存款”、“应交税费”等科目。

（三）出售收入和残料等的处理。企业收回出售固定资产的价款、残料价值和变价收入等，应冲减清理支出。按实际收到的出售价款以及残料变价收入等，借记“银行存款”、“原材料”等科目，贷记“固定资产清理”科目。如涉及增值税，应贷记“应交税费——应交增值税（销项税额）”科目。

（四）赔偿的处理。企业计算或收到的应由保险公司或过失人赔偿的损失，应冲减清理支出，借记“其他应收款”、“银行存款”等科目，贷记“固定资产清理”科目。

（五）清理净损益的处理。固定资产清理完成后的净损失，属于生产经营期间正常的处理损失，借记“营业外支出——处置非流动资产损失”科目，贷记“固定资产清理”科目；属于生产经营期间由于自然灾害等非正常原因造成的，借记“营业外支出——非常损失”科目，贷记“固定资产清理”科目。固定资产清理完成后的净收益，借记“固定资产清理”科目，贷记“营业外收入”科目。

“固定资产清理”科目核算企业因出售、报废、毁损、对外投资、非货币性资产交换、债务重组等原因转入清理的固定资产价值及其在清理过程中所发生的清理费用和清理收入的情况。该科目借方登记转入清理的固定资产净值、清理过程中发生的清理费用以及应交的税费，贷方登记清理固定资产的变价收入、保险公司或过失人的赔偿款等。该科目应按被清理的固定资产设置明细账，进行明细核算。

二、固定资产出售、报废、毁损的核算

【例 7-16】滨海公司出售办公楼 1 栋，其原价为 8 000 000 元，已提折旧 3 800 000 元，实际出售价格为 4 800 000 元，已通过银行收回价款。出售时，发生清理费用 100 000 元，已用银行存款支付。应纳营业税税率为 5%，并经银行结算交纳了相关税费。假定该资产未计提减值准备。滨海公司的账务处理如下：

（1）将出售办公楼转入清理

借：固定资产清理　　4 200 000

　　累计折旧　　3 800 000

　贷：固定资产　　8 000 000

（2）收回出售价款

借：银行存款　　4 800 000

　贷：固定资产清理　　4 800 000

（3）支付清理费用

借：固定资产清理　　100 000

　贷：银行存款　　100 000

（4）计算并交纳应交营业税

500 000×5%=25 000（元）

借：固定资产清理　　25 000

　贷：应交税费——应交营业税　　25 000

借：应交税费——应交营业税　　25 000

　贷：银行存款　　25 000

（5）结转出售固定资产净收益

借：固定资产清理　　475 000

　贷：营业外收入——处置固定资产净收益　　475 000

【例 7-17】滨海公司有旧厂房一幢，原值 500 000 元，已提折旧 485 000 元，因使用期满经批准报废。在清理过程中，以银行存款支付清理费用 15 000 元，拆除的残料变卖收入 20 000 元，已存入银行。滨海公司的账务处理如下：

（1）固定资产转入清理

借：固定资产清理　　15 000

　　累计折旧　　485 000

　贷：固定资产　　500 000

（2）支付清理费用

借：固定资产清理　　15 000

　贷：银行存款　　15 000

（3）收到残料变价收入

借：银行存款　　20 000

　贷：固定资产清理　　20 000

（4）结转固定资产清理净损益

借：营业外支出——处置固定资产净损失　　10 000

　贷：固定资产清理　　10 000

【例 7-18】滨海公司因火灾而毁损一座仓库，该仓库原值 800 000 元，已提折旧 320 000 元，未计提减值准备。其残料变卖收入 50 000 元，已存入银行。在清理过程中，以银行存款支付清理费用 50 000 元。应收保险公司赔偿 300 000 元。滨海公司的账务处理如下：

（1）将毁损仓库转入清理

借：固定资产清理　　　　480 000
　　累计折旧　　　　　　320 000
　贷：固定资产　　　　　　　800 000

（2）支付清理费用

借：固定资产清理　　　　50 000
　贷：银行存款　　　　　　　50 000

（3）收到残料变价收入

借：银行存款　　　　50 000
　贷：固定资产清理　　50 000

（4）应收保险公司赔偿

借：其他应收款　　　　300 000
　贷：固定资产清理　　　300 000

（5）计算并结转毁损净损失

毁损净损失＝480 000＋50 000－50 000－300 000＝180 000（元）

借：营业外支出——非常损失　　　　180 000
　贷：固定资产清理　　　　　　　　180 000

三、对外投资和捐赠转出固定资产的核算

（一）对外投资转出固定资产的账务处理

对外投资转出固定资产，应按转出固定资产的账面价值加上应支付的相关税费，借记“长期股权投资”，按投出固定资产已提折旧，借记“累计折旧”，按该项固定资产已计提的减值准备，借记“固定资产减值准备”，按投出固定资产的账面原价，贷记“固定资产”，按应支付的相关税费，贷记“银行存款”、“应交税费”等。

【例 7-19】滨海公司将一台设备作对外投资，其账面原价 2 000 000 元，已提折旧 400 000 元，已提减值准备 100 000 元，同时用银行存款支付相关税费 25 000 元。滨海公司的账务处理如下：

借：长期股权投资　　　　1 525 000
　　累计折旧　　　　　　　400 000
　　固定资产减值准备　　　100 000
　贷：固定资产　　　　　　　2 000 000
　　　银行存款　　　　　　　　25 000

（二）企业对外捐赠转出固定资产的账务处理

对外捐赠转出固定资产，应按固定资产净值，借记“固定资产清理”，按该项固定资产已提的折旧，借记“累计折旧”，按固定资产的账面原价，贷记“固定资产”；按该项固定资产已计提减值准备，借记“固定资产减值准备”，贷记“固定资产清理”；按捐赠转出的固定资产应支付的相关税费，借记“固定资产清理”，贷记“银行存款”等；按“固定资产清理”的余额，借记“营业外支出——捐赠支出”，贷记“固定资产清理”。

【例 7-20】滨海公司将一台设备捐赠给协作单位，该设备的账面原值为 100 000 元，已提折旧 20 000 元，已提减值准备 10 000 元，捐出时用银行存款支付运杂费 600 元。滨海公司的账务处理如下：

（1）转销捐赠固定资产价值

借：固定资产清理　　80 000
　　累计折旧　　20 000
　贷：固定资产　　100 000

（2）转销已提减值准备

借：固定资产减值准备　　10 000
　贷：固定资产清理　　10 000

（3）发生清理费用

借：固定资产清理　　600
　贷：银行存款　　600

（4）结转清理支出

借：营业外支出——捐赠支出　　70 600
　贷：固定资产清理　　70 600

四、持有代售的固定资产

持有待售的固定资产，是指在当前状况下仅根据出售同类固定资产的惯例就可以直接出售且极可能出售的固定资产，如已经与买主签订了不可撤销的销售协议等。

企业对于持有待售的固定资产，应当调整该项固定资产的预计净残值，使该项固定资产的预计净残值能够反映其公允价值减去处置费用后的金额，但不得超过符合持有待售条件时该项固定资产的原账面价值，原账面价值高于调整后预计净残值的差额，应作为资产减值损失计入当期损益。

持有待售的固定资产从划归为持有待售之日起停止计提折旧和减值测试。

在编制资产负债表时，企业可将持有待售的固定资产与其他固定资产一起合并列示在“固定资产”项目中，但需在报表附注中披露持有待售的固定资产名称、账面价值、公允价值、预计处置费用和预计处置时间等。

五、固定资产的清查

一般来说，企业会定期或者至少于每年年末对固定资产进行清查盘点，以保证固定资产核算的真实性和完整性。如果清查中发现固定资产的损溢应及时查明原因，在期末结账前处理完毕。固定资产盘盈或盘亏的会计处理，也各不相同。

（一）固定资产盘盈

固定资产盘盈应作为前期差错,记入“以前年度损益调整”科目。企业在财产清查中盘盈的固定资产，首先应确定盘盈固定资产的原值、累计折旧和固定资产净值。根据确定的固定资产原值借记“固定资产”，贷记“累计折旧”，将两者的差额贷记“以前年度损益调整”; 其次再计算应纳的所得税费用，借记“以前年度损益调整”科目，贷记“应交税费——应交所得税”；接着补提盈余公积，借记“以前年度损益调整”科目，贷记“盈余公积”；最后调整利润分配，借记“以前年度损益调整”，贷记“利润分配——未分配利润”。

【例 7-21】滨海公司于 2012 年 6 月 30 日对企业全部的固定资产进行盘查，盘盈一台机器设备，该设备同类产品市场价格为 60 000 元，企业所得税税率为 25%。滨海公司的账务处理如下：

（1）盘盈固定资产时

借：固定资产　　60 000

　贷：以前年度损益调整　　60 000

（2）确定应交纳的所得税时

借：以前年度损益调整　　15 000

　贷：应交税费——应交所得税　　15 000

（3）补提盈余公积时

借：以前年度损益调整　　4 500

　贷：盈余公积——法定盈余公积　　4 500

（4）调整利润分配时

借：以前年度损益调整　　40 500

　贷：利润分配——未分配利润　　40 500

（二）固定资产盘亏

固定资产盘亏造成的损失，应当计入当期损益。企业在财产清查中盘亏的固定资产，按盘亏固定资产的账面价值借记“待处理财产损溢——待处理固定资产损溢”科目，按已计提的累计折旧，借记“累计折旧”科目，按已计提的减值准备，借记“固定资产减值准备”科目，按固定资产原价，贷记“固定资产”科目。

按管理权限报经批准后处理时，按可收回的保险赔偿或过失人赔偿，借记“其他应收款”科目，按应计入营业外支出的金额，借记“营业外支出——盘亏损失”科目，贷记“待处理财产损溢”科目。

【例 7-22】滨海公司年末组织人员对固定资产进行清查时，发现丢失一台电机，该设备原价 100 000 元，已计提折旧 30 000 元，并已计提减值准备 20 000 元。经查，设备丢失的原因在于设备管理员看守不当。经董事会批准，由设备管理员赔偿 15 000 元。滨海公司的账务处理如下：

（1）盘点发现电机设备丢失时

借：待处理财产损溢　　50 000
　　累计折旧　　30 000
　　固定资产减值准备　　20 000
　贷：固定资产　　100 000

（2）董事会报经批准后

借：其他应收款　　15 000
　　营业外支出——盘亏损失　　35 000
　贷：待处理财产损溢　　50 000

（3）收到设备管理员赔款

借：库存现金　　15 000
　贷：其他应收款　　15 000

其他方式减少的固定资产，如以固定资产清偿债务、以非货币性资产交换转出固定资产等，分别按照债务重组、非货币性资产交换的处理原则进行核算。

【课堂测试 7-6】

1. 下列各项，不应通过“固定资产清理”科目核算的有（　）。

A．出售的固定资产　　B．盘亏的固定资产
C．报废的固定资产　　D．毁损的固定资产

2. 正保公司出售设备一台，售价为 28 万元。该设备的原价为 30 万元，已提折旧 5 万元，已计提减值准备 3 万元。假设不考虑相关税费，本期出售该设

备影响当期损益的金额为（　　）万元。

A. 28　　B. 2　　C. 5　　D. 6

3. 固定资产盘盈时，应通过（　　）科目进行核算。

A.“制造费用”　　B.“管理费用”

C.“营业外收入”　　D.“以前年度损益调整”

4. 某企业将一闲置固定资产清理出售，该设备的账面原价为 200 000 元，累计折旧 40 000 元，发生清理费用 2 000 元，出售收入为 198 000 元，不考虑相关税费，该设备的清理净收入是（　　）元。

A. 198 000　　B. 38 000　　C. 36 000　　D. 26 100

本章小结

本章讲述了固定资产的概念、特征、分类、确认条件；固定资产取得、折旧、后续支出、减值、处置的核算。

固定资产是指同时具有下列特征的有形资产：

（1）为生产商品、提供劳务、出租或经营管理而持有的（持有目的）；

（2）使用寿命超过一个会计年度；

（3）单位价值较高。

根据不同的管理需要和核算要求以及不同的分类标准，可以对固定资产进行不同的分类。

一项资产如要作为固定资产加以确认，首先需要符合固定资产的定义，其次还要符合固定资产的确认条件，即：与该固定资产有关的经济利益很可能流入企业，同时，该固定资产的成本能够可靠地计量。

企业取得固定资产的方式一般包括外购、自行建造、融资租入、投资者投入、非货币性资产交换、债务重组等。不同取得方式下固定资产的账务处理是不同的。

企业计提固定资产折旧的方法有多种，基本上可以分为两类，即直线法（包括年限平均法和工作量法）和加速折旧法（包括双倍余额递减法和年数总和法）。企业可以根据需要，选择恰当的会计核算方法。

固定资产折旧通过“累计折旧”科目核算，该科目属于资产类科目，是“固定资产”科目的备抵科目。

企业一般应按月计提固定资产折旧，当月增加的固定资产，当月不提折旧，从下月起计提折旧；当月减少的固定资产，当月照提折旧，从下月起不提折旧。企业每月计提折旧时：

本月应提折旧额=上月应提折旧额+上月增加的固定资产应提折旧额-上月减少的固定资产应提折旧额

固定资产的后续支出属于固定资产后续计量的范畴，是指企业为了维护或提高固定资产的使用效能，而对资产进行维护、改建、扩建或者改良所发生的开支，如生产设备的日常维修、定期大修，房屋进行装修等。

固定资产后续支出的处理原则是：后续支出满足固定资产确认条件的，按资本化的后续支出处理；后续支出不能满足固定资产确认条件的，按费用化的后续支出处理。

固定资产减值是指资产可收回金额低于其账面价值。固定资产可回收金额，是根据资产的公允价值减去处置费用后的净额，与资产预计未来现金流量的现值，两者之间较高者确定。资产可回收金额低于其账面价值的差额为资产减值损失，计入当期损益，资产减值损失一经确认，在以后会计期间不得转回。

固定资产处置，是指固定资产在使用过程中由于各种原因而需退出生产经营过程所作的处理活动，包括固定资产的出售、转让、报废和毁损、对外投资、非货币性资产交换、债务重组等。

【篇后案例】

格兰仕：固定资产虚拟扩张

资产规模和效益有时候并不同步，尤其是与规模相伴而行的固定资产投资往往成为很多工业企业难以摆脱的达摩克里斯之剑，一旦销售出现问题，这柄利剑就毫不迟疑地向企业砍去。广东格兰仕充分结合中国人力、土地廉价优势，采取给别人代工 OEM 的方式换取生产线，然后采取内部挖潜，压榨生产线的剩余生产能力为自己生产产品。这种使用权的虚拟扩张方式迅速构造了竞争力的成本动因，创造了微波炉制造、光波炉制造第一的世界奇迹。

降价成长的优美曲线

“价格战”是企业竞争中最残酷也是最有效的手段，没有什么比价格战更能摧残企业资源的方式了，但是格兰仕却将这个手段发挥到了极致。

当梁庆德将企业改名为格兰仕的时候，他就已经立志要创出一个闪耀全球的品牌。1993 年格兰仕第一批 1 万台微波炉正式下线，虽然销售步履艰难，但是梁庆德的目光已经聚焦在 100 万台的数量级。到了 1996 年，格兰仕微波炉产量增至 60 万台，随即在全国掀起了大规模的降价风暴，当年降价 40%。降价的结果是格兰仕产量增至近 200 万台，市场占有率已经达到 47.1%。此后，格兰仕高举降价大旗，前后已经进行了 9 次大规模降价，每次降价，最低降幅为25%，一般都在30%~40%，被业界喻为“价格杀手”。

规模扩大带动的是成本下降，微波炉降价又直接扩大了市场容量，企业资金回流也相应增加，企业规模再次扩大，成本再次下降……这个简单的循环引起了中国微波炉一波又一波的价格战。至今，格兰仕微波炉的年产销售量已达到1 500万台，国内市场占有率高达70%，国际市场占有率高达35%，演绎了一条优美的成长曲线。

价格屠夫的真正底牌

格兰仕能够打“价格战”的基础就是从大规模中获取规模效益，但是从另一方面来看，与规模扩大相伴而生的就是固定投资的增大。一个企业最大的投资是设备投资，制造企业的设备投资更是庞大。这不仅仅会影响企业现金流，同时固定资产的折旧也会导致价格竞争力的下滑。

与收购国外企业或者生产线相反，格兰仕走了一条虚拟联合规模扩张的路子，不仅没有动用自有资金投资固定资产，而是将别人的生产线一个个地搬到了内地，而且建这些厂用的还是别人的钱。规模的扩大不仅仅没有让格兰仕背上沉重的成本包袱，反而成为克敌制胜的不二法门，格兰仕通过固定资产的虚拟式扩张完美地为价格战做了一个经典注解。

本来格兰仕没有微波炉的变压器生产线，但格兰仕有质优价廉的生产能力。在认清了自己的优势以及对方的目标后，梁庆德运用成本优势的支点，“虚拟”出了自己的生产线。以微波炉的变压器为例，格兰仕开始时分别向日本和欧洲进口，从日本的进口价为23美元，从欧洲的进口价为30美元。梁庆德对欧洲的企业说，“你把生产线搬过来，我们帮你干，然后8美元给你供货。”日本的企业在成本的挤压下倍感煎熬，这时，梁庆德对日本企业说，“你把生产线搬过来，我们帮你干，干完后5美元给你供货。”于是，一条条先进的生产线都逐渐搬过来了，规模大了，专业化、集约化程度高了，成本也大幅度降下来，格兰仕现在生产变压器的实际成本只要4美元。

与此同时，格兰仕每天实行三班倒24小时工作，使得格兰仕的一条生产线创造出相当于欧美企业的6~7条生产线的产能。“我们拼进去的是工与费，换回来的是一周六天的生产效益”，不分昼夜的格兰仕将对手远远抛在后面。扣除为别人代工生产的时间，格兰仕还可以保证满足自己的产量要求。加之双方的工资水平、土地使用成本、水电费、劳动生产率等相差较大，并且大大节约了固定资产投资，格兰仕获得了其他企业无可比拟的总成本优势。

紧接着，格兰仕趁热打铁，进一步整合国际资源，从元配件再到整机，又开始直接为跨国公司做 OEM。目前格兰仕已经同二百多家跨国公司建立了合作关系，许多跨国公司将附加值微薄的微波炉等产业战略转移到格兰仕，通过优势互补实现了生产力水平的进一步提升。目前，格兰仕制造的变压器等配套元器件一年的产能已突破 2 000 万个，其中一半左右的产量要返销到发达国家，在磁控管、定时器、微动开关、集成电路、微型电机等元器件、零部件的生产制造方面同样达到了国际一流水准。

虚拟扩张的整合思维

格兰仕这种虚拟扩张的要诀在于其特殊的资源嫁接方式，一方面利用了中国的劳动力优势和庞大的市场规模，另一方面将国外的生产线拿过来又无形中得到了国外现成的市场，这又为规模的扩张提供了市场支持。现在在格兰仕的生产车间堆满了花花绿绿的盒子，贴着 GE、晶石、翡利、哈利士各色标志的微波炉从这里运往世界各地。

这种通过合理整合全球家电产品生产力的方式，不仅大大降低了成本，而且成功地甩掉了市场风险、固定资产投资风险等“三大风险”，平衡地并购了全球多家家电企业，顺利地实现了资本、市场的同步扩张，从而使自己能够在一轮轮价格战中始终立于不败之地。

核心概念

固定资产（fixed assets）
累计折旧（accumulated depreciation）
直线法（straight-line method ）
工作量法（units-of-production method ）
加速折旧法（accelerated depreciation method）
双倍余额递减法（double-declining balance method ）
年数总和法（sum-of-the-years-digits method）

思考题

1. 简述固定资产的特征。
2. 简述固定资产的确认条件。
3. 简述影响固定资产折旧的因素。
4. 简述固定资产的折旧范围。
5. 简述固定资产的折旧方法。

6. 简述固定资产后续支出的处理原则。

7. 如何确认固定资产的减值？

练习题

（一）单项选择题

1. 下列各项中不应计入“固定资产清理”科目借方的是（　　）。

A. 计提清理固定资产人员的工资

B. 因自然灾害损失的固定资产取得的赔款

C. 因出售厂房而缴纳的营业税

D. 因自然灾害损失的固定资产账面净值

2. 正保公司出售设备一台，售价为28万元。该设备的原价为30万元，已提折旧5万元，已计提减值准备3万元。假设不考虑相关税费，本期出售该设备影响当期损益的金额为（　　）万元。

A. 28　　B. 2　　C. 5　　D. 6

3. P企业于2009年12月份购入一台管理用设备，实际成本为100万元，估计可使用10年，估计净残值为零，采用直线法计提折旧。2010年末，对该设备进行检查，估计其可收回金额为72万元。2011年末，再次检查估计该设备可收回金额为85万元，则2011年末应调整资产减值损失的金额为（　　）万元。

A. 0　　B. 16　　C. 14　　D. 12

4. 下列固定资产中，不应计提折旧的是（　　）。

A. 正在改扩建的固定资产　　B. 因季节性原因停用的固定资产

C. 进行日常维修的固定资产　　D. 定期大修理的固定资产

5. 甲企业以融资租赁方式租入N设备，该设备的公允价值为100万元，最低租赁付款额的现值为93万元，甲企业在租赁谈判和签订租赁合同过程中发生手续费、律师费等合计为2万元。甲企业该项融资租入固定资产的入账价值为（　　）万元。

A. 93　　B. 95　　C. 100　　D. 102

6. 对于企业在建工程在达到预定可使用状态前试生产所取得的收入，正确的处理方法是（　　）。

A. 作为主营业务收入　　B. 作为其他业务收入

C. 作为营业外收入　　D. 冲减工程成本

7. 甲企业对某一项生产设备进行改良，该生产设备原价为1 000万元，已提折旧 500 万元，改良中发生各项支出共计 100 万元。改良时被替换部分的账面价值为 20 万元。则该项固定资产的入账价值为（　）万元。

A. 1 000　　B. 1 100　　C. 580　　D. 600

8. 下列关于固定资产确认和初始计量的表述中，正确的是（　）。

A. 自行建造固定资产期间支付的所有职工薪酬都计入固定资产成本

B. 为使固定资产达到预定可使用状态所发生的可归属于该项资产的安装费、专业人员服务费等应计入固定资产的成本

C. 以一笔款项购入多项没有单独标价的固定资产，应当按照各项固定资产的账面价值比例对总成本进行分配，分别确定各项固定资产的成本

D. 构成固定资产的各组成部分，即使各自具有不同的使用寿命，适用不同的折旧率或者折旧方法的，但企业也应按总体确认一项固定资产，按使用寿命最低的年限核算，并按年限平均法计提折旧

9. 远方公司为增值税一般纳税人，适用的增值税税率为 17%，于 2012 年 6 月购入一台不需要安装的生产设备，收到的增值税专用发票上注明的设备价款为 1 000 万元，增值税额为 170 万元，款项已支付；另支付保险费 20 万元，装卸费用 3 万元。当日设备投入使用。假定不考虑其他因素，则远方公司该设备的初始入账价值为（　）万元。

A. 1 193　　B.1 170　　C. 1 020　　D. 1 023

10. 2011 年 7 月 1 日，甲企业接受乙投入生产经营用设备一台，该设备需要安装。双方在协议中约定的价值为 250 000 元，经评估确定的该设备的公允价值为 200 000 元。安装过程中领用生产用材料一批，实际成本为 2 000 元；领用自产的产成品一批，实际成本为 5 000 元，售价为 12 000 元，该产品为应税消费品，消费税税率为 10%。2011 年末该设备达到预定可使用状态。该设备预计使用年限为 10 年，采用双倍余额递减法计提折旧，2012 年末该设备的可收回金额为 150 000 元。甲企业为增值税一般纳税人，适用的增值税税率为 17%，假定不考虑所得税因素，2012 年末该设备的账面价值为（　）元。

A. 166 560　　B. 150 000　　C. 164 800　　D. 165 000

11. 远方公司为增值税一般纳税人，增值税税率为 17%，2012 年 5 月初自华宇公司购入一台需要安装的生产设备，实际支付买价 120 万元，增值税 20. 4 万元；另支付运杂费 6 万元（假定不考虑运费抵扣进项税的因素），途中保险费 16 万元；安装过程中，领用一批外购原材料，成本 12 万元，售价为 13 万元，支付安装人员工资 10 万元，该设备在 2012 年 9 月 1 日达到预定可使用状态，

则该项设备的入账价值为（ ）万元。

A. 164　　B. 165　　C. 149　　D. 166. 21

12. 甲公司为增值税一般纳税人，增值税税率为17%。为提高A生产线的生产能力，于2011年3月31日进行改良，11月份完工，改良期间领用外购原材料价款为50万元（不含税），发生其他相关支出共计32万元。估计能使甲设备延长使用寿命3年。根据2011年3月月末的账面记录，该生产线的原账面原价为200万元，已提的折旧为80万元，已提减值准备30万元。若被替换部分的账面原值为 50 万元，则该企业 2011 年 11 月份改良后该生产线的价值为（ ）。

A. 158万元　　B. 149.5万元　　C. 150万元　　D. 232万元

13. 2010年1月1日，M公司采取融资租赁方式租入一栋办公楼，租赁期为12年。该办公楼尚可使用年限为10年。2010年1月16日，M公司开始对该办公楼进行装修，至6月30日装修工程完工并投入使用，共发生可资本化支出100万元；预计下次装修时间为2017年6月30日。M公司对装修该办公楼形成的固定资产计提折旧的年限是（ ）。

A. 7年　　B. 12年　　C. 10年　　D. 9.7年

14. 某企业接受投资者投入生产经营用设备一台，该设备需要安装。双方在协议中约定的价值为500 000元，设备的不含税公允价值为450 000元。安装过程中领用生产用材料一批，实际成本为4 000元；领用自产的产成品一批，实际成本为10 000元，售价为24 000元，该产品为应税消费品，消费税税率10%。本企业为一般纳税人，适用的增值税税率为17%。

要求：根据上述资料，不考虑其他因素，回答下列问题：

（1）假设该业务发生于2011年，则安装完毕投入生产使用的该设备入账成本为（ ）。

A. 471 160元　　B. 521 160元　　C. 545 160元　　D. 466 400元

（2）下列关于固定资产初始计量的表述中，不正确的是（ ）。

A. 企业外购固定资产的成本包括买价、相关税金、运杂费、安装费、装卸费、场地整理费和专业人员服务费等

B. 购买固定资产的价款超过正常信用条件延期支付、实质上具有融资性质的，固定资产的成本以购买价款的现值为基础确定

C. 以一笔款项购入多项没有单独标价的固定资产，应当按照各项固定资产公允价值比例对总成本进行分配，分别确定各项固定资产的成本

D. 企业使用提取的安全生产费形成固定资产的，应当通过“在建工程”科目归集所发生的支出，待安全项目完工达到预定可使用状态时确认为固定资产；并与其他种类的固定资产一致，在资产后续使用期间内按照合理的折旧方法和折旧期间计提折旧

（3）假设该项业务发生于 2008 年，则安装完毕投入生产使用的该设备入账成本为（ ）。

A. 471 160 元　B. 521 160 元　C. 547 660 元　D. 466 400 元

15. 甲公司自行建造某项生产用大型设备，该设备由 A、B、C、D 四个部件组成。建造过程中外购设备和材料成本 3 660 万元，发生人工成本 600 万元，资本化的借款费用 960 万元，安装费用 500 万元，为使其正常运转发生测试费 300 万元，外聘专业人员服务费 180 万元，员工培训费 60 万元。2011 年 1 月 31 日，该设备达到预定可使用状态并投入使用。预计该设备整体使用年限为 10 年，预计净残值为零，采用年限平均法计提折旧。A、B、C 部件的预计使用年限均为 10 年，D 部件预计使用年限为 15 年。税法规定该设备采用年数总和法按 5 年计提折旧，且预计净残值为零。对于该设备，税法与会计初始计量没有差异。甲公司预计该设备每年停工维修时间为 15 天。2011 年，因设备处于投产初期，未能满负荷运转，甲公司当年亏损 720 万元。因技术进步等原因，甲公司于 2012 年 1 月 31 对该设备进行更新改造，以新的部件 E 替代了 A 部件。

要求：根据上述资料，不考虑其他因素，回答下列问题：

（1）下列关于甲公司该设备折旧年限的确定方法中，正确的是（ ）。

A. 按照税法规定的年限 5 年作为其折旧年限

B. 按照整体预计使用年限 10 年作为其折旧年限

C. 按照 A、B、C、D 各部件的预计使用年限分别做其折旧年限

D. 按照整体预计使用年限 10 年与税法规定的年限 5 年两者孰低作为其折旧年限

（2）下列对于甲公司就该设备更新改造会计处理的表述中，错误的是（ ）。

A. 更新改造时发生的支出应当直接计入当期损益

B. 更新改造时被替换部件的账面价值应当终止确认

C. 更新改造时替换部件的成本应当计入设备的成本

D. 更新改造时发生的支出符合资本化条件的应当予以资本化

（3）甲公司建造该设备的成本是（ ）。

A. 5 400 万元

B. 6 200 万元

C. 6 260 万元

D. 5 900 万元

（4）甲公司该设备 2011 年度应计提的折旧额是（　　）。

A. 568.33 万元

B. 573.83 万元

C. 495 万元

D. 540.83 万元

（二）多项选择题

1. 下列关于安全生产费用的表述中，正确的有（　　）。

A. 企业按规定提取的安全生产费用，应该计入相关产品成本或当期损益

B. 企业使用提取的安全生产费用时，属于费用性支出的，直接冲减专项储备

C. 企业使用提取的安全生产费用形成固定资产的，应当先通过“在建工程”归集，达到预定可使用状态时转入固定资产

D. 企业使用提取的安全生产费用形成固定资产的，应当按照固定资产预计使用寿命分期计提折旧

2. 下列各项中，影响固定资产清理净收益的因素包括（　　）。

A. 出售固定资产的价款

B. 转让不动产应交纳的营业税

C. 毁损固定资产取得的赔款

D. 清理费用

3. 当存在下列（　　）情况之一时，应当按照该项固定资产的账面价值全额计提固定资产减值准备。

A. 长期闲置不用，在可预见的未来不会再使用，且已无转让价值的固定资产

B. 由于技术进步等原因，已不可使用的固定资产

C. 虽然固定资产尚可使用，但使用后产生大量不合格品的固定资产

D. 已遭毁损，以至于不再具有使用价值和转让价值的固定资产

4. 融资租入的固定资产发生的装修费用，符合有关规定可予以资本化的，应在（　　）三者中较短期间内单独计提折旧。

A. 两次装修期间　　B. 整个租赁期

C. 剩余租赁期　　D. 尚可使用年限

5. 下列各项中，影响出包方式建造固定资产入账成本的有（ ）。

A. 发生的建筑工程支出

B. 为建设工程发生的管理费

C. 建设期间发生的工程物资毁损净损失

D. 符合资本化条件的借款费用

6. 下列各项目中，计入固定资产入账价值的有（ ）。

A. 进口固定资产而交纳的关税

B. 2012 年购买生产经营设备发生的增值税

C. 2008 年购买生产经营设备发生的包装费用

D. 取得固定资产发生的耕地占用税

7. 下列项目中，影响固定资产初始入账价值的有（ ）。

A. 员工培训费

B. 安装固定资产发生的安装成本

C. 进口固定资产支付的关税

D. 达到预定可使用状态前的符合资本化条件的专门借款利息费用

8. 下列固定资产中，应计提折旧的有（ ）。

A. 已提足折旧的固定资产，但继续使用

B. 闲置的设备

C. 经营租入的固定资产

D. 融资租入的固定资产

9. X 公司自行建造某项生产用大型设备，该设备由甲、乙、丙、丁四个部件组成。2012 年 1 月，该设备达到预定可使用状态并投入使用，建造总成本为 900 万元。该设备整体预计使用年限为 15 年，预计净残值为零，采用年限平均法计提折旧。甲、乙、丙、丁各部件在达到预定可使用状态时，公允价值分别为 200 万元、300 万元、400 万元、350 万元，各部件的预计使用年限分别为 15 年、12 年、18 年和 10 年。下列关于 X 公司该设备表述中，正确的有（ ）。

A. 将该设备整体确认为一项固定资产

B. 按甲、乙、丙、丁各部件分别确认为四项固定资产

C. 按甲、乙、丙、丁各部件的预计使用年限分别作为其折旧年限

D. 按照整体预计使用年限 15 年作为设备折旧年限

10. 下列各项中，应计入固定资产成本的有（ ）。

A. 固定资产的日常修理费用

B. 符合固定资产确认条件的大修理费用

C. 固定资产达到预定可使用状态后发生的专门借款利息

D. 固定资产达到预定可使用状态前发生的工程物资盘亏净损失

（三）判断题

1. 高危行业企业按照国家规定提取的安全生产费，应当计入相关产品成本或当期损益，同时计入“预计负债”科目。（　　）

2. 正常报废和非正常报废的固定资产均应通过“固定资产清理”科目予以核算。（　　）

3. 处于处置状态或者预期通过使用或者处置不能产生经济利益的固定资产，应终止确认。（　　）

4. 对于已经计提减值准备的固定资产，在以后期间价值恢复时，可以转回原已计提的减值准备金额。（　　）

5. 固定资产装修费用应该在两次装修期间以及固定资产尚可使用年限两者中较短的时间内采用合理方法单独计提折旧。（　　）

6. 固定资产分为有形资产和无形资产。（　　）

7. 企业持有固定资产的目的是用于生产商品、提供劳务、出租或经营管理，而不是直接用于出售。（　　）

8. 任何企业都应该对所持有的固定资产预计其弃置费用。（　　）

9. 建造厂房领用外购原材料时，原材料对应的增值税进项税应计入在建工程成本。（　　）

10. 固定资产后续支出资本化确认条件等同于固定资产初始确认条件。（　　）

11. 盘盈固定资产应当按原账面价值确定其入账价值。（　　）

12.“累计折旧”不仅要进行分类核算，而且应按固定资产类别和使用部门进行明细核算，这样有助于随时查明某项固定资产的已提折旧及其净值。（　　）

13. 由于自然灾害造成的固定资产损失收到保险公司的赔偿款，应记入“固定资产清理”科目。（　　）

14. 对固定资产进行改扩建发生的支出，一般直接计入当期损益。（　　）

15. 企业在建工程领用本企业生产的产品，应当按照产品的售价转账，计入在建工程成本。（　　）

（四）核算题

1. 甲公司为增值税一般纳税企业，适用增值税税率为17%，其中2009年至2013年与固定资产有关的业务资料如下：

（1）2009 年 3 月 12 日，甲公司购进一台需要安装的生产用设备，取得的增值税专用发票上注明的设备价款为 450 万元，增值税为 76. 5 万元，另发生运输费 2 万元（不考虑运费抵扣增值税的因素），款项以银行存款支付；在安装期间，领用企业的原材料 50 万元，该批原材料取得时的增值税进项税额为 8.5 万元；领用一批工程物资，不含税价款为 25 万元，发生的其他相关支出为 33 万元。该设备于 2009 年 6 月 20 日达到预定可使用状态，预计使用年限为 5 年，预计净残值为 5 万元，采用双倍余额递减法计提折旧。

（2）2010 年 12 月 31 日，甲公司对该设备进行检查时发现其已经发生减值，预计可收回金额为 240 万元；计提减值准备后，该设备预计剩余使用年限为 3 年，预计净残值、折旧方法保持不变。

（3）2011 年 12 月 31 日，甲公司因生产经营方向调整，决定采用出包方式对该设备进行改良，改良工程验收合格后支付工程价款。该设备于当日停止使用，开始进行改良。

（4）2012 年 3 月 12 日，改良工程完工并验收合格，甲公司以银行存款支付工程总价款 56 万元。当日，改良后的设备投入使用，预计尚可使用年限为 8 年，采用年限平均法计提折旧，预计净残值为 16 万元。2012 年 12 月 31 日，发生日常维护修理支出 0. 5 万元，已用银行存款支付。

（5）2013 年 12 月 31 日，该设备因遭受自然灾害发生严重毁损，甲公司决定对其进行处置，取得残料变价收入 30 万元，保险公司赔偿款 50 万元，发生清理费用 2 万元；款项均以银行存款收付，不考虑相关税费。

要求：（答案中的金额单位用万元表示）

（1）编制 2009 年固定资产购建的会计分录。

（2）计算 2009、2010 年度该设备计提的折旧额。

（3）计算 2010 年 12 月 31 日该设备计提的固定资产减值准备，并编制相应的会计分录。

（4）计算 2011 年度该设备计提的折旧额。

（5）编制 2011 年 12 月 31 日该设备转入改良时的会计分录。

（6）编制 2012 年 3 月 12 日支付该设备改良价款、结转改良后设备成本的会计分录。

（7）编制 2012 年的日常修理支出的账务处理。

（8）计算 2012、2013 年度该设备计提的折旧额。

（9）计算 2013 年 12 月 31 日处置该设备实现的净损益。

（10）编制 2013 年 12 月 31 日处置该设备的会计分录。

2. 甲股份有限公司为一般纳税人，增值税税率为17%。2009年1月，准备自行建造一座厂房，为此发生以下业务：

（1）购入工程物资一批，价款为500 000元，支付的增值税进项税额为85 000元，款项以银行存款支付。

（2）工程共领用工程物资545 000元（含增值税进项税额）。

（3）领用生产用原材料一批，价值为64 000元，购进该批原材料时支付的增值税进项税额为10 880元。

（4）辅助生产车间为工程提供劳务支出50 000元。

（5）计提工程人员工资95 800元。

（6）6月底，工程达到预定可使用状态，但尚未办理竣工决算手续，工程按暂估价值结转固定资产成本。

（7）将剩余工程物资转为该公司的存货，假定其转为存货后所含的增值税进项税额可以抵扣。

（8）7月中旬，该项工程决算实际成本为800 000元，经查其与暂估成本的差额为应付职工工资。

（9）假定不考虑其他相关税费。

要求：编制上述业务相关的会计分录。

3. 乙股份有限公司（以下简称乙公司）为华东地区的一家上市公司，属于增值税一般纳税企业，适用的增值税税率为17%。乙公司2009年至2012年与固定资产有关的业务资料如下：

（1）2009年12月1日，乙公司购入一条需要安装的生产线，取得的增值税专用发票上注明的生产线价款为1 150万元，增值税额为195.5万元，款项以银行存款支付；没有发生其他相关税费。

（2）2009年12月1日，乙公司开始以自营方式安装该生产线。安装期间领用生产用原材料实际成本和计税价格均为40万元，发生安装工人工资6万元，没有发生其他相关税费。该原材料未计提存货跌价准备。

（3）2009年12月31日，该生产线达到预定可使用状态，当日投入使用。该生产线预计使用年限为6年，预计净残值为20万元，采用直线法计提折旧。

（4）2010年12月31日，乙公司在对该生产线进行检查时发现其已经发生减值。乙公司预计该生产线在未来4年内每年产生的现金流量净额分别为100万元、150万元、200万元、300万元，2015年产生的现金流量净额以及该生产线使用寿命结束时处置形成的现金流量净额合计为200万元；假定按照5%的折现率和相应期间的时间价值系数计算该生产线未来现金流量的现值；该生产线的销售净价为 782 万元。已知部分时间价值系数如下：

	1 年	2 年	3 年	4 年	5 年
5%的复利现值系数	0.9524	0.9070	0.8638	0.8227	0.7835

（5）2011 年 1 月 1 日，该生产线的预计尚可使用年限为 5 年，预计净残值为 12.56 万元，采用直线法计提折旧。

（6）2011 年 6 月 30 日，乙公司采用出包方式对该生产线进行改良。当日，该生产线停止使用，开始进行改良。在改良过程中，乙公司以银行存款支付工程总价款 122.14 万元。

（7）2011 年 8 月 20 日，改良工程完工验收合格并于当日投入使用，预计尚可使用年限为 8 年，预计净残值为 10.2 万元，采用直线法计提折旧。2011 年 12 月 31 日，该生产线未发生减值。

（8）2012 年 4 月 30 日，乙公司与丁公司达成债务重组协议，以该生产线抵偿所欠丁公司货款 1 000 万元，此时该项固定资产公允价值为 800 万元。当日，乙公司与丁公司办理完毕财产移交手续，不考虑其他相关税费。

要求：（答案中的金额单位用万元表示）

（1）编制 2009 年 12 月 1 日购入该生产线的会计分录。

（2）编制 2009 年 12 月安装该生产线的会计分录。

（3）编制 2009 年 12 月 31 日该生产线达到预定可使用状态的会计分录。

（4）计算 2010 年度该生产线计提的折旧额。

（5）计算 2010 年 12 月 31 日该生产线的可收回金额。

（6）计算 2010 年 12 月 31 日该生产线应计提的固定资产减值准备金额，并编制相应的会计分录。

（7）计算 2011 年度该生产线改良前计提的折旧额。

（8）编制 2011 年 6 月 30 日该生产线转入改良时的会计分录。

（9）计算 2011 年 8 月 20 日改良工程达到预定可使用状态后该生产线的成本。

（10）计算 2011 年度该生产线改良后计提的折旧额。

（11）编制 2012 年 4 月 30 日该生产线抵偿债务的会计分录。

第八章　无形资产

【学习目标】无形资产和上一章介绍的固定资产都属于长期资产的重要组成部分，但无形资产具有明显区别于固定资产的特征，在企业经营中发挥的作用也有所不同，在核算方法上有着明显的差异。通过本章学习，我们要重点掌握无形资产取得、摊销、减值及处置的账务处理，熟悉无形资产的概念、特征及其内容。

第一节　无形资产概述

【开篇案例】

近年来，医药类上市公司并购的节奏明显加快，仅 2013 年一年，就出现了仁和药业收购东科麦迪森制药、上海莱士收购邦和药业等大大小小超过 20 个行业的并购案例。在 2014 年春节刚过的第一个交易日，双龙股份又发布公告，称其拟以 10.8 亿元的价格购买金宝药业 100%的股份。这一桩桩并购案的背后，除了企业有应对医药行业产能过剩等问题的需要外，最根本的目的在于，通过并购手段可以快速直接地获取优质的药品文号，便于药品的顺利上市。例如，双龙股份的公告中称，目前金宝药业拥有 66 个药品生产的批准文号，其中 35 个产品被列入国家医保目录，35 个品种被列入《国家基本药物目录》，31 个药品被列入 OTC 品种目录。这些“文号”，在企业间进行并购交易的时候，需要作为无形资产对其进行核算，以确定其价格。

一、无形资产的定义及特征

无形资产是指企业拥有或者控制的没有实物形态的可辨认非货币性资产。相较于其他资产，无形资产具有以下特征：

（一）不具有实物形态

这是无形资产区别于其他资产的显著特征之一。无形资产通常表现为某种权利、某项技术或是某种取得超额利润的综合能力，比如土地使用权、非专利技术等。它们不具有实物形态，但具有价值，能够通过自身所具有的技术等优势为企业未来带来经济利益。某些无形资产的存在有赖于实物载体，如计算机软件需要存储在光盘等介质中。在判断一项同时具备无形和有形要素的资产是属于固定资产还是无形资产时，通常以哪个要素更重要作为依据。例如，当某计算机软件作为计算机工作运行的必要组成部分时，该软件应作为固定资产处理；反之，则应按照无形资产核算。

（二）具有可辨认性

要作为无形资产进行核算，该资产必须是能够区别于其他资产可单独辨认的，例如，企业持有的专利权、非专利技术、商标权、特许权、土地使用权等。

符合以下条件之一的，则认为其具有可辨认性：

（1）能够从企业中分离或者划分出来，并能单独或连同有关合同一起，用于出售或者转让等，而不需要同时处置在同一获利活动中的其他资产。

（2）产生于合同性权利或其他法定权利，无论这些权利是否可以从企业或者其他权利和义务中转移或分离。例如，通过签订特许权合同而获得的特许使用权、通过法律程序申请获得的商标权等。

特别需要说明的是，如果企业获得享有一项无形资产未来产生的经济利益的权利，就表明了企业可以控制该项无形资产；如果企业无法控制无形资产带来的未来经济利益，则不应将其确认为无形资产，如客户关系、人力资源等。企业内部产生的品牌、报刊名等由于不能与整个业务开发成本区分开，也不应确认为无形资产。

从可辨认性角度考虑，商誉是与企业整体价值联系在一起的，其存在无法与企业自身区分开来，由于不具有可辨认性，所以，尽管商誉也是没有实物形态的非货币性资产，但不能构成无形资产。

（三）属于非货币性资产

非货币性资产是指企业持有的货币资金和将以固定或可确定的金额收取的资产以外的其他资产。由于无形资产一般不容易转化为现金，在持有过程中为企业未来带来经济利益的情况不能确定，属于非货币性资产。

二、无形资产的内容

无形资产通常包括专利权、非专利技术、商标权、著作权、特许权和土地使用权等。

(一) 专利权

专利权是指国家专利主管机关依法授予发明创造专利申请人，对其发明创造在法定期限内所享有的专有权利，包括发明专利权、实用新型专利权和外观设计专利权。根据我国现行专利法规定，发明专利权的期限为二十年，实用新型专利权和外观设计专利权的期限为十年，均自申请日起计算。

(二) 非专利技术

非专利技术也称专有技术，是指不为外界所知、在生产经营活动中已采用了的、不享有法律保护的、可以带来经济效益的各种技术和诀窍。非专利技术一般包括工业专有技术、商业贸易专有技术和管理专有技术等。

(三) 商标权

商标是用来辨认特定的商品或劳务的标记。商标权是指专门在某类制定的商品或产品上使用特定的名称或图案的权利。

(四) 著作权

著作权就是通常所说的版权，是指作者对其创作的文学、科学和艺术作品依法享有的某些特殊权利。我国现行《著作权法》规定著作权包括人身权和财产权。其中，人身权包括作品署名权、发表权、修改权和保护作品完整权，财产权包括复制权、发行权、出租权、展览权、表演权、放映权、广播权、信息网络传播权、摄制权、改编权、翻译权、汇编权以及应当由著作权人享有的其他权利。

(五) 特许权

特许权，也称经营特许权、专营权，指企业在某一地区经营或销售某种特定商品的权利或是一家企业接受另一家企业使用其商标、商号、技术秘密等的权利。通常通过两种形式，一种是由政府机构授权、准许企业使用或在一定地区享有经营某种业务的特权，多数是具有垄断性质的服务或某些特殊权利，如水、电、邮电通信等公用事业、烟草专卖权等；另一种是企业间依照签订的合同，有限期或无限期使用另一家企业的某些权利，如连锁快餐店等。

(六) 土地使用权

土地使用权是指国家准许某企业在一定时期内对国有土地享有开发、利用、经营的权利。我国《土地管理法》规定，我国土地实行公有制，任何单位和个人不得侵占、买卖或者以其他形式非法转让。企业取得土地使用权的方式一般分为行政划拨取得、外购取得及投资者投资取得三种。

【课堂测试 8-1】

1. 下列各项中，属于企业无形资产的是（　　）。

A. 企业内部产生的品牌　　　　B. 投资者投入的专利权

C. 已出租的土地使用权　　　　D. 企业的客户关系

2. 按现行规定，下列各项中，股份有限公司应作为无形资产入账的是（　　）。

A. 商誉

B. 开办费

C. 为获得土地使用权支付的土地出让金

D. 开发新技术过程中发生的研发费用

第二节　无形资产取得的核算

无形资产通常按照实际成本计算。无形资产的来源不同，其成本构成也各不相同。

一、购入的无形资产

外购的无形资产，其成本包括：购买价款、相关税费以及直接归属于使该项资产达到预定用途所发生的其他支出。其中，其他支出包括使无形资产达到预定用途所发生的专业服务费用、测试无形资产是否能够正常发挥作用的费用等。但不包括为引入新产品进行宣传发生的广告费、管理费用及其他间接费用，也不包括在无形资产已经达到预定用途以后发生的费用。在无形资产达到预定用途之前发生的其他经营活动的支出，如果该项活动并非是使无形资产达到预定用途的必要条件，相关活动的支出应按发生时间计入当期损益，不构成无形资产成本。企业购入无形资产，按照实际支付金额，借记“无形资产”科目，贷记“银行存款”等科目。

采用分期付款方式购买无形资产，其购买价款超过正常信用条件延期支付，实质上具有融资性质的，无形资产的成本即为购买价款的现值。

【例 8-1】滨海公司于 2013 年 1 月 2 日购入一项无形资产，价格为 80 000 元，另发生相关税费 13 600 元，编制会计分录如下：

借：无形资产　　　　93 600

　贷：银行存款　　　　93 600

二、自行研发的无形资产

对于企业自行研发的项目，按《企业会计准则第6号——无形资产》要求应区分研究阶段和开发阶段，分别进行核算。

对研究和开发阶段进行区分应从其活动特点来判断：

在研究阶段，其特点主要体现为计划性和探索性。研究阶段是建立在有计划的调查基础上的，即研发项目已通过相关部门的批准，并着手收集相关资料，进行市场调查等。这些都是探索性的，是为下一步的开发活动进行前期准备，因此，在研究阶段不会形成阶段性成果。由于研究阶段是探索性的过程，企业也无法确定该研究活动未来一定能够带来经济利益，形成无形资产，因此，研究阶段的有关支出在发生时应费用化计入当期损益。具体账务处理为：有关支出发生时，借记“研发支出——费用化支出”科目，贷记“原材料”、“银行存款”、“应付职工薪酬”等科目；期末，将研究阶段发生的支出转入当期管理费用，借记“管理费用”科目，贷记“研究支出——费用化支出”科目。

在开发阶段，由于有了前期研究阶段的基础，所以其特点一是对项目的开发具有针对性，二是进入开发阶段后，研发项目形成成果的可能性较大。由于进入开发阶段意味着一项新产品或者新技术的形成条件已经基本具备，因此，如果企业能够证明满足无形资产的定义及相关确认条件，其所发生的开发支出就可以资本化，确认为无形资产的成本，如果不能符合的，则应费用化计入当期损益。

在账务处理时，符合资本化条件的开发阶段支出，在支出发生时借记“研发支出——资本化支出”科目，贷记“原材料”、“银行存款”、“应付职工薪酬”等科目；研究开发项目达到预定用途形成无形资产的，应按“研发支出——资本化支出”科目的余额，借记“无形资产”科目，贷记“研发支出——资本化支出”科目。

不符合资本化条件的，在支出发生时，借记“研发支出——费用化支出”科目，贷记“原材料”、“银行存款”、“应付职工薪酬”等科目；期末，将开发阶段发生的支出转入当期管理费用，借记“管理费用”科目，贷记“研发支出——费用化支出”科目。

如果确实无法区分研究阶段的支出和开发阶段的支出，应将其所发生的研发支出全部费用化，计入当期损益。

三、投资者投入的无形资产

投资人以拥有的专利权、非专利技术、商标权、土地使用权等作为投资时，应按双方同意接受的数额确定无形资产的价值，还应有相关投资合同或协议约定作为处理依据。以无形资产进行投资，其投资额度按我国现行财务制度规定，不得超过企业注册资金的20%；情况特殊需要超过20%，应当经有关部门审查批准，但最高不超过30%。企业收到无形资产投资时，借记“无形资产”科目，贷记“实收资本”科目。

投资者投入的无形资产的成本，应当按照投资合同或协议约定的价值约定，在合同或协议约定价值严重背离公允价值时，应按照无形资产的公允价值入账。

四、通过非货币性资产交换和债务重组取得的无形资产

通过非货币性资产交换和债务重组取得的无形资产，其成本确定和具体处理办法详见本书第十一章“非货币性资产交换”和第十三章“债务重组”的相关内容。

五、购入的土地使用权

企业取得的土地使用权通常应当按照取得时所支付的价款及相关税费确认为无形资产。土地使用权用于自行开发建造厂房等地上建筑物时，土地使用权的账面价值不与地上建筑物合并计算其成本，仍需要作为无形资产进行核算，土地使用权与地上建筑物分别进行摊销和提取折旧。但下列情况除外：

（一）房地产开发企业取得的土地使用权用于建造对外出售的房屋建筑物，相关的土地使用权应当计入所建造的房屋建筑物成本。

（二）企业外购的房屋建筑物，实际支付的价款中包括土地以及建筑物的价值，则应当对支付的价款按照合理的方法（如公允价值比例）在土地和地上建筑物之间进行分配；如果确实无法在地上建筑物与土地使用权之间进行合理分配的，应当全部作为固定资产，按照固定资产确认和计量的规定进行处理。

六、企业合并中取得的无形资产

按照《企业会计准则第20号——企业合并》规定，非同一控制下的企业合并中，购买方取得的无形资产应以其在购买日的公允价值计量，且不仅限于被购买方原已确认的无形资产，只要该无形资产的公允价值能够可靠计量，购买方就应在购买日将其独立于商誉确认为无形资产。

【篇中案例】

域名是企业的一项无形资产

2013年下半年，浙江北仑法院查封了一家网络科技公司的域名，并将其进行拍卖还债。这一新闻事件又一次验证了“域名是企业的一项无形资产”的论断。注册域名作为企业一项重要无形资产，受到越来越多企业的重视。

据法院方面介绍，在现在域名的经济价值已经得到社会普遍认可的情况下，法院将其作为可执行财产进行执行，是一种新的尝试。域名权作为一种新型权利，以网络域名为客体，属于知识产权的一种，具有与财产类似的经济价值，根据《民事诉讼法》、《最高人民法院关于人民法院执行工作若干问题的规定（试行）》的相关规定，法院可以对其查封。

目前域名作为无形资产已进入司法实践，注册域名属于有效财产，应当受到保护。对于企业或机构而言，在互联网络上拥有自己的域名具有十分重要的意义：一方面，企业或机构等于注册了一个规范性的网络标识，形成了与企业商标和名称相呼应的互联网品牌，有效地保护了企业的公众形象和无形资产；另一方面，域名是企业或机构在信息高速公路上设立的一个窗口，宣传自身的形象和产品，有助于企业开拓市场。

清华大学经管学院教授、电子商务和网络营销专家姜旭平呼吁企业重视网络资产的建设，加大网络营销投入，特别是中小企业更应该注意对网络营销资产的积累。而一些企业对无形资产的重要性也提出了明确看法。域名作为一项“互联网资产”已形成对企业营收至关重要的生产要素。

虽然国内域名注册已经进入了司法保护，但不是所有的域名都适合执行，譬如法院可能无法执行非中国互联网络信息中心管理的域名（如com、net顶级域名），另外，许多域名要跟网站内容结合后才有价值，还有的域名只对特定的当事人、行业才有价值，离开特定环境，价值就将缩水，对这类域名进行强制执行意义不大。

文章来源：http://www.zgsj.com

【课堂测试8-2】

1. 对于无形资产的初始计量，下列说法不正确的是（　　）。

A．外购的无形资产，其成本一般由购买价款、相关税费以及直接归属于该项资产达到预定用途所发生的其他支出

B．自行开发的无形资产，其成本包括自满足无形资产确认条件后至达到预定用途前所发生的支出总额，但是对于以前期间已费用化的支

出不再作调整

C．购买无形资产的价款超过正常信用条件延期支付，实质上具有融资性质，应当以购买价款的现值为基础确定

D．投资者投入的无形资产，其成本按投资合同或协议约定的价款确定

2. 某公司外购一项专利技术，价格为 100 万元，同时发生相关费用 6 万元，购入后发生调试费用 2 万元，则该外购专利技术的入账价值为（　　）。

A．100　　B．102　　C．106　　D．108

3. 研究开发活动无法区分研究阶段和开发阶段的，当期发生的研发支出应在资产负债表日确认为（　　）。

A．无形资产　B．研发支出　C．管理费用　D．营业外支出

4. 滨海公司作为房地产开发公司，于 2011 年 1 月 1 日，外购甲地段一栋写字楼作为自用办公楼，其土地使用权能够单独计量；2011 年的 6 月，又分别购入乙地段和丙地段，分别用于开发对外销售的住宅楼和写字楼，至 2012 年 12 月 31 日尚未开发完成；该公司于 2012 年 1 月购入丁地段用于绿化用地，并于同年 9 月份完工。假设不考虑其他因素，下列各项中，该公司在 2012 年 12 月 31 日不应单独确认为无形资产的有（　　）。

A．甲地段的土地使用权　　B．乙地段的土地使用权

C．丙地段的土地使用权　　D．丁地段的土地使用权

第三节　无形资产摊销的核算

一、无形资产后续计量的原则

无形资产在经过初始确认和计量后，在使用该项无形资产期间内应以成本减去累计摊销额和累计减值损失后的余额计量。无形资产准则规定，企业应当于取得无形资产时分析判断其使用寿命。无形资产的使用寿命有限的，应当估计该使用寿命的年限或者构成使用寿命的产量等类似计量单位数量，在这一区间内采用系统合理的方法进行摊销；无法预见无形资产为企业带来未来经济利益期限的，应当视为使用寿命不确定的无形资产，则不能进行摊销，需每年进行减值测试。

(一) 估计无形资产使用寿命应考虑的因素

无形资产的后续计量是以其使用寿命为基础的。无形资产的使用寿命包括

法定寿命和经济寿命两个方面，有些无形资产的使用寿命受法律、规章或合同的限制，称为法定寿命。如我国法律规定发明专利权有效期为 20 年，商标权的有效期为 10 年。有些无形资产如永久性特许经营权、非专利技术等的寿命则不受法律或合同的限制。经济寿命是指无形资产可以为企业带来经济利益的年限。由于受技术进步、市场竞争等因素的影响，无形资产的经济寿命往往短于法定寿命，因此，在估计无形资产的使用寿命时，应当综合考虑各方面相关因素的影响，合理确定无形资产的使用寿命。

(二) 无形资产使用寿命的确定

源自合同性权利或其他法定权利取得的无形资产的使用寿命不应超过合同性权利或其他法定权利的期限。合同约定年限、法律规定年限和估计使用年限均存在的无形资产，按三者之中时间最短者确定使用寿命。如果合同性权利或其他法定权利能够在到期时因续约等延续，且有证据说明企业不会因续约付出大额成本的，续约期应当计入使用寿命。

没有明确的合同或法律规定的无形资产，企业应当综合各方面情况，如聘请相关专家进行论证或与同行业的情况进行比较以及企业的历史经验等，来确定无形资产为企业带来未来经济利益的期限，如果经过这些努力确实无法合理确定无形资产为企业带来经济利益期限的，再将其作为使用寿命不确定的无形资产。例如，企业通过公开拍卖取得一项出租车运营许可，按照所在地规定，以现有出租运营许可为限，不再授予新的运营许可，而且在旧的出租车报废以后，其运营许可可用于新的出租车。企业估计在有限的未来，其将持续经营出租车行业。对于该运营许可，其为企业带来未来经济利益的期限从目前情况看无法可靠估计，应视为使用寿命不确定的无形资产。

(三) 无形资产使用寿命的复核

企业至少应当于每年年度终了，对无形资产的使用寿命进行复核，如果有证据表明无形资产的使用寿命与以往不同，由于合同的续约或无形资产应用条件的改变，使得无形资产的使用寿命发生变化，应按照《企业会计准则第 28 号——会计政策、会计估计变更和差错更正》改变其摊销年限和摊销方法。

对于使用寿命不确定的无形资产，如果有证据表明其使用寿命是有限的，也应视为会计估计变更，并按照无形资产准则中关于使用寿命有限无形资产的处理原则进行处理。

二、使用寿命有限的无形资产摊销

使用寿命有限的无形资产，应在其预计的使用寿命内采用系统合理的方法对应摊销金额进行摊销。其中应摊销金额是指无形资产的成本扣除残值后的金额。

（一）无形资产的摊销期和摊销方法

无形资产的摊销期自其可供使用时（即其达到预定用途）开始至终止确认时止。在无形资产的使用寿命内系统地分摊其应摊销的金额，有多种摊销方法，包括直线法、生产总量法等。企业在选择无形资产的摊销方法时应依据从该资产中获取的预期利益的预计消耗方式来选择，并一致地运用于不同会计期间，例如，受技术陈旧因素影响较大的专利权和专有技术等无形资产，可采用类似固定资产加速折旧的方法进行摊销；有特定产量限制的特许经营权或专利权，应采用生产总量法进行摊销。

持有待售的无形资产不进行摊销，按照账面价值与公允价值减去处置费用后的净额孰低进行计量。

无形资产的摊销一般应计入当期损益，但如果某项无形资产是专门用于生产某种产品的，其所包含的经济利益是通过转入到所生产的产品中体现的，无形资产的摊销费用应构成产品成本的一部分。

【例 8-2】滨海公司为购得一项商标权支付价款 500 万元，款项已支付，依照法律，商标权的使用寿命为 10 年，不考虑残值因素，以直线法摊销预期实现经济利益的方式。编制会计分录如下：

购入时：

借：无形资产——商标权　　　5 000 000

　贷：银行存款　　　　　　　　5 000 000

每年摊销时：

借：管理费用　　　　　　　500 000

　贷：累计摊销　　　　　　　　500 000

（二）残值的确定

无形资产的残值一般为零，在有第三方承诺在无形资产使用寿命结束时愿意以一定的价格购买该项无形资产，或者存在长期活跃的市场，通过市场可以得到无形资产使用寿命结束时的残值信息的情况下，可以预计无形资产的残值。

无形资产的残值意味着在其经济寿命结束之前企业预计将会处置该无形资产，并从中获益。所以该项无形资产的残值应以处置时的可收回金额为基础。此时的可收回金额是指在预计出售日，出售一项使用寿命已满且处于类似使用状况下同类无形资产预计的处置价格（扣除相关税费）。残值确定以后，在持有无形资产的期间，至少应于每年年末进行复核，预计其残值与原估计金额不同的，应按照会计估计变更进行处理。如果无形资产的残值重新估计后高于其账面价值，则不再摊销，直至残值降至低于账面价值时再恢复摊销。

三、使用寿命不确定的无形资产

根据可获得的情况判断，有确凿证据表明无法合理估计其使用寿命的无形资产，才能作为使用寿命不确定的无形资产。企业不得随意判断使用寿命不确定的无形资产。按照无形资产准则规定，对于使用寿命不确定的无形资产，在持有期间内不需要摊销，如果期末重新复核后仍为不确定的，应在每个会计期间进行资产减值测试。当无形资产的可回收金额低于账面价值的，应以可回收金额作为账面价值，其差额作为减值损失计入当期损益，同时计提相等金额作为资产减值准备，账务处理为：借记“资产减值损失——计提无形资产减值准备”科目，贷记“无形资产减值准备”科目。

【课堂测试 8-3】

1．甲公司 2012 年 7 月 1 日购入一项计算机软件程序，入账价值为 525 万元，预计使用年限为 5 年。2013 年 12 月 31 日该无形资产的可收回金额为 320 万元，则 2013 年 12 月 31 日账面价值为（　　）万元。

A．315　　B．320

C．312　　D．375

2．企业至少应当于每年年度终了，对使用寿命有限、使用寿命不确定的无形资产的进行复核，其不正确的会计处理方法有（　）。

A．使用寿命有限的无形资产，其使用寿命与以前估计不同的，应当改变摊销期限，按照会计估价变更方法进行处理

B．使用寿命有限的无形资产，其使用寿命与以前估计不同的，应当改变摊销期限，按照会计政策变更方法进行处理

C．使用寿命有限的无形资产，其摊销方法与以前估计不同的，应当改变摊销方法，按照会计估价变更方法进行处理

D．使用寿命有限的无形资产，其摊销方法不得变更，只能采用直线法摊销

E．对使用寿命不确定的无形资产，如果有证据表明无形资产的使用寿命是有限的，应当估计其使用寿命

第四节　无形资产处置的核算

无形资产的处置，主要是指无形资产对外出租、出售、对外捐赠，或者是无法为企业带来未来经济利益时，应予外销并终止确认。

一、无形资产的出租

企业将所拥有的无形资产的使用权让渡给他人并收取租金，属于与企业日常活动相关的其他经营活动取得的收入，在满足收入准则规定的确认标准的情况下，应对相关收入和成本予以确认。账务处理为：取得租金收入时，借记“银行存款”等科目，贷记“其他业务收入”等科目；摊销出租无形资产的成本并发生与转让有关的各种费用支出时，借记“其他业务成本”科目，贷记“累计摊销”科目。

【例 8-3】滨海公司将某项专利技术出租给南开公司使用，该专利技术的账面余额为 1 000 000 元，摊销期限为 10 年，按合同规定承租方每销售一件使用该专利技术生产的产品，需支付给出租方 3 元专利技术使用费，承租方当年销售该产品 10 万件。假定不考虑其他相关税费，滨海公司的账务处理如下：

借：银行存款　　　　　　300 000
　贷：其他业务收入　　　　　300 000
借：其他业务成本　　　　100 000
　贷：累计摊销　　　　　　　100 000

二、无形资产的出售

企业出售无形资产表明企业放弃该项无形资产的所有权。无形资产准则规定，企业出售无形资产时，应将所取得的价款与该无形资产账面价值的差额作为资产处置利得或损失，与固定资产处置性质相同，计入当期损益。

出售无形资产时，应按实际收到的金额，借记“银行存款”等科目；按已摊销的累计摊销额，借记“累计摊销”科目；已计提减值准备的，借记“无形资产减值准备”科目；按应支付的相关税费，贷记“应交税费”等科目；按其账面余额，贷记“无形资产”科目，按其差额，贷记“营业外收入——处置非流动资产利得”科目或借记“营业外支出——处置非流动资产损失”科目。

【例 8-4】滨海公司以 500 万元出售一项非专利技术，按规定支付 5%营业税，该非专利技术的账面余额为 350 万元，累计摊销额为 250 万元，已计提的减值准备为 100 万元。其账务处理如下：

借：银行存款　　5 000 000
　　累计摊销　　2 500 000
　　无形资产减值准备　　1 000 000
　贷：无形资产　　3 500 000
　　　应交税费　　250 000
　　　营业外收入——处置非流动资产利得　　4 750 000

三、无形资产的报废

当无形资产预期不能为企业带来未来经济利益时，应将其转销，将其账面价值转入当期损益。如某项无形资产已被其他新技术取代或不再受到法律保护，并且其不再给企业带来经济利益等。此时应按已摊销的累计摊销额，借记“累计摊销”科目；原已计提减值准备的，借记“无形资产减值准备”科目；按其账面余额，贷记“无形资产”科目；按其差额，借记“营业外支出”科目。

【例 8-5】滨海公司的某项专利权本年没有产生经济效益，其账面余额为 300 000 元。该专利权的残值为 0，摊销期限为 10 年，采用直线法进行摊销，已摊销 5 年，并已累计计提减值准备 80 000 元，其账务处理如下：

借：累计摊销　　150 000
　　无形资产减值准备　　80 000
　　营业外支出——处置非流动资产损失　　70 000
　贷：无形资产——专利权　　300 000

【课堂测试 8-4】

1. 有关无形资产的摊销方法其正确表述是（　　）。

A. 无形资产的使用寿命为有限的，应当估计该使用寿命的年限或者构成使用寿命的产量等类似计量单位数量，其应摊销金额应当在使用寿命内系统合理摊销

B. 无法预见无形资产为企业带来经济利益期限的，应当视为使用寿命不确定的无形资产，应按照 10 年摊销

C. 企业摊销无形资产，应当自无形资产可供使用时起，至不再作为无形资产确认时止

D. 企业选择的无形资产摊销方法，应当反映与该项无形资产有关的经济利益的预期实现方式。无法可靠确定预期实现方式的，应当采用

直线法摊销

E．无形资产的应摊销金额为其成本扣除预计残值后的金额。已计提减值准备的无形资产，还应扣除已计提的无形资产减值准备累计金额

2．2013 年 4 月 6 日，滨海公司将一项专利权出售，取得价款 30 万元，转让交易适用的营业税税率为 5%。该专利权为 2011 年 1 月 8 日购入，实际支付的买价 70 万元，另付相关费用 2 万元。该专利权的摊销年限为 5 年，采用直线法摊销。转让该专利形成的净损失为（　　）万元。

A．12.30　　B．9.60　　C．10.80　　D．11.10

本章小结

无形资产只有在同时满足不具有实物形态、具有可辨认性和属于非货币性资产这三个要素才能确认。通常意义上，专利权、非专利技术、商标权、著作权、特许权和土地使用权等均属于无形资产这一范畴。无形资产在进行初始计量时，按照取得方式，可分为企业外购、自行研发、投资者投入、通过非货币性资产交换和债务重组取得、土地使用权购入、企业合并六种类型，分别进行成本核算。在无形资产后续计量中，对于使用寿命有限的无形资产，应当其使用寿命内系统地分摊其应摊销的金额；对于使用寿命不确定的无形资产，则不能进行摊销，但需每年年底进行减值测试。在无形资产对外出租、出售、对外捐赠，或者是无法为企业带来未来经济利益时，应对其进行处置，按照实际情况进行账务处理。

【篇后案例】

大族激光研发费用资本化增厚业绩

一、案例介绍

大族激光 2007 年年报披露，公司实现营业收入 148 555.54 万元、净利润 16 820.28 万元，同比分别增长 73.93%和 85.57%，每股收益 0.45 元。公司拟每 10 股分配现金股利 1 元（含税），以资本公积金向全体股东每 10 股转增 6 股。年报显示，根据新会计准则，2007 年公司技术开发费用得以资本化，相比原会计准则，此举增加公司利润 1 785.75 万元，占公司净利润总额的 10%。

深圳市大族激光科技股份有限公司由成立于 1996 年的大族实业公司发展而来，主要从事激光加工设备的研发、生产和销售，是亚洲最大、世界知名的激光加工设备生产厂商，年均增长率达 60%。同时也是深圳国家科技成

果推广示范基地重点推广示范企业、国家规划布局内重点软件企业、深圳市光学光电子行业协会会长单位、深圳市软件行业协会会长单位，被国家发改委认定为国家高新技术产业化示范工程项目的实施单位。2002 年公司一举成为国内乃至亚洲最大的激光设备制造商，激光信息标记设备国内市场占有率达到 71.96％，2004 年成为国内首家以激光为主业的上市公司，现已成为全球激光信息标记设备产销量最大的公司。公司 2007 年加大科技投入力度，加强产品创新。2007 年公司科技研发开发投入 8 125.55 万元，约占公司销售收入的 5.47%，同比增长 126.31%。

激光行业空间巨大，增长迅速。全球 10 年的复合增长率为 14%，中国为 34%，全面覆盖工业制造、信息通讯和医疗行业等。目前国内制造业激光设备使用率仍旧较低，随着精细化制造业的推进，应用也将从打标、焊接等轻工领域，逐渐发展到大功率切割、热处理、PCB 设备、印刷等。

大族激光市场拓展能力突出。公司从研发打标机出身，通过收购整合快速学习其他行业知识，依次做大了焊接、PCB、印刷等行业。公司以良好的激励制度和优秀的管理文化为基础，善于对下游客户进行引导示范推广，结合客户需求开发激光配套设备。另外完善的售后服务、良好的性价比使公司极富竞争力。

资料来源：中国证券报 2008 年 2 月 19 日

二、案例分析及启示

新会计准则规定：企业内部研发项目的支出，应当区分研究阶段支出与开发阶段支出。研究费用依然是费用化处理；进入开发程序后，对开发过程中的费用如果符合相关条件，就可以资本化。企业研发费用还可按实际发生额的 150% 抵扣当年度的应纳税所得额，对于开发新技术新产品新工艺的研发费用，还允许加计扣除（在原有 100%的基础上再加一个比例）。这些都成为鼓励企业研发投入同时保证利润水平的新做法。

平安证券研究员李先明认为，之前的研发支出费用化往往导致公司，尤其是研发密集型公司的价值被低估。现在，部分研发支出的资本化能增加企业的资产，企业财务状况也会有一定程度的好转，新会计准则对研发费用资本化和高比例税前扣除的规定将使众多高科技型中小板上市公司从中获益，大族激光仅仅是一个开始。

大族激光无形资产：

项目	2007.12.31	2006.12.31
项目开发支出	22 471 786.89	—

无形资产期末数为公司执行新会计准则确认的内部研究开发项目开发阶段的资本化支出，截至2007年12月31日止，相关开发项目尚未完成。上述余额中包括尚未消耗的材料683万元（按原会计制度该部分未消耗掉的材料亦不计入损益）以及人工费等其他项目共计1 564万元。按《企业会计准则第38号——首次执行企业会计准则》规定，研究开发费的会计政策变更采用未来适用法，此项变更增加2007年度利润1 785.75万元。

在实际情况中，开发和研究很难区别，不同的分类就有可能造成对利润表影响的时点变化不同，因此也给相关公司带来很大的利润调控余地。据统计，我国研究与开发费用仅占GDP的0.83%，而世界发达国家的平均比重为2%，其中美国高达2.53%。研发力度的不足与此前会计政策的谨慎保守不无关系。

而新准则对企业加大研发投入的鼓励也颇有成效。大族激光在年报中称，2007年公司科技研发开发投入8 125.55万元，约占公司销售收入的5.47%，同比增长126.31%。2007年共申请各种专利211项，同比增长145.35%，专利申请达历史最高水平。公司年报称，随着公司销售规模扩大，产品领域的不断拓展，公司流动资金面临困难状况。截止到2007年12月31日，公司资产负债率已达53%，由于公司固定资产较少，公司间接融资能力受到一定限制。对于资产负债率已"不堪重负"的高科技企业，新政策能降低资产负债比率，提高商业信用，帮助其扩大融资渠道。如果失去研发费用资本化的支持，再融资的难度无疑又加重了不少。

三、思考题

1. 如何划分研究阶段和开发阶段?

2. 新会计准则规定研发费用可以资本化，这是不是说企业可以利用这一政策来调节自身利润?

核心概念

无形资产（intangible assets）

摊销（amortization）

专利权（patent）

著作权、版权（copyright）

商标（trademark or trade name）

特许权（franchise）

许可（licenses）

研发成本（research and development，R&D）

残值（salvage value）

直线法（straight-line method）

思考题

1. 简述无形资产的特征。
2. 无形资产和固定资产在会计处理时的主要不同是什么？
3. 如何确认无形资产的入账价值？如何确定无形资产的摊销期限？
4. 转让无形资产所有权和转让无形资产使用权有何不同？分别应如何处理？
5. 请简述无形资产取得、摊销和转让的账务处理。

练习题

（一）单项选择题

1. 下列关于无形资产的特征表述不正确的是（　　）。

A. 无形资产不具有实物形态

B. 无形资产不属于非货币性资产

C. 持有主要目的是为企业使用而非出售

D. 在创造经济利益方面有较大不确定性

2. 下列各项中不应作为长期待摊费用的是（　　）。

A. 筹建期间发生的投资者的差旅费

B. 筹建期间发生的员工培训费

C. 筹建期间发生的汇兑净损失

D. 筹建期间的员工工资

3. 转让无形资产所有权所得到的收益，在利润表中应列入“（　　）”科目。

A. 主营业务收入　　B. 营业外收入

C. 其他业务收入　　D. 投资收益

4. 甲公司 2010 年 1 月 1 日购入一项专利权，实际支付买价及相关费用共计 48 万元。该专利权的摊销年限为 5 年。2012 年 4 月 1 日，甲公司将该专利权的所有权转让，取得价款 20 万元。转让交易的营业税税率为 5%。假定不考虑无形资产的减值准备且不考虑其他附加税费。转让该专利权形成的净损失为（　　）万元。

A. 8.2　　B. 7.4　　C. 7.2　　D. 6.4

5. 甲公司2007年年初开始进行新产品研发，2007年投入研究费用300万元，2008年投入开发费用600万元（假定均符合资本化条件），至2009年年初获得成功，并向国家专利局提出专利权申请且获得专利权，实际发生包括注册登记费等60万元。该项专利权法律保护年限为10年，预计使用年限12年。则甲公司该项专利权2009年应摊销的金额为（　　）万元。

A. 55　　B. 66　　C. 80　　D. 96

6. 甲公司出售所拥有的的无形资产一项，取得收入300万元，营业税税率5%。该无形资产取得实际成本为400万元，已摊销120万元，已计提减值准备50万元。甲公司出售该项无形资产应计入当期损益的金额为（　　）万元。

A. －20　　B. －100　　C. 55　　D. 300

7. 下列有关无形资产会计处理的表述中，错误的是（　　）。

A. 无形资产后续支出应在发生时计入当期损益

B. 购入但尚未使用的无形资产的价值不应进行摊销

C. 不能为企业带来经济利益的无形资产，其账面价值应全部转入当期损益

D. 只有很可能为企业带来经济利益且成本能够可靠计量的无形资产才能确认

8. 各种无形资产的摊销，一般应计入（　　）。

A. 制造费用　　B. 财务费用

C. 销售费用　　D. 管理费用

9. 以下不属于无形资产基本特征的是（　　）。

A. 无形资产没有实物形态

B. 无形资产属于非货币性长期资产

C. 无形资产在创造经济利益方面存在较大不确定性

D. 无形资产具有不可辨认性

10. 有投资者投资转入的无形资产，应按合同或协议约定的价值（假定该价值是公允的），借记“无形资产”科目；按其在注册资本中所占的份额，贷记“实收资本”科目；按其差额计入“（　　）”科目。

A. 资本公积——资本（或股本）溢价

B. 营业外收入

C. 资本公积——股权投资准备

D. 最低租赁付款额

11. 企业无形资产计量采用的方法主要是（ ）。

A. 历史成本法　　B. 公允价值法

C. 重置成本法　　D. 现值法

12. 当某项无形资产已丧失使用价值和转让价值时，应将其账面价值（ ）。

A. 全部转入当期损益　　B. 全部计提减值准备

C. 加速进行摊销　　D. 转入长期待摊费用

13. 在会计期末，公司所持有的无形资产的账面价值高于其可收回金额的差额，应计入（ ）。

A. 管理费用　　B. 其他业务成本

C. 营业外支出　　D. 资产减值损失

14. 对出租的无形资产进行摊销时，其摊销的价值应计入（ ）。

A. 管理费用　　B. 其他业务成本

C. 营业外支出　　D. 销售费用

15. 无形资产的期末借方余额，反映企业无形资产的（ ）。

A. 成本　　B. 账面价值

C. 账面余额　　D. 可收回金额

（二）多项选择题

1. 无形资产具有的特征是（ ）。

A. 无实体性　　B. 非货币性　　C. 可辨认性

D. 经营性　　E. 长期性

2. 对使用寿命有限的无形资产，下列说法中正确的有（ ）。

A. 其应摊销金额应当在使用寿命内系统合理摊销

B. 其摊销期限应当自无形资产可供使用时起至不再作为无形资产确认时止

C. 其摊销期限应当自无形资产可供使用的下个月起至不再作为无形资产确认时止

D. 无形资产的应摊销金额为其成本扣除预计残值后的金额。已计提减值准备的无形资产，还应扣除已计提的无形资产减值准备累计金额。

3. 关于无形资产的后续计量，下列说法中不正确的是（ ）。

A. 使用寿命不确定的无形资产应当按系统合理的方法摊销

B. 使用寿命不确定的无形资产，其摊销金额应按10年摊销

C. 企业无形资产摊销方法，应当反映与该项无形资产有关的经济利益

的预期实现方式

D. 无形资产的摊销方法只有直线法

4. 下列各项中，企业可以确认无形资产的有（　　）。

A. 吸收投资取得的土地使用权　　B. 企业自创的品牌

C. 企业自行开发研制的专利权　　D. 接受捐赠取得的专有技术

5. 下列关于无形资产摊销的说法中，正确的有（　　）。

A. 无形资产应当自达到预定用途的当月开始摊销

B. 无形资产应当自达到预定用途的次月开始摊销

C. 企业出租无形资产的摊销金额一般应计入管理费用

D. 企业专门用于生产产品的无形资产的摊销金额应计入制造费用

6. 根据企业会计准则的规定，下列不正确的说法有（　　）。

A. 使用寿命有限的无形资产应当摊销，使用寿命不确定的无形资产不予摊销。

B. 无形资产摊销金额应全部计入管理费用，同时冲减无形资产的账面余额，报废时无残值

C. 无形资产预期不能为企业带来经济利益的，应按照原预定方法和使用寿命摊销

D. 土地使用权用于自行开发建造厂房等地上建筑物时，相关的土地使用权不应当计入所建造的厂房建筑物成本，土地使用权于地上建筑物分别进行摊销或提取折旧

7. 下列有关无形资产的会计处理的表述中，正确的有（　　）。

A. 无形资产后续支出应当在发生时计入当期损益

B. 无法区分研究阶段和开发阶段的支出，应当将其所发生的研发支出全部计入当期管理费用

C. 使用寿命有限的无形资产应当在取得当月起开始摊销

D. 处置无形资产所发生的支出应当计入其他业务成本

8. 下列说法中，符合现行会计准则的有（　　）。

A. 按照谨慎性要求，研究开发支出应在发生时直接计入当期损益

B. 出租的无形资产，其摊销费用应计入管理费用

C. 若预计某项无形资产已经不能给企业带来未来经济利益，应当将该项无形资产的账面价值予以转销，其账面价值转作当期损益

D. 如果无法可靠确定无形资产的相关经济利益的预期实现方式，该无形资产应当采用直线法摊销

9. 关于“研发支出”科目核算内容，下列表述正确的项目是（　　）。
   A. 本科目应按照研究开发项目设立
   B. 本科目应该分别“费用化支出”与“资本化支出”进行明细核算
   C. 本科目归集各种研究和开发方面费用，其中对开发阶段符合相关条件的支出转入到无形资产科目中
   D. 本科目月末不应有余额
   E. 本科目月末余额表示正在进行的研发项目情况
10. 下列项目中，应作为无形资产核算的有（　　）。
   A. 企业自创商标过程中发生的广告费
   B. 企业自外单位购入商标发生的购置费
   C. 企业自外单位购入商标权发生的相关税费
   D. 企业自行开发非专利技术支付的研究阶段发生的费用
   E. 企业自行开发非专利技术支付的开发阶段发生的费用
11. 下列表述中，不正确的项目有（　　）。
   A. 无形资产的出租收入应确认为其他业务收入
   B. 无形资产的成本应自取得当月按直线法摊销，冲减无形资产账面价值
   C. 无形资产的后续支出应在发生时全部予以资本化
   D. 无形资产的研究与开发费用应在发生时全部计入当期损益
   E. 无形资产的出售收益计入营业外收入
12. 下列各项中，会引起无形资产账面价值发生增减变动的有（　　）。
   A. 转让无形资产所有权　　B. 发生无形资产后续支出
   C. 转让无形资产使用权　　D. 对无形资产计提减值准备
   E. 摊销无形资产
13. 下列有关无形资产的说法中正确的有（　　）。
   A. 购买无形资产的价款超过正常信用条件延期支付，实质上具有融资性质的，无形资产的成本以购买价款为基础确定
   B. 投资者投入无形资产的成本，应当按照投资合同或协议约定的价值确定，即使合同或协议约定价值不公允
   C. 自行开发并依法取得的无形资产，其入账价值为开发和申请过程中发生的所有支出
   D. 无形资产的应摊销金额为其成本扣除预计残值后的金额，已计提减值准备的无形资产，还应扣除已计提的无形资产减值准备累计金额

E. 无形资产的使用寿命及摊销方法与以前估计不同的，应当改变摊销期限和摊销方法

14. 下列应当计提无形资产减值准备的情况有（　　）。

A. 某项无形资产已被其他新技术所替代，使其为企业创造经济利益的能力受到重大不利影响

B. 某项无形资产的市价在当期大幅度下跌，并在剩余摊销年限内不会恢复

C. 某项无形资产已超过法律保护期限，但仍然有部分使用价值

D. 企业内部报告的证据表明无形资产的经济绩效已经低于或者将低于预期

E. 其他足以证明某项无形资产实质上已经发生了减值的情形

15. 企业自行开发项目开发阶段的支出，满足资本化的条件包括（　　）。

A. 完成该无形资产以使其能够使用或出售，在技术上具有可行性

B. 归属于该无形资产开发阶段的支出能够可靠地计量

C. 具有完成该无形资产并使用或出售的意图

D. 无形资产生产的产品存在市场或无形资产自身存在市场，无形资产将在内部使用的，可证明其有用性

E. 有足够的技术、财务和其他资源支持

（三）判断题

1. 无形资产是指企业拥有或者控制的没有实物形态的非货币性资产，包括可辨认非货币性资产和不可辨认非货币性资产两个部分。（　）

2. 专利权和商标权均有法定有效期限，且到期时均不得继续申请延长注册期。（　）

3. 某个项目要确认为无形资产，首先必须符合无形资产的定义，其次产生的经济利益很可能流入企业，再次其成本能够可靠地计量。（　）

4. 企业内部研发活动可以划分成研究阶段和开发阶段，并对开发阶段的符合相关条件的支出准予资本化。（　）

5. 外购无形资产的成本，包括购买价款、相关税费以及直接归属于使该项资产达到预定用途所发生的其他支出，比如，购买无形资产的价款超过正常信用条件延期支付，实质上具有融资性质的利息支出。（　）

6. 自主研发形成的无形资产，在开发阶段符合相关条件的情况下，可构成无形资产价值，其初始成本包括以前期间已经费用化的支出。（　）

7. 无形资产在确认后发生的支出，金额较大的应增加无形资产的价值，金

额较小的可确认为发生当期的费用。（ ）

8. 如果无形资产可收回金额低于其账面价值，说明企业的无形资产发生了减值，应计提无形资产的减值准备。（ ）

9. 对于已确认减值的无形资产，如有充分的证据表明其减值又得以恢复，应按已恢复部分，在无形资产减值准备的数额内，冲减无形资产减值准备，并确认为当期损益。（ ）

10. 一般情况下，使用寿命有限的无形资产，其应摊销金额为其成本扣除已计提的无形资产减值准备的累计金额。（ ）

11. 企业取得的使用寿命有限的无形资产均应按直线法摊销。（ ）

12. 对自创的无形资产，为了稳健和简化核算，一般将自创过程中发生的费用作为技术研究费用，计入当期费用。( )

13. 当某项无形资产已被其他新技术等所替代，使其为企业创造经济利益的能力受到重大不利影响时，应当对其计提减值准备。( )

14. 企业出售无形资产，应将所得价款与该项无形资产的账面价值之间的差额，计入当期其他业务利润。( )

（四）核算题

1. 甲公司的经济业务如下：

（1）2009 年 1 月 1 日，甲公司从外单位购得一项非专利技术，支付价款 5 000 万元，款项已支付，估计该项非专利技术的使用寿命为 10 年，该项非专利技术用于产品生产；同时，购入一项商标权，支付价款 3 000 万元，款项已支付，估计该商标权的使用寿命为 15 年。假定这两项无形资产的净残值均为零，并按直线法摊销。

（2）购买一项专利权，共支付价款 160 000 元，法定有效期为 10 年，企业估计其经济年限为 8 年。

（3）购入一项商标权，支付价款 180 000 元，法定有效期限为 6 年。

（4）企业接受 A 企业商标权投资，该商标权的公允价值为 500 000 元，双方协议价为 500 000 元，法定有效期限为 10 年。

要求：

（1）根据（1）做出甲公司的账务处理。

（2）根据（2）～（4）编制有关无形资产增加、减少及摊销会计分录（假定无形资产按年摊销，不考虑转让时所发生的相关税费）。

2. 甲股份有限公司 2001～2008 年无形资产业务有关的资料如下：

（1）2001 年 12 月 1 日，以银行存款 300 万元购入一项无形资产（不考虑相关税费）。该无形资产的预计使用年限为 10 年。

（2）2008 年 4 月 1 日，将该无形资产对外出售，取得价款 130 万元并收存银行，营业税税率为 5%，按营业税的 7%计算应交的城市维护建设税，按营业税的 3%计算应交的教育费附加（其他相关税费不考虑）。

要求：

（1）编制购入该无形资产的会计分录。

（2）计算 2006 年 12 月 31 日该无形资产的账面价值。

（3）计算 2008 年 3 月 31 日该无形资产的账面余额。

（4）计算该无形资产出售形成的净损益。

（5）编制该无形资产出售的会计分录。

3. 2009 年 1 月 1 日，A 企业将一项专利技术出租给 B 企业使用，该专利技术的账面余额为 500 万元，摊销期限为 10 年，出租合同规定，承租方每销售一件用该专利生产的产品，必须付给出租方 10 元专利技术使用费。假定承租方当年销售该产品 10 万件，应交的营业税为 5 万元，其他税费不考虑。

要求：做出甲公司的账务处理。

4. 甲公司有关无形资产的业务如下：

（1）甲公司 2008 年初开始自行研究开发一项无形资产，在研究开发过程中发生人工工资 900 万元，以及其他费用 700 万元，共计 1 600 万元，其中，符合资本化条件的支出为 1 200 万元；2008 年 10 月无形资产获得成功，达到预定可使用状态。甲公司该项无形资产专用于本企业产品生产。

（2）甲公司根据可获得的相关信息判断，无法可靠预计这一非专利技术为企业带来未来经济利益的期限。

（3）2008 年 12 月 31 日，经减值测试，预计该项无形资产的可收回金额为 1 000 万元。

（4）2009 年末，经减值测试，预计该项无形资产的可收回金额为 800 万元。同时有证据表明其使用寿命是有限的，预计尚可使用 5 年。

（5）2010 年末，由于新技术发展迅速，该无形资产出现减值迹象，经减值测试，预计其可收回金额为 540 万元，预计使用寿命和摊销方法不变。

（6）2012 年末，该项无形资产的相关产品已没有市场，该无形资产预期不能再为企业带来经济利益。

要求：

（1）编制甲公司 2008 年度的有关会计分录。

（2）编制甲公司 2009 年度的有关会计分录。

（3）编制甲公司2010年度的有关会计分录。

（4）编制甲公司2012年度的有关会计分录。

（分录数据以万元为单位，假定不考虑相关税费。）

5. 甲股份公司有关无形资产的业务如下：

（1）甲公司 2010 年初开始自行研究开发一项新产品专利技术，在研究开发过程中发生材料费300万元、人工工资100万元，以及其他费用50万元，共计450万元，其中，符合资本化条件的支出为300万元；2011年1月专利技术获得成功，达到预定用途。不考虑相关税费。

对于该项专利权，相关法律规定该专利权的有效年限为 10 年，甲公司估计该专利权的预计使用年限为12年，并采用直线法摊销该项无形资产。

（2）2012年12月31日，由于市场发生不利变化，致使该专利权发生减值，甲公司预计其可收回金额为160万元。该专利权减值后摊销年限和摊销方法不变。

（3）2013年4月5日甲公司出售该专利权，收到价款120万元，已存入银行。营业税税率为5%。

要求：

（1）编制甲公司2010年度有关研究开发专利权会计分录。

（2）编制甲公司2011年该项无形资产的相关会计分录（假定按年摊销）。

（3）计算甲公司 2012 年对该专利权应该计提的减值金额并编制计提减值准备的会计分录。

（4）编制甲公司2013年与该专利权相关的会计分录。

6. XYZ上市公司2011年1月6日，从B公司购买一项商标权，由于XYZ公司资金周转比较紧张，经与B公司协议采用分期付款方式支付款项。合同规定，该项商标权总计900万元，每年末付款300万元，3年付清。假定银行同期贷款利率为10%。

要求：

（1）计算无形资产现值。

（2）计算未确认融资费用。

（3）编制2011年1月6日的会计分录。

（4）计算并编制2011年年底有关会计分录。

（5）计算并编制2012年年底有关会计分录。

（6）计算并编制2013年年底有关会计分录。

第九章　投资性房地产

【学习目标】在本章之前，我们讨论了无形资产的概念及特征，进行确认及计量的处理方式，以及无形资产出现减值和进行处置时的核算处理。同时我们也学习到，当某企业在国家准许的条件下，在某一期间内对国有土地享有了开发、利用以及经营的权利，即拥有土地使用权时，在会计核算上作为企业的无形资产进行处理，但是，当企业将土地使用权用于出租时，在进行会计处理时，虽然仍作为本企业资产进行确认，但是却不能确认为无形资产，而是确认为投资性房地产。通过本章学习，了解投资性房地产的概念、后续支出等；熟悉投资性房地产的涵盖范围、确认条件和两种计量模式；掌握投资性房地产后续计量时，两种计量模式下的会计处理以及投资性房地产的转换处理。

【开篇案例】

A 企业从事房地产开发业务，目前房地产开发项目中，已出售 100 套商品房，另外有 10 套门面房，并不打算出售。B 企业从事商品零售，需要合适的门面房做销售专卖店。经过业务谈判，B 企业与 A 企业签订了一项经营租赁合同，A 企业将其持有产权的门面房 10 套出租给 B 企业，为期 5 年。B 企业一开始将这门面房用于自身产品零售专卖店，两年后，由于连续亏损，B 企业将门面店转租给 C 公司，以赚取租金差价。试问，对 A、B、C 企业来说，该如何对这些门面房进行会计核算？

第一节　投资性房地产概述

一、投资性房地产的概念

房地产通常包括房产和地产，是土地和房屋及其权属的总称。在我国，土地归国家或集体所有，企业只能取得土地使用权而不能取得土地所有权。因此房地产中的土地是指土地使用权；而房屋是指土地上的房屋等建筑物及构筑物。

目前，我国很多企业持有房地产的目的除了用做自身管理所需、生产经营活动用地和对外出售之外，还出现了很多将房地产用于赚取租金或增值收益的活动。企业用于出租或增值的房地产在用途、状态等方面与企业作为生产经营活动用地的厂房、办公楼等自用房地产以及房地产开发企业用于销售的房地产是截然不同的。因此，我国企业会计准则规定：投资性房地产，是指为赚取租金或资本增值，或者两者兼有而持有的房地产。

二、投资性房地产的特征

投资性房地产应当能够单独计量和出售，主要有以下特征：

1. 投资性房地产是一种经营活动

投资性房地产的主要形式是出租建筑物、出租土地使用权，这实质上属于一种让渡资产使用权的行为。房地产租金就是让渡资产使用权取得的使用费收入，是企业为完成其经营目标所从事的经营性活动以及与之相关的其他活动的经济利益的总流入。对与将投资性房地产作为日常经营活动的企业而言，形成的租金收入将会确认为企业的主营业务收入；但是对于大部分企业而言，是与经营活动相关的其他经营活动，形成的租金收入则构成企业的其他业务收入。

2. 投资性房地产在用途、状态、目的等方面区别于作为生产经营场所和销售的房地产

企业持有的房地产可能用作自身管理、生产经营活动场所，也可能用于对外出售，还可以作为投资性房地产用于赚取租金或增值收益的活动，甚至成为个别企业的主营业务。这就需要企业将投资性房地产单独作为一项资产进行核算和反映，与自用的厂房、办公楼等房地产和作为存货的房地产加以区别，从而更加清晰地反映企业所持有房地产的构成情况和盈利能力。

三、投资性房地产的范围

投资性房地产主要包括已出租的土地使用权、持有并准备增值后转让的土地使用权和已出租的建筑物。

（一）属于投资性房地产的项目

1. 已出租的土地使用权

已出租的土地使用权是指企业通过出让或转让方式取得并以经营租赁方式

出租的土地使用权。企业计划用于出租但尚未出租的土地使用权，不属于此类。对于以经营租赁方式租入土地使用权再转租给其他单位的，不能确认为投资性房地产。例如，甲公司与乙公司签订了一项经营租赁合同，约定甲公司租赁使用乙公司拥有的一块场地，租赁期 8 年。甲公司又将这块场地转租给丙公司，以赚取租金差价，为期 4 年。本例中，对于甲公司和丙公司而言，这项土地使用权不能予以确认，也不属于投资性房地产，但是对于乙公司而言，自租赁期开始日起，这项土地使用权属于投资性房地产。

2．持有并准备增值后转让的土地使用权

持有并准备增值后转让的土地使用权是指企业通过转让或转让方式取得并准备增值后转让的土地使用权。例如，企业发生转产或厂址搬迁，部分土地使用权停止自用，管理层决定继续持有这部分土地使用权，待其增值后转让赚取增值收益，该土地使用权则可以认定为投资性房地产。但是，按照国家规定认定的闲置土地，不属于持有并准备增值的土地使用权，也就不属于投资性房地产。

3．已出租的建筑物

已出租的建筑物是指企业拥有产权并以经营租赁方式出租的房屋等建筑物，包括自行建造或开发活动完成后用于出租的建筑物。企业以经营租赁方式租入建筑物再转租给其他单位或个人的，不属于投资性房地产，也不能确认为企业的资产。

（二）不属于投资性房地产的项目

（1）自用房地产，即为生产商品、提供劳务或者经营管理而持有的房地产，包括自用建筑物和自用土地使用权。例如，企业的厂房、办公楼等。

（2）作为存货的房地产，通常是指房地产开发企业在正常经营过程中销售的或为销售而正在开发的商品房和土地。这部分房地产属于房地产开发企业的存货，其生产、销售构成企业的主营业务活动，产生的现金流量也与企业的其他资产密切相关。

在实务中，如果某项房地产部分用于赚取租金或资本增值、部分自用，能够单独计量和出售的、用于赚取租金或资本增值的部分，应当确认为投资性房地产；不能够单独计量和出售的，用于赚取租金或资本增值的部分，不确认为投资性房地产。该项房地产自用的部分，以及不能够单独计量和出售的、用于赚取租金或资本增值的部分，应当确认为固定资产或无形资产。

【篇中案例】

根据国土资源部公布的《闲置土地处理办法》的规定，土地使用者依法取得土地使用权后，未经原批准用地的人民政府同意，超过规定的期限未动工开发建设的建设用地属于闲置土地。具有下列情形之一的，也可以认定为闲置土地：

（1）国有土地有偿使用合同或建设用地批准书未规定动工开发日期的，自国有土地有偿使用合同生效或者土地行政主管部门建设用地批准书颁发之日起满1年未动工开发建设的；（2）已动工开发建设但开发建设的面积占应动工开发建设总面积不足三分之一或者已投资额占总投资额不足 25%且未经批准中止开发建设连续满1年的；（3）法律、行政法规规定的其他情形。《闲置土地处理办法》还规定，经法定程序批准，对闲置土地可以选择延长开发建设时间（不超过 1 年）、改变土地用途、办理有关手续后继续开发建设方案等。

按照国家有关规定认定的闲置土地，不属于持有并准备增值后转让的土地使用权，也就不属于投资性房地产。

资料来源：《会计准则应用指南》

四、投资性房地产的计量模式

企业对投资性房地产进行后续计量时，有两种计量模式：一是成本模式，一是公允价值计量模式。

（一）成本模式

在成本模式下，企业应当按照《企业会计准则第4号——固定资产》和《企业会计准则第6号——无形资产》对所持有的投资性房地产进行后续计量，计提折旧或摊销，出现减值迹象的，也应当进行相应的减值处理。

（二）公允价值模式

只有在有确凿证据表明投资性房地产的公允价值能够持续可靠取得的情况下，才可以对投资性房地产采用公允价值模式进行后续计量。采用公允价值模式计量的投资性房地产，应当同时满足下列条件：

（1）投资性房地产所在地有活跃的房地产交易市场。

（2）企业能够从房地产交易市场上取得同类或类似房地产的市场价格及其他相关信息，从而对投资性房地产的公允价值做出合理的估计。

采用公允价值模式计量的，不对投资性房地产计提折旧或进行摊销，应当以资产负债表日投资性房地产的公允价值为基础调整其账面价值，因此，也不存在减值的处理。

同一企业只能采用一种模式对所持有的投资性房地产进行后续计量，计量模式一经确定，不得随意变更。从成本模式转为公允价值模式，视为会计政策变更，应当根据《企业会计准则第 28 号——会计政策、会计估计变更和差错更正》的相关规定进行处理，已采用公允价值模式计量的投资性房地产，不得从公允价值模式转为成本模式。

【课堂测试 9-1】

1．下列各项中属于投资性房地产的有（　　）。

A. 已出租的建筑物

B. 待出租的建筑物

C. 已出租的土地使用权

D. 以经营租赁方式租入后再转租的建筑物

E. 企业拥有并自行经营的饭店

F. 房地产开发企业正在开发的商品房

2．下列各项中描述正确的有（　　）。

A. 投资性房地产的后续计量有两种计量模式，分别是成本计量模式和公允价值计量模式

B. 同一企业对所持有的投资性房地产进行后续计量时，可以同时采用两种计量模式

C. 企业对已出租的建筑物后续计量采用成本计量模式时，无需计提折旧

D. 企业对已出租的土地使用权后续计量采用公允价值计量模式时，不需要计提减值损失

E. 采用成本模式计量的投资性房地产，符合条件时可转换为公允价值模式计量

第二节　投资性房地产的确认及初始计量

一、投资性房地产的确认条件

企业将某个项目确认为投资性房地产，首先应当符合投资性房地产的概念，

其次应当同时满足下列条件的，才能予以确认：

（1）与该投资性房地产有关的经济利益很可能流入企业；

（2）该投资性房地产的成本能够可靠地计量。

二、投资性房地产的初始计量

按照会计准则的规定，投资性房地产应当按照成本进行初始计量。不同渠道取得的投资性房地产，其成本构成有所不同。

企业应当设置“投资性房地产”账户核算投资性房地产的价值。投资性房地产用成本模式计量的，应当按照投资性房地产类别和项目进行明细核算；投资性房地产采用公允价值计量的，应当按照投资性房地产类别和项目并分别“成本”、“公允价值变动”进行明细核算。

（一）外购的投资性房地产

企业外购的房地产，只有购入房地产的同时开始对外出租或用于资本增值，才能作为投资性房地产进行确认。外购房地产应该按照取得时的实际成本进行初始计量，其取得成本包括购买价款、相关税费和其他可直接归属于该资产的其他支出。企业应当在确认为投资性房地产时，借记“投资性房地产（成本）”科目，贷记“银行存款”等科目。

【例 9-1】2012 年 4 月，滨海公司购入一栋写字楼，并于购入当天出租给南开公司。滨海公司购入该写字楼支付相关价款共计 65 000 000 元。假设不考虑其他因素，滨海公司采用成本模式进行后续计量，则滨海公司相关账务处理如下：

借：投资性房地产　　65 000 000

　贷：银行存款　　65 000 000

（二）自行建造的投资性房地产

企业自行建造或开发的房地产，只有在自行建造或开发活动完成的同时开始对外出租或用于资本增值，才能确认为企业的投资性房地产。企业自行建造或开发取得的投资性房地产的成本，由建造或开发该项资产达到预定可使用状态前所发生的必要支出构成，包括土地开发费、建筑成本、安装成本、应予以资本化的借款费用、支付的其他费用和分摊额间接费用等。建造过程中发生的非正常损失直接计入当期损益，不计入建造成本。企业应当按照确定的成本，借记“投资性房地产（成本）”科目，贷记“在建工程”或“开发产品”科目。

【例 9-2】2012 年 4 月，滨海公司从其他单位购入一块土地，并在这块土地上开始自行建造写字楼。2012 年 8 月，滨海公司预计写字楼即将完工，与南开公司签订了经营租赁合同，合同约定该写字楼于完工之日时开始出租。该写字楼在建造过程中共耗用工程物资 6 000 000 元，应付人工费用 1 200 000 元，这块土地使用权的取得成本为 3 000 000 元。滨海公司的账务处理如下：

借：在建工程　　7 200 000
　贷：工程物资　　6 000 000
　　　应付职工薪酬　　1 200 000

借：投资性房地产——写字楼　　7 200 000
　贷：在建工程　　7 200 000

借：投资性房地产——土地使用权　　3 000 000
　贷：无形资产——土地使用权　　3 000 000

【课堂测试 9-2】

1．下列项目中属于外购投资性房地产的是（　　）。

A. 企业购入的写字楼直接出租

B. 企业购入的土地准备建造办公楼

C. 企业购入的土地准备建造办公楼，之后改为持有以备增值

D. 企业购入的写字楼自用 5 年后再出租

2．某企业将自行建造的房地产达到预定可使用状态时开始自用，自用 3 年后改为对外出租，分析一下，企业该如何进行确认？

第三节　投资性房地产的后续计量

一、投资性房地产的两种计量模式

投资性房地产的后续计量模式有成本模式和公允价值模式。企业通常应当采用成本模式对投资性房地产进行后续计量，符合一定条件下，企业也可以选择公允价值模式对投资性房地产进行后续计量。但是，同一企业只能采用一种模式对所有投资性房地产进行后续计量，不得同时采用两种计量模式。

二、投资性房地产采用成本模式进行后续计量

采用成本模式进行后续计量的投资性房地产，应当按照固定资产或无形资产的有关规定，按期（月）计提折旧或摊销，借记“其他业务成本”等科目，贷记“投资性房地产累计折旧（摊销）”。取得的租金收入，借记“银行存款”

等科目，贷记“其他业务收入”等科目。

资产负债表日，企业应当对投资性房地产进行减值测试，经减值测试后确定发生减值的，应当计提减值准备，借记“资产减值损失”科目，贷记“投资性房地产减值准备”科目。如果已经计提减值准备的投资性房地产的价值又得已恢复，不得转回。

【例 9-3】滨海公司将一栋商务楼出租给南开公司使用，已确认为投资性房地产，采用成本模式进行后续计量，假设该商务楼的成本为 36 000 000 元，按照直线法进行折旧，使用寿命为 20 年，预计净残值为 0。按照经营租赁合同的规定，甲企业每月支付的租金为 80 000 元，当年 12 月，这栋商务楼发生减值现象，经减值测试，可收回金额为 18 000 000 元，此时商务楼的账面价值为 21 000 000 元，以前未进行减值的计提。滨海公司的相关账务处理如下：

（1）计提折旧

每月计提的折旧=36 000 000÷20÷12=150 000（元）

借：其他业务成本　　150 000

　贷：投资性房地产累计折旧　　150 000

（2）确认收到的租金收入

借：银行存款　　80 000

　贷：其他业务收入　　80 000

（3）计提减值准备

借：资产减值损失　　3 000 000

　贷：投资性房地产减值准备　　3 000 000

三、投资性房地产采用公允价值模式进行后续计量

采用公允价值模式计量的投资性房地产，需要在“投资性房地产”科目下分别设置“成本”、“公允价值变动”两个明细科目进行核算。企业不需要进行折旧的计提，而是以资产负债表日投资性房地产的公允价值为基础调整其账面价值，公允价值与原账面价值之间的差额计入当期损益。投资性房地产的公允价值高于其账面余额的，其差额借记“投资性房地产——公允价值变动”科目，贷记“公允价值变动损益”科目；公允价值低于其账面余额的差额做相反的会计处理。

采用公允价值模式下，投资性房地产取得的租金收入，确认为企业的其他业务收入，借记“银行存款”等科目，贷记“其他业务收入”科目。

【例 9-4】滨海公司于 2012 年 1 月 1 日以银行存款 80 000 000 元取得一栋

写字楼并于当日将其对外出租，每年获得的租金为 8 000 000 元，滨海公司对该投资性房地产采用公允价值计量模式。2012 年 12 月 31 日，该写字楼的公允价值为 82 000 000 元，滨海公司的相关账务处理如下：

（1）2012 年 1 月 1 日，确认该投资性房地产

借：投资性房地产——成本　　80 000 000

　贷：银行存款　　80 000 000

（2）每年确认收到的租金收入

借：银行存款　　8 000 000

　贷：其他业务收入　　8 000 000

（3）2012 年 12 月 31 日，调整投资性房地产账面价值

借：投资性房地产——公允价值变动　　2 000 000

　贷：公允价值变动损益　　2 000 000

四、投资性房地产后续计量模式的变更

投资性房地产的计量模式一经确定，不得随意变更。企业采用成本模式下，只有当房地产市场比较成熟，能够满足采用公允价值模式条件满足的情况下，才允许企业将投资性房地产从成本模式计量变更为公允价值模式计量，并且作为会计政策变更进行相关处理，将计量模式变更时公允价值与账面价值的差额，调整期初留存收益。已采用公允价值模式计量的投资性房地产，不得从公允价值模式转化为成本模式。

五、投资性房地产的后续支出

企业为了提高投资性房地产的使用效能，往往会需要对投资性房地产进行日常维护、改建、扩建以及装修等活动。当改扩建或装修支出等投资性房地产有关的后续支出满足投资性房地产确认条件的，应当将其资本化，计入投资性房地产的成本；当日常维护支出不满足投资性房地产确认条件的，应当将其费用化，计入当期损益。

【课堂测试 9-3】

1．下列说法正确的有（　　）。

A．投资性房地产的后续计量模式选择公允价值计量模式时，可以在适当条件下转化为成本模式

B．投资性房地产价值一般都较高，因此当发生后续支出时，一律将其资本化处理

C. 不管是采取何种后续计量模式，出租投资性房地产获取的租金，均作为其他业务收入处理

D. 采用成本模式计量的投资性房地产每月计提折旧或摊销，与固定资产或无形资产是不一样的方法

2. 甲公司将一门面店出租给乙公司使用，确认为投资性房地产，采用成本模式进行后续计量。假设这栋门面店的成本为 3 600 000 元，按照年限平均法计提折旧，使用寿命为还有 10 年，预计净残值为零。经营租赁合同约定，乙公司每月等额支付甲公司租金 40 000 元。则甲公司每月该如何进行账务处理？

第四节 投资性房地产的转换和处置

一、投资性房地产的转换

（一）投资性房地产的转换形式和转换日

投资性房地产的转换，实质上就是房地产的用途发生了改变。企业必须有确凿的证据表明房地产用途发生了改变，并且满足下列条件之一的，才能将投资性房地产转换为非投资性房地产或将非投资性房地产转换为投资性房地产。

（1）投资性房地产开始自用。即将投资性房地产转换为自用房地产，将投资性房地产相应转为固定资产或无形资产。

（2）作为存货的房地产改为出租。通常是指房地产开发企业将其持有的开发产品以经营租赁的方式出租，存货相应地转换为投资性房地产。

（3）自用建筑物或土地使用权停止自用改为出租。即企业将原本用于生产商品、提供劳务或者经营管理的房地产用于出租，固定资产或土地使用权相应转换为投资性房地产。

（4）自用土地使用权停止自用改用于资本增值。即企业将原本用于生产商品、提供劳务或者经营管理的房地产用于资本增值，土地使用权相应转换为投资性房地产。

企业对投资性房地产用途发生改变时需要进行相关会计处理，在此之前需要确定投资性房地产的转换日，以便确定投资性房地产的入账价值等。转换日是指房地产用途发生改变、状态相应改变的日期。转换日的确定标准主要包括：一是作为存货的房地产改为出租或者是自用建筑物或土地使用权停止自用改为出租，转换日应当为租赁期开始日；二是投资性房地产开始自用，转换日应当

为房地产达到自用状态，企业开始将房地产用于生产商品、提供劳务或者经营管理的日期；三是投资性房地产转换为存货，转换日为租赁期届满、董事会或类似机构作出书面决议明确表明将其重新开发用于对外销售的日期。

（二）投资性房地产转换的会计处理

1．成本模式下转换的会计处理

（1）投资性房地产转换为自用房地产

企业将投资性房地产转换为自用房地产时，应当按照该项投资性房地产在转换日的账面余额、累计折旧、减值准备等，分别转入“固定资产”、“累计折旧”、“固定资产减值准备”等科目。按投资性房地产的账面余额，借记“固定资产”或“无形资产”科目，贷记“投资性房地产”科目；按已计提的折旧或摊销，借记“投资性房地产累计折旧（摊销）”科目，贷记“累计折旧”或“累计摊销”科目；原已计提减值准备的，借记“投资性房地产减值准备”科目，贷记“固定资产减值准备”或“无形资产减值准备”科目。

【例 9-5】滨海公司于 2012 年 1 月 1 日，将原用于出租的一栋厂房收回作为一般性固定资产来处理。该厂房出租时采用成本模式计量。在出租收回前，该厂房的账面原值为 9 000 000 元，已提折旧 4 000 000 元，提取的减值准备为 500 000 元。滨海公司的相关账务处理如下：

借：固定资产	9 000 000	
投资性房地产累计折旧	4 000 000	
投资性房地产减值准备	500 000	
贷：投资性房地产		9 000 000
累计折旧		4 000 000
固定资产减值准备		500 000

（2）存货转换为投资性房地产

企业将作为存货的房地产转换为投资性房地产的，应按其在转换日的账面余额，借记“投资性房地产”科目，贷记“开发产品”等科目；已计提减值准备的，还应同时结转跌价准备。

【例 9-6】假设滨海公司是一家房地产开发企业，该企业于 2012 年 4 月 1 日与南开公司签订了一项租赁协议，将其自行开发的一栋商务楼出租给南开企业使用，租赁期自协议签订日起，租赁期为 3 年。2012 年 4 月 1 日，该楼房的账面余额为 125 000 000 元，未计提减值准备。出租后采用成本模式计量。滨海公司的相关账务处理如下：

借：投资性房地产　　125 000 000

贷：开发产品　　　　　　　　　　　　　　125 000 000

（3）自用土地使用权或建筑物转换为投资性房地产

企业将自用的土地使用权或建筑物转换为投资性房地产的，应当按该项土地使用权或建筑物在转换日的原价、累计折旧（摊销）、减值准备等，分别转入“投资性房地产”、“投资性房地产累计折旧（摊销）”、“投资性房地产减值准备”等科目。按其账面余额，借记“投资性房地产”科目，贷记“固定资产”或“无形资产”科目；按其已计提的折旧或摊销，借记“累计折旧”或“累计摊销”科目，贷记“投资性房地产累计折旧（摊销）”科目；原已计提减值准备的，借记“固定资产减值准备”或“无形资产减值准备”科目，贷记“投资性房地产减值准备”科目。

【例 9-7】滨海公司拥有一栋自用厂房。2012 年 2 月 10 日，滨海公司与南开公司签订了经营租赁协议，将该厂房出租给南开公司使用。租赁期开始于 2012 年 4 月 15 日，租赁期为 5 年。2012 年 4 月 15 日该厂房的账面余额为 300 000 000 元，已计提折旧 3 000 000 元，未发生减值。滨海公司对该投资性房地产采用成本模式计量。滨海公司的相关账务处理如下：

借：投资性房地产　　　　　　　　　300 000 000
　　累计折旧　　　　　　　　　　　　3 000 000
贷：固定资产　　　　　　　　　　　　　300 000 000
　　投资性房地产累计折旧　　　　　　　　3 000 000

2．公允价值模式下转换的会计处理

（1）投资性房地产转换为自用房地产

投资性房地产转换为自用房地产时，应当以其转换当日的公允价值作为自用房地产的账面价值，公允价值与原账面价值的差额计入当期损益。转换日，按该项投资性房地产的公允价值，借记“固定资产”或“无形资产”科目，按该项投资性房地产的成本，贷记“投资性房地产——成本”科目，按该项投资性房地产的累计公允价值变动，贷记或借记“投资性房地产——公允价值变动”科目，按其差额，贷记或借记“公允价值变动损益”科目。

【例 9-8】滨海公司于 2012 年 3 月 1 日，将原出租的一栋写字楼收回作为公司的办公楼自用。该写字楼出租时采用公允价值模式计量。在出租收回前，该写字楼原账面原值为 10 000 000 元，其中成本为 8 000 000 元，公允价值变动为 2 000 000 元。转换日该写字楼的公允价值为 10 500 000 元。滨海公司的相关账务处理如下：

借：固定资产　10 500 000
　贷：投资性房地产——成本　8 000 000
　　　　　　　　——公允价值变动　2 000 000
　　公允价值变动损益　500 000

（2）存货转换为投资性房地产

企业将作为存货的房地产转换为投资性房地产时，应当按该项房地产在转换日的公允价值，借记“投资性房地产——成本”科目，原已计提跌价准备的，借记“存货跌价准备”科目；按其账面余额，贷记“开发产品”等科目。同时，在转换日公允价值小于账面价值的，按其差额，借记“公允价值变动损益”科目，反之，若公允价值大于账面价值的，则贷记“资本公积——其他资本公积”科目。

【例 9-9】假设滨海公司是一家房地产开发企业，该企业于 2012 年 4 月 1 日与南开公司签订了一项租赁协议，将其自行开发的一栋商务楼出租给南开公司使用，租赁期自协议签订日起，租赁期为 3 年。2012 年 4 月 1 日，该楼房的账面余额为 125 000 000 元，公允价值为 127 000 000 元。出租后采用公允价值模式计量。滨海公司的相关账务处理如下：

借：投资性房地产——成本　127 00 000
　贷：开发产品　125 000 000
　　资本公积——其他资本公积　2 000 000

（3）自用土地使用权或建筑物转换为投资性房地产

自用土地使用权或建筑物转换为投资性房地产时，应按其转换日的公允价值，借记“投资性房地产——成本”科目，按其账面余额，贷记“固定资产”或“无形资产”科目；按其已计提的累计折旧或摊销，借记“累计折旧”或“累计摊销”科目；原已计提减值准备的，借记“固定资产减值准备”或“无形资产减值准备”科目。同时，转换日的公允价值小于其账面价值的，按其差额，借记“公允价值变动损益”科目，反之，若公允价值大于账面价值的，则贷记“资本公积——其他资本公积”科目。

【例 9-10】滨海公司打算搬迁至新办公楼，于是将原办公楼出租给南开公司，并于 2012 年 5 月 15 日签订了租赁协议，协议规定租赁期始于 2012 年 6 月 15 日，租赁期 5 年。2012 年 6 月 15 日该办公楼的公允价值为 450 000 000 元，其原价为 600 000 000 元，已提折旧 342 500 000 元。滨海公司对该投资性房地产采用公允价值模式计量。滨海公司的相关账务处理如下：

借：投资性房地产——成本　450 000 000

累计折旧　　　　　　　　　　　　　　342 500 000

贷：固定资产　　　　　　　　　　　　　　600 000 000

资本公积——其他资本公积　　　　　　　　192 500 000

二、投资性房地产的处置

当投资性房地产被处置，或者永久退出使用且预计不能从其处置中取得经济利益时，应当终止确认该项投资性房地产。企业出售、转让、报废投资性房地产或者发生投资性房地产毁损时，应当将处置收入扣除其账面价值和相关税费后的金额计入当期损益。

（一）成本模式计量的投资性房地产处置

在成本模式下，处置投资性房地产时，应按实际收到的金额，借记“银行存款”等科目，贷记“其他业务收入”科目。按该投资性房地产的累计折旧或累计摊销，借记“投资性房地产累计折旧（摊销）”科目；该项投资性房地产的账面余额，贷记“投资性房地产”科目；按其差额，借记“其他业务成本”科目。已计提减值准备的，借记“投资性房地产减值准备”科目。

【例 9-11】滨海公司将其出租的一栋写字楼确认为投资性房地产，采用成本模式计量，租赁期满，滨海公司将该楼出售给南开公司，售价 25 000 000 元，南开公司一次性支付。出售时该写字楼成本为 23 000 000 元，已提折旧 5 000 000 元。假设不考虑相关税费，滨海公司的相关账务处理如下：

借：银行存款　　　　　　　　　　25 000 000

　贷：其他业务收入　　　　　　　　25 000 000

借：其他业务成本　　　　　　　　18 000 000

　　投资性房地产累计折旧　　　　5 000 000

　贷：投资性房地产　　　　　　　　23 000 000

（二）公允价值计量的投资性房地产的处置

在公允价值模式下，处置投资性房地产时，应按实际收到的金额，借记“银行存款”等科目，贷记“其他业务收入”科目。按该投资性房地产的账面余额，借记“其他业务成本”科目，贷记“投资性房地产——成本”科目，按其累计公允价值变动，借记或贷记“投资性房地产——公允价值变动”科目。同时结转投资性房地产累计公允价值变动。若存在原转换日计入资本公积的金额，也一并结转。

【例 9-12】假设滨海公司是一家房地产开发企业，该公司于 2011 年 4 月 10 日，与南开公司签订协议，将其开发的一栋商务楼出租给南开公司使用，租赁期始于2011年5月15日。2011年5月15日，该商务楼的账面余额为480 000 000元，公允价值为500 000 000元。2011年12月31日，该项投资性房地产的公允价值为510 000 000元。2012年10月租赁期届满后，滨海公司将该商务楼出售给南开公司，售价580 000 000元。出售款已收讫。假设滨海公司对该投资性房地产采用公允价值模式计量。滨海公司的相关账务处理如下：

（1）2011年5月15日存货转换为投资性房地产

借：投资性房地产——成本　500 000 000

　贷：开发产品　480 000 000

　　资本公积——其他资本公积　20 000 000

（2）2011年12月31日公允价值变动

借：投资性房地产——公允价值变动　10 000 000

　贷：公允价值变动损益　10 000 000

（3）2012年10月出售该投资性房地产

借：银行存款　580 000 000

　贷：其他业务收入　580 000 000

借：公允价值变动损益　10 000 000

　　资本公积——其他资本公积　20 000 000

　　其他业务成本　480 000 000

　贷：投资性房地产——成本　500 000 000

　　　　　　　　——公允价值变动　10 000 000

【课堂测试9-4】

1．2013年3月15日，甲公司拟将一闲置办公楼用于出租。2013年3月25日，甲公司签订办公楼租赁合同，租赁期为自2013年4月1日起3年。确认“投资性房地产”的日期是哪天？

2．投资性房地产的后续计量从成本模式转为公允价值模式的，转换日投资性房地产的公允价值高于其账面价值的差额会对下列财务报表项目产生影响的是（　　）。

A. 资本公积　　B. 营业外收入

C. 未分配利润　　D. 投资收益

3．用房地产转换为采用公允价值模式计量的投资性房地产，转换日该房地产公允价值大于账面价值的差额，正确的会计处理是（　　）。

A. 计入资本公积　　B. 计入期初留存收益

C. 计入营业外收入　　D. 计入公允价值变动损益

本章小结

投资性房地产，是指为赚取租金或资本增值，或者两者兼有而持有的房地产，主要包括已出租的土地使用权、持有并准备增值后转让的土地使用权和已出租的建筑物。投资性房地产取得时应当按照成本进行初始计量；在后续计量时，有两种计量模式进行选择：成本计量模式和公允价值计量模式。企业通常应当采用成本模式对投资性房地产进行后续计量，在符合条件时，企业也可以选择公允价值模式对投资性房地产进行后续计量，但是，同一企业只能采用一种模式对所有投资性房地产进行后续计量，不得同时采用两种计量模式。

投资性房地产在进行初始计量时，企业应当设置“投资性房地产”账户核算投资性房地产的价值。对于采用成本模式进行后续计量的投资性房地产，应当按照固定资产或无形资产的有关规定，按期（月）计提折旧或摊销，资产负债表日，企业应当对投资性房地产进行减值测试，经减值测试后确定发生减值的，应当计提减值准备，如果已经计提减值准备的投资性房地产的价值又得已恢复，不得转回。对于采用公允价值模式计量的投资性房地产，企业不需要进行折旧的计提，而是以资产负债表日投资性房地产的公允价值为基础调整其账面价值，公允价值与原账面价值之间的差额计入当期损益。

企业有确凿的证据表明房地产用途发生了改变，企业要根据情况进行账务处理。主要转换的方式有如下几种：投资性房地产开始自用；作为存货的房地产改为出租；自用建筑物或土地使用权停止自用改为出租；自用土地使用权停止自用改用于资本增值。在不同的后续计量模式下，处理的方式也不一样。

当投资性房地产被处置，或者永久退出使用且预计不能从其处置中取得经济利益时，应当终止确认该项投资性房地产。企业出售、转让、报废投资性房地产或者发生投资性房地产毁损时，应当将处置收入扣除其账面价值和相关税费后的金额计入当期损益。

【篇后案例】

《企业会计准则第 3 号——投资性房地产》在其后续计量中引入了公允价值，使得会计信息能够更准确地反映企业投资性房地产的真实价值，实现了资产计量的重大突破。但在近几年中，采用公允价值计量的企业仍旧只占很低的比例。是什么原因导致众多企业没有采用公允价值模式？经过分析后，有如下几个原因：

第一，采用公允价值计量模式的成本过高。准则规定：采用公允价值模式计量的投资性房地产，必须同时满足投资性房地产所在地有活跃的房地产交易市场以及企业能够从房地产交易市场上取得同类或类似房地产的市场价格及其他相关信息，从而对投资性房地产的公允价值做出合理的估计这两个条件。然而相关的市场体系还不具备，另外，评估成本较高，也是企业考虑的一个方面。因为为保证公允价值计量结果的质量，对于复杂和专业性要求较高的投资性房地产项目，一般会要求聘请外部的独立评估人员来进行根据相关文件的规定，对动产不动产等有形资产价值量的评估，实行政府指导价管理，采用差额定率累进计费办法，这无疑将大大增加评估成本。

第二，采用公允价值模式计量会导致企业征税标准不一致，会增加企业纳税成本的不确定性。出租类房地产物业缴纳的房地产税主要有两种征收标准:一种是按照租金的12%征收;另一种是按照投资性房地产物业原值的70%再乘以1.2%征收。在实际操作过程中，从经济性方面来考虑，大部分公司都采用后一种方法进行计算。

第三，公允价值的运用是谨慎有条件的。公允价值无论是在政策面上还是在实际操作上都存在较大的不确定性，上市公司往往不愿意把自己放在风口浪尖上引起太多的关注，以免造成不必要的麻烦，因而继续采用成本模式计量投资性房地产。

资料来源：李洁，公允价值在投资性房地产核算中的运用及影响，2010，《财会月刊》

核心概念

投资性房地产（investment property）
成本模式（cost model）
公允价值模式（the fair value model）
投资性房地产转换（the transfer on investment property）
投资性房地产处置（the disposal on investment property）

思考题

1．什么是投资性房地产？举例说明哪些项目属于投资性房地产？哪些项目不属于投资性房地产？

2．投资性房地产初始计量的成本怎么确定？

3．投资性房地产采用公允价值计量模式进行后续计量，必须满足什么条件？

4．投资性房地产转换的形式有几种？如何确定转换日？

练习题

（一）单项选择题

1. 根据企业会计准则的规定，下列项目属于投资性房地产的是（ ）。

A. 企业以经营租赁方式租入的建筑物

B. 持有并准备增值后转让的房屋建筑物

C. 企业经营管理用的办公楼

D. 企业已经营出租的厂房

2. 关于投资性房地产后续计量模式的转换，下列说法中正确的是（ ）。

A. 成本模式转为公允价值模式的，应当作为会计估计变更

B. 已采用公允价值模式计量的投资性房地产，不得从公允价值模式转为成本模式

C. 已采用成本模式计量的投资性房地产，不得从成本模式转为公允价值模式

D. 企业对投资性房地产的计量模式可以随意变更

3. 下列有关投资性房地产的会计处理中，说法不正确的是（ ）。

A. 采用公允价值模式计量的投资性房地产，不计提折旧或进行摊销，应当以资产负债表日投资性房地产的公允价值为基础调整其账面价值

B. 采用公允价值模式计量的投资性房地产转为成本模式，应当作为会计政策变更

C. 采用公允价值模式计量的投资性房地产转换为自用房地产时，应当以转换日的公允价值作为自用房地产的账面价值

D. 存货转换为采用公允价值模式计量的投资性房地产，应当按照该项投资性房地产转换当日的公允价值计量

4. 甲公司将一写字楼转换为采用公允价值模式计量的投资性房地产，该写字楼的账面原价值为 2 500 万元，已计提的累计折旧为 200 万元，转换日的公允价值为 3 000 元，则计入“投资性房地产”科目的金额是（ ）万元。

A. 2 300　　B. 2 500　　C. 2 800　　D. 3 000

5. 2012 年 1 月 1 日，甲公司购入一栋建筑物用于出租，取得发票上注明的价款为 100 万元，款项已用银行存款支付。购入该建筑物发生的谈判费用为 0.2

万元，差旅费为 0.3 万元。该投资性房地产的入账价值为（　　）万元。

A. 100　　B. 117　　C. 117.5　　D. 100.5

6. 与投资性房地产有关的后续支出，不满足投资性房地产确认条件的，应当在发生时计入当期损益。企业对投资性房地产进行日常维护时，发生的支出应借记（　　）科目。

A. 其他业务成本　　B. 管理费用

C. 在建工程　　D. 营业外支出

7. 2013 年 1 月 1 日，甲公司购入一栋建筑物用于出租，取得发票上注明的价款为 102 万元，款项以银行存款支付。购入该建筑物发生的契税 5 万元也以银行存款支付。该投资性房地产的入账价值为（　　）万元。

A. 107　　B. 102　　C. 97　　D. 5

8. 企业对成本模式进行后续计量的投资性房地产摊销时，应该借记（　　）科目。

A. 投资收益　　B. 其他业务成本

C. 营业外收入　　D. 管理费用

9. 企业出售、转让投资性房地产时，应将所处置投资性房地产的收入计入（　　）。

A. 其他业务收入　　B. 公允价值变动损益

C. 营业外收入　　D. 投资收益

10. 存货转换为采用公允价值模式计量的投资性房地产，投资性房地产应当按照转换当日的公允价值计量。转换当日的公允价值小于原账面价值的，其差额通过（　　）科目核算。

A. 营业外支出　　B. 公允价值变动损益

C. 投资收益　　D. 其他业务收入

11. 某一房地产开发商于 2013 年 1 月，将作为存货的商品房转换为采用公允价值模式计量的投资性房地产，转换日的商品房账面余额为 500 万元，已计提跌价准备 85 万元，该项房产在转换日的公允价值为 550 万元，则转换日计入“投资性房地产——成本”科目的金额是（　　）万元。

A. 550　　B. 415　　C. 500　　D. 465

12. 下列有关投资性房地产业务中，通过“资本公积”科目核算的有（　　）。

A. 采用公允价值模式计量的投资性房地产转换为自用房地产，转换当日公允价值大于投资性房地产原账面价值

B. 采用公允价值模式计量的投资性房地产转换为自用房地产，转换当

日公允价值小于投资性房地产原账面价值

C. 自用房地产转换为采用公允价值模式计量的投资性房地产，转换当日公允价值大于其账面价值

D. 自用房地产转换为采用公允价值模式计量的投资性房地产，转换当日公允价值小于其账面价值

13. 甲公司对投资性房地产采用成本模式进行后续计量，2012 年 7 月 1 日开始对一项投资性房地产进行改良，改良后将继续用于经营出租。该投资性房地产原价为 500 万元，采用直线法计提折旧，使用寿命为 20 年，预计净残值为零，已使用 4 年。改良期间共发生改良支出 100 万元，均满足资本化条件，2012 年 12 月 31 日改良完成，则 2012 年末该项投资性房地产的账面价值为（ ）万元。

A. 500 B. 487.5 C. 475 D. 100

14. 企业的投资性房地产采用成本计量模式。2013 年 1 月 1 日，该企业将一项投资性房地产转换为固定资产。该投资性房地产的账面余额为 100 万元，已提折旧 20 万元，已经计提的减值准备为 10 万元。该投资性房地产的公允价值为 75 万元。转换日计入“固定资产”科目的金额为（ ）万元。

A. 100 B. 80 C. 70 D. 75

15. 甲公司将一写字楼转换为采用公允价值模式计量的投资性房地产，该写字楼的账面原值为 2 500 万元，已计提的累计折旧为 50 万元，已计提的固定资产减值准备 150 万元，转换日的公允价值为 3 000 万元，则（ ）。

A. 贷记“固定资产减值准备”150 万元

B. 贷记“资本公积——其他资本公积”700 万元

C. 借记“资本公积——其他资本公积”700 万元

D. 贷记“公允价值变动损益”700 万元

（二）多项选择题

1. 下列说法正确的是（ ）。

A. 房地产租金就是让渡资产使用权取得的使用费收入

B. 因出租房地产而取得租金，企业需要缴纳营业税

C. 按照国家有关规定认定的闲置的土地使用权不属于投资性房地产

D. 房地产企业依法取得的、用于开发，待增值后出售的土地使用权，属于投资性房地产

2. 关于投资性房地产转换日的确定正确的有（ ）。

A. 投资性房地产转为自用房地产，转换日为房地产达到自用状态，企

业开始将房地产用于生产商品、提供劳务或者经营管理的日期

B. 作为存货的房地产改为出租，转换日为租赁期开始日

C. 作为自用建筑物停止自用改为出租，转换日为租赁期开始日

D. 作为土地使用权停止自用改为出租，转换日为租赁期开始日

3. 下列有关投资性房地产的说法中，正确的有（　　）。

A. 企业对投资性房地产采用公允价值计量模式计量的，不应对投资性房地产计提折旧或进行摊销

B. 企业将自用建筑物或土地使用权停止自用改为出租时其转换日为租赁期开始日

C. 企业将自用建筑物或土地使用权停止自用改为出租，在成本模式下应当将房地产转换前的账面价值作为转换后的入账价值

D. 企业将自用房地产转换为采用公允价值模式计量的投资性房地产，转换当日的公允价值小于原账面价值的，其差额计入所有者权益

4. 下列各项中，会引起投资性房地产账面价值发生变化的有（　　）。

A. 计提投资性房地产减值准备　　B. 计提投资性房地产折旧

C. 投资性房地产的维修　　D. 投资性房地产大修理

5. 下列表述正确的有（　　）。

A. 按照国家有关规定认定的闲置土地不属于持有并准备增值后转让的土地使用权

B. 企业将某项房地产部分用于出租，部分用于自用，不能够区分出租部分和自用部分进行分别核算，企业应将该房地产整体确认为投资性房地产

C. 企业将某项房地产部分用于出租，部分用于自用，能够区分出租部分和自用部分，并对两者分别进行核算，则企业可以将出租部分确认为投资性房地产

D. 企业将某项房地产整体对外经营出租并负责提供日常维护、保安服务，企业应将其确认为投资性房地产

6. 下列关于投资性房地产的后续计量表述正确的有（　　）。

A. 投资性房地产采用公允价值模式进行后续计量的，资产负债表日，投资性房地产的公允价值高于其账面余额的差额计入“公允价值变动损益”科目

B. 投资性房地产采用公允价值模式进行后续计量的不计提折旧或摊销

C. 采用成本模式进行后续计量的投资性房地产，应当按月计提折旧或

摊销，计入“其他业务成本”科目

D. 采用成本模式进行后续计量的投资性房地产不需要计提折旧或摊销

7. 采用公允价值模式进行后续计量的投资性房地产，应当同时满足（　　）条件。

A. 投资性房地产所在地有活跃的房地产交易市场

B. 企业能够从活跃的房地产交易市场上取得同类或类似房地产的市场价格及其他相关信息，从而对投资性房地产的公允价值作出合理的估计

C. 所有的投资性房地产有活跃的房地产交易市场

D. 企业能够取得交易价格的信息

8. 下列各项应该计入企业“其他业务收入”科目的有（　　）。

A. 出售投资性房地产的收入

B. 出租建筑物的租金收入

C. 出售自用房屋的收入

D. 将持有并准备增值后转让的土地使用权予以转让所取得的收入

9. 下列各项中，不影响企业当期损益的是（　　）。

A. 采用成本计量模式，期末投资性房地产的可收回金额高于账面价值

B. 采用成本计量模式，期末投资性房地产的可收回金额高于账面余额

C. 采用公允价值计量模式，期末投资性房地产的公允价值高于账面余额

D. 自用的房地产转换为采用公允价值模式计量的投资性房地产时，转换日房地产的公允价值大于账面价值

10. 下列情况下，企业可将其他资产转换为投资性房地产的有（　　）。

A. 原自用土地使用权停止自用改为出租

B. 房地产企业将开发的准备出售的商品房改为出租

C. 自用办公楼停止自用改为出租

D. 出租的厂房收回改为自用

11. 下列有关对投资性房地产的会计处理方法，不正确的有（　　）。

A. 采用公允价值模式对投资性房地产进行后续计量，将作为存货的房地产转换为投资性房地产的，应按其在转换日的公允价值，借记“投资性房地产——成本”科目，按其账面余额，贷记“开发产品”等科目，按其差额，贷记或借记“投资收益”科目

B. 企业可以选择公允价值模式对投资性房地产进行后续计量，也可以

选择成本模式对投资性房地产进行后续计量，但是一般不得同时采用两种计量模式对投资性房地产进行后续计量

C. 采用公允价值模式对投资性房地产进行后续计量，将投资性房地产转为自用时，应按其在转换日的公允价值，借记“固定资产”等科目，按其账面余额，贷记“投资性房地产——成本、公允价值变动”科目，按其差额，贷记或借记“公允价值变动损益”科目

D. 对于一般工业企业而言，无论采用公允价值模式，还是采用成本模式对投资性房地产进行后续计量，取得的租金收入，均应借记“银行存款”等科目，贷记“其他业务收入”科目

E. 采用公允价值模式对投资性房地产进行后续计量的企业，即使有证据表明，企业新取得的某项投资性房地产的公允价值不能持续可靠取得，按照可比性会计信息质量要求，仍要作为以公允价值模式计量的投资性房地产

12. 下列各项中关于投资性房地产的转换的说法中正确的有（　　）。

A. 自用的固定资产转为采用公允价值模式进行后续计量的投资性房地产，转换日的公允价值大于账面价值的差额计入到资本公积

B. 自用的固定资产转为采用成本模式进行后续计量的投资性房地产，转换日的公允价值大于账面价值的差额计入到公允价值变动损益

C. 作为存货的房地产转为采用成本模式计量的投资性房地产以转换日存货的账面价值作为投资性房地产的入账价值

D. 作为存货的房地产转为采用公允价值模式计量的投资性房地产以转换日存货的公允价值作为投资性房地产的入账价值

13. 下列有关投资性房地产的论述中错误的有（　　）。

A. 自用房产转化为公允价值模式的投资性房地产时，如果产生了增值则列入当期“公允价值变动损益”科目

B. 由公允价值模式的投资性房地产转化为自用房产时，不论增值还是贬值均列入当期的“公允价值变动损益”科目

C. 以成本模式计量的投资性房地产计提的减值准备不得在其价值恢复时转回

D. 已采用公允价值模式计量的投资性房地产，可以从公允价值模式转为成本模式

E. 成本模式转为公允价值模式应当作为会计估计变更，采用未来适用法进行处理

14. 采用公允价值模式计量的投资性房地产转换为自用或处置时，以下表述不正确的有（　　）。

A. 转换为自用时，以转换当日的公允价值作为自用房地产的入账价值

B. 转换为自用时，以转换当日的公允价值作为自用房地产的账面价值，公允价值与原账面价值的差额计入公允价值变动损益

C. 转换为自用时，以转换当日的公允价值作为自用房地产的账面价值，公允价值与原账面价值的差额计入资本公积

D. 处置房地产时，原公允价值变动的影响应转为营业收入

E. 处置房地产时，原计入资本公积部分应转为营业成本

15. 下列关于投资性房地产的会计处理不正确的有（　　）。

A. 企业出售、转让、报废投资性房地产或者发生投资性房地产毁损，应当将处置收入扣除其账面价值和相关税费后的金额直接计入投资收益

B. 企业报废投资性房地产或者发生投资性房地产毁损，将投资性房地产的账面价值结转到其他业务成本中

C. 当投资性房地产转为自用时，应当终止确认该资产

D. 企业出售、转让、报废采用公允价值模式计量的投资性房地产时，应当将累计公允价值变动转入其他业务成本

E. 企业出售、转让、报废采用公允价值模式计量的投资性房地产时，应当将存在原转换日计入资本公积的金额计入其他业务成本

（三）判断题

1. 处置采用公允价值模式计量的投资性房地产时，与之相关的资本公积应转入投资收益。（　　）

2. 企业将自用房地产转换为采用公允价值模式计量的投资性房地产，转换当日房地产公允价值小于原账面价值的差额计入资本公积。（　　）

3. 自行建造投资性房地产期间，发生的土地开发费、建筑成本、安装成本等都计入投资性房地产成本。（　　）

4. 对投资性房地产进行改扩建等再开发且将来仍作为投资性房地产的，再开发期间应继续计提折旧或摊销。（　　）

5. 公允价值模式计量的投资性房地产，期末取得的租金收入，计入投资收益。（　　）

6. 自用土地使用权停止自用，改用于赚取租金或资本增值，即要将自用土地使用权转换为投资性房地产，转换日为自用土地使用权停止自用后，确定用

于赚取租金或资本增值的日期。（　　）

7. 投资性房地产被处置或永久退出使用且预计不能从其处置中取得经济利益时，应终止确认此项投资性房地产。（　　）

8. 处置投资性房地产是通过其他业务收入和其他业务成本反映处置损益的，不通过营业外收支反映。（　　）

9. 投资性房地产属于企业的非货币性资产。（　　）

10. 企业处置投资性房地产时，应当将处置收入扣除其账面价值和相关税费后的金额计入投资收益。（　　）

11. 期末企业将投资性房地产的账面余额单独列示在资产负债表上。（　　）

12. 企业以融资租赁方式出租建筑物是作为投资性房地产进行核算的。（　　）

13. 企业不论在成本模式下，还是在公允价值模式下，投资性房地产取得的租金收入，均确认为其他业务收入。（　　）

14. 已采用公允价值模式计量的投资性房地产，不得从公允价值模式转为成本模式。（　　）

15. 企业出售投资性房地产或者发生投资性房地产毁损，应当将处置收入扣除其账面价值和相关税费后的金额直接计入到所有者权益。（　　）

（四）核算题

1. 甲公司于2010年1月1日将一幢商品房对外出租并采用公允价值模式计量，租期为三年，每年12月31日收取租金200万元，出租时，该幢商品房的成本5 000万元，公允价值6 000万元，2010年12月31日，该幢商品房的公允价值为6 300万元，2 011年12月31日该幢商品房公允价值6 600万元，2012年12月31日，该幢商品房公允价值为6 700万元，2013年1月10日将其销售，收到6 800万元存入银行。不考虑相关税费。

要求：编制有关会计分录（假定按年确认公允价值变动损益和确认租金收入）。

2. 甲公司主要从事房地产开发业务，按净利润的10%提取盈余公积。有关业务如下：

（1）2012年1月1日，甲公司与乙公司签订了经营租赁协议，将其开发的一栋写字楼整体出租给乙企业使用，租赁期开始日为2012年1月1日，租赁期为3年，每年年末收取租金250万。甲公司此前将该项房地产作为存货管理，账面余额为3 600万元，已计提存货跌价准备600万元。甲公司对该投资性房地产采用成本模式进行后续计量，预计使用年限为 30 年，预计净残值为 0，采用直线法计提折旧。假定该写字楼作为投资性房地产核算就开始计提折旧，当年相关的会计处理为：

借：投资性房地产　　3 600
　　存货跌价准备　　600
　贷：开发产品　　3 600
　　　投资性房地产减值准备　　600

借：银行存款　　250
　贷：其他业务收入　　250

借：其他业务成本　　120
　贷：投资性房地产累计折旧　　120

（2）2013 年 1 月 1 日，甲公司认为该项房地产所在地的房地产交易市场比较成熟，具备了采用公允价值模式计量的条件，决定对该项投资性房地产从成本模式转换为公允价值模式计量。当日，该项房地产的公允价值为 3 200 万元。2013 年 12 月 31 日，该项投资性房地产的公允价值为 3 800 万元。当年相关的会计处理为：

借：投资性房地产——成本　　3 200
　　投资性房地产累计折旧　　120
　　利润分配——未分配利润　　252
　　盈余公积　　28
　贷：投资性房地产　　3 600

借：银行存款　　250
　贷：其他业务收入　　250

借：投资性房地产——公允价值变动　　600
　贷：公允价值变动损益　　600

（3）假定各期租金均按期收到，不考虑所得税、营业税等因素。

要求：根据上述材料。逐笔分析，判断会计处理分录是否正确，如不正确，请说明正确的会计处理（答案中金额单位用万元表示）。

3. 甲公司 2011 年至 2013 年与投资性房地产有关的业务资料如下：

（1）2011 年 1 月，甲公司购入一幢建筑物，价款为 800 万元，款项以银行存款转账支付。不考虑其他相关税费。

（2）甲公司购入的上述用于出租的建筑物预计使用寿命为 15 年，预计净残值为 36 万元，采用年限平均法按年计提折旧。

（3）甲公司将取得的该项建筑物自当月起用于对外经营租赁，甲公司对该房地产采用成本模式进行后续计量。

（4）甲公司该项房地产 2011 年取得租金收入为 90 万元，已存入银行。假定不考虑其他相关税费。

（5）2013 年 12 月，甲公司将原用于出租的建筑物收回，作为企业经营管理用固定资产处理。

要求：

（1）编制甲公司 2011 年 1 月取得该项建筑物的会计分录。

（2）计算 2011 年度甲公司对该项建筑物计提的折旧额，并编制相应的会计分录。

（3）编制甲公司 2011 年取得该项建筑物租金收入的会计分录。

（4）计算甲公司该项房地产 2012 年末的账面价值。

（5）编制甲公司 2013 年收回该项建筑物的会计分录。

（答案中的金额单位用万元表示。）

4. 甲公司对投资性房地产采用公允价值模式进行后续计量，2012~2013 年发生如下业务：

（1）2013 年 3 月，甲公司与乙公司的一项厂房经营租赁合同即将到期，为了提高厂房的租金收入，甲公司决定在租赁期满后对厂房进行改扩建，并与丙企业签订了经营租赁合同，约定自改扩建完工时将厂房出租给丙企业。3 月 15 日，与乙公司的租赁合同到期，厂房即进入改扩建工程。11 月 10 日，厂房改扩建工程完工，共发生支出 150 万元，即日按租赁合同出租给丙企业。3 月 15 日厂房账面余额为 1 200 万元，其中成本 1 000 万元，累计公允价值变动 200 万元。

（2）2012 年 6 月，甲公司打算搬迁至新建办公楼，由于原办公楼处于商业繁华地段，甲公司准备将其出租，以赚取租金收入。2012 年 10 月，甲公司完成了搬迁工作，原办公楼停止自用。2012 年 12 月，甲公司与丁公司签订了租赁协议，将其原办公楼租赁给丁公司使用，租赁期开始日为 2013 年 1 月 1 日，租赁期限为 3 年。2012 年 1 月 1 日，该办公楼原价为 500 万元，已计提折旧 140 万元，公允价值为 350 万元。甲公司采用公允价值模式计量其投资性房地产。

（3）2012 年 3 月 10 日，甲公司与 A 公司签订了租赁协议，将其开发的一栋写字楼出租给 A 公司使用，租赁期开始日为 2012 年 4 月 15 日。2012 年 4 月 15 日，该写字楼的账面余额 450 万元，无减值，公允价值为 470 万元。2012 年 12 月 31 日，该项投资性房地产的公允价值为 480 万元。2013 年 6 月租赁期满，企业收回该项投资性房地产并以550万元出售，出售款项已收讫。甲公司采用公允价值模式对投资性房地产作后续计量。

要求：

（1）编制甲公司关于厂房作为投资性房地产的会计处理。

（2）编制甲公司办公楼转换日的相关会计处理。

（3）编制甲公司有关写字楼的会计处理。

（答案中的金额单位用万元表示。）

第十章　负　债

【学习目标】通过本章学习，了解负债的概念、特点、分类及计价；掌握短期借款、应付票据、应付及预收账款、应付职工薪酬、应交税费及其他流动负债的核算；掌握借款费用的处理；掌握长期借款及利息的核算；掌握企业债券发行、溢折价的摊销、应付利息的计提以及债券到期偿还的会计处理。

【开篇案例】

债券发行

JIA公司2002年5月1日以98元的价格发行了面值为100元的债券6 000万元、利率5%、期限10年。利息于每年5月1日和11月1日支付，债券的溢价或折价采用直线法摊销。

你认为，该公司为什么要按98元发行这批债券，而不是按100元的面值发行？换言之，企业发行债券，其发行价格的决定因素有哪些？

第一节　负债概述

一、负债的定义及特征

负债是指企业过去的交易或者事项形成的、预期会导致经济利益流出企业的现时义务。

负债通常具有以下几个基本特征：

（一）负债是由企业过去的交易或者事项形成的

负债作为企业承担的一种现实义务，是由企业过去的交易或事项形成的、现已承担的义务。只有过去发生的交易或事项才能增加或减少企业的负债，而不能根据谈判中的交易或事项或计划中的经济业务来确认负债。

（二）负债是企业承担的现时义务

负债必须是企业承担的现时义务，它是负债的一个基本特征。其中，现时义务是指企业在现行条件下已承担的义务；未来发生的交易或者事项形成的义务，不属于现时义务，不应当确认为负债。

这里所指的义务可以是法定义务，也可以是推定义务。其中法定义务是指具有约束力的合同或者法律法规规定的义务，通常在法律意义上需要强制执行。例如，企业购买原材料形成应付账款，企业向银行贷入款项形成借款，企业按照税法规定应当交纳的税款等，均属于企业承担的法定义务，需要依法予以偿还。推定义务是指根据企业多年来的习惯做法、公开的承诺或者公开宣布的政策而导致企业将承担的责任，这些责任也使有关各方形成了企业将履行义务解脱责任的合理预期。例如，某企业多年来制定有一项销售政策，对于售出商品提供一定期限内的售后保修服务，预期将为售出商品提供的保修服务就属于推定义务，应当将其确认为一项负债。

（三）负债预期会导致经济利益流出企业

现时义务的履行通常关系到企业放弃含有经济利益的资产，以满足对方的要求。预期会导致经济利益流出企业也是负债的一个本质特征，只有企业在履行义务时会导致经济利益流出企业的，才符合负债的定义，如果不会导致企业经济利益流出的，就不符合负债的定义。在履行现时义务清偿负债时，导致经济利益流出企业的形式多种多样，例如，用现金偿还或以实物资产形式偿还；以提供劳务形式偿还；部分转移资产、部分提供劳务形式偿还；将负债转为资本等。

二、负债的分类

负债的分类应根据信息使用者的需求按不同的标志进行，其中最重要的分类标志是负债的偿还期限。

根据这一分类标志，目前世界各国公认的做法是以“一年或一个经营周期孰长”作为划分流动负债和长期负债的一项标准。即流动负债是偿付期在一年或一个经营周期之内的负债，超过一年或一个经营周期的负债属于非流动负债。

流动负债主要包括的科目：短期借款、应付票据、应付账款、预收账款、应付职工薪酬、应交税费、应付利息、应付股利、其他应付款等。

非流动负债主要包括的科目：长期借款，应付债券，长期应付款等。

三、负债的确认

将一项现时义务确认为负债，需要符合负债的定义，还需要同时满足以下两个条件：

（一）与该义务有关的经济利益很可能流出企业

从负债的定义可以看到，预期会导致经济利益流出企业是负债的一个本质特征。在实务中，履行义务所需流出的经济利益带有不确定性，尤其是与推定义务相关的经济利益通常需要依赖于大量的估计。因此，负债的确认应当与经济利益流出的不确定性程度的判断结合起来，如果有确凿证据表明，与现时义务有关的经济利益很可能流出企业，就应当将其作为负债予以确认；反之，如果企业承担了现时义务，但是会导致企业经济利益流出的可能性很小，就不符合负债的确认条件，不应将其作为负债予以确认。

（二）未来流出的经济利益的金额能够可靠地计量

负债的确认在考虑经济利益流出企业的同时，对于未来流出的经济利益的金额应当能够可靠计量。对于与法定义务有关的经济利益流出金额，通常可以根据合同或者法律规定的金额予以确定，考虑到经济利益流出的金额通常在未来期间，有时未来期间较长，有关金额的计量需要考虑货币时间价值等因素的影响。对于与推定义务有关的经济利益流出金额，企业应当根据履行相关义务所需支出的最佳估计数进行估计，并综合考虑有关货币时间价值、风险等因素的影响。

四、负债的计量

（一）流动负债的计量

负债是企业应在未来偿还的债务。不同业务形成的流动负债，发生时的金额既可能是未来应付的金额，也可能是未来应付金额的现值。从理论上说，由于负债通常是现时已存在并在未来需偿还的经济义务，为了提高会计信息的有用性和相关性，对所有负债的计量，都应当考虑货币的时间价值，即不论其偿付期长短，均应按未来应予偿付的现金或现金等价物的贴现值计价入账。但是，在会计实务中，由于流动负债偿还期较短，贴现额很小，到期值与其现值相差很小，因而往往以到期值反映，不考虑贴现因素。当流动负债发生时，一般均按其发生时的实际金额作为未来应付的金额（或面值）来计量流动负债，不考虑其利息或现值，并列示于资产负债表中。如果形成流动负债的业务发生时，双方协商计算利息，则发生时的金额为现在应付的金额，未来应付的金额为现在应付的金额与应付利息之和。一般情况下，企业的各项流动负债的数额是确定的，应按实际发生的数额记账。在有些情况下，负债已经发生而数额尚未确定，这时应当合理预计，待实际数额确定之后再进行调整。

（二）非流动负债的计量

由于非流动负债的偿还期限较长且金额较大，未来的现金流出量与其现值之间的差额较大，而且由于非流动负债的利息额往往较大，因而利息的确认和计量，对于如实反映企业的财务状况与经营成果，显得十分重要。从理论上讲，非流动负债应按其现值入账，而不应按其未来偿付的金额入账。但在具体核算时不同的非流动负债项目仍有自己的计量惯例。此外，非流动负债的利息既可能是分期支付的，也可能于到期还本时一次支付。因而，非流动负债的应付未付利息本身既可能是流动负债，也可能是非流动负债，应视具体情况分别予以反映和核算。

【课堂测试 10-1】

1. 下列关于负债的表述正确的有（ ）。

A. 负债是企业现在的交易或者事项所形成的

B. 负债是企业所承担的现时义务

C. 负债预期会导致经济利益流出企业

D. 负债是由企业过去的交易或者事项形成的

E. 负债是企业承担的潜在义务

2. 下列属于流动负债的有（ ）。

A. 短期借款　B. 应付票据　C. 应付账款　D. 预付账款

3. 如何进行负债确认？

第二节 流动负债

一、短期借款

短期借款是指企业向银行或其他金融机构等借入的期限在 1 年以下（含 1 年）的各种借款，通常是为了满足正常生产经营的需要。无论借入款项的来源如何，企业均需要向债权人按期偿还借款的本金及利息。在会计核算上，企业要及时、如实地反映短期借款的借入、利息的发生、本金及利息的偿还情况。

企业借入和归还各种短期借款的本金，均通过“短期借款”科目核算，借款利息不通过该科目核算。企业取得借款时，借记“银行存款”科目，贷记“短期借款”科目；到期偿还借款本金时，借记“短期借款”科目，贷记“银行存款”等科目。余额在贷方，表示尚未偿还的短期借款，企业进行总分类核算的同时，应按债权人的名称和借款的种类设置明细科目，进行明细核算。

在实务工作中，银行一般于每季度末收取短期借款利息，为此，企业的短期借款利息一般采用月末预提的方式进行核算。短期借款利息属于筹资费用，应记入“财务费用”科目。企业应当在月末按照计算确定的短期借款利息费用，借记“财务费用”科目，贷记“应付利息”科目；实际支付利息时，根据已预提的利息借记“应付利息”科目，根据当月应计利息，借记“财务费用”科目，根据利息总额，贷记“银行存款”科目。

【例 10-1】滨海公司于 2012 年 1 月 1 日向银行借入一笔生产经营用短期借款，共计 240 000 元，期限为 9 个月，年利率为 8%。根据与银行签署的借款协议，该项借款的本金到期后一次归还；利息分月预提，按季支付。滨海公司的账务处理如下：

（1）1 月 1 日借入短期借款：

借：银行存款　　　　240 000

　贷：短期借款　　　　240 000

（2）1 月末，计提 1 月份应计利息：

借：财务费用　　　　1 600

　贷：应付利息　　　　1 600

本月应计提的利息＝240 000×8%÷12＝1 600（元）

2 月末计提 2 月份利息费用的处理与 1 月份相同。

（3）3 月末支付第一季度银行借款利息：

借：财务费用　　　　1 600

　　应付利息　　　　3 200

　贷：银行存款　　　　4 800

第二、三季度的会计处理同上。

（4）10 月 1 日偿还银行借款本金：

借：短期借款　　　　240 000

　贷：银行存款　　　　240 000

如上述借款期限是 8 个月，则到期日为 9 月 1 日，8 月末之前的会计处理与上述相同。9 月 1 日偿还银行借款本金，同时支付 7 月和 8 月已计提未付利息：

借：短期借款　　　　240 000

应付利息 3 200

贷：银行存款 243 200

二、应付票据

应付票据是指企业购买材料、商品和接受劳务供应等而开出、承兑的商业汇票，包括商业承兑汇票和银行承兑汇票。应付票据与应付账款不同，虽然都是由于交易而引起的流动负债，但应付账款是尚未结清的债务，而应付票据是一种期票，是延期付款的证明，有承诺付款的票据作为凭据。在我国，商业汇票的付款期限最长为6个月，因此在会计上应作为流动负债进行管理和核算。

银行承兑汇票的承兑人为企业的开户银行。企业在签发银行承兑汇票时，首先持汇票和购货合同向开户银行申请承兑，经银行同意并缴纳手续费后，持汇票和解讫通知进行材料物资的采购。票据到期前，企业将款项交存银行，以便票据到期时及时付款。如果购货单位在票据到期日存款不足、无力支付，则承兑银行负有向收款人或收款人的贴现银行即持票人无条件支付票款的责任，银行将支付的金额看做是企业的短期借款，执行扣款并按日加收罚息。

商业承兑汇票的承兑人为汇票的付款人，不通过开户银行办理承兑，无需向银行交纳手续费。票据到期时，若付款人无足额款项支付或无款支付时，银行不负责付款，只是将票据退回收款人，由双方自行协商处理，同时，银行对付款人处以按票面金额一定比例的罚款。付款单位将无力支付的票据转入“应付账款”账户，并积极筹措资金支付。

（一）账户设置

为了对应付票据进行核算，企业应设置“应付票据”科目，核算应付票据的发生、偿付等情况。该科目的贷方用来登记开出、承兑商业汇票的面值及带息票据的预提利息，借方登记到期支付的票款或转出金额，期末贷方余额表示企业尚未偿还的应付票据的面值。同时，企业还应设置应付票据备查簿，详细登记每一应付票据的种类、号数、签发日期、到期日、票面金额、合同交易号、收款人的姓名或单位名称，以及付款日期和金额等信息。应付票据到期付清后，应当及时在备查簿中逐笔注销。

（二）应付票据的核算

应付票据的核算包括签发应付票据、计提利息和到期清偿应付票据等相关内容，下面分别加以介绍。

1. 签发应付票据

由于应付票据的期限较短，在会计实务中，一般均按照开出、承兑的应付票据的面值入账。

企业因购买材料、商品和接受劳务供应等而开出、承兑的商业汇票，不论是否带息，均应按其票面金额作为应付票据的入账金额，借记“材料采购”、“在途物资”、“原材料”、“库存商品”等科目，贷记“应付票据”科目；企业是以开出、承兑商业汇票抵付原欠货款或应付账款时，借记“应付账款”科目，贷记“应付票据”科目；对支付银行承兑汇票的手续费，借记“财务费用”科目，贷记“银行存款”科目。

2. 应付票据的利息

应付票据利息的账务处理是针对带息票据而言的。带息商业汇票利息费用的会计处理，一般有以下两种方法：

（1）按月计提计入当期损益

采用这种方法处理，企业应于每月月末计算当月应付的商业汇票利息费用，借记“财务费用”科目，贷记“应付票据”科目。这种处理方法适用于票面金额较大，利息费用较多的商业汇票。

（2）到期时直接计入当期损益

采用这种方法处理，每月月末不需要计提利息费用，而是在到期日一次计算确认全部利息费用。按应付利息借记“财务费用”科目，按商业票据的票面金额借记“应付票据”科目，按商业汇票票面价值与应付利息之和，贷记“银行存款”科目或“应付账款”科目。这种方法适用于票面价值较小，利息费用较少的商业汇票。

需要说明的是，如果应付票据是跨会计年度的，则无论是采用第一种方法还是采用第二种方法，一般都应在会计年度终了计提本年度应计利息，计入本年度财务费用，以正确反映本年度费用和损益。

在我国会计实务中，一般采用第一种方法，但考虑到我国商业汇票期限较短，最长期限不超过 6 个月，因此，通常在提供中期报告和年度报告时，对尚未支付的应付票据计提利息，计入当期损益。

3. 到期清偿应付票据

应付票据到期支付票款时，应按账面余额予以结转。对于不带息应付票据到期的会计处理是，借记“应付票据”科目，贷记“银行存款”科目；对于带息应付票据应按账面余额（票据面值与计提利息之和）借记“应付票据”和“财务费用”科目（尚未计提的利息），贷记“银行存款”（本息之和）科目。

4. 逾期应付票据的处理

应付票据到期，企业如果无力支付票据，若为不带息的商业承兑汇票，应按应付票据的面值，借记“应付票据”科目，贷记“应付账款”科目；若为带息的商业承兑汇票，应按应付票据的账面余额，借记“应付票据”科目，按未计提的利息，借记“财务费用”科目，按汇票本身，贷记“应付账款”科目，待协商后再行处理。到期不能支付的带息应付票据，转入“应付账款”科目核算后，期末不再计提利息。

若为银行承兑汇票，到期本企业存款余额不足支付票款时，承兑银行先代企业付款，再向企业执行扣款，将尚未扣回的承兑金额转为企业的短期借款。因此，对不带息的银行承兑汇票，按其面值，借记“应付票据”科目，按已经以存款余额支付的部分款项，贷记“银行存款”科目，对银行代为支付的款项，则贷记“短期借款”科目；对带息的银行承兑汇票，则应按应付票据的账面余额，借记“应付票据”科目，按未计的利息，借记“财务费用”科目，按已经以存款余额支付的部分款项，贷记“银行存款”科目，对银行代为支付的款项，则贷记“短期借款”科目。对转作逾期贷款部分，银行按每天万分之五计收利息，对计收的利息，按短期借款利息的处理办法处理。

【例 10-2】滨海公司经有关部门核定为一般纳税人，存货按实际成本计价核算，有关应付票据的部分经济业务及相应的账务处理如下：

（1）11 月 1 日，向甲厂购进原材料一批，取得增值税专用发票上注明的原材料价款为 100 000 元，增值税税额为 17 000 元，发票等结算凭证单据已收到。采用商业汇票结算方式，按协议开出并承兑为期一个月不带息的商业承兑汇票 117 000 元连同解讫通知交给了甲厂。材料尚未验收入库。滨海公司的账务处理如下：

借：在途物资　　100 000
　　应交税费——应交增值税（进项税额）　　17 000
　贷：应付票据　　117 000

（2）12 月 1 日，公司开出并到开户银行承兑为期五个月带息的银行承兑汇票 120 000 元，连同解讫通知交给乙厂，以抵付上月购料所欠乙厂的货款，汇票票面年利率 4.8%。同时，以银行存款支付承兑汇票的手续费 120 元（按票面金额 1‰计算）。滨海公司的账务处理如下：

借：应付账款——乙厂　　120 000
　贷：应付票据　　120 000
借：财务费用　　120
　贷：银行存款　　120

（3）12 月 1 日，收到银行支付到期商业汇票的付款通知，上月开出、承兑的不带息的商业承兑汇票 117 000 元已到期并如数支付票款。滨海公司的账务处理如下：

借：应付票据 117 000

贷：银行存款 117 000

（4）12 月末，计算已开出、承兑带息商业汇票的应付利息 480 元（120 000×4.8%÷12）。滨海公司的账务处理如下：

借：财务费用 480

贷：应付票据 480

（5）次年 5 月 1 日，五个月前给乙厂的带息的银行承兑汇票已到期，因本企业无力支付而转作逾期贷款 122 400 元（票面金额 120 000 元及五个月利息 24 00 元），根据银行转来的“××号汇票无款支付转入使其贷款户”等有关凭证，作账务处理如下：

借：应付票据 120 480

财务费用 1 920

贷：短期借款 122 400

120 000×4.8%×（4÷12）＝1 920（元）

三、应付及预收账款

（一）应付账款

应付账款是指企业因购买材料、商品或接受劳务供应等经营活动应支付的款项。

1. 应付账款的入账时间

应付账款一般应在与所购买物资所有权相关的主要风险和报酬已经转移，或者所购买的劳务已经接受时确认。但在实际工作中应区别情况处理：

（1）在物资和发票账单同时到达的情况下

应付账款一般待物资验收入库后，才按发票账单登记入账。这主要是为了确认所购入的物资是否在质量、数量和品种上都与合同上订明的条件相符以免因先入账而在验收入库时发现购入物资错、漏、破损等问题再行调账。

（2）在物资和发票账单未同时到达的情况下

由于应付账款需根据发票账单登记入账，有时货物已到，而发票账单要间隔较长时间才能到达，由于这笔负债已经成立，所以应作为一项负债反映。为在资产负债表上客观反映企业所拥有的资产和承担的债务，在实际工作中采用在月份终了将所购物资和应付债务估计入账，待下月初再用红字予以冲回的办法。

2. 账户设置

企业应设置“应付账款”账户，核算应付账款的发生、偿还、转销等情况。该账户是负债类账户，其贷方登记企业购买材料、商品和接受劳务等而发生的应付账款，借方登记偿还的应付账款，或开出商业汇票抵付应付账款的款项，或已冲销的无法支付的应付账款。余额一般在贷方，表示企业尚未支付的应付账款余额，若为借方余额，则表示企业已经预付账款。在不单独设置“预付账款”科目的企业，预付账款也在“应付账款”科目核算。本科目一般应按照债权人设置明细科目进行明细核算。

3. 应付账款的核算

应付账款的核算主要包括应付账款的发生、偿还和转销等相关内容，下面分别进行介绍：

（1）发生应付账款

应付账款一般按应付金额入账，而不按到期应付金额的现值入账。企业购入材料、商品等验收入库，但货款尚未支付，根据有关凭证（发票账单、随货同行发票上记载的实际价款或暂估价值），借记“原材料”、“在途物资”等科目，按应付的价款，贷记“应付账款”科目。企业接受供应单位提供劳务而发生的应付未付款项，根据供应单位的发票账单，借记“制造费用”、“管理费用”等科目，贷记“应付账款”科目。

如果购入的资产在形成一笔应付账款时是带有现金折扣的，应付账款入账金额的确定按发票上记载的应付金额的总值（即不扣除折扣）记账。在这种方法下，应按发票上记载的全部应付金额，借记有关科目，贷记“应付账款”科目；因在折扣期内付款而获得的现金折扣，应在偿付应付账款时冲减财务费用。

（2）偿还应付账款

企业偿还应付账款或开出商业汇票抵付应付账款时，借记“应付账款”科目，贷记“银行存款”科目或“应付票据”科目。

（3）转销应付账款

企业转销确实无法支付的应付账款 (比如因债权人撤销等原因而产生无须支付的应付账款)，应按其账面余额计入营业外收入，借记“应付账款”科目，贷记“营业外收入”科目。

【例 10-3】滨海公司材料按实际成本计价核算，某日从 F 公司购入商品一批，价款 85 000 元，增值税 14 450 元，材料已验收入库，款项尚未支付。滨海公司的账务处理如下：

借：原材料　　　　　　　　　　　85 000

应交税费——应交增值税（进项税额） 14 450

贷：应付账款——F 公司 99 450

【例 10-4】根据供电部门通知，滨海公司本月应支付电费 48 000 元。其中生产车间电费 32 000 元，企业行政管理部门电费 16 000 元，款项尚未支付。滨海公司的账务处理如下：

借：制造费用 32 000

管理费用 16 000

贷：应付账款——××电力公司 48 000

【例 10-5】滨海公司向 A 公司采购甲材料 500 千克，材料已到达企业，但月末对方没有将发票账单交给本企业。

月末上述采购的材料滨海公司还未收到发票账单，按每千克 10 元价格估价入账。滨海公司的账务处理如下：

借：原材料 5 000

贷：应付账款——暂估应付账款 5 000

【例 10-6】滨海公司于 4 月 1 日向 A 公司赊购一批材料，专用发票列明材料价款 17 094 元、增值税额 2 906 元，共计 20 000 元，现金折扣的条件 1/10、n/30，材料已经验收入库。假设滨海公司采用实际成本对材料进行核算。滨海公司的账务处理如下：

（1）记录应付账款

借：原材料 17 094

应交税费——应交增值税（进项税额） 2 906

贷：应付账款——A 公司 20 000

（2）折扣期内付款

借：应付账款——A 公司 20 000

贷：银行存款 19 800

财务费用——利息支出 200

（3）折扣期外付款

借：应付账款——A 公司 20 000

贷：银行存款 20000

（二）预收账款

预收账款是指企业按照合同规定向购货单位预收的款项。与应付账款不同，预收账款所形成的负债不是以货币偿付，而是以货物偿付。有些购销合同规定，销货企业可向购货企业预先收取一部分货款，待向对方发货后再收取其余货款。

企业在发货前收取的货款，表明了企业承担了会在未来导致经济利益流出企业的应履行的义务，就成为企业的一项负债。

1. 账户设置

企业应通过“预收账款”科目，核算预收账款的取得、偿付等情况。该科目贷方登记发生的预收账款的数额和购货单位补付账款的数额，借方登记企业向购货方发货后冲销的预收账款数额和退回购货方多付账款的数额，余额一般在贷方，反映企业向购货单位预收款项但尚未向购货方发货的数额，如为借方余额，则表示企业应收账款数额。企业应当按照购货单位设置明细科目进行明细核算。

2. 预收账款的核算

企业向购货单位预收款项时，借记“银行存款”科目，贷记“预收账款”科目；销售实现时，按实现的收入和应交的增值税销项税额，借记“预收账款”科目，按照实现的营业收入，贷记“主营业务收入”科目，按照增值税专用发票上注明的增值税额，贷记“应交税费——应交增值税（销项税额）”等科目；企业收到购货单位补付的款项，借记“银行存款”科目，贷记“预收账款”科目；向购货单位退回其多付的款项时，借记“预收账款”科目，贷记“银行存款”科目。

【例 10-7】滨海公司为增值税一般纳税人。2012 年 6 月 3 日，滨海公司与 A 公司签订供货合同，向其出售一批产品，货款金额共计 100 000 元，应交增值税 17 000 元。根据购货合同的规定，A 公司在购货合同签订后一周内，应当向滨海公司预付货款 60 000 元，剩余货款在交货后付清。2012 年 6 月 9 日，滨海公司收到 A 公司交来的预付货款 60 000 元并存入银行，6 月 19 日滨海公司将货物发到 A 公司并开出增值税专用发票，A 公司验收后付清了剩余货款。滨海公司的账务处理如下：

（1）6 月 9 日收到 A 公司交来的预付货款 60 000 元：

借：银行存款　　60 000

　贷：预收账款——A 公司　　60 000

（2）6 月 19 日按合同规定向 A 公司发出货物后确认收入：

借：预收账款——A 公司　　117 000

　贷：主营业务收入　　100 000

　　应交税费——应交增值税（销项税额）　　17 000

（3）收到 A 公司补付的货款：

借：银行存款　　57 000

贷：预收账款——A 公司　　57 000

值得注意的是，在企业预收账款情况不多时，也可不设“预收账款”科目，而是将预收的款项直接记入“应收账款”科目的贷方。

【例 10-8】承【例 10-7】的资料，假设滨海公司不设置“预收账款”科目，通过“应收账款”科目核算有关业务。滨海公司的账务处理如下：

（1）6 月 9 日收到 A 公司交来的预付货款 60 000 元：

借：银行存款　　60 000

贷：应收账款——A 公司　　60 000

（2）6 月 19 日按合同规定向 A 公司发出货物后确认收入：

借：应收账款——A 公司　　117 000

贷：主营业务收入　　100 000

应交税费——应交增值税（销项税额）　　17 000

（3）收到 A 公司补付的货款：

借：银行存款　　57 000

贷：应收账款——A 公司　　57 000

四、应付职工薪酬

（一）职工薪酬的内容

职工薪酬，是指企业为获得职工提供的服务而给予各种形式的报酬以及其他相关支出。这里所称“职工”的范围比较宽泛，即不仅包括与企业订立劳动合同的所有人员，有全职、兼职和临时职工，也包括未与企业订立劳动合同、但由企业正式任命的企业治理层和管理层人员，如董事会成员、监事会成员等；还包括在企业的计划和控制下，虽未与企业订立劳动合同或未正式任命但为其提供与职工类似服务的人员。职工薪酬主要包括以下内容：

1. 职工工资、奖金、津贴和补贴

职工工资、奖金、津贴和补贴，是指按照国家统计局的规定构成工资总额的计时工资、计件工资、支付给职工的超额劳动报酬和增收节支的劳动报酬、为了补偿职工特殊或额外的劳动消耗和因其他特殊原因支付给职工的津贴，以及为了保证职工工资水平不受影响支付给职工的物价补贴等。

2. 职工福利费

职工福利费，是指尚未实行主辅分离、辅业改制的企业，内设的医务室、职工浴室、理发室、托儿所等集体福利机构人员的工资、医务经费，职工因公负伤赴外地就医路费、职工生活困难补助，以及按照国家规定开支的其他职工福利支出。

3. 社会保险费

医疗保险费、养老保险费、失业保险费、工伤保险费和生育保险费等社会保险费，指企业按照国务院、各地方政府或企业年金计划规定的基准和比例计算，向社会保险经办机构缴纳的各项保险费用。企业为职工购买的商业保险也属于职工薪酬。

4. 住房公积金

住房公积金，是指企业按照国务院《住房公积金管理条例》规定的基准和比例计算，向住房公积金管理机构缴存的住房公积金。

5. 工会经费和职工教育经费

工会经费和职工教育经费，是指企业为了改善职工的文化生活，为职工学习先进技术和提高文化水平与业务素质，用于开展工会活动和职工教育及职业技能培训等的相关支出。

6. 非货币性福利

非货币性福利，是指企业以自己的产品或外购商品发放给职工作为福利，企业提供给职工无偿使用自己拥有的资产或租赁资产供职工无偿使用等。比如提供给企业高级管理人员使用的住房等，免费为职工提供诸如医疗保健服务或向职工提供企业支付了一定补贴的商品或服务等，比如以低于成本的价格向职工出售住房。

7. 因解除与职工的劳动关系给予的补偿

因解除与职工的劳动关系给予的补偿，是指企业由于分离办社会、实施主辅业分离、辅业改制、分流安置富余人员、实施重组或改组计划、职工不能胜任等原因，在职工劳动合同到期之前解除与职工的劳动关系，或者为鼓励职工自愿接受裁减而提出补偿建议的计划中给予职工的经济补偿，即国际财务报告准则中所指的辞退福利。

8. 其他与获得职工提供的服务相关的支出

其他与获得职工提供的服务相关的支出，是指除上述七种薪酬以外的其他为获得职工提供的服务而给予的薪酬，如企业提供给职工以权益形式结算的认股权、以现金形式结算但以权益工具公允价值为基础确定的现金股票增值权等。

总之，从薪酬的涵盖时间和支付形式来看，职工薪酬包括企业在职工在职期间和离职后给予的所有货币性薪酬和非货币性福利；从薪酬的支付对象来看，职工薪酬包括提供给职工本人及其配偶、子女或其他被赡养人的福利，比如支付给因公伤亡职工的配偶、子女或其他被赡养人的抚恤金。

（二）职工薪酬的确认和计量

1. 职工薪酬的确认原则

企业应当在职工为其提供服务的会计期间，将应付的职工薪酬确认为负债，除因解除与职工的劳动关系给予的补偿外，应当根据职工提供服务的受益对象，分别下列情况处理：

（1）应由生产产品、提供劳务负担的职工薪酬，计入产品成本或劳务成本。生产产品、提供劳务中的直接生产人员和直接提供劳务人员发生的职工薪酬，计入存货成本，但非正常消耗的直接生产人员和直接提供劳务人员的职工薪酬，应当在发生时确认为当期损益。

（2）应由在建工程、无形资产负担的职工薪酬，计入建造固定资产或无形资产的成本。自行建造固定资产和自行研究开发无形资产过程中发生的职工薪酬，能否计入固定资产或无形资产成本，取决于相关资产的成本确定原则。比如企业在研究阶段发生的职工薪酬不能计入自行开发无形资产的成本，在开发阶段发生的职工薪酬，符合无形资产资本化条件的，应当计入自行开发无形资产的成本。

（3）上述（1）、（2）两项之外的其他职工薪酬，计入当期损益。除直接生产人员、直接提供劳务人员、建造固定资产人员、开发无形资产人员以外的职工，包括公司总部管理人员、董事会成员、监事会成员等人员相关的职工薪酬，因难以确定直接对应的受益对象，均应当在发生时计入当期损益。

2. 职工薪酬的计量

（1）货币性职工薪酬

①国家规定了计提基础和比例的，按国家规定的标准计提。比如，应向社会保险经办机构等缴纳的医疗保险费、养老保险费（包括根据企业年金计划向企业年金基金相关管理人缴纳的补充养老保险费）、失业保险费、工伤保险费、生育保险费等社会保险费，应向住房公积金管理机构缴存的住房公积金，以及工会经费等，应当在职工为其提供服务的会计期间，根据工资总额的一定比例计算确定。

②国家没有规定计提基础和计提比例的，企业应当根据历史经验数据和实际情况，合理预计当期应付职工薪酬。

③对于在职工提供服务的会计期末以后 1 年以上到期的应付职工薪酬，企业应当选择合理的折现率，以应付职工薪酬折现后的金额计入相关资产成本或当期损益；应付职工薪酬金额与其折现后金额相差不大的，也可按照未折现金额计入相关资产成本或当期损益。

（2）非货币性职工薪酬

①以自产产品或外购商品发放给职工作为福利。企业以其生产的产品作为非货币性福利提供给职工的，应当按照该产品的公允价值和相关税费，计量应计入成本费用的职工薪酬金额，相关收入的确认、销售成本的结转和相关税费的处理，与正常商品销售相同。以外购商品作为非货币性福利提供给职工的，应当按照该商品的公允价值和相关税费计入成本费用。

需要注意的是，在以自产产品或外购商品发放给职工作为福利的情况下，企业在进行账务处理时，应当先通过“应付职工薪酬”科目归集当期应计入成本费用的非货币性薪酬金额，以确定完整准确的企业人工成本金额。

②将拥有的房屋等资产无偿提供给职工使用或租赁住房等资产供职工无偿使用。企业将拥有的房屋等资产无偿提供给职工使用的，应当根据受益对象，将住房每期应计提的折旧计入相关资产成本或当期损益，同时确认应付职工薪酬。租赁住房等资产供职工无偿使用的，应当根据受益对象，将每期应付的租金计入相关资产成本或当期损益，并确认应付职工薪酬。

③向职工提供企业支付了补贴的商品或服务。企业有时以低于企业取得资产或服务成本的价格向职工提供资产或服务，比如以低于成本的价格向职工出售住房、以低于企业企业支付的价格向职工提供医疗保健服务。以提供包含补贴的住房为例，企业在出售住房等资产时，应当将出售价款与成本的差额（即相当于企业补贴的金额）分别情况处理：

如果出售住房的合同或协议中规定了职工在购得住房后至少应当提供服务的年限，企业应当将该项差额作为长期待摊费用处理，并在合同或协议规定的服务年限内平均摊销，根据受益对象分别计入相关资产成本或当期损益。

如果出售住房的合同或协议中未规定职工在购得住房后必须服务的年限，企业应当将该项差额直接计入出售住房当期损益，因为在这种情况下，该项差额相当于是对职工过去提供服务成本的一种补偿，不以职工的未来服务为前提，因此，应当立即确认为当期损益。

企业应当注意将以补贴后价格向职工提供商品或服务的非货币性福利，与企业直接向职工提供购房补贴、购车补贴等区分开来，后者属于货币性补贴，与其他货币性薪酬如工资一样，应当在职工提供服务的会计期间，按照企业各期预计补贴金额，确认企业应承担的薪酬义务，并根据受益对象计入相关资产的成本或当期损益。

（3）辞退福利

辞退福利的计量参见后述内容。

（三）职工薪酬的核算

企业核算职工薪酬，应设置“应付职工薪酬”科目，并可下设“工资”、“职工福利”、“社会保险费”、“住房公积金”、“工会经费”、“职工教育经费”、“非货币性福利”、“辞退福利”等明细科目，进行明细核算。

生产部门人员的职工薪酬，借记“生产成本”、“制造费用”、“劳务成本”等科目，贷记本科目。

应由在建工程、研发支出负担的职工薪酬，借记“在建工程”、“研发支出”等科目，贷记本科目。

管理部门人员、销售人员的职工薪酬，借记“管理费用”或“销售费用”科目，贷记本科目。

企业以其自产产品发放给职工作为职工薪酬的，借记“管理费用”、“生产成本”、“制造费用”等科目，贷记本科目。实际发放时，借记本科目，贷记“主营业务收入”科目；同时，还应结转产成品的成本。涉及增值税销项税额的，还应进行相应的处理。

无偿向职工提供住房等固定资产使用的，按应计提的折旧额，借记“管理费用”、“生产成本”、“制造费用”等科目，贷记本科目；同时，借记本科目，贷记“累计折旧”科目。

租赁住房等资产供职工无偿使用的，按每期应支付的租金，借记“管理费用”、“生产成本”、“制造费用”等科目，贷记本科目。支付时，借记本科目，贷记“银行存款”等科目。

因解除与职工的劳动关系给予的补偿，借记“管理费用”科目，贷记本科目。向职工支付工资、奖金、津贴、福利费等，从应付职工薪酬中扣还的各种款项（代垫的家属药费、个人所得税等），借记本科目，贷记“银行存款”、“库存现金”、“其他应收款”、“应交税费——应交个人所得税”等。

支付工会经费和职工教育经费用于工会活动和职工培训，借记本科目，贷记“银行存款”等科目。

按照国家有关规定缴纳社会保险费和住房公积金，借记本科目，贷记“银行存款”科目。

上面的这些核算其实都不难理解，实质是“量入为出”，基本的思路就是先计提，后支付，计提的时候应付职工薪酬的金额就是预计要发放的金额，比如以自产产品发放，则计提的时候应付职工薪酬的金额就是产品的“公允价值＋销项税额”；以租赁的房屋供职工无偿使用就以要支付的租金作为应付职工薪酬的金额；以自有房屋等资产无偿提供给职工使用，虽然没有实际的现金支出，但是由于房屋有磨损，所以计提的折旧就是应付职工薪酬的金额。

【例 10-9】2012 年 6 月，滨海公司当月应发工资 2 000 万元，其中：生产部门直接生产人员工资 1 000 万元；生产部门管理人员工资 200 万元；公司管理部门人员工资 360 万元；公司专设产品销售机构人员工资 100 万元；建造厂房人员工资 220 万元；内部开发存货管理系统人员工资 120 万元。

根据所在地政府规定，公司分别按照职工工资总额的 10%、12%、2%和 10.5%计提医疗保险费、养老保险费、失业保险费和住房公积金，缴纳给当地社会保险经办机构和住房公积金管理机构。公司内设医务室，根据 2011 年实际发生的职工福利费情况，公司预计 2012 年应承担的职工福利费义务金额为职工工资总额的 2%，职工福利的受益对象为上述所有人员。公司分别按照职工工资总额的 2%和 1.5%计提工会经费和职工教育经费。假定公司存货管理系统已处于开发阶段、并符合《企业会计准则第 6 号——无形资产》资本化为无形资产的条件。

应计入生产成本的职工薪酬金额

＝1 000＋1 000×（10%＋12%＋2%＋10.5%＋2%＋2%＋1.5%）＝1 400（万元）

应计入制造费用的职工薪酬金额

＝200＋200×（10%＋12%＋2%＋10.5%＋2%＋2%＋1.5%）＝280（万元）

应计入管理费用的职工薪酬金额

＝360＋360×（10%＋12%＋2%＋10.5%＋2%＋2%＋1.5%）＝504（万元）

应计入销售费用的职工薪酬金额

＝100＋100×（10%＋12%＋2%＋10.5%＋2%＋2%＋1.5%）＝140（万元）

应计入在建工程成本的职工薪酬金额

＝220＋220×（10%＋12%＋2%＋10.5%＋2%＋2%＋1.5%）＝308（万元）

应计入无形资产成本的职工薪酬金额

＝120＋120×（10%＋12%＋2%＋10.5%＋2%＋2%＋1.5%）＝168（万元）

公司在分配工资、职工福利费、各种社会保险费、住房公积金、工会经费和职工教育经费等职工薪酬时，应当作如下账务处理：

借：生产成本 14 000 000

制造费用 2 800 000

管理费用 5 040 000

销售费用 400 000

在建工程 3 080 000

研发支出——资本化支出 1 680 000

贷：应付职工薪酬——工资 20 000 000

——职工福利 400 000

——社会保险费 4 800 000

——住房公积金 2 100 000

——工会经费 400 000

——职工教育经费 300 000

【例 10-10】滨海公司共有职工 100 名，2012 年 2 月，公司以其生产的成本为 5 000 元的笔记本和外购的每台不含税价格为 500 元的吸尘器作为春节福利发放给公司职工。该型号笔记本的售价为每台 7 000 元，滨海公司适用的增值税税率为 17%；滨海公司购买吸尘器开具了增值税专用发票，增值税税率为 17%。假定 100 名职工中 85 名为直接参加生产的职工，15 名为总部管理人员。

分析：企业以自己生产的产品作为福利发放给职工，应计入成本费用的职工薪酬金额以公允价值计量，计入主营业务收入，产品按照成本结转，但要根据相关税收规定，视同销售计算增值税销项税额。外购商品发放给职工作为福利，也应当根据相关税收规定，将已交纳的增值税进项税额转出。

（1）发放笔记本的账务处理：

笔记本的售价总额＝7 000×85＋7 000×15＝595 000＋105 000＝700 000（元）

笔记本的增值税销项税额＝85×7 000×17%＋15×7 000×17%＝101 150＋17 850＝119 000（元）

公司决定发放非货币性福利时，应作如下账务处理：

借：生产成本 696 150

管理费用 122 850

贷：应付职工薪酬——非货币性福利 819 000

实际发放非货币性福利时，应作如下账务处理：

借：应付职工薪酬——非货币性福利 819 000

贷：主营业务收入 700 000

应交税费——应交增值税（销项税额） 119 000

借：主营业务成本 500 000

贷：库存商品 500 000

（2）发放吸尘器的账务处理：

吸尘器的售价金额＝85×500＋15×500＝42 500＋7 500＝50 000（元）

吸尘器的进项税额＝85×500×17%＋15×500×17%＝7 225＋1 275＝8 500（元）

公司决定发放非货币性福利时，应作如下账务处理：

借：生产成本 49 725

管理费用 8 775

贷：应付职工薪酬——非货币性福利 58 500

购买吸尘器时，公司应作如下账务处理：

借：应付职工薪酬——非货币性福利 58 500

贷：银行存款 58 500

【例 10-11】滨海公司为总部各部门经理级别以上职工提供汽车免费使用，同时为副总裁以上高级管理人员每人租赁一套住房。该公司总部共有部门经理以上职工 25 名，每人提供一辆桑塔纳汽车免费使用，假定每辆桑塔纳汽车每月计提折旧 500 元；该公司共有副总裁以上高级管理人员 5 名，公司为其每人租赁一套面积为 100 平方米带有家具和电器的公寓，月租金为每套 4 000 元。滨海公司每月应作如下账务处理：

借：管理费用 32 500

贷：应付职工薪酬——非货币性福利 32 500

借：应付职工薪酬——非货币性福利 32 500

贷：累计折旧 12 500

其他应付款 20 000

（四）辞退福利的核算

1. 辞退福利的含义

辞退福利是指在企业与职工签订的劳动合同未到期之前，企业由于种种原因需要提前终止劳动合同而辞退员工，根据劳动合同，企业需要提供一笔资金作为对被辞退员工的补偿。辞退福利通常采取在解除劳动关系时一次性支付补偿的方式，也有通过提高退休后养老金或其他离职后福利标准的方式，或者将职工薪酬的工资部分支付到辞退后未来某一期间。

职工薪酬准则规定的辞退福利包括两方面的内容：

一是在职工劳动合同尚未到期前，不论职工本人是否愿意，企业决定解除与职工的劳动关系而给予的补偿。

二是在职工劳动合同尚未到期前，为鼓励职工自愿接受裁减而给予的补偿，职工有权利选择继续在职或接受补偿离职。

针对这两种情况，会计处理上也有所不同；一个是确定的，一个是预计的。

辞退福利包括当公司控制权发生变动时，对辞退的管理层人员进行补偿的情况。

2. 辞退福利的确认

根据新会计准则职工薪酬的规定，企业在职工劳动合同到期之前解除与职工的劳动关系，或者为鼓励职工自愿接受裁减而提出给予补偿的建议，同时满足：企业已经制定正式的解除劳动关系计划或提出自愿裁减建议，并即将实施；企业不能单方面撤回解除劳动关系或裁减建议两个条件的，应当确认因解除与职工的劳动关系给予补偿而产生的预计负债，同时计入当期损益。会计处理为：借记“管理费用”科目，贷记“应付职工薪酬”科目。

对于满足负债确认条件的所有辞退福利，不管是哪个部门的，借方均应当计入管理费用不计入资产成本，不再是谁受益谁负担的原则。贷方是应付职工薪酬，从性质上说，这里的应付职工薪酬应当是或有事项准则中所说的预计负债，但是会计处理应该通过“应付职工薪酬”。

确认时应注意的问题：

（1）正式的辞退计划或建议应当由企业与职工代表大会或工会组织达成一致意见后，经过董事会或类似权力机构批准。

（2）如果企业的辞退计划和裁减建议还在制定和讨论中，未最后经过董事会或类似机构批准的情况下，对该项辞退福利不能确认。

（3）该计划或建议应当包括准备辞退的职工所在部门、职位及数量；根据有关规定按工作类别或职位确定的辞退补偿金额；以及实施辞退的时间。

（4）企业的辞退计划和裁减建议必须制定得较为完整，已具有可操作性，这是评判能否即将实施的标准。

（5）企业在制定辞退计划和提出裁减建议时就可以确认预计负债，同时计入当期损益，而不需要等到实际支付补偿款时再进行确认。

（6）要求企业不能单方面撤回辞退计划或裁减建议，是因为只有辞退计划或裁减建议具有不可撤销性，才能保证会计确认和计量具有可靠性，否则在会计上无法对该项辞退福利进行确认和计量。

（7）辞退福利的支付应全部计入当期费用。因为该笔款项的支付，并不是职工为企业提供了服务，而是企业要辞退职工，而被辞退职工不能再给企业带来经济利益，也就不能计入资产成本。

（8）实质性辞退工作一般应当在一年内实施完毕，但因付款程序等原因使部分付款推迟到一年后支付的，视同符合确认条件。

3. 辞退福利的计量

企业应当严格按照辞退计划条款的规定，合理预计并确认辞退福利产生的负债。辞退福利的计量因辞退计划中职工有无选择权而有所不同：

（1）对于职工没有选择权的辞退计划，应当根据计划条款规定拟解除劳动关系的职工数量、每一职位的辞退补偿等计提应付职工薪酬（预计负债）。

（2）对于自愿接受裁减建议，因接受裁减的职工数量不确定，企业应当参照或有事项的规定，预计将会接受裁减建议的职工数量，根据预计的职工数量和每一职位的辞退补偿等计提应付职工薪酬（预计负债）。

（3）实质性辞退工作在一年内实施完毕、但补偿款项超过一年支付的辞退计划，企业应当选择恰当的折现率，以折现后的金额计量应计入当期管理费用的辞退福利金额，该项金额与实际应支付的辞退福利之间的差额，作为未确认融资费用，在以后各期实际支付辞退福利款项时，计入财务费用。账务处理上，确认因辞退福利产生的预计负债时，借记"管理费用"、"未确认融资费用"科目，贷记"应付职工薪酬——辞退福利"科目；各期支付辞退福利款项时，借记"应付职工薪酬——辞退福利"科目，贷记"银行存款"科目；同时，借记"财务费用"科目，贷记"未确认融资费用"科目。

【例 10-12】滨海公司 2011 年 9 月，为了能够在下一年度顺利实施转产，公司管理层制定了一项辞退计划，计划规定，从 2012 年 1 月 1 日起，企业将以职工自愿方式，辞退其笔记本生产车间的职工。辞退计划的详细内容，包括拟辞退的职工所在部门、数量、各级别职工能够获得的补偿以及计划大体实施的时间等均已与职工沟通，并达成一致意见，辞退计划已于当年 12 月 10 日经董事会正式批准，辞退计划将于下一个年度内实施完毕。该项辞退计划的详细内容如表 10-1 所示。

表 10-1　滨海公司公司 2011 年辞退计划一览表　　金额单位：万元

所属部门	职位	辞退数量	工龄（年）	每人补偿额
笔记本车间	车间主任、副主任	10	1～10	10
			10～20	20
			20～30	30
	高级技工	50	1～10	8
			10～20	18
			20～30	28
	一般技工	100	1～10	5
			10～20	15
			20～30	25
小 计		160		

2011 年 12 月 31 日，公司预计各级别职工以接受辞退职工数量的最佳估计

数（最可能发生数）及其应支付的补偿如表 10-2 所示。

按照或有事项有关计算最佳估计数的方法，预计接受辞退的职工数量可以根据最可能发生的数量确定，也可以采用按照各种发生数量及其发生概率计算确定。根据表 10-2，愿意接受辞退职工的最可能数量为 123 名，预计补偿总额为 1 400 万元，则公司在 2011 年（辞退计划 2011 年 12 月 10 日由董事会批准）应作如下账务处理：

表 10-2 滨海公司辞退员工数量和补偿金额 金额单位：万元

所属部门	职位	辞退数量	工龄（年）	接受数量	每人补偿额	补偿金额
笔记本车间	车间主任、副主任	10	1～10	5	10	50
			10～20	2	20	40
			20～30	1	30	30
	高级技工	50	1～10	20	8	160
			10～20	10	18	180
			20～30	5	28	140
	一般技工	100	1～10	50	5	250
			10～20	20	15	300
			20～30	10	25	250
小 计		160		123		1 400

借：管理费用 14 000 000

　贷：应付职工薪酬——辞退福利 14 000 000

以本例中笔记本车间主任和副主任级别、工龄在 1～10 年的职工为例，假定接受辞退的职工各种数量及发生概率如表 10-3 所示。

表 10-3 滨海公司接受辞退的职工各种数量及发生概率 单位：%

接受辞退的职工数量	发生概率	最佳估计数
0	0	0
1	3%	0.03
2	5%	0.1
3	5%	0.15
4	20%	0.8
5	15%	0.75
6	25%	1.5
7	8%	0.56
9	12%	1.08
10	7%	0.7
合 计		5.67

由上述计算结果可知，笔记本车间主任和副主任级别、工龄在 1～10 年的

职工接受辞退计划的最佳估计数为 5.67 名，则应确认该职级的辞退福利金额应为 56.7（5.67×10）万元，由于所有的辞退福利预计负债均应计入当期费用，因此，2011 年（辞退计划 2011 年 12 月 10 日由董事会批准）公司应当作如下账务处理：

借：管理费用　　　　　　　　　　567 000

　贷：应付职工薪酬——辞退福利　　　　　567 000

【篇中案例】

浦发银行否认 62.9 亿应付职工薪酬暗藏利润

据媒体报道，浦发银行 2007 年度财务报告显示，年末应付职工薪酬余额 62.9 亿元，根据浦发银行 2007 年末公司员工 1.4 万人计算，人均工资结余高达 44.93 万元！而该行应付职工薪酬年初余额 40.3 亿元，因此，年末余额较期初增加 22.6 亿元。由此可见，在 62.9 亿元的应付薪酬中，22.6 亿元是由当年计提产生，40.3 亿元则是历年累积形成的。质疑其有隐藏利润之嫌。针对这一说法，浦发表示，该行认为职工薪酬的计提有明确法律和政策依据，并且解释了应付职工薪酬余额较高的原因。浦发认为，应付职工薪酬余额较高主要是以下两点原因：一是 2007 年当年计提的员工奖励福利基金一般要在 2008 年初发放，这构成了 2007 年末应付职工薪酬余额的一部分。二是由于银行经营有其特殊性，考虑到银行业风险的滞后性，为了克服员工的短期经营行为，部分奖金将采用延期发放的形式。

因此，2007 年底的 62.9 亿元应付薪酬，一部分是 2007 年当年计提并根据 2007 年的工作业绩应在 2008 年初支付给员工的薪酬，另一部分是前几年因延后支付而形成的节余。

案例中关于浦发银行 62.9 亿元的应付职工薪酬你是如何理解的？假如浦发银行有隐藏利润之嫌，请分析他们在会计上是如何操作的？

五、应交税费

企业根据税法规定应交纳的各种税费包括增值税、消费税、营业税、资源税、所得税、土地增值税、城市维护建设税、房产税、土地使用税、车船使用税、教育费附加、矿产资源补偿费、印花税、耕地占用税、代扣代交的个人所得税等。

这些应交税费应按照权责发生制原则进行确认、计提，在尚未交纳之前暂时留在企业，形成一项负债（应该上交国家暂未上交国家的税费）。

企业应通过“应交税费”科目，总括反映各种税费的交纳情况，并按照应交税费项目进行明细核算。该科目的贷方登记应交纳的各种税费，借方登记已交纳的各种税费，期末贷方余额反映尚未交纳的税费；期末如为借方余额反映多交或尚未抵扣的税费。

企业交纳的印花税、耕地占用税等不需要预计应交纳的税费，不通过“应交税费”科目核算。

（一）应交增值税

1. 增值税概述

增值税是指对我国境内销售货物、进口货物，或提供加工、修理修配劳务的增值额征收的一种流转税。增值税的纳税人是在我国境内销售货物、进口货物，或提供加工、修理修配劳务的单位或个人。按照纳税人的经营规模及会计核算的健全程度，增值税纳税人分为一般纳税人和小规模纳税人。一般纳税人应纳增值税税额，根据当期销项税额减去当期进项税额计算确定；小规模纳税人应纳增值税税额，按照销售额和规定的征收率计算确定。

按照《中华人民共和国增值税暂行条例》的规定，企业购入货物或接受应税劳务支付的增值税（进项税额），可从销售货物或提供劳务按规定收取的增值税（即销项税额）中抵扣。准予扣除的进项税额通常包括：

（1）从销售方取得的增值税专用发票上注明的增值税额；

（2）从海关取得的完税凭证上注明的增值税额；

（3）购进农产品，除取得增值税专用发票或者海关进口增值税专用缴款书外，按照农产品收购发票或者销售发票上注明的农产品买价和13%的扣除率计算的进项税额。进项税额计算公式：

进项税额＝买价×扣除率

买价，包括纳税人购进农产品在农产品收购发票或者销售发票上注明的价款和按规定缴纳的烟叶税。

（4）购进或者销售货物以及在生产经营过程中支付运输费用的，按照运输费用结算单据上注明的运输费用金额和 7%的扣除率计算的进项税额。进项税额计算公式：

进项税额=运输费用金额×扣除率

运输费用金额，是指运输费用结算单据上注明的运输费用（包括铁路临管线及铁路专线运输费用）、建设基金，不包括装卸费、保险费等其他杂费。

自 2007 年 1 月 1 日起，增值税一般纳税人购进或销售货物，取得的作为增值税扣税凭证的货运发票，必须是通过货运发票税控系统开具的新版货运发票。

纳税人购进货物或应税劳务，取得的增值税扣税凭证不符合法律、行政法规或者国务院税务主管部门有关规定的，其进项税额不得从销项税额中抵扣。

值得注意的是，按照修订后的《中华人民共和国增值税暂行条例》，企业购入的机器设备等生产经营用固定资产所支付的增值税在符合税收法规规定的情况下，也应从销项税额中扣除，不再计入固定资产成本。按照税收法规规定，企业购入用于集体福利或个人消费项目等目的的固定资产而支付的增值税，不能从销项税额中扣除，仍应计入固定资产成本。

2. 一般纳税企业的核算

为了核算企业应交增值税的发生、抵扣、进项转出、计提、交纳、退还等情况，应在“应交税费”科目下设置“应交增值税”和“未交增值税”两个明细科目。并在“应交税费——应交增值税”明细科目内设“进项税额”、“已交税费”、“转出未交增值税”、“销项税额”、“出口退税”、“进项税额转出”、“转出多交增值税”、“减免税款”、“出口抵减内销产品应纳税额”等专栏。

（1）采购物资或接受应税劳务

采购物资和接受应税劳务，按可抵扣的增值税额，借记本科目（应交增值税——进项税额），按应计入采购成本的金额，借记“在途物资”、“原材料”、“库存商品”或“生产成本”、“委托加工物资”、“ 制造费用”、“管理费用”等科目，按应付或实际支付的金额，贷记“应付账款”、“应付票据”、“银行存款”等科目。购入物资发生的退货，做相反的会计分录。

企业购进免税农产品，按购入农业产品的买价和规定的扣除率计算的进项税额，借记“应交税费——应交增值税（进项税额）”科目，按买价扣除按规定计算的进项税额后的差额，借记“在途物资”、“原材料”、“库存商品”等科目，按应付或实际支付的价款，贷记“应付账款”、“银行存款”等科目。

【例 10-13】滨海公司为增值税一般纳税人，采用实际成本对原材料进行核算，购入原材料一批，增值税专用发票上注明货款 50 000 元，增值税税额 8 500 元，货物尚未到达，款项已用银行存款支付。滨海公司的账务处理如下：

借：在途物资	50 000	
应交税费——应交增值税（进项税额）	8 500	
贷：银行存款		58 500

【例 10-14】滨海公司行政部门修理一辆轿车，对方开来的专用发票上注明修理费 10 000 元，增值税税额 1 700 元，款项已用银行存款支付。滨海公司的

账务处理如下：

借：管理费用　　10 000

　　应交税费——应交增值税（进项税额）　　1 700

　贷：银行存款　　11 700

【例 10-15】滨海公司 2012 年 2 月份购进免税农产品一批，买价为 100 000 元，规定的扣除率为 13%，产品已验收入库，价款尚未支付。则会计处理如下：

购进免税农产品的进项税额＝100 000×13% ＝13 000（元）

借：原材料　　87 000

　　应交税费——应交增值税（进项税额）　　13 000

　贷：应付账款　　100 000

（2）进项税额转出

所谓进项税额转出是指企业购进的货物改变用途或发生非正常损失等原因时，将其已作抵扣的进项税额从当期发生的进项税额中扣减，转入相关科目。具体包括下列四种情况：

①用于非应税项目如固定资产基建工程等；

②用于免税项目；

③用于集体福利或个人消费；

④发生非正常损失。

购进货物改变用途或发生非正常损失等原因后，不会再产生销项税额，进项税额抵扣链条从此中断。具体账务处理如下：凡购进货物时，不能直接认定其用途是否用于不能抵扣进项税额项目的，可先将增值税专用发票上注明的增值税额作为当期的进项税额，记入"进项税额"项目，允许抵扣当期的销项税额。如果该批货物以后改变用途，用于企业内部不得抵扣进项税额项目的，则应将原已抵扣的进项税额转出，记入"进项税额转出"项目，并转入相关科目。借记"在建工程"、"应付职工薪酬"、"待处理财产损溢"等科目，贷记"应交税费——应交增值税（进项税额转出）"等科目。

【例 10-16】滨海公司为增值税一般纳税人，自建仓库领用生产用原材料一批，实际成本 300 000 元，购进时该批原材料已支付的增值税为 51 000 元。该企业库存材料因意外火灾毁损一批，实际成本 100 000 元，增值税为 17 000 元，该批毁损材料尚未报经批准处理。则相关的账务处理如下：

借：在建工程　　351 000

　贷：原材料　　300 000

　　　应交税费——应交增值税（进项税额转出）　　51 000

借：待处理财产损溢 117 000

贷：原材料 100 000

应交税费——应交增值税（进项税额转出） 17 000

（3）销售物资或提供应税劳务

销售物资或提供应税劳务，按营业收入和应收取的增值税额，借记“应收账款”、“应收票据”、“银行存款”等科目，按专用发票上注明的增值税额，贷记本科目（应交增值税——销项税额），按实现的营业收入，贷记“主营业务收入”、“其他业务收入”科目。发生的销售退回，做相反的会计分录。

【例 10-17】滨海公司销售产品一批，价款 600 000 元，按规定应收取增值税 102 000 元，提货单和增值税专用发票已交买方，款项尚未收到。则相关的账务处理如下：

借：应收账款 702 000

贷：主营业务收入 600 000

应交税费——应交增值税（销项税额） 102 000

【例 10-18】滨海公司为外单位提供加工劳务，约定收取价款 30 000 元，适用的增值税税率为 17%，加工完成，款项已经收到，存入银行。则相关的账务处理如下：

借：银行存款 35 100

贷：主营业务收入 30 000

应交税费——应交增值税（销项税额） 5 100

（4）视同销售行为

视同销售行为就是从会计角度看，不属于销售行为，不确认销售收入，但是税法上应视为对外销售，计算应交增值税并产生销项税额。企业发生视同销售的行为很多，归纳起来，主要有两项：一是企业购进的货物用于企业外部非销售行为；二是企业自产或委托加工收回的货物用于企业内部和外部非销售行为。

上述“用于企业外部非销售行为”主要包括：①用于对外投资行为；②用于对外捐赠行为；③用于对外顶账行为（低偿债务）；④用于非货币性交易换出行为；⑤用于对外分配给股东或投资者。

上述“用于企业内部非销售行为”主要包括：①用于企业非应税项目如固定资产基建工程等；②用于职工集体福利或个人消费项目。

企业购进的货物只有用于企业外部才视同销售行为，而自产或委托加工收回的货物，无论用于企业内部或外部，均视同销售行为，其应交纳的增值税作为当期的销项税额处理，计入“销项税额”项目。原因在于，其一，该行为会产生增值额，应交纳增值税，避免企业因上述行为而逃避纳税；其二，保证增值税税款抵扣链条的连续性；其三，“实质重于形式原则”的具体体现。

具体账务处理如下：凡企业发生视同销售行为，应交纳的增值税，借记“在建工程”、“应付职工薪酬”（内部项目）、“长期股权投资”、“营业外支出”（外部项目）等科目，贷记“应交税费——应交增值税（销项税额）”科目。

【例 10-19】滨海公司将自己生产的产品用于自建仓库，实际成本 180 000 元，计税价格 200 000 元，应交增值税为 34 000 元；将自己生产的产品无偿捐赠给他人，实际成本 80 000 元，计税价格 100 000 元，应交增值税为 17 000 元。则相关的账务处理如下：

	借方	贷方
借：在建工程	214 000	
贷：库存商品		180 000
应交税费——应交增值税（销项税额）		34 000
借：营业外支出	97 000	
贷：库存商品		80 000
应交税费——应交增值税（销项税额）		17 000

综上所述，若企业购进货物用于内部，尚未流出企业，所有权尚未改变，仅改变用途或发生非正常损失等原因时，应作“进项税额转出”处理；若企业购进的货物用于外部，已流出本企业，所有权已改变，则应视同销售行为，作“销项税额”处理。而企业自产或委托加工的货物，无论是用于内部或外部，均应视同销售行为，作“销项税额”处理。必须特别指出的是，本书中所指的“外部”是指货物的所有权已转移，已流出本企业；“内部”是指货物的所有权尚未转移，尚未流出本企业。

（5）出口退税

出口产品按规定退税的，借记“其他应收款”科目，贷记本科目（应交增值税——出口退税）。

（6）交纳增值税

交纳的增值税，借记本科目（应交增值税——已交税费），贷记“银行存款”科目。

（7）转出多交增值税和未交增值税

为了分别反映增值税一般纳税企业欠交增值税款和待抵扣增值税的情况，避免出现企业在以前月份有欠交增值税，以后月份有未抵扣增值税时，用以前月份欠交增值税抵扣以后月份未抵扣的增值税的现象，确保企业及时足额上交增值税，企业应在“应交税费”科目下设置“未交增值税”明细科目，核算企业月份终了从“应交税费——应交增值税”科目中转入的当月未交或多交的增值税；同时，在“应交税费——应交增值税”科目下设置“转出未交增值税”和“转出多交增值税”专栏。

月份终了，企业计算出当月应交未交的增值税，借记“应交税费——应交增值税（转出未交增值税）”科目，贷记“应交税费——未交增值税”科目；当月多交的增值税，借记“应交税费——未交增值税”科目，贷记“应交税费——应交增值税（转出多交增值税）”科目，经过结转后，月份终了，“应交税费——应交增值税”科目的余额，反映企业尚未抵扣的增值税。“应交税费——未交增值税”科目的期末借方余额，反映多交的增值税；贷方余额，反映未交的增值税。

值得注意的是，企业当月交纳当月的增值税，仍然通过“应交税费——应交增值税（已交税费）”科目；当月交纳以前各期未交的增值税，通过“应交税费——未交增值税”科目，不通过“应交税费——应交增值税（已交税费）”科目。

【例 10-20】举例说明如下（假定下列例子均是独立的，并且无期初余额）：

（1）若本月发生的增值税销项税额为 1 000 000 元，进项税额为 800 000 元，则月末应编制如下会计分录：

借：应交税费——应交增值税（转出未交增值税） 200 000

　贷：应交税费——未交增值税 200 000

（2）若本月发生的增值税销项税额为 100 万元，进项税额为 101 万元，则月末不需编制会计分录，此时“应交税费——应交增值税”账户有借方余额 1 万元，属于尚未抵扣的增值税。

（3）若本月发生的增值税销项税额为 1 000 000 元，进项税额为 800 000 元，已交税费 300 000 元（当月交纳当月增值税在已交税费明细科目核算），则月末应编制如下会计分录：

借：应交税费——未交增值税 100 000

　贷：应交税费——应交增值税（转出多交增值税） 100 000

（4）若本月发生的增值税销项税额为 1 000 000 元，进项税额为 1 200 000 元，已交税费 300 000 元，则月末应编制如下会计分录：

借：应交税费——未交增值税 300 000

　贷：应交税费——应交增值税（转出多交增值税） 300 000

注意：转出多交增值税只能在本期已交税费范围内转回，此题转出多交的增值税只有 300 000 元，而不是 500 000 元，借方与贷方的差额 200 000 元属于尚未抵扣的增值税。

3. 小规模纳税企业的核算

小规模纳税人应当按照不含税销售额和规定的增值税征收率计算交纳增值税，销售货物或提供应税劳务时只能开具普通发票，不能开具增值税专用发票。小规模纳税人不享有进项税额的抵扣权，其购进货物或接受应税劳务支付的增值税直接计入有关货物或劳务的成本。因此，小规模纳税人只需在“应交税费”科目下设置“应交增值税”明细科目，不需要在“应交增值税”明细科目中设置专栏，“应交税费——应交增值税”科目贷方登记应交纳的增值税，借方登记已交纳的增值税；期末贷方余额为尚未交纳的增值税，借方余额为多交纳的增值税。

小规模纳税人购进货物和接受应税劳务时支付的增值税，直接计入有关货物和劳务的成本，借记“原材料”、“在途物资”等科目，贷记“应交税费——应交增值税”科目。

企业购入材料不能取得增值税专用发票的，比照小规模纳税人进行处理，发生的增值税计入材料采购成本，借记“原材料”、“在途物资”等科目，贷记“应交税费——应交增值税”科目。

【例 10-21】某小规模纳税企业购入材料一批，取得的专用发票中注明货款 30 000 元，增值税 5 100，款项以银行存款支付，材料已验收入库。则相关的账务处理如下：

借：原材料　　35 100

　贷：银行存款　　35 100

【例 10-22】某小规模纳税人销售产品一批，所开出的普通发票中注明的价款（含税）为 51 500 元，增值税征收率为 3%，款项已存入银行。则相关的账务处理如下：

小规模纳税人，在计算增值税的时候，所取得的销售额被认为是含税销售额，其计算过程如下：

含税销售额＝不含税销售额×（1＋征收率）

不含税销售额＝含税销售额÷（1＋征收率）

应交增值税＝不含税销售额×征收率＝含税销售额÷（1＋征收率）×征收率

其中，不含税销售额应计入收入。

本题中，含税销售额为 51 500 元，则不含税销售额为：51 500÷（1＋3%）＝50 000 元，应交增值税＝50 000×3%＝1 500 元。

借：银行存款　　51 500

贷：主营业务收入 50 000

应交税费——应交增值税 1 500

【例 10-23】接上例，该小规模纳税人月末以银行存款上交增值税 1 500 元。则相关的账务处理如下：

借：应交税费——应交增值税 1 500

贷：银行存款 1 500

（二）应交消费税

为了调节消费结构，正确引导消费方向，国家在普遍征收增值税的基础上，选择部分消费品，如烟、酒、鞭炮、化妆品、汽油、小汽车及摩托车等，再征收一道消费税。它是对在我国境内从事生产、委托加工和进口应税消费品的单位和个人就其应税消费品的销售额或销售数量征收的一种税，即消费税在生产和进口环节征收，一旦出了生产环节，进入流通领域不再交纳消费税（注：金银首饰应交纳消费税除外）。因此，消费税一般由生产及进口企业交纳。

消费税有从价定率和从量定额两种征收方法。采取从价定率方法征收的消费税，以不含增值税的销售额为税基，按照税法规定的税率计算。企业的销售收入包含增值税的，应将其换算为不含增值税的销售额。采取从量定额方法征收的消费税，根据税法确定的企业应税消费品的数量和单位应税消费品应交纳的消费税计算确定。

企业应在“应交税费”科目下设置“应交消费税”明细科目，核算应交消费税的发生、交纳情况。该科目贷方登记应交纳的消费税，借方登记已交纳的消费税和代扣的消费税；期末贷方余额为尚未交纳的消费税，借方余额为多交或代扣的消费税。

1. 销售应税消费品

企业销售应税消费品应交的消费税，应借记“营业税费及附加”科目，贷记“应交税费——应交消费税”科目。

【例 10-24】某工业企业销售所生产的化妆品价款 1 000 000 元（不含增值税），适用的消费税税率为 30%。则相关的账务处理如下：

借：营业税费及附加 300 000

贷：应交税费——应交消费税 300 000

其中，应交消费税额=1 000 000×30%=300 000（元）。

2. 自产自用应税消费品

企业将生产的应税消费品用于在建工程等非生产机构时，按规定应交纳的消费税，借记“在建工程”等科目，贷记“应交税费——应交消费税”科目。

【例 10-25】某工业企业在建工程领用自产货物 30 000 元，应纳增值税 5 100 元，应纳消费税 3 600 元。则相关的账务处理如下：

借：在建工程 38 700

贷：库存商品 30 000

应交税费——应交增值税（销项税额） 5 100

——应交消费税 3 600

本例中，企业将生产的应税消费品用于在建工程时，按规定应交纳的消费税 3 600 元应记入“在建工程”科目。

3. 委托加工应税消费品

作为委托加工的应税消费品，必须具备两个条件：一是由委托方提供原料和主要材料；二是受托方只收取加工费和代垫部分辅助材料。

企业如有应交消费税的委托加工物资，一般应由受托方代收代缴税款，受托方按照应交税款金额，借记“应收账款”、“银行存款”等科目，贷记“应交税费——应交消费税”科目。受托加工或翻新改制金银首饰，按照规定由受托方交纳消费税。

委托加工物资收回后，用于直接销售的，应将受托方代收代缴的消费税计入委托加工物资的成本，借记“委托加工物资”等科目，贷记“应付账款”、“银行存款”等科目；委托加工物资收回后用于连续生产的，按规定准予抵扣的，应按已由受托方代收代缴的消费税，借记“应交税费——应交消费税”科目，贷记“应付账款”、“银行存款”等科目。

【例 10-26】某工业企业委托乙企业代为加工一批应交消费税的材料（非金银首饰）。该企业的材料成本为 800 000 元，加工费为 150 000 元，由乙企业代收代缴的消费税为 80 000 元（不考虑增值税）。材料已经加工完成，并由该企业收回验收入库，加工费尚未支付。该企业采用实际成本法进行原材料的核算。

（1）如果收回的委托加工物资用于继续生产应税消费品，则相关的账务处理如下：

①发出材料

借：委托加工物资 800 000

贷：原材料 800 000

②支付加工费和消费税

借：委托加工物资 150 000

应交税费——应交消费税 80 000

贷：应付账款 230 000

③收回委托加工物资

借：原材料 950 000

贷：委托加工物资 950 000

（2）如果收回的委托加工物资直接用于对外销售，则相关的账务处理如下：

①发出材料

借：委托加工物资 800 000

贷：原材料 800 000

②支付加工费和消费税

借：委托加工物资 230 000

贷：应付账款 230 000

③收回委托加工物资

借：原材料 1 030 000

贷：委托加工物资 1030 000

（3）乙企业对应收取的受托加工代收代缴的消费税，则相关的账务处理如下：

借：应收账款 80 000

贷：应交税费——应交消费税 80 000

4. 进口应税消费品

企业进口应税物资在进口环节应交的消费税，计入该项物资的成本，借记“在途物资”、“固定资产”等科目，贷记“银行存款”科目。

【例 10-27】某工业企业从国外进口一批需要交纳消费税的商品，商品价值 200 000 元，进口环节需要交纳的消费税为 50 000 元（不考虑增值税），采购的商品已经验收入库，货款尚未支付，税款已经用银行存款支付。甲企业应作会计分录如下：

借：库存商品 250 000

贷：应付账款 200 000

银行存款 50 000

本例中，企业进口应税物资在进口环节应交的消费税 50 000 元，应计入该项物资的成本。

（三）应交营业税

营业税是对在我国境内提供应税劳务、转让无形资产或销售不动产的单位和个人征收的流转税。

其中：

应税劳务是指属于交通运输业、建筑业、金融保险业、邮电通信业、文化体育业、娱乐业、服务业税目征收范围的劳务，不包括加工、修理和修配等劳务；

转让无形资产，是指转让无形资产的所有权或使用权的行为；

销售不动产，是指有偿转让不动产的所有权，转让不动产的有限产权或永久使用权以及单位将不动产无偿赠与他人，视同销售不动产。

营业税以营业额为计税依据。营业额是指纳税人提供应税劳务、转让无形资产或销售不动产而向对方收取的全部价款和价外费用。税率从 3%～20%不等。价外费用包括向对方收取的手续费、基金、集资费、代收款项、代垫款项及其他各种性质的价外收费。

1. 账户设置

企业应在“应交税费”科目下设置“应交营业税”明细科目，核算应交营业税的发生、交纳情况。该科目贷方登记应交纳的营业税，借方登记已交纳的营业税，期末贷方余额反映尚未交纳的营业税。

2. 账务处理

（1）一般账务处理

企业按照营业额及其适用税率，计算应交的营业税，借记“营业税费及附加”科目，贷记“应交税费——应交营业税”科目。

企业其他业务所取得的收入，按规定应交的营业税，应通过“其他业务支出”科目核算，即借记“其他业务成本”科目，贷记“应交税费——应交营业税”科目。

【例 10-28】某运输企业当月取得装卸收入 5 000 元，营业税税率为 3%，企业账务处理如下：

应纳营业税＝5 000×3%＝150（元）

①计算应纳营业税时：

借：营业税费及附加　　　　150

　贷：应交税费——应交营业税　　　　150

②上交税费时：

借：应交税费——应交营业税　　150

　贷：银行存款　　　　150

【例 10-29】甲公司（工业企业）对外提供运输劳务，收入 100 000 元，营业税税率 3%。企业结转应交营业税的账务处理如下：

应交营业税＝100 000×3%＝3 000（元）

借：其他业务成本　　　　3 000

贷：应交税费——应交营业税　　3 000

（四）其他应交税费

1. 资源税

资源税是对在我国境内开采矿产品或者生产盐的单位和个人征收的税。资源税按照应税产品的课税数量和规定的单位税额计算。开采或生产应税产品对外销售的，以销售数量为课税数量；开采或生产应税产品自用的，以自用数量为课税数量。

（1）账户设置

企业交纳的资源税，通过“应交税费——应交资源税”科目进行核算。该科目贷方反映企业应交纳的资源税税额；借方反映企业已经交纳或允许抵扣的资源税税额；余额在贷方表示企业应交而未交的资源税税额。

（2）账务处理

①发生销售业务时：企业将计算出销售的应税产品应交纳的资源税，借记“营业税金及附加”科目，贷记“应交税费——应交资源税”科目；上缴资源税时，借记“应交税费——应交资源税”科目，贷记“银行存款”等科目。

②发生自用业务时：企业将计算出自产自用的应税产品应交纳的资源税，借记“生产成本”、“制造费用”等科目，贷记“应交税费——应交资源税”科目；上缴资源税时，借记“应交税费——应交资源税”科目，贷记“银行存款”等科目。

【例 10-30】某企业将自产的资源税应税矿产品 500 吨用于企业的产品生产，每吨应交资源税 5 元。该企业的有关会计分录如下：

借：生产成本　　2 500

　贷：应交税费——应交资源税　　2 500

③收购未税矿产品：企业收购未税矿产品，借记“在途物资”等科目，贷记“银行存款”等科目，按代扣代缴的资源税，借记“在途物资”等科目，贷记“应交税费——应交资源税”科目；上缴资源税时，借记“应交税费——应交资源税”科目，贷记“银行存款”等科目。

④外购液体盐加工固体盐：企业在购入液体盐时，按所允许抵扣的资源税，借记“应交税费——应交资源税”科目，按外购价款扣除允许抵扣资源税后的数额，借记“在途物资”等科目，按应支付的全部价款，贷记“银行存款”、“应付账款”等科目；企业加工成固体盐后，在销售时，按计算出的销售固体盐应交的资源税，借记“营业税金及附加”科目，贷记“应交税费——应交资源税”科目；将销售固体盐应纳的资源税扣抵液体盐已纳资源税后的差额上缴时，借

记“应交税费——应交资源税”科目，贷记“银行存款”等科目。

2. 土地增值税

土地增值税是指在我国境内转让国有土地使用权、地上建筑物及其附着物并取得收入的单位和个人，就其转让房地产所取得的增值额征收的一种税。土地增值额是指转让收入减去规定扣除项目金额后的余额。转让收入包括转让房地产的全部价款及其有关的经济收益。从收入形式看，包括货币收入、实物收入和其他收入。扣除项目主要包括取得土地使用权所支付的金额、开发土地的成本和费用、与转让房地产有关的税费、新建房及配套设施的成本和费用或旧房及建筑物的评估价格等。

企业应交纳的土地增值税视不同情况记入不同的科目：企业转让的土地使用权连同地上建筑物及其附着物一并在“固定资产”等科目核算的，转让时应交的土地增值税，借记“固定资产清理”科目，贷记“应交税费——应交土地增值税”科目；土地使用权在“无形资产”科目核算的，按实际收到的金额，借记“银行存款”科目，按应交的土地增值税，贷记“应交税费——应交土地增值税”科目，同时冲销土地使用权的账面价值，贷记“无形资产”科目，借记“累计摊销”科目，按其差额，借记“营业外支出”科目或贷记“营业外收入”科目。房地产开发企业以及兼营房地产业务的企业，应由当期收入负担的土地增值税，借记“营业税费及附加”科目，贷记“应交税费——应交土地增值税”科目。

【例 10-31】某工业企业对外转让一栋自用房屋，按税法规定计算的应交纳土地增值税为 25 000 元，则有关的会计处理为：

（1）计算应交纳的土地增值税

	借方	贷方
借：固定资产清理	25 000	
贷：应交税费——应交土地增值税		25 000

（2）实际交纳土地增值税

	借方	贷方
借：应交税费——应交土地增值税	25 000	
贷：银行存款		25 000

3. 房产税、土地使用税、车船税和印花税

房产税、土地使用税、车船税是国家对在城市、县城、建制镇和工矿区征收的由产权所有人缴纳的一种税。房产税依照房产原值一次减除 10%至 30%后的余额计算交纳。没有房产原值作为依据的，由房产所在地税务机关参考同类房产核定；房产出租的，以房产租金收入为房产税的计税依据。土地使用税是国家为了合理利用城镇土地，调节地级差收入，提高土地使用效益，加强土地

管理而开征的一种税，以纳税人实际占用的土地面积为计税依据，依照规定税额计算征收。车船税由拥有并且使用车船的单位和个人交纳。企业按规定计算应交的房产税、土地使用税、车船税时，借记“管理费用”科目，贷记“应交税费——应交房产税（或土地使用税、车船税）”科目；上交时，借记“应交税费——应交房产税（或土地使用税、车船税）”科目，贷记“银行存款”科目。

印花税是对书立、领受购销合同等凭证行为征收的税款，实行由纳税人根据规定自行计算应纳税额，购买并一次贴足印花税票的交纳方法。应纳税凭证包括：购销、加工承揽、建设工程承包、财产租赁、货物运输、仓储保管、借款、财产保险、技术合同或者具有合同性质的凭证、产权转移书据、营业账簿、权利、许可证照等。纳税人根据应纳税凭证的性质，分别按比例税率或者按件定额计算应纳税额。企业交纳的印花税，是由纳税人根据规定自行计算应纳税额以购买并一次贴足印花税票的方法交纳的税款。一般情况下，企业需要预先购买印花税票，待发生应税行为时，再根据凭证的性质和规定的比例税率或者按件计算应纳税额，将已购买的印花税票粘贴在应纳税凭证上，并在每枚税票的骑缝处盖戳注销或者划销，办理完税手续。企业交纳的印花税，不会发生应付未付税款的情况，不需要预计应纳税费额，同时也不存在与税务机关结算或清算的问题。因此，企业交纳的印花税不需要通过“应交税费”科目核算，于购买印花税票时，借记“管理费用”科目，贷记“银行存款”科目。

4. 城市维护建设税

为了加强城市的维护建设，扩大和稳定城市维护建设资金的来源，国家开征城市维护建设税。在会计核算时，企业按规定计算出的城市维护建设税，借记“营业税费及附加”、“其他业务成本”等科目，贷记“应交税费——应交城市维护建设税”科目；实际上交时，借记“应交税费——应交城市维护建设税”科目，贷记“银行存款”科目。

5. 所得税

企业的生产、经营所得和其他所得，依照所得税暂行条例及其实施细则的规定需要交纳所得税。企业应交的所得税，在“应交税费”科目下设置“应交所得税”明细科目核算；当期应计入损益的所得税，作为一项费用在净收益前扣除。企业按照一般方法计算计入损益的所得税，借记“所得税费用”等科目，贷记“应交税费——应交所得税”科目。

6. 耕地占用税

耕地占用税是国家为了利用土地资源，加强土地管理，保护农用耕地而征收的一种税。耕地占用税以实际占用的耕地面积计税，按照规定税额一次征收。

企业交纳的耕地占用税，不需要通过“应交税费”科目核算。企业按规定计算交纳耕地占用税时，借记“在建工程”科目，贷记“银行存款”科目。

7. 教育费附加与矿产资源补偿费

教育费附加是为了发展教育事业而向企业征收的附加费用，企业按应交流转税的比例计算交纳。企业应交的教育费附加，借记“营业税费及附加”等科目，贷记“应交税费——应交教育费附加”科目。

矿产资源补偿费是对在我国领域和管辖海域开采矿产资源而征收的费用。矿产资源补偿费按照矿产品销售收入的一定比例计征，由采矿人交纳。企业应交的矿产资源补偿费，借记“管理费用”科目，贷记“应交税费——应交矿产资源补偿费”科目。

六、其他流动负债

（一）应付利息

应付利息核算企业按照合同约定应支付的利息，包括短期借款、分期付息到期还本的长期借款、企业债券等应支付的利息。本科目可按债权人进行明细核算，本科目期末贷方余额，反映企业应付未付的利息。

资产负债表日，应按摊余成本和实际利率计算确定的利息费用，借记“利息支出”、“在建工程”、“财务费用”、“研发支出”等科目，按合同利率计算确定的应付未付利息，贷记本科目，按其差额，借记或贷记“长期借款——利息调整”等科目。

合同利率与实际利率差异较小的，也可以采用合同利率计算确定利息费用。实际支付利息时，借记本科目，贷记“银行存款”等科目。

【例 10-32】某企业借入 5 年期到期还本每年付息的长期借款 5 000 000 元，合同约定年利率为 4%。假定不符合资本化条件。该企业的会计分录如下：

（1）每年计算确定利息费用时：

借：财务费用　　　　200 000

　贷：应付利息　　　　200 000

企业每年应支付的利息＝5 000 000×4%＝200 000（元）

（2）每年实际支付利息时：

借：应付利息　　　　200 000

　贷：银行存款　　　　200 000

（二）应付股利

应付股利是指企业经董事会或股东大会，或类似机构决议确定分配的现金股利或利润。企业应当设置“应付股利”科目，用来核算企业确定或宣告支付但尚未实际支付的现金股利或利润。该科目贷方登记应支付的现金股利或利润；借方登记实际支付的现金股利或利润。该科目期末贷方余额，反映企业应付未付的现金股利或利润。该科目应按照投资者设置明细科目进行明细核算。

企业应根据股东大会或类似机构通过的利润分配方案，按应支付的现金股利或利润，借记“利润分配——应付现金股利或利润”科目，贷记“应付股利”科目；向投资者实际支付现金股利或利润时，借记“应付股利”科目，贷记“银行存款”等科目。企业董事会或类似机构通过的利润分配方案中拟分配的现金股利或利润，不做账务处理，但应在附注中披露。

【例 10-33】A 公司有甲、乙两个股东，分别占注册资本的 40%和 60%。2011 年度该公司实现净利润 8 000 万元，2012 年 3 月 6 日经过董事会批准，决定分配 2011 年现金股利 1 000 万元。2012 年 4 月 6 日经过股东大会批准，决定分配 2011 年现金股利 2 000 万元。2012 年 4 月 16 日股利已经用银行存款支付。A 公司的有关会计处理如下：

（1）2010 年 3 月 6 日

不编制会计分录

（2）2010 年 4 月 6 日

借：利润分配——应付股利　　　　2 000

　贷：应付股利——甲股东　　　　　800

　　　　　　——乙股东　　　　　1 200

（3）2010 年 4 月 16 日

借：应付股利——甲股东　　　　800

　　　　　　——乙股东　　　1 200

　贷：银行存款　　　　　　　　2 000

（三）其他应付款

其他应付款是企业除应付票据、应付账款、预收账款、应付职工薪酬、应交税费、应付股利等经营活动以外的其他各项应付、暂收的款项，如应付租入包装物租金、存入保证金等。

企业应通过“其他应付款”科目，核算其他应付款的增减变动及其结存情况，并按照其他应付款的项目和对方单位（或个人）设置明细科目进行明细核算。贷方登记发生的各种应付、暂收款项，借方登记偿还或转销的各种应付暂收款项，月末，余额在贷方，表示企业应付未付的其他应付款项。

企业发生其他各种应付、暂收款项时，借记“管理费用”等科目，贷记“其他应付款”科目；支付或退回其他各种应付、暂收款项时，借记“其他应付款”科目，贷记“银行存款”等科目。

【例 10-34】甲公司从 2012 年 7 月 1 日起，以经营租赁方式租入管理用办公设备一批，每月租金 20 000 元，按季支付。9 月 30 日，甲公司以银行存款支付应付租金。甲公司的有关会计处理如下：

（1）7 月 31 日计提应付经营租入固定资产租金

借：管理费用　　20 000

　贷：其他应付款　　20 000

8 月底计提应付经营租入固定资产租金的会计处理同上。

（2）9 月 30 日支付租金

借：其他应付款　　40 000

　　管理费用　　20 000

　贷：银行存款　　60 000

【课堂测试 10-2】

1. 企业的应付账款确实无法支付，经确认后转作（　　）。

A. 营业外收入　　B. 补贴收入

C. 其他业务收入　　D. 资本公积

2. 企业转让无形资产应交的营业税应列入（　　）。

A. “主营业务税费及附加”科目　　B. “其他业务支出”科目

C. “营业外支出”科目　　D. “管理费用”科目

3. 企业销售不动产应交的营业税费列入（　　）。

A. “主营业务税费及附加”科目　　B. “营业外支出”科目

C. “其他业务支出”科目　　D. “固定资产清理”科目

4. 企业应交的教育费附加列入（　　）。

A. “其他业务支出”科目　　B. “营业外支出”科目

C. “其他应交款”科目　　D. “应付账款”科目

第三节　非流动负债

一、长期借款

长期借款是指企业向银行或其他金融机构借入的期限在一年以上（不含一

年）或超过一年的一个营业周期以上的的各项借款。

（一）账户设置

企业应设置“长期借款”科目，用来核算长期借款的借入、计提利息、归还和结欠情况。该科目的贷方反映借入的本金及应计利息；借方反映归还借款的本息；余额在贷方，表示尚未偿还的长期借款本息额。本科目应当按照贷款单位和贷款种类，分别设置“本金”、“利息调整”、“应计利息”等进行明细核算。

（二）长期借款的账务处理

企业借入的长期借款应按实际收到的现金净额，借记“银行存款”科目，贷记本科目（本金），按其差额，借记本科目（利息调整）。

注意：当取得借款与合同约定的数额不一致时，则有“利息调整”，也就意味着实际利率与合同利率不一致，后续期间涉及利息调整的摊销；若取得的借款就是借款合同约定的数额，则没有“利息调整”，也就意味着实际利率和合同利率是相同的。

资产负债表日，应按摊余成本和实际利率计算确定的长期借款利息费用，借记“在建工程”、“制造费用”、“财务费用”、“研发支出”等科目，按合同约定的名义利率计算确定的应付利息金额，贷记本科目（应计利息）或应付利息科目，按其差额，贷记本科目（利息调整）。

归还长期借款本金时，借记本科目（本金），贷记“银行存款”科目。同时，按应转销的利息调整、应计利息金额，借记或贷记“在建工程”、“制造费用”、“财务费用”、“研发支出”等科目，贷记或借记本科目（利息调整、应计利息）。

（三）长期借款利息的处理

长期借款利息的处理：

一是在发生时直接确认为当期费用（即费用化），另一方法则是于发生时直接计入该项资产（即资本化）。具体做法是：

（1）为购建固定资产而发生的长期借款利息，在固定资产达到预定可使用状态之前所发生的，计入所建固定资产价值，予以资本化。

（2）为购建固定资产而发生的长期借款利息，在固定资产达到预定可使用状态之后所发生的，直接计入当期损益，予以费用化。

（3）属于流动负债性质的借款利息，或者虽然是长期负债性质但不是用于购建固定资产的借款利息，直接计入当期损益。

（4）为进行投资而发生的借款利息，直接计入当期损益。

（5）筹建期间发生的长期借款利息（除为购建固定资产而发生的长期借款

利息外），应当根据其发生额先计入长期待摊费用，然后在开始生产经营当月一次性计入当期损益。

【例 10-35】某企业为建造一幢厂房，于 2010 年 1 月 1 日借入期限为 2 年的长期专门借款 1 500 000 元，款项已存入银行。借款利率为 9%，每年付息一次，期满后一次还清本金。2010 年初，该企业以银行存款支付工程价款共计 900 000 元，2011 年初，又以银行存款支付工程费用 600 000 元，该厂房于 2011 年 8 月 31 日完工，达到预定可使用状态。假定不考虑闲置专门借款资金存款的利息收入或者投资收益。

该企业有关账务处理如下：

（1）2010 年 1 月 1 日，取得借款时：

借：银行存款 1 500 000

贷：长期借款——本金 1 500 000

（2）2010 年初，支付工程款时：

借：在建工程 900 000

贷：银行存款 900 000

（3）2010 年 12 月 31 日，计算 2010 年应计入工程成本的利息费用时：

借款利息＝1 500 000×9%＝135 000（元）

借：在建工程 135 000

贷：应付利息 135 000

（4）2010 年 12 月 31 日，支付借款利息时：

借：应付利息 135 000

贷：银行存款 135 000

（5）2011 年初，支付工程款时：

借：在建工程 600 000

贷：银行存款 600 000

（6）2011 年 8 月 31 日，工程达到预定可使用状态时：

该期应计入工程成本的利息＝（1 500 000×9%/12）×8＝90 000（元）

借：在建工程 90 000

贷：应付利息 90 000

同时：

借：固定资产 1 725 000

贷：在建工程 1 725 000

（7）2011 年 12 月 31 日，计算 2011 年 9 月至 12 月的利息费用时：

应计入财务费用的利息＝（1 500 000×9%/12）×4＝45 000（元）

借：财务费用　　45 000

　贷：应付利息　　45 000

（8）2011 年 12 月 31 日，支付利息时：

借：应付利息　　135 000

　贷：银行存款　　135 000

（9）2012 年 1 月 1 日，到期还本时：

借：长期借款——本金　　1 500 000

　贷：银行存款　　1 500 000

二、应付债券

（一）应付债券概述

应付债券是企业依照法定程序发行，约定在一定期限内还本付息的具有一定价值的证券。发行债券是企业筹集长期资金的方式之一。

债券发行有面值发行、溢价发行和折价发行三种情况。

发行债券的企业，应按债券载明的付息日期和票面利率向持券人支付利息，在债券到期时按债券面值偿还本金。债券上标明的利率为应付利息的年利率，而债券实际发行日金融市场的利率则为市场利率。由于债券是预先印制好的，市场利率发生变动时，票面利率已无法更改。因此，当债券发行时，票面利率与市场利率不一致时，应调整债券的出售价格。

当债券票面利率高于市场利率时，意味着企业每期要按高于市场利率的票面利率多付出利息。这时，企业可以提高债券的售价，即债券溢价发行，超过面值部分的收入，称为“债券溢价”，债券溢价实质上是向购买者预收的一笔款项，作为发行债券的企业今后多付利息的一种补偿，这笔款项应在债券存续期内分期摊销，以抵销按票面利率计算而多计的利息费用。

当债券票面利率低于市场利率时，意味着购买债券者按票面利率所得到的收益要低于市场利率水平，为补偿购买者的这种损失，企业可以降低债券的售价，以低于面值的价格出售债券，即债券折价发行，低于面值的部分称为“债券折价”。债券折价实质上是预先付给购买者一笔利息，以补偿购买者今后少得利息的损失，债券折价应在债券的存续期内分期摊销，以追加按债券票面利率计算而少计的利息费用。

当债券的票面利率与同期市场利率相同，可按票面价格发行，称为面值发行。

（二）应付债券的账务处理

1. 一般公司债券

（1）账户设置

为了反映发行债券筹资的情况，企业应设置“应付债券”科目，该科目贷方登记应付债券的本金和利息，借方登记归还的债券本金和利息，期末贷方余额表示企业尚未偿还的长期债券的账面价值。

企业应当设置“企业债券备查簿”，详细登记每一企业债券的票面金额、债券票面利率、还本付息期限与方式、发行总额、发行日期和编号、委托代售单位、转换股份等资料。企业债券到期结清时，应当在备查簿内逐笔注销。

（2）一般公司债券

①公司债券的发行

企业发行债券时，如果发行费用大于发行期间冻结资金所产生的利息收入，按发行费用减去发行期间冻结资金所产生的利息收入后的差额，根据发行债券筹集资金的用途，属于用于固定资产项目的，按照借款费用资本化的处理原则处理，计入相关资产成本；属于其他用途的，计入当期财务费用。如果发行费用小于发行期间冻结资金所产生的利息收入，按发行期间冻结资金所产生的利息收入减去发行费用后的差额，视同发行债券的溢价收入，在债券存续期间于计提利息时摊销。

企业发行债券时，无论是按面值发行，还是溢价发行或折价发行，均按债券面值记入“应付债券——面值”明细科目，实际收到的款项与面值的差额，记入“利息调整”明细科目。企业发行债券时，按实际收到的款项，借记“银行存款”、“库存现金”等科目，按债券票面价值，贷记“应付债券——面值”科目，按实际收到的款项与票面价值之间的差额，贷记或借记“应付债券——利息调整”科目。

②利息调整的摊销

利息调整应在债券存续期间内采用实际利率法进行摊销。实际利率法，是指按照应付债券实际利率计算其摊余成本及各期利息费用的方法。实际利率，是指将应付债券在债券存续期间的未来现金流量，折现为该债券当前账面价值所使用的利率。

资产负债表日，对于分期付息、一次还本的债券，企业应按应付债券的摊余成本和实际利率计算确定的债券利息费用，借记“在建工程”、“制造费用”、“财务费用”等科目，按票面利率计算确定的应付未付利息，贷记“应付利息”科目，按其差额，借记或贷记“应付债券——利息调整”科目。

对于一次还本付息的债券，应于资产负债表日按摊余成本和实际利率计算确定的债券利息费用，借记“在建工程”、“制造费用”、“财务费用”等科目，按票面利率计算确定的应付未付利息，贷记“应付债券——应计利息”科目，按其差额，借记或贷记“应付债券——利息调整”科目。

③债券的偿还

企业发行的债券通常分为到期一次还本付息或一次还本、分期付息两种。采用一次还本付息方式的，企业应于债券到期支付债券本息时，借记“应付债券——面值”、“应付债券——应计利息”科目，贷记“银行存款”科目。采用一次还本、分期付息方式的，在每期支付利息时，借记“应付利息”科目，贷记“银行存款”科目；债券到期偿还本金并支付最后一期利息时，借记“应付债券——面值”、“在建工程”、“财务费用”或“制造费用”等科目，贷记“银行存款”科目，按借贷双方之间的差额，借记或贷记“应付债券——利息调整”科目。

【例 10-36】A 企业发行债券，该债券发行日为 2007 年 12 月 31 日、期限 5 年、面值 100 000 元、年利率 10%，每年末付息、到期一次还本，债券的发行价格 110 000 元，债券承销商按 2%收取发行费，A 企业取得债券发行价款净额 107 800 元。

$$107\,800=100\,000\times10\%\{[1-(1+r)^{-5}]/r\}+100\,000\times(1+r)^{-5}$$

通过内插法可计算出实际利率 r=8.06%。债券计息调整如表 10-4 所示。

表 10-4　利息调整摊销表一（实际利率法）　　单位：元

付息日期	应付利息 ①=面值×10%	利息费用 ②=上期④×8.06%	摊销的利息调整③=①-②	应付债券摊余成本④=上期④-③
2007 年 12 月 31 日				107 800.00
2008 年 12 月 31 日	10 000	8 688.68	1 311.32	106 488.68
2009 年 12 月 31 日	10 000	8 582.99	1 417.01	105 071.67
2010 年 12 月 31 日	10 000	8 468.78	1 531.22	103 540.45
2011 年 12 月 31 日	10 000	8 345.36	1 654.64	101 885.81
2012 年 12 月 31 日	10 000	8 114.19*	1 885.81	100 000.00

*尾数调整，8114.19=10000−1885.81。

根据表 10-4 的资料，A 公司的账务处理如下：

（1）2007 年 12 月 31 日发行债券时：

借：银行存款　　　　　　107 800

　贷：应付债券——面值　　　　100 000

——利息调整　　　7 800

（2）2008 年 12 月 31 日计息调整时：

借：财务费用等　　　　　8 688.68

　　应付债券——利息调整　1 311.32

　贷：应付利息　　　　　　　10 000

（3）2009 年、2010 年、2010 年末计息调整的会计处理同 2008 年。

（4）2012 年 12 月 31 日归还债券本金及最后一期利息费用时：

借：财务费用等　　　　　　8 114.19

　　应付债券——利息调整　1 885.81

　贷：应付利息　　　　　　　　10 000

借：应付债券——面值　　　100 000

　贷：银行存款　　　　　　　　100 000

以上每年末支付 10 000 元债券利息的会计分录省略。

【例 10-37】B 企业发行债券，该债券发行日为 2007 年 12 月 31 日、期限 5 年、面值 100000 元、年利率 10%，每年末付息、到期一次还本，债券的发行价格 100 000 元，债券承销商按 2%收取发行费，B 企业取得债券发行价款净额 98 000 元。

$$98\,000=100\,000\times10\%\{[1-(1+r)^{-5}]/r\}+100\,000\times(1+r)^{-5}$$

通过内插法可计算出实际利率 r=10.54%。债券计息调整如表 10-5 所示。

表 10–5　利息调整摊销表二（实际利率法）　　单位：元

付息日期	应付利息 ①=面值×10%	利息费用②=上期④×10.54%	摊销的利息调整 ③=①-②	应付债券摊余成本 ④=上期④-③
2007 年 12 月 31 日				98 000.00
2008 年 12 月 31 日	10 000	10 329.20	-329.20	98 329.20
2009 年 12 月 31 日	10 000	10 363.90	-363.90	98 693.10
2010 年 12 月 31 日	10 000	10 402.25	-402.25	99 095.35
2011 年 12 月 31 日	10 000	10 444.65	-444.65	99 540.00
2012 年 12 月 31 日	10 000	10 460.00*	-460.00	100 000.00

*尾数调整，10460＝10000＋460。

根据表 10-5 的资料，B 公司的账务处理如下：

（1）2007 年 12 月 31 日发行债券时：

借：银行存款　　　　　　98 000

　　应付债券——利息调整　　2 000

贷：应付债券——面值　　100 000

（2）2008 年 12 月 31 日计息调整时：

借：财务费用等　　10 329.2

贷：应付利息　　10 000

应付债券——利息调整　　329.2

（3）2009 年、2010 年、2010 年末计息调整的会计处理同 2008 年。

（4）2012 年 12 月 31 日归还债券本金及最后一期利息费用时：

借：财务费用等　　10 460

贷：应付利息　　10 000

应付债券——利息调整　　460

借：应付债券——面值　　100 000

贷：银行存款　　100 000

以上，每年末支付 10 000 元债券利息的会计分录省略。

【例 10-38】承【例 10-36】，假设该债券于 2012 年末到期一次还本付息 150 000 元（100 000＋100 000×10%×5），其他资料不变。

$107\,800=150\,000\,(1+r)^{-5}$

用内插法，可计算出实际利率 r＝6.83%。其债券计息调整表如表 10-6 所示。

表 10-6　利息调整摊销表三（实际利率法）　　单位：元

计息日期	应计利息 ①=面值×10%	利息费用②=上期④×6.83%	摊销的利息调整 ③=①-②	应付债券摊余成本 ④=上期④+②
2007 年 12 月 31 日				107 800.00
2008 年 12 月 31 日	10 000	7 362.74	2 637.26	115 162.74
2009 年 12 月 31 日	10 000	7 865.62	2 134.38	123 028.36
2010 年 12 月 31 日	10 000	8 402.84	1 597.16	131 431.20
2011 年 12 月 31 日	10 000	8 976.75	1 023.25	140 407.95
2012 年 12 月 31 日	10 000	9 592.05*	407.95	150 000.00

*尾数调整，9592.05=150000－140407.95。

根据表 10-6 的资料，A 公司的账务处理如下：

（1）2007 年 12 月 31 日发行债券时：

借：银行存款　　107 800

贷：应付债券——面值　　100 000

——利息调整　　7 800

（2）2008 年 12 月 31 日计息调整时：

借：财务费用等　　　　　　　　7 362.74

　　应付债券——利息调整　　　2 637.26

　贷：应付债券——应计利息　　　　10 000

（3）2009 年、2010 年、2010 年末计息调整的会计处理同 2008 年。

（4）2012 年 12 月 31 日归还债券本金及利息费用时：

借：财务费用等　　　　　　　9 592.05

　　应付债券——利息调整　407.95

　贷：应付债券——应计利息　　　10 000

借：应付债券——面值　　　　100 000

　　　　　　——应计利息　　50 000

　贷：银行存款　　　　　　　　　150 000

【例 10-39】承【例 10-37】，假设该债券于 2012 年末到期一次还本付息 150 000 元（100 000＋100 000×10%×5），其他资料不变。

$98\ 000 = 150\ 000\ (1+r)^{-5}$

用内插法，可计算出实际利率 r＝8.89%。其债券计息调整如表 10-7 所示。

表 10–7　利息调整摊销表四（实际利率法）　单位：元

计息日期	应计利息 ①=面值×10%	利息费用②=上期④×8.89%	摊销的利息调整 ③=①-②	应付债券摊余成本 ④=上期④+②
2007 年 12 月 31 日				98 000.00
2008 年 12 月 31 日	10 000	8 712.20	1 287.80	106 712.20
2009 年 12 月 31 日	10 000	9 486.71	513.29	116 198.91
2010 年 12 月 31 日	10 000	10 330.08	−330.08	126 528.99
2011 年 12 月 31 日	10 000	11 248.43	−1 248.43	137 777.42
2012 年 12 月 31 日	10 000	12 222.58*	−2 222.58	150 000.00

*尾数调整，12222.58＝150000−137777.42。

根据表 10-7 的资料，B 公司的账务处理如下：

（1）2007 年 12 月 31 日发行债券时：

借：银行存款　　　　　　　　98 000

　　应付债券——利息调整　　　2 000

　贷：应付债券——面值　　　　　100 000

（2）2008 年 12 月 31 日计息调整时：

借：财务费用等　　　　　　8 712.2

应付债券——利息调整　　1 287.8

贷：应付债券——应计利息　　10 000

（3）2009 年、2010 年、2010 年末计息调整的会计处理同 2008 年。

（4）2012 年 12 月 31 日归还债券本金及利息费用时：

借：财务费用等　　12 222.58

贷：应付债券——应计利息　　10 000

——利息调整　　2 222.58

借：应付债券——面值　　100 000

——应计利息　　50 000

贷：银行存款　　150 000

通过上述【例 10-36】和【例 10-38】、【例 10-37】和【例 10-39】对比，充分说明，由于两类债券的还款方式不同（分期付息一次还本债券是分期偿还，而到期一次还本付息债券是到期一次性全部偿还），二者实际利率的计算方法不同，二者计息调整表中的“账面价值”计算方法也不相同。对前者而言，由于每期要支付票面利息，因而每期期末的账面价值等于上期期末的账面价值加上当期的实际利息减去当期的票面利息，即每期期末的账面价值等于上期期末的账面价值加上当期的“利息调整”额（利息调整额等于当期的实际利息减去当期的票面利息）；对后者而言，由于每期不用支付票面利息（到期一次性全部支付），因而每期期末的账面价值就等于上期期末的账面价值加上当期的实际利息，其账面价值不受利息调整额的影响。

2. 可转换公司债券

可转换公司债券，是指债券持有人在持有一定时期后可按规定的比率转换为公司的普通股的债券。发行公司事先规定债权人可以选择有利时机，按发行时规定的条件把其债券转换成发行公司的等值股票（普通股票）。可转换公司债是一种混合型的债券形式。当投资者不太清楚发行公司的发展潜力及前景时，可先投资于这种债券。待发行公司经营业绩显著，经营前景乐观，其股票行市看涨时，则可将债券转换为股票，以受益于公司的发展。可转换债券对于投资者来说，是多了一种投资选择机会。因此，即使可转换债券的收益比一般债券收益低些，但在投资机会选择的权衡中，这种债券仍然受到投资者的欢迎。可转换公司债券在国外债券市场上颇为盛行。

我国发行可转换公司债券采取记名式无纸化发行方式，债券最短期限为 3 年，最长期限为 5 年。企业发行的可转换公司债券在“应付债券”科目下设置“可转换公司债券”明细科目核算。

企业发行的可转换公司债券，应当在初始确认时将其包含的负债成分和权益成分进行分拆，将负债成分确认为应付债券，将权益成分确认为资本公积。在进行分拆时，应当先对负债成分的未来现金流量进行折现确定负债成分的初始确认金额，再按发行价格总额扣除负债成分初始确认金额后的金额确定权益成分的初始确认金额。

发行可转换公司债券发生的交易费用，应当在负债成分和权益成分之间按照各自初始确认金额（相对公允价值）的相对比例进行分摊。

企业应按实际收到的款项，借记"银行存款"等科目，按可转换公司债券包含的负债成分面值，贷记"应付债券——可转换公司债券——面值"科目，按权益成分的公允价值，贷记"资本公积——其他资本公积"科目，按其差额，借记或贷记"应付债券——可转换公司债券——利息调整"科目。

对于可转换公司债券的负债成分，在转换为股份前，其会计处理与一般公司债券相同，即按照实际利率和摊余成本确认利息费用，按照面值和票面利率确认应付债券，差额作为利息调整。可转换公司债券持有者在债券存续期间内行使转换权利，将可转换公司债券转换为股份时，对于债券面额不足转换 1 股股份的部分，企业应当以现金偿还。

可转换公司债券持有人行使转换权利，将其持有的债券转换为股票，按可转换公司债券的余额，借记"应付债券——可转换公司债券（面值、利息调整）"科目，按其权益成分的金额，借记"资本公积——其他资本公积"科目，按股票面值和转换的股数计算的股票面值总额，贷记"股本"科目，按其差额，贷记"资本公积——股本溢价"科目。如用现金支付不可转换股票的部分，还应贷记"库存现金"、"银行存款"等科目。

【例 10-40】滨海股份有限公司为上市公司，其相关交易或事项如下：

（1）经相关部门批准，滨海公司于 2009 年 1 月 1 日按面值发行分期付息、到期一次还本的可转换公司债券 200 000 元，发行费用为 3 200 元，实际募集资金已存入银行专户。

根据可转换公司债券募集说明书的约定，可转换公司债券的期限为 3 年，自 2009 年 1 月 1 日起至 2011 年 12 月 31 日止；可转换公司债券的票面年利率为：第一年 1.5%，第二年 2%，第三年 2.5%；可转换公司债券的利息自发行之日起每年支付一次，起息日为可转换公司债券发行之日即 2009 年 1 月 1 日，付息日为可转换公司债券发行之日起每满一年的当日，即每年的 1 月 1 日；可转换公司债券在发行 1 年后可转换为滨海公司普通股股票，初始转股价格为每股 10 元（每股面值 1 元）；发行可转换公司债券募集的资金专项用于生产用厂房的建设。

（2）滨海公司将募集资金陆续投入生产用厂房的建设，截至2009年12月31日，全部募集资金已使用完毕。生产用厂房于2009年12月31日达到预定可使用状态。

（3）2010年1月1日，滨海公司2009年支付年度可转换公司债券利息3 000元。

（4）2010年7月1日，由于滨海公司股票价格涨幅较大，全体债券持有人将其持有的可转换公司债券全部转换为滨海公司普通股股票。

（5）其他资料如下：

①滨海公司将发行的可转换公司债券的负债成分划分为以摊余成本计量的金融负债。

②滨海公司发行可转换公司债券时无债券发行人赎回和债券持有人回售条款以及变更初始转股价格的条款，发行时二级市场上与之类似的没有附带转换权的债券市场利率为6%。

③在当期付息前转股的，不考虑利息的影响，按债券面值及初始转股价格计算转股数量。

④不考虑所得税影响。

要求：

（1）计算滨海公司发行可转换公司债券时负债成分和权益成分的公允价值。

负债成分的公允价值＝200 000×1.5%/（1＋6%）＋200 000×2%/（1＋6%）^{2}＋200 000×2.5%/（1＋6%）^{3}＋200 000/（1＋6%）^{3}＝178 512.13（元）

权益成分的公允价值＝发行价格－负债成分的公允价值

＝200 000－178 512.13＝21 487.87（元）

（2）计算滨海公司可转换公司债券负债成分和权益成分应分摊的发行费用。

负债成分应分摊的发行费用＝3 200×178 512.13/200 000＝2 856.19（元）

权益成分应分摊的发行费用＝3 200×21 487.87/200 000＝343.81（元）

（3）编制滨海公司发行可转换公司债券时的会计分录。

发行可转换公司债券时的会计分录为：

借：银行存款 196 800

　　应付债券——可转换公司债券（利息调整） 24 344.06

　贷：应付债券——可转换公司债券（面值） 200 000

　　　资本公积——其他资本公积 21 144.06

（4）计算滨海公司可转换公司债券负债成分的实际利率及2009年12月31

日的摊余成本，并编制滨海公司确认及 2009 支付年度利息费用的会计分录。

负债成分的摊余成本＝金融负债未来现金流量现值，假设负债成分的实际利率为 r，那么：

$200\,000\times1.5\%/(1+r)+200\,000\times2\%/(1+r)^2+200\,000\times2.5\%/(1+r)^3+200\,000/(1+r)^3=200\,000-24\,344.06$

利率为 6%的现值＝178 512.13 元

利率为 r 的现值＝175 655.94 元（200 000－24 344.06）

利率为 7%的现值＝173638.56 元

$(6\%-r)/(6\%-7\%)=(178\,512.13-175\,655.94)/(178\,512.13-173\,638.56)$

解上述方程：

$r=6\%-(178\,512.13-175\,655.94)/(178\,512.13-173\,638.56)\times(6\%-7\%)$
$=6.59\%$

2009 年 12 月 31 日的摊余成本＝（200 000-24 344.06）×（1＋6.59％）-200 000×1.5％＝184 231.67（元），应确认的 2009 年度资本化的利息费用＝（200 000-24 344.06）×6.59％＝11575.73（元）。

滨海公司确认及 2009 支付年度利息费用的会计分录为：

借：在建工程　　11 575.73
　贷：应付利息　　3 000
　　应付债券——可转换公司债券（利息调整）　　8 575.73

借：应付利息　　3 000
　贷：银行存款　　3 000

（5）计算滨海公司可转换公司债券负债成分 2010 年 6 月 30 日的摊余成本，并编制滨海公司确认 2010 年上半年利息费用的会计分录。

负债成分 2010 年初的摊余成本＝200 000－24 344.06+8 575.73
＝184 231.67（万元）

应确认的利息费用＝184 231.67×6.59％÷2＝6 070.43（元）

滨海公司确认 2010 年上半年利息费用的会计分录为：

借：财务费用　　6 070.43
　贷：应付利息　　2 000
　　应付债券——可转换公司债券（利息调整）　　4 070.43

（6）编制滨海公司 2010 年 7 月 1 日可转换公司债券转换为普通股股票时的会计分录。

转股数＝200 000÷10＝20 000（股）

滨海公司2010年7月1日可转换公司债券转换为普通股股票时的会计分录为：

借：应付债券——可转换公司债券（面值） 200 000
　　资本公积——其他资本公积 21 144.06
　　应付利息 2 000
　贷：股本 20 000
　　　应付债券——可转换公司债券（利息调整） 11 697.9
　　　资本公积——股本溢价 191 446.16

债券的负债成分和权益成分的公允价值的计算实际上就是将未来现金流量现值进行折现，未来现金流量包括利息和本金；折现的折现率实际上用的是市场上投资者投资债券的必要报酬率，因为只有按照这个必要报酬率折现后的债券价值才是债券可以定的公允价值。对于一个成熟的债券市场来说，债券的交易价格会在债券的公允价值上下浮动，一般在会计题目中我们承认市场是完善的有效的，那么债券的公允价值就是按照实际利率折现的值。

另外需要注意的是债券的实际利率并不一定是发行债券方采用的实际利率摊销中的实际利率，但凡是债券发行时发生了相关税费，发行方就承担了额外的费用，对于发行债券方来说就承担了实际上比投资者要求的报酬率更高的利息率，这一点需要明确。一般情况下题目中都会给出实际利率，如果是给出的市场的实际利率，一般不会涉及到发行费用的问题；如果给出的是发行债券方承担的实际利率，那么一般是会涉及到相关费用的处理问题。

【篇中案例】

三峡债券

一、三峡债券概述

（一）三峡项目由来

要了解三峡债券的来龙去脉，就必须先了解举世瞩目的三峡工程的总体融资概况。众所周知，三峡工程是我国唯一一个在全国人民代表大会上进行审议表决通过的建设项目。早在解放初期，国家就已经开始论证三峡工程的可行性。三代中央领导集体都为兴建三峡工程倾注了大量心血。但是三峡工程在酝酿多年之后，中央还是难以下决心。除去很多技术问题以外，资金供应难以得到保证无疑是一个非常重要的因素。

（二）三峡债券特点

尽管业内人士普遍把三峡债看作类似国债的金边债券，但三峡债仍具有诸多企业债的典型特征，对类似的和不类似的企业融资都有一定借鉴意义。在中国谈企业债，不能不提中国长江三峡工程开发总公司。它是迄今为止在中国发债次数最多，而且每次发债都有产品创新的企业；4 次发债共融得百亿元资金，相当于三峡工程2000年全年的资金需求总量。从1996年至今，三峡总公司共发行了4期6种企业债券。论次数、论金额、论创新，三峡债券都是中国企业债券的龙头和样板。

二、三峡项目的融资战略

（一）三峡项目资金供给

1994年国务院批准长江三峡工程总体筹资方案时，确定了三峡工程的静态投资总额为900.9亿元。如果综合考虑工期内的物价上涨和利息等因素，动态投资总额为2 039亿元。工程的资金需求从1993年到2005年逐年上升，从2005年到2009年工程收尾阶段资金需求呈下降趋势，但是也仍旧保持在每年100亿元到200亿元的水平。其资金供给包括三方面：首先，三峡工程建设基金。这笔资金由财政部以电力附加税的形式在全国范围内征收，直接拨付给三峡总公司作为国家资本金，总计约1 000亿元。其次，是牵来葛洲坝电厂这头高产奶牛。葛洲坝电厂可以在三峡工程18年建设工期内提供100亿元左右。另外，国家开发银行还可以提供每年30亿元，共计300亿元的政策性贷款支持。而2004年三峡电厂并网发电后，也可以在剩下的5年工期里产生670亿元的收入。以上这些资金来源总计约为2 070亿元，和动态投资总额基本相当。

（二）三峡项目融资战略

但是，如果对比每一个工程进展阶段的资金供求情况就会发现，在从1994年到2006年这一段哺乳期内，三峡工程将直接面对奶不够吃的问题。由于事先准确地预测到了这个阶段性资金缺口，三峡总公司的领导层从上任第一天起就为三峡工程的总体筹资方案确定了三条原则，即：国内融资与国际融资相结合，以国内融资为主；股权融资与债权融资相结合，以债权融资为主；长期资金与短期资金相结合，以长期资金为主。这三条原则在三峡融资战略上又体现为三步走：在工程初期（1993～1997年）以政府的政策性资金投入为主，同时逐步扩大市场融资的份额；在工程中期（1998～2003年）以政府担保发行公司债券为主，实现公司融资方式的市场化；在三峡电厂投产后（2004～2009年）实现公司的股份制改造，以股权融资为主。

（三）三峡项目的可行性决策

经反复论证，三峡决策层认为这是可行的。首先，当时已并入三峡总公司的葛洲坝电厂每年可带来 10 亿元的稳定现金流入，这也为滚动发债、滚动还息提供了现实的可能。其次，如果再算上 2003 年三峡电厂开始并网发电后，又可形成每年近百亿元的稳定收入，三峡工程因后续滚动发债而带来的还本付息应该不成问题。最后，2009 年工程完工之后，三峡总公司还将对长江上游的水电项目进行滚动开发，发债同样还可以成为弥补新资金缺口的重要手段。

当时为何要确定以债权融资为主的原则？一般来讲，大型水电项目虽然规模大、工期长，但未来一定会有非常稳定的现金流。这种具有稳定收益的企业最适合发债，因为它今后的现金流能够保证债券兑付，而且资金成本比较低。如果企业在这个基础上要谋求更大的发展，并肯承担一定的风险，就要考虑发行股票来改变它的资本结构，将风险分散出去。

如果算上 2001 年发行的 50 亿元债券，到目前为止，4 期 6 种三峡债前后共筹资 110 亿元。据杨亚介绍，发行企业债最主要的好处之一就是融资成本低。与股市相比，发债主体虽然要向投资人支出固定回报，但也具有债务融资税前付息的税盾优势。而与商业银行贷款相比，发债的资金筹措成本比较低。以 10 年期 99 三峡债为例，它每年向投资者支付的利息率只有 4%，即便加上发行费用，最终还是要比向银行贷款的利率低 1.6 到 1.7 个百分点。

再从中国企业债券发展的角度看。这 4 期三峡债券无论是在发行规模，还是在付息方式、利率和期限设计方面，几乎每一期都在技术上有所创新，并成为其他企业设计债券品种时参照的基准和楷模。

【课堂测试 10-3】

1. 下列属于企业非流动负债的有（　　）。

A. 长期借款　　B. 应付债券

C. 长期应付款　　D. 递延所得税负债

2. 甲上市公司 2008 年 1 月 1 日发行面值为 2 000 万元，期限为 3 年、票面利率为 5%、按年付息的可转换公司债券，债券发行 1 年后可转换为股票。甲公司实际发行价格为 1 920 万元（不考虑发行费用），同期普通债券市场利率为 8%，甲公司初始确认时负债成分的金额是（　　）万元。（已知 PVA8%，3=2.5771，PV8%，3=0.7938）

A. 1 920.00　　B. 1 825.31

C. 1 845.31　　D. 1 765.31

3. 甲公司于 2012 年 10 月 1 日发行 5 年期面值总额为 100 万元的债券，债券票面年利率为 12%，到期一次还本付息，按面值发行（发行手续费略）。2013 年 6 月 30 日该公司应付债券的账面价值为（　）元。

A. 1 000 000　　B. 1 120 000

C. 1 090 000　　D. 1 080 000

第四节　借款费用

一、借款费用概述

（一）借款费用的范围

借款费用是企业因借入资金所付出的代价，它包括借款利息、折价或者溢价的摊销、辅助费用以及因外币借款而发生的汇兑差额等。对于企业发生的权益性融资费用，不应包括在借款费用中。但是承租人根据租赁会计准则所确认的融资租赁发生的融资费用属于借款费用。

例如，某企业发生了借款手续费 10 万元，发行公司债券佣金 1 000 万元，发行公司股票佣金 2 000 万元，借款利息 200 万元。其中借款手续费 10 万元、发行公司债券佣金 1 000 万元和借款利息 200 万元均属于借款费用；其中发行公司股票佣金 2 000 万元属于公司权益性融资性质，所发生的佣金应当冲减溢价，不属于借款费用范畴，不应按照借款费用进行会计处理。

1. 因借款而发生的利息

因借款而发生的利息，包括企业向银行或者其他金融机构等借入资金发生的利息、发行公司债券发生的利息，以及为购建或者生产符合资本化条件的资产而发生的带息债务所承担的利息等。

2. 因借款而发生的折价或溢价的摊销

因借款而发生的折价或者溢价主要是指发行债券等所发生的折价或者溢价，发行债券中的折价或者溢价，其实质是对债券票面利息的调整（即将债券票面利率调整为实际利率），属于借款费用的范畴。例如，ABC 公司发行公司债券，每张公司债券票面价值为 1 000 元，票面年利率为 6%，期限为 4 年，而同期市场利率为年利率 8%，由于公司债券的票面利率低于市场利率，为成功发行公司债券，ABC 公司采取了折价发行的方式，折价金额在实质上是用于补偿投资者在购入债券后所收到的名义利息上的损失，应当作为以后各期利息费用的调整额。

3. 因外币借款而发生的汇兑差额

因外币借款而发生的汇兑差额，是指由于汇率变动导致市场汇率与账面汇率出现差异，从而对外币借款本金及其利息的记账本位币金额所产生的影响金额。由于汇率的变化往往和利率的变化相联动，它是企业外币借款所需承担的风险，因此，因外币借款相关汇率变化所导致的汇兑差额属于借款费用的有机组成部分。

4. 因借款而发生的辅助费用

因借款而发生的辅助费用，是指企业在借款过程中发生的诸如手续费、佣金、印刷费等费用，由于这些费用是因安排借款而发生的，也属于借入资金所付出的代价，是借款费用的构成部分。

（二）借款费用应予资本化的借款范围

借款费用应予资本化的借款范围既包括专门借款，也包括一般借款。

专门借款，是指为购建或者生产符合资本化条件的资产而专门借入的款项。专门借款应当有明确的专门用途，即为购建或者生产某项符合资本化条件的资产而专门借入的款项，通常应当有标明专门用途的借款合同。

一般借款，是指除专门借款之外的借款，一般借款在借入时，通常没有特指必须用于符合资本化条件的资产的购建或者生产。只有在购建或者生产某项符合资本化条件的资产占用了一般借款时，才应将与该部分一般借款相关的借款费用资本化；否则，所发生的借款费用应当计入当期损益。

二、借款费用的确认

借款费用确认的基本原则是：企业发生的借款费用可直接归属于符合资本化条件的资产购建或者生产的，应当予以资本化，计入相关资产成本；其他借款费用应当在发生时根据其发生额确认为费用，计入当期损益。

（一）符合资本化条件的资产的确认

符合资本化条件的资产，是指需要经过相当长时间的购建或者生产活动才能达到预定可使用或者可销售状态的固定资产、投资性房地产和存货等资产。建造合同成本、确认为无形资产的开发支出等在符合条件的情况下，也可以认定为符合资本化条件的资产。

符合借款费用资本化条件的存货，主要包括房地产开发企业开发的用于对外出售的房地产开发产品、企业制造的用于对外出售的大型机器设备等。这类存货通常需要经过相当长时间的建造或者生产过程，才能达到预定可销售状态。其中“相当长时间”，是指为资产的购建或者生产所必需的时间，通常为一年以上（含一年）。企业购入即可使用的资产，或者购入后需要安装但所需安装时间较短的资产，或者需要建造或者生产但所需建造或者生产时间较短的资产，均不属于符合资本化条件的资产。

在实务工作中，如果由于人为或者故意等非正常因素导致资产的构建或者生产时间相当长的，该资产不属于符合资本化条件的资产。

例如，甲公司于2012年1月5日起，用银行借款开工建设一幢简易厂房，厂房于当年2月20日完工，达到预定可使用状态。在本例中，尽管该公司借款用于固定资产的建造，但是由于该固定资产建造时间较短，不属于需要经过相当长时间的购建才能达到预定可使用状态的资产，因此，所发生的相关借款费用不应予以资本化计入在建工程成本，而应当根据发生额计入当期财务费用。

例如，乙企业向银行借入资金分别用于生产A产品和B产品，其中，A产品的生产时间较短，为2个月；B产品属于大型发电设备，生产时间较长，为1年零6个月。

为存货生产而借入的借款费用在符合资本化条件的情况下应当予以资本化。本例中，由于A产品的生产时间较短，不属于需要经过相当长时间的生产才能达到预定可使用状态的资产，因此，为A产品的生产而借入资金所发生的借款费用不应计入A产品的生产成本，而应当计入当期财务费用。而B产品的生产时间比较长，属于需要经过相当长时间的生产才能达到预定可销售状态的资产，因此，为B产品的生产而借入资金所发生的借款费用符合资本化的条件，应计入B产品的成本中。

（二）借款费用资本化期间的确定

借款费用资本化期间，是指从借款费用开始资本化时点到停止资本化时点的期间，但借款费用暂停资本化的期间不包括在内。只有发生在资本化期间内的借款费用，才允许资本化。资本化期间的确定是正确计算应予资本化的借款费用的重要前提。

1. 借款费用开始资本化时点的确定

借款费用同时满足下列条件的，才能开始资本化：

（1）资产支出已经发生

这里的资产支出只包括企业为购建或者生产符合资本化条件的资产而以支

付现金、转移非现金资产或者承担带息债务形式发生的支出。具体包括：

①支付现金，是指用货币资金支付符合资本化条件的资产的购建或者生产支出。例如，企业用现金或者银行存款购买为购建或者生产符合资本化条件的资产所需材料、支付有关职工薪酬、向工程承包方支付工程进度款等。这些支出均属于资产支出，表明资产支出已经发生。

②转移非现金资产，是指企业将自己的非现金资产直接用于符合资本化条件的资产的购建或者生产。例如，企业将自己生产的产品（如自己生产的水泥、钢材等）用于符合资本化条件的资产的购建或者生产；企业将自己生产的产品向其他企业换取用于符合资本化条件的资产的购建或者生产所需要的工程物资等。这些产品成本均属于资产支出，表明资产支出已经发生。

③承担带息债务，是指企业为了购买用于符合资本化条件的资产的购建或者生产所需工程材料等而承担的带息应付款项（如带息应付票据）。企业以赊购方式购买这些物资所产生的债务可能带息，也可能不带息。

如果企业赊购这些物资承担的是不带息债务，就不应当将购买价款计入资产支出，因为该债务在偿付前不需要承担利息，也没有占用借款资金，所以，企业没有任何借款费用是应当归属于这部分未偿付债务的。企业只有等到实际偿付债务，发生了资源流出时，才能将其作为资产支出。例如，企业在购建或者生产符合资本化条件的资产时向供应商赊货（且该赊货所形成的债务不附息）、为购建或者生产符合资本化条件的资产所形成的应付职工薪酬等情况，尽管它们都构成在建工程成本，但由于它们没有占用借款资金，所以不应当作为资产支出，即表明资产支出还未发生。

如果企业赊购这些物资承担的是带息债务，则企业要为这笔债务付出代价，支付利息，与企业向银行借入款项用以支付资产支出在性质上是一样的。所以，企业为购建或者生产符合资本化条件的资产而承担的带息债务应当作为资产支出，用以计算应予资本化的借款费用金额。例如，某企业因正在建设的工程所需，于 2011 年 3 月 1 日购入一批工程用物资，开出一张 10 万元的带息银行承兑汇票，期限为 6 个月，票面年利率为 6%。对于该事项，企业尽管没有为购建固定资产直接支付现金，但是因此而承担了带息债务，所以应当将 10 万元的购买工程用物资款作为资产支出，自 3 月 1 日开出承兑汇票起即表明资产支出已经发生。

（2）借款费用已经发生

借款费用已经发生，是指企业已经发生了因构建或者生产符合资本化条件的资产而专门借入款项的借款费用，或者占用了一般借款的借款费用。例如，某企业于 2012 年 1 月 1 日为建造建设期限为两年的厂房从银行专门借入款项 1 000 万元，当日开始计息，这样，在 2012 年 1 月 1 日，即应当认为借款费用已经发生。

（3）为使资产达到预定可使用或可销售状态所必要的购建或者生产活动已经开始

为使资产达到预定可使用或可销售状态所必要的购建或者生产活动已经开始，是指符合资本化条件的资产的实体建造或者生产工作已经开始，如主体设备的安装、厂房的实际开工建造等。它不包括仅仅持有资产、但没有发生为改变资产形态而进行实质上的建造或生产活动。例如，企业购置了建筑用地，但是尚未开工兴建房屋或者发生有关房屋实体建造或生产活动，在这种情况下，就不能认为为使资产达到预定可使用状态所必要的购建活动已经开始。

企业只有在上述三个条件同时满足的情况下，有关借款费用才可开始资本化，只要其中有一个条件没有满足，借款费用就不能开始资本化。

2. 借款费用暂停资本化时间的确定

符合资本化条件的资产在购建或者生产过程中发生非正常中断，且中断时间连续超过 3 个月的，应当暂停借款费用的资本化。在中断期间所发生的借款费用，应当计入当期损益，直至购建或者生产活动重新开始。但是，如果中断是使所购建或者生产的符合资本化条件的资产达到预定可使用或者可销售状态必要的程序，中断期间所发生的借款费用应当继续资本化。

非正常中断，通常是由于企业管理决策上的原因或者其他不可预见的原因等所导致的中断。比如，企业因与施工方发生了质量纠纷，或者工程、生产用料没有及时供应，或者资金周转发生了困难，或者施工、生产发生了安全事故，或者发生了与资产购建、生产有关的劳动纠纷等原因，导致资产购建或者生产活动发生中断，均属于非正常中断。

非正常中断与正常中断显著不同。正常中断通常仅限于因购建或者生产符合资本化条件的资产达到预定可使用或者可销售状态所必要的程序，或者事先可预见的不可抗力因素导致的中断。比如，某些工程建造到一定阶段必须暂停下来进行质量或者安全检查，检查通过后才可继续下一阶段的建造工作，这类中断是在施工前可以预见的，而且是工程建造必须经过的程序，属于正常中断。某些地区的工程在建造过程中，由于可预见的不可抗力因素（如雨季或冰冻季节等原因）导致施工出现停顿，也属于正常中断。

3. 借款费用停止资本化时间的确定

购建或者生产符合资本化条件的资产达到预定可使用或者可销售状态时，

借款费用应当停止资本化。在符合资本化条件的资产达到预定可使用或者可销售状态之后所发生的借款费用，应当在发生时根据其发生额确认为费用，计入当期损益。

资产达到预定可使用或者可销售状态，是指所购建或者生产的符合资本化条件的资产已经达到建造方、购买方或者企业自身等预先设计、计划或者合同约定的可以使用或者可以销售的状态。企业在确定借款费用停止资本化的时点时需要运用职业判断，应当遵循实质重于形式的原则。依据经济实质判断所购建或者生产的符合资本化条件的资产达到预定可使用或者可销售状态的时点，具体可从以下几个方面进行判断：

（1）符合资本化条件的资产的实体建造（包括安装）或者生产活动已经全部完成或者实质上已经完成。

（2）所购建或者生产的符合资本化条件的资产与设计要求、合同规定或者生产要求相符或者基本相符，即使有极个别与设计、合同或者生产要求不相符的地方，也不影响其正常使用或者销售。

（3）继续发生在所购建或生产的符合资本化条件的资产上的支出金额很少或者几乎不再发生。

购建或者生产符合资本化条件的资产需要试生产或者试运行的，在试生产结果表明资产能够正常生产出合格产品，或者试运行结果表明资产能够正常运转或者营业时，应当认为该资产已经达到预定可使用或者可销售状态。

在符合资本化条件的资产的实际购建或者生产过程中，如果所购建或者生产的资产分别建造、分别完工，企业也应当遵循实质重于形式的原则，区别下列情况，界定借款费用停止资本化的时点：

（1）所购建或者生产的符合资本化条件的资产的各部分分别完工，每部分在其他部分继续建造或者生产过程中可供使用或者可对外销售，且为使该部分资产达到预定可使用或可销售状态所必要的购建或者生产活动实质上已经完成的，应当停止与该部分资产相关的借款费用的资本化，因为该部分资产已经达到了预定可使用或者可销售状态。

例如，某企业利用借入资金建造由若干幢厂房组成的生产车间，每幢厂房完工时间不一样，但每幢厂房在其他厂房继续建造期间均可单独使用。在这种情况下，当其中的一幢厂房完工并达到预定可使用状态时，企业应当停止该幢厂房相关借款费用的资本化。

（2）购建或者生产的资产的各部分分别完工，但必须等到整体完工后才可使用或者对外销售的，应当在该资产整体完工时停止借款费用的资本化。在这种情况下，即使各部分资产已经分别完工，也不能认为该部分资产已经达到了预定可使用或者可销售状态，企业只能在所购建或者生产的资产整体完工时，才能认为资产已经达到了预定可使用或者可销售状态，借款费用才可停止资本化。

例如，某企业在建设某一涉及数项工程的钢铁冶炼项目时，每个单项工程都是根据各道冶炼工序设计建造的，只有在每项工程都建造完毕后，整个冶炼项目才能正式运转，达到生产和设计要求。在这种情况下，每个单项工程完工后不应认为资产已经达到预定可使用状态，企业只有等到整个冶炼项目全部完工，达到预定可使用状态时，才能停止借款费用的资本化。

三、借款费用的计量

（一）借款利息资本化金额的确定

在借款费用资本化期间内，每一会计期间的利息（包括折价或溢价的摊销）资本化金额，应当按照下列方法确定：

（1）为购建或者生产符合资本化条件的资产而借入专门借款的，应当以专门借款当期实际发生的利息费用，减去将尚未动用的借款资金存入银行取得的利息收入或进行暂时性投资取得的投资收益后的金额确定。

（2）为购建或者生产符合资本化条件的资产而占用了一般借款的，企业应当根据累计资产支出超过专门借款部分的资产支出加权平均数乘以所占用一般借款的资本化率，计算确定一般借款应予资本化的利息金额。资本化率应当根据一般借款加权平均利率计算确定。有关计算公式如下：

一般借款利息费用资本化金额＝累计资产支出超过专门借款部分的资产支出加权平均数×所占用一般借款的资本化率

所占用一般借款的资本化率=所占用一般借款加权平均利率＝所占用一般借款当期实际发生的利息之和/所占用一般借款本金加权平均数

所占用一般借款本金加权平均数＝∑（所占用每笔一般借款本金×每笔一般借款在当期所占用的天数÷当期天数）

（3）借款存在折价或者溢价的，应当按照实际利率法确定每一会计期间应摊销的折价或者溢价金额，调整每期利息金额。

（4）在资本化期间，每一会计期间的利息资本化金额，不应当超过当期相关借款实际发生的利息金额。

因此，企业在确定每期利息资本化金额时，应当首先判断符合资本化条件的资产在购建或者生产过程所占用的资金来源，如果所占用的资金是专门借款资金，则应当在资本化期间内，根据每期实际发生的专门借款利息费用，确定应予资本化的金额。在企业将闲置的专门借款资金存入银行取得利息收入或者进行暂时性投资获取投资收益的情况下，企业还应当将这些相关的利息收入或者投资收益从资本化金额中扣除，以如实反映符合资本化条件的资产的实际成本。

【例 10-41】ABC 公司于 2011 年 1 月 1 日正式动工兴建一幢办公楼，工期预计为 1 年零 6 个月，工程采用出包方式，分别于 2011 年 1 月 1 日、2011 年 7 月 1 日和 2012 年 1 月 1 日支付工程进度款。公司为建造办公楼于 2011 年 1 月 1 日专门借款 2 000 万元，借款期限为 3 年，年利率为 6%。另外在 2011 年 7 月 1 日又专门借款 4 000 万元，借款期限为 5 年，年利率为 7%。借款利息按年支付。(假定名义利率与实际利率均相同)闲置借款资金均用于固定收益债券短期投资，该短期投资月收益率为 0.5%。办公楼于 2012 年 6 月 30 日完工，达到预定可使用状态。公司为建造该办公楼的支出金额如表 10-8 所示：

表 10–8 建造办公楼的支出金额

单位：万元

日 期	每期资产支出金额	累计资产支出金额	闲置借款资金用于短期投资金额
2011 年 1 月 1 日	1 500	1 500	500
2011 年 7 月 1 日	2 500	4 000	2 000
2012 年 1 月 1 日	1 500	5 500	500
总 计	5 500		3 000

由于 ABC 公司使用了专门借款建造办公楼，而且办公楼建造支出没有超过专门借款金额，因此公司 2011 年、2012 年为建造办公楼应予资本化的利息金额计算如下：

（1）确定借款费用资本化期间为 2011 年 1 月 1 日至 2012 年 6 月 30 日。

（2）计算在资本化期间内专门借款实际发生的利息金额：

2011 年专门借款发生的利息金额＝2 000×6%+4 000×7%×6/12＝260（万元）

2012 年 1 月 1 日至 6 月 30 日，

专门借款发生的利息金额＝2 000×6%×6/12＋4 000×7%×6/12＝200（万元）

（3）计算在资本化期间内利用闲置的专门借款资金进行短期投资的收益：

2011 年短期投资收益＝500×0.5%×6＋2 000×0.5%×6＝75（万元）

2012 年 1 月 1 日至 6 月 30 日短期投资收益＝500×0.5%×6＝15（万元）

（4）由于在资本化期间内，专门借款利息费用的资本化金额应当以其实际发生的利息费用减去将闲置的借款资金进行短期投资取得的投资收益后的金额确定，因此：

公司 2011 年的利息资本化金额＝260－75＝185（万元）

公司 2012 年的利息资本化金额＝200－15＝185（万元）

有关账务处理如下：

①2011 年 12 月 31 日：

借：在建工程 1 850 000

　　应收利息（或银行存款） 750 000

　贷：应付利息 2 600 000

②2012 年 6 月 30 日：

借：在建工程 1 850 000

　　应收利息（或银行存款） 150 000

　贷：应付利息 2 000 000

企业在购建或者生产符合资本化条件的资产时，如果专门借款资金不足，占用了一般借款资金的，或者企业为购建、生产符合资本化条件的资产并没有借入专门借款，而占用的都是一般借款资金的，则企业应当根据为购建或者生产符合资本化条件的资产而发生的累计资产支出超过专门借款部分的资产支出加权平均数乘以所占用一般借款的资本化率，计算确定一般借款应予资本化的利息金额。资本化率应当根据一般借款加权平均利率计算确定。如果符合资本化条件的资产的购建或者生产没有借入专门借款，则应以累计资产支出加权平均数为基础计算所占用的一般借款利息资本化金额。即企业占用一般借款资金购建或者生产符合资本化条件的资产时，一般借款的借款费用的资本化金额的确定应当与资产支出相挂钩。

【例 10-42】沿用【例 10-41】，假定 ABC 公司建造办公楼没有专门借款，占用的都是一般借款。ABC 公司为建造办公楼占用的一般借款有两笔，具体如下：

（1）向 A 银行长期贷款 2 000 万元，期限为 2010 年 12 月 1 日至 2013 年 12 月 1 日，年利率为 6%，按年支付利息。

（2）发行公司债券 1 亿元，于 2010 年 1 月 1 日发行，期限为 5 年，年利率为 8%，按年支付利息。

假定这两笔一般借款除了用于办公楼建设外，没有用于其他符合资本化条件的资产的购建或者生产活动。

假定全年按 360 天计算，其他资料沿用【例 10-39】。

（1）计算所占用一般借款资本化率：

一般借款资本化率（年）＝（2 000×6%＋10 000×8%）/（2 000＋10 000）＝7.67%

（2）计算累计资产支出加权平均数：

2011 年累计资产支出加权平均数＝1 500×360/360＋2 500×180/360＝2 750（万元）

2012 年累计资产支出加权平均数＝（4 000＋1 500）×180/360＝2 750（万元）

（3）计算每期利息资本化金额：

2011 年为建造办公楼的利息资本化金额＝2 750×7.67%＝210.93（万元）

2011 年实际发生的一般借款利息费用＝2 000×6%+10 000×8%＝920(万元）

2012 年为建造办公楼的利息资本化金额＝2 750×7.67%＝210.93（万元）

2012 年 1 月 1 日至 6 月 30 日：

实际发生的一般借款利息费用＝2 000×6%×180/360＋10 000×8%×180/360＝460（万元）

（4）根据上述计算结果，账务处理如下：

①2011 年 12 月 31 日：

借：在建工程　　2 109 300

　　财务费用　　7 090 700

　贷：应付利息　　9 200 000

②2008 年 6 月 30 日：

借：在建工程　　2 109 300

　　财务费用　　2 490 700

　贷：应付利息　　4 600 000

注：2008 年下半年不能资本化。

【例 10-43】沿用【例 10-41】、【例 10-42】，假定 ABC 公司为建造办公楼于 2011 年 1 月 1 日专门借款 2 000 万元，借款期限为 3 年，年利率为 6%。除此之外，没有其他专门借款。在办公楼建造过程中所占用的一般借款仍为两笔，一般借款有关资料沿用【例 10-40】。其他相关资料均同【例 10-39】、【例 10-40】。

在这种情况下，公司应当首先计算专门借款利息的资本化金额，然后计算所占用一般借款利息的资本化金额。

具体如下：

（1）计算专门借款利息资本化金额：

2011 年专门借款利息资本化金额＝2 000×6%−500×0.5%×6＝105（万元）

2012 年专门借款利息资本化金额＝2 000×6%×180/360＝60（万元）

（2）计算一般借款资本化金额：

2011 年占用了一般借款的资产支出加权平均数＝2 000×180/360＝1 000（万元）

由于一般借款利息资本化率与【例 10-40】相同，即为 7.67%。所以：

2011 年应予资本化的一般借款利息金额＝1 000×7.67%＝76.70（万元）

2012 年占用了一般借款的资产支出平均数＝（2 000+1 500）×180/360＝1 750（万元）

则 2012 年应予资本化的一般借款利息金额＝1 750×7.67%＝134.23（万元）

（3）根据上述计算结果，公司建造办公楼应予资本化的利息金额如下：

2011 年利息资本化金额＝105＋76.70＝181.70（万元）

2012 年利息资本化金额＝60+134.23＝194.23（万元）

（4）有关账务处理如下：

①2011 年 12 月 31 日：

借：在建工程　　1 817 000

　　财务费用　　8 433 000

　　应收利息（或银行存款）　　150 000

　贷：应付利息　　10 400 000

注：2011 年实际借款利息＝2 000×6%＋2 000×6%＋10 000×8%＝1 040（万元）

②2012 年 6 月 30 日：

借：在建工程　　1 942 300

　　财务费用　　3 257 700

　贷：应付利息　　5 200 000

注：2012 年 1 月 1 日至 6 月 30 日的实际借款利息=1 040/2=520（万元）。

【例 10-44】MN 公司拟在厂区内建造一幢新厂房，有关资料如下：

（1）2011 年 1 月 1 日向银行专门借款 5 000 万元，期限为 3 年，年利率为 6%，每年 1 月 1 日付息。

（2）除专门借款外，公司只有一笔其他借款，为公司于 2010 年 12 月 1 日借入的长期借款 6 000 万元，期限为 5 年，年利率为 8%，每年 12 月 1 日付息。

（3）由于审批、办手续等原因，厂房于 2011 年 4 月 1 日才开始动工兴建，当日支付工程款 2 000 万元。工程建设期间的支出情况如下：

2011 年 6 月 1 日：1 000 万元

2011 年 7 月 1 日：3 000 万元

2012 年 1 月 1 日：1 000 万元

2012 年 4 月 1 日：500 万元

2012 年 7 月 1 日：500 万元

工程于 2012 年 9 月 30 日完工，达到预定可使用状态。其中，由于施工质量问题工程于 2011 年 9 月 1 日至 12 月 31 日停工 4 个月。

（4）专门借款中未支出部分全部存入银行，假定月利率为 0.25%。假定全年按照 360 天算，每月按照 30 天算。

根据上述资料，有关利息资本化金额的计算和利息账务处理如下：

（1）计算 2011 年、2012 年全年发生的专门借款和一般借款利息费用：

2011 年专门借款发生的利息金额＝5 000×6%＝300（万元）

2011 年一般借款发生的利息金额＝6 000×8%＝480（万元）

2012 年专门借款发生的利息金额＝5 000×6%＝300（万元）

2012 年一般借款发生的利息金额＝6 000×8%＝480（万元）

计算专门借款在 2011 年、2012 年资本化、费用化的金额，一般借款类似。

2011 年应予资本化的专门借款利息金额＝4 月 1 日至 9 月 1 日专门借款的利息支出－4 月 1 日至 9 月 1 日专门借款的利息收入

＝5 000×6%×5/12－（3 000×0.25%×2+2 000×0.25%×1）＝105（万元）

公司在 2011 年应当计入当期损益（财务费用）的专门借款利息金额（减利息收入）＝5 000×6%×7/12－5 000×0.25%×3＝137.5（万元）

（2）在本例中，尽管专门借款于 2011 年 1 月 1 日借入，但是厂房建设于 4 月 1 日方才开工。因此，借款利息费用只有在 4 月 1 日起开始资本化（符合开始资本化的条件），计入在建工程成本。同时由于厂房建设在 2011 年 9 月 1 日至 12 月 31 日期间发生非正常中断 4 个月，该期间发生的利息费用应当暂停资本化，计入当期损益。

（3）计算 2011 年借款利息资本化金额和应计入当期损益金额及其账务处理：

①计算 2011 年专门借款应予资本化的利息金额：

2011 年 1～3 月和 2011 年 9～12 月：

专门借款发生的利息费用＝5 000×6%×210 / 360＝175（万元）

2011 年专门借款转存入银行取得的利息收入＝5 000×0.25%×3＋3 000×0.25%×2＋2 000×0.25%×1＝57.5（万元）

其中在资本化期间内取得的利息收入＝3 000×0.25%×2＋2 000×0.25%×1＝20（万元）

公司在 2011 年应予资本化的专门借款利息金额＝300－175－20＝105（万元）

公司在 2011 应当计入当期损益（财务费用）的专门借款利息金额（减利息收入）＝300－105－57.5＝137.5（万元）

②计算 2011 年一般借款应予资本化的利息金额：

公司在 2011 年占用了一般借款资金的资产支出加权平均数＝1 000×60/360＝166.67（万元）

公司在 2011 年一般借款应予资本化的利息金额＝166.67×8%＝13.33（万元）

公司在 2011 年应当计入当期损益的一般借款利息金额＝480－13.33＝466.67（万元）

③计算 2011 年应予资本化和应计入当期损益的利息金额：

公司在 2011 年应予资本化的借款利息金额=105＋13.33＝118.33（万元）

公司在 2011 年应当计入当期损益的借款利息金额：137.5＋466.67＝604.17（万元）

④2011 年有关会计分录如下：

借：在建工程　　1 183 300

　　财务费用　　6 041 700

　　应收利息或银行存款　　575 000

　贷：应付利息　　7 800 000

（4）计算 2012 年借款利息资本化金额和应计入当期损益金额及其账务处理：

①计算 2012 年专门借款应予资本化的利息金额：

计算 2012 年应予资本化的专门借款利息金额＝5 000×6%×270/360＝225（万元）

公司在 2012 年应当计入当期损益的专门借款利息金额：300－225＝75（万元）

②计算 2012 年一般借款应予资本化的利息金额：

公司在 2012 年占用了一般借款资金的资产支出加权平均数：

2 000×270/360＋500×180/360＋500×90/360＝1 875（万元）

公司在 2012 年一般借款应予资本化的利息金额＝1 875×8%＝150（万元）

公司在 2012 年应当计入当期损益的一般借款利息金额：480－150＝330（万元）

③计算 2012 年应予资本化和应计入当期损益的利息金额：

公司在 2012 年应予资本化的借款利息金额＝150＋225＝375（万元）

公司在 2012 年应当计入当期损益的借款利息金额＝75＋330＝405（万元）

④2012 年有关会计分录如下：

借：在建工程	3 750 000	
财务费用	4 050 000	
贷：应付利息		7 800 000

（二）借款辅助费用资本化金额的确定

专门借款发生的辅助费用，在所购建或者生产的符合资本化条件的资产达到预定可使用或者可销售状态之前发生的，应当在发生时根据其发生额予以资本化，计入符合资本化条件的资产的成本；在所购建或者生产的符合资本化条件的资产达到预定可使用或者可销售状态之后发生的，应当在发生时根据其发生额确认为费用，计入当期损益。上述资本化或计入当期损益的辅助费用的发生额，是指根据《企业会计准则第 22 号——金融工具确认和计量》，按照实际利率法所确定的金融负债交易费用对每期利息费用的调整额。借款实际利率与合同利率差异较小的，也可以采用合同利率计算确定利息费用。

一般借款发生的辅助费用，也应当按照上述原则确定其发生额并进行处理。

（三）因外币专门借款而发生的汇兑差额资本化金额的确定

在资本化期间内，外币专门借款本金及利息的汇兑差额，应当予以资本化，计入符合资本化条件的资产的成本。

当企业为以购建或者生产符合资本化条件的资产所借入的专门借款为外币借款时，由于企业取得外币借款日、使用外币借款日和会计结算日往往并不一致，而外汇汇率又在随时发生变化，因此，外币借款会产生汇兑差额。相应地，在借款费用资本化期间内，为购建或者生产符合资本化条件的资产而专门借入的外币借款所产生的汇兑差额，是购建或者生产符合资本化条件的资产的一项代价，应当予以资本化，计入符合购建或者生产符合资本化条件的资产的成本。而除外币专门借款之外的其他外币借款及其利息产生的汇兑差额应当作为财务费用，计入当期损益。

【课堂测试 10-4】

1. 下列情况中，不应暂停借款费用资本化的是（　　）。

A. 由于劳务纠纷而造成连续超过 3 个月的固定资产的建造中断

B. 由于资金周转困难而造成连续超过 3 个月的固定资产的建造中断

C. 由于发生安全事故而造成连续超过 3 个月的固定资产的建造中断

D. 由于可预测的气候影响而造成连续超过3个月的固定资产的建造中断

2. 借款费用准则中的专门借款是指（ ）。

A. 为购建或者生产符合资本化条件的资产而专门借入的款项

B. 发行债券收款

C. 长期借款

D. 技术改造借款

3. 某企业于2007年10月1日从银行取得一笔专门借款600万元用于固定产的建造，年利率为8%，两年期。至2008年1月1日该固定资产建造已发生资产支出600万元，该企业于2008年1月1日从银行取得1年期一般借款300万元，年利率为6%。借入款项存入银行，工程于2008年年底达到预定可使用状态。

2008年2月1日用银行存款支付工程价款150万元，2008年10月1日用银行存款支付工程价款150万元。工程项目于2008年3月31日至2008年7月31日发生非正常中断。则2008年借款费用的资本化金额为（ ）万元。

A. 7.5 B. 32 C. 95 D. 39.5

本章小结

本章主要讲述流动负债和非流动负债的核算，流动负债包括短期借款、应付票据、应付账款、应付职工薪酬、应交税费、其他流动负债，非流动负债包括长期借款和应付债券。

流动负债是偿付期在一年或一个经营周期之内的负债，超过一年或一个经营周期的负债属于非流动负债。

短期借款是指企业向银行或其他金融机构等借入的期限在1年以下（含1年）的各种借款，通常是为了满足正常生产经营的需要。无论借入款项的来源如何，企业均需要向债权人按期偿还借款的本金及利息。在会计核算上，企业要及时、如实地反映短期借款的借入、利息的发生、本金及利息的偿还情况。

应付票据是指企业购买材料、商品和接受劳务供应等而开出、承兑的商业汇票，包括商业承兑汇票和银行承兑汇票。应付票据的核算包括签发应付票据、计提利息和到期清偿应付票据等相关内容。

应付账款是指企业因购买材料、商品或接受劳务供应等经营活动应支付的款项。应付账款的核算主要包括应付账款的发生、偿还和转销等相关内容。

职工薪酬，是指企业为获得职工提供的服务而给予各种形式的报酬以及其他相关支出。企业核算职工薪酬，应设置“应付职工薪酬”科目，并可下设“工资”、“职工福利”、“社会保险费”、“住房公积金”、“工会经费”、“职工教育经费”、“非货币性福利”、“辞退福利”等明细科目，进行明细核算。

企业根据税法规定应交纳的各种税费包括增值税、消费税、营业税、资源税、所得税、土地增值税、城市维护建设税、房产税、土地使用税、车船使用税、教育费附加、矿产资源补偿费、印花税、耕地占用税、代扣代交的个人所得税等。企业应通过“应交税费”科目，总括反映各种税费的交纳情况，并按照应交税费项目进行明细核算。

其他流动负债包括应付利息、应付股利、其他应付款。

长期借款是指企业向银行或其他金融机构借入的期限在一年以上（不含一年）或超过一年的一个营业周期以上的的各项借款。

企业借入的长期借款应按实际收到的现金净额，借记“银行存款”科目，贷记本科目（本金），按其差额，借记本科目（利息调整）。

应付债券是企业依照法定程序发行，约定在一定期限内还本付息的具有一定价值的证券。发行债券是企业筹集长期资金的方式之一。

债券发行有面值发行、溢价发行和折价发行三种情况。

本章讲述了一般公司债券和可转换公司债券的核算。

借款费用是企业因借入资金所付出的代价，它包括借款利息、折价或者溢价的摊销、辅助费用以及因外币借款而发生的汇兑差额等。借款费用确认的基本原则是：企业发生的借款费用可直接归属于符合资本化条件的资产购建或者生产的，应当予以资本化，计入相关资产成本；其他借款费用应当在发生时根据其发生额确认为费用，计入当期损益。

【篇后案例】

部分中小市值上市公司负债意愿下降

金融危机的爆发令全球央行采取了史无前例的宽松政策，中国信贷规模更是高达近10万亿元。截至昨日收盘，《第一财经日报》统计的54家已公布去年年报的上市公司中，只有24家负债率同比增长。其中鸿博股份（002229.SZ）借贷意愿较强，其负债率由2008年年底的6.3%提高至2009年年底的25.4%，增长近20个百分点。东方雨虹（002271.SZ）和空港股份（600463.SH）负债率增幅也超过10个百分点。

相反，禾盛新材（002290.SZ）、焦点科技（002315.SZ）、同花顺（300033.SZ）、富龙热电（000426.SZ）等公司却降低了负债率。其中禾盛新材负债率从2008年年底的46%降至2009年年底的16%，降幅高达30%。不过同花顺负债率降低的原因则更多是因为公司在2009年完成了IPO,负债率因此降低。

从财务学的角度来说，一般认为我国理想化的资产负债率是40%左右。上市公司略微偏高些，但上市公司资产负债率一般也不超过50%。其实，不同的人应该有不同的标准。企业的经营者对资产负债率强调的是负债要适度，因为负债率太高，风险就很大；负债率低，又显得太保守。债权人强调资产负债率要低，债权人总希望把钱借给那些负债率比较低的企业，因为如果某一个企业负债率比较低，钱收回的可能性就会大一些。投资人通常不会轻易地表态，通过计算，如果投资收益率大于借款利息率，那么投资人就不怕负债率高，因为负债率越高赚钱就越多；如果投资收益率比借款利息率还低，等于说投资人赚的钱被更多的利息吃掉，在这种情况下就不应要求企业的经营者保持比较高的资产负债率，而应保持一个比较低的资产负债率。

其实，不同的国家，资产负债率也有不同的标准。如中国人传统上认为，理想化的资产负债率在40%左右。这只是一个常规的数字，很难深究其得来的原因，就像说一个人的血压为80～120毫米汞柱是正常的，70～110毫米汞柱也是正常的一样，只是一个常规的检查。欧美国家认为理想化的资产负债率是60%左右，东南亚认为可以达到80%。

资料来源：《第一财经日报》，2010年2月5日

核心概念

负债（liability）
流动负债（current liability）
长期负债（long-term liabilities）
短期借款（short-term borrowing）
应付账款（account payable）
应付票据（note payable）
应付股利（dividends payable）
增值税（value added tax）
营业税（business tax）
消费税（consumption tax）
长期借款（long-term loans）
应付债券（bonds payable）
应付职工薪酬（employee salary payable）

思考题

1. 简述负债的特征。
2. 简述负债的分类。
3. 如何确认负债?

4. 简述负债的计量。

5. 什么是应付职工薪酬？包括哪些内容？

6. 长期借款利息如何处理？

7. 简述借款费用的范围。

8. 简述借款费用应予资本化的借款范围。

9. 如何确认借款费用？

10. 如何计量借款费用？

练习题

（一）单项选择题

1. 如果企业的长期借款属于筹建期间的，且不符合资本化条件，则其利息费用应计入的科目是（ ）。

A. 管理费用　　B. 长期待摊费用

C. 财务费用　　D. 在建工程

2. 假设企业每月末计提利息，企业每季度末收到银行寄来的短期借款利息付款通知单时，应贷记（ ）科目。

A. 库存现金　　B. 银行存款

C. 财务费用　　D. 应付利息

3. 某企业为增值税一般纳税人，2010 年应交各种税金为：增值税 350 万元，消费税 150 万元，城市维护建设税 35 万元，车辆购置税 10 万元，耕地占用税 5 万元，所得税 150 万元。该企业当期“应交税费”科目余额为（ ）万元。

A. 535　　B. 545　　C. 550　　D. 685

4. 下列各项中，对企业在生产经营期间的资产负债表日，按合同利率计算的短期借款利息费用的会计处理正确的是（ ）。

A. 借记“财务费用”科目，贷记“短期借款”科目

B. 借记“财务费用”科目，贷记“其他应付款”科目

C. 借记“财务费用”科目，贷记“应付利息”科目

D. 借记“短期借款”科目，贷记“应付利息”科目

5. 某企业于 2009 年 7 月 1 日按面值发行 5 年期，到期一次还本付息的公司债券，该债券面值总额 8 000 万元，票面年利率为 4%，自发行日起计息。假定票面利率与实际利率一致，不考虑相关税费，2010 年 12 月 31 日该应付债券的账面余额为（ ）万元。

A. 8 000　　B. 8 160　　C. 8 320　　D. 8 480

6. 企业从职工工资中代扣的职工房租，应贷记的会计科目是（　　）。

A. 其他应付款　　B. 银行存款

C. 预付账款　　D. 应付职工薪酬

7. 预收货款业务不多的企业，可以不设置“预收账款”科目，其所发生的预收货款，可以通过（　　）核算。

A. “应收账款”科目借方　　B. “应付账款”科目借方

C. “应收账款”科目贷方　　D. “应付账款”科目贷方

8. 某项固定资产融资租赁，租赁开始日该资产公允价值为 2 900 万元，最低租赁付款额现值为 2 950 万元，承租人发生的初始直接费用为 6 万元。承租人在租赁开始日确定的该资产的入账价值为（　　）万元。

A. 2 900　　B. 2 950　　C. 2 906　　D. 2 956

9. 在下列各项中，从甲公司的角度看，能够形成“本企业与债务人之间的财务关系”的业务是（　　）。

A. 甲公司购买乙公司发行的债券

B. 甲公司归还了所欠丙公司的货款

C. 甲公司从丁公司赊购产品

D. 甲公司向戊公司支付利息

10. 某增值税一般纳税企业因管理不善毁损库存材料一批，该批原材料实际成本为 10 000 元，收回残料价值为 500 元，保险公司和责任人赔偿 6 000 元。该批毁损原材料造成的非常损失净额是（　　）元。

A. 3 500　　B. 5 200　　C. 4 000　　D. 9 500

11. 下列职工薪酬中，不应当根据职工提供服务的受益对象计入成本费用的是（　　）。

A. 因解除与职工的劳动关系给予的补偿

B. 构成工资总额的各组成部分

C. 工会经费和职工教育经费

D. 医疗保险费、养老保险费、失业保险费、工伤保险费和生育保险费等社会保险费

12. 某增值税一般纳税人因暴雨毁损库存材料一批，该批原材料实际成本为 200 000 元，收回残料价值 10 000 元（不考虑收回材料的进项税），保险公司赔偿 160 000 元。该企业购入材料的增值税税率为 17%，该批毁损原材料造成的非常损失净额是（　　）。

A. 30 000 元　　B. 68 000 元　　C. 78 000 元　　D. 37 000 元

13. 下列各项税费中，一般工业企业可以通过“营业税金及附加”科目核算的是（　　）。

A. 车船税　　B. 矿产资源补偿费

C. 房产税　　D. 城市维护建设税

14. 某增值税一般纳税人，因暴雨毁损库存材料一批，该批原材料实际成本为 100 000 元，收回残料价值 5 000 元（不考虑收回材料的进项税），保险公司赔偿 80 000 元。该企业购入材料的增值税税率为 17%，该批毁损原材料造成的非常损失净额是（　　）。

A. 15 000 元　　B. 20 000 元

C. 32 000 元　　D. 37 000 元

15. 某一般纳税人月初欠交增值税 15 万元，无尚未抵扣增值税。本月发生进项税额 50 万元，销项税额 65 万元，进项税额转出 5 万元，交纳本月增值税 15 万元。无其他事项，则月末结转后，“应交税费——未交增值税”科目的余额是（　　）。

A. 20 万元　　B. 0　　C. 5 万元　　D. 15 万元

（二）多项选择题

1. 下列各项中，不应通过“其他应付款”科目核算的有（　　）。

A. 应交教育费附加　　B. 应付销售人员工资

C. 应付现金股利　　D. 应付租入包装物租金

2. 下列税金中，应计入存货成本的有（　　）。

A. 由受托方代收代缴的委托加工直接用于对外销售的商品负担的消费税

B. 由受托方代收代缴的委托加工继续用于生产应纳消费税的商品负担的消费税

C. 进口原材料交纳的进口关税

D. 小规模纳税人购买原材料交纳的增值税

3. 下列关于应付账款的处理中，正确的有（　　）。

A. 货物与发票账单同时到达，待货物验收入库后，按发票账单登记入账

B. 货物已到，但至月末时发票账单还未到达，应在月份终了时暂估入账

C. 应付账款一般按到期时应付金额的现值入账

D. 企业采购业务中形成的应付账款，在确认其入账价值时不需要考虑

将要发生的现金折扣

4. 下列各项中，应计入营业税金及附加的有（　　）。

A. 处置无形资产应交的营业税　　B. 销售商品应交的增值税

C. 销售应税产品的资源税　　D. 销售应税消费品应交的消费税

5. 某企业为增值税一般纳税人，下列各项中，能作为其当期进项税额的有（　　）。

A. 从销售方取得的增值税专用发票上注明的增值税额

B. 从海关取得的完税凭证上注明的增值税额

C. 购进免税农产品准予抵扣的增值税额

D. 2011 年外购生产用设备取得的增值税专用发票上注明的增值税额

6. 下列各项视同销售行为中，不需要确认收入的有（　　）。

A. 销售代销货物

B. 将自产或委托加工的货物用于非应税项目

C. 将自产、委托加工购买的货物无偿赠送他人

D. 将自产或委托加工或购买的货物分配给股东或投资者

7. “应付债券”账户的贷方反映的内容有（　　）。

A. 债券发行时产生的债券溢价

B. 债券溢价的摊销

C. 期末计提一次还本付息应付债券利息

D. 期末计提分次付息应付债券利息

8. “应付职工薪酬”科目贷方核算的内容有（　　）。

A. 因职工不能胜任岗位工作解除劳动关系而给予的经济补偿

B. 提供给职工子女的抚恤金

C. 因改善职工文化生活、提高职工业务素质开展的工会活动和职业技能培训而从成本费用中提取的金额

D. 以成本价向职工出售住房，企业未盈利

9. A 企业与 B 企业签订购销合同销售一批产品，B 企业预付货款 120 000 元，一个月后，A 企业将产品发往 B 企业，开出的增值税专用发票上注明价款 200 000 元，增值税 34 000 元，该批货物成本 144 000 元。当日 B 企业以银行存款支付剩余货款。根据资料，下列说法不正确的有（　　）。

A. 收到 B 企业预付货款时应确认为预收账款

B. A 企业应在发出商品时确认收入 200 000 元

C. 收到 B 企业预付货款时应确认收入 120 000 元

D. A 企业在发出商品时确认收入 8 000 元

10. 承租人在计算最低租赁付款额的现值选择折现率时，应考虑的因素有（　　）。

A. 出租人租赁内含利率

B. 租赁合同规定的利率

C. 同期银行贷款利率

D. 同期银行存款利率

11. 下列职工薪酬中，可以计入产品成本的有（　　）。

A. 住房公积金　　B. 非货币性福利

C. 工会经费　　D. 职工教育经费

E. 辞退福利

12. 下列项目中，属于职工薪酬的有（　　）。

A. 工伤保险费

B. 非货币性福利

C. 职工津贴和补贴

D. 因解除与职工的劳动关系给予的补偿

E. 公司聘请的独立董事的报酬

13. 下列各项中，应作为职工薪酬计入相关资产成本或当期损益的有（　　）。

A. 为职工支付的补充养老保险

B. 因解除职工劳动合同支付的补偿款

C. 为职工进行健康检查而支付的体检费

D. 因向管理人员提供住房而支付的租金

E. 按照工资总额一定比例计提的职工教育经费

14. 企业交纳的下列各项税金中，应计入有关资产成本项目的是（　　）。

A. 用于职工福利的产成品应交纳的增值税

B. 委托加工应税消费品（收回后用于连续生产应税消费品）应支付的消费税

C. 外购用于生产固体盐的液体盐应交纳的资源税

D. 购建厂房交纳的耕地占用税

E. 融资租入的固定资产承租人发生的印花税

15. 应通过“长期应付款”科目核算的经济业务有（　　）。

A. 以分期付款方式购入固定资产发生的应付款

B. 以分期付款方式购入无形资产发生的应付款

C. 具有融资性质的延期付款购买资产

D. 应付融资租入固定资产的租赁费

E. 应付经营租入固定资产的租赁费

（三）判断题

1. 暂收个人的款项和经营租入固定资产的未付租金应通过“其他应付款”科目核算。（ ）

2. 委托加工的物资收回后用于连续生产的，应将受托方代收代缴的消费税计入委托加工物资的成本。（ ）

3. 企业开出并承兑不带息商业汇票时，应按其面值贷记“应付票据”。（ ）

4. 企业购买商品附有商业折扣的，如果商业折扣实际发生了，则应按扣除商业折扣后的含税金额作为应付账款的入账价值。（ ）

5. 企业只有在对外销售消费税应税产品时才应交纳消费税。（ ）

6. 企业购进的生产用设备支付的增值税，应计入“应交税费——应交增值税（进项税额）”科目。（ ）

7. 企业在计算长期借款利息时，应该按照实际利率确认应该支付的利息。（ ）

8. 企业到期无力偿付的银行承兑汇票，应按其账面余额转入“资本公积”。（ ）

9. 企业在折扣期内付款享受的现金折扣应增加当期的财务费用。（ ）

10. 企业以自产的产品对外捐赠，由于会计核算时不作销售处理，因此不需交纳增值税。（ ）

（四）核算题

1. 甲上市公司（以下简称甲公司）经批准于 2010 年 1 月 1 日以 50 000 万元的价格（不考虑相关税费）发行面值总额为 50 000 万元的可转换公司债券用于建设某机器设备。该可转换公司债券期限为 5 年，票面年利率为 4%，实际利率为 6%。自 2011 年起，每年 1 月 1 日付息。自 2011 年 1 月 1 日起，该可转换公司债券持有人可以申请按债券转换日的账面价值转为甲公司的普通股（每股面值 1 元），初始转换价格为每股 10 元，不足转为 1 万股的部分按每股 10 元以现金结清。其他相关资料如下：

（1）2010 年 1 月 1 日，甲公司收到发行价款 50 000 万元，所筹资金用于某机器设备的建设，该机器设备的建设于 2010 年 12 月 31 日达到预定可使用状态并交付使用。

（2）2011 年 1 月 2 日，该可转换公司债券的 40%转为甲公司的普通股，相关手续已于当日办妥；未转为甲公司普通股的可转换公司债券持有至到期，其本金及最后一期利息一次结清。

假定：①甲公司采用实际利率法确认利息费用；

②每年年末计提债券利息和确认利息费用；

③2010 年该可转换公司债券借款费用的全部计入该技术改造项目成本；

④不考虑其他相关因素；

⑤利率为 6%、期数为 5 期的普通年金现值系数为 4.2124，利率为 6%、期数为 5 期的复利现值系数为 0.7473；

⑥按实际利率计算的可转换公司债券的现值即为其包含的负债成分的公允价值。

要求：

（1）编制甲公司发行该可转换公司债券的会计分录。

（2）计算甲公司 2010 年 12 月 31 日应计提的可转换公司债券利息和应确认的利息费用。

（3）编制甲公司 2010 年 12 月 31 日计提可转换公司债券利息和应确认的利息费用的会计分录。

（4）编制甲公司 2011 年 1 月 1 日支付可转换公司债券利息的会计分录。

（5）计算 2011 年 1 月 2 日可转换公司债券转为甲公司普通股的股数。

（6）编制甲公司 2011 年 1 月 2 日与可转换公司债券转为普通股有关的会计分录。

（“应付债券”科目要求写出明细科目；答案中的金额单位用万元表示。）

2. 甲上市公司发行公司债券为建造专用生产线筹集资金，有关资料如下：

（1）2007 年 12 月 31 日，委托证券公司以 7 755 万元的价格发行 3 年期分期付息公司债券，该债券面值为 8 000 万元，票面年利率为 4.5%，实际年利率为 5.64%，每年付息一次，到期后按面值偿还。

（2）生产线建造工程采用出包方式，于 2008 年 1 月 1 日开始动工，发行债券所得款项当日全部支付给建造承包商，2009 年 12 月 31 日所建造生产线达到预定可使用状态。

（3）假定各年度利息的实际支付日期均为下年度的 1 月 10 日，2011 年 1 月 10 日支付 2010 年度利息，一并偿付面值。

（4）所有款项均以银行存款收付。

要求：

（1）计算甲公司该债券在各年末的摊余成本、应付利息金额、当年应予资本化或费用化的利息金额、利息调整的本年摊销额和年末余额，结果填入下表中（不需列出计算过程）。

（2）分别编制甲公司与债券发行、2008 年 12 月 31 日和 2010 年 12 月 31 日确认债券利息、2011 年 1 月 10 日支付利息和面值业务相关的会计分录。（答案中的金额单位用万元表示，“应付债券”科目应列出明细科目）

表 1 应付债券利息调整和摊余成本计算表

时间		2007 年 12 月 31 日	2008 年 12 月 31 日	2009 年 12 月 31 日	2010 年 12 月 31 日
年末摊余成本	面值				
	利息调整	（ ）	（ ）	（ ）	（ ）
	合计				
当年应予资本化或费用化的利息金额					
年末应付利息金额					
“利息调整”本年摊销额					

时间		2007 年 12 月 31 日	2008 年 12 月 31 日	2009 年 12 月 31 日	2010 年 12 月 31 日
年末摊余成本	面值	8 000	8 000	8 000	8 000
	利息调整	（245）	（167.62）	（85.87）	0
	合计	7 755	7 832.38	7 914.13	8 000
当年应予资本化或费用化的利息金额			437.38	441.75	445.87
年末应付利息金额			360	360	360
“利息调整”本年摊销项			77.38	81.75	85.87

第十一章　非货币性资产交换

【学习目标】通过本章学习，了解货币性资产和非货币性资产的概念、内容，理解非货币性资产交换的定义和界定标准以及特征；掌握非货币性资产交换的两种计量基础、两种计量基础下非货币性资产交换的确认、计量和报告。

【开篇案例】

不管是在日常生活中，还是在经济活动中，我们经常会遇到交换物品的例子，交换物品一方面可以解决企业对某一商品的需要，另一方面又可以为企业节约一定的资金，例如，甲企业和乙企业在生产经营过程中，甲企业需要乙企业所拥有的机器设备，而乙企业需要甲企业生产的产成品作为原材料，于是双方经过协商达成协议，通过互相交换机器设备和原材料。我们需要思考的是，这项交易属于什么性质的交易？甲乙企业对于交换过来的物品如何做账务处理？

第一节　非货币性资产交换的认定

一、非货币性资产交换的内容

非货币性资产交换是交易双方主要以存货、固定资产、无形资产和长期股权投资等非货币性资产进行的交换。非货币性资产是相对于货币性资产而言的。货币性资产是指企业持有的货币资金和将来以固定或可确定的金额收取的资产。主要包括：现金、银行存款、应收账款和应收票据以及准备持有至到期的债券投资等。非货币性资产是指企业持有的将来不能以固定或可确定的金额收取的资产。主要包括：存货、长期股权投资、投资性房地产、固定资产、在建工程、工程物资、无形资产等。

这里所说的非货币性资产交换，仅包括企业之间主要以非货币性资产形式进行的互惠转让，即企业取得一项非货币性资产，必须以付出自己拥有的非货币性资产作为代价。

二、非货币性资产交换的认定

非货币性资产交换中一般不涉及货币性资产，或只涉及少量的货币性资产即补价。通常情况下，补价占整个资产交换金额的比例低于25%，该交换视为非货币性资产交换；比例高于25%（含25%）的，则视为货币性资产交换。具体计算公式表示如下：

支付的货币性资产÷［换入资产的公允价值（或换出资产的公允价值+支付的货币性资产）］＜25%

收到的货币性资产÷［换出资产的公允价值（或换入资产的公允价值+收到的货币性资产）］＜25%

【课堂测试 11-1】

1．确定一项资产是货币性资产还是非货币性资产的主要依据是（　　）。

A．变现速度的快慢与否

B．是否可以给企业带来经济利益

C．是否具有流动性

D．将为企业带来的经济利益是否是固定或可确定的

2．下列项目中，属于货币性资产的是（　　）。

A．作为交易性金融资产的股票投资

B．准备持有至到期的债券投资

C．不准备持有至到期的债券投资

D．作为可供出售金融资产的权益工具

3．甲股份有限公司发生的下列非关联交易中，属于非货币性资产交换的是（　）。

A．以公允价值为260万元的固定资产换入乙公司账面价值为320万元的无形资产，并支付补价80万元

B．以账面价值为280万元的固定资产换入丙公司公允价值为200万元的一项专利权，并收到补价80万元

C．以公允价值为320万元的长期股权投资换入丁公司账面价值为460万元的短期股票投资，并支付补价140万元

D．以账面价值为420万元，准备持有至到期投资换入戊公司公允价值

为 390 万元的一台设备，共收到补价 30 万元

4. 在确定涉及补价的交易是否为非货币性资产交换时，支付补价的企业，应当按照支付的补价占（　　）的比例低于 25%确定。

A. 换出资产的公允价值

B. 换出资产公允价值加上支付的补价

C. 换入资产公允价值加补价

D. 换出资产公允价值减补价

第二节 非货币性资产交换的确认和计量

非货币性资产交换可能涉及单项资产交换也可能涉及多项资产交换，无论采用何种形式，在确定换入资产成本的计量基础和交换所产生损益的确认原则时，还需要判断该项交换是否具有商业实质，以及换入资产或换出资产的公允价值能否可靠地计量。

一、商业实质的判断

判断某项非货币性资产交换是否具有商业实质，应主要考虑发生资产交换预期使企业未来现金流量发生变动的程度，只有当换出和换入资产预计未来现金流量或其现值两者之间的差额较大时，才能表明该交易的发生使企业经济状况发生了明显改变，非货币性资产交换才具有商业实质。

企业发生的非货币性资产交换，符合下列条件之一的，视为具有商业实质：

（1）换入资产的未来现金流量在风险、时间和金额方面与换出资产显著不同。

例如，甲企业以其用于经营出租的一幢商业楼，与乙企业同样用于经营出租的一幢商业楼进行交换，两幢商业楼的租期、租金均相同，但甲企业租给一家财务及信用状况良好的企业，乙企业的客户都是散户。比较而言，甲企业取得租金的风险较小，所以，两者的现金流量流入的风险或不确定性程度存在明显差异，两幢商业楼的未来现金流量显著不同，可以判断该项资产交换具有商业实质。

又如，某企业以一批存货换入一项设备，因存货流动性强，能够在较短时间内产生现金流量，设备在较长的时间内为企业带来现金流量，两者产生现金流量的时间相差较大，则可以判断存货与固定资产的未来现金流量显著不同，

因而该两项资产的交换具有商业实质。

再如，某企业以一项商标权换入另一企业的一项专利技术，预计两项无形资产的使用寿命相同，在使用寿命期内预计为企业带来的现金流量总额相同，但是换入的专利技术是新开发的，预计开始阶段产生的未来现金流量明显少于后期，而该企业拥有的商标每年产生的现金流量比较均衡，两者产生的现金流量金额差异明显。因而两项资产的交换具有商业实质。

（2）换入资产与换出资产的预计未来现金流量现值不同，且其差额与换入资产和换出资产的公允价值相比是重大的。

企业如果难以按照第一项条件判断时，则可根据第二项条件来判断。资产预计未来现金流量现值，应当按照资产在持续使用过程和最终处置时预计产生的税后未来现金流量现值，根据企业自身而不是市场参与者对资产特定风险的评价，选择恰当的折现率对预计未来现金流量折现后的金额加以确定。

某企业以一台自身拥有的机器设备换入另一企业拥有的长期股权投资，假定从市场参与者角度看，机器设备和长期股权投资的公允价值相同，同时假定两项资产未来现金流量的风险、时间和金额也相同，但对于换入企业来讲，换入该项长期股权投资时该企业与被投资方的投资关系由重大影响变为控制，另一企业换入的机器设备能够提高生产效率，两企业换入资产的预计未来现金流量现值与换出资产相比均有明显差异,可以判断两项资产的交换具有商业实质。

在确定非货币性资产交换是否具有商业实质时，企业应当关注交易各方之间是否存在关联方关系。关联方关系的存在可能导致发生的非货币性资产交换不具有商业实质。

二、公允价值能否可靠计量的判断

属于以下三种情形之一的，换入资产或换出资产的公允价值视为能够可靠计量：

（1）换入资产或换出资产存在活跃市场，以市场价格为基础确定公允价值。

（2）换入资产或换出资产不存在活跃市场，但同类或类似资产存在活跃市场，以同类或类似资产市场价格为基础确定公允价值。

（3）换入资产或换出资产不存在同类或类似资产可比市场交易，采用估值技术确定公允价值。

【课堂测试 11-2】

1．以下交易具有商业实质的是（　　）。

A．以一批存货换入一项设备

B．以一项固定资产换入一项固定资产

C．以一项长期股权投资换入一项长期股权投资

D．以一批商品换入一批商品

第三节　非货币性资产交换的会计处理

一、以公允价值计量的会计处理

非货币性资产交换同时满足下列两个条件的，应当以公允价值和应支付的相关税费作为换入资产的成本，公允价值与换出资产账面价值的差额计入当期损益：

（1）该项交换具有商业实质。

（2）换入资产或换出资产的公允价值能够可靠计量。

在以公允价值计量的情况下，不论是否涉及补价，只要换出资产的公允价值与其账面价值不相同，就一定会涉及损益的确认，因为非货币性资产交换损益通常是换出资产公允价值与换出资产账面价值的差额，通过非货币性资产交换予以实现。

非货币性资产交换的会计处理，视换出资产的类别不同而有所区别：

（1）换出资产为存货的，应当视同存货销售处理，按照公允价值确认销售收入，同时结转销售成本，换出资产公允价值与换出资产账面价值的差额，在利润表中作为营业利润的构成部分予以列示。

（2）换出资产为固定资产、无形资产的，应当视同固定资产、无形资产处置处理，换出资产公允价值与换出资产账面价值的差额计入营业外收入或营业外支出。

（3）换出资产为长期股权投资的，应当视同长期股权投资处置处理，换出资产公允价值与换出资产账面价值的差额计入投资收益。

非货币性资产交换涉及相关税费的，如换出存货视同销售计算的增值税销项税额，换入资产作为存货、固定资产应当确认的增值税进项税额，以及换出固定资产、无形资产视同转让应缴纳的增值税、营业税等，按照相关税收规定计算确定。

（一）不涉及补价情况

【例 11-1】2012 年 6 月，甲公司以 2009 年购入的生产经营用设备交换乙公

司生产的A材料，甲公司换入的A材料作为原材料用于生产，乙公司换入的设备继续用于生产A材料。甲公司设备的账面原价为1 400 000元，在交换日的累计折旧为425 000元，公允价值为1 304 000元，甲公司此前没有为该设备计提资产减值准备。此外，甲公司以银行存款支付清理费1 000元。乙公司A材料的账面价值为1 100 000元，在交换日的市场价格为1 304 000元，计税价格等于市场价格，乙公司此前也没有为该批材料计提存货跌价准备。

假定甲公司、乙公司均为增值税一般纳税人，适用的增值税税率为17%。甲、乙两个公司在整个交易过程中没有发生除增值税以外的其他税费。

分析：整个资产交换过程中没有涉及收付货币性资产，所以，该项交换属于非货币性资产交换。两项资产交换后对换入企业的特定价值显著不同，两项资产的交换具有商业实质；同时两项资产的公允价值都能够可靠地计量，符合以公允价值计量的两个条件。因此，甲、乙两个公司均应当以换出资产的公允价值为基础，确定换入资产的成本，并确认产生的损益。

根据税法规定：自2009年1月1日起，纳税人销售自己使用过的2009年1月1日以后购进或者自制的固定资产，按照适用的税率征收增值税；增值税一般纳税人购进或自制固定资产发生的进项税额可根据有关规定，凭增值税专用发票等从销项税额中抵扣。

甲公司的账务处理如下：

换出设备的增值税销项税额＝1 304 000×17%＝221 680（元）

借：固定资产清理　975 000
　　累计折旧　425 000
　贷：固定资产　1 400 000

借：固定资产清理　1 000
　贷：银行存款　1 000

借：原材料——A材料　1 304 000
　　应交税费——应交增值税（进项税额）　221 680
　贷：固定资产清理　976 000
　　　应交税费——应交增值税（销项税额）　221 680
　　　营业外收入　320 000

乙公司的账务处理如下：

换入设备的增值税进项税额=1 304 000×17%=221 680（元）

借：固定资产　1 304 000
　　应交税费——应交增值税（进项税额）　221 680

贷：主营业务收入——A材料 1 304 000

应交税费——应交增值税（销项税额） 221 680

借：主营业务成本——A材料 1 100 000

贷：库存商品 1 100 000

（二）涉及补价的情况

资产交换过程中是以公允价值确定换入资产成本，支付补价方和收到补价方应当分别情况处理：

1．支付补价方

支付补价方应当以换出资产的公允价值加上支付的补价和支付的与换入资产相关的税费，作为换入资产的成本；换出资产的公允价值减去换出资产的账面价值，再减去与换出资产相关的税费的差额，计入当期损益。计算公式如下：

换入资产的成本＝换出资产的公允价值＋支付的补价＋支付的与换入资产相关的税费

计入当期损益的金额＝换出资产的公允价值－换出资产的账面价值－支付的与换出资产相关的税费

需要说明一下，换入资产的成本应当按照所放弃资产的对价来确定，计入当期损益的金额是站在出售资产的售价和成本的角度来考虑。

2．收到补价方

收到补价方应当以换出资产的公允价值减去收到的补价，加上支付的与换入资产相关的税费，作为换入资产的成本；换出资产的公允价值减去换出资产的账面价值，再减去与换出资产相关的税费的差额，计入当期损益。计算公式如下：

换入资产的成本＝换出资产的公允价值－收取的补价＋支付的与换入资产相关的税费

计入当期损益的金额＝换出资产的公允价值－换出资产的账面价值－支付的与换出资产相关的税费

3．如果涉及多项资产的非货币性资产交换，与单项非货币性资产交换处理类同，按照各项换入资产的公允价值占换入资产公允价值总额的比例，对换入资产总成本进行分配，确定各项换入资产的成本。

【例 11-2】甲公司 2010 年以其持有的可供出售金融资产——A股票，交换乙公司的原材料，在交换日，甲公司的可供出售金融资产——A股票的账面余额为 320 000 元（其中成本为 240 000 元，公允价值变动为 80 000 元），公允价值为 360 000 元。换入的原材料账面价值为 280 000 元，不含增值税的公允价值为 300 000 元，公允价值等于计税价格，增值税为 51 000 元。甲公司收到乙公司支付的银行存款 9 000 元。该交换具有商业实质。不考虑增值税以外的其他税费。

分析：交换涉及的补价金额＝360 000－300 000＝60 000（元）

对于甲公司而言，60 000÷360 000＝16.7%＜25%，属于非货币性资产交换。

对于乙公司而言，60 000÷（300 000＋51 000＋9 000）＝16.7%＜25%，属于非货币性资产交换。

由于两项资产的交换具有商业实质，而且公允价值均能够可靠计量，因此，甲、乙公司均应当以公允价值为基础确定换入资产的成本，并确认产生的损益。

甲公司的账务处理如下：

甲公司换入原材料的成本＝360 000－60 000＝300000（元）

借：原材料　300 000
　　应交税费——应交增值税（进项税额）　51 000
　　银行存款　9 000
　贷：可供出售金融资产——成本　240 000
　　　　　　　　　　　——公允价值变动　80 000
　　投资收益　40 000
借：资本公积——其他资本公积　80 000
　贷：投资收益　80 000

乙公司的账务处理如下：

借：可供出售金融资产——成本　360 000
　贷：银行存款　9 000
　　　其他业务收入　300 000
　　　应交税费——应交增值税（销项税额）　51 000
借：其他业务成本　280 000
　贷：原材料　280 000

【例 11-3】2010 年 5 月 8 日，甲公司以一批 A 产品和一项无形资产换入乙公司一项固定资产（生产经营用设备）。甲公司换出的 A 产品成本为 500 000 元，公允价值（等于其计税价格）为 800 000 元；无形资产的原价为 1 500 000 元，累计摊销为 450 000 元，公允价值为 1 600 000 元。乙公司换出的固定资产，已使用 1 年，原价为 2 600 000 元，已计提折旧 800 000 元，当日的公允价值为 2 100 000 元。乙公司另向甲公司支付银行存款 79 000 元。甲公司为换入该设备支付运杂费 70 000 元，换出无形资产应交营业税 80 000 元。乙公司为换入 A

产品支付运杂费等 50 000 元，为换入无形资产发生手续费等 20 000 元。甲、乙公司均为增值税一般纳税人，增值税税率均为 17%。甲公司将换入设备用于办公，乙公司将换入的产品作为原材料入账。该项资产交换具有商业实质。

分析:交换涉及的补价金额＝800 000＋1 600 000－2 100 000＝300 000(元)

对于甲公司而言，300 000÷2 400 000＝12.5%＜25%，属于非货币性资产交换。

对于乙公司而言，300 000÷（2 100 000＋300 000）＝12.5%＜25%，属于非货币性资产交换。

甲公司换入设备的入账价值＝800 000＋1 600 000－30 0000＋70 000＝2 170 000（元）

乙公司换入 A 产品的入账价值＝(2 100 000＋300 000)×[800 000÷（800 000＋1 600 000）]＋50 000＝850 000（元）

乙公司换入无形资产的入账价值＝（2 100 000＋300 000）×[1 600 000÷（800 000＋1 600 000）]＋20 000＝1 620 000（元）

甲公司的有关会计分录:

借：固定资产	2 170 000	
应交税费——应交增值税(进项税额)	357 000	
累计摊销	450 000	
银行存款	9 000	
贷：主营业务收入		800 000
应交税费——应交增值税（销项税额）		136 000
无形资产		1 500 000
应交税费——应交营业税		80 000
营业外收入		470 000
借：主营业务成本	500 000	
贷：库存商品		500 000

乙公司的有关会计分录:

借：固定资产清理	1 800 000	
累计折旧	800 000	
贷：固定资产		2 600 000
借：原材料	850 000	
应交税费——应交增值税（进项税额）	136 000	
无形资产	1 620 000	

贷：固定资产清理　1 800 000

　　应交税费——应交增值税（销项税额）　357 000

　　营业外收入　300 000

　　银行存款　149 000

二、以账面价值计量的会计处理

非货币性资产交换不具有商业实质，或者虽然具有商业实质但换入资产和换出资产的公允价值均不能可靠计量的，应当以换出资产的账面价值和应支付的相关税费作为换入资产的成本，无论是否支付补价，均不确认损益。

（一）不涉及补价情况

【例 11-4】甲公司以其持有的长期股权投资与乙公司拥有的无形资产交换。在交换日，甲公司持有的长期股权投资账面余额为 3 000 000 元，已计提长期股权投资减值准备余额为 840 000 元，该长期股权投资在市场上没有公开报价，公允价值也不能可靠计量；乙公司无形资产的账面原值为 2 520 000 元，累计已摊销金额为 360 000 元，其公允价值也不能可靠计量，同时也没有为该无形资产计提减值准备，交换过程中乙公司缴纳营业税 108 000 元。乙公司将换入的投资仍作为长期股权投资，并采用成本法核算。乙公司尚未缴纳营业税，假设除营业税外没发生其他相关税费。

分析：该项资产交换过程没有涉及货币性资产，属于非货币性资产交换。所以甲、乙两公司换入资产的成本均应当以换出资产的账面价值确定，不确认损益。

甲公司的账务处理如下：

借：无形资产　2 160 000

　　长期股权投资减值准备　840 000

　贷：长期股权投资　3 000 000

乙公司的账务处如下：

借：长期股权投资　2 052 000

　　累计摊销　360 000

　　营业外支出　108 000

　贷：无形资产　2 520 000

（二）涉及补价情况

涉及补价的，支付补价方和收到补价方应当分别情况处理：

1．支付补价方

支付补价方应当以换出资产的账面价值加上支付的补价和应支付的相关税费，作为换入资产的成本；不确认损益。计算公式如下：

换入资产成本＝换出资产账面价值＋支付的补价＋应支付的相关税费

2. 收到补价方

收到补价方应当以换出资产的账面价值减去收到的补价，加上应支付的相关税费，作为换入资产的成本；不确认损益。计算公式如下：

换入资产成本＝换出资产账面价值－收到的补价＋应支付的相关税费

3. 如果涉及多项资产的非货币性资产交换，与单项非货币性资产交换处理类同，按照各项换入资产的原账面价值占换入资产原账面价值总额的比例，对换入资产总成本进行分配，确定各项换入资产的成本。

【例 11-5】甲公司将拥有的一个仓库与乙公司拥有一项长期股权投资交换。该仓库的账面原值 3 500 000 元，已计提折旧 2 350 000 元；长期股权投资账面价值 1 050 000 元，两项资产均未计提减值准备。公允价值亦均不能可靠计量。交换过程中，双方协商，支付甲公司 100 000 元补价。同时，甲公司需要按税法规定缴纳 57 500 元的营业税，尚未支付。除营业税外，没涉及其他相关税费。

分析：交换过程涉及补价 100 000 元；对于甲企业而言，100 000÷1 150 000＝8.7%＜25%，同样乙公司也类似。属于非货币性资产交换，由于两项资产的公允价值不能可靠计量，所以，甲、乙公司换入资产的成本均应当以换出资产的账面价值为基础确定，不确认损益。

甲公司的账务处理如下：

借：固定资产清理　　　　　　　　1 150 000
　　累计折旧　　　　　　　　　　2 350 000
　贷：固定资产　　　　　　　　　　　3 500 000

借：固定资产清理　　　　　　　　57 500
　贷：应交税费——应交营业税　　　　　57 500

借：长期股权投资　　　　　　　　1 050 000
　　银行存款　　　　　　　　　　100 000
　贷：固定资产清理　　　　　　　　　1 150 000

借：营业外支出　　　　　　　　　57 500
　贷：固定资产清理　　　　　　　　　57 500

乙公司的账务处理如下：

借：固定资产　　　　　　　　　　1 150 000
　贷：长期股权投资　　　　　　　　　1 050 000

银行存款　　100 000

【例 11-6】接【例 11-3】，假定交易不具有商业实质，其他情况一样，要求做出甲、乙公司的账务处理。

对于双方而言，补价比例均低于 25%，应按非货币性资产交换核算。

甲公司换入设备的入账价值＝500 000＋(1 500 000－450 000)－300 000＋70 000＝1 320 000（元）

乙公司换入 A 产品的入账价值＝(2 600 000－800 000＋300 000)×[500 000÷(500 000＋1 050 000)] ＋50 000＝727 400（元）

乙公司换入无形资产的入账价值＝(2 600 000－800 000＋300 000)×[1 050 000÷(500 000＋1 050 000)] ＋20 000＝1 442 600（元）

甲公司的有关会计分录：

借：固定资产　　1 320 000
　　应交税费——应交增值税（进项税额）　　357 000
　　累计摊销　　450 000
　　银行存款　　9 000
　贷：库存商品　　500 000
　　应交税费——应交增值税（销项税额）　　136 000
　　无形资产　　1 500 000

借：营业外支出　　80 000
　贷：应交税费——应交营业税　　80 000

乙公司的有关会计分录：

借：固定资产清理　　1 800 000
　　累计折旧　　800 000
　贷：固定资产　　2 600 000

借：原材料　　727 400
　　应交税费——应交增值税（进项税额）　　13 6000
　　无形资产　　1 442 600
　贷：固定资产清理　　1 800 000
　　应交税费——应交增值税（销项税额）　　357 000
　　银行存款　　149 000

【课堂测试 11-3】

1. 甲企业以其持有的一项长期股权投资换取乙企业的一项无形资产，该项交易中不涉及补价。假定该项交易具有商业实质。甲企业该项长期股权投资的账面价值为 120 万元，公允价值为 150 万元。乙企业该项无形资产的账面价值为 100 万元，公允价值为 150 万元，甲企业在此项交易中发生了 10 万元税费。甲企业换入的该项无形资产入账价值为（　　）万元。

A．150　　　　B．160

C．120　　　　D．130

2．甲企业用一辆汽车换入两种材料 A 和 B，汽车账面价值为 150 000 元，公允价值为 160 000 元，材料 A 的公允价值为 40 000 元，材料 B 的公允价值为 70 000 元，增值税税率为 17%，计税价格等于公允价值，甲企业收到补价 31 300 元。则原材料的入账价值总额为（　　）。

A．91 300　　　　B．110 000

C．128 700　　　　D．131 300

3．某企业 2006 年 10 月 10 日将一批库存商品换入一台设备，并收到对方支付的补价 15 万元。该批库存商品的账面价值为 120 万元，公允价值为 150 万元，计税价格为 140 万元，适用的增值税税率为 17%；换入设备的原账面价值为 160 万元，公允价值为 135 万元。该企业因该项非货币性资产交换影响损益的金额为（　　）。

A．140　　　　B．150

C．120　　　　D．30

4．甲公司以一项专利权换入乙公司的一台设备，假设不具有商业实质。换出专利权的摊余价值为 105 万元，已提减值准备为 5 万元，公允价值为 100 万元，换入设备的公允价值为 90 万元，甲公司收到补价 10 万元。换出无形资产应交的营业税为 5 万元。则甲公司换入设备的入账价值为（　　）万元。

A．100　　　　B．90

C．110　　　　D．95

本章小结

非货币性资产交换是交易双方主要以存货、固定资产、无形资产和长期股权投资等非货币性资产进行的交换。非货币性资产交换中一般不涉及货币性资产，或只涉及少量的货币性资产即补价。通常情况下，补价占整个资产交换金额的比例低于 25%，该交换视为非货币性资产交换；比例高于 25%（含 25%）的，则视为货币性资产交换。非货币性资产交换可能涉及单项资产交换也可能涉及多项资产交换，无论采用何种形式，在确定换入资产成本的计量基础和交换所产生损益的确认原则时，还需要判断该项交换是否具有商业实质，以及换入资产或换出资产的公允价值能否可靠地计量。

在以公允价值计量的情况下，不论是否涉及补价，只要换出资产的公允价值与其账面价值不相同，就一定会涉及损益的确认，因为非货币性资产交换损益通常是换出资产公允价值与换出资产账面价值的差额，通过非货币性资产交换予以实现。非货币性资产交换涉及相关税费的，如换出存货视同销售计算的增值税销项税额，换入资产作为存货、固定资产应当确认的增值税进项税额，以及换出固定资产、无形资产视同转让应缴纳的增值税、营业税等，按照相关税收规定计算确定。非货币性资产交换不具有商业实质，或者虽然具有商业实质但换入资产和换出资产的公允价值均不能可靠计量的，应当以换出资产的账面价值和应支付的相关税费作为换入资产的成本，无论是否支付补价，均不确认损益。

【篇后案例】

以公允价值计量的非货币性资产交换涉及损益对现金流的影响

甲公司自有的房产与乙公司生产经营过程中使用的固定资产设备进行交换，假设双方交易具有商业实质，且不涉及补价和税费问题。甲公司房产原值800万元，计提折旧200万元，交易日公允价值为650万元。乙公司固定资产750万元，折旧50万元，交易日公允价值650万元。

经分析，甲公司换入资产的入账价值为650万元，交易损益为50万元；乙公司换入资产的入账价值为650万元，交易损益为50万元。

双方交易后，从资产结构上说，生产用的设备会随着时间推移和社会科技进步而加速折旧，而房产相对供小于求，具有升值空间，即未来的变现的金额、变现能力和变现风险都优于原本拥有的固定资产，所以该交易提高了乙公司的资产质量。

甲公司通过交换，换入资产高于自身原始资产账面价值 50 万元，即甲公司资产增加 50 万元，同时确认收益。无论是按照权责发生制还是收付实现制，该交易的收益与资产确认在交易日就完成，既没有导致企业现金流出，也没有增加应收账款等变现存在风险的资产，体现了交易的稳健性。

而乙公司根据实际情况，确认营业外支出 50 万元。假设，乙公司由于这50万元的损失无法支付跟丙公司签订的购货协议，形成50万元负债。表面上看，交易过程中乙公司有亏损；实际上，乙公司的房产本身形成作为以公允价值计量的资产，期末需要计提减值准备，账面价值与公允价值的 50 万元差额本身就会计入公允价值损益调整，形成负债后，显然会减少企业应缴纳的税费。费用的减少等于企业利润的变相增加。

总之，甲公司收益增加，对外财务信息质量好显而易见。我国目前的企业税收水平较高，对于乙公司，提高了企业资产结构质量，只要为负债支付的利息小于免除的相关税费，那么，这次交易对双方都是有利的。所以非货币性资产交换对于提升企业财务信息的稳健程序具有不可小觑的作用。

核心概念

货币性资产（monetary assets）

非货币性资产（non-monetary assets）

商业实质（commercial essence）

账面价值（book value）

补价（boot/premium）

思考题

1．简述货币性资产与非货币性资产有何区别？资产负债表中，哪些项目属于货币性资产？哪些属于非货币性资产？

2．以公允价值计量的非货币性资产交换同时应满足哪两个条件？

3．非货币性资产交换过程中换入资产入账价值如何确定？

4．如何确定不涉及补价换出资产的损益？

5．如何确定涉及补价换出资产的损益？

6．涉及多项资产的非货币性资产交换、交易双方如何确认各项换入资产的入账价值？

练习题

（一）单项选择题

1．企业对具有商业实质且换入资产或换出资产的公允价值能够可靠计量的非货币性资产交换，在换出库存商品且其公允价值不含增值税的情况下，下列会计处理中，正确的是（ ）。

A．按库存商品的公允价值确认营业收入

B．按库存商品的公允价值确认主营业务收入

C．按库存商品公允价值高于账面价值的差额确认营业外收入

D．按库存商品公允价值低于账面价值的差额确认资产减值损失

2．以下交易具有商业实质的是（　）。

A．以一批存货换入一项设备

B．以一项固定资产换入另一项相似的固定资产

C．以一项长期股权投资换入一项长期股权投资

D．以一批商品换入另一批相似的商品

3．甲公司以一项专利权换入乙公司一条生产线，同时向乙公司收取货币资金 10 万元。在交换日，甲公司专利权的账面价值为 80 万元，公允价值为 100 万元；乙公司生产线的账面价值为 60 万元，公允价值 90 万元。假定不考虑相关税费，双方交易具有商业实质，且换入换出资产的公允价值是可靠的。甲公司换入生产线的入账价值为（　）万元。

A．50　　B．70　　C．80　　D．90

4．下列资产中，不属于货币性资产的是（　）。

A．银行存款　　B．应收票据

C．准备持有至到期的债券投资　　D．交易性金融资产

5．甲公司将两辆大型运输车辆与 A 公司的一台生产设备相交换，另支付补价 10 万元。在交换日，甲公司用于交换的两辆运输车辆账面原价为 140 万元，累计折旧为 25 万元，公允价值为 130 万元；A 公司用于交换的生产设备账面原价为 300 万元，累计折旧为 175 万元，公允价值为 140 万元。该非货币性资产交换具有商业实质。假定不考虑相关税费，甲公司对该非货币性资产交换应确认的收益为（　）万元。

A．0　　B．5　　C．10　　D．15

6．A 公司以一台设备换入 B 公司的一项专利权。设备的账面原值为 10 万元，折旧为 2 万元，已提减值准备 3 万元，公允价值 5 万元。A 公司另向 B 公司支付补价 3 万元。假设该交换具有商业实质，A 公司应确认的资产转让损失为（　）万元。

A．2　　B．12　　C．8　　D．1

7．甲公司将其持有的一项固定资产换入乙公司一项专利技术，该项交易不涉及补价。假设其具有商业实质。甲公司该项固定资产的账面价值为 150 万元，公允价值为 200 万元。乙公司该项专利技术的账面价值为 160 万元，公允价值为 200 万元。甲公司在此交易中为换入资产发生了 20 万元的税费。甲公司换入该项资产的入账价值为（　）万元。

A．150　　B．220　　C．160　　D．170

8．下列说法中，不正确的是（　）。

A. 非货币性资产交换可以涉及少量补价，通常以补价占整个资产交换金额的比例低于25%作为参考

B. 当交换具有商业实质并且公允价值能够可靠计量时，应当以公允价值和应支付的相关税费作为换入资产的成本

C. 不具有商业实质的交换，应当以换出资产的账面价值和应支付的相关税费作为换入资产的成本

D. 非货币性资产交换收到补价时应确认收益，支付补价时不能确认收益

9. 甲公司以一栋厂房和一项土地使用权换入乙公司持有的对丙公司的长期股权投资。换出厂房的账面原价为1 000万元，已计提折旧300万元，已计提减值准备100万元，公允价值为700万元；土地使用权的账面余额为900万元，未计提减值准备，公允价值为700万元。该交换具有商业实质，且假定不考虑相关税费，甲公司换入的对丙公司的长期股权投资的入账价值为（　）万元。

A. 1 400　　B. 1 500　　C. 2 000　　D. 2 100

10. 在确定涉及补价的交易是否为非货币性资产交换时，支付补价的企业，应当按照支付的补价占（　）的比例低于25%确定。

A. 换出资产公允价值

B. 换出资产公允价值加上支付的补价

C. 换入资产公允价值加补价

D. 换出资产公允价值减补价

11. 甲股份有限公司发生的下列非关联交易中，属于非货币性资产交换的是（　）。

A. 用旧沙发换入公允价值3 000元的新沙发，另外支付现金2 700元

B. 用公允价值为 30 万元的原材料换入设备一台，设备公允价值为38万元，另外支付现金8万元

C. 用公允价值为100万元的准备持有至到期的债券投资换入公允价值为90万元的长期股权投资，另收到补价10万元

D. 用账面价值为60万元的专利权换取公允价值为100万元机器设备，另支付现金40万元

12. 在交换具有商业实质且公允价值能够可靠计量时，下列说法不正确的是（　）。

A. 非货币性资产交换不能确认损益

B．换出资产为固定资产、无形资产的，换出资产公允价值与其账面价值的差额，计入营业外收入或营业外支出

C．换出资产为长期股权投资的，换出资产公允价值与其账面价值的差额，计入投资损益

D．收到补价的一方，应当以换出资产的公允价值减去收到的补价，然后加上应支付的相关税费，作为换入资产的成本

13．A 公司以一台甲设备换入 D 公司的一台乙设备。甲设备的账面原价为 80 万元，已提折旧 30 万元，已提减值准备 6 万元，甲设备的公允价值无法合理确定，换入的乙设备的公允价值为 60 万元。D 公司另向 A 公司收取补价 4 万元。两家公司资产交换具有商业实质，A 公司换入乙设备应计入当期收益的金额为（　）万元。

A．8　　B．0　　C．4　　D．12

14．下列有关非货币性资产交换的核算中，核算正确的是（　）。

A．非货币性资产交换的核算中，无论是支付补价的一方还是收到补价的一方，都要解决换入资产的入账价值和确认换出资产的非货币性资产交换利得或损失的问题

B．多项资产交换与单项资产交换的主要区别在于，需要对换入各项资产的价值进行分配，其分配方法按各项换入资产的公允价值占换入资产公允价值总额的比例进行分配，以确定各项换入资产的入账价值

C．非货币性资产交换具有商业实质且公允价值能够可靠计量的，在发生补价的情况下，支付补价方，应当以换入资产的公允价值和应支付的相关税费，作为换入资产的成本

D．不具有商业实质的非货币性资产交换中，一般纳税入的增值税对换入或换出资产的入账价值一定无影响

（二）多项选择题

1．下列项目中，属于非货币性资产交换的有（　）。

A．以公允价值 100 万元的原材料换取一项设备

B．以公允价值 500 万元的长期股权投资换取专利权

C．以公允价值 100 万元的 A 车床换取 B 车床，同时收到 20 万元的补价

D．以公允价值 70 万元的电子设备换取一辆小汽车，同时支付 30 万元的补价

2. 下列各项中，能够据以判断非货币资产交换具有商业实质的有（ ）。

A. 换入资产与换出资产未来现金流量的风险、金额相同，时间不同

B. 换入资产与换出资产未来现金流量的时间、金额相同，风险不同

C. 换入资产与换出资产未来现金流量的风险、时间相同，金额不同

D. 换入资产与换出资产预计未来现金流量现值不同，且其差额与换入资产和换出资产公允价值相比具有重要性

3. 下列交易中，属于非货币性资产交换的有（ ）。

A. 以 100 万元应收债权换取生产用设备

B. 以持有的一项土地使用权换取一栋生产用厂房

C. 以持有至到期的公司债券换取一项长期股权投资

D. 以公允价值为 200 万元的房产换取一台运输设备并收取 24 万元补价

4. 下列交易中，属于非货币性交易的有（ ）。

A. 以市价 400 万元的股票和票面金额 200 万元的应收票据换取公允价值为 750 万元的机床

B. 以账面价值为 560 万元、公允价值为 600 万元的厂房换取一套电子设备，另收取补价 140 万元

C. 以账面价值为 560 万元、公允价值为 600 万元的专利技术换取一套电子设备，另支付补价 160 万元

D. 以账面价值为 560 万元、公允价值为 600 万元的厂房换取一套电子设备，另收取补价 200 万元

E. 以账面价值为 560 万元、公允价值为 600 万元的厂房换取一套电子设备，另交付市价为 120 万元的债券

5. 非货币性资产交换具有商业实质、换入资产或换出资产的公允价值能够可靠地计量情况下，在不涉及补价的非货币性资产交换中，确定换入资产入账价值应考虑的因素有（ ）。

A. 换出资产的账面价值　　B. 换出资产的公允价值

C. 换入资产的公允价值　　D. 换出资产应支付的相关税费

6. 以下资产符合货币性资产条件的是（ ）。

A. 可以给企业带来经济利益

B. 具有流动性

C. 为出售而持有

D. 将为企业带来的经济利益是固定的

E．将为企业带来的经济利益是可确定的

7．企业进行具有商业实质且公允价值能够可靠计量的非货币性资产交换，同一事项同时影响双方换入资产入账价值的因素有（　）。

A．企业支付的补价或收到的补价

B．企业为换出存货而缴纳的增值税

C．企业换出资产的账面价值

D．企业换出资产计提的资产减值准备

8．下列关于非货币性资产交换的表述中，正确的有（　）。

A．非货币性交换可以涉及少量的货币性资产，即货币性资产占整个资产交换金额的比例低于25%

B．在交易不具有商业实质的情况下，支付补价的企业，应按换出资产账面价值加上支付的补价和应支付的相关税费，作为换入资产的成本

C．在交易具有商业实质的情况下，收到补价的企业，按换出资产账面价值减去补价，加上应支付的相关税费，作为换入资产的入账价值

D．在交易具有商业实质的情况下，收到补价的企业，按换出资产公允价值减去补价，加上应支付的相关税费，作为换入资产的入账价值

9．对于涉及多项资产收到补价的非货币性资产交换（具有商业实质），在确定换入资产的入账价值时需要考虑的因素有（　）。

A．换入资产的进项税额　　B．换出资产的销项税额

C．收到对方支付的补价　　D．换入资产的公允价值

10．非货币性资产交换具有商业实质且公允价值能够可靠计量的，在发生补价的情况下，换出资产公允价值与其账面价值的差额，正确的会计处理方法是（　）。

A．换出资产为存货的，应当视同销售处理，根据《企业会计准则第14号——收入》按其公允价值确认商品销售收入，同时结转商品销售成本

B．换出资产为固定资产的，换出资产公允价值和换出资产账面价值的差额，计入营业外收入或营业外支出

C．换出资产为长期股权投资的，换出资产公允价值和换出资产账面价值的差额，计入投资收益

D．换出资产为交易性金融资产的，换出资产公允价值和换出资产账面价值的差额，计入营业外支出

11. 下列说法可以表明换入资产或换出资产的公允价值能够可靠计量的有（ ）。

A. 换入资产或换出资产存在活跃市场

B. 换入资产或换出资产不存在活跃市场，但同类或类似资产存在活跃市场

C. 换入资产或换出资产不存在同类或类似资产的可比市场交易，应当采用估值技术确定的资产公允价值，采用估值技术确定的公允价值估计数的变动区间很小，视为公允价值能够可靠计量

D. 不存在同类或类似资产的可比市场交易，在公允价值估计数变动区间内，各种用于确定公允价值估计数的概率能够合理确定，视为公允价值能够可靠计量

12. 关于不具有商业实质的非货币性资产交换，下列项目会影响支付补价企业计算换入资产入账价值的有（ ）。

A. 支付的补价

B. 可以抵扣的进项税额

C. 换出资产已计提的减值准备

D. 换入资产的账面价值

E. 换出资产的增值税销项税额

13. 在不具有商业实质、涉及补价的非货币性资产交换中，影响换入资产的入账价值的因素有（ ）。

A. 换出资产的账面价值　　B. 换出资产的计提的减值损失

C. 换出资产支付的相关税费　　D. 换出资产收到的补价

14. 下列各项非货币性资产交换中，其会计处理有可能影响企业损益的项目有（ ）。

A. 该交换具有商业实质，换出资产公允价值大于账面价值且支付补价

B. 该交换具有商业实质，换出资产公允价值小于账面价值且支付补价

C. 该交换不具有商业实质，换出资产公允价值大于账面价值且收到补价

D. 该交换不具有商业实质，换出资产公允价值小于账面价值且收到补价

15. 在具有商业实质，且换入或换出资产的公允价值能够可靠计量的情况

下，以下关于非货币性资产交换会计处理的说法中，不正确的有（　）。

A．收到补价的企业，以换入资产的公允价值，减去收到补价，加上应支付的相关税费，作为换入资产的入账价值

B．支付补价的企业，以换出资产的公允价值，加上支付补价和应支付的相关税费，作为换入资产的入账价值

C．不涉及补价的企业，以换出资产的公允价值，加上应支付的相关税费，作为换入资产的入账价值

D．换出资产公允价值与其账面价值的差额计入当期损益

E．交换中不涉及补价的企业不确认非货币性资产交换利得或损失

（三）判断题

1．无论是为换出资产而发生的相关税费，还是为换入资产而发生的相关税费，均计入换入资产的成本。（　）

2．在非货币性资产交换中，如果换出资产的公允价值小于其账面价值，按照谨慎性要求采用公允价值作为换入资产入账价值的基础。（　）

3．在非货币性资产交换中，只要该项交换具有商业实质，就可以按照公允价值计量换入资产的成本。（　）

4．在不具有商业实质的情况下，涉及补价的多项资产交换与单项资产交换的主要区别在于单项资产交换按照公允价值确定入账价值，多项资产交换按照账面价值确定入账价值。（　）

5．在非货币性资产交换中，按换出资产账面价值计量换入资产成本的，无论是否收付补价，均不确认损益。（　）

6．关联方关系的存在可能导致发生的非货币性资产交换不具有商业实质。（　）

7．非货币性资产交换具有商业实质且公允价值能够可靠计量的，应按公允价值计量换入资产成本，换出资产公允价值大于其账面价值的差额，应计入营业外收入。（　）

8．非货币性资产交换不具有商业实质，或虽具有商业实质但所涉及资产的公允价值不能可靠计量的，无论是否支付补价，均不确认损益。（　）

9．通过非货币性资产交换换入的多项非货币性资产，在非货币性资产交换具有商业实质，且换入资产的公允价值能够可靠计量的情况下，应先确定换入资产入账价值总额，然后按各项换入资产公允价值占换入资产公允价值总额的比例对该入账价值总额进行分配，以确定各项换入资产的入账价值。（　）

10．在非货币性资产交换中，企业可以自行确定是采用换出资产的公允价

值还是换出资产的账面价值对换入资产的成本进行计量。（ ）

11．非货币性资产交换是指交易双方均以非货币性资产进行的交易行为，交易中不涉及货币性资产。（ ）

12．用存货换入其他非货币性资产，会计上不作为存货销售处理，因而不确认收入。（ ）

13．只要非货币性资产交换导致未来现金流量的风险、时间和金额发生变动，就可认为该交易具有商业实质。（ ）

14．采用公允价值计量非货币性资产交换，除了需具有商业实质外，还需换入或换出资产的公允价值能够可靠地计量。（ ）

15．关联方之间发生的非货币性资产交换，应按账面价值计量。（ ）

（四）核算题

1. 甲公司和乙公司均为增值税一般纳税企业，其适用的增值税税率为17%。甲公司2005年8月用自产的库存商品交换乙公司生产的商品。甲公司库存商品成本为10万元，公允价值和计税价格均为20万元；乙公司库存商品成本为12万元，公允价值和计税价格均为20万元；甲公司将换入乙公司的商品作为固定资产进行管理和核算（进项税不能抵押），乙公司将换入甲公司的商品作为原材料核算。假设甲公司和乙公司换出资产均未计提减值准备，并假设在交换过程中除增值税以外未发生其他相关税费。假设该交易符合公允价值计量的条件。

要求：编制甲、乙公司的会计分录。

2. A公司2005年8月用一设备交换B公司专利权，A公司设备原价400万元，已提折旧150万元，公允价值240万元；B公司专利权的账面余额360万元，累计摊销60万元，公允价值210万元，B公司另支付给A公司30万元现款。A公司将换入的专利权作为无形资产核算，B公司将换入的设备作为固定资产核算。假设A公司和B公司换出资产均未计提减值准备，并假设在交换过程中未发生相关税费。假设该交易符合公允价值计量的条件。

要求：编制A、B公司的会计分录（计量单位为万元）。

3．甲公司以其一项无形资产与乙公司作为固定资产的货运汽车交换。资料如下：

（1）甲公司换出的无形资产原价为150万元，已提累计摊销为50万元，公允价值为160万元。

（2）乙公司换出的固定资产（货运汽车）原价为200万元，已提折旧为60万元，公允价值为150万元。乙公司向甲公司支付补价10万元。

假设甲公司换入的货运汽车作为固定资产管理。

要求：

（1）假设该项交易具有商业实质，分别做出甲、乙公司的账务处理（计量单位为万元）。

（2）假设该项交易不具有商业实质，分别做出甲、乙公司的账务处理（计量单位为万元）。

4．甲公司为增值税一般纳税人，经协商用一批液晶电视交换乙公司的一项长期股权投资。该批库存商品的账面余额为 2 000 万元，计提存货跌价准备 150 万元，公允价值和计税价格均为 1 800 万元；长期股权投资的账面余额为 2 000 万元，计提减值准备 50 万元，公允价值为 2 000 万元，增值税税率为 17%。乙公司收到甲公司支付补价 200 万元。

假定不考虑其他税费，该项交易具有商业实质。

要求：分别计算甲、乙公司换入资产的入账价值并进行账务处理（计量单位为万元）。

5．甲公司以其离主要生产基地较远的仓库与离甲公司主要生产基地较近的乙公司的办公楼交换。甲公司换出仓库的账面原价为 380 万元，已提折旧为 50 万元；乙公司换出办公楼的账面原价为 450 万元，已计提折旧为 80 万元。甲公司另支付现金 10 万元给乙公司。假定甲公司换入的办公楼作为办公用房，其换入和换出资产的公允价值不能可靠地计量，甲公司未对换出固定资产计提减值准备，甲公司换出资产缴纳相关税费为 5 万元。

要求：编制甲、乙公司的会计分录。

6．甲公司和乙公司均为增值税一般纳税企业，其适用的增值税税率均为 17%。甲公司为适应经营业务发展的需要，经与乙公司协商，将甲公司原生产用的厂房、机器以及库存商品，与乙公司的办公楼、小轿车、大客车交换（均作为固定资产核算）。甲公司换出厂房的账面原价为 150 万元，已提折旧为 30 万元，公允价值为 100 万元；换出机器的账面原价为 120 万元，已提折旧为 60 万元，公允价值为 80 万元；换出原材料的账面价值为 300 万元，公允价值和计税价格均为 350 万元。乙公司换出办公楼的账面原价为 150 万元，已提折旧为 50 万元，公允价值为 150 万元；换出小轿车的账面原价为 200 万元，已提折旧为 90 万元，公允价值为 100 万元；大客车的账面原价为 300 万元，已提折旧为 80 万元，公允价值为 240 万元，另支付补价 40 万元。假定甲公司和乙公司换出资产均未计提减值准备，且在交换过程中除增值税外未发生其他相关税费。甲公司换入的乙公司的办公楼、小轿车、大轿车均作为固定资产核算。乙公司换入的甲公司的厂房、机器、库存商品（设备）作为固定资产核算，且换入的甲公司商品增值税能够抵扣。

要求：编制甲、乙公司的会计分录。

第十二章　或有事项

【学习目标】通过本章学习，了解或有事项的概念、特征；或有资产、或有负债的概念；理解或有事项的确认和计量以及或有负债的计量；掌握对未决诉讼或未决仲裁、债务担保、产品质量保证、亏损合同、重组义务等预计负债的会计核算；理解或有事项的列报和披露。

【开篇案例】

2012 年 8 月 13 日，甲公司因合同违约而被乙公司起诉。2012 年 12 月 31 日，甲公司尚未接到人民法院的判决。在咨询了公司的法律顾问后，甲公司认为，胜诉的可能性为 40%，败诉的可能性为 60%；如果败诉，需要向乙公司赔偿 1 000 000 元。在这种情况下，甲公司该不该确认这项负债？如果确认，应该确认多少？乙公司该不该确认这项收入？如果确认，应该确认多少？两个公司的账务处理分别怎么做？

第一节　或有事项概述

企业在经营过程中往往会遇到一些不确定的事项，如诉讼、担保、债务担保、产品质量保证、重组等，而这些事项的发生可能对企业的财务状况和经营成果产生较大影响，最终结果由某些未来事项的发生或不发生决定。会计上将这种不确定事项称为或有事项。

一、或有事项的概念和特征

（一）或有事项的概念

或有事项是指过去的交易或者事项形成的，其结果须有某些未来事项的发生或不发生才能决定的不确定事项。常见的或有事项包括：未决诉讼、未决仲裁、债务担保、产品质量保证（含产品安全保证）、亏损合同、重组义务、承诺、环境污染整治等。

（二）或有事项的特征

或有事项具有以下三个特征：

1．或有事项是由过去的交易或者事项形成的

或有事项作为一种不确定事项，是由企业过去的交易或者事项形成的。由过去的交易或者事项形成，是指或有事项的现存状况是过去交易或者事项引起的客观存在。

例如，未决诉讼是企业因过去的经济行为导致起诉其他单位或被其他单位起诉，这是一种现存的状况，而不是未来将要发生的事项。产品质量保证是企业对已售出商品或已提供劳务的质量提供的担保，不是为尚未售出商品或尚未提供劳务的质量提供的担保。未来可能发生的自然灾害、交通事故、经营亏损等事项不属于或有事项。

2．或有事项的结果具有不确定性

或有事项的结果具有不确定性，包含两方面的含义：一是或有事项的结果是否发生具有不确定性。比如，债务的担保方在债务到期时是否承担和履行连带责任，需要根据被担保方能否按时还款决定，其结果在担保协议达成时具有不确定性。二是或有事项的结果预计将会发生，但发生的具体时间或金额具有不确定性。比如，企业为其销售的商品提供售后维修、保修服务，该项支出发生的时间、金额是难以确定的。

3．或有事项的结果须由未来事项决定

由未来事项决定，是指或有事项的结果只能由未来不确定事项的发生或不发生才能决定。或有事项的结果，由未来事项发生或不发生予以确定。或有事项发生时，将会对企业产生有利还是不利影响，或虽已知是有利影响或不利影响，但影响有多大，在或有事项发生时是难以确定的，只能由未来不确定事项的发生或不发生才能证实。

或有事项与不确定性联系在一起，但会计处理过程中存在的不确定性的事项并不都是或有事项，企业应当按照或有事项的定义和特征进行判断。估计事项是指企业对其结果不确定的交易或事项以最近可利用的信息为基础所做出的判断，所以估计事项不是或有事项。比如，对固定资产提取的折旧虽然也涉及对固定资产净残值和使用寿命的估计，带有一定的不确定性，但固定资产的原值是确定的，折旧是已经发生的损耗，其价值最终会转移到成本或费用中也是确定的，因此折旧不是或有事项。

二、或有负债

或有负债是指过去的交易或事项形成的潜在义务，其存在须通过未来不确定事项的发生或不发生予以证实；或过去的交易或事项形成的现时义务，履行该义务不是很可能导致经济利益流出企业或该义务的金额不能可靠计量。

（一）潜在义务

潜在义务是指结果取决于不确定未来事项的可能义务。潜在义务能否转变为现时义务，由某些未来不确定事项的发生或不发生决定。

（二）现时义务

现时义务是指企业在现行条件下已承担的义务，该现时义务的履行不是很可能导致经济利益流出企业，或者该现时义务的金额不能可靠地计量。其中，“不是很可能导致经济利益流出企业”是指该现时义务导致经济利益流出企业的可能性不超过 50%（含 50%）；“金额不能可靠地计量”是指该现时义务导致经济利益流出企业的“金额”难以合理预计，现时义务履行的结果具有较大的不确定性。

或有负债无论是潜在义务还是现实义务，均不符合负债的确认条件，因而不能在报表中予以确认，但应在财务报表附注中披露。

三、或有资产

或有资产是指过去的交易或者事项形成的潜在资产，其存在须通过未来不确定事项的发生或不发生予以证实。或有资产是一种潜在资产，只有通过某些未来不确定事项的发生或不发生才能确定其是否形成企业真正的资产。

或有资产也不符合资产确认条件，因而也不能在报表中确认。

【课堂测试 12-1】

1．下列各种说法，正确的是（　）。

A．或有资产不符合资产确认条件

B．或有负债符合负债确认条件

C．或有资产应在会计报表附注中披露

D．只要是或有负债，就必须在附注中披露

【篇中案例】

某股份有限公司 2008 年 12 月 31 日在编制年度会计报表时，有如下业务：（1）该公司在一个 3 000 万元的诉讼案件中追加为第二被告，法院已受理，但该案件在年末尚未审理，该公司的法律顾问认为，该诉讼案件与本公司无关，而且该案件被法院受理本身就没有法律依据，即使法院最后判决，本公司也不会牵涉到该案件中。

（2）该公司为其子公司（SD公司）的一笔长期借款500万元担保，但SD公司已于11月30日宣告破产，但有一批商品存放于该公司用于反担保，该批商品的成本价为600万元。

（3）该公司2008年的所得税费用300万元，应交所得税为260万元。

该公司的会计将上诉三项业务均作为或有负债进行了处理，你认为他的处理是否正确？

第二节 或有事项的确认和计量

一、或有事项的确认

或有事项的确认是指与或有事项相关业务的确认。与或有事项有关的义务应当在同时符合以下三个条件时，确认为预计负债进行确认和计量：

1. 该义务是企业承担的现时义务

该义务是企业承担的现时义务，是指与或有事项相关的义务是在企业当前条件下已承担的义务，企业没有其他选择，除了履行该现时义务。

2. 履行该义务很可能导致经济利益流出企业

履行该义务很可能导致经济利益流出企业是指履行与或有事项相关的现时义务时，导致经济利益流出企业的可能性超过50%，但尚未达到基本确定的程度。企业通常判断利益流出的可能性如下表：

表12-1 各种结果的可能性及其对应的概率区间

结果的可能性	对应的概率区间
基本确定	大于95%但小于100%
很可能	大于50%但小于或等于95%
可能	大于5%但小于或等于50%
极小可能	大于0但小于或等于5%

企业因或有事项承担了现时义务，并不表明该现时义务很可能导致经济利

益流出企业。例如，2013 年 6 月 1 日，甲企业与乙企业签订协议，承诺为乙企业的 5 年期银行借款提供全额担保。对于甲企业而言，由于担保事项而承担了一项现时义务，但这项义务的履行是否很可能导致经济利益流出企业，主要取决于乙企业的经营情况和财务状况等因素加以确定。假定 2013 年年末，乙企业的财务状况恶化，且没有迹象表明可能发生好转。这种情况发生，表明乙企业很可能违约，从而甲企业履行承担的现时义务将很可能导致经济利益流出企业。

3. 该义务的金额能够可靠地计量

该义务的金额能够可靠地计量是指与或有事项相关的现时义务的金额能够合理地估计。由于或有事项具有不确定性，因此或有事项产生的现时义务的金额也具有不确定性，需要估计。如果对或有事项确认一项预计负债，相关现时义务的金额应当能够可靠估计。例如，B 企业涉及一起诉讼案，估计以往的审判结果判断，企业很可能败诉，相关的赔偿金额也可以估算出一个区间。这时就可以认为该公司因未决诉讼承担的现时义务的金额能够可靠地估计，对未决诉讼确认一项负债。但是如果没有以往的审判结果作为比照，而相关的法律条文又没有明确解释，那么即使该企业预计可能败诉，在判决以前也很可能无法合理估计其需承担的现时义务的金额，对此，B 企业不应确认为预计负债。

二、预计负债的计量

预计负债应当按照履行相关现时义务所需支出的最佳估计数进行初始计量，并考虑预期可获得的补偿。

最佳估计数的确定应当分两种情况处理：

（一）所需支出存在一个连续范围

所需支出存在一个连续范围，且该范围内各种结果发生的可能性相同，则最佳估计数应当按照该范围内的中间值，即上下限金额的平均数确定。例如，2012 年 8 月 13 日，甲企业因违反合同而涉及一桩诉讼案。甲企业预计，最终的法律判决很可能对企业不利。2012 年 12 月 31 日，甲企业尚未接到法院的判决通知，因而诉讼须承担的赔偿金额也无法准确地确定。但据专业估计，可能在 300 000 元至 500 000 元之间。所以，甲企业应在 2012 年 12 月 31 日的资产负债表中确认一项金额为 400 000 元（(300 000＋500 000)÷2＝400 000）的负债。

（二）所需支出不存在一个连续范围，或者虽然存在一个连续范围，但该范围内各种结果发生的可能性不相同。在这种情况下，最佳估计数按照如下方法确定：

（1）如果或有事项涉及单个项目，最佳估计数按照最可能发生金额确定。

涉及单个项目指或有事项涉及的项目只有一个，如一项未决诉讼、一项未决仲裁或一项债务担保等。例如，乙企业涉及一起诉讼案，根据以往经验以及企业所聘律师的意见判断，胜诉的可能性30%，败诉的可能性70%，如果败诉，可能赔偿2 000 000元，这时该企业应确认的负债金额按照最佳估计数为最可能发生金额2 000 000元。

（2）或有事项涉及多个项目的，按照各种可能结果及相关概率计算确定。涉及多个项目指或有事项涉及的项目不止一个，如产品质量保证。在产品质量保证中，提出产品保修要求的可能有许多客户，相应地，企业对这些客户有保修义务。例如，甲企业2012年销售产品10 000件，销售额为600 000元。产品质量保证书中表明：产品售出后1年内，如果发生质量问题，企业负责免费维修。根据以往经验，本年度已售出的产品中，有80%的产品不会发生质量问题；有15%的产品将发生较小的质量问题，产生的修理费为销售额的1%；还有5%的产品将发生较大的质量问题，产生的修理费为销售额的2%。所以，2012年年末该公司应确认的负债金额（最佳估计数）为600 000×1%×15%＋600 000×2%×5%＝1 500元。

（三）确定最佳估计数需要考虑的其他因素

（1）风险和不确定性

风险是对交易或事项结果的变化可能性的一种描述。风险的变动可能增加负债计量的金额。企业在不确定的情况下进行判断需要谨慎，使得收入或资产不会高估，费用或负债不会被低估。

企业应当充分考虑与或有事项有关的风险和不确定性，既不能忽略风险和不确定性对或有事项计量的影响，也要避免反复对风险和不确定性进行调整，从而在低估和高估预计负债金额之间寻找平衡点。

（2）货币时间价值

预计负债的金额通常应当等于未来应支付的金额。但是由于货币时间价值的影响，资产负债表日后不久发生的现金流出要比一段时间之后发生的同样金额的现金流出负有更大的义务。所以，如果预计负债的确认时点距离实际清偿有较长的时间跨度，货币时间价值影响重大的，在确定预计负债金额时，应考虑用现在距离，也就是通过对相关未来现金流出进行折现后确认最佳估计数。

（3）未来事项

企业在确定预计负债金额时，应当考虑可能影响履行现时义务所需金额的相关未来事项。也就是说，如果有足够的客观证据表明相关未来事项将发生，则应当在预计负债计量中予以考虑相关未来事项的影响，但不应考虑预期处置相关资产形成的利得。例如，甲企业是一家核电企业，预计在生产结束时处理核废料的费用将因未来技术的变化而显著降低，因此，该企业确认的预计负债金额应当反映有关专家对技术发展以及处理费用减少作出的合理预测。而且，这种预计需要取得确凿的证据予以支持。

（4）资产负债表日对预计负债账面价值的复核

企业应当在资产负债表日对预计负债的账面价值进行复核。有确凿证据表明账面价值不能真实反映当前最佳估计数，应当按照当前最佳估计数对该账面价值进行调整。

企业对已经确认的预计负债在实际支出发生时，应当仅限于最初确定该预计负债的支出。只有与预计负债相关的支出才能冲减预计负债，否则将会混淆不同预计负债确认事项的影响。

【课堂测试 12-2】

1.《企业会计准则——或有事项》准则中的“基本确定”这一结果的可能性对应的概率为（ ）。

A．大于 95%但小于 100%　　B．大于 50%但小于或等于 95%

C．大于 5%但小于或等于 50%　　D．大于 0 但小于或等于 5%

2．2008 年 12 月 10 日，甲公司因合同违约而涉及一桩诉讼案。根据企业的法律顾问判断，最终的判决很可能对甲公司不利。2008 年 12 月 31 日，甲公司尚未接到法院的判决，因诉讼须承担的赔偿金额也无法准确确定。不过据专业人士估计，赔偿金额可能在 90 万元至 100 万元之间的某一金额（不含甲公司将承担的诉讼费 2 万元）。甲公司应在 2008 年 12 月 31 日资产负债表中确认负债的金额为（ ）万元。

A．92　　B．90

C．97　　D．95

3．关于或有事项，下列说法正确的是（ ）。

A．待执行合同变成亏损合同的，该亏损合同产生的义务满足或有事项确认预计负债规定的，应当确认为预计负债

B．待执行合同变成亏损合同的，应当确认为预计负债

C．企业应当就未来经营亏损确认预计负债

D．企业在一定条件下应当将未来经营亏损确认预计负债

4．关于最佳估计数，下列说法中正确的有（ ）。

A．企业在确定最佳估计数时，应当综合考虑与或有事项有关的不确定性和货币时间价值因素

B．企业在确定最佳估计数时，应当综合考虑与或有事项有关的风险因素

C．企业在确定最佳估计数时，不应当综合考虑与或有事项有关的货币时间价值因素

D．货币时间价值影响重大的，应当通过对相关未来现金流出进行折现后确定最佳估计数

E．所需支出存在一个连续范围，且该范围内各种结果发生的可能性相同的，最佳估计数应当按照该范围内的中间值确定

第三节 或有事项会计的具体应用

企业应设置“预计负债”科目核算企业确认的对未决诉讼或未决仲裁、债务担保、产品质量保证、亏损合同、重组义务等预计负债。该科目属于负债类科目，贷方登记企业根据或有事项准则确认的预计负债，借方登记企业实际清偿的预计负债，期末余额在贷方，反映企业已预计尚未清偿的债务。该科目可按形成预计负债的交易或事项进行明细核算。

一、未决诉讼或未决仲裁

诉讼是指当事人不能通过协商解决争议，因而在人民法院起诉、应诉，请求人民法院通过审判程序解决纠纷的活动。诉讼尚未裁决之前，对于被告来说，可能形成一项或有负债或者或有预计负债；对于原告来说，则有可能形成一项或有资产。

仲裁是指经济法的各方当事人依照事先约定或事后达成的书面仲裁协议，共同选定仲裁机构并由其对争议依法作出具有约束力裁决的一种活动。作为当事人一方，仲裁的结果在仲裁决定公布以前是不确定的，会构成一项潜在义务或现时义务，或者潜在资产。

【例 12-1】2012 年 11 月 1 日，A 公司因违反合同被 B 公司起诉。截至 2012 年 12 月 31 日，公司尚未接到法院的判决。咨询了法律顾问之后，A 公司预计最终的法律判决很可能对公司不利，B 公司可能在诉讼中获胜。假定 A 公司预计将要支付的赔偿金额、诉讼费为 1 000 000 元，其中诉讼费 50 000 元。

A 公司的账务处理如下：

借：管理费用——诉讼费　　　　　　　　50 000

营业外支出 950 000

贷：预计负债——未决诉讼 1 000 000

需要强调的是，对于未决诉讼，企业当期实际发生的诉讼损失金额与已计提的相关预计负债之间的差额，应分情况处理：

（1）企业在前期资产负债表日，依据当时实际情况和所掌握的证据合理预计了预计负债，应当将当期实际发生的诉讼金额与已计提的相关预计负债之间的差额，直接计入或冲减当期营业外支出。

（2）企业在前期资产负债表日，依据当时实际情况和所掌握的证据，原本应当能够合理估计诉讼损失，但企业所作的估计却与当时的事实严重不符，应当按照重大会计差错更正的方法进行处理。

（3）企业在前期资产负债表日，依据当时实际情况和所掌握的证据，确实无法合理预计诉讼损失，因而未确认预计负债，应当在损失实际发生时，直接计入营业外支出。

（4）资产负债表日后至财务报告批准报出日之间发生的需要调整或说明的未决诉讼，按照资产负债表日后事项的相关规定处理。

二、债务担保

债务担保是企业存在的较为普遍的一种现象。作为提供担保的一方，在被担保方无法履行合同的情况下，常常承担连带责任。从保护投资者、债权人的利益出发，有必要客观、充分地反映企业因担保义务而承担的潜在风险。

【例 12-2】2011 年 8 月，乙公司从银行贷款人民币 2 000 000 元，期限 2 年，由甲公司全额担保；2012 年 6 月，丙公司从银行贷款美元 1 000 000 元，期限 1 年，由甲公司担保 50%。截至 2012 年 12 月 31 日，各贷款单位情况如下：乙公司贷款逾期未还，银行已起诉甲公司和乙公司，甲公司连带责任需赔偿金额尚无法确定；丙公司受宏观经济调控和内部管理等原因，导致经营效益不如以往，可能不能偿还到期美元债务。

分析：对乙公司而言，甲公司很可能需履行连带责任，但损失金额是多少，目前很难预计；对丙公司而言，甲公司可能需履行连带责任。这两项债务担保形成甲公司的或有负债，不符合预计负债的确认条件，但甲公司应在 2012 年 12 月 31 日编制财务报表附注中作相应披露。

三、产品质量保证

产品质量保证是指销售商或制造商在销售产品或提供劳务后，对客户提供服务的一种承诺。在约定期内（或终身保修），若产品或劳务在正常使用过程中出现质量或与之相关的其他属于正常范围的问题，企业负有更换产品、免费或只收成本价进行修理等责任。按照权责发生制的要求，上述相关支出符合确认条件就应在收入实现时确认相关预计负债。

【例 12-3】A 公司为机床生产和销售企业。2012 年第一季度、第二季度、第三季度、第四季度分别销售机床 200 台、300 台、400 台和 350 台，每台售价为 5 万元。根据以往的经验，发生的保修费一般为销售额的 1%至 1.5%之间。假定 A 公司 2012 年四个季度实际发生的维修费分别为 20 000 元、200 000 元、180 000 元和 350 000 元；同时 2011 年“预计负债——产品质量保证”科目年末余额为 120 000 元。

A 公司因销售机床而承担了现时义务，该现时义务的履行很可能导致经济利益流出 A 公司，且该义务的金额能够可靠计量。A 公司根据或有事项准则的规定在每季度末确认一项负债。

（1）第一季度发生产品质量保证费用（维修费）：

借：预计负债——产品质量保证　　20 000

　贷：银行存款或原材料等　　20 000

第一季度末应确认的产品质量保证负债金额为：

200×50 000×（1%+1. 5%）÷2=125 000（元）

借：销售费用——产品质量保证　　125 000

　贷：预计负债——产品质量保证　　125 000

第一季度末，“预计负债——产品质量保证”科目余额为 225 000 元。

（2）第二季度发生产品质量保证费用（维修费）：

借：预计负债——产品质量保证　　200 000

　贷：银行存款或原材料等　　200 000

第二季度末应确认的产品质量保证负债金额为：

300×50 000×（1%+1.5%）÷2=187 500（元）

借：销售费用——产品质量保证　　187 500

　贷：预计负债——产品质量保证　　187 500

第二季度末，预计负债——产品质量保证科目余额为 212 500 元。

（3）第三季度发生产品质量保证费用（维修费）：

借：预计负债——产品质量保证　　180 000

　贷：银行存款或原材料等　　180 000

第三季度末应确认的产品质量保证负债金额为：

400×50 000×（1%+1. 5%）÷2=250 000（元）

借：销售费用——产品质量保证 250 000

贷：预计负债——产品质量保证 250 000

第三季度，预计负债——产品质量保证科目余额为 282 500 元。

（4）第四季度发生产品质量保证费用（维修费）：

借：预计负债——产品质量保证 350 000

贷：银行存款或原材料等 350 000

第四季度末应确认的产品质量保证负债金额为：

350×50 000×（1%+1.5%）÷2=218 750（元）

借：销售费用——产品质量保证 218 750

贷：预计负债——产品质量保证 218 750

第四季度末，预计负债——产品质量保证科目余额为 151 250 元。

为此，A 公司应在 2012 年 12 月 31 日将“预计负债——产品质量保证”科目余额 151 250 元列入资产负债表内“预计负债”项目，并在会计报表附注中作相关披露。

在对产品质量保证确认预计负债时，需要注意的是：

第一，如果发现保证费用的实际发生额与预计数相差较大，应及时对预计比例进行调整。

第二，如果企业针对特定批次产品确认预计负债，则在保修期结束时，应将“预计负债——产品质量保证”余额冲销，同时冲销销售费用。

第三，已对其确认预计负债的产品，如企业不再生产了，那么应在相应的产品质量保证期满后，将“预计负债——产品质量保证”余额冲销，同时冲销销售费用。

四、亏损合同

亏损合同是指履行合同义务不可避免会发生的成本超过预期经济利益的合同。亏损合同产生的义务满足预计负债的确认条件，应当确认为预计负债。预计负债的计量应当反映了退出该合同的最低净成本，即履行该合同的成本与未能履行该合同而发生的补偿或处罚两者之中的较低者。

企业与其他企业签订的商品销售合同、劳务合同、租赁合同等，均可能变为亏损合同。企业对亏损合同进行会计处理，应当遵循以下原则：

1. 如果与亏损合同相关的义务不需要支付任何补充即可撤销，企业通常就不存在现时义务，不应确认预计负债；如果与亏损合同相关的义务不可撤销，企业就存在了现时义务，同时满足该义务很可能导致经济利益流出企业和金额能够可靠计量的，通常应当确认预计负债。

2. 亏损合同存在标的资产的，应当对标的资产进行减值测试并按规定确认减值损失，如果预计亏损超过该减值损失，应将超过部分确认为预计负债；合同不存在标的资产的，亏损合同相关义务满足预计负债确认条件时，应当确认为预计负债。

【例 12-4】甲公司与乙公司于 2012 年 8 月签订不可撤销合同，甲公司向乙公司销售设备 50 台，合同价格每台 1 000 000 元（不含税）。该批设备在 2013 年 1 月 25 日交货。至 2012 年末甲公司已生产 40 台设备，由于原材料价格上涨，单位成本达到 1 020 000 元，本合同已成为亏损合同。预计其余未生产的 10 台设备的单位成本与已生产的设备的单位成本相同。

甲公司应对有标的的 40 台设备计提存货跌价准备，对没有标的的 10 台设备确认预计负债。不考虑相关税费。

相关账务处理：

（1）有标的的部分，合同为亏损合同，确认减值损失：

借：资产减值损失——存货跌价损失　　800 000

　贷：存货跌价准备　　800 000

（2）无标的部分，合同为亏损合同，确认预计负债：

借：营业外支出——亏损合同损失　　200 000

　贷：预计负债——亏损合同损失　　200 000

五、重组义务

重组是指企业制定和控制的，将显著改变企业组织形式、经营范围或经营方式的计划实施行为。重组事项一般包括：出售或终止企业的部分业务；对企业的组织结构进行较大调整；关闭企业的部分营业场所，或将营业活动由一个国家或地区迁移到其他国家或地区。

重组与企业合并、债务重组的区别在于：重组通常是企业内部资源的调整和组合，谋求现有资产效能的最大化；企业合并是在不同企业之间的资本重组和规模扩张；债务重组是债权人对债务人作出让步，债务人减轻债务负担，债权人尽可能减少损失。

（一）重组义务的确认

企业因重组而承担了重组义务，并且同时满足预计负债确认条件时，才能确认预计负债。

1．同时存在下列情况的，表明企业承担了重组义务：

（1）有详细、正式的重组计划，包括重组涉及的业务、主要地点、需要补偿的职工人数、预计重组支出、计划实施时间等。

（2）该重组计划已对外公告。

2．需要判断重组义务是否同时满足预计负债的三个确认条件，即判断其承担的重组义务是否是现时义务、履行重组义务是否可能导致经济利益流出企业、重组义务的金额是否能够可靠计量。同时满足这三个确认条件，才能将重组义务确认为预计负债。

【例 12-5】2012 年 12 月 31 日，甲公司董事会决定关闭一个生产部。在 2012 年度财务报告报出前，董事会尚未将有关决定传达到受影响各方，未采取任何措施实施该项决定，因此在 2012 年 12 月 31 日，甲公司不应对此项决定确认预计负债。

如果关闭该生产部已经向社会公告，受影响的公司职工、客户及供应商均收到了通知。该义务很可能导致经济利益流出公司，并且金额能够可靠计量，因此在 2012 年 12 月 31 日，甲公司应对此项决定确认预计负债。

（二）重组义务的计量

企业应当按照与重组有关的直接支出确定预计负债金额。直接支出是企业重组必须承担的直接支出，不包括留用职工岗前培训、市场推广、新系统和营销网络投入等支出。

由于企业在计量预计负债时不应当考虑预期处置相关资产的利得，在计量与重组义务相关的预计负债时，也不考虑处置相关资产（厂房、店面，有时是一个事部整体）可能形成的利得或损失，即使资产的出售构成重组的一部分也是如此。

企业可能参照下表判断某项支出是否属于与重组有关的直接支出。

表 12–2　与重组有关支出的判断表

支出项目	包括	不包括	不包括的原因
自愿遣散	√		
强制遣散（如果自愿遣散目标未满足）	√		
将不再使用的厂房的租赁撤销费	√		
将职工和设备从拟关闭的工厂转移到继续使用的工厂		√	支出与继续进行的活动相关
剩余职工的再培训		√	支出与继续进行的活动相关

续表

支出项目	包括	不包括	不包括的原因
新经理的招聘成本		√	支出与继续进行的活动相关
推广公司新形象的营销成本		√	支出与继续进行的活动相关
对新营销网络的投资		√	支出与继续进行的活动相关
重组的未来可辨认经营损失（最新预计值）		√	支出与继续进行的活动相关
特定固定资产的减值损失		√	资产减值准备应当按照《企业会计准则第8号——资产减值》进行计提

【课堂测试 12-3】

1．甲公司2008年分别销售A、B产品1万件和2万件，销售单价分别为100元和50元。公司向购买者承诺提供产品售后两年内免费保修服务，预计保修期内将发生的保修费在销售额的2%~8%之间。2008年实际发生保修费1万元，2008年初预计负债余额为2万元。假定无其他或有事项，则甲公司2008年年末资产负债表“预计负债”项目的金额为（　　）万元。

A．5　　B．11

C．12　　D．17

2．2007年8月1日，甲公司因产品质量不合格而被乙公司起诉。至2007年12月31日，该起诉讼尚未判决，甲公司估计很可能承担违约赔偿责任，需要赔偿100万元的可能性为70%，需要赔偿50万元的可能性为30%。甲公司基本确定能够从直接责任人处追回30万元。2007年12月31日，甲公司对该起诉应确认的预计负债金额为（　　）万元。

A．85　　B．100

C．70　　D．50

3．甲公司因或有事项确认了一项负债60万元；同时，因该或有事项，甲公司还可以从乙公司获得赔偿40万元，且这项赔偿金额基本确定收到。在这种情况下，甲公司在利润表中应确认的营业外支出为（　　）。

A．0　　B．40

C．20　　D．60

第四节　或有事项的列报

一、预计负债的列报

资产负债表中，因或有事项而多确认的负债（预计负债）应与其他负债项目区别开来，单独反映。如果企业因多项或有事项确认了预计负债，在资产负债表上一般只需通过“预计负债”项目进行总括反映。在将或有事项确认负债的同时，应确认一项支出或费用。该支出或费用在利润表中不应单列项目反映，与其他费用或支出项目（如“销售费用”、“管理费用”、“营业外支出”等）合并反映。

同时，企业应在会计报表附注中披露下列内容：

（1）预计负债的种类、形成原因以及经济利益流出不确定性的说明。

（2）各类预计负债的期初、期末余额和本期变动情况。

（3）与预计负债有关的预期补偿金额和本期已确认的预期补偿金额。

二、或有负债的披露

或有负债无论作为潜在义务还是现时义务，均不符合负债的确认条件，因而不予确认。除非或有负债极小可能导致经济利益流出企业，否则企业应当在附注中披露有关信息，具体包括：

（1）或有负债的种类及其形成原因，包括已贴现商业承兑汇票、未决诉讼、未决仲裁、对外提供担保等形成的或有负债。

（2）经济利益流出不确定性的说明。

（3）或有负债预计产生的财务影响，以及获得补偿的可能性；无法预计的说明原因。

需要说明的是，在涉及未决诉讼、未决仲裁的情况下，如果披露全部或部分信息预期会对企业造成重大不利影响，企业无须披露这些信息，但应当披露该未决诉讼、未决仲裁的性质，以及没有披露这些信息的事实和原因。

三、或有资产的披露

或有资产作为一种潜在资产，不符合资产确认条件，因而不予确认。企业通常不应当披露或有资产，但或有资产很可能会给企业带来经济利益的，应当披露形成的原因、预计产生的财务影响。

【课堂测试 12-4】

1．下列有关或有事项的会计处理中，符合披露要求的有（　　）。

A．或有事项的结果可能导致经济利益流入企业的，应对其予以披露

B．或有事项的结果很可能导致经济利益流入企业的，应对其予以披露

C．或有事项的结果可能导致经济利益流出企业但不符合确认条件的，不需要披露

D．或有事项的结果可能导致经济利益流出企业但无法可靠计量的，需要对其予以披露

E．或有事项的结果很可能导致经济利益流出企业且符合确认条件的，应作为预计负债确认

本章小结

或有事项是指由过去的交易或者事项形成的，其结果须有某些未来事项的发生或不发生才能决定的不确定事项。常见的或有事项包括：未决诉讼、未决仲裁、债务担保、产品质量保证（含产品安全保证）、亏损合同、重组义务、承诺、环境污染整治等。

或有负债是指过去的交易或事项形成的潜在义务，其存在须通过未来不确定事项的发生或不发生予以证实；或过去的交易或事项形成的现时义务，履行该义务不是很可能导致经济利益流出企业或该义务的金额不能可靠计量。

或有资产是指过去的交易或者事项形成的潜在资产，其存在须通过未来不确定事项的发生或不发生予以证实。或有资产是一种潜在资产，只有通过某些未来不确定事项的发生或不发生才能确定其是否形成企业真正的资产。

或有事项的确认是指与或有事项相关业务的确认。与或有事项有关的义务应当在同时符合以下三个条件时，确认为预计负债进行确认和计量：

（1）该义务是企业承担的现时义务；

（2）履行该义务很可能导致经济利益流出企业；

（3）该义务的金额能够可靠地计量。

预计负债应当按照履行相关现时义务所需支出的最佳估计数进行初始计量，并考虑预期可获得的补偿。最佳估计数的确定应当分两种情况处理：

（1）所需支出存在一个连续范围，且该范围内各种结果发生的可能性相同，则最佳估计数应当按照该范围内的中间值，即上下限金额的平均数确定。

（2）所需支出不存在一个连续范围，或者虽然存在一个连续范围，但该范

围内各种结果发生的可能性不相同。在这种情况下，最佳估计数按照如下方法确定：

①如果或有事项涉及单个项目，最佳估计数按照最可能发生金额确定。

②或有事项涉及多个项目的，按照各种可能结果及相关概率计算确定。涉及多个项目指或有事项涉及的项目不止一个，如产品质量保证。在产品质量保证中，提出产品保修要求的可能有许多客户，相应地，企业对这些客户有保修义务。

确定最佳估计数需要考虑的其他因素有：风险和不确定性、货币时间价值、未来事项、资产负债表日对预计负债账面价值的复核。

或有负债无论作为潜在义务还是现时义务，均不符合负债的确认条件，因而不予确认。具体包括：

（1）或有负债的种类及其形成原因，包括已贴现商业承兑汇票、未决诉讼、未决仲裁、对外提供担保等形成的或有负债。

（2）经济利益流出不确定性的说明。

（3）或有负债预计产生的财务影响，以及获得补偿的可能性；无法预计的说明原因。

或有资产作为一种潜在资产，不符合资产确认条件，因而不予确认。企业通常不应当披露或有资产，但或有资产很可能会给企业带来经济利益的，应当披露形成的原因、预计产生的财务影响。

【篇后案例】

甲公司 2005 年 11 月 1 日收到法院的通知，A 公司向法院提起诉讼，状告甲公司使用的某软件侵犯其专利权，要求甲公司一次性支付专利使用费 1 000 万元，至 2007 年 12 月 31 日的时候法院尚未作出判决，如果甲公司败诉，预计一次性支付 A 公司支付 800 万到 1 000 万元的赔偿款，并支付诉讼费用 10 万元。因为甲公司使用的的软件是由丙公司提供的，于是甲公司把丙公司告上法庭，如果胜诉了，基本能够确定从丙公司获得补偿 800 万元。

（1）如果甲公司对于 A 公司的官司估计败诉的可能性为 60%，基本能够从丙公司得到补偿 800 万，作为企业相关的会计分录。

（2）如果甲公司在资产负债表日可以确定在 A 公司的起诉中败诉的可能性为 60%，但不能确定赔偿 A 公司的金额，这时候是否应该确定从丙公司基本确定的补偿？

（3）如果甲公司在资产负债表日不能确定在 A 公司起诉中的败诉可能

性，在 2008 年 1 月预计败诉可能性为 80%，基本能够确定从丙公司得到补偿为 800 万，请作出相应的会计处理。

核心概念

或有事项（contingency）

或有资产（contingent assets）

或有负债（contingent liabilities）

预计负债（accrued liabilities）

未决诉讼（pending action/ litigation）

债务担保（debt guarantee）

产品质量保证（product quality guarantee）

亏损合同（onerous contract）

重组义务（reconstructing obligation）

思考题

1．或有事项的特征是什么？

2．预计负债如何计量？

3．为什么或有负债和或有资产不能在财务报表内确认？

4．企业对亏损合同进行会计处理时，需遵循哪些原则？

练习题

（一）单项选择题

1. 下列不属于或有事项的是（　　）。

A. 亏损合同　　B. 债务担保

C. 未决诉讼　　D. 未来可能发生的交通事故

2. 关于或有事项，下列说法正确的是（　　）。

A. 待执行合同变成亏损合同的，该亏损合同产生的义务应当确认为预计负债

B. 或有资产仅指过去的交易或者事项形成的潜在资产

C. 或有负债仅指过去的交易或者事项形成的潜在义务

D. 或有事项的结果不确定，是指或有事项的结果预计将会发生，只是发生的具体时间或金额具有不确定性

3. 下列有关或有事项会计处理的表述中，不正确的是（　）。

A. 预计负债应当按照履行相关现时义务所需支出的最佳估计数进行初始计量

B. 企业在确定最佳估计数时，应当综合考虑与或有事项有关的风险、不确定性和货币时间价值等因素。货币时间价值影响重大的，应当通过对相关未来现金流出进行折现后确定最佳估计数

C. 资产负债表日有确凿证据表明预计负债账面价值不能真实反映当前最佳估计数的，不需要对预计负债进行调整

D. 企业清偿预计负债所需支出全部或部分预期由第三方补偿的，补偿金额只有在基本确定能够收到时才能作为资产单独确认。确认的补偿金额不应当超过预计负债的账面价值

4. 2011 年 8 月 1 日，长城公司因产品质量不合格而被黄河公司起诉。至 2011 年 12 月 31 日，该起诉讼尚未判决，长城公司估计很可能承担违约赔偿责任，赔偿 150 万元的可能性为 70%，赔偿 100 万元的可能性为 30%。长城公司基本确定能够从直接责任人处追回 30 万元。2011 年 12 月 31 日，对于该起诉讼长城公司应确认的预计负债金额为（　　）。

A. 125 万元　　B. 120 万元

C. 100 万元　　D. 150 万元

5. 2012 年 10 月大海公司与远方公司签订合同，大海公司于 2013 年 1 月销售 A 商品给远方公司，合同价格为 400 万元，如大海公司单方面撤销合同，应支付违约金为 150 万元。至 2012 年 12 月 31 日大海公司尚未购入 A 商品，但是市场价格大幅度上升，大海公司预计购买 A 商品成本总额为 500 万元，该事项对大海公司 2012 年利润总额的影响金额为（　　）万元。

A. 0　　B. -300

C. -100　　D. -200

6. 下列事项中，不属于重组事项的是（　）。

A. 出售或终止企业的部分经营业务

B. 对企业的组织结构进行较大的调整

C. 因经营困难，与债权方进行债务重组

D. 关闭企业的部分经营场所，或将营业活动由一个国家或地区迁移到其他国家或地区

7. 航远公司涉及一起诉讼案件。根据类似的经验以及公司所聘请律师的意见判断，航远公司在该起诉讼中胜诉的可能性有 35%，败诉的可能性有 65%。

如果败诉，将要赔偿 10 000 万元，另需承担诉讼费 80 万元。在这种情况下，航远公司应确认的负债金额应为（ ）万元。

A. 0　　B. 80

C. 10 000　　D. 10 080

8. A 公司至 2010 年 10 月 18 日欠银行本息 2 100 万元，逾期未归还，2010 年 11 月 8 日银行对 A 公司提起诉讼，要求 A 公司偿还借款本息和逾期期间的罚息，经向律师咨询，A 公司很可能败诉，支付的罚息在 68 万元到 86 万元之间，至 2010 年 12 月 31 日法院尚未最后判决，则该事项对 A 公司在 2010 年利润总额的影响为（ ）万元。

A. 77　　B. 78

C. 68　　D. 86

9. 下列说法正确的是（ ）。

A. "基本确定"指发生的可能性大于 95%但小于 100%

B. "很可能"指发生的可能性大于或等于 50%但小于 95%

C. "可能"指发生的可能性大于或等于 5%但小于 50%

D. "极小可能"指发生的可能性大于 0 但小于 5%

10. 下列不属于或有事项基本特征的是（ ）。

A. 由过去的交易或事项形成

B. 结果具有不确定性

C. 由未来事项决定

D. 影响或有事项的结果的不确定因素基本上可由企业控制

11. M 公司为 2011 年新成立的企业。2011 年该公司分别销售 A、B 产品 1 万件和 2 万件，销售单价分别为 100 元和 50 元。公司向购买者承诺提供两年的免费保修服务。预计保修期内将发生的保修费占销售额的 3%～7%之间。2011 年实际发生保修费 1 万元。假定无其他或有事项，则 M 公司 2011 年末资产负债表"预计负债"项目的金额为（ ）万元。

A. 3　　B. 9

C. 10　　D. 15

12. 关于最佳估计数的确定，下列说法中错误的是（ ）。

A. 如果所需支出存在一个连续的金额范围且该范围内各种结果发生的可能性相同，则最佳估计数应按该范围的上、下限金额的平均数确定

B. 如果所需支出不存在一个连续的金额范围，或有事项涉及多个项目

时，最佳估计数按各种可能发生额的算术平均数确定

C. 如果所需支出不存在一个连续的金额范围，或有事项涉及多个项目时，最佳估计数按各种可能发生额的加权平均数确定

D. 如果所需支出不存在一个连续的金额范围，或有事项涉及单个项目时，最佳估计数按最可能发生金额确认

13. 甲公司由于受国际金融危机的不利影响，决定对乙事业部进行重组，将相关业务转移到其他事业部。经履行相关报批手续，甲公司对外正式公告其重组方案。甲公司根据该重组方案预计很可能发生的下列各项支出中，不应当确认为预计负债的是（　　）。

A. 自愿遣散费

B. 强制遣散费

C. 剩余职工岗前培训费

D. 不再使用厂房的租赁撤销费

14. 下列各项中，不属于或有事项的是（　　）。

A. 对售出商品提供质量保证　B. 代为偿付担保债务

C. 未决仲裁　D. 公开承诺的环境恢复义务

15. 关于对“或有资产”的处理，下列说法正确的是（　　）。

A. 或有资产是企业的潜在资产，不能确认为资产，一般应在会计报表附注中披露

B. 企业通常不应当披露或有资产，但或有资产很可能会给企业带来经济利益的，应当披露其形成的原因、预计产生的财务影响等

C. 对于有可能取得的或有资产，一般应作出披露

D. 当或有资产转化为基本确定收到的资产时，不应该确认

（二）多项选择题

1. 下列说法中，正确的有（　　）。

A. 企业承担的重组义务满足或有事项确认的，应当确认为或有负债

B. 与重组有关的直接支出不包括留用职工岗前培训、市场推广、新系统和营销网络投入等

C. 企业应当按照与重组有关的直接支出确定预计负债的金额

D. 重组是指企业制定和控制的，将显著改变企业组织形式、经营范围或经营方式的计划实施行为

2. 企业重组事项主要包括（　　）。

A. 出售或终止企业的部分经营业务

B. 对企业的组织结构进行较大的调整

C. 关闭企业的部分经营场所，或将营业活动由一个国家或地区迁移到其他国家或地区

D. 因经营困难，与债权方进行债务重组

3. 预计负债计量需要考虑的其他因素包括（　　）。

A. 风险和不确定性

B. 货币时间价值

C. 以前发生的事项

D. 资产负债表日对预计负债账面价值的复核

4. 桂江公司为甲公司、乙公司、丙公司和丁公司提供了银行借款担保，下列各项中，桂江公司不应确认预计负债的有（　　）。

A. 甲公司运营良好，桂江公司极小可能承担连带还款责任

B. 乙公司发生暂时财务困难，桂江公司可能承担连带还款责任

C. 丙公司发生财务困难，桂江公司很可能承担连带还款责任

D. 丁公司发生严重财务困难，桂江公司基本确定承担还款责任

5. 下列经济业务或事项表述正确的有（　　）。

A. 或有事项的结果可能会产生预计负债、或有负债或者或有资产

B. 或有负债和或有资产不符合负债要素或资产的定义和确认条件，企业不应当确认负债和资产，而一般应当按照或有事项准则的规定进行相应的披露

C. 在履行合同义务过程中，如发生的成本预期将超过与合同相关的未来流入的经济利益，待执行合同即变成了亏损合同，该亏损合同产生的义务满足规定条件的，应当确认为预计负债

D. 待执行合同变成亏损合同时，企业拥有合同标的资产的，应当先对标的资产进行减值测试并按规定确认减值损失，如预计亏损超过该减值损失，应将超过部分确认为预计负债

6. 下列说法中不正确的有（　　）。

A. 尚未履行任何合同义务或部分地履行了同等义务的商品买卖合同、劳务合同、租赁合同均为待执行合同

B. 待执行合同变成亏损合同时，亏损合同产生的义务满足预计负债确认条件的，应当确认为预计负债

C. 待执行合同变成亏损合同时，不管该合同是否有标的资产，都应确认相应的预计负债

D. 企业可以将未来的经营亏损确认为负债

7. 对于“预计负债——产品质量保证”科目正确的会计处理有（　　）。

A. 如果发现保证费用的实际发生额与预计数相差较大，应及时对预计比例进行调整

B. 如果企业针对特定批次产品确认预计负债，则在保修期结束时，应将“预计负债——产品质量保证”余额冲销，不留余额

C. 如果企业针对特定批次产品确认预计负债，则在保修期结束时，应将“预计负债——产品质量保证”余额转为其他产品，不需要冲销

D. 已对其确认预计负债的产品，如企业不再生产了，那么应在相应的产品质量保证期满后，将“预计负债——产品质量保证”余额冲销，不留余额

8. 企业清偿预计负债所需支出全部或部分预期由第三方补偿的，其正确的处理方法有（　）。

A. 补偿金额只有在基本确定能够收到时才能作为资产单独确认

B. 补偿金额只有在很可能收到时才能作为资产单独确认

C. 确认的补偿金额不应当超过预计负债的账面价值

D. 补偿金额只有在收到时才能计入当期损益

9. 对或有事项的处理，下列正确的处理方法有（　　）。

A. 因或有事项而确认的负债应通过“预计负债”科目核算，并予以披露

B. 预计负债应当按照履行相关现时义务所需支出的最佳估计数进行初始计量

C. 对于因或有事项形成的潜在资产，应当分别不同情况确认或披露

D. 对于因或有事项形成的潜在资产，不能加以确认，一般也不加以披露，除非很可能导致未来经济利益流入企业

10. 下列有关对或有事项最佳估计数确定的说法中，正确的有（　　）。

A. 或有事项涉及单个项目的，按最可能发生金额确定

B. 或有事项涉及多个项目的，按照各种可能结果及相关概率计算确定

C. 如果所需支出不存在一个连续的金额范围，或有事项涉及多个项目时，最佳估计数按各种可能发生额的算术平均数确定

D. 企业应当在资产负债表日对预计负债的账面价值进行复核，有确凿证据表明该账面价值不能真实反映当前最佳估计数的，应当按照当期最佳估计数对该账面价值进行调整

E. 企业在确定最佳估计数时，应当综合考虑与或有事项有关的风险、不确定性和货币时间价值等因素

11. 下列事项中，应确认为预计负债的有（ ）。

A. M 公司将未到期商业汇票贴现

B. M 公司对售出商品提供产品质量保证

C. M 公司因与乙公司签订了互相担保协议，而成为相关诉讼的第二被告。诉讼尚未判决。由于乙公司经营困难，M 公司很可能需要承担还款连带责任。根据公司法律顾问的职业判断，M 公司很可能需要承担 100 万元的连带还款责任

D. M 公司为一家中型塑料加工企业，由于没有注意污染整治致使周围村镇居民身体健康和生产生活造成严重损害。为此周围村镇集体向法院提起诉讼，要求赔偿损失 100 万元。该诉讼案尚未判决。根据公司法律顾问的职业判断，由于此案涉及的情况比较复杂还不能可靠地估计赔偿损失金额

E. M 公司与 A 企业发生经济纠纷，调解无效。该企业遂于本年 11 月 10 日向法院提起诉讼。至年末，法院尚未判决，但法庭调查表明，M 公司的行为违反了国家的有关经济法规。M 公司的律师认为，败诉可能性为 60%，很可能发生 10 万元的赔偿金

12. 重组事项主要包括（ ）。

A. 出售企业的部分经营业务

B. 对企业的组织结构进行较大的调整

C. 关闭企业的部分经营场所，或将营业活动由一个国家或地区迁移到其他国家或地区

D. 因经营困难，与债权方进行债务重组

E. 终止企业的部分经营业务

13. 在财务报表附注中对或有事项的说明包括（ ）。

A. 预计负债的种类、形成原因以及经济利益流出不确凿性的说明

B. 会计政策变更的内容和原因

C. 或有负债预计产生财务影响，以及获得补偿的可能性

D. 或有资产很可能会给企业带来经济利益的，其形成的原因、预计产生的财务影响

E. 企业持续经营情况

13. 下列涉及预计负债的会计处理中，正确的有（ ）。

A. 待执行合同变成亏损合同时，应当立即确认预计负债

B. 重组计划对外公告前不应就重组义务确认预计负债

C. 因某产品质量保证而确认的预计负债，如企业不再生产该产品，应在相应的产品质量保证期满后，将预计负债的余额冲销

D. 企业当期实际发生的担保诉讼损失金额与上期合理预计的预计负债相差较大时，应按重大会计差错更正的方法进行调整

E. 对于未决诉讼，如果其引起的相关义务可能导致经济利益流出，企业就应当确认预计负债

14. 下列说法中正确的有（　　）。

A. 在资产负债表中，因或有事项而确认的负债（预计负债）应与其他负债项目区别开来，单独反映

B. 或有事项的结果可能导致经济利益流出企业但不符合预计负债确认条件的，要在报表中予以披露

C. 除非或有负债极小可能导致经济利益流出企业，否则企业应当在附注中披露有关信息

D. 在涉及未决诉讼、未决仲裁的情况下，如果披露全部或部分信息预期会对企业造成重大不利影响，企业无须披露这些信息，但应当披露该未决诉讼、未决仲裁的性质，以及没有披露这些信息的事实和原因

15. 甲股份有限公司在编制本年度财务报告时，对有关的或有事项进行了检查，包括：（1）正在诉讼过程中的经济案件估计很可能胜诉并可获得 100 万元的赔偿；（2）由于甲公司生产过程中产生的废料污染了河水，有关环保部门正在进行调查，估计很可能支付赔偿金额 60 万元。

要求：根据上述资料，不考虑其他因素，回答下列问题。

（1）企业清偿预计负债所需支出全部或部分预期由第三方补偿的，其正确的处理方法有（　　）。

A. 补偿金额只有在基本确定能够收到时才能作为资产单独确认

B. 补偿金额只有在很可能收到时才能作为资产单独确认

C. 确认的补偿金额不应当超过预计负债的账面价值

D. 以扣除可能取得的补偿额后的金额确认预计负债

E. 只有在收到补偿金额时才能计入当期损益

（2）甲公司在本年度财务报告中，对上述或有事项的处理正确的有（　　）。

A. 甲公司将诉讼过程中很可能获得的 100 万元赔偿款确认为资产，并

在会计报表附注中作了披露

B. 甲公司未将诉讼过程中很可能获得的100万元赔偿款确认为资产，但在会计报表附注中作了披露

C. 甲公司将因污染环境而很可能发生的60万元赔偿款确认为负债，并在会计报表附注中作了披露

D. 甲公司将因污染环境而很可能发生的60万元赔偿款确认为负债，未在会计报表附注中进行披露

E. 甲公司未将因污染环境而很可能发生的60万元赔偿款确认为负债，但在会计报表附注中进行披露

（三）判断题

1. 重组是指企业制定和控制的，将显著改变企业组织形式、经营范围或经营方式的计划实施行为。（ ）

2. 某公司董事会决定关闭一个事业部。如果有关决定尚未传达到受影响的各方，也未采取任何措施实施该项决定，表明该公司没有承担重组义务，但应确认预计负债。（ ）

3. 企业董事会在资产负债表日之前作出重组决定后，企业就形成了一项推定义务。（ ）

4. 待执行合同属于一种特殊的合同，其与企业日常涉及的商品买卖合同、劳务合同、租赁合同无关。（ ）

5. 企业在计算预计负债时不考虑与履行该现时义务所需金额的相关未来事项。（ ）

6. 企业在履行合同义务过程中，发生成本实际超过与合同相关的未来流入的经济利益时，待执行合同即变成了亏损合同。( )

7. 或有负债无论涉及潜在义务还是现时义务，均不应在财务报表中确认，但应按相关规定在附注中披露。( )

8. 或有负债无论涉及潜在义务还是现时义务，均不应在财务报表中确认，但通常应按相关规定在附注中披露。（ ）

9. 待执行合同变成亏损合同时，无论是否有合同标的资产，亏损合同相关义务满足预计负债确认条件时，应当确认为预计负债。（）

10. 存在很多类似义务，如产品保证或类似合同，履行时要求经济利益流出的可能性应通过总体考虑才能确定。对于某个项目而言，虽然经济利益流出的可能性较小，但包括该项目的该类义务很可能导致经济利益流出的，应当视同该项目很可能导致经济利益流出企业。（）

11. 企业在确定最佳估计数时，应当综合考虑与或有事项有关的风险、不确定性和货币时间价值等因素。因此应通过对相关未来现金流出进行折现后确定最佳估计数。（　　）

12. 推定义务，是指因企业的特定行为而产生的义务，泛指企业以往的习惯做法、已公开的承诺或已公开宣布的经营政策。并且，由于以往的习惯做法，或通过这些承诺或公开的声明，企业向外界表明了它将承担特定的责任，从而使受影响的各方形成了其将履行这些责任的合理预期。（　　）

（四）核算题

1. 大海公司于2010年12月10日与海洋公司签订合同，约定在2011年2月10日以每件40元的价格向海洋公司提供A产品1 000件，如果不能按期交货，将向海洋公司支付总价款20%的违约金。签订合同时产品尚未开始生产，大海公司准备生产产品时，材料的价格突然上涨，预计生产A产品的单位成本将超过合同单价。不考虑相关税费。

要求：分别以下两种情况确认大海公司该待执行合同的预计负债，并作相关账务处理。

（1）若生产A产品的单位成本为50元；

（2）若生产A产品的单位成本为45元。

2. 甲公司为一家家电生产企业，主要生产A、B、C三种家电产品。甲公司2010年度有关事项如下：

（1）甲公司管理层于2010年11月制定了一项业务重组计划。该业务重组计划的主要内容如下：从2011年1月1日起关闭C产品生产线；从事C产品生产的员工共计250人，除部门主管及技术骨干等50人留用转入其他部门外，其他200人都将被辞退。根据被辞退员工的职位、工作年限等因素，甲公司将一次性给予被辞退员工不同标准的补偿，补偿支出共计800万元；C产品生产线关闭之日，租用的厂房将被腾空，撤销租赁合同并将其移交给出租方，用于C产品生产的固定资产等将转移至甲公司自己的仓库。上述业务重组计划已于2010年12月2日经甲公司董事会批准，并于12月3日对外公告。

2010年12月31日，上述业务重组计划尚未实际实施，员工补偿及相关支出尚未支付。为了实施上述业务重组计划，甲公司预计发生以下支出或损失：因辞退员工将支付补偿款800万元；因撤销厂房租赁合同将支付违约金25万元；因将用于C产品生产的固定资产等转移至仓库将发生运输费3万元；因对留用员工进行培训将发生支出1万元；因推广新款B产品将发生广告费用2 500万元；因处置用于C产品生产的固定资产将发生减值损失150万元。

（2）2010年12月15日，消费者因使用C产品造成财产损失向法院提起诉讼，要求甲公司赔偿损失560万元；12月31日，法院尚未对该案作出判决。在咨询法律顾问后，甲公司认为该案很可能败诉。根据专业人士的测算，甲公司的赔偿金额可能在450万元至550万元之间，而且上述区间内每个金额的可能性相同。

（3）2010年12月25日，丙公司（为甲公司的子公司）向银行借款3 200万元，期限为3年。经董事会批准，甲公司为丙公司的上述银行借款提供全额担保。12月31日，丙公司经营状况良好，预计不存在还款困难。

要求：

（1）根据资料（1），判断哪些是与甲公司业务重组有关的直接支出，并计算因重组义务应确认的预计负债金额。

（2）根据资料（1），计算甲公司因业务重组计划而减少2010年度利润总额的金额，并编制相关会计分录。

（3）根据资料（2）和（3），判断甲公司是否应当将与这些或有事项相关的义务确认为预计负债，如确认，计算预计负债的最佳估计数，并编制相关会计分录；如不确认，说明理由。

3. 甲公司2010年度的财务报告于2011年4月30日批准对外报出。有关资料如下：

（1）2010年12月1日，乙公司收到法院通知，甲公司状告乙公司侵犯其专利权。甲公司认为，乙公司未经其同意，在其试销的新产品中采用了甲公司的专利技术，甲公司要求乙公司停止该项新产品的生产和销售，并赔偿损失200万元，甲公司2010年12月31日，如果根据有关分析、测试情况及法律顾问的意见，认为新产品很可能侵犯了甲公司的专利权，乙公司估计败诉的可能性为60%，胜诉的可能性为40%；如败诉，赔偿金额估计在150万～225万元之间，并需要支付诉讼费用3万元（假定此事项中败诉一方承担诉讼费用，甲公司在起诉时并未垫付诉讼费）。此外乙公司通过测试情况认为该新产品的主要技术部分是委托丙公司开发的，经与丙公司反复协商，乙公司基本确定可以从丙公司获得赔偿75万元。截至2010年12月31日，诉讼尚处在审理当中。

（2）2011年2月15日，法院判决乙公司向甲公司赔偿172.50万元，并负担诉讼费用3万元。甲公司和乙公司不再上诉。

（3）2011年2月16日，乙公司支付对甲公司的赔偿款和法院诉讼费用。

（4）2011年3月17日，乙公司从丙公司获得赔偿75万元。

要求：

（1）根据资料判断 2010 年 12 月 31 日甲公司是否应确认资产，是否应对或有事项进行披露，若需披露，简要介绍应披露的内容。

（2）编制甲公司的会计分录。

（3）根据资料判断 2010 年 12 月 31 日乙公司是否应确认资产和负债，是否应对或有事项进行披露，若需披露，简要介绍应披露的内容。

（4）编制乙公司会计分录。

（答案中以万元为单位，假定不考虑所得税的影响。）

4. A 公司为工业生产企业，从 2010 年 1 月起为售出产品提供“三包”服务，规定产品出售后一定期限内出现质量问题，负责退换或免费提供修理。假定 A 公司只生产和销售甲种产品。在 2011 年年初“预计负债——产品质量保证”账面余额为 45 万元，甲产品的“三包”期限为 3 年。

该企业对售出的甲产品可能发生的三包费用，在期末按照当期甲产品销售收入的 2%预计。该企业 2011 年甲产品的销售收入及发生的“三包”如下表：

费用资料如下：（金额单位：万元）

时间 项目	第一季度	第二季度	第三季度	第四季度	合计
甲产品销售收入	1 500	1 200	1 800	900	5 400
发生的“三包”费用	22.5	15	45	30	112. 5
其中：原材料成本	15	12	15	22.5	64.5
人工成本	5.5	2	7.5	6.5	21.5
用银行存款支付的其他支出	2	1	22.5	1	26.5

要求：

（1）假定 A 企业按季对外提供会计报告，编制 2011 年第一、二季度的会计分录以及计算第一季度末、第二季度末预计负债的余额。

（2）假定按年对外提供会计报告，编制 2011 年会计分录以及计算年末预计负债的余额。

第十三章 债务重组

【学习目标】通过本章学习，了解债务重组的概念；理解债务重组的几种方式以及不同债务重组方式下债务人的债务重组利得计算方法和债权人的债务重组损失计算方法；掌握不同债务重组方式下债务人和债权人的分别进行的会计核算。

【开篇案例】

2012 年 7 月 1 日，甲股份有限公司应收乙股份有限公司账款的账面余额 80 000 元，2012 年 12 月 31 日，由于乙公司发生财务困难，无法偿付应付账款。经双方协商同意，甲公司同意减免乙公司 20 000 元债务，余额用现金立即偿清。在这笔交易过程中，甲公司和乙公司的行为属于什么行为？甲乙两公司应如何进行账务处理？这种行为在我们日常生活普通吗？请举例说明一下。

第一节 债务重组的内容和重组方式

一、债务重组的内容

债务重组是指在债务人发生财务困难的情况下，债权人按照其与债务人达成的协议或者法院的裁定作出让步的事项。

债务人发生财务困难、债权人作出让步是债务重组的基本特征。债务人发生财务困难，是指因债务人出现资金困难、经营陷入困境或者其他方面的原因，导致其无法或者没有能力按原定条件偿还债务。债权人作出让步，是指债权人同意发生财务困难的债务人现在或者将来以低于重组债务账面价值的金额或者价值偿还债务。债权人作出让步的情形主要包括债权人减免债务人部分债务本金或者利息、降低债务人应付债务的利率等。本章的债务重组主要指持续经营条件下债权人作出让步的债务重组。

二、债务重组的方式

债务重组的方式主要有以下几种：

（一）以资产清偿债务

以资产清偿债务是指债务人转让其资产给债权人以清偿债务的债务重组方式。债务人用于清偿债务的资产主要有：现金（库存现金、银行存款、其他货币资金）、存货、金融资产、固定资产、无形资产等。

（二）将债务转为资本

将债务转为资本是指债务人将债务转为资本，同时债权人将债券转为股权的债务重组方式。但债务人根据转换协议，将应付可转换公司债券转为资本的，则属于正常情况下的债务转为资本，不能作为债务重组处理。

（三）修改其他债务条件

修改其他债务条件是指修改不包括上述两种方式在内的其他债务条件进行债务重组的方式，如减少债务本金、降低利率、减少利率、减少或免去债务利息、延长偿还期限等。

（四）以上三种方式的组合

以上三种方式的组合是指采用以上三种方式共同清偿债务的债务重组方式。例如，以转让资产清偿某项债务的一部分，另一部分债务通过修改其他债务条件进行债务重组。

【课堂测试 13-1】

1．下列经济业务中，不属于债务重组范围的有（　　）。

A．债务人改组

B．延长债务偿还期限并豁免部分债务

C．债务人借新债偿旧债

D．可转换公司债券转换为普通股股票

2．关于债务重组，下列说法正确的有（　　）。

A．债务重组一定是在债务人发生财务困难情况下发生的

B．债务重组一定是债权人按照其与债务人达成的协议或者法院的裁定做出让步的事项

C．债务重组既包括持续经营情况下的债务重组，也包括非持续经营情况下的债务重组

D．只要债务条件发生变化，无论债权人是否做出让步，均属于债务重组。

3．债务重组的方式主要包括（　　）。

A．以资产清偿债务

B．将债务转为资本

C．修改其他债务条件，如减少债务本金、减少债务利息等，不包括 A 和 B 两种方式

D．以上三种方式的组合

第二节　债务重组的会计处理

一、以资产清偿债务

（一）以现金清偿债务

1．债务人的会计处理

债务人以现金清偿债务的，债务人应当将重组债务的账面价值与支付的现金之间的差额确认为债务重组利得，作为营业外收入，计入当期损益。

2．债权人的会计处理

债权人以现金清偿债务的，债权人应当将重组债权的账面余额与收到的现金之间的差额确认为债务重组损失，作为营业外支出，计入当期损益。重组债权已经计提减值准备的，应当先将上述差额冲减后仍有损失的，计入营业外支出；冲减后减值准备仍有余额的，应当转回并抵减当期资产减值损失。

【例 13-1】乙公司于 2012 年 2 月 15 日赊销商品给甲公司，应收甲公司 10 000 000 元货款，合同规定甲公司应于 2012 年 5 月 15 日前偿付价款。因甲公司资金困难，此款项一直未付，乙公司已经对该项应收账款提取了 2 000 000 元的坏账准备。经双方协商于 2012 年 7 月 1 日进行债务重组，债务重组协议规定，乙公司同意减免 2 500 000 元债务，剩余由甲公司支付银行存款 7 500 000 元来抵偿债务，款项于 2012 年 7 月 8 日到账，双方解除债务手续。

（1）甲公司的账务处理：

计算债务重组利得

应付账款账面余额	10 000 000
减：支付的现金	7 500 000

债务重组利得　2 500 000

会计分录为：

借：应付账款——乙公司　10 000 000

　贷：银行存款　7 500 000

　　　营业外收入——债务重组利得　2 500 000

（2）乙公司的账务处理：

计算债务重组损失

应收账款账面余额　10 000 000

减：收到的现金　7 500 000

差额　2 500 000

减：已计提坏账准备　2 000 000

债务重组损失　500 000

会计分录为：

借：银行存款　7 500 000

　　坏账准备　2 000 000

　　营业外支出——债务重组损失　500 000

　　贷：应收账款——甲公司　10 000 000

（二）以非现金清偿债务

1．债务人的会计处理

债务人以非现金资产清偿某项债务的，债务人应当将重组债务的账面价值与转让的非现金资产的公允价值之间的差额确认为债务重组利得，作为营业外收入，计入当期损益。转让的非现金资产的公允价值与其账面价值的差额作为转让资产损益，计入当期损益。

债务人在转让非现金资产的过程中发生的一些税费，如资产评估费、运杂费等，直接计入转让资产损益。

2．债权人的会计处理

债务人以非现金资产清偿债务，债权人应当对受让的非现金资产按其公允价值入账，重组债权的账面余额与受让的非现金资产的公允价值之间的差额，确认为债务重组损失，作为营业外支出，计入当期损益。重组债权已经计提减值准备的，应当先将上诉差额冲减已计提的减值准备，冲减后仍有损失的，计入营业外支出；冲减后减值准备仍有余额的，应予转回并抵减当期资产减值损失。

债权人收到非现金资产时发生的有关运杂费等，应当计入相关资产的价值。

具体处理如下：

（1）以库存材料、商品产品抵偿债务

债务人以库存材料、商品产品抵偿债务，应视同销售进行会计处理。

【例 13-2】甲公司向乙公司购买了一批货物，价款 480 000 元（包括增值税）。按购销合同规定，甲公司应于 2012 年 9 月 25 日前支付该款项，但至 2012 年 11 月 25 日，由于甲公司财务发生困难，短期内不能偿还债务，经双方协商，乙公司同意甲公司以其生产的产品偿还债务。该商品的账面价值 320 000 元，适用的增值税税率 17%，公允价值为 360 000 元。乙公司于 2012 年 12 月 5 日收到甲公司抵债的产品中，作为商品入库；乙公司对该项应收账款计提了 10 000 元坏账准备。

甲公司的账务处理：

计算债务重组利得：480 000－(360 000＋360 000×17%)＝31 800（元）

借：应付账款——乙公司　　480 000
　贷：主营业务收入　　360 000
　　　应交税费——应交增值税（销项税额）　　61 200
　　　营业外收入——债务重组利得　　31 800

借：主营业务成本　　320 000
　贷：库存商品　　320 000

乙公司的账务处理：

计算债务重组损失＝480 000－(360 000＋360 000×17%)－10 000＝48 800（元）

借：库存商品　　360 000
　　应交税费——应交增值税（进项税额）　　61 200
　　坏账准备　　10 000
　　营业外支出——债务重组损失　　48 800
　贷：应收账款——甲公司　　480 000

（2）以固定资产抵偿债务

债务人以固定资产清偿债务，应将固定资产的公允价值与该项固定资产账面价值和清理费用的差额作为固定资产的损益处理。将固定资产公允价值与重组债务的账面价值的差额，作为债务重组利得。

【例 13-3】2012 年 6 月 10 日，甲公司应付乙公司账款 900 000 元，甲公司由于发生严重财务困难，短期内无法偿还，与乙公司达成债务重组协议：甲公司以一台设备抵偿债务。该设备的账面原价为 1 200 000 元，已提折旧 300 000

元，已提减值准备 100 000 元，公允价值为 650 000 元，该设备已于 2012 年 10 月 10 日运抵乙公司，乙公司将其作为固定资产。

甲公司的账务处理：

计算债务重组利得：900 000－(650 000＋650 000×17%)=139 500（元）

计算固定资产清理损益：650 000－(1 200 000－300 000－100 000)= −150 000（元）

会计处理：

借：固定资产清理　800 000
　　累计折旧　300 000
　　固定资产减值准备　100 000
　贷：固定资产　1 200 000

借：应付账款——乙公司　900 000
　贷：固定资产清理　650 000
　　　应交税费——应交增值税（销项税额）　110 500
　　　营业外收入——债务重组利得　139 500

借：营业外支出——处置非流动资产损失　150 000
　贷：固定资产清理　150 000

乙公司的账务处理：

计算债务损失：900 000－(650 000＋650 000×17%)＝139 500（元）

借：固定资产　650 000
　　应交税费——应交增值税（进项税额）　110 500
　　营业外支出——债务重组损失　139 500
　贷：应收账款——甲公司　1 100 000

3. 以股票、债券等金融资产抵偿债务

债务人以股票、债券等金融资产清偿债务，应按相关金融资产的公允价值与其账面价值的差额，作为转让金融资产的利得或损失处理；相关金融资产的公允价值与重组债务的账面价值的差额，作为债务重组利得。债权人收到的相关金融资产应按公允价值计量。

【例 13-3】2012 年 7 月 1 日，甲公司应付乙公司账款 650 000 元，由于甲公司经营不善，发生财务困难，短期内无法偿还债务。经协商，乙公司同意甲公司将其所持有作为可供出售金融资产核算的某公司股票抵偿债务。该股票账面价值 500 000 元，公允价值变动计入资本公积的金额为 0，债务重组日的公允价值为 530 000 元。乙公司已对该项债权提取了 20 000 元的坏账准备。用于抵债的股票已于 2012 年 10 月 1 日办理了相关转让手续；乙公司取得的股票作为可供出售金融资产核算。假定不考虑相关税费和其他因素。

甲公司的账务处理：

计算债务重组利得：650 000－530 000=120 000（元）

转让股票收益：530 000－500 000=30 000（元）

借：应付账款——乙公司　　650 000

　贷：可供出售金融资产——成本　　500 000

　　营业外收入——债务重组利得　　120 000

　　投资收益　　30 000

乙公司的账务处理：

计算债务重组损失：650 000－530 000－20 000＝100 000（元）

借：可供出售金融资产　　530 000

　坏账准备　　20 000

　营业外支出——债务重组损失　　100 000

　贷：应收账款——甲公司　　650 000

二、债务转为资本

将债务转为资本，应分别以下情况处理：

（一）债务人的会计处理

1. 债务人为股份有限公司时，债务人应将债权人因放弃债权而享有股份的面值总额确认为股本，股份的公允价值总额与股本之间的差额确认为资本公积。重组债务的账面价值与股份的公允价值总额之间的差额作为债务重组利得，计入当期损益。

2. 债务人为其他企业时，债务人应将债权人因放弃债权而享有的股权份额确认为实收资本，股权的公允价值与实收资本之间的差额确认为资本公积。重组债务的账面价值与股权的公允价值之间的差额作为债务重组利得，计入当期损益。

（二）债权人的会计处理

债务人将债务转为资本，对债权人来讲，也就是将债权转为股权。在这种方式下，债权人应将重组债权的账面余额与因放弃债权而享有的股权的公允价值之间的差额，先冲减已提取的减值准备，减值准备不足冲减的部分，或未提取减值准备的，将该差额确认为债务重组损失。同时，债权人应将因放弃债权而享有的股权按公允价值计量。发生的相关税费，分别按照长期股权投资或者金融工具确认和计量等准则的规定进行处理。

【例 13-4】2012 年 4 月 8 日，甲公司因无力偿还乙公司的 10 000 000 元货款进行债务重组。按债务重组协议规定，甲公司用普通股 4 000 000 股偿还债务。假设普通股每股面值 1 元；该股份的公允价值为 9 000 000 元（不考虑相关税费）。乙公司对应收账款计提了 800 000 元的坏账准备。甲公司于 8 月 5 日办妥了增资批准手续，不考虑其他因素。

甲公司的账务处理：

计算债务重组利得：10 000 000－9 000 000＝1 000 000（元）

计算应计入资本公积的金额：9 000 000－4 000 000×1＝5 000 000（元）

借：应付账款——乙公司　　10 000 000

　贷：股本　　4 000 000

　　资本公积——资本溢价　　5 000 000

　　营业外收入——债务重组利得　　1 000 000

乙公司的账务处理：

计算债务重组损失：10 000 000－9 000 000－800 000＝200 000（元）

借：长期股权投资——甲公司　　9 000 000

　坏账准备　　800 000

　营业外支出——债务重组损失　　200 000

　贷：应收账款——甲公司　　10 000 000

三、修改其他债务条件

修改其他债务条件，应当区分是否涉及或有应付（或应收）金额进行会计处理。或有应付（应收）金额，是指需要根据未来某种事项出现而发生的应付（或应收）金额，而且该款事项的出现具有不确定性。

（一）不涉及或有应付（或应收）金额的债务重组

1．债务人的会计处理

不附或有条件的债务重组，债务人应将修改其他条件后债务的公允价值作为重组后债务的入账价值。重组债务的账面价值与重组后债务的入账价值之间的差额计入损益。

2．债权人的会计处理

以修改其他债务条件进行债务重组，如修改后的债务条款不涉及或有应收金额，则债权人应当将修改其他债务条件后的债权的公允价值作为重组后债权的账面价值，重组债权的账面余额与重组后债权账面价值之间的差额确认为债务重组损失，计入当期损益。如果债权人已对该项债权计提了减值准备，应当先冲减已计提的减值准备，减值准备不足以冲减的部分，作为债务重组损失，计入营业外支出。

【例 13-5】甲公司 2010 年 12 月 15 日应收乙公司票据的账面余额为 68 200 元，其中 8 200 元为累计未付的利息。由于乙公司发生财务困难，无力偿还到期票据，经双方协商，2011 年 1 月 1 日进行债务重组。甲公司同意将债务本金减至 50 000 元，免去债务人所欠的全部利息，将利率定为 3%，并将债务延期到 2012 年 12 月 31 日，利息按年支付。甲、乙公司已将应收、应付票据转入应收、应付账款。同时，甲公司已对该应收款项计提 4 000 元坏账准备。

乙公司的账务处理：

计算债务重组利得：68 200－50 000＝18 200（元）

（1）2011 年 1 月 1 日，进行债务重组时：

借：应付账款——甲公司　　68 200
　贷：应付账款——债务重组　　50 000
　　营业外收入——债务重组利得　　18 200

（2）2011 年 12 月 31 日，支付利息 1 500 元（50 000×3%）：

借：财务费用　　1 500
　贷：银行存款　　1 500

（3）2012 年 12 月 31 日，偿还本金和最后一年利息：

借：应付账款——债务重组　　50 000
　　财务费用　　1 500
　贷：银行存款　　51 500

甲公司的账务处理：

计算债务重组损失：68 200－50 000－4 000=14 200（元）

（1）2011 年 1 月 1 日，进行债务重组时：

借：应收账款——债务重组　　50 000
　　营业外支出——债务重组损失　　14 200
　　坏账准备　　4 000
　贷：应收账款——乙公司　　68 200

（2）2011 年 12 月 31 日，收到利息：

借：银行存款　　1 000
　贷：财务费用　　1 000

（3）2012 年 12 月 31 日，收到本金和最后一年利息：

借：银行存款　　　　　　　　　　　　　51 000

　贷：财务费用　　　　　　　　　　　　　1 000

　　　应收账款——债务重组　　　　　　　50 000

需要强调的是，不涉及或有应付（或应收）金融的债务重组，债务人债务重组后债务账面价值或债权人债务重组后债权账面价值都不包含未来的应付利息或应收利息，债务重组时，债务人产生的利得或债券人产生的损失，在债务重组完成时一次确认。以后实际发生的利息支出或利息收入，直接反映在“财务费用”账户中。

【篇中案例】

浪莎股份曾被喻为“年市第一股”，公司原名*ST长控，经重组后更名为浪莎股份，公司股票曾因重组而于2006年12月20日开始停牌，停牌时的收盘价为7.80元。4个月后复牌，复牌当天股价最高冲击85元天价，收盘68.16元，收盘价涨幅达773%。2007年5月30日起更名为*ST浪莎，此后经涨涨跌跌。重组后该公司2007年第一季度实现净利润28 694.04万元；每股收益4.73元，同比增长6 756.34%。而当期公司的营业收入仅为455.36万元。很明显，公司盈利大增，主要是因为所豁免的公司债务28 536.83万元，确认为债务重组收益，按照新会计准则，债务重组收益计入公司当期损益。但该部分利润不会给公司带来实际的现金收入。

（二）涉及或有应付（或应收）金额的债务重组

1．债务人的会计处理

修改后的债务条款如涉及或有应付金额，债务人应当将该或有应付金额计入预计负债。原债务的账面价值与重组后债务的入账价值和预计负债的和之间的差额，作为债务重组利得，计入营业外收入。需要说明的是，在附或有支出的债务重组方式下，债务人应当在每期末，按照或有事项确认和计量要示，确定其最佳估计数，期末所确定的最佳估计数与原预计数的差额，计入当期损益。

2．债权人的会计处理

修改后的债务条款中涉及或有应收金额的，不应当确认或有应收金额，不得将其计入重组后债权的账面价值。或有应收金额属于或有资产，或有资产不予确认。只有在或有应收金额实际发生时，才计入当期损益。

【例13-6】2011年A公司应收B公司货款1 250 000元，由于B公司发生财务困难，遂于2011年12月31日进行债务重组，A公司同意延长2年，免除债务 250 000 元，利息按年支付，利率为 5%。但附有一条件：债务重组后，如 B 公司自第二年起有盈利，则利率上升至 7%，若无盈利，利率仍维持 5%。A 公司未计提坏账准备。根据对 B 公司的生产经营判断，B 公司预计很可能盈利；2012 年末，B 公司编制的利润表表明已经实现盈利。

B 公司的账务处理：

预计负债＝1 000 000×(7%－5%)＝20 000（元）

债务重组利得＝1 250 000－1 000 000－20 000＝230 000（元）

（1）2011 年 12 月 31 日进行债务重组时：

借：应付账款——A 公司　　1 250 000
　贷：应付账款——债务重组　　1 000 000
　　预计负债　　20 000
　　营业外收入——债务重组利得　　230 000

（2）2012 年，B 公司盈利，需支付利息 50 000 元（1 000 000×5%）：

借：财务费用　　50 000
　贷：银行存款　　50 000

（3）2013 年 12 月 31 日，还清债务：

需支付利息＝1 000 000×7%＝70 000（元）

借：应付账款——债务重组　　1 000 000
　财务费用　　70 000
　预计负债　　20 000
　贷：银行存款　　1 090 000

若 2012 年 B 企业亏损，2013 年 12 月 31 日还清债务：

需支付利息=1 000 000×5%＝50 000（元）

借：应付账款——债务重组　　1 000 000
　财务费用　　50 000
　贷：银行存款　　1 050 000
借：预计负债　　20 000
　贷：营业外收入——债务重组利得　　20 000

A 公司的账务处理：

债务重组损失＝1 250 000－1 000 000＝250 000（元）

（1）2011 年 12 月 31 日进行债务重组时：

借：应收账款——债务重组　　1 000 000
　营业外支出——债务重组损失　　250 000

贷：应收账款——B公司 1 250 000

（2）2012年，B公司盈利，A公司收到利息50 000元。

借：银行存款 50 000

贷：财务费用 50 000

（3）2013年12月31日，A公司收回欠款：

借：银行存款 1 070 000

贷：应收账款——债务重组 1 000 000

财务费用 70 000

若2013年B公司亏损，甲公司收回欠款：

借：银行存款 1 050 000

贷：应收账款——债务重组 1 000 000

财务费用 50 000

四、以上三种方式的组合方式

以上三种方式的组合方式进行债务重组，主要有以下几种情况：

（一）以现金、非现金资产两种方式的组合清偿某项债务的，应将重组债务的账面价值与支付的现金、转让的非现金资产的公允价值之间的差额作为债务重组利得。非现金资产的公允价值与其账面价值的差额作为转让资产损益。

债权人应将重组债权的账面余额与收到的现金、受让的非现金资产的公允价值，以及已提坏账准备之间的差额作为债务重组损失。

（二）以现金、债务转为资本两种方式的组合清偿某项债务的，重组债务的账面价值与支付的现金、债权人因放弃债权而享有的股权的公允价值的差额作为债务重组利得。股权的公允价值与股本（或实收资本）的差额作为资本公积。

债权人重组债权的账面价值与收到的现金、因放弃债权而享有的公允价值，以及已提减值准备的差额作为债务重组损失。

（三）以非现金资产、债务转为资本两种方式的组合清偿某项债务的，重组债务的账面价值与转让的非现金资产的公允价值、债权人因放弃债权而享有的股权的公允价值的差额为债务重组利得。非现金资产的公允价值与账面价值的差额作为转让资产损益；股权的公允价值与股本（或实收资本）的差额作为资本公积。

债权人重组债权的账面价值与受让的非现金资产的公允价值、因放弃债权而享有的股权的公允价值，以及已提减值准备的差额作为债权重组损失。

（四）以现金、非现金资产、债务转为资本三种方式的组合清偿某项债务的，重组债务的账面价值与支付的现金、转让的非现金资产的公允价值、债权人因放弃债权而享有股权的公允价值的差额作为转让资产损益；股权的公允价值与股本（或实收资本）的差额作为资本公积。

债权人重组债权的账面价值与收到的现金、受让的非现金资产的公允价值、因放弃债权而享有的股权的公允价值，以及已提减值准备的差额作为债权重组损失。

（五）以资产、债务转为资本等方式清偿某项债务的一部分，并对该项债务的另一部分以修改其他债务条件进行债务重组。在这种方式下，债务人应先以支付的现金、转让的非现金资产的公允价值、债权人因放弃债权而享有的股权的公允价值冲减重组债务的账面价值，余额与重组后债务的公允价值进行比较，据此计算债务重组利得。债权人因放弃债权而享有的股权的公允价值与股本（或实收资本）的差额作为资本公积；非现金资产的公允价值与其账面价值的差额作为转让资产损益，于当期确认。

债权人应先以收到的现金、受让非现金资产的公允价值、因放弃债权而享有的股权的公允价值冲减重组债权的账面价值，差额与重组后债务的公允价值进行比较，据此计算债务重组损失。

【例 13-7】A 企业和 B 企业均为工业企业一般纳税人。A 企业于 2010 年 6 月 30 日向 B 企业出售产品一批，产品销售价款 2 000 000 元，应收增值税额 340 000 元；B 企业于同年 6 月 30 日开出期限为 6 个月的票面年利率为 6%的商业承兑汇票，抵偿该产品价款。在该票据到期日，B 企业未按期兑付该票据，A 企业将该应收票据按其到期价值转入应收账款，不再计算利息。至 2011 年 12 月 31 日，A 企业对该应收账款提取的坏账准备为 10 000 元。B 企业由于财务困难，短期内资金紧张，于 2011 年 12 月 31 日经与 A 企业协商，达成债务重组协议如下：

（1）B 企业以产品一批偿还部分债务。该批产品的账面价值为 40 000 元，公允价值为 60 000 元，应交增值税额为 10 200 元。B 企业开出增值税专用发票。A 企业将该产品作为商品验收入库。

（2）A 企业同意减免 B 企业所负全部债务扣除实物抵债后剩余债务的 40%债务，其余债务的偿还期延至 2012 年 12 月 31 日。

B 企业的账务处理：

债务重组时应付账款的账面余额=（2 000 000＋340 000）×（1＋6%÷2）＝2 410 200（元）

债务重组后债务的入账价值＝［2 410 200－60 000×（1+17%）］×60%＝

（2 410 200－70 200）×60％＝1 404 000（万元）

计算债务重组利得：

应付账款账面余额 2 410 200 元

减：所转让资产的含税公允价值 70 200 元

重组后债务公允价值 1 404 000 元

债务重组利得 936 000 元

应编制的会计分录

借：应付账款——A 企业　　2 4102 00

　贷：主营业务收入　　60 000

　　　应交税费——应交增值税（销项税额）　　10 200

　　　应付账款——债务重组　　1 404 000

　　　营业外收入——债务重组利得　　936 000

借：主营业务成本　　40 000

　贷：库存商品　　40 000

A 企业的账务处理：

应收账款账面余额 2 410 200 元

减：受让资产的含税公允价值 70 200 元

重组后债权公允价值 1 404 000 元

坏账准备 10 000 元

债务重组损失 926 000 元

会计分录：

借：库存商品　　60 000

　　应收账款——债务重组　　1 404 000

　　应交税费——应交增值税（进项税额）　　10 200

　　坏账准备　　10 000

　　营业外支出——债务重组损失　　926 000

　贷：应收账款——B 企业　　2 410 200

【课堂测试 13-2】

1．企业以低于应付债务账面价值的现金清偿债务的，支付的现金低于应付债务账面价值的差额，应当计入（　　）。

A．盈余公积　　B．资本公积

C．营业外收入　　D．其他业务收入

2．甲公司应收乙公司货款 800 万元，经磋商，双方同意按 600 万元结清该笔货款，乙公司已将600万元支付给甲公司。甲公司已经为该笔应收账款计提了100万元的坏账准备，在债务重组日，该事项对甲公司和乙公司的影响分别为（　）。

A．甲公司资本公积减少200万元，乙公司资本公积增加200万元

B．甲公司营业外支出增加100万元，乙公司资本公积增加200万元

C．甲公司营业外支出增加200万元，乙公司营业外收入增加200万元

D．甲公司营业外支出增加100万元，乙公司营业外收入增加200万元

3．债务重组时，债权人对受让非现金资产过程中发生的运杂费、保险费等相关费用，应计入的项目是（　）。

A．管理费用　　B．其他业务成本

C．营业外支出　　D．接受资产的价值

4．债务人以非现金资产清偿某项债务，债务人应将应付债务的账面价值大于用以清偿债务的非现金资产公允价值的差额，计入（　）。

A．资本公积　　B．营业外支出

C．营业外收入　　D．财务费用

5. 2008年1月1日，深广公司销售一批材料给红星公司，含税价为105 000元。2008年7月1日，红星公司发生财务困难，无法按合同规定偿还债务，经双方协议，深广公司同意红星公司用产品抵偿该应收账款。该产品市价为80 000元，增值税税率为17%，产品成本为70 000元。红星公司为转让的材料计提了存货跌价准备500元，深广公司为债权计提了坏账准备500元。假定不考虑其他税费，深广公司接受的存货的入账价值为（　）元。

A．91 400　　B．80 000

C．90 900　　D．70 000

6. A公司以一台设备抵偿所欠甲公司的债务12万元，设备的账面原价为10万元，已计提折旧4万元，发生相关税费1万元，设备的公允价值为8万元。A公司债务重组应计入利润的金额为（　）万元。

A. 5　　B．4

C．3　　D．6

本章小结

债务重组是指在债务人发生财务困难的情况下，债权人按照其与债务人达成的协议或者法院的裁定作出让步的事项。债务重组的方式主要有以下几种：

（1）以资产清偿债务；（2）将债务转为资本；（3）修改其他债务条件；（4）以上三种方式的组合。

（一）以现金清偿债务

债务人以现金清偿债务的，债务人应当将重组债务的账面价值与支付的现金之间的差额确认为债务重组利得，作为营业外收入，计入当期损益。

债权人以现金清偿债务的，债权人应当将重组债权的账面余额与收到的现金之间的差额确认为债务重组损失，作为营业外支出，计入当期损益。重组债权已经计提减值准备的，应当先将上述差额冲减，冲减后仍有损失的，计入营业外支出；冲减后减值准备仍有余额的，应当转回并抵减当期资产减值损失。

（二）以非现金清偿债务

债务人以非现金资产清偿某项债务的，债务人应当将重组债务的账面价值与转让的非现金资产的公允价值之间的差额确认为债务重组利得，作为营业外收入，计入当期损益。转让的非现金资产的公允价值与其账面价值的差额作为转让资产损益，计入当期损益。

债务人在转让非现金资产的过程中发生的一些税费，如资产评估费、运杂费等，直接计入转让资产损益。

债务人以非现金资产清偿债务，债权人应当对受让的非现金资产按其公允价值入账，重组债权的账面余额与受让的非现金资产的公允价值之间的差额，确认为债务重组损失，作为营业外支出，计入当期损益。重组债权已经计提减值准备的，应当先将上诉差额冲减已计提的减值准备，冲减后扔有损失的，计入营业外支出；冲减后减值准备仍有余额的，应予转回并抵减当期资产减值损失。

（三）将债务转为资本

债务人为股份有限公司时，债务人应将债权人因放弃债权而享有股份的面值总额确认为股本，股份的公允价值总额与股本之间的差额确认为资本公积。重组债务的账面价值与股份的公允价值总额之间的差额作为债务重组利得，计入当期损益。

债务人为其他企业时，债务人应将债权人因放弃债权而享有的股权份额确认为实收资本，股权的公允价值与实收资本之间的差额确认为资本公积。重组债务的账面价值与股权的公允价值之间的差额作为债务重组利得，计入当期损益。

债务人将债务转为资本，对债权人来讲，也就是将债权转为股权。在这种方式下，债权人应将重组债权的账面余额与因放弃债权而享有的股权的公允价值之间的差额，先冲减已提取的减值准备，减值准备不足冲减的部分，或未提取减值准备的，将该差额确认为债务重组损失。同时，债权人应将因放弃债权而享有的股权按公允价值计量。发生的相关税费，分别按照长期股权投资或者金融工具确认和计量等准则的规定进行处理。

（四）修改其他债务条件

1．不涉及或有应付（或应收）金额的债务重组

不附或有条件的债务重组，债务人应将修改其他条件后债务的公允价值作为重组后债务的入账价值。重组债务的账面价值与重组后债务的入账价值之间的差额计入损益。

以修改其他债务条件进行债务重组，如修改后的债务条款不涉及或有应收金额，则债权人应当将修改其他债务条件后的债权的公允价值作为重组后债权的账面价值，重组债权的账面余额与重组后债权账面价值之间的差额确认为债务重组损失，计入当期损益。如果债权人已对该项债权计提了减值准备，应当先冲减已计提的减值准备，减值准备不足以冲减的部分，作为债务重组损失，计入营业外支出。

2．涉及或有应付（或应收）金额的债务重组

修改后的债务条款如涉及或有应付金额，债务人应当将该或有应付金额计入预计负债。原债务的账面价值与重组后债务的入账价值和预计负债的和之间的差额，作为债务重组利得，计入营业外收入。需要说明的是，在附或有支出的债务重组方式下，债务人应当在每期末，按照或有事项确认和计量要示，确定其最佳估计数，期末所确定的最佳估计数与原预计数的差额，计入当期损益。

修改后的债务条款中涉及或有应收金额的，不应当确认或有应收金额，不得将其计入重组后债权的账面价值。或有应收金额属于或有资产，或有资产不予确认。只有在或有应收金额实际发生时，才计入当期损益。

【篇后案例】

ST 华龙债务重组案例

广东华龙集团股份有限公司（以下简称 ST 华龙）于 2000 年 12 月在上海证券交易所上市流通。自该公司上市后围绕它的是不断的出局和重组、债务和抵押、拍卖和收购，连续多年没有任何利润分配、送配股，每股亏损最高达 3.04 元。经过 2007 年和 2008 年的一番重组后，2008 年确定的每股收益高达 1.09 元，成为备受关注的复牌 ST 股。ST 华龙在长达 1 年半的停牌后于 2009 年首个交易日再度“复出”，该公司完成的神奇蜕变与我国 2006 年

颁布的《债务重组准则》密切相关。

由于2004年和2005年连续两个会计年度亏损，根据上海证券交易所的有关规定，ST华龙股票于2006年5月8日停牌一天，自2006年5月9日起实行退市风险警示的特别处理，股票简称相应变更为“ST华龙”。由于公司2006年继续亏损，公司股票自2007年5月25日起暂停上市交易。2008年4月30日公司披露2007年度报告，经武汉众环会计师事务所有限责任公司审计，2007年度公司实现净利润720.32万元，扣除非经常性损益的净利润为—3 646.42万元。该公司于2008年5月8日向上海证券交易所提交了股票恢复上市的申请。经上海证券交易所审核并结合公司股权分置改革，公司股票于2009年1月5日起在上海证券交易所恢复上市交易。恢复上市首日的股票简称为“NST*华龙”，以后公司的股票简称为“ST 华龙”，证券代码为“600242”。

该公司于2007年实现盈利，实现净利润720.32万元，为恢复上市创造了条件，主要是因为2007年12月，公司与重庆新渝巨鹰实业发展有限公司等五家债权人签订债务重组协议，豁免公司债务3 040.86万元。通过以上债务重组，公司实现营业外收入3 040.86万元。2007年公司通过资产拍卖获得收益803.58万元，获得农业部渔用柴油补贴款收入720.20万元。该公司2007年年度报告财务报表附注中也披露“债务重组利得：2007年度公司与部分债权人签订债务和解协议，根据协议约定，公司向上述债权人支付160万元，债权人解除公司欠上述债权人账面价值3 200.86万元的债务，截至2007年12月31日债务和解已实施完毕”。

该公司于2008年再度确认债务重组损益29 460.70万元，2008年年度报告财务报表附注披露“2008年12月30日，广东省阳江市中级人民法（2008）阳中法民破字第3-23号裁定：终结对公司的破产重整程序，按照重整计划减免的债务，公司不再承担清偿责任。公司根据法院裁定，将豁免的债务计入营业外收入——债务重组利得”。

从上述案例中，我们能得到什么样的启示呢？

核心概念

债务重组（debt restructuring）

应付金额（amount payables）

应收金额（amount receivables）

重组利得（gains from dect restructuring）

重组损失（loss on debt restructuring）

思考题

1. 简述债务重组的含义及债务重组方式。

2. 简述以现金清偿债务方式下债务人和债权人分别如何进行会计处理。

3. 简述以非现金清偿债务方式下债务人和债权人分别如何进行会计处理。

4. 简述债务转为资本清偿债务方式下债务人和债权人分别如何进行会计处理。

5. 简述涉及或有应付（或应收）金额债务重组下债务人和债权人分别如何进行会计处理。

练习题

（一）单项选择题

1. 甲公司应收乙公司货款 800 万元，经协商，双方同意按 600 万元结清该笔货款。甲公司已经为该笔应收账款计提了 100 万元的坏账准备，在债务重组日，该事项对甲公司和乙公司的影响分别为（　）。

A. 甲公司资本公积减少 200 万元，乙公司资本公积增加 200 万元
B. 甲公司营业外支出增加 100 万元，乙公司资本公积增加 200 万元
C. 甲公司营业外支出增加 200 万元，乙公司营业外收入增加 200 万元
D. 甲公司营业外支出增加 100 万元，乙公司营业外收入增加 200 万元

2. 企业以低于应付债务账面价值的现金清偿债务的，支付的现金低于应付债务账面价值的差额，应当计入（　）。

A. 营业外收入　　B. 资本公积
C. 管理费用　　D. 其他业务收入

3. 甲公司应收乙公司货款 600 万元，经协商，双方同意按 500 万元结清该笔货款。甲公司已经为该笔应收账款计提了 120 万元的坏账准备，在债务重组日，该事项对甲公司和乙公司的影响分别为（　）。

A. 甲公司资产减值损失减少 20 万元，乙公司营业外收入增加 100 万元
B. 甲公司营业外支出增加 100 万元，乙公司资本公积增加 100 万元
C. 甲公司营业外支出增加 100 万元，乙公司营业外收入增加 100 万元

D．甲公司营业外支出增加 100 万元，乙公司营业外收入增加 20 万元

4．债务人以长期股权投资抵偿债务，债务人应将转出的长期股权投资公允价值和账面价值的差额计入（　）。

A．资本公积　　B．营业外收入

C．营业外支出　　D．投资收益

5．甲企业应收乙企业账款的账面余额为 585 万元，由于乙企业财务困难无法偿付应付账款，经双方协商同意，乙企业以 85 万元现金和其 200 万股普通股偿还债务。乙公司普通股每股面值 1 元，市价 2.2 元，甲企业取得投资后确认为可供出售金融资产，甲企业对该应收账款提取坏账准备 50 万元。甲企业债务重组损失和初始投资成本是（　）万元。

A．95 485　　B．60 200

C．10 440　　D．145 525

6．下列各项中，应作为债务重组前提条件的是（　）。

A．债权人做出让步　　B．法院判决

C．债务人与债权人签订了协议　　D．债务人发生财务困难

7．甲公司应付 A 公司账款 80 万元，甲公司与 A 公司达成债务重组协议，甲公司以一台设备抵偿债务。设备账面原价为 100 万元，已提折旧 22 万元，其公允价值为 77 万元，甲公司该项债务重组利得为（　）万元。

A．51　　B．3

C．0　　D．23

8．A 公司以一台设备抵偿所欠甲公司的债务 12 万元，设备的账面原价为 10 万元，已计提折旧 4 万元，发生相关税费 1 万元，设备的公允价值为 8 万元。A 公司发生的该业务应计入利润的金额为（　）万元。

A．5　　B．4

C．3　　D．6

9．甲公司发生财务困难，短期内无法偿还所欠乙公司货款 100 万元。双方协商，甲公司以持有至到期投资抵偿乙公司全部货款，持有至到期投资公允价值为 98 万元，账面价值为 110 万元。乙公司已为该项应收债权计提 10 万元坏账准备。假定不考虑相关税费，乙公司收到该项持有至到期投资的入账价值为（　）万元。

A．98　　B．90

C．110　　D．100

10．以固定资产抵偿债务的，债权人收到的固定资产应按（　）入账。

A．账面价值　　　　　　　　　　B．账面余额

C．公允价值　　　　　　　　　　D．账面净值

11．下列有关债务重组的说法中，正确的是（ ）。

A. 在债务重组中，若债权人取得多项非现金资产，应先确定其总成本，再以非现金资产原账面价值比例为基础对其进行分配

B. 在债务转为资本的偿债方式下，债权人应在债务重组日，应当将享有股权的面值确认为对债务人的投资

C. 修改其他债务条件后，若债权人未来应收金额大于应收债权的账面价值，但小于应收债权账面余额的，应按未来应收金额大于应收债权账面价值的差额计入营业外收入

D. 在混合重组方式下，债务人和债权人在进行账务处理时，一般先考虑以现金清偿，然后是以非现金资产或以债务转为资本方式清偿，最后才是修改其他债务条件

12．以修改其他债务条件进行债务重组的，如果债务重组协议中附有或有应付金额的，该或有应付金额最终没有发生的，应（ ）。

A．冲减营业外支出

B．冲减财务费用

C．冲减已确认的预计负债，同时确认营业外收入

D．不做账务处理

13．以修改其他债务条件进行债务重组的，如果债务重组协议中附有或有应收金额的，债权人应将或有应收金额（ ）。

A．包括在将来应收金额中　　　　B．包括在将来应付金额中

C．计入当期损益　　　　　　　　D．不做账务处理

14．A 企业欠 B 企业货款 750 万元，到期日为 2008 年 3 月 20 日，因 A 企业发生财务困难，4 月 25 日起双方开始商议债务重组事宜，5 月 10 日双方签订重组协议，B 企业同意 A 企业以价值 700 万元的产成品抵债。A 企业分批将该批产品运往 B 企业，第一批产品运抵日为 5 月 15 日，最后一批运抵日为 5 月 22 日，并于 5 月 22 日办妥有关债务解除手续。则 A 企业应确定的债务重组日为（ ）。

A．4 月 25 日　　　　　　　　　B．5 月 10 日

C．5 月 15 日　　　　　　　　　D．5 月 22 日

15．以下适用于《企业会计准则第 12 号——债务重组》准则规范的债务重组事项的是（ ）。

A．企业破产清算时的债务重组

B．企业进行公司制改组时的债务重组

C．企业兼并中的债务重组

D．持续经营条件下的债务重组

（二）多项选择题

1．关于债务重组准则中以现金清偿债务的，下列说法中正确的有（　）。

A．债务人应当将重组债务的账面价值与实际支付现金之间的差额，计入当期损益

B．若债权人未对应收债权计提减值准备，债权人应当将重组债权的账面余额与收到的现金之间的差额，计入当期损益

C. 若债权人已对债权计提减值准备的，应当先将该差额冲减减值准备，减值准备不足以冲减的部分，计入当期损益

D．若债权人已对债权计提减值准备的，债权人实际收到的款项小于应收债权账面价值的差额，计入当期损益

2．A 公司于 2008 年 1 月 1 日销售给 B 公司一批商品，价税合计 117 000 元，协议规定 B 公司于 2008 年 6 月 30 日支付全部货款。2008 年 6 月 30 日，由于 B 公司经营困难，无法支付全部的货款，双方协商进行债务重组。下面情况符合债务重组定义的是（　）。

A．A 公司同意 B 公司以一台设备偿还全部债务的 80%，剩余的债务不再要求偿还

B．A 公司同意 B 公司延期至 2008 年 12 月 31 日支付全部的债务并加收利息，但不减少其偿还的金额

C．A 公司同意 B 公司以 100 000 元偿付全部的债务

D．A 公司同意 B 公司以一批存货偿还全部债务，该存货公允价值为 95 000 元

3．以非货币性资产偿还债务的债务重组中，下列说法正确的有（　）

A．债务人以存货偿还债务的，视同销售该存货，应按照其公允价值确认相应的收入，同时结转存货的成本

B．债务人以固定资产偿还债务的，固定资产公允价值与其账面价值和支付的相关税费之间的差额，计入营业外收入或营业外支出

C．债务人以长期股权投资偿还债务的，长期股权投资公允价值与其账面价值和支付的相关税费之间的差额计入投资收益

D．债务人以无形资产偿还债务的，无形资产公允价值与其账面价值和

支付的相关税费之间的差额，计入营业外收入或营业外支出

4．债务人以非现金资产清偿债务的，非现金资产转让收益计入的科目可能有（ ）。

A．主营业务收入　　B．其他业务收入

C．营业外收入　　D．投资收益

E．资本公积

5．2007 年 4 月 8 日，甲公司因无力偿还乙公司的 1 000 万元货款进行债务重组。按债务重组协议规定，甲公司用普通股 400 万股偿还债务。假设普通股每股面值 1 元，该股份的公允价值为 900 万元（不考虑相关税费）。乙公司对该应收账款计提了 80 万元的坏账准备。甲公司于 8 月 5 日办妥了增资批准手续，换发了新的营业执照，则下列表述正确的有（ ）。

A．债务重组日为 2007 年 4 月 8 日

B．乙公司因放弃债权而享有股份的面值总额为 400 万元

C．甲公司计入资本公积——股本溢价为 500 万元

D．债权人计提的相应的坏账准备 80 万元必须随债务重组一起转平

6．关于债务重组准则中修改其他债务条件的，下列说法中错误的有（ ）。

A．债务重组以修改其他债务条件进行的，债权人应当将修改其他债务条件后的债权的公允价值作为重组后债权的账面价值，重组债权的账面余额与重组后债权的账面价值之间的差额，计入当期损益。债权人已对债权计提减值准备的，应当先将该差额冲减减值准备，减值准备不足以冲减的部分，计入当期损益

B．修改后的债务条款中涉及或有应收金额的，债权人应当确认或有应收金额，将其计入重组后债权的账面价值

C．修改其他债务条件的，债务人应当将修改其他债务条件后债务的公允价值作为重组后债务的入账价值。重组债务的账面价值与重组后债务的入账价值之间的差额，计入当期损益

D．或有应付金额一定计入将来应付金额中

7．下列属于债务重组的有（ ）。

A．以低于债务的账面价值的货币资金清偿债务

B．修改债务条件，如减少债务本金、降低利率等

C．债务人借新债还旧债

D．债务人改组，债权人将债权转为对债务人的股权投资

8．在混合重组方式下，下列表述正确的有（ ）。

A. 一般情况下，应先考虑以现金清偿，然后是非现金资产清偿或以债务转为资本方式清偿，最后是修改其他债务条件

B. 如果重组协议本身已明确规定了非现金资产或股权的清偿债务金额或比例，债权人接受的非现金资产应按规定的金额入账

C. 债权人接受多项非现金资产，债权人应按债务人非现金资产的账面价值的相对比例确定各项非现金资产的入账价值

D. 只有在满足债务重组日条件的情况下，才能进行债务重组的账务处理

9. 修改其他债务条件时，以下债权人可能产生债务重组损失的有（　　）。

A. 无坏账准备时，债权人重组债权的账面余额大于将来应收金额

B. 无坏账准备时，债权人重组债权的账面余额小于将来应收金额

C. 有坏账准备时，债权人放弃的部分债权小于已经计提的坏账准备

D. 有坏账准备时，债权人放弃的部分债权大于已经计提的坏账准备

10. 下列关于债务重组将债务转为资本的说法中，正确的有（　　）。

A. 债务人应当将债权人放弃债权而享有股份面值的总额确认为股本或实收资本，股份的公允价值的总额与股本之间的差额确认为债务重组的利得

B. 债务人应当将债权人放弃债权而享有的股份面值的总额确认为股本或实收资本，股份公允价值和股本之间的差额确认为资本公积

C. 重组债务的账面价值与股份的公允价值总额之间的差额计入当期损益

D. 重组债务的账面价值与股份面值总额之间的差额计入当期损失

11. 2010 年 6 月 1 日，甲公司因发生财务困难无力偿还乙公司的 1 200 万元到期货款，双方协议进行债务重组。按债务重组协议规定，甲公司以其普通股偿还债务。假设普通股每股面值 1 元，甲公司用 500 万股抵偿该项债务（不考虑相关税费），股权的公允价值为 900 万元。乙公司对应收账款计提了 120 万元的坏账准备。甲公司于 9 月 1 日办妥了增资批准手续，换发了新的营业执照，则下列表述正确的有（　　）。

A. 债务重组日为 2010 年 6 月 1 日

B. 甲公司计入“股本”的金额为 500 万元

C. 甲公司计入“资本公积——股本溢价”的金额为 400 万元

D. 甲公司计入“营业外收入”的金额为 300 万元

12. 在债务重组的会计处理中，以下正确的提法有（　）。

A．债务人应确认债务重组收益

B．无论债权人或债务人，均不确认债务重组损失

C．用非现金资产清偿债务时，债务人应将应付债务的账面价值大于用以清偿债务的非现金资产账面价值的差额，直接计入当期营业外收入

D．用非现金资产清偿债务时，债务人应将应付债务的账面价值大于用以清偿债务的非现金资产公允价值与相关税费之和的差额计入营业外收入

13．债务重组是指在债务人发生财务困难的情况下，债权人按照其与债务人达成的协议或者法院的裁定做出让步的事项。其中，债权人作出的让步包括（ ）。

A．债权人减免债务人部分债务利息

B．允许债务人延期支付债务，但不减少债务的账面价值

C．降低债务人应付债务的利率

D．债权人减免债务人部分债务本金

14．下列各项中属于债务重组修改其他债务条件的方式有（ ）。

A．债务转为资本　　B．降低利率

C．减少债务本金　　D．免去应付未付的利息

15. 对于债权人而言，有关债务重组处理，正确的有（ ）。

A. 未对重组债权计提减值准备的，应将重组债权的账面余额与受让资产的公允价值、所转股份的公允价值、或者重组后债权的账面价值之间的差额，确认为债务重组损失计入营业外支出

B. 已对重组债权计提减值准备的，应先将重组债权的账面余额与受让资产的公允价值、所转股份的公允价值、或者重组后债权的账面价值之间的差额冲减减值准备，冲减后尚有余额的，作为债务重组损失计入营业外支出，冲减后减值准备仍有余额的，应予以转回并抵减当期资产减值损失

C. 债权人收到存货、固定资产、无形资产、长期股权投资等抵债资产的，应当以账面价值的相对比例分配确定其各自入账价值

D. 债权人收到存货、固定资产、无形资产、长期股权投资等抵债资产的，应当以其各自的公允价值为基础确定其入账价值

（三）判断题

1．根据债务重组准则规定，债权人在债务重组过程中可能会得到债务重

组收益。（　）

2．只要债务重组时确定的债务偿还条件不同于原协议，不论债权人是否做出让步，均属于准则定义的债务重组。（　）

3．附或有支出的债务重组，重组债务的账面价值与重组后债务的入账价值之间的差额，计入当期损益（营业外收入）。（　）

4．债务人以其生产的产品抵偿债务，应以成本转账而不计入主营业务收入。（　）

5．在债务重组中，如果债权人对该项债权计提了坏账准备，应先冲减已计提的坏账准备，再计算其重组的损失。（　）

6．以非现金资产抵偿债务的，债务人计入当期损益的金额可划分为资产转让损益和债务重组利得。（　）

7．债务人以非现金资产清偿债务，其应付债务大于转让的非现金资产的账面价值的差额，作为债务重组收益，计入当期损益。（　）

8．以债权转为股权的，应按应收债权的账面价值为基础作为受让股权的入账价值。（　）

9．在债务重组中，债务人的或有应付金额在随后会计期间没有发生的，应在结算时转入营业外收入。（　）

10．债务重组方式包括以资产清偿债务、将债务转为资本、修改其他债务条件等，但以上三种方式的组合不属于准则规范的债务重组方式。（　）

11．采用修改其他债务条件方式进行债务重组时，债务人应当将修改其他债务条件后债务的公允价值作为重组后债务的入账价值。重组债务的账面价值与重组后债务的入账价值之间的差额，计入当期损益。（　）

12．债务人发生财务困难是指因债务人出现资金周转困难、经营陷入困境或者其他方面的原因等，导致其无法或者没有能力按原定条件偿还债务。（　）

13．债权人可以确认债务重组收益，债务人只能确认债务重组损失。（　）

14．以现金清偿债务的，债务人应当在满足金融负债终止确认条件时，终止确认重组债务，并将重组债务的账面价值与实际支付现金之间的差额，计入当期损益（其他业务收入）。（　）

15．修改其他债务条件进行债务重组的，债务人不能确认债务重组收益。（　）

（四）核算题

1．乙公司欠甲公司货款200 000元。由于乙公司财务发生困难，经协商进行债务重组。甲公司同意乙公司支付150 000元货款，余款不再偿还。乙公司随即支付了 150 000 元货款。甲公司对该项应收账款计提 20 000 元的坏账准备。

要求：根据上述资料，编制甲、乙公司与债务重组有关的会计分录。

2. 甲公司于 2009 年 1 月 20 日销售一批材料给乙公司，不含税价格为 200 000 元，增值税税率为 17%，按合同规定，乙公司应于 2009 年 4 月 1 日前偿付货款。由于乙公司发生财务困难，无法按合同规定的期限偿还债务，经双方协商于 7 月 1 日进行债务重组。债务重组协议规定，甲公司同意减免乙公司 30 000 元债务，余额用现金立即偿清。甲公司已于 7 月 10 日收到乙公司通过转账偿还的款项。甲公司已为该项应收债权计提了 20 000 元的坏账准备。

要求：编制甲公司、乙公司与债务重组有关的会计分录。

3. 乙公司欠甲公司货款 800 000 元。由于乙公司财务发生困难，短期内不能支付货款，经协商进行债务重组。乙公司以其生产的产品（机器设备）偿还债务，该产品的销售价格 600 000 元（不含税），成本为 400 000 元。甲、乙公司均为增值税一般纳税人，增值税税率为 17%。甲公司未对该项应收账款计提坏账准备。

要求：

（1）假设甲公司将收到的乙公司的产品作库存商品，根据上述资料，做出甲、乙双方的账务处理。

（2）假设甲公司将收到的乙公司的产品作固定资产，根据上述资料，做出甲、乙双方的账务处理。

4. 甲公司于 2008 年 1 月 1 日销售给乙公司一批材料，价值 400 000 元（包括应收取的增值税税额），按购销合同约定，乙公司应于 2008 年 10 月 31 日前支付货款，但至 2009 年 1 月 31 日乙公司尚未支付货款。由于乙公司财务发生困难，短期内不能支付货款。2009 年 2 月 3 日，经过协商，甲公司同意乙公司以一台设备偿还债务。该项设备的账面原价为 350 000 元，已提折旧 5 万元，设备的公允价值为 360 000 元（假设企业转让该项设备不需要缴纳增值税）。甲公司对该项应收账款提取坏账准备 20 000 元。设备已于 2009 年 3 月 10 日运抵甲公司。假定不考虑与该项债务重组相关的税费。

要求：编制上述业务中甲、乙公司与债务重组有关的会计分录。

5. 2005 年 6 月 30 日，甲公司从某银行取得年利率 10%、3 年期的贷款 12 500 元，现因甲公司财务困难，于 2007 年 12 月 31 日进行债务重组，银行同意延长到期日至 2011 年 12 月 31 日，利率降至 7%，免除所有积欠利息，本金减至 10 000 元。但附有一条件，债务重组后，如果甲公司第二年起有盈利，则利率恢复至 10%，如果无盈利，仍维持 7%。假设银行没有对该贷款计提坏账准备，债务重组后每年年底支付利息。

要求：

（1）编制甲公司有关债务重组日的分录。

（2）假设甲公司第二年起有盈利，编制债务人2009～2011年度的会计分录。

（3）假设甲公司第二年起无盈利，编制债务人2009～2011年度的会计分录。

6．甲公司和乙公司均为增值税一般纳税人。甲公司于2008年6月30日向乙公司出售产品一批，产品销售价款100万元，应收增值税17万元；乙公司于同年6月30日开出期限为6个月、票面年利率为4%的商业承兑汇票，抵减购买该产品价款。在该票据到期日，乙公司未按期兑付，甲公司将该应收票据按其到期价值转入应收账款，不再计算利息。至2009年12月31日，甲公司对该应收账款提取的坏账准备为5 000元。乙公司由于发生财务困难，短期内资金紧张，于2009年12月31日经与甲公司协商，达成债务重组协议如下：

（1）乙公司以产品一批偿还部分债务。该批产品的账面价值为20 000元，公允价值为30 000元，应交增值税税额为5 100元。乙公司开出增值税专用发票。甲公司将该产品作为商品验收入库。

（2）甲公司同意减免乙公司所负全部债务扣除实物抵债后剩余债务的40%，其余债务的偿还期延至2000年12月31日。

要求：编制上述业务中甲、乙公司与债务重组有关的会计分录。

7. 甲股份有限公司（本题简称甲公司）为上市公司，2010年至2011年发生的相关交易或事项如下：

（1）2010年7月30日，甲公司就应收A公司账款6 000万元与A公司签订债务重组合同。合同规定：A公司以其拥有的一栋在建写字楼及一项长期股权投资偿付该项债务；A公司在建写字楼和长期股权投资所有权转移至甲公司后，双方债权债务结清。

2010年8月10日，A公司将在建写字楼和长期股权投资所有权转移至甲公司。同日，甲公司该重组债权已计提的坏账准备为800万元；A公司该在建写字楼的账面余额为1 800万元，未计提减值准备，公允价值为2 200万元；A公司该长期股权投资的账面余额为2 600万元，已计提的减值准备为200万元，公允价值为2 300万元。

甲公司将取得的股权投资作为长期股权投资，采用成本法核算。

（2）甲公司取得在建写字楼后，委托某建造承包商继续建造。至2011年1月1日累计新发生工程支出800万元。2011年1月1日，该写字楼达到预定可使用状态并办理完毕资产结转手续。对于该写字楼，甲公司与B公司于2010

年11月11日签订租赁合同，将该写字楼整体出租给B公司。合同规定：租赁期自2011年1月1日开始，租期为5年；年租金为240万元，每年年底支付。甲公司预计该写字楼的使用年限为30年，预计净残值为零。

2011年12月31日，甲公司收到租金240万元。同日，该写字楼的公允价值为3 200万元。

（3）2012年2月20日，甲公司与C公司签订资产转让合同。根据转让合同，甲公司将债务重组取得的长期股权投资及写字楼转让给C公司，并向C公司支付补价200万元，取得C公司一项土地使用权。同时，甲公司经与B、C公司协商，甲公司与B公司的租赁协议终止，由C公司向B公司继续出租该栋写字楼。

2月25日，甲公司以银行存款向C公司支付200万元补价；双方办理完毕相关资产的产权转让手续。同日，甲公司长期股权投资的账面价值为2 300万元，公允价值为2 000万元，写字楼的公允价值为3 300万元；C公司土地使用权的公允价值为5 500万元。甲公司将取得的土地使用权作为无形资产核算。

（4）其他资料如下：

①假定甲公司投资性房地产均采用公允价值模式进行后续计量。

②假定不考虑相关税费影响。

要求：

①计算甲公司债务重组业务应确认的损益并编制相关会计分录。

②计算A公司债务重组业务应确认的损益并编制相关会计分录。

③计算甲公司写字楼在2011年应确认的公允价值变动损益并编制相关会计分录。

④编制甲公司2011年收取写字楼租金的相关会计分录。

⑤编制甲公司转让长期股权投资及写字楼的相关会计分录。

第十四章　所有者权益

【学习目标】在前面文章中，我们学习了什么是负债、负债的基本特征，并按照偿还期限的长短，将负债分为流动负债和非流动负债，也学习了确认的条件和计量方法。本章中将要学习的所有者权益与上章节中所学的负债同属企业的权益，都是企业资产形成的资金来源，只不过一种是由债权人提供的，对企业来说，就是负债，另一种则是由所有者提供的，对企业而言就是所有者权益。在本章中，我们将了解所有者权益的概念、特征和构成；熟悉所有者投入资本的形式、资本公积的用途以及盈余公积的用途等；掌握实收资本、资本公积以及盈余公积的账务处理。

【开篇案例】

小张和小王二人共同出资成立了一家有限责任公司，两个人出资份额比例分别为30%和70%。开办之初，小张以货币资金进行的投资，而小王投入现金的同时，还将自己的一辆汽车提供给企业使用，并经过专门的评估机构对该汽车的价值进行评估。经过几年的经营管理，公司收益不断提高，于是，小张和小王想扩大公司规模，以获取更多的收益，与此同时，小李也看中了该公司的发展前景，决定进行投资，双方达成了一定的协议，按照投资协议，由小李出资200 000元，享有公司10%的份额，接受投资后公司注册资本为700 000元。此时，新的投资者加入后，该如何确认小李投入的资本?

第一节　所有者权益概述

一、所有者权益概述

任何企业，其资产形成的资金来源有两个：一是债权人提供（对企业而言，即为负债）；一是所有者提供（对企业而言，即为所有者权益）。对于所有者权益的定义，各个不同的会计组织都有不同的表述。国际会计准则委员会在《关于编报财务报表的框架》中，将其表述为："所有者权益是指企业的资产扣除企业全部负债之后的剩余权益。"而美国财务会计准则委员会在其发布的《财务报表要素》中，将所有者权益定义为："所有者权益是某个主体的资产减去负债之后的剩余权益。"上述两个表述是从量化的角度对所有者权益的界定，说明了所有者权益的量化方法，即"所有者权益=资产－负债"。我国会计准则中规定："所有者权益是企业扣除负债后由所有者享有的剩余权益。"即所有者权益体现的是所有者对企业资产的剩余索取权，既可以反映所有者投入资本的保值增值情况，又体现了保护债权人权益的理念。所有者权益在数量上等于企业全部资产减去全部负债后的余额，这可以通过对会计恒等式的变形来表示，即：资产＋负债=所有者权益。

所有者权益与负债共同构成了企业资金的来源，体现的都是对企业的权益，但是，所有者权益反映的是企业所有者对企业资产的索取权，负债反映的是企业债权人对企业资产的索取权，两者之间存在本质区别：一是性质不同。负债是企业对债权人负担的经济责任，债权人有优先获取企业用以清偿债务的资产的要求权，而所有者权益则是所有者对剩余资产的要求权，这种要求权在顺序上置于债权人的要求权之后；二是权利不同。债权人只有获取企业用以清偿债务的资产的要求权，而没有经营决策的参与权和收益分配权，而所有者则可以参与企业的经营决策及收益分配；三是偿还期限不同。对于债权人权益，一般都有偿还时间，其使用期是受时间约束的，需到期偿还，而所有者权益是企业的一项可以长期使用的资金，在企业的持续经营期间内一般不存在抽回问题，即不存在约定的偿还日期，只有在企业清算时才予以偿还；四是风险不同。债权人到期收回的本金一般是固定的，获取的利息一般是按一定利率计算的，预先可以确定固定数额，企业不论盈亏，均应按期付息，风险较小，而所有者获得多少收益，是由企业的盈利水平及经营政策决定的，风险较大。因此，企业在会计确认、计量和报告中应当严格区分负债和所有者权益，如实反映企业的财务状况。在实务中，企业某些交易或者事项可能同时具有负债和所有者权益的特征，在这种情况下，企业应当将属于负债和所有者权益的部分分开核算和列报。例如，企业发行的可转换公司债券，企业应当将其中的负债部分和权益性工具部分进行分拆，分别确认负债和所有者权益。

二、所有者权益的构成

所有者权益按其来源主要包括：所有者投入的资本、直接计入所有者权益的利得和损失以及留存收益等。

（一）所有者投入的资本

所有者投入的资本是指所有者实际投入的资本，包括企业注册资本或股本部分的金额，也包括投入资本超过注册资本或股本的部分，即资本溢价或股本溢价，这部分计入资本公积。

（二）直接计入所有者权益的利得和损失

直接计入所有者权益的利得和损失，是指不应计入当期损益、会导致所有者权益发生增减变动的、与所有者投入资本或者向所有者分配利润无关的利得或者损失。其中：利得是指由企业非日常活动所形成的、会导致所有者权益增加的、与所有者投入资本无关的经济利益的流入。损失是指由企业非日常活动所发生的、会导致所有者权益减少的、与向所有者分配利润无关的经济利益的流出。

（三）留存收益

留存收益是指企业从历年实现的利润中提取或留存于企业的内部积累，它来源于企业的生产经营活动所实现的净利润，包括企业的盈余公积金和未分配利润两个部分，其中盈余公积又包括法定盈余公积和任意盈余公积。

【课堂测试 14-1】

1. 下列关于所有者权益的说法中正确的是（　　）。

   A. 所有者权益是指企业资产扣除负债后由所有者享有的剩余权益

   B. 直接计入资本公积的利得和损失属于所有者权益

   C. 所有者权益金额应单独计量，取决于资产和负债的计量

   D. 所有者权益金额应单独计量，不取决于资产和负债的计量

   E. 所有者权益项目应当列入利润表

2. 下列各项中，属于所有者权益的有（　　）。

   A．坏账准备　　B．资本溢价

   C．应付股利　　D．任意盈余公积　　E.　资本公积

3．简述：所有者权益的构成有几个方面？

第二节 实收资本

一、实收资本概述

（一）实收资本的概念

实收资本是指投资者按照企业章程或合同、协议的约定，实际投入资本形成法定资本的价值。根据我国相关法律规定，投资者设立企业首先必须投入资本。投入资本是指投资者在企业注册资本的范围内实际投入的资本。而注册资本，是指企业在设立时向工商行政管理部门登记的资本总额，也就是全部出资者设定的出资额之和。一般情况下，投资者的投入资本，即构成企业的实收资本，也正好等于其在工商登记机关的注册资本，但是，有些情况下，投资者也会有超额投入（如溢价发行股票等），从而使得其投入资本超过企业注册资本，该情况下，企业进行会计核算时，需要将投入资本超出注册资本的部分，计入资本公积，单独核算，而不是计入实收资本。

（二）投入资本的分类

1．按投资形式不同分类

投资者进行投资时，可以用现金投资，也可以用现金以外的其他有形资产进行投资，符合国家规定比例的，还可以用无形资产进行投资。因此，按照投资形式的不同分类，投入资本可以分为货币资产投资、实物资产投资和无形资产投资。

货币资产投资可以是人民币，也可以是外币。一般按实际存入企业开户银行的时间和金额作为投入资本的入账依据。

实物资产投资，主要包括房屋及建筑物、机器设备以及其他物料。企业应该以实际收到实物的日期、验收无误的实物数量，以及合同或协议的规定金额作为投入资本的入账依据。

无形资产投资包括专利权、商标权、非专利权技术或土地使用权等，投资者以无形资产出资的需要经过相关的评估作价，并依法办理手续。

2．按投资者的性质不同分类

投入资本按照投资者的性质不同，可以分为国家投入资本、法人投入资本、个人投入资本和外方投入资本。

国家投入资本是指有权代表国家投资的政府部门或者机构以国有资产投入

企业所形成的资本；法人投入资本是指我国具有法人资格的单位以其依法可以支配的资产投入企业所形成的资本；个人投入资本是指我国公民以其合法财产投入企业所形成的资本；外方投入资本是指外国投资者以及我国香港、澳门和台湾地区的投资者将资产投入企业所形成的资本。

【篇中案例】

2013年年底，十二届全国人大常委会第六次会议审议并通过了公司法修正案草案，修改了公司法的12个条款，主要涉及三个方面：

第一，将注册资本实缴登记制改为认缴登记制。除法律、行政法规以及国务院决定对公司注册资本实缴另有规定的外，取消了关于公司股东（发起人）应当自公司成立之日起两年内缴足出资，投资公司可以在五年内缴足出资的规定；取消了一人有限责任公司股东应当一次足额缴纳出资的规定。公司股东（发起人）自主约定认缴出资额、出资方式、出资期限等，并记载于公司章程。

第二，放宽注册资本登记条件。除法律、行政法规以及国务院决定对公司注册资本最低限额另有规定的外，取消了有限责任公司最低注册资本3万元、一人有限责任公司最低注册资本10万元、股份有限公司最低注册资本500万元的限制；不再限制公司设立时公司股东（发起人）的首次出资比例；不再限制股东（发起人）的货币出资比例。

第三，此次公司法修改还简化了登记事项和登记文件。有限责任公司股东认缴出资额，公司实收资本不再作为公司登记事项。公司登记时，不需要提交验资报告。

资料来源：张晓松，王军伟. 新公司法开始施行. 法制日报，2014

二、实收资本核算

企业收到投资者投入资本后，要设置相应的账户进行会计核算。一般企业应当设置“实收资本”账户核算投资者投入的资本，而股份有限公司应设置“股本”账户核算公司实际发行股票的面值总额。企业需要按照不同的出资形式分别进行会计处理。

（一）接受投资的核算

1．接受货币资产投资

企业在接受货币资产投资时，应以实际收到的金额，借记“银行存款”等科目，按投资合同或协议的投资者在企业注册资本中所占份额的部分，贷记“实收资本”，二者之间的差额，即为资本溢价，计入“资本公积——资本溢价”科目；对于股份有限公司，则需按每股股票面值和发行股份总额的乘积计算的金额，贷记“股本”，二者之间的差额，即为股本溢价，计入“资本公积——股本溢价”科目。对于在股票发行过程中所产生的手续费等交易费用，要冲减资本公积。

【例 14-1】滨海公司在设立时收到甲公司投资款 20 000 000 元，南开公司取得滨海公司 25%的所有权份额，假设滨海公司的注册资本总额为 80 000 000 元。滨海公司收到投资的账务处理如下：

借：银行存款　　　　20 000 000

　贷：实收资本——南开公司　　　　20 000 000

2．接受非货币资产投资

企业在接受非货币资产进行投资时，应按照投资合同或协议约定的价值，借记“固定资产”、“无形资产”等科目（但合同或协议预定价值不公允的除外），按投资合同或协议约定的投资者在企业注册资本或股本中所占份额的部分贷记“实收资本”、“股本”等科目，两者之间的差额，则计入资本公积。

【例 14-2】滨海公司在设立时，收到南开公司作为资本投入的不需要安装的机器设备一台，该设备的约定价值为 4 000 000 元，增值税进项税额为 680 000 元，同时接受该公司投入的原材料一批，不含税价为 200 000 元，增值税进项税额 34 000 元。合同约定的资产价值与公允价值相符，假设不考虑其他因素。滨海公司的相关账务处理如下：

借：固定资产　　　　4 000 000

　·原材料　　　　200 000

　应交税费——应交增值税（进项税额）　　　　714 000

　贷：实收资本——南开公司　　　　4 914 000

（二）实收资本增减变动的账务处理

一般情况下，企业的实收资本应当保持相对不变，但是，有些特殊情况下，企业实收资本可能会发生增减变动，此时需按照相关法律规定处理，不得擅自改变或抽逃资金。一般情况下，企业的注册资本应当与实收资本保持一致，当实收资本比原注册资本增减幅度超过 20%时，应当持相关文件证明，向原登记主管机关申请变更登记。

1．实收资本增加的核算

（1）实收资本增加的一般途径

一般企业实收资本增加的途径有三个：投资者追加投资、资本公积转增资本和盈余公积转增资本。企业在收到投资者追加投资时，核算原则与投资者初次投资时基本一致。企业采用资本公积或盈余公积转增资本时，应按原投资者各自出资比例计算确定各投资者相应增加的出资额，并按转增的资本金额确定实收资本或股本。借记“资本公积”、“盈余公积”科目，贷记“实收资本”科目。

【例 14-3】滨海公司为扩大经营规模，经批准，将资本公积 8 000 000 元转增资本。在原来的注册资本中有 A、B、C 三位投资者，出资比例分别为 20%、30%、50%。则滨海公司的相关账务处理如下：

借：资本公积　　8 000 000

　贷：实收资本——A　　1 600 000

　　　　　　——B　　2 400 000

　　　　　　——C　　4 000 000

（2）实收资本增加的其他途径

①可转换公司债券转为股本。可转换债券持有人行使权利将债券转换成股票时，按可转换债券的余额，借记“应付债券——可转换公司债券（面值、利息调整）”科目，按其权益成分的余额，借记“资本公积——其他资本公积”科目，按股票面值和转换的股数计算的股票面值总额，贷记“股本”科目，其差额，则计入“资本公积——股本溢价”科目。

②股份有限公司发放股票股利。采用发放股票股利增资时，按照股东原来持有的股份数分配，如股东所持股份比例分配的股利不足一股时，应采用恰当的方式处理。股东大会批准的利润分配方案的股票股利，应在办理增资手续后，借记“利润分配”科目，贷记“股本”科目。

③以权益结算的股份支付的行权。以权益结算的股份支付获取职工或其他方提供服务的，应在行权日，按根据实际行权情况确定的金额，借记“资本公积——其他资本公积”科目，贷记“实收资本”或“股本”。

④企业将重组债务转为资本。企业将重组债务转为资本的，应按重组债务的账面金额，借记“应付账款”等科目，按债权人因放弃债权而享有本企业份额的面值总额，贷记“实收资本”或“股本”科目，按股份的公允价值总额与相应的实收资本或股本之间的差额，贷记或借记“资本公积——资本溢价（股本溢价）”科目，按其差额，贷记“营业务收入——债务重组利得”科目。

2．实收资本减少的核算

企业由于发生了重大亏损，在短期内无力弥补，或者由于经营规模减小、资本过剩等特殊原因，经法定程序批准可以宣告减少资本。

企业因资本过剩而减资，一般要发还股款。一般企业在进行处理时比较简单，借记“实收资本”科目，贷记“银行存款”等科目。而对于股份有限公司由于采用的是发行股票的方式募集股本，发还股款时，则要回购并注销回购的股票，需设置“库存股”账户进行会计核算。回购发行股票时，应按实际支付的金额，借记“库存股”科目，贷记“银行存款”等科目。注销库存股时，应按股票面值和注销股数计算的股票面值总额，借记“股本”科目，应按注销库存股的账面余额，贷记“库存股”科目，按其差额，冲减股票发行时原计入资本公积溢价的部分，借记“资本公积——股本溢价”科目，股本溢价不足冲减的，应借记“盈余公积”、“利润分配——未分配利润”等科目；若回购价格低于回购股份所对应的股本，所注销库存股的账面余额与所冲减股本的差额作为资本溢价处理。

【例 14-4】滨海公司截止到 2012 年 12 月 31 日共发行股票 20 000 000 股，股票面值 1 元，资本公积（股本溢价）4 000 000 元，盈余公积 6 000 000 元。经股东大会批准，滨海公司回购本公司股票 2 000 000 股并注销。假定滨海公司按每股 2.5 元回购股票，不考虑其他因素。滨海公司的相关账务处理如下：

（1）回购本公司股票时

借：库存股　　5 000 000

　贷：银行存款　　5 000 000

（2）注销库存股

借：股本　　2 000 000

　资本公积——股本溢价　　3 000 000

　贷：库存股　　5 000 000

【课堂测试 14-2】

1．下列各项中，引起非公司制企业实收资本增加的有（　）。

A．接受现金资产投资　　B．盈余公积转增资本

C．资本公积转增资本　　D．追加对被投资单位的投资

2．甲股份有限公司以每股 4 元的价格回购股票 10 000 000 股，股票每股面值 1 元，共支付回购款 40 500 000 元。回购时，公司的股本为 110 000 000 元，资本公积溢价为 30 000 000 元（均为该股票产生），盈余公积为 4 500 000 元，未分配利润为 5 500 000 元。回购股票后甲公司的所有者权益总额为（　）元。

A．150 000 000　　B．140 000 000

C．119 500 000　　D．109 500 000

第三节　资本公积

一、资本公积概述

资本公积是指企业收到投资者出资超出其在注册资本或股本中所占的份额以及直接计入所有者权益的利得和损失等。资本公积包括资本溢价（股本溢价）和直接计入所有者权益的利得和损失。

资本公积从本质上讲属于投入资本的范畴。一般企业创立时，要经过筹建、试生产经营、开辟市场等过程，这种投资具有一定风险性。当企业进入正常生产经营阶段，资金盈利能力一般要高于创立阶段，而且，企业已有一定的内部积累，新加入的投资者，也会对这部分积累具有一定权利，所以新加入的投资者要付出大于原投资者的出资额，才能取得与原有投资者相同的投资比例，这样才能维护原投资者的已有权益。投资者多缴部分则成为资本溢价。对于股份有限公司而言，其公司所需资本是通过发行股票形式募集的，股票发行时可以按面值发行，也可以溢价或折价发行股票。在我国，不允许股票折价发行，这样，公司在募集资本时可能溢价发行股票，此时就形成了股本溢价，即发行股票时实际收到的金额超过股票面值总额的部分。

直接计入所有者权益的利得和损失，是指不应计入当期损益、会导致所有者权益发生增减变动的、与所有者投入资本或者向所有者分配利润无关的利得或损失。主要包括可供出售金融资产公允价值变动、长期股权投资权益法下被投资单位净利润以外的其他所有者权益变动、自用房地产或存货转换为采用公允价值模式计量的投资性房地产时，房地产转换日的公允价值大于原账面价值的差额、企业以权益结算的股份支付计划授予职工或其他方的权益工具的公允价值等。

二、资本公积的核算

企业应该设置“资本公积”账户核算企业收到的投资者投资超出其注册资本或股本所占份额以及直接计入所有者权益的利得和损失。同时在该账户下还需设置“资本溢价（股本溢价）”、“其他资本公积”等科目进行明细核算。

（一）资本溢价（股本溢价）的核算

1. 资本溢价的核算

企业在接受投资者投入资本时，借记“银行存款”、“固定资产”、“无形资产”等科目，按其在注册资本或股本所占的份额，贷记“实收资本”科目，按其差额，贷记“资本公积——资本溢价”科目。

【例 14-5】某投资者与滨海公司原投资者协商，以银行存款 6 000 000 元和一套机器设备进行投资。该设备的价值经评估为 4 000 000 元。该投资者占滨海公司 10%的股份，计 8 000 000 元。则滨海公司的相关账务处理如下：

借：银行存款　　　　6 000 000
　　固定资产　　　　4 000 000
　贷：实收资本　　　　8 000 000
　　　资本公积——资本溢价　　2 000 000

2. 股本溢价的核算

对于股份有限公司溢价发行股票，按实际收到金额，借记“银行存款”等科目，按股票面值和核定的股份总额计算的金额，贷记“股本”，按其差额，贷记“资本公积——股本溢价”科目；对于在发行过程中支付的相关手续费、佣金等交易费用，应从溢价收入中抵扣，并冲减资本公积，无溢价或溢价不足以冲减的，应冲减留存收益。

【例 14-6】滨海公司委托某证券公司代理发行普通股 4 000 000 股，每股面值 1 元，每股发行价格 2.5 元。证券公司按发行收入的 2%收取手续费，并从发行收入中扣除。则滨海公司的相关账务处理如下：

借：银行存款　　　　9 800 000
　贷：股本　　　　4 000 000
　　　资本公积——股本溢价　　5 800 000

（二）其他资本公积的核算

其他资本公积是除资本溢价（股本溢价）项目以外的资本公积，主要包括直接计入所有者权益的利得和损失。直接计入所有者权益的利得和损失主要由以下项目引起：

（1）可供出售金融资产公允价值的变动。资产负债表日，可供出售金融资产的公允价值高于其账面余额的差额，借记“可供出售金融资产”科目，贷记“资本公积——其他资本公积”科目，若其公允价值低于账面余额，则做相反账务处理。详情请参照第五章金融资产部分。

（2）长期股权投资采用权益法进行核算的，被投资单位净利润以外的其他所有者权益变动，企业应按持股比例计算应享有的份额，如果是利得，则借记“长期股权投资——其他权益变动”科目，贷记“资本公积——其他资本公积”科目；若是损失，则做相反的账务处理。详情请参照第六章长期股权投资部分。

（3）自用房地产或存货转换为采用公允价值模式计量的投资性房地产时，房地产转换日的公允价值大于原账面价值的，其差额，借记“投资性房地产——公允价值变动”科目，贷记“资本公积——其他资本公积”科目。详情请参照第九章投资性房地产部分。

（4）企业以权益结算的股份支付以换取职工或其他方提供服务的，应按照确定的金额，计入“管理费用”等科目，同时增加“资本公积——其他资本公积”科目。在行权日，应按照实际行权的权益工具数量确定的金额，借记“资本公积——其他资本公积”科目，按计入实收资本或股本的金额，贷记“实收资本”或“股本”科目，其差额则计入“资本公积——资本溢价（股本溢价）”科目。

【课堂测试 14-3】

1. 企业增资扩股时，投资者实际缴纳的出资额大于其按约定比例计算的其在注册资本中所占的份额部分，应作为（　　）。

A. 资本公积　　B. 实收资本
C. 盈余公积　　D. 营业外收入

2. 下列各项中属于资本公积来源的有（　　）。

A. 资本溢价
B. 股本溢价
C. 处置无形资产形成的利得
D. 权益法下被投资单位因吸收新投资者而增加的资本溢价中投资企业按应享有的份额而增加的数额

3. 某股份制公司委托某证券公司代理发行普通股 100 000 股，每股面值 1 元，每股按 1.2 元的价格出售。按协议，证券公司从发行收入中收取 3%的手续费，从发行收入中扣除。则该公司计入资本公积的数额为（　　）元。

A. 16 400　　B. 100 000　　C. 116 400　　D. 0

4. 经股东大会或类似机构决议，用资本公积转增资本时，应冲减（　　）。

A. 资本公积（资本溢价或股本溢价）
B. 资本公积（其他资本公积）
C. 留存收益
D. 未分配利润

第四节 留存收益

留存收益是指企业从历年实现的利润中提取或留存于企业的内部积累。这是所有者权益的一个重要组成部分，但是与所有者投入资本有着不同之处。投入资本是由投资者从外部投入公司使用的资本，而留存收益则是公司在经营过程中所创造的，由于公司经营发展的需要或由于法定的原因等，没有分配给所有者而留存在公司的盈利，是由企业经营所得的利润累计形成的，包括企业的盈余公积和未分配利润两个部分。

一、盈余公积

（一）盈余公积概述

盈余公积是指企业按照相关规定从当年实现的净利润中提取的积累资金。盈余公积包括法定盈余公积和任意盈余公积。法定盈余公积是按照国家法律规定必须进行提取的。按照我国公司法的规定，公司制企业应当按照净利润（弥补以前的亏损后）的10%提取法定盈余公积，当法定盈余公积的累计额已达到注册资本的50%时可不再提取。非公司制企业亦可比照执行。任意盈余公积是企业自愿提取的，提取比例可由股东大会等权力机构进行决议。法定盈余公积和任意盈余公积的提取，都是为了确保企业能够不断积累资金，达到降低和防范经营过程中发生风险的目的。区别在于，两者计提依据和比例不同。前者是以国家法律政策为依据，后者是根据企业的实际所需，自行决定提取以及提取比例。

企业提取的盈余公积主要有以下几个用途：一是弥补亏损。企业发生亏损时，一般会用以后年度的税前利润进行弥补，按照我国相关法律的规定，企业亏损可以用以后连续五年的税前利润进行补亏，经过五年仍未弥补亏损的，就需要用税后的利润进行弥补，也可以用盈余公积弥补亏损，应当由公司董事会作出提议，并经股东大会的批准；二是转增资本。经股东大会的批准，企业可以将盈余公积转增资本，同时，转增后留存的盈余公积数额不得少于转增前注册资本的25%；三是满足企业经营活动所需。企业提取的盈余公积不是单独将这部分资金从企业资金周转过程中抽出，它可能表现为一定的货币资金，也可能表现为一定的实物资产，参与企业的资金循环过程，用于企业的生产经营。

（二）盈余公积的核算

企业为核算盈余公积的提取和使用等增减变动情况，应设置“盈余公积”科目，并在“盈余公积”科目下设置“法定盈余公积”、“任意盈余公积”等明细科目，分别核算盈余公积的使用情况。盈余公积弥补亏损时，借记“盈余公积”科目，贷记“利润分配——盈余公积补亏”科目；盈余公积转增资本时，借记“盈余公积”科目，贷记“实收资本”或“股本”科目。

二、未分配利润

未分配利润是指企业实现的净利润经过弥补亏损、提取盈余公积和向投资者分配利润后留存在企业的、历年结存的利润。这是企业所有者权益的组成部分，通常留待以后年度向投资者进行分配。未分配利润通常由以前累计的尚未分配的利润和本年度的未分配利润数额构成。

为反映企业未分配利润的形成过程及其结果，企业应设置“利润分配”科目进行核算，并设置“提取法定盈余公积”、“提取任意盈余公积”、“应付现金股利或利润”、“转作股本的股利”、“盈余公积补亏”、“未分配利润”等科目进行明细核算。

年度终了，企业应将全年实现的净利润，自“本年利润”科目转入“利润分配——未分配利润”科目，并将“利润分配”科目下的其他有关明细科目的余额，转入“未分配利润”明细科目。结转后，除“未分配利润”明细科目外，其他明细科目均无余额。此时，“未分配利润”明细科目贷方余额，就是累计未分配的利润数额，如出现借方余额，则表示累计未弥补的亏损数额。

1．提取盈余公积的核算

企业提取盈余公积时，应该按照当年净利润一定比例提取的金额，借记“利润分配——提取法定盈余公积（任意盈余公积）”科目，贷记“盈余公积——法定盈余公积（任意盈余公积）”科目。

2．应付股利或利润

企业需要向投资者进行一定的利润分红。经股东大会等权力机构决议批准后，企业分配给投资者的现金股利或利润，应该借记“利润分配——应付现金股利或利润”科目，贷记“应付股利”科目。企业分配给投资者的股票股利，则应借记“利润分配——转作股本的股利”科目，贷记“股本”科目，按其差额，贷记“资本公积——股本溢价”科目。

【例 14-7】滨海公司于 2012 年度实现的净利润为 6 000 000 元，假定公司按照 2012 年净利润的 10%提取法定盈余公积，5%提取任意盈余公积，同时，经股东大会决议，批准分配现金股利 300 000 元。则滨海公司的相关账务处理如下：

（1）提取盈余公积

借：利润分配——提取法定盈余公积　　600 000
　　　　　　——提取任意盈余公积　　300 000
　贷：盈余公积——法定盈余公积　　　　600 000
　　　　　　　——任意盈余公积　　　　300 000

（2）批准分配现金股利

借：利润分配——应付现金股利（或利润）　300 000
　贷：应付股利　　　　　　　　　　　　　300 000

（3）结转"利润分配"明细科目

借：利润分配——未分配利润　　　　1 200 000
　贷：利润分配——提取法定盈余公积　　　600 000
　　　　　　　——提取任意盈余公积　　　300 000
　　　　　　　——应付现金股利（或利润）　300 000

【课堂测试 14-4】

1．下列各项中，能引起盈余公积发生增减变动的有（　　）。

A．提取任意盈余公积　　B．以盈余公积转增资本
C．用任意盈余公积弥补亏损　　D．用盈余公积派送新股

2．下列各项中，关于未分配利润描述正确的有（　　）。

A．未分配利润是企业所有者权益的组成部分
B．可留待以后年度进行分配，但不得用于弥补亏损
C．可留待以后年度进行分配的当年结余利润
D．可留待以后年度进行分配的历年结存利润

3．"利润分配"科目下可设置（　　）等明细科目进行明细核算。

A．提取法定盈余公积　　B．提取法定公益金
C．盈余公积补亏　　D．未分配利润

4．将"本年利润"科目和"利润分配"科目下的其他有关明细科目的余额转入"未分配利润"明细科目后，"未分配利润"明细科目的贷方余额，就是（　　）。

A．当年实现的净利润　　B．累计留存收益
C．累计实现的净利润　　D．累计未分配的利润数额

本章小结

所有者权益是企业扣除负债后由所有者享有的剩余权益。按其来源主要包括：所有者投入的资本、直接计入所有者权益的利得和损失以及留存收益等。所有者投入的资本是指所有者实际投入的资本；直接计入所有者权益的利得和损失，是指不应计入当期损益、会导致所有者权益发生增减变动的、与所有者投入资本或者向所有者分配利润无关的利得或者损失；留存收益是指企业从历年实现的利润中提取或留存于企业的内部积累，包括企业的盈余公积金和未分配利润。

实收资本是指投资者按照企业章程或合同、协议的约定，实际投入资本形成法定资本的价值。投入资本按照投资者的性质不同，可以分为国家投入资本、法人投入资本、个人投入资本和外方投入资本；而投入资本按照投资形式的不同分类，则可以分为货币资产投资、实物资产投资和无形资产投资。企业收到投资者投入资本后，一般应当设置“实收资本”（股本）账户核算投资者投入的资本，同时计入相应的资产账户。企业资本一般保持不变，特殊情况下，也可能发生变动。当投资者追加投资、资本公积转增资本和盈余公积转增资本时会增加企业资本；当企业资本过剩或减资时会减少企业资本。

资本公积是指企业收到投资者出资超出其在注册资本或股本中所占的份额以及直接计入所有者权益的利得和损失等。企业应该设置“资本公积”账户核算企业收到的投资者投资超出其注册资本或股本所占份额以及直接计入所有者权益的利得和损失。同时在该账户下还需设置“资本溢价（股本溢价）”、“其他资本公积”等科目进行明细核算。

留存收益是指企业从历年实现的利润中提取或留存于企业的内部积累，包括企业的盈余公积和未分配利润两个部分。盈余公积是指企业按照相关规定从当年实现的净利润中提取的积累资金，包括法定盈余公积和任意盈余公积。企业提取的盈余公积主要用于：弥补亏损、转增资本以及满足企业经营活动所需等几个方面。企业为核算盈余公积的提取和使用等增减变动情况，应设置“盈余公积”科目，并在“盈余公积”科目下设置“法定盈余公积”、“任意盈余公积”等明细科目，分别核算盈余公积的使用情况。未分配利润是指企业实现的净利润经过弥补亏损、提取盈余公积和向投资者分配利润后留存在企业的、历年结存的利润。为反映企业未分配利润的形成过程及其结果，企业应设置“利润分配”科目进行核算，并设置“提取法定盈余公积”、“提取任意盈余公积”、“应付现金股利或利润”、“转作股本的股利”、“盈余公积补亏”、“未分配利润”

等科目进行明细核算。

【篇后案例】

关于2013年度公司利润分配预案的预披露公告

本公司及董事会全体成员保证信息披露内容的真实、准确和完整，没有虚假记载、误导性陈述或重大遗漏。

2014年1月6日，四川友利投资控股股份有限公司（以下简称“公司”）控股股东江苏双良科技有限公司（以下简称“该公司”或“双良科技”）向公司董事会提交了《关于2013年度公司利润分配预案的提议及相关承诺》。为公平披露信息，保护广大投资者利益，现将有关事项公告如下：

（1）双良科技的来函为：充分考虑到广大股东要求共享公司经济发展经营成果的合理诉求，依据贵公司《章程》中有关公司利润分配政策的相关规定，提议贵公司2013年度利润分配预案为：以截至2013年12月31日公司股份总数408 882 893股为基数，向全体股东按每10股派发现金股利人民币8元（含税），预计合计派发现金股利327 106 314.40元（含税）；同时，以资本公积金向全体股东每10股转增5股，该公司作为以上分配预案的提议人，特此承诺：在贵公司董事会及股东大会审议上述2013年度利润分配预案时投赞成票。

（2）公司董事会接到双良科技的该来函后，公司董事缪双大、江荣方、李峰林、程高潮、牛福元对上述利润分配预案提议进行了讨论，参与讨论的董事超过公司董事会组成人数二分之一以上。参与讨论的董事一致认为：双良科技作为公司股东，依照公司《章程》中有关公司利润分配政策的相关规定，提出的2013年度利润分配预案提议充分考虑了公司全体股东的利益和合理诉求，与公司经营业绩相匹配，不会因此造成公司生产经营资金短缺或其他不良影响，该项提议符合相关法律、法规以及公司《章程》规定。上述5名董事承诺，在公司董事会审议上述利润分配相关议案时，投赞成票。

（3）公司董事会接到双良科技提交的《关于2013年度公司利润分配预案的提议及相关承诺》后，严格控制内幕信息知情人的范围，并对相关内幕信息知情人履行了保密和严禁内幕交易的告知义务。为避免公司股票交易价格异常波动，保护广大投资者利益，经公司向深圳证券交易所申请，公司股票于2014年1月6日开市起临时停牌。

（4）本次预披露的以上利润分配预案仅为双良科技向公司董事会提出的提议。

依照公司《章程》规定，公司利润分配方案须由公司董事会及股东大会审议通过。

2013 年度公司利润分配事项最终以公司董事会审议通过后提交股东大会表决通过的利润分配方案为准。

敬请广大投资者理性投资，注意投资风险。

特此公告。

四川友利投资控股股份有限公司

董 事 会　　2014 年 1 月 7 日

核心概念

所有者权益（owner equity）　　实收资本（paid-up capital）

资本公积（capital reserve）　　留存收益（retained earnings）

盈余公积（surplus reserves）　　未分配利润（undistributed profit）

思考题

1. 所有者权益与负债有什么不同？
2. 实收资本增加的途径有哪些？该如何进行账务处理？
3. 资本公积是如何形成的？该如何进行核算？
4. 盈余公积如何进行提取？盈余公积的用途有几个？该如何进行核算？

练习题

（一）单项选择题

1．由企业在生产经营过程中形成的所有者权益是指（　　）。

A．资本公积　　B．留存收益　　C．债券溢价　　D．公益金

2．股份有限公司溢价发行股票支付的手续费、佣金等，应（　　）。

A．从溢价收入中扣除　　B．全部列作开办费

C．全部计入长期待摊费用　　D．全部计入管理费用

3．甲企业 2012 年发生亏损，按规定可以用以后年度利润弥补，则该企业应进行的会计处理为（　　）。

A．借：利润分配——弥补以前年度亏损

　　贷：利润分配——未分配利润

B．借：盈余公积

贷：利润分配——未分配利润

C．借：利润分配——弥补以前年度亏损

贷：应弥补亏损

D．不做账务处理

4．“资本公积”的主要用途是（　　）。

A．转增资本　　B．弥补亏损

C．向其他单位捐赠资产　　D．向股东支付股利

5．甲企业当年盈利300万元，以前年度弥补亏损为40万元（已超过规定的弥补期限），企业用盈余公积弥补了30万元，剩下10万元可用（　　）。

A．所得税前利润弥补　　B．以后年度的盈余公积弥补

C．所得税后利润弥补　　D．资本公积弥补

6．目前，我国公司制企业的法定盈余公积是按照净利润的（　　）提取的。

A．5%　　B．10%　　C．15%　　D．20%

7．盈余公积弥补亏损时，其会计处理是（　　）。

A．应借记“盈余公积”科目，贷记“本年利润”科目

B．应借记“利润分配”科目，贷记“盈余公积”科目

C．应借记“盈余公积”科目，贷记“利润分配”科目

D．不做账务处理

8．企业用盈余公积或资本公积转增资本（　　）。

A．会导致所有者权益的增加

B．会导致所有者权益的减少

C．不会引起所有者权益总额及其结构的变化

D．不会引起所有者权益总额的变化，但会导致其结构的变动

9．资本溢价是指（　　）。

A．投资者投入的资本超过按其投资比例计算的出资额的部分

B．投资者按其投资比例计算的出资额超过其实际投入的资本的部分

C．企业筹足注册资本以后再吸收的外部投资

D．接受投资的资产的评估价值高于投出单位账面原价的数额

10．企业将盈余公积转增资本时，转增后留存的盈余公积的数额不得少于注册资本的（　　）。

A．20%　　B．25%　　C．30%　　D．50%

11．某有限责任公司资本构成如下：甲投资者为 20 万元，乙投资者为 10 万元，丙投资者为 10 万元；甲、乙、丙股权比例为 2：1：1。现公司吸收新投资者丁，丁出资 15 万元，取得 20%的股权比例，则新股东加入后，甲、乙、丙、丁各股东股本次序为（　　）。

A．20 万元、10 万元、10 万元、15 万元

B．15 万元、15 万元、15 万元、15 万元

C．20 万元、10 万元、10 万元、10 万元

D．22.5 万元、11.25 万元、11.25 万元、10 万元

12．某企业上半年未分配利润为 10 万元，本年税后利润为 4 万元，按照规定提取法定盈余公积后，又向投资者分配利润为 6 万元，法定盈余公积的提取比例为 10%，则该企业本年未分配利润数额为（　　）元。

A．80 000　B．76 000　C．100 000　D．140 000

13．下列各项，会影响所有者权益总额发生增减变动的是（　　）。

A．支付已宣告的现金股利　B．股东大会宣告派发现金股利

C．实际发放股票股利　D．盈余公积补亏

14．ABC 公司注册资本为 450 万元，现有 D 出资者出资现金 200 万元，使得注册资本为 600 万元，其中 D 出资者占注册资本的比例为 25%。ABC 公司接受 D 出资者出资时，应计入资本公积的金额为（　　）万元。

A．0　B．50　C．150　D．200

15．上市公司发行普通股 1 000 万股，每股面值 1 元，每股发行价格 5 元，支付手续费 20 万元，支付咨询费 60 万元。该公司发行普通股计入股本的金额为（　　）万元。

A．1 000　B．4 920　C．4 980　D．5 000

（二）多项选择题

1．下列说法正确的有（　　）。

A．所有者权益与负债都是权益，二者共同构成了企业的资金来源

B．所有者权益对企业资产的要求权顺序于债权人之后，享有对剩余资产的要求权

C．债权人对企业资产的要求权顺序先于投资者，享有对剩余资产的要求权

D．债权人对企业资产的要求权顺序先于投资者，债权被称为第一要求权

E．所有者获得的收益分配额通常是固定的

2．下列各项中，不会引起所有者权益发生增减变动的有（　　）。

A．收到应收账款　　B．投资者投入资本

C．偿还债务　　D．支付职工工资

3．企业实收资本增加的途径有（　　）。

A．资本公积转增资本　　B．盈余公积转增资本

C．所有者投入　　D．企业盈利

4．企业的留存收益包括（　　）。

A．实收资本　　B．资本公积

C．盈余公积　　D．本年利润　　E．未分配利润

5．"盈余公积"包括（　　）。

A．法定盈余公积　　B．任意盈余公积

C．法定资本公积　　D．未分配利润

6．下列项目中，应通过"资本公积"科目核算的有（　　）。

A．权益法下被投资企业增发股票形成的股本溢价

B．自用房地产或存货转换为投资性房地产引起的直接计入所有者权益的利得

C．可供出售金融资产公允价值的变动引起的直接计入所有者权益的利得或损失

D．金融资产的重分类引起的直接计入所有者权益的利得或损失

E．权益法下投资方投资当年分得被投资方投资以前年度实现的利润或现金股利

7．企业吸收投资者投资时，下列科目的余额不会发生变化的有（　　）。

A．实收资本　　B．营业外收入

C．资本公积　　D．本年利润

8．下列各项中，年度终了需要转入"利润分配——未分配利润"科目的有（　　）。

A．本年利润

B．利润分配——应付现金股利

C．利润分配——盈余公积补亏

D．利润分配——提取法定盈余公积

9．股份有限公司回购股份并注销的整个过程，会计核算中可能涉及的会计科目有（　　）。

A．股本　　B．资本公积

C．本年利润　　D．盈余公积　　E．库存股

10．甲公司注册资本总额为500万元，收到乙公司投入的现金120万元，在原注册资本中占20%的份额，甲公司进行账务处理时，可能涉及的科目有（　　）。

A．银行存款　　B．实收资本（或股本）

C．资本公积　　D．盈余公积

11．下列交易或事项形成的资本公积中，在处置相关资产时应转入当期损益的有（　　）。

A．可供出售金融资产公允价值变动形成的资本公积

B．长期股权投资采用权益法核算时形成的资本公积

C．同一控制下控股合并中确认长期股权投资时形成的资本公积

D．持有至到期投资重分类为可供出售金融资产时形成的资本公积

E．接受投资者投资时形成的资本公积

12．下列各项中，能同时引起资产和所有者权益发生增减变化的有（　　）。

A．分配股票股利

B．可供出售金融资产公允价值上升

C．用盈余公积弥补亏损

D．投资者投入资本

E．接受现金捐赠

13．盈余公积的提取方法是（　　）。

A．法定盈余公积按税后利润的10%提取

B．任意盈余公积按公司股东会议决议提取

C．任意盈余公积按税后利润的5%～10%提取

D．法定盈余公积从税后利润提取，比例由董事会确定

14．某股份有限公司按法定程序报经批准后采用收购本公司股票方式减资，购回股票支付价款高于股票面值总额，所注销库存股账面余额与冲减股本的差额可能涉及的会计科目有（　　）。

A．盈余公积　　B．利润分配——未分配利润

C．营业外收入　　D．资本公积

15．下列各项是甲企业2013年发生的经济业务，其中能影响年末未分配利润数额的有（　　）。

A．出售一项固定资产实现收益150万元

B．将盈余公积中225万元用于转增资本

C．成本法下核算长期股权投资时投资单位取得现金股利106万元

D．接受一项无形资产捐赠，价值221万元

（三）判断题

1．股份公司发行股票相关的交易费用，应计入当期损益。（ ）

2．资本公积不能用于转增资本。（ ）

3．企业发生亏损，可以用以后年度税前利润弥补，但弥补期限不得超过三年。（ ）

4．股份有限公司“股本”账户的期末贷方余额，就是股票的发行价与发行股数的乘积。（ ）

5．股份有限公司溢价发行股票，股票溢价净收入应计入企业的营业外收入。（ ）

6．“利润分配——未分配利润”科目年终应无余额，如果有余额，应是上年利润的数额。（ ）

7．企业将盈余公积转增资本并不引起所有者权益总数的增加，而只是引起企业所有者权益结构的变化。（ ）

8．由于所有者权益和负债都是对企业资产的要求权，因此它们的性质是一样的。（ ）

9．公司制企业的法定盈余公积金按照税后利润的10%提取，法定盈余公积金累计额达到注册资本的60%时可以不再提取。（ ）

10．当企业投资者投入的资本高于其注册资本时，应当将高出部分计入营业外收入。（ ）

11．用利润弥补亏损时，企业应编制相应的会计分录。（ ）

12．企业的盈余公积结余数，可用于购置固定资产，也可用于购置原材料，但无论用于哪一方面，均无须对盈余公积进行账务处理。（ ）

13．任意盈余公积只能用于企业职工各种福利支出。（ ）

14．年末，本年利润不必结转，保留年末余额。（ ）

15．企业用盈余公积弥补亏损时，应借记“盈余公积”科目，贷记“利润分配——未分配利润”科目。（ ）

（四）核算题

1．某企业本期委托某证券公司代理发行普通股500万股，每股面值1元，发行价格为每股1.5元。企业与证券公司约定，按发行收入的2%收取佣金，从发行收入中扣除。假定收到的股款已存入银行。

要求：编制有关的会计分录。

2．乙有限责任公司在增资扩股时收到B公司作为资本投入的原材料一批，该批原材料投资合同或协议约定价值（不含可抵扣的增值税进项税额部分）为100 000元，增值税进项税额为17 000元。B公司已开具了增值税专用发票。假设合同约定的价值与公允价值相符，该进项税额允许抵扣。不考虑其他因素。

要求：做出乙公司的会计处理。

3．甲公司属于工业企业，为增值税一般纳税人，由A、B、C三位股东于2011年12月31日共同出资成立，注册资本1 600万元。出资协议规定A、B、C三位股东出资比例为40%、35%和25%。有关资料如下：

（1）2011年12月31日三位股东的出资方式及出资额见表1：

表1　股东出资方式及出资额详情表

出资人	货币资金	实物资产	无形资产	合计
A	540		100（专利权）	640
B	260	300（设备）		560
C	340	60（轿车）		400
合计	1 140	360	100	1 600

（2）2012年甲公司实现净利润800万元，甲公司股东大会决定分配现金股利200万元，计划在2013年2月10日支付。

（3）2013年12月31日，吸收D股东加入本公司，将甲公司注册资本由原1 600万元增加到2 000万元。D股东以银行存款200万元、原材料117万元（增值税专用发票中注明材料计税价格为100万元，增值税税额为17万元）出资，占增资后注册资本10%股份；其余的200万元增资由A、B、C三位按原持股比例以银行存款出资。2013年12月31日，四位股东的出资已全部到位，并取得D股东开出的增值税专用发票，有关的法律手续已办妥。

要求：根据上述资料，编制甲公司相关会计分录。

4．甲股份有限公司（以下简称甲公司）2011年至2013年度有关业务资料如下：

（1）2011年1月1日，甲公司股东权益总额为46 500万元（其中，股本总额为10 000万股，每股面值为1元；资本公积为30 000万元；盈余公积为6 000万元；未分配利润为500万元）。2011实现净利润400万元，股本与资本公积项目未发生变化。

2012年3月1日，甲公司董事会提出如下预案：

①按2011年度实现净利润的10%提取法定盈余公积。

②以2011年12月31日的股本总额为基数，以资本公积（股本溢价）转增股本，每10股转增4股，共计转增4 000万股。

2012年5月5日，甲公司召开股东大会，审议批准了董事会提出的预案，同时决定分派现金股利300万元。2012年6月10日，甲公司办妥了上述资本公积转增股本的有关手续。

（2）2012年度，甲公司发生净亏损3 142万元。

（3）2013年4月9日，甲公司股东大会决定以法定盈余公积弥补账面累计未弥补亏损200万元。

要求：

（1）编制甲公司2012年3月提取法定盈余公积的会计分录。

（2）编制甲公司2012年5月宣告分派现金股利的会计分录。

（3）编制甲公司2012年6月资本公积转增股本的会计分录。

（4）编制甲公司2012年度结转当年净亏损的会计分录。

（5）编制甲公司2013年4月以法定盈余公积弥补亏损的会计分录。（“利润分配”、“盈余公积”科目要求写出明细科目；答案中的金额单位用万元表示）

第十五章 收入、费用与利润

【学习目标】在前面一章中，我们学习了所有者权益，这是企业资金来源之一，与负债、资产一起反映的是企业的财务状况，在这一章当中，我们将学习反映企业经营成果的要素——收入、费用和利润。在本章中，我们将了解收入的概念、收入的特征以及收入的确认条件；熟悉特殊销售情况的收入核算，比如发生售后回购、售后租回以及以旧换新商品时如何进行账务处理，让渡资产使用权收入有几种情况，该如何进行账务处理等；掌握一般情况下，销售商品的处理方法，发生商业折扣、现金折扣以及销售退回的处理，委托代销商品时销售收入的核算，预先销售商品时收入的核算，分期销售商品时销售收入的核算，完工百分比法下劳务收入的核算等。

【开篇案例】

某企业主要从事服装生产业务。今年6月12日将原定价为900元/套的西服销售给某百货公司20套，双方约定，百货公司在10天内付清货款，则时装公司将按照九折收款，如果百货公司在20天内付清货款，则时装公司将按照九五折收款；如果百货公司在一个月内付清货款，则时装公司将按照九八折收款；如果百货公司超过一个月付款，则需向时装公司全额付款。时装公司给予百货公司的这种折扣称为什么？该如何进行账务处理？

第一节 收 入

一、收入概述

根据会计准则的规定，收入是指企业在日常活动中形成的、会导致所有者权益增加的、与所有者投入资本无关的经济利益的总流入，包括销售商品收入、提供劳务收入、让渡资产使用权收入等，但不包括为第三方或客户代收的款项。收入可以有不同的分类。按企业从事日常活动的性质，可以将收入分为销售商品收入、提供劳务收入和让渡资产使用权等取得的收入；按企业经营业务的主次分类，可以将收入分为主营业务收入和其他业务收入。

收入具有以下特征：

（1）收入是企业在日常活动中形成的。企业的日常活动是指企业为完成其经营目标所从事的经常性活动以及与之相关的其他活动。比如，工业企业销售商品、提供劳务等的收入。而企业的有些交易或事项也能为企业带来经济利益，但不属于企业的日常经营活动，如企业处置固定资产就是企业非日常经营活动，其所形成的收益不属于企业收入，而是利得。

（2）收入可能表现为企业资产的增加或负债的减少，最终导致企业所有者权益的增加。收入可能表现为如增加银行存款、应收账款等；也可能表现为企业负债的减少，如以商品或劳务抵偿债务；或者二者兼而有之，例如，商品销售的货款中部分抵偿债务，部分收取现金。但是根据“资产=负债＋所有者权益”会计恒等式，最终表现为所有者权益的增加。

（3）收入是与所有者投入资本无关的经济利益的总流入。所有者向企业投入资本主要是为了实现资本的保值增值，并获取对企业资产享有的剩余权益，由此产生的经济利益的流入属于所有者权益的范畴，而不能形成企业的收入。

二、销售商品收入

（一）销售商品收入的确认

销售商品取得的收入通常应当在销售实现时予以确认，并及时按实际交易金额计价入账。在实务中，企业交易的形式比较复杂，会计准则规定，销售商品收入只有同时满足以下条件，才能加以确认：

1. 企业已将商品所有权上的主要风险和报酬转移给购货方

商品所有权上的风险，主要指商品所有者承担该商品价值发生损失的可能性。比如，商品发生减值、毁损的可能性。商品所有权上的报酬，主要指商品所有者预期可获得的商品价值的增加以及通过商品的使用所形成的经济利益等。

商品所有权上的主要风险和报酬转移给了购货方，是指与商品所有权有关的主要风险和报酬同时转移给了购货方。判断一项商品所有权上的主要风险和报酬是否已转移给购买方，应当考虑的是交易的实质而不是形式，通常，需要结合所有权凭证的转移或实物的交付来进行判断。

一般情况下，商品所有权凭证转移或实物交付后，商品所有权上的主要风险和报酬也随之转移。比如，大多数零售交易；某些情况下，商品所有权凭证转移或实物交付后，商品所有权上的主要风险和报酬也随之转移，企业只保留了次要风险和报酬。比如，交款提货方式销售商品；某些情况下，商品所有权凭证或实物交付后，商品所有权上的主要风险和报酬并未随之转移。一般有以下几种情况：①企业销售的商品在质量、品种、规格等方面不符合合同或协议规定的要求，又未根据正常的保证条款予以弥补，因而仍负有责任；②企业销售商品的收入是否能够取得，取决于购买方是否已将商品售出。比如，采用收取手续费方式委托代销商品等；③企业尚未完成已售商品的安装或检验工作，且安装或检验任务又是销售合同的重要组成部分；④销售合同中规定了退货条款，但企业不能确定退货的可能性。

2．企业既没有保留通常与所有权相联系的继续管理权，也没有对已售出的商品实施控制

通常情况下，企业售出商品之后便不再保留与商品所有权相联系的继续管理权，也不再对售出商品实施有效的控制，商品所有权上的主要风险和报酬已经转移给购货方，因此可以进行收入的确认。反之，企业对售出的商品仍然保留与其所有权相联系的继续管理权或对售出商品实施有效控制，则说明此项交易没有完成，销售不能成立，因此也不应确认收入。比如，在售后回购或售后租回交易中，企业将商品销售给购货方后，通常仍然保留与所售商品所有权相联系的继续管理权，或仍然可以对商品实施继续控制，则表明该项销售不能成立，不能确认收入。

3．收入的金额能够可靠地计量

收入的金额能够可靠的计量是指收入的金额能够合理地估计。这是收入确认的基本前提。通常情况下，企业在销售商品时，商品售价通常已经确定，但是，销售过程中不确定因素的存在，往往会发生商品销售价格发生变动的情况，在新的商品销售价格未确定之前通常不应确认为销售商品收入。比如，对于附有销售退回条件的商品销售，当企业对退货的可能性不能合理估计时，则无法确定销售商品销售额，因此，在发出商品时不能确认收入，而应在销售商品退货期满能够合理确定销售商品销售额时，才能确定收入。

4．相关的经济利益很可能流入企业

在商品交易中，相关的经济利益主要表现为销售商品的价款。相关经济利益很可能流入企业则是指企业对销售商品价款收回的可能性超过不能收回的可能性。销售商品价款能否有把握收回，是收入确认的一个重要条件，企业在销

售商品时，如估计价款收回的可能性不大，即使收入确认的其他条件均为满足，也不应当确认收入。企业在确定销售商品价款能否收回的可能性时，主要结合以前和买方交往的经验、政府相关政策以及其他方面取得信息等因素进行分析。

5. 相关的已发生或将发生的成本能够可靠地计量

根据收入和费用配比原则，与同一项销售有关的收入和成本应在同一会计期间予以确认。因此，成本不能可靠计量，相关的收入也不能确认，即使其他条件均已满足。如销售商品相关的已发生或将发生的成本不能合理地估计，此时企业不应确认收入。

（二）销售商品收入的核算

1. 通常情况下销售商品收入的核算

企业在对销售商品进行核算时，首先要考虑销售商品收入是否符合收入确认条件。符合收入确认条件的，企业应及时确认收入，并结转相关销售成本。在进行账务处理时，应按实际收到或应收的金额，借记“应收账款”、“应收票据”、“银行存款”等科目，按确定的销售收入金额，贷记“主营业务收入”等科目，按增值税专用发票上注明的增值税税额，贷记“应交税费——应交增值税（销项税额）”科目；同时，按销售商品的实际成本，借记“主营业务成本”等科目，贷记“库存商品”等科目。企业也可在月末结转本月已销商品的实际成本。

如果企业售出商品不符合销售商品收入确认条件，则不应确认收入。为了单独反映已经发出但尚未确认销售收入的商品成本，企业应设置“发出商品”、“委托代销商品”等科目。企业发出商品时，应按发出商品的实际成本，借记“发出商品”等科目，贷记“库存商品”科目。发出商品满足收入确认条件时，应结转销售成本，借记“主营业务成本”科目，贷记“发出商品”科目。如果销售该商品的纳税义务已经发生，则应确认应交的增值税销项税额，借记“应收账款”等科目，贷记“应交税费——应交增值税（销项税额）”科目；如果纳税义务没有发生，则不需要进行上述处理。

【例 15-1】滨海公司于 2012 年 4 月 20 日以托收承付方式向南开公司销售一批商品，该批商品的成本为 600 000 元，增值税专用发票上注明的售价为 900 000 元，增值税税额为 153 000 元。该批商品已经发出，并向银行办妥托收手续。款项尚未收到。此时南开公司由于出现资金周转困难，没有能力偿付该批商品的款项。假设滨海公司在发出商品时增值税纳税义务已经发生。同年 9 月 10 日，南开公司经营状况出现好转，承诺近期能够偿还滨海公司的货款。9 月 20 日，滨海公司收到南开公司所欠货款及有关增值税额。滨海公司相关账务处理如下：

（1）2012 年 4 月 20 日，发出商品时

借：发出商品　　600 000

　贷：库存商品　　600 000

同时，确认应交增值税销项税额

借：应收账款　　153 000

　贷：应交税费——应交增值税（销项税额）　　153 000

（2）9 月 10 日，南开公司承诺近期付款，确认收入，并结转成本

借：应收账款　　900 000

　贷：主营业务收入　　900 000

借：主营业务成本　　600 000

　贷：发出商品　　600 000

（3）9 月 20 日，收到货款

借：银行存款　　1 053 000

　贷：应收账款　　1 053 000

2. 销售商品涉及商业折扣、现金折扣、销售折让的核算

商业折扣是指企业为促进商品销售，在商品标价上给予的扣除。商业折扣是企业最常用的促销方式之一。其特点是折扣是在实现销售时同时发生的，因此，企业应当按照扣除商业折扣后的金额确定销售商品的收入金额。

现金折扣，是指企业为了鼓励债务人在规定的期限内付款而向债务人提供的债务扣除。现金折扣是企业为了及早回笼资金而发生的理财费用，因此，商品销售涉及现金折扣的，应当按照扣除现金折扣前的金额确定销售商品收入金额，现金折扣在发生时计入当期损益。具体账务处理可参见第三章有关应收账款的核算。

销售折让是指企业由于售出的商品在质量、规格等方面不符合要求，而在商品价格上给予的减让。对于销售折让的核算，应当分情况进行处理。如果已确认收入的售出商品发生销售折让的，通常应当在发生时冲减当期销售商品收入；如果已确认收入的销售折让发生属于资产负债表日后事项的，应当按照资产负债表日后事项的相关规定处理。

【例 15-2】滨海公司于 2012 年 8 月 18 日销售商品一批给南开公司，增值税发票注明的售价为 700 000 元，增值税税额为 119 000 元，货款未收到。货到后南开公司发现商品质量与合同要求不一致，要求给予价款 5%的折让，滨海公司同意折让。假定滨海公司已确认收入，且发生的增值税相关税额能够予以

冲减。滨海公司相关账务处理如下：

（1）2012 年 8 月 18 日销售实现时

借：应收账款 819 000

贷：主营业务收入 700 000

应交税费——应交增值税（销项税额） 119 000

（2）发生销售折让时

借：主营业务收入 35 000

应交税费——应交增值税（销项税额） 5 950

贷：应收账款 40 950

（3）实际收款时

借：银行存款 778 050

贷：应收账款 778 050

3．销售退回的核算

销售退回是指企业售出的商品由于质量、品种不符合要求等原因而发生的退货。企业对发生的商品销售退回，应分不同情况进行处理。

（1）未确认销售收入的发出商品发生退回。由于销售收入并未确认，这种情况下只需将已记入“发出商品”等科目的商品成本转回即可，即在发出商品被退回时，借记“库存商品”科目，贷记“发出商品”等科目。

（2）已确认收入的售出商品发生销售退回。由于这种销售退回发生在企业确认销售收入之后，一般情况下，直接冲减退回当月的销售收入，借记“主营业务收入”科目，按允许扣减当期销项税额的增值税额，借记“应交税费——应交增值税（销项税额）”科目，贷记“银行存款”、“应付账款”等科目；同时冲减退回月份的销售成本，按其退回商品的成本，借记“库存商品”科目，贷记“主营业务成本”等科目；如该项销售退回已发生现金折扣的，应同时调整相关财务费用的金额。

（3）已确认收入的售出商品发生销售退回属于资产负债表日后事项的，应当按照资产负债表日后事项的相关规定进行处理，调整报告年度的收入、成本等。

【例 15-3】滨海公司在 2012 年 5 月 10 日向南开公司销售一批商品，售价为 100 000 元，开出增值税专用发票上注明的增值税额 17 000 元。该批商品的成本为 700 000 元。为及早收回货款，合同规定的现金折扣条件为：2/10、1/20/、n/30。南开公司于 5 月 19 日支付货款。2012 年 7 月 20 日该批产品因质量不合格被退回。则滨海公司相关账务处理如下：

（1）2012 年 5 月 10 日销售商品时

借：应收账款　117 000

　贷：主营业务收入　100 000

　　　应交税费——应交增值税（销项税额）　17 000

借：主营业务成本　700 000

　贷：库存商品　700 000

（2）2012 年 5 月 19 日收回货款时月收回货款时

借：银行存款　115 000

　　财务费用　2 000

　贷：应收账款　117 000

（3）2012 年 7 月发生销售退回时

借：主营业务收入　100 000

　　应交税费——应交增值税（销项税额）　17 000

　贷：银行存款　115 000

　　　财务费用　2 000

借：库存商品　700 000

　贷：主营业务成本　700 000

4. 预收款销售商品的核算

预收款销售商品是指购买方在商品尚未收到前按合同或协议约定分期付款，销售方在收到最后一笔款项时才交货的销售方式。在这种方式下，销售方直到收到最后一笔款项才将商品交付购货方，表明商品所有权上的主要风险和报酬只有在收到最后一笔款项时才转移给购货方，因此，企业通常应在发出商品时确认收入，在此之前预收的货款应确认为负债（预收账款）。

【例 15-4】滨海公司与南开公司签订协议，采用预收款方式向南开公司销售一批商品。该批商品实际成本为 240 000 元。协议约定，该批商品销售价格为 400 000 元；南开公司应在协议签订时预付 40%的货款（按不含增值税销售价格计算），剩余货款于 2 个月后支付。假定南开公司在收到剩余货款时，销售该批商品的增值税纳税义务发生。不考虑其他因素，滨海公司相关账务处理如下：

（1）收到 40%的货款时

借：银行存款　96 000

　贷：预收账款　96 000

（2）收到剩余货款，并确认收入时

借：预收账款 96 000

　　银行存款 372 000

　贷：主营业务收入 400 000

　　　应交税费——应交增值税（销项税额） 68 000

借：主营业务成本 240 000

　贷：库存商品 240 000

5．代销商品的核算

代销商品有两种方式，一种为视同买断代销方式，另一种为收取手续费代销方式。

（1）视同买断方式。视同买断方式是指由委托方和受托方签订协议，委托方按协议价收取所代销商品的货款，受托方可以自定代销商品的实际售价，实际售价与协议价之间的差额归受托方所有。在这种销售方式下，如果委托方和受托方之间的协议约定，受托方在取得代销商品后，卖出与否以及获利与否均与委托方无关，这说明该项交易与委托方直接将商品销售给受托方在本质上是一致的，则在符合销售商品收入确认条件时，委托方在交付商品时确认收入，受托方则作为购进商品处理。如果委托方和受托方之间的协议约定，将来受托方没有将商品销售出去时可以将商品退回给委托方，或者受托方因代销商品出现亏损时可以要求委托方补偿，那么，委托方在交付商品时不确认收入，受托方也不作购进商品处理。受托方将商品销售后，按照实际售价确认销售收入，并向委托方开具代销清单，委托方根据收到的代销清单确认收入。委托方发出商品时，通过“发出商品”科目核算，待收到代销清单时，再结转成本。受托方则应设置“受托代销商品”和“受托代销商品款”科目，反映受托的代理业务资产和形成受托的代理业务负债。

【例 15-5】滨海公司委托南开公司销售商品 200 件，该商品的成本每件 120 元，增值税率为 17%。双方协议规定，商品协议价为每件 200 元，南开公司对取得的代销商品，无论卖出与否以及获利与否均由南开公司自行承担，代销商品的实际售价由南开公司决定。滨海公司在发出商品时开具的增值税专用发票上注明商品售价 40 000 元，增值税税额为 6 800 元。南开公司实际销售时开具的增值税专用发票上注明商品售价 48 000 元，增值税税额为 8 160 元，并向滨海公司开出代销清单并结算货款。则滨海公司和南开公司的相关账务处理如下：

（1）滨海公司（委托方）

①将商品发出时确认收入，并结转成本

借：应收账款 46 800

贷：主营业务收入　40 000
　　应交税费——应交增值税（销项税额）　6 800

借：主营业务成本　24 000
　贷：库存商品　24 000

②收到南开公司代销清单及回来货款

借：银行存款　46 800
　贷：应收账款　46 800

（2）南开公司（受托方）

①收到商品

借：库存商品　40 000
　　应交税费——应交增值税（进项税额）　6 800
　贷：应付账款　46 800

②实际销售商品时

借：银行存款　56 160
　贷：主营业务收入　48 000
　　应交税费——应交增值税（销项税额）　8 160

借：主营业务成本　40 000
　贷：库存商品　40 000

③按协议价将款项付给滨海公司

借：应付账款　46 800
　贷：银行存款　46 800

（2）收取手续费方式。收取手续费方式是指受托方根据所代销的商品数量向委托方收取手续费的方式。采用该方式，对于受托方来说，手续费收入实际上是一种劳务收入。收手续费方式与视同买断方式相比，主要区别在于受托方通常应按照委托方规定的价格销售，不得自行改变售价。委托方在收到代销清单时确认收入。

委托方发出代销商品时，按照商品的实际成本，借记“委托代销商品”等科目，贷记“库存商品”科目；待收到代销清单时，按照代销合同约定价确认收入，借记“应收账款”等科目，贷记“主营业务收入”、“应交税费——应交增值税（销项税额）”等科目，同时结转成本，借记“主营业务成本”科目，贷记“委托代销商品”等科目，按应付的代销手续费，借记“销售费用”科目，贷记“应收账款”等科目。

受托方在收到代销商品时，则按照商品的协议价，借记“受托代销商品”

科目，贷记“受托代销商品款”科目，在对外实现销售时，编制代销清单交给委托方，借记“银行存款”等科目，贷记“应付账款”、“应交税费——应交增值税（销项税额）”等科目，收到委托方增值税专用发票时，借记“应交税费——应交增值税（进项税额）”等科目，贷记“应付账款”等科目，同时，借记“受托代销商品款”、贷记“受托代销商品”科目；归还委托方货款并计算代销手续费时，其应付金额，借记“应付账款”科目，按应收取手续费，贷记“主营业务收入”等科目，按其差额，贷记“银行存款”等科目。

【例 15-6】承上例资料，假设双方协议约定，南开公司按每件 200 元的价格出售商品，滨海公司按售价的 10%支付南开公司手续费。南开公司在实际销售时，即向买方开出一张增值税专用发票，发票上注明商品售价 40 000 元，增值税税额 6 800 元。滨海公司在收到南开公司交来的代销清单时，向南开公司开具一张相同金额的增值税发票。则滨海公司和南开公司的相关账务处理如下：

（1）滨海公司

① 发出商品时

借：委托代销商品 24 000

　贷：库存商品 24 000

② 收到代销清单时

借：应收账款 46 800

　贷：主营业务收入 40 000

　　　应交税费——应交增值税（销项税额）6 800

借：主营业务成本 24 000

　贷：委托代销商品 24 000

借：销售费用 4 000

　贷：应收账款 4 000

③ 收到南开公司回来的货款净额

借：银行存款 42 800

　贷：应收账款 42 800

（2）南开公司

① 收到商品时

借：受托代销商品 40 000

　贷：受托代销商品款 40 000

②实际销售商品时

借：银行存款 46 800

贷：应付账款　40 000

应交税费——应交增值税（销项税额）6 800

③收到增值税专用发票时

借：应交税费——应交增值税（进项税额）6 800

贷：应付账款　6 800

借：受托代销商品款　40 000

贷：受托代销商品　40 000

④归还滨海公司货款并计算代销手续费时

借：应付账款　46 800

贷：主营业务收入　4 000

银行存款　42 800

6．具有融资性质的分期销售商品的核算

企业销售商品，有时会采取分期收款的方式，如分期收款发出商品，即商品已经交付，货款分期收回。在这种销售方式下，企业将商品交付给购货方，通常表明与商品所有权有关的风险和报酬已经转移给购货方，在满足收入确认的其他条件时，应当根据应收款项的公允价值确认收入。如果延期收取的货款具有融资性质，在符合收入确认条件时，企业应当按照应收的合同或协议价款的公允价值确定收入金额。应收的合同或协议价款的公允价值，通常应当按照其未来现金流量现值或商品现销价格计算确定。应收的合同或协议价款与其公允价值之间的差额，应当在合同或协议期间内，按照应收款项的摊余成本和实际利率计算确定的金额进行摊销，计入当期损益。在实务中，基于重要性要求，应收的合同或协议价款与其公允价值之间的差额，按照应收款项的摊余成本和实际利率进行摊销与采用直线法进行摊销结果相差不大的，也可以采用直线法进行摊销。

对于采用递延方式分期收款、具有融资性质的销售商品满足收入确认条件的，企业应按应收合同或协议价款，借记“长期应收款”科目，按应收合同或协议价款的公允价值（折现值），贷记“主营业务收入”科目，按其差额，贷记“未实现融资收益”等科目。

【例 15-7】2012 年 1 月 1 日，滨海公司采用分期收款方式向南开公司销售一套机器设备，合同约定的销售价格为 3 000 000 元，分别于每年的 12 月 31 日等额收取，每次收取 600 000 元。该设备成本为 2 060 000 元。在现销方式下，该大型设备的销售价格为 2 400 000 元。假定滨海公司发出商品时，其有关的增值税纳税义务尚未发生；在合同约定的收款日期，发生有关的增值税纳税义务。则滨海公司的账务处理如下：

滨海公司应当确认的销售商品收入金额为 2 400 000 元。

未来五年收款额的现值 ＝ 现销方式下应收款项金额

600 000×(P/A，R，5) = 2 400 000(元)

用插值法计算实际折现率 R=7.93%，则每期计入财务费用的金额如表 15-1 所示。

表 15–1　每期确认财务费用表 单位：元

日 期	收现总额(a)	财务费用 (b) ＝ 期初(d)×7.93%	已收本金 (c) = (a)－(b)	未收本金 (d) ＝ 期初(d)－(c)
2012 年 1 月 1 日				2 400 000
2012 年 12 月 31 日	600 000	190 320	409 680	1 990 320
2013 年 12 月 31 日	600 000	157 832.4	442 167.6	1 548 152
2014 年 12 月 31 日	600 000	122 768.5	477 231.5	1 070 921
2015 年 12 月 31 日	600 000	84 924.02	515 076	555 844.9
2016 年 12 月 31 日	600 000	44 155.12*	555 844.9	0
合计	3 000 000	600 000	2 400 000	——

* 尾数调整：600 000－555 844.9 = 44 155.12 (元)。

根据表 15-1 的计算结果，滨海公司各期的账务处理如下：

（1）2012 年 1 月 1 日销售实现时，

借：长期应收款——南开公司 3 000 000

　贷：主营业务收入　　　　　　2 400 000

　　　未实现融资收益　　　　　600 000

借：主营业务成本　　　　　　2 060 000

　贷：库存商品　　　　　　　　2 060 000

（2）2012 年 12 月 31 日收取货款和增值税税额

借：银行存款　　　　　　　　　　　702 000

　贷：长期应收款——南开公司　　　　　600 000

　　　应交税费——应交增值税（销项税额）　102 000

借：未实现融资收益　　　　　　　　190 320

　贷：财务费用——分期收款销售商品　　190 320

（3）2013 年 12 月 31 日收取货款和增值税税额

借：银行存款　　　　　　　　　　　702 000

　贷：长期应收款——南开公司　　　　　600 000

应交税费——应交增值税（销项税额） 102 000

借：未实现融资收益 157 832.4

贷：财务费用——分期收款销售商品 157 832.4

（4）2014 年 12 月 31 日收取货款和增值税额

借：银行存款 702 000

贷：长期应收款——南开公司 600 000

应交税费——应交增值税（销项税额） 102 000

借：未实现融资收益 122 768.5

贷：财务费用——分期收款销售商品 122 768.5

（5）2015 年 12 月 31 日收取货款和增值税额

借：银行存款 702 000

贷：长期应收款——南开公司 600 000

应交税费——应交增值税（销项税额） 102 000

借：未实现融资收益 84 924.02

贷：财务费用——分期收款销售商品 84 924.02

（6）2016 年 12 月 31 日收取货款和增值税额

借：银行存款 702 000

贷：长期应收款——南开公司 600 000

应交税费——应交增值税（销项税额） 102 000

借：未实现融资收益 44 155.12

贷：财务费用——分期收款销售商品 44 155.12

7．附有销售退回条件的商品销售的核算

附有销售退回条件的商品销售，是指购买方依照有关协议有权退货的销售方式。在这种销售方式下，企业需分情况进行账务处理。如果企业在销售时能够对退货的可能性做出合理的估计，则将估计不会发生退货的部分确认收入，估计可能发生退货的部分，不确认收入；如果企业在销售时对退货的可能性不能做出合理的估计，则在销售时不应确认收入，而是到退货期满时确认收入。

【例 15-8】滨海公司 2012 年 4 月 10 日向南开公司出售商品 3 000 件，单位销售价格为 400 元，单位成本为 300 元，开出的增值税专用发票上注明的销售价款为 1 200 000 元，增值税额为 204 000 元，商品已经发出，款项尚未收到。协议规定，南开公司应于 5 月 10 日之前付款，在售后 3 个月内因质量问题有权退货。假定滨海公司根据以往的经验，估计该批商品退货率为 10%，实际发生销售退回时有关的增值税额允许冲减。滨海公司相关账务处理如下：

（1）2012 年 4 月 10 日发出商品，确认收入

借：应收账款 1 404 000

贷：主营业务收入 1 200 000

应交税费——应交增值税（销项税额） 204 000

借：主营业务成本 900 000

贷：库存商品 900 000

（2）2012 年 4 月 30 日确认估计的销售退回

借：主营业务收入 120 000

贷：主营业务成本 90 000

预计负债 30 000

（3）2012 年 5 月 10 日前收到款项

借：银行存款 1 404 000

贷：应收账款 1 404 000

（4）2012 年 7 月 10 日（或之前）发生销售退回

如果实际退货量为 300 件产品（正好为估计退货量）

借：库存商品 90 000

应交税费——应交增值税（销项税额）20 400

预计负债 30 000

贷：银行存款 140 400

如果实际退货量为 350 件产品（退货量大于估计数）

借：库存商品 105 000

应交税费——应交增值税（销项税额） 23 800

预计负债 30 000

主营业务收入 20 000

贷：银行存款 163 800

主营业务成本 15 000

如果实际退货量为 250 件产品（退货量小于估计数）

借：库存商品 75 000

应交税费——应交增值税（销项税额） 17 000

预计负债 30 000

主营业务成本 15 000

贷：银行存款 117 000

主营业务收入 20 000

【例 15-9】沿用上例资料，假定滨海公司无法根据过去的经验估计该批商品的退货率，商品发出时纳税义务已经发生。滨海公司相关账务处理如下：

（1）2012 年 4 月 10 日发出商品时

借：应收账款　　204 000
　贷：应交税费——应交增值税（销项税额）　204 000
借：发出商品　　900 000
　贷：库存商品　　900 000

（2）2012 年 5 月 10 日前收到款项

借：银行存款　　1 404 000
　贷：预收账款　　1 200 000
　　　应收账款　　204 000

（3）2012 年 7 月 10 日退货期满没有发生退货

借：预收账款　　1 200 000
　贷：主营业务收入　　1 200 000
借：主营业务成本　　900 000
　贷：发出商品　　900 000

（4）2012 年 7 月 10 日退货期满发生退货 300 件

借：预收账款　　1 200 000
　　应交税费——应交增值税（销项税额）　20 400
　贷：主营业务收入　　1 080 000
　　　银行存款　　140 400
借：主营业务成本　　810 000
　　库存商品　　90 000
　贷：发出商品　　900 000

8．售后回购的核算

售后回购是指销售商品的同时，销售方同意日后再将同样或类似的商品回购的销售方式。在这种方式下，销售方应根据合同或协议的条款判断企业是否已将商品所有权上的主要风险和报酬转移给购货方，以确定是否确认为销售商品收入。在大多数情况下，商品回购价格固定或在原价基础上加上合理的回报，因此，售后回购交易属于融资交易，商品所有权上的主要风险和报酬并没有转移到购货方，因而销售方不应确认为销售商品收入，收到的款项应确认为负债；若回购价格大于原售价，则将其差额在回购期间按期计提利息，计入财务费用。有确凿的证据表明售后回购交易满足销售商品收入确认条件的，销售的商品按售价确认收入，回购的商品作为购进商品处理。

企业在销售商品后，按实际收到的价款，借记“银行存款”科目，按增值税专用发票上注明的增值税税额，贷记“应交税费——应交增值税（销项税额）”科目，按其差额，贷记“其他应付款”科目；计提利息费用时，借记“财务费用”科目，贷记“其他应付款”科目；按照合同约定日重新回购该商品时，按约定的商品回购价格，借记“其他应付款”科目，按增值税专用发票上注明的增值税税额，借记“应交税费——应交增值税（进项税额）”科目，按实际支付的价款，贷记“银行存款”等科目。如果所销售的商品已实际发出，则在发出商品时，还应结转发出商品的成本，借记“发出商品”科目，贷记“库存商品”科目；待日后回购时，则借记“库存商品”科目，贷记“发出商品”科目。

【例 15-10】滨海公司于 2012 年 5 月 1 日与南开公司签订销售合同，出售一批商品给南开公司，合同约定价格为 300 000 元（不含增值税）。合同还约定于当年 9 月 1 日，滨海公司将以 340 000 元（不含增值税）的价格回购这批商品。该批商品的成本价为 200 000 元。2012 年 5 月 1 日，滨海公司将该商品发出并开具了增值税专用发票，且已收到货款。滨海公司相关账务处理如下：

（1）2012 年 5 月 1 日，发出商品，并收到货款

借：银行存款　　351 000

　贷：其他应付款　　300 000

　　应交税费——应交增值税（销项税额）　　51 000

借：发出商品　　200 000

　贷：库存商品　　200 000

（2）每月末，计提利息费用

回购价格与原售价的差额=340 000−300 000=40 000（元）

每月计提利息费用=40 000÷4=10 000（元）

借：财务费用　　10 000

　贷：其他应付款　　10 000

（3）2012 年 9 月 1 日按合同购回该批商品

借：其他应付款　　340 000

　应交税费——应交增值税（进项税额）　　57 000

　贷：银行存款　　397 800

借：库存商品　　200 000

　贷：发出商品　　200 000

9．售后租回的核算

售后租回是指销售商品的同时，销售方同意在日后再将同样的商品租回的销售方式。在这种方式下，销售方应根据合同或协议的条款判断销售商品是否满足收入的确认条件。通常情况下，售后租回属于融资交易，企业不应确认收入，对于售价和资产价值之间的差额，要视售后租回交易是融资租赁还是经营租赁分别处理。

10．以旧换新的核算

以旧换新销售商品是指销售方在销售商品的同时，回收与所售商品相同的旧商品。在这种情况下，销售的商品与回收的商品分别进行账务处理。销售的商品应当按照销售商品收入的确认条件确认收入，回收的商品则作为购进商品处理。

三、提供劳务收入

（一）提供劳务收入的确认

企业提供的劳务有些是能够一次性完成的，有些则需要花费较长的一段时间。因此，在对企业提供劳务收入进行确认的时候，要视劳务完成时间的不同而分别确认。

1．在同一会计期间内能够完成的劳务，即对于当年开工、当年完工的劳务，视同商品销售处理，即在提供劳务完成时确认收入。确认的金额一般要按照合同或协议约定的价款处理。

2．在同一会计期间不能完成的劳务，即对于需要跨年度完成的劳务，需要分两种情况确认收入。第一种情况是，在资产负债表日企业对所提供劳务交易的结果能够可靠估计的，应当按照完工百分比法确认提供劳务收入。所谓的完工百分比法，是指按照提供劳务交易的完工进度确认收入与费用的方法。企业应当在资产负债表日，按照提供劳务的收入总额乘以完工进度再扣除以前会计期间累计已确认提供劳务收入后的金额，确认当期提供劳务收入。同时，按照提供劳务估计总成本乘以完工进度再扣除以前会计期间累计已确认劳务成本后的金额，结转当期劳务成本。用公式表示如下：

本期确认的劳务收入=劳务收入×本期末止劳务的完工进度－以前期间累计已确认的劳务收入

本期确认的劳务成本=劳务总成本×本期末止劳务的完工进度－以前期间累计已确认的劳务成本

提供劳务交易的结果能否可靠的估计，需要同时满足以下条件：

（1）收入的金额能够可靠计量；

（2）相关的经济利益很可能流入企业；

（3）交易的完工程度能够可靠计量；

（4）交易中已发生和将发生的成本能够可靠地计量。

其中，交易的完工进度能够可靠地计量，是指交易的完工进度能够合理的估计，企业对交易的完工进度可以选择下列的方法进行确认：

（1）已完工作的计量。这是一种比较专业的测量方法，由专业测量师对已经提供的劳务进行测量，并按一定方法计算确定提供劳务交易的完工程度。

（2）已提供的劳务占应提供的劳务总量的比例。这种方法主要以劳务量为标准确定提供劳务交易的完工程度。

（3）已发生的成本占估计总成本的比例。这种方法主要以成本为标准确定提供劳务的完工程度。

第二种情况是，企业在资产负债表日提供劳务交易结果不能够可靠估计的，即不能同时具备以上四个条件的，不能采用完工百分比法确认收入，而应当分情况处理：（1）如果已发生的劳务成本预计能够全部得到补偿，应按已经发生的劳务成本金额确认收入，并按相同金额结转成本；（2）如果已发生的劳务成本预计部分能够得到补偿，应按能够得到补偿的劳务成本金额确认提供劳务收入，并结转已发生的劳务成本；（3）如果已发生的劳务成本全部不能够得到补偿的，应当将已经发生的劳务成本计入当期损益，不确认提供劳务收入。

（二）提供劳务收入的核算

企业对外提供劳务，如果属于企业的主营业务，所实现的收入应作为主营业务收入处理，并结转相应的成本作为主营业务成本；如果属于主营业务以外的其他经营活动，所实现的收入应作为其他业务收入处理，并结转相应的成本作其他业务成本。

企业应当设置“劳务成本”账户核算其提供的劳务业务。并按照提供劳务业务的种类设置明细账。企业对外提供的劳务发生的支出先通过“劳务成本”科目进行归集，待确认费用时，再由“劳务成本”科目转入“主营业务成本”或“其他业务成本”等科目。

对于企业提供劳务的开始和完成属于同一会计期间的，其会计处理比较简单。对于提供劳务的开始和完成分属不同的会计期间的，要视提供劳务交易的结果能否可靠估计分别进行不同的会计处理。

1．提供劳务交易的结果能够可靠估计

企业在资产负债表日提供劳务交易的结果能够可靠估计的，应当采用完工百分比法确认提供劳务收入。此时，应按计算确定的提供劳务收入金额，借记“应收账款”、“银行存款”等科目，贷记“主营业务收入”科目。结转提供劳务成本时，借记“主营业务成本”科目，贷记“劳务成本”科目。

【例 15-11】滨海公司于 2012 年 11 月 1 日接受一项设备安装任务，安装期为 3 个月，合同总收入 300 000 元，至年底已预收安装费 220 000 元，实际发生安装费用为 140 000 元（假设均为安装人员薪酬）。估计还会发生安装费用 60 000 元。假定滨海公司按实际发生的成本占估计总成本的比例确定劳务的完工进度，滨海公司相关账务处理如下：

实际发生的成本占估计总成本的比例=140 000÷（140 000+60 000）×100%=70%

2012 年 12 月 31 日确认的劳务收入=300 000×70%−0=210 000（元）

2012 年 12 月 31 日确认的劳务成本=（140 000+60 000）×70%−0=140 000（元）

（1）实际发生劳务成本

借：劳务成本 140 000

贷：应付职工薪酬 140 000

（2）预收劳务款

借：银行存款 220 000

贷：预收账款 220 000

（3）2012 年 12 月 31 日确认劳务收入并结转劳务成本

借：预收账款 210 000

贷：主营业务收入 210 000

借：主营业务成本 140 000

贷：劳务成本 140 000

2．提供劳务交易的结果不能可靠估计

企业在资产负债表日提供劳务交易结果不能可靠估计的，企业不能够采用完工百分比法确认提供劳务收入。此时，企业应正确预计已经发生的劳务成本能否得到补偿，分别进行会计处理。

（1）已经发生的劳务成本预计能够得到补偿的，应按已经发生的能够得到补偿的劳务成本金额确认提供劳务收入，并结转已经发生的劳务成本。企业应按已经发生的能够得到补偿的劳务成本的金额，借记“应收账款”、“预收账款”等科目，贷记“主营业务收入”科目；按已经发生的劳务成本金额，借记“主营业务成本”科目，贷记“劳务成本”科目。

（2）已经发生的劳务成本预计部分能够得到补偿的，应按照能够得到补偿的劳务成本金额确认提供劳务收入，并结转已经发生的劳务成本。企业应按照能够得到补偿的劳务成本金额，借记“应收账款”、“预收账款”等科目，贷记“主营业务收入”科目，同时按已发生的劳务成本金额结转相应成本。

（3）已经发生的劳务成本预计全部不能得到补偿的，应将已经发生的劳务成本计入当期损益，不确认劳务收入。企业应按已经发生的劳务成本金额，借记“主营业务成本”科目，贷记“劳务成本”科目。

【例 15-12】滨海公司于 2012 年 3 月 1 日为南开公司提供装修劳务一项，至12 月31 日止已发生劳务成本 600 000 元（假设均为装修人员工资），劳务尚未完工。假设交易结果无法可靠估计，企业预计已发生的劳务成本能够全部得到补偿。滨海公司相应的账务处理如下：

（1）发生劳务成本时

借：劳务成本　　600 000

　贷：应付职工薪酬　　600 000

（2）确认劳务收入时

借：应收账款　　600 000

　贷：主营业务收入　　600 000

（3）结转劳务成本时

借：主营业务成本　　600 000

　贷：劳务成本　　600 000

四、让渡资产使用权收入

（一）让渡资产使用权收入的确认

让渡资产使用权收入包括利息收入、使用费收入等。让渡资产使用权收入同时满足下列条件的，才能予以确认：（1）相关的经济利益很可能流入企业；（2）收入的金额能够可靠计量。

（二）让渡资产使用权收入的核算

企业应当分情况确定让渡资产使用权收入金额，并进行会计核算。

1. 利息收入

主要是金融企业对外贷款形成的利息收入以及同业之间发生往来形成的利息收入。企业需在资产负债表日，按照他人使用本企业货币资金的时间和实际利率计算收入金额，借记“应收利息”、“贷款”、“银行存款”等科目，贷记“利息收入”、“其他业务收入”等科目。

【例 15-13】某银行于 2012 年 9 月 1 日向滨海公司提供一笔贷款 2 000 000 元，贷款期限 1 年，年利率 5%。该贷款的合同利率与实际利率相同。假定该银行按季度编制财务报表，不考虑其他因素。则该银行的相关账务处理如下：

（1）发放贷款时

借：贷款　　2 000 000

　贷：吸收存款　　2 000 000

（2）资产确认利息收入每季度末应确认利息收入=2 000 000×5%÷4=25 000 元

借：应收利息　　25 000

　贷：利息收入　　25 000

（3）到期收回贷款时

借：吸收存款　　2 100 000

　贷：贷款　　2 000 000

　　应收利息　　100 000

2．使用费收入

主要是指因他人使用本企业的无形资产，比如专利权、商标权等，或者租用本企业的固定资产而形成的使用费或租金收入等。对于实现的收入金额应当按照有关合同或协议约定的收费时间和方法计算确定。如果合同或协议规定使用费一次交付，且不提供后续服务的，应视同该项资产的销售一次确认收入；如果提供后续服务的，应在合同或协议的有效期内分期确认收入。如果合同规定分期支付使用费的，应按合同规定的收款时间和金额或合同规定的收费方法计算的金额分期确认收入。

【例 15-14】滨海公司 2012 年 1 月 1 日向南开公司转让无形资产使用权一项，协议规定转让期为 2 年，每年年末收取使用费 400 000 元。2011 年该无形资产计提的摊销额为 240 000 元，企业按月计提无形资产摊销额。滨海公司相关账务处理如下：

（1）2012 年 12 月 31 日，收取使用费时

借：银行存款　　400 000

　贷：其他业务收入　　400 000

（2）2012 年每月计提无形资产摊销额

借：其他业务成本　　20 000

　贷：累计摊销　　20 000

【课堂测试 15-1】

1．下列各项中，属于收入特点的有（ ）。

A．收入是企业在日常活动中形成的经济利益的总流入

B．收入一定导致企业资产的增加

C．收入会导致企业所有者权益的增加

D．收入与所有者投入资本无关

2．下列各项中，不属于企业收入的是（ ）。

A．销售自制半成品取得的价款

B．无形资产出租收入

C．在视同买断的代销方式下，企业作为受托方销售所代销的商品而取得的价款

D．企业代国家收取的增值税

3．下列各项收入中，属于工业企业的其他业务收入的有（ ）。

A．出租无形资产所取得的收入

B．提供加工装配劳务所取得的收入

C．提供运输劳务所取得的收入

D．销售材料产生的收入

E．出售无形资产取得的收入

4．在收取手续费的代销方式下，受托方按（ ）确认收入。

A．受托代销商品的成本

B．受托代销商品的实际售价

C．应收取的手续费

D．受托代销商品的售价与应收取的手续费之和

5．下列各项中，在发出商品时，企业应确认销售商品收入的是（ ）。

A．在收取手续费方式下发出委托代销商品

B．发出分期收款销售的商品

C．在一般销售方式下按合同规定发出商品，并于发出商品的当天办妥托收手续

D．将商品销售给目前现金流转严重困难的老客户

6．企业在资产负债表日，对某项劳务，如不能可靠地估计所提供劳务的交易结果，则对该项劳务的会计处理正确的有（ ）。

A．不确认利润但可能确认损失

B．既不确认利润也不确认损失

C. 确认利润但不确认损失

D. 可能确认利润也可能确认损失

第二节 费 用

一、费用概述

（一）费用概念和特征

企业在经营过程中，必然有一定的耗费才能取得一定的收入，这种耗费可以用费用来描述。费用有广义和狭义之分，狭义的费用是指与本期收入相配比的那部分耗费；广义的费用是指企业在经营活动中所发生的各种耗费，包括狭义的费用和损失。我国企业会计准则规定，费用是指企业在日常活动中发生的、会导致所有者权益减少的、与向所有者分配利润无关的经济利益的总流出，即为狭义的费用概念。

费用具有以下特征：

（1）费用是企业在日常活动中发生的，而不是在非日常活动中发生的。日常活动的界定与收入定义中日常活动的界定是一致的，只有日常活动的经济利益流出才属于费用，非日常活动的经济利益的流出不能确认为费用，而应当计入当期损失。

（2）费用导致的经济利益的总流出是与所有者分配利润无关的。费用的发生会导致经济利益的流出，从而导致资产的减少或负债的增加，其表现形式包括现金的流出、存货等的流出或消耗等。企业向所有者分配利润也表现为经济利益流出企业，但是该经济利益的流出是对投资者的投资回报，属于利润分配的过程，不是经营活动的结果，也不作为费用。

（3）费用会导致所有者权益的减少。费用的发生无论表现为资产的减少或是负债的增加，最终结果会导致所有者权益的减少。

（二）费用的分类

企业经营过程中的活动是复杂多样的，所发生的费用也是各种各样的。为了便于合理地确认和计量费用，应恰当地对费用进行分类。对费用进行分类有不同的分类标准。

1．按照费用的经济内容（或性质）分类

费用按经济内容（或性质）进行分类，可分为劳动对象方面的费用、劳动手段方面的费用和活劳动方面的费用三大类。这在会计上称为生产费用要素，一般由以下几个项目组成：

（1）外购材料。指企业为进行生产而耗用的从外购入的原材料及主要材料、半成品、辅助材料、包装物、修理用备件和低值易耗品等。

（2）外购燃料。指企业为进行生产而耗用的从外部购入的各种燃料，包括固体燃料、液体燃料和气体燃料。

（3）外购动力。指企业为进行生产而耗用的从外部购入的各种动力，包括热力、电力和蒸汽等。

（4）工资费用。指企业所有应计入生产费用的职工的各种薪酬费用。

（5）折旧费。指企业拥有或控制的固定资产按照使用情况计提的折旧费。

（6）利息支出。指企业计入期间费用等的负债利息净支出（即利息支出减利息收入后的余额）。

（7）税金。指计入企业成本费用的各种税金，如印花税、房产税、车船使用税和土地使用税等。

（8）其他费用。指不属于以上各费用要素的费用。

费用按照经济内容进行分类，可以反映企业在一定时期内发生了哪些生产费用，金额各是多少，以便于分析企业各个时期各种费用占整个费用的比重，进而分析企业各个时期各种要素费用支出的水平，有利于考核费用计划的执行情况。

2．按照费用的经济用途分类

费用按照经济用途可分为计入产品成本、劳务成本的费用和不应计入产品成本、劳务成本的费用两大类。对于应计入产品成本、劳务成本的费用包括直接材料、直接人工、其他直接费用和制造费用，其中直接材料和直接人工和其他直接费用属于直接费用，应当根据实际发生数进行核算，并按成本对象进行归集，直接计入产品的生产成本；而制造费用属于间接费用。对于不应计入产品成本和劳务成本的费用也称为期间费用，包括管理费用、销售费用和财务费用。

（1）计入产品生产成本的费用

直接材料。指企业在生产产品和提供劳务过程中所消耗的，直接用于产品生产，构成产品实体的原料及主要材料、外购半成品（外购件）、修理用备件（备品配件）、包装物、有助于产品形成的辅助材料以及其他直接材料。

直接人工。指企业在生产产品和提供劳务过程中，直接从事产品生产的工人的职工薪酬。

制造费用。指企业为生产产品和提供劳务而发生的各项间接费用，包括企业各生产单位为组织和管理生产所发生的生产单位管理人员的职工薪酬以及归属生产单位的折旧费、修理费、办公费、水电费、机物料消耗、劳动保护费、季节性和修理期间的停工损失等。

（2）期间费用

期间费用指企业当期发生的必须从当期收入得到补偿的费用。它与产品生产不存在明显的因果关系，难以按产品进行归集，而且由于它仅与当期实现的收入相关，必须计入当期损益，所以称其为期间费用。具体包括：

管理费用，是指企业为组织和管理企业生产经营活动所发生的管理费用；销售费用，是指企业在销售商品和材料、提供劳务过程中发生的各项费用；财务费用，是指企业为筹集生产经营活动所需资金等发生的筹资费用。

（三）费用的确认条件

企业发生的各项费用，除了应当符合定义外，也应当满足以下条件才能予以确认：

（1）与费用相关的经济利益应当很可能流出企业；

（2）经济利益流出企业的结果会导致资产的减少或者负债的增加；

（3）经济利益的流出额能够可靠计量。

【篇中案例】

成本与费用的区别与联系

成本与企业特定资产或劳务相关，而费用则与特定期间相关；成本是企业为取得某种资产或劳务所付出代价的量度，而费用则是为取得收入而发生的资源耗费金额；成本不能抵减收入，只能以资产的形式反映在资产负债表中，而费用则必须冲减当期的收入反映在利润表中。

但成本通过“资产化”，再通过耗费过程可以转化为费用，如企业为了开展生产经营活动，必须购置某项设备而发生支出，形成固定资产的采购成本，设备安装完毕，交付使用并构成企业的一项固定资产。如果设备是用于生产产品，则每期将固定资产的成本按一定的方法计提的折旧计入产品的生产成本；如果设备是用于管理目的，则将各期计提的折旧费计入各期的管理费用。

二、费用的核算

（一）营业成本

营业成本是企业经营主要业务和其他业务所发生的成本总额。主要包括主营业务成本和其他业务成本。主营业务成本是企业在销售商品、提供劳务等经常性活动所发生的成本。企业一般在取得销售商品、提供劳务等的主营业务收入时，同时结转已售商品、已提供劳务的成本。企业的主营业务成本通过设置“主营业务成本”账户进行核算。企业应根据本期销售各种商品、提供各种劳务等实际成本，借记“主营业务成本”科目，贷记“库存商品”、“劳务成本”等科目；期末要将“主营业务成本”账户余额转入“本年利润”账户，结转后本账户无余额。其他业务成本是指除企业主营业务活动以外的其他经营活动所发生的支出，如销售材料成本、出租固定资产的折旧额、出租无形资产的摊销额等。企业发生的其他业务成本通过设置“其他业务成本”账户进行核算。根据出售材料的实际成本以及出租固定资产或无形资产的实际折旧额，借记“其他业务成本”科目，贷记“原材料”、“累计折旧”、“累计摊销”等科目；期末结转入“本年利润”账户，结转后本账户无余额。

【例 15-15】滨海公司在 2012 年 9 月份出租一台机器设备，该设备每月应计提的折旧额为 2 500 元，滨海公司相关的账务处理如下：

借：其他业务成本　　　　2 500

　贷：累计折旧　　　　　　2 500

（二）营业税金及附加

营业税金及附加是指企业经营活动中发生的营业税、消费税、城市维护建设税、教育费附加、资源税以及投资性房地产相关的房产税、土地使用税等相关税费。企业通过设置“营业税金及附加”账户核算其在经营活动过程中所发生的相关税费。按照税法规定计算确定与经营活动相关的税费，应当借记“营业税金及附加”科目，贷记“应交税费”科目；期末将“营业税金及附加”账户余额转入“本年利润”账户，结转后本账户无余额。

【例 15-16】滨海公司 2012 年 9 月份为其他单位提供运输服务，所获取的运输费 50 000 元，该业务的营业税税率为 3%，城市维护建设税税率为 7%，教育费附加率为 3%。滨海公司相关账务处理如下：

该运输业务应交营业税为 50 000×3%=1 500 元

应交城市维护建设税为 1 500×7%=105 元

应交教育费附加为 1 500×3%=45 元

借：营业税金及附加　　　　　　　　1 650

　贷：应交税费——应交营业税　　　　　1 500

　　　　　　——应交城市维护建设税　　105

　　　　　　——应交教育费附加　　　　45

（三）期间费用

期间费用不能直接归属于某个特定产品成本，它是随着时间推移而发生的与当期产品的管理和产品销售直接相关，而与产品的生产过程无直接关系，即容易确定其发生的期间，而难以判别其所应归属的产品，因而是不能列入产品生产成本，而在发生的当期从损益中扣除。

1．管理费用

管理费用是指企业为组织和管理生产经营活动所发生的各种费用。包括企业在筹建期间内发生的开办费、董事会和行政管理部门在企业的经营管理中发生的或者应由企业统一负担的公司经费(包括行政管理部门职工工资及福利费、物料消耗、低值易耗品摊销、办公费和差旅费等)、工会经费、董事会费（包括董事会成员津贴、会议费和差旅费等)、聘请中介机构费、咨询费（含顾问费)、诉讼费、业务招待费、房产税、车船使用税、土地使用税、印花税、技术转让费、矿产资源补偿费、研究费用以及排污费等。

为了核算企业为组织和管理企业生产经营所发生的管理费用，企业应当设置“管理费用”科目。企业对于发生的各项管理费用，应当借记“管理费用”科目，贷记“银行存款”、“应付职工薪酬”、“累计折旧”、“研发支出”、“应交税费”等科目；期末，该账户余额转入“本年利润”账户，结转后无余额。

【例 15-17】滨海公司 2012 年 9 月份发生行政管理人员工资 20 000 元，计提固定资产折旧 1 000 元，应交印花税 600 元，支付招待客户费用 12 000 元。滨海公司相关账务处理如下：

借：管理费用　　33 600
　贷：应付职工薪酬　　20 000
　　　累计折旧　　　　1 000
　　　应交税费　　　　　600
　　　银行存款　　　　12 000

2．销售费用

销售费用是指企业在销售商品和材料、提供劳务过程中发生的各项费用包括保险费、包装费、展览费、商品维修费、预计产品质量保证损失、运输费、装卸费以及为销售本企业商品而专设的销售机构（含销售网点、售后服务网点等的职工薪酬、业务费、折旧费等经营费用)。

为了核算企业在销售商品、提供劳务过程中发生的各项费用，企业应当设置“销售费用”科目。企业对于发生的各项销售费用，应当借记“销售费用”科目，贷记“银行存款”、“应付职工薪酬”、“累计折旧”等科目；期末，将该账户余额转入“本年利润”账户，结转后应无余额。

【例15-18】滨海公司销售部2012年9月份共发生经费22 000元。其中人员工资12 000元，计提固定资产折旧2 000元，以银行存款支付业务费3 000元，广告费5 000元。滨海公司相关账务处理如下：

借：销售费用　　　　22 000
　贷：应付职工薪酬　　　12 000
　　　累计折旧　　　　　2 000
　　　银行存款　　　　　8 000

3. 财务费用

财务费用是指企业为筹集生产经营所需资金等而发生的费用，包括利息支出（减利息收入）、汇兑损益以及相关的手续费、企业发生的现金折扣或收到的现金折扣等。

为了核算企业发生的各项为筹集生产经营资金等发生的费用，企业应当设置“财务费用”科目。企业对于发生的财务费用，应当借记“财务费用”科目，贷记“银行存款”、“未确认融资费用”等科目；发生的应冲减财务费用的利息收入、汇兑差额、现金折扣等，应当借记“银行存款”、“应付账款”等科目，贷记“财务费用”科目；期末将该账户余额转入“本年利润”账户，结转后应无余额。

【例15-19】滨海公司2012年10月计提银行短期借款利息20 000元，并收到银行通知，划入银行存款利息收入1 200元，滨海公司相关账务处理如下：

借：财务费用　　　20 000
　贷：应付利息　　　　20 000
借：银行存款　　　1 200
　贷：财务费用　　　　1 200

【课堂测试15-2】

1. 下列各项中属于费用的有（　　）。
   A. 当期已销商品的成本　　　　B. 车间生产工人的职工薪酬
   C. 固定资产报废净损失　　　　D. 出租固定资产的累计折旧
2. 下列各项中，最终应计入产品成本的有（　　）。
   A. 机器设备的折旧费
   B. 生产工人的工资
   C. 报销车间管理人员的医药费
   D. 支付某行政管理人员的病假工资

3．企业交纳的下列各种税金中，可能通过“营业税金及附加”科目核算的有（　　）。

A．增值税销项税额　　B．消费税

C．城市维护建设税　　D．印花税

4．下列各项中，应计入管理费用的有（　　）。

A．管理人员薪酬　　B．在建工程人员的薪酬

C．工会经费　　D．职工教育经费

5．下列各项中，应通过“销售费用”科目核算的有（　　）。

A．销售商品发生的运输费

B．工业企业购入材料支付的保险费

C．为销售商品而发生的招待费

D．随同商品出售且不单独计价的包装物成本

第三节　利　润

一、利润的形成

利润是指企业在一定会计期间的经营成果，它是企业在一定会计期间内实现的收入减去费用后的净额。对利润进行核算，可以及时反映企业在一定会计期间的经营业绩和获利能力，反映企业的投入和产出效率，有助于企业投资者和债权人做出正确的经济决策。

（一）利润的三个层次

企业利润包括营业利润、利润总额和净利润三个部分。

1．营业利润

营业利润，是企业利润的主要来源，可以用公式表示如下：

营业利润=营业收入－营业成本－营业税金及附加－管理费用－销售费用－财务费用－资产减值损失±公允价值变动损益±投资收益

其中，营业收入包括主营业务收入和其他业务收入；营业成本包括主营业务成本和其他业务成本；资产减值损失是指企业计提的各项资产减值准备所形成的损失，包括坏账准备、存货跌价准备、固定资产减值准备、无形资产减值准备、投资性房地产减值准备、长期股权投资减值准备以及持有至到期投资减值准备等；公允价值变动损益是指企业以公允价值计量的各项资产，因公允价

值变动形成的损益，包括交易性金融资产、采用公允价值模式后续计量的投资性房地产等；投资收益是指企业因对外投资，而确认所得的投资收益或损失，主要包括持有金融资产以及长期股权投资等所获得的投资收益。

2．利润总额

利润总额是在营业利润的基础上，加上企业营业外收支净额之后的金额。即：

利润总额=营业利润＋营业外收入－营业外支出

其中，营业外收入，是指企业发生的与其日常活动无直接关系的利得；营业外支出，是指企业发生的与其日常活动无直接关系的损失。

3．净利润

净利润是企业当期利润总额减去所得税费用之后的金额，也称为税后利润。用公式表示：

净利润=利润总额－所得税费用

其中，所得税费用是指企业在当期利润中予以扣除的所得税费用，包括当期应交所得税和递延所得税。关于所得税费用的介绍，具体请见《高级财务会计》。

（二）营业外收入和营业外支出

营业外收入和营业外支出虽然与企业日常经营活动没有直接关系，可是也是企业利润的构成部分，因此，要对营业外收支进行正确核算。

1. 营业外收入

营业外收入是指企业发生的与其日常活动无直接关系的利得。营业外收入并不是由企业经营资金耗费所产生的，不需要企业付出代价，实际上是一种纯收入。营业外收入主要包括：非流动资产处置利得、非货币性资产交换利得、债务重组利得、政府补助、盘盈利得、捐赠利得等。企业通过设置“营业外收入”账户核算。该账户贷方登记企业营业外收入发生额，借方登记期末转入“本年利润”账户的数额，经结转后该账户期末无余额。

（1）非流动资产处置利得包括固定资产处置利得和无形资产出售利得。固定资产处置利得，指企业出售固定资产所取得价款和报废固定资产的残料价值和变价收入等，扣除固定资产的账面价值、清理费用、处置相关税费后的净收益；无形资产出售利得，指企业出售无形资产所取得价款扣除出售无形资产的账面价值、相关税费后的净收益。

（2）非货币性资产交换利得，指在非货币性资产交换中换出资产为固定资产、无形资产的，换入资产公允价值大于换出资产账面价值的差额，扣除相关费用后计入营业外收入的金额。

（3）债务重组利得，指重组债务的账面价值超过清偿债务的现金、非现金资产的公允价值、所转股份的公允价值或者重组后债务账面价值之间的差额。

（4）盘盈利得，指企业对于现金等资产清查盘点中盘盈的资产、报经批准后计入营业外收入的金额。

（5）政府补助，指企业从政府无偿取得货币型资产或非货币型资产形成的利得。

2. 营业外支出

营业外支出是指企业发生的与其日常活动无直接关系的损失。它不属于企业生产经营费用，与企业生产经营活动没有直接的关系，但应从企业实现的利润总额中扣除。主要包括非流动资产处置损失、非货币性资产交换损失、债务重组损失、公益性捐赠支出、非常损失、盘亏损失等。企业应设置“营业外支出”账户，对企业发生的各项营业外支出进行核算。该账户借方登记企业营业外支出的发生额，贷方登记期末转入“本年利润”账户的数额，经结转后该账户期末无余额。

（1）非流动资产处置损失包括固定资产处置损失和无形资产出售损失。固定资产处置损失指企业出售固定资产所取得价款或报废固定资产的材料价值和变价收入等。不足抵补处置固定资产的账面价值、清理费用、处置相关税费后的净损失；无形资产出售损失，指企业出售无形资产所取得价款，不足抵补出售无形资产的账面价值、出售相关税费的净损失。

（2）非货币资产交换损失，指在非货币资产交换中换出资产为固定资产、无形资产的，换入资产公允价值小于换出资产账面价值的差额，扣除相关费用后计入营业外支出的金额。

（3）债务重组损失，指重组债权的账面余额与受让资产的公允价值、所转股份的公允价值或者重组后债权的账面价值之间的差额。

（4）公益性捐赠支出，指企业对外进行公益性捐赠发生的支出。

（5）非常损失，指企业对于因客观因素（如自然灾害等）造成的损失，在扣除保险公司赔偿后计入营业外支出的净损失。

需要注意的是营业外收入和营业外支出应当分别核算，不得相互冲减。

（三）利润形成核算

企业为了反映利润的形成过程，需设置“本年利润”账户对企业各期实现的净利润或亏损进行核算。期末，将损益类中收入账户的余额，转入“本年利润”账户的贷方，将损益类中费用类账户的余额，转入“本年利润”账户的借方。结转后，各损益类账户期末无余额。本期若收入大于费用，则“本年利润”账户为贷方余额，表示本期净利润；反之，若本期收入小于费用，则“本年利润”账户为借方余额，表示本期亏损。年度终了，需将“本年利润”账户的余额转入“利润分配——未分配利润”账户，结转后，本账户无余额。

1．确定利润的结转方法

企业结转“本年利润”账户余额的方法有表结法和账结法两种。

（1）表结法

表结法是指企业在月末（1～11 月）结账时，损益类账户的余额，不需转到“本年利润”账户，而是通过编制利润表的方法直接计算出各月的损益。只有在年终结转时才使用“本年利润”账户，将全年各损益类账户的累计发生额一次结转到“本年利润”账户下。表结法在平时直接在利润表结转，省去了转账环节，但是不便于直接通过“本年利润”账户了解月末损益情况，而需等到利润表编制出之后才能掌握本期损益的实现情况。

（2）账结法

账结法是指每月末结账时都需将损益类账户的余额分别结转入“本年利润”账户，结转后损益类账户无余额，而“本年利润”账户的余额反映本期损益实现情况。账结法各月均可通过“本年利润”账户提供其当期损益额，但是采用账结法增加了编制结转损益的工作量。

2．本年利润的核算

期末结转利润时，应分别结转损益类科目。对收入类科目应借记“主营业务收入”、“其他业务收入”、“营业务收入”等科目，贷记“本年利润”科目；对费用类科目应借记“本年利润”科目，贷记“主营业务成本”、“其他业务成本”、“营业税金及附加”、“销售费用”、“管理费用”、“财务费用”、“资产减值损失”、“营业外支出”、“所得税费用”等科目。对于“公允价值变动损益”以及“投资收益”科目，若为净收益，则转入“本年利润”的贷方，若为净损失，则计入“本年利润”借方。年度终了，应将“本年利润”账户余额，转入“利润分配”账户，若为贷方余额（即本年累计实现净利润），则借记“本年利润”科目，贷记“利润分配——未分配利润”科目，若为借方余额（即本年累计亏损），则借记“利润分配——未分配利润”科目，贷记“本年利润”科目。结转后，“本年利润”无余额。

【例 15-20】滨海公司 2012 年 1~11 月累计实现净利润 2 450 000 元。12 月末各损益类账户结转前的余额如下：

贷方余额：

主营业务收入 1 950 000，其他业务收入 630 000，投资收益 150 000，营业外收入 300 000。

借方余额：

主营业务成本 1 000 000，其他业务成本 275 000，营业税金及附加 780 000，销售费用 234 000，管理费用 300 000，财务费用 25 600，资产减值损失 26 000，营业外支出 5 000。

假设该企业不存在纳税调整事项，适用所得税率为 25%。则滨海公司的相关账务处理如下：

（1）结转损益类账户至“本年利润”账户。

借：主营业务收入　1950 000
　　其他业务收入　630 000
　　投资收益　150 000
　　营业外收入　300 000
　贷：本年利润　3 030 000

借：本年利润　2 645 600
　贷：主营业务成本　1 000 000
　　　其他业务成本　275 000
　　　营业税金及附加　780 000
　　　销售费用　234 000
　　　管理费用　300 000
　　　财务费用　25 600
　　　资产减值损失　26 000
　　　营业务支出　5 000

（2）按 25%的税率计算并结转本月应交所得税

借：所得税费用　96 100
　贷：应交税费——应交所得税　96 100

借：本年利润　96 100
　贷：所得税费用　96 100

（3）结转全年实现净利润，将 1～11 月累计净利润以及 12 月净利润，从“本年利润”账户结转至“利润分配”账户

借：本年利润　2 738 300
　贷：利润分配——未分配利润　2 738 300

二、利润的分配

利润分配，是将企业实现的净利润，按照国家相关法律制度的规定和投资者的协议，按照一定的分配形式和分配顺序，在企业和投资者之间进行的分配。利润分配的过程与结果，是关系到所有者的合法权益能否得到保护以及企业能否长期、稳定的发展，因此，企业必须加强利润分配的管理和核算。

（一）利润分配顺序

按照相关法律规定，企业发生的年度亏损，可以其后5年内的税前利润进行弥补，若仍未补亏，则从其后第6年的税后利润（即净利润）进行弥补。企业以前年度亏损未弥补完的，不得提取盈余公积，也不得向投资者分配利润。若不存在以前年度亏损的情况下，企业可以按照以下的顺序进行利润的分配：

1．提取法定盈余公积

企业按照当年税后净利润的10%提取法定盈余公积，法定盈余公积达到注册资本的50%时可不再提取，提取的法定盈余公积可以用于弥补以前年度亏损或转增资本金，但转增资本金后留存的法定盈余公积不得低于注册资本的25%。

2．提取任意盈余公积金

企业也可根据经营需要，提取任意盈余公积金，提取的比例标准由股东大会等权力机构决议。

3．向投资者分配利润

企业当年的净利润在扣除以前年度的亏损和提取盈余公积后的余额，再加上年初的未分配利润，即为当年企业可以向投资者分配的利润。企业可以在此限额内，按照各自投资者的持股份额或投资协议规定的比例向其分配利润。

（二）利润分配的核算

为反映企业利润的分配情况，企业需设置“利润分配”账户，并设置“提取法定盈余公积”、“提取任意盈余公积”、“应付现金股利或利润”、“转作股本的股利”、“盈余公积补亏”、“未分配利润”等科目进行明细核算。

1．提取盈余公积的核算

企业提取盈余公积时，应该按照当年净利润一定比例提取的金额，借记“利润分配——提取法定盈余公积（任意盈余公积）”科目，贷记“盈余公积——法定盈余公积（任意盈余公积）”科目。

2．应付现金股利或利润

经股东大会等权力机构决议批准后，企业分配给投资的现金股利或利润，应该借记“利润分配——应付现金股利或利润”科目，贷记“应付股利”科目。

3．分配股票股利

企业分配给投资者的股票股利，应在办完增资手续后，借记“利润分配——转作股本的股利”科目，贷记“股本”科目。

【例 15-21】接【例 15-20】该公司按全年实现净利润的 10%提取盈余公积，则账务处理如下：

借：利润分配——提取法定盈余公积　　273 830

　贷：盈余公积　　273 830

同时，用剩余利润的 20%向投资者分配现金股利

借：利润分配——应付现金股利　　492 894

　贷：应付股利　　492 894

最后，结转“利润分配”的明细分类账户

借：利润分配——未分配利润　　766 724

　贷：利润分配——提取法定盈余公积　　273 830

　　　利润分配——应付现金股利　　492 894

【课堂测试 15-3】

1．下列关于企业采用表结法于会计期末结转本年利润的表述不正确的是（　）。

A．各损益类科目每月月末需结出本月发生额

B．各损益类科目每月月末需结出月末累计余额

C．各损益类科目每月月末需将本月发生额结转到“本年利润”科目

D．在年末时需将各损益类科目的全年累计余额结转入“本年利润”科目

2．“本年利润”科目年末贷方余额，表示（　）。

A．历年累计实现的利润总额　　B．历年累计实现的净利润

C．当年实现的利润总额　　D．当年实现的净利润

3．下列各项中，会导致企业当期营业利润减少的有（　）。

A．出售无形资产发生的净损失

B．计提行政管理部门固定资产折旧

C．办理银行承兑汇票支付的手续费

D．出售交易性金融资产发生的净损失

E．收到增值税返还

4．下列各项中，应计入营业外收入的是（　）。

A．非货币性资产交换利得

B．处置长期股权投资产生的收益

C．出租无形资产取得的收入

D．处置投资性房地产取得的收入

本章小结

收入是指企业在日常活动中形成的、会导致所有者权益增加的、与所有者投入资本无关的经济利益的总流入，包括销售商品收入、提供劳务收入、让渡资产使用权收入等，但不包括为第三方或客户代收的款项。

销售商品收入只有同时满足以下条件的情况下，才能加以确认：企业已将商品所有权上的主要风险和报酬转移给购货方；企业既没有保留通常与所有权相联系的继续管理权，也没有对已售出的商品实施控制；收入的金额能够可靠地计量；相关的经济利益很可能流入企业；相关的已发生或将发生的成本能够可靠地计量。

一般情况下，企业在对销售商品进行核算时，若符合收入确认条件，则确认收入，同时或在期末，按销售商品的实际成本，结转成本。

当销售商品会涉及商业折扣、现金折扣、销售折让以及销售退回的情况，对销售收入的影响不同。发生商业折扣时，按折扣后的金额确定销售商品收入；存在现金折扣时，企业应当按照扣除现金折扣前的金额确定销售商品收入金额，现金折扣在发生时计入当期损益；而销售折让和销售退回发生时，通常应当在发生时冲减当期销售商品收入；如果已确认收入的销售折让或销售退回发生属于资产负债表日后事项的，应当按照资产负债表日后事项的相关规定处理。

采用预售款销售商品是，企业通常应在发出商品时确认收入，在此之前预收的货款应确认为负债（预收账款）。

代销商品有两种方式，一种为视同买断代销方式，另一种为收取手续费代销方式。视同买断方式下，如果委托方和受托方之间的协议约定，受托方在取得代销商品后，卖出与否以及获利与否均与委托方无关，则在符合销售商品收入确认条件时，委托方在交付商品时确认收入，受托方则作为购进商品处理。如果委托方和受托方之间的协议约定，将来受托方没有将商品销售出去时可以将商品退回给委托方，或者受托方因代销商品出现亏损时可以要求委托方补偿，那么，委托方在交付商品时不确认收入，受托方也不作购进商品处理。

收取手续费方式下，委托方发出代销商品时不确认收入，待收到代销清单时，按照代销合同约定价确认收入，同时结转成本，代销手续费则作为销售费用处理；受托方则按收取的手续费确认相应收入。

具有融资性质的分期销售商品，在满足收入确认的其他条件时，应当根据应收款项的公允价值确认收入。如果延期收取的货款具有融资性质，在符合收入确认条件时，企业应当按照应收的合同或协议价款的公允价值确定收入金额。应收的合同或协议价款与其公允价值之间的差额，应当在合同或协议期间内，按照应收款项的摊余成本和实际利率计算确定的金额进行摊销，计入当期损益。

附有销售退回条件的商品销售，如果企业在销售时能够对退货的可能性做出合理的估计，只将估计不会发生退货的部分确认收入；否则，在销售时不应确认收入，而是到退货期满时确认收入。

售后回购一般情况下售后回购属于融资交易，销售方不应确认为销售商品收入，收到的款项应确认为负债；若回购价格大于原售价，则将其差额在回购期间按期计提利息，计入财务费用。有确凿的证据表明售后回购交易满足销售商品收入确认条件的，销售的商品按售价确认收入，回购的商品作为购进商品处理。

通常情况下，售后租回属于融资交易，企业不应确认收入，对于售价和资产价值之间的差额，要视售后租回交易是融资租赁还是经营租赁分别处理。

以旧换新销售商品，是指销售方在销售商品的同时回收与所售商品相同的旧商品。在这种情况下，销售的商品与回收的商品分别进行账务处理。

提供劳务收入的确认，对于能在同一会计期间完成的劳务，在提供劳务完成时确认收入；在同一会计期间不能完成的劳务，若在资产负债表日企业对所提供劳务交易的结果能够可靠估计的，应当按照完工百分比法确认提供劳务收入，否则不能采用完工百分比法确认收入，而是按照能已发生的可获补偿的劳务成本确认收入，并结转劳务成本，若已发生劳务成本全部不能够得到补偿的，应当将已经发生的劳务成本计入当期损益，不确认提供劳务收入。

让渡资产使用权收入包括利息收入、使用费收入等。企业应当分情况确定让渡资产使用权收入金额，并进行会计核算。对于利息收入，企业需在资产负债表日，按照他人使用本企业货币资金的时间和实际利率计算收入金额确认收入；对于使用费收入，如果合同或协议规定使用费一次交付，且不提供后续服务的，应视同该项资产的销售一次确认收入；如果提供后续服务的，应在合同或协议的有效期内分期确认收入。如果合同规定分期支付使用费的，应按合同规定的收款时间和金额或合同规定的收费方法计算的金额分期确认收入。

费用是指企业在日常活动中发生的、会导致所有者权益减少的、与向所有者分配利润无关的经济利益的总流出。将费用按经济内容（或性质）分类，费用一般由：外购材料、外购燃料、外购动力、工资费用、折旧费、利息支出、税金以及其他费用等构成；将费用按照经济内容划分，则可分为计入产品成本、劳务成本的费用和不应计入产品成本、劳务成本的费用两大类。对于应计入产品成本、劳务成本的费用包括直接材料、直接人工、其他直接费用和制造费用，对于不应计入产品成本和劳务成本的费用也称为期间费用，包括管理费用、销售费用和财务费用。企业在进行费用确认时，除了应当符合费用定义外，还需满足三个条件：

一是与费用相关的经济利益应当很可能流出企业；二是经济利益流出企业的结果会导致资产的减少或者负债的增加；三是经济利益的流出额能够可靠计量。

营业成本是企业经营主要业务和其他业务所发生的成本总额。主要包括主营业务成本和其他业务成本。主营业务成本是企业在销售商品、提供劳务等经常性活动所发生的成本。其他业务成本是指除企业主营业务活动以外的其他经营活动所发生的支出，如销售材料成本、出租固定资产的折旧额、出租无形资产的摊销额等。营业税金及附加是指企业经营活动中发生的营业税、消费税、城市维护建设税、教育费附加、资源税以及投资性房地产相关的房产税、土地使用税等相关税费；管理费用是指企业为组织和管理生产经营活动所发生的各种费用；销售费用是指企业在销售商品和材料、提供劳务过程中发生的各项费用；财务费用是指企业为筹集生产经营所需资金等而发生的费用。

利润是指企业在一定会计期间的经营成果，它是企业在一定会计期间内实现的收入减去费用后的净额。企业利润包括营业利润、利润总额和净利润三个部分。

企业为了反映利润的形成过程，需设置“本年利润”账户对企业各期实现的净利润或亏损进行核算。期末，将损益类中收入账户的余额，转入“本年利润”账户的贷方，将损益类中费用类账户的余额，转入“本年利润”账户的借方。结转后，各损益类账户期末无余额。本期若收入大于费用，则“本年利润”账户为贷方余额，表示本期净利润。反之，若本期收入小于费用，则“本年利润”账户为借方余额，表示本期亏损。年度终了，需将“本年利润”账户的余额转入“利润分配——未分配利润”账户，结转后，本账户无余额。

企业结转“本年利润”账户余额的方法有表结法和账结法两种。表结法是指企业在月末（1～11月）结账时，损益类账户的余额，不需转到“本年利润”账户，而是通过编制利润表的方法直接计算出各月的损益。只有在年终结转时才使用“本年利润”账户，将全年各损益类账户的累计发生额一次结转到“本年利润”账户下。账结法是指每月末结账时都需将损益类账户的余额分别结转入“本年利润”账户，结转后损益类账户无余额，而“本年利润”账户的余额反映本期损益实现情况。

年度终了，就可以对利润按照一定的形式和顺序进行分配。企业存在以前年度亏损的，可以税前利润进行弥补亏损，企业以前年度亏损未弥补完的，不得提取盈余公积，也不得向投资者分配利润；若不存在以前年度亏损的情况下，企业可按照当年税后净利润的10%提取法定盈余公积，企业也可根据经营需要，提取任意盈余公积金，提取的比例标准由股东大会等权力机构决议；提取盈余公积之后，企业可以将当年的净利润在扣除以前年度的亏损和提取盈余公积后的余额，再加上年初的未分配利润，向投资者分配的利润。为反映企业利润的分配情况，企业需设置“利润分配”账户，并设置相应明细科目反映利润分配的具体过程。

【篇后案例】

作为风电企业的行业巨头华锐风电 2012 年净亏损额高达 5.82 亿元，与 2011 年的净利润 5.98 亿元已是天壤之别，同比降幅高达 197.31%，其中逆势扩张市场导致的巨额销售费用是主要原因。

从曾经以 90 元/股发行价成为“主板市场最高发行价”纪录创造者，到股价跌破 10 元，华锐风电仅仅用了两年，而就在这段时间里，其上市时约 900 亿元的市值也蒸发了超过 600 亿元。被冠以“没落新贵”之后，依然没有阻挡其下滑的势头：按照之前华锐风电发布的业绩预报显示，2012 年净亏损额将达到 4.9 亿元左右，而从刚公布的 2012 年年报看，公司去年的亏损情况甚于预期。

除了市场增速放缓、风电机组价格较低等客观因素外，公司在报告期内为拓宽市场，导致销售费用大增也是造成巨亏的主要因素。“公司在 2012 年采取了多种措施强化销售能力，巩固国内市场优势及拓展海外市场，导致销售费用大幅增加，报告期内公司发生销售费用 6.86 亿元，同比增长 139.35%，这影响了公司 2012 年度的利润水平。”华锐风电表示。

数据显示，在风电行业不景气、海外“双反”的情况下，华锐风电海外市场扩张却颇为强劲，报告期内实现海外销售 4.72 亿元，占公司销售收入的比重从 2011 年度的不到 1%提升到超过 11.83%。

另外，与上述销售费用大幅增加形成鲜明对比的是，公司的研发支出在报告期内同比下降了 47.38%，在此还值得注意的一个数字是，公司在 2012 年新增订单执行率仅为 18.95%，“可见，公司在过去的一年最重要的工作就是销售”，有业内人士如此分析说。

资料来源：新浪财经网

核心概念

收入（revenue）
商业折扣（commercial discount）
现金折扣（cash discount）
销售折让（allowance for sale）
销售退回（sales return）
预收款销售（pre-collect on sale）
代销商品（merchandise on consignment）
售后回购（repurchase after-sale）
售后租回（leaseback）
提供劳务收入（labor service income）
完工百分比法（completion percentage）
让渡资产使用权收入（income on delivered the right of use assets）
使用费收入（income on user charge）
利息收入（interest income）
费用（expense）
产品成本（goods cost）
期间费用（period expense）
管理费用（administrative expense）
销售费用（selling expense）
财务费用（financial expense）
利润（profit）
营业利润（business profit ）
利润总额（total profit）
净利润（net income）
利润分配（profit distribution ）
未分配利润（undistributed profit）

思考题

1．销售商品收入确认的条件有几个？

2．什么是商业折扣、现金折扣、销售折扣、销售折让？这几种情况下如何进行账务处理？

3．代销商品有几种方式？分别如何进行账务处理？

4．售后回购能否确认收入？该如何进行账务处理？

5．如果企业提供的劳务收入不能在同一会计期间内完成，则如何进行会计核算？

6．将费用按照不同的标准进行划分，分别有几个构成项目？

7．确定利润结转的方法有几种？分别是如何处理的？

8．利润分配的顺序是怎样的？

练习题

（一）单项选择题

1．下列有关收入确认的表述中，错误的是（　　）。

A．附有商品退回条件的商品销售可以在退货期满时确认收入

B．销售并附有购回协议下，应当按销售收入的款项高于购回支出的款项的差额确认收入

C．资产使用费收入应当按合同规定确认

D．托收承付方式下，在办妥托收手续时确认收入

2．销售合同中规定了由于特定原因买方有权退货的条款，而企业又不能确定退货的可能性，其收入应在（　　）时确认。

A．发出商品

B．收到货款

C．签订合同

D．退货期满

3．企业发生的展览费，应当计入（　　）。

A．管理费用

B．营业外支出

C．销售费用

D．其他业务成本

4．下列各项中，不能计入管理费用账户的是（　　）。

A．厂部管理人员工资

B．印花税

C．发生的职工培训费

D．无法支付的应付账款

5．下列交易或事项中，应确认收入的是（　　）。

A．销售商品的同时约定日后购回

B．销售商品的同时再租回所售商品

C．已收到客户订购产品的款项，但产品尚未完工

D．销货发票和提货单已交买方并已收到款项，但买方因场地原因尚未提货

6．在视同买断销售商品的委托代销方式下，未销售的商品不能退回，委托方确认收入的时点是（　　）。

A．委托方交付商品时

B．委托方销售商品时

C．委托方收到代销清单时

D．委托方收到货款时

7．销售商品收入确认的过程中，对于购货方实际享受的现金折扣销售方应做的会计处理是（　　）。

A．冲减当期的主营业务收入

B．增加当期的财务费用

C．增加当期的主营业务成本

D．增加当期的管理费用

8．企业对外销售需要安装商品时，若安装程序比较简单，则确认该商品销售收入的时间是（　　）。

A．商品运抵并开始安装时

B．发出商品时

C．收到商品销售货款时

D．商品安装完毕并检验合格时

9．甲公司销售产品每件440元（不含增值税），若客户购买200件（含200件）以上，每件可得到40元的商业折扣。某客户2009年8月8日购买该企业产品 200件，按规定现金折扣条件为2 / 10、1/20、N / 30。适用的增值税税率为17%。该企业于8月24日收到客户该笔款项时，则实际收到的款项为（　　）元（假定计算现金折扣时考虑增值税）。

A．93 600　　B．936　　C．102 960　　D．92 664

10．甲公司于2012年2月委托乙商店代销A产品1 000件，代销价款合计400万元（不含税）。2009年12月20日收到乙商店交来的代销清单，代销清单列明已销售代销的A产品800件，甲公司收到代销清单时向乙商店开具增值税发票。乙商店按代销价款的10%收取手续费。该批产品的实际成本为250万元。

则甲公司本年度应确认的委托代销商品的销售收入为（　　）万元。

A．400　B．320　C．288　D．200

11．某企业于 2012 年 11 月接受一项产品安装任务，采用完工百分比法确认劳务收入，预计安装期 14 个月，合同总收入 200 万元，合同预计总成本为 158 万元。至 2013 年底已预收款项 160 万元，余款在安装完成时收回，至 2013 年 12 月 31 日实际发生成本 152 万元，预计还将发生成本 8 万元。2012 年已确认收入 10 万元。则该企业 2013 年度确认收入为（　　）万元。

A．160　B．180　C．200　D．182

12．下列项目中，属于利得的是（　　）。

A．销售商品流入的经济利益

B．提供技术服务流入的经济利益

C．出租写字楼流入的经济利益

D．出售固定资产流入的经济利益

13．某企业 2012 年度利润总额为 315 万元，其中国债利息收入为 15 万元。假定该企业无其他纳税调整项目，适用的所得税税率为 25%。该企业 2012 年净利润为（　　）万元。

A．225　B．240　C．209.4　D．236.25

14．某企业 2012 年 2 月主营业务收入为 100 万元，主营业务成本为 80 万元，管理费用为 5 万元，资产减值损失为 2 万元，投资收益为 10 万元。假定不考虑其他因素，该企业当月的营业利润为（　　）万元。

A．13　B．15　C．18　D．23

15．下列项目中，销售企业应当作为财务费用处理的是（　　）。

A．购货方获得的现金折扣　B．购货方获得的商业折扣

C．购货方获得的销售折让　D．购货方放弃的现金折扣

（二）多项选择题

1．下列关于收入确认的表述中，正确的有（　　）。

A．卖方仅仅为了到期收回货款而保留商品的法定产权，则销售成立，相应的收入应予以确认

B．合同或协议价款的收取采用递延方式，如分期收款销售商品，实质上具有融资性质的，应当按照应收的合同或协议价款确定销售商品收入金额

C．销售商品涉及商业折扣的，应当按照扣除商业折扣后的金额确定销售商品收入金额

D. 根据收入和费用配比原则，与同一项销售有关的收入和成本应在同一会计期间予以确认；成本不能可靠计量，相关的收入也不能确认

2. 下列有关收入的表述中，不正确的有（ ）。

A. 凡是资产的增加或负债的减少，或二者兼而有之，同时引起所有者权益的增加，但不一定表明收入的增加

B. 在商品销售收入确认条件中，所有权上的主要报酬和风险随所有权凭证的转移而转移

C. 如果企业确认商品销售收入后，发生销售退回的均冲减退回当月的销售收入，并冲减当月销售成本

D. 委托其他单位代销商品情况下，委托方应在收到受托方提供的增值税发票时确认收入

3. 下列情形中，商品所有权上的风险尚未转移的有（ ）。

A. 企业发出商品一批，货款已经结算，但由于商品质量与合同不符，可能遭受退货

B. 企业已经收到货款，发货单也已交给对方，但客户尚未把货提走

C. 售出的商品中附有退货条款，但无法确定其退货的可能性

D. 发出一批商品，委托某单位代为销售

E. 售出一批电脑，由本企业负责安装，尚未安装完成

4. 在视同买断方式下委托代销商品的，若受托方没有将商品售出时可以将商品退回给委托方，或受托方因代销商品出现亏损时可以要求委托方补偿，那么委托方的处理错误的有（ ）。

A. 在交付商品时不确认收入，委托方收到代销清单时确认收入

B. 在交付商品时确认收入

C. 不做任何处理

D. 只核算发出商品的处理

5. 下列有关售后回购处理错误的有（ ）。

A. 采用售后回购方式销售商品的，一般情况下收到的款项应确认为负债；回购价格大于原售价的，差额应在回购期间按期计提利息，计入财务费用

B. 有确凿证据表明售后回购交易满足销售商品收入确认条件的，销售的商品按售价确认收入，回购的商品作为购进商品处理

C. 有确凿证据表明售后回购交易满足销售商品收入确认条件的，应将回购价格大于原售价的差额在回购期间按期计提利息，计入财务费

用

D．售后回购在任何情况下都不确认收入的

6．关于让渡资产使用权产生的收入的确认与计量，下列说法中不正确的有（　　）。

A．让渡资产使用权收入同时满足“相关的经济利益很可能流入企业”和“收入的金额能够可靠地计量”时才能予以确认

B．让渡资产使用权收入同时满足“相关的经济利益很可能流入企业”和“发生的成本能够可靠地计量”时才能予以确认

C．使用费收入金额，按照实际收费时间计算确定

D．利息收入金额，按照他人使用本企业货币资金的时间和实际利率计算确定

7．下列项目中，可能引起企业利润总额增加的有（　　）。

A．接受非现金资产捐赠利得　B．经营性出租固定资产租金收入

C．支付应收票据的贴现息　D．计提存货跌价准备

E．获得政府补贴收入

8．“利润分配”科目所属明细科目中，本年利润结算后应没有余额的是（　　）。

A．提取盈余公积　B．盈余公积补亏　C．应付利润

D．未分配利润　E．本年利润

9．下列各项中，构成并影响营业利润的项目是（　　）。

A．销售费用和财务费用　B．资产减值损失

C．其他业务收入　D．营业外收入

10．下列各科目，年末应无余额的有（　　）。

A．管理费用　B．所得税费用

C．制造费用　D．长期股权投资

11．依据现行规定，下列说法中正确的有（　　）。

A．利得和损失可能会直接计入所有者权益

B．利得和损失最终会导致所有者权益的变动

C．利得和损失可能会影响当期损益

D．利得和损失一定会影响当期损益

12．提供劳务交易的结果能够可靠估计，应同时满足的条件包括（　　）。

A．收入的金额能够可靠地计量

B．相关的经济利益很可能流入企业

C．交易中已发生的成本能够可靠地计量

D．交易中将发生的成本能够可靠地计量

E．交易的完工进度能够可靠地确定

13．下列各项，按规定应计入企业营业外支出的有（　　）。

A．无形资产出售净收益

B．捐赠支出

C．固定资产盘亏净损失

D．坏账损失

E．罚款支出

14．下列各项，影响当期利润表中净利润的有（　　）。

A．固定资产盘盈

B．确认所得税费用

C．对外捐赠固定资产

D．无形资产出售利得

15．下列各项中，影响企业营业利润的有（　　）。

A．处置无形资产净收益

B．交易性金融资产期末公允价值上升

C．接受公益性捐赠利得

D．经营租出固定资产的折旧额

（三）判断题

1．企业将所有权凭证或实物交给对方，意味着商品所有权上的风险已经转移。（　　）

2．企业发生销售退回时，不论销售退回的商品是本年销售的，还是以前年度销售的，均应冲减本年度的销售收入与成本。（　　）

3．企业支付的广告费应计入销售费用，不计入“无形资产——商标权”的价值。（　　）

4．如果企业保留与商品所有权相联系的继续管理权，则不能确认该项商品的销售收入。（　　）

5．企业在资产负债表日提供劳务交易的结果不能可靠计量的，按新准则的规定应该采用完工百分比法确认收入。（　　）

6．对以旧换新的销售，销售的商品按照商品销售的方法确认收入，回收的商品作为购进商品处理。（　　）

7．企业以前年度亏损未弥补完时，不得向投资者分配利润，但可以提取

法定盈余公积金。（　　）

8．采用预收货款方式销售产品的情况下，应当在收到货款时确认收入的实现。（　　）

9．企业利润总额是计算企业当期应交所得税额的直接依据，利润总额乘以适用的所得税率，就是当期应交纳的所得税额。（　　）

10．在采用交款提货销售方式时，如货款已收，发票和提货单已交给对方，无论商品是否发出，都作为收入的实现。（　　）

11．按现行制度规定，企业在确定商品销售收入时，不考虑可能发生的现金折扣和销售折让。（　　）

12．对于附有销售退回条件的商品销售，如果不能合理确定退货的可能性，应在售出商品的退货期期满时确认收入。（　　）

13．在委托其他单位代销商品的情况下，应当在收到代销单位的代销清单时确认收入的实现。（　　）

14．对商品需要安装的销售，只能在安装和检验完毕后确认收入。（　　）

15．在采用完工百分比法确认劳务收入时，其相关的销售成本应以实际发生的全部成本确认。（　　）

（四）核算题

1. 某企业 2012 年 3 月发生部分经济业务如下，该企业适用的增值税税率为 17%，采用价税分离的定价方式。

（1）采用托收承付结算方式向 B 公司销售甲产品 10 件，每件 1 000 元，开出现金支票代垫运杂费 300 元，已办妥托收手续。

（2）收到长阳工厂预付的货款 100 000 元。

（3）银行转来收账通知，收到 B 公司承付的货款及代垫运杂费 12 000 元。

（4）发往长阳工厂拟购的甲产品 80 件，每件 1 000 元，代付运杂费 500 元，余款退回长阳工厂。

（5）售甲产品 30 件，客户 A 公司交来转账支票，金额 35 100 元，已办妥进账手续。

（6）企业本月销售一批产品，按合同约定产品的销售价格（不含税）为 800 000 元，增值税税率为 17%，产品已经发出，货款收存银行，该批产品的成本为 650 000 元。

要求：根据上述资料，编制有关会计分录。

2. 甲企业委托乙企业销售商品 300 件，协议价为每件 500 元，该产品单位成本为 250 元，增值税税率为 17%。甲企业收到乙企业开来的代销清单时，开具增值税专用发票，发票上售价为150 000元，增值税额为25 500元。乙企业实际销售时开具的增值税专用发票上注明的售价为 165 000 元，增值税为28 050元，并收到货款。乙企业支付货款给甲企业。

要求：分别编制甲、乙两家企业有关的会计分录。

3．甲公司销售一批产品 500 件给欣欣公司，增值税专用发票上注明的售价为90 000元，增值税额为15 300元，合同中规定的付款条件为3/10、2/20、N / 30（计算折扣时不考虑增值税）。

要求：编制甲公司不同现金折扣条件下的会计分录。

4．甲企业3月销售A产品80件给M公司，每件售价为188元（不含税），货款预收。单位销售成本118元，6月因产品质量问题退回5件，货款已退。6月该企业销售A产品100件，每件售价200元（不含税），款收存银行。单位销售成本128元，该产品增值税税率为17%。

要求：编制甲企业的会计分录。

5．某企业2012年3月发生下列经济业务：

（1）出租一项专利权，取得税金收入3 000元；该专利权本月摊销金额为1 000元。

（2）售出材料一批，售价30 000元，增值税额5 100元，款已收存银行，该材料的采购成本为20 000元。

（3）出租一项固定资产，本月租金收入8 000元，租金已收存银行，该资产本月应计提折旧2 000元。

（4）月末结转其他业务收支科目。

要求：根据上述业务，编制有关会计分录。

6．某企业2012年12月发生下列经济业务：

（1）用存款支付产品的广告费20 000元。

（2）企业管理部门使用的固定资产应提折旧10 000元。

（3）分配职工工资，其中行政管理人员工资20 000元，专设销售机构人员工资30 000元。

（4）计算本月短期借款利息60 000元，长期借款利息80 000元（工程已完工并交付使用），并用银行存款支付金融机构手续费1 500元。

（5）计提职工教育经费3 000元。

（6）用银行存款支付业务招待费600元。

（7）摊销无形资产价值1 500元。

（8）购买办公用品2 000元，以支票支付。

（9）以现金支付招待费 3 000 元。

（10）支付本季度短期借款利息 3 000 元，其中上月已计提的利息 2 000 元。

（11）以支票支付产品展览费 9 000 元。

（12）以支票支付本月水电费共计 10 000 元，其中生产车间负担 8 000 元，厂部管理部门负担 2 000 元。

（13）支付银行手续费 5 000 元。

（14）月末，结转期间费用。

要求：根据上述经济业务，编制会计分录。

7．某企业 2012 年 12 月发生如下的经济业务：

（1）销售 A 产品 100 件，每件售价 24 000 元，货款 2 400 000 元，增值税税率为 17%，已收到货款存入银行。

（2）销售 B 产品 50 件给颐美公司，每件售价 2 100 元（不含税），增值税税率为 17%，货款已预收。

（3）企业转让无形资产所有权一项，该项无形资产账面余额 330 000 元，累计摊销余额 60 000 元，转让收入 300 000 元。

（4）结转本月销售产品的成本，A、B 产品的单位成本分别为 15 000 元和 1 200 元。

（5）有一项 A 公司的应付账款无法支付，金额为 60 000 元，现予转销。

（6）结转本月固定资产盘亏净损失 54 000 元。

（7）支付税收滞纳金 3 000 元。

（8）对外捐赠 5 000 元，以支票支付。

（9）计算本月应交教育费附加 3 000 元，城市维护建设税 7 000 元。

（10）摊销无形资产价值 3 000 元。

（11）结转本月发生管理费用 180 000 元，销售费用 150 000 元，财务费用 60 000 元。

（12）结转主营业务收入、主营业务成本、营业外收支、营业税金及附加。

（13）计算营业利润、利润总额、所得税（假设无调整事项）、净利润等指标，并结转所得税。

（14）若 1～11 月共实现利润 6 000 000 元，应交所得税 1 500 000 元，再根据上述资料的计算结果，结转本年利润，进行全年利润的分配，提取盈余公积 10%，分配现金股利 60%，并结转利润分配备明细账户。

第十六章 财务报告

【学习目标】在前面几章中，我们学习了资产、负债、所有者权益、收入、费用和利润等的确认和计量方法，能够使我们了解到企业所持有的资产、所承担的负债、自有资本等的实际情况，可是要想全面、完整地了解企业的财务状况以及企业的经营结果，就必须要通过企业的财务报告才能有全面的了解。在本章中，我们将学习财务报告的知识，需要了解什么是财务报告，对于财务报告的列报有哪些基本要求，附注列示了哪些内容等；熟悉财务报告的构成资产负债表、利润表、现金流量表、所有者权益变动表的结构和内容；掌握资产负债表以及利润表、现金流量表的编制方法。

【开篇案例】

滨海公司成立的几年，规模较小，进行会计核算的时候一直按照小企业会计制度执行。经过几年的经营，企业得到很大的发展，逐渐达到一般企业的标准，于是从 2010 年开始执行新的企业会计准则。而此时企业也有新生力量注入，小王就是被聘入财务部的员工。到年底的时候，小王发现编制的财务报告中，只有资产负债表和利润表，感到困惑，不是还应该有现金流量表、所有者权益变动表吗？于是就向财务负责人老张提出质疑，为何只有这两张报表，老张解释说以往企业就是这样处理的，而且领导也没有要求财务部提供其他报表。老张的解释合理吗？

第一节 财务报告概述

财务报告是企业对外提供的反映企业某一特定日期的财务状况和某一会计期间的经营成果、现金流量等会计信息的文件。财务报告包括财务报表和其他应当在财务报告中披露的其他相关信息和资料。

财务报告是对企业财务状况、经营成果和现金流量的结构性表述。在现代企业制度下，企业的投资者、债权者和经营者，以及政府管理部门和社会监督部门等，都要与企业发生投资、借贷、交易、管理、监督等活动，都需要依据财务报告的信息对企业状况进行了解，因此，企业要定期编制并对外报送财务报表。

财务报告至少应当包括下列组成部分：

（一）资产负债表；

（二）利润表；

（三）所有者权益（或股东权益，下同）变动表；

（四）现金流量表；

（五）附注。

一、财务报告的分类

企业财务报表按照不同的划分标准或从不同的角度划分，可以分为以下几类：

1．按服务对象，可以分为对外报表和内部报表

（1）对外报表是企业必须定期编制、定期向上级主管部门、投资者、财税部门等报送或按规定向社会公布的财务报表。这是一种主要的，定期规范化的财务报表。它要求有统一的报表格式、指标体系和编制时间等，资产负债表、利润表和现金流量表等均属于对外报表。

（2）内部报表是企业根据其内部经营管理的需要而编制的，供其内部管理人员使用的财务报表。它不要求统一格式，没有统一指标体系，如成本报表属于内部报表。

2．按报表所提供会计信息的重要性，可以分为主表和附表

（1）主表即主要财务报表，是指所提供的会计信息比较全面、完整，能基本满足各种信息需要者的不同要求的财务报表。现行的主表主要有四张，即资产负债表、利润表和现金流量表以及所有者权益变动表。

（2）附表即从属报表，是指对主表中不能或难以详细反映的一些重要信息所做的补充说明的报表。现行的附表主要有：利润分配表和分部报表，是利润表的附表；应交增值税明细表和资产减值准备明细表，是资产负债表的附表。

主表与有关附表之间存在着勾稽关系，主表反映企业的主要财务状况、经营成果和现金流量，附表则对主表进一步补充说明。

3．按编制和报送的时间分类，可分为中期财务报表和年度财务报表

（1）广义的中期财务报表包括月份、季度、半年期财务报表。狭义的中期

财务报表仅指半年期财务报表。

（2）年度财务报表是全面反映企业整个会计年度的经营成果、现金流量情况及年末财务状况的财务报表。企业每年年底必须编制并报送年度财务报表。

4. 按编报的会计主体不同，分为个别报表和合并报表

（1）个别报表是指在以母公司和子公司组成的具有控股关系的企业集团中，由母公司和子公司各自为主体分别单独编制的报表，用以分别反映母公司和子公司本身各自的财务状况和经营成果。

（2）合并报表是以母公司和子公司组成的企业集团为一会计主体，以母公司和子公司单独编制的个别财务报表为基础，由母公司编制的综合反映企业集团经营成果、财务状况及其资金变动情况的财务报表。

二、财务报表列报的基本要求

1. 遵循各项会计准则进行确认和计量

企业应当根据实际发生的交易和事项，遵循各项具体会计准则的规定进行确认和计量，在此基础上编制财务报表。如果由于某种原因没有遵循准则的要求，应在附注中说明。

2. 关于列报基础

企业应当以持续经营为基础，根据实际发生的交易和事项，按照企业会计准则的规定进行确认和计量，在此基础上编制财务报表。企业不能以附注披露代替确认和计量。以持续经营为基础编制财务报表不再合理的，企业应当采用其他基础编制财务报表，并在附注中披露这一事实。

【篇中案例】

非持续经营是企业在极端情况下出现的一种情况，非持续经营往往取决于企业所处的环境以及企业管理部门的判断。一般而言，企业如果存在以下情况之一，则通常表明其处于非持续经营状态：

（1）企业已经在当前进行清算或停止营业；（2）企业已经正式决定在下一个会计期间进行清算或停止营业；（3）企业已经确定在当期或下一个会计期间没有其他可供选择的方案而将被迫进行清算或停止营业。

企业处于非持续经营状态时，应当采用其他基础编制财务报表，比如破产企业的资产可采用可变现净值计量、负债按照其预计的结算金额计量等。持续经营状态和非持续经营状态下的计量基础有所不同，企业编制清算财务报表等的列报基础也不一样。

3．关于重要性和项目列报

重要性是指财务报表某项目的省略或错报会影响使用者据此做出经济决策的，该项目具有重要性。重要性是判断项目在财务报表中是否单独列报的重要标准，具体而言：

（1）性质或功能不同的项目，应当在财务报表中单独列报，不具有重要性的项目可以合并列报。

（2）性质或功能类似的项目，一般可以合并列报，但是对其具有重要性的类别，应当按其类别在财务报表中单独列报。

在进行重要性判断时，应当根据企业所处环境，从项目的性质和金额大小两方面予以判断。

4．关于列报的一致性

根据可比性的要求，财务报表项目的列报应当在各个会计期间保持一致，不得随意变更，但下列情况除外：

（1）会计准则要求改变财务报表项目的列报。

（2）企业经营业务的性质发生重大变化后，变更财务报表项目的列报能够提供更可靠、更相关的会计信息。

5．关于财务报表项目金额间的相互抵销

财务报表项目应当以总额列报，资产和负债、收入和费用不得相互抵销，但会计准则另有规定的除外。下列两种情况不属于抵销，可以净额列示：

（1）非日常活动产生的损益，以收入扣减费用后的净额列示，不属于抵销。比如固定资产清理净损益，不需要将清理收入、发生的清理费用等单独列报。

（2）资产项目按扣除减值准备后的净额列示，不属于抵销。

6．比较信息的列报

企业在列报当期财务报表时，至少应当提供所有列报项目上一可比会计期间的比较数据，以及与理解当期财务报表相关的说明，但其他会计准则另有规定的除外。

7．财务报表表首的列报要求

企业编制的财务报表应当在表首部分概括说明下列基本信息：

（1）编报企业的名称；

（2）资产负债表日或财务报表涵盖的会计期间；

（3）货币名称和金额单位；

（4）财务报表是合并财务报表的，应当予以标明。

8．报告期间

企业至少应当按年编制财务报表。年度财务报表涵盖的期间短于一年的，应当披露年度财务报表的涵盖期间，以及短于一年的原因；短于一年的报告称之为中期财务报告。

【课堂测试 16-1】

1．财务报表至少应该包括（　　）。

A．资产负债表　　B．利润表　　C．现金流量表

D．所有者权益变动表　　E．附注

2．下列各项，属于编制财务报表的基本原则的是（　　）。

A．实质重于形式　　B．权责发生制

C．持续经营　　D．抵消原则

E．重要性和项目列报

第二节　资产负债表

一、资产负债表概述

资产负债表是反映企业在某一特定日期财务状况的会计报表。资产负债表是一个时点的报表，反映了一个企业在某一日期所拥有的经济资源及其分布情况，因此也被称为"静态报表"。资产负债表能够揭示企业在报表日的资产偿债能力、财务弹性大小、资产、负债以及所有者权益的结构等重要信息，为会计信息使用者提供决策的依据。

资产负债表的作用可以体现在以下几个方面：

（1）反映企业资产总额的构成及其状况，资产总量的高低一定程度上可以说明企业的经营规模和盈利基础大小，资产结构反映其生产经营过程的特点，有利于报表使用者进一步分析企业生产经营的稳定性。

（2）可以反映企业某一日期的负债总额及其结构，分析企业目前与未来需要支付的债务数额。负债的总额表示企业承担的债务的多少，负债和所有者权益的比重反映了企业的财务安全程度。负债结构反映了企业偿还负债的紧迫性和偿债压力的大小，通过资产负债表可以了解企业负债的基本信息。

（3）可以反映企业所有者权益的情况，了解企业现有的投资者在企业资产总额中所占的份额。实收资本和留存收益是分析所有者权益的重要内容，反映

了企业投资者对企业的初始投入和资本积累的多少，也反映了企业的资本结构和财务实力，有助于报表使用者分析、预测企业生产经营的安全程度和抗风险的能力。

二、资产负债表结构

资产负债表一般有表首、正表两部分。其中，表首概括地说明报表名称、编制单位、编制日期、报表编号、货币名称、计量单位等。正表是资产负债表的主体，列示了用以说明企业财务状况的各个项目。资产负债表正表的格式一般有两种：报告式资产负债表和账户式资产负债表。报告式资产负债表是上下结构，上半部列示资产，下半部列示负债和所有者权益。具体排列形式又有两种：一是按"资产=负债＋所有者权益"的原理排列；二是按"资产－负债=所有者权益"的原理排列。账户式资产负债表是左右结构，左边列示资产，右边列示负债和所有者权益。依据的是"资产=负债＋所有者权益"这一会计恒等式。在我国资产负债表采用账户式，每个项目又分为"期末余额"和"年初余额"两栏分别填列。资产负债表的格式如表16-1所示：

表16–1 资产负债表（1）

会企01表

编制单位： 年 月 日 单位：元

资产类	期末余额	年初余额	负债及权益类	期末余额	年初余额
流动资产：			流动负债：		
货币资金			短期借款		
交易性金融资产			交易性金融负债		
应收票据			应付票据		
应收账款			应付账款		
预付款项			预收款项		
应收利息			应付职工薪酬		
应收股利			应交税费		
其他应收款			应付利息		
存货			应付股利		
一年内到期的非流动资产			其他应付款		
其他流动资产			一年内到期的长期负债		
流动资产合计：			其他流动负债		
非流动资产：			流动负债合计：		
可供出售的金融资产			非流动流动负债：		
持有至到期投资			长期借款		
长期应收款			应付债券		
长期股权投资			长期应付款		
投资性房地产			专项应付款		
固定资产			预计负债		
在建工程			递延所得税负债		

续表

资产类	期末余额	年初余额	负债及权益类	期末余额	年初余额
工程物资			其他非流动负债		
固定资产清理			非流动负债合计：		
生产性生物资产			负债合计：		
油气资产			所有者（或股东）权益：		
无形资产			实收资本（或股本）		
开发支出			资本公积		
商誉			减：库存股		
长期待摊费用			盈余公积		
递延所得税资产			未分配利润		
其他非流动资产			所有者（或股东）权益合计		
非流动资产合计：					
资产合计：			负债和所有者（或股东）权益合计		

三、资产负债表的编制方法

（一）年初余额的填列

"年初余额"栏内各项目的数字，可根据上年末资产负债表"期末余额"栏相应项目的数字填列。如果本年度资产负债表规定的各个项目的名称和内容与上年度不相一致，应当对上年年末资产负债表各个项目的名称和数字按照本年度的规定进行调整。

（二）期末余额的填列

期末余额的填列有如下几种方式：

1．根据总账账户期末余额直接填列

资产负债表中大部分项目的"期末余额"可以根据有关总账账户的期末余额直接填列，如"交易性金融资产"、"短期借款"、"应付职工薪酬"、"预计负债"、"实收资本"、"资本公积"、"盈余公积"等项目可以根据账户的期末余额直接填列。

2．根据总账账户期末余额计算填列

资产负债表中一部分项目的"期末余额"需要根据有关总账账户的期末余额计算填列。如"货币资金"项目，应根据"库存现金"、"银行存款"和"其他货币资金"等账户的期末余额合计填列；"存货"项目，应根据"材料采购（或在途物资）"、"原材料"、"周转材料"、"库存商品"、"委托加工物资"、"生产成本"等账户的期末余额之和，减去"存货跌价准备"账户期末余额后的金额填列。

3．根据明细账户期末余额分析计算填列

资产负债表中一部分项目的"期末余额"需要根据有关明细账户的期末余

额分析计算填列。如“应收账款”项目，应根据“应收账款”账户和“预收账款”账户所属明细账户的期末借方余额合计数，减去“坏账准备”账户中有关应收账款计提的坏账准备期末余额后的金额填列；“预付款项”项目，应根据“预付账款”账户和“应付账款”账户所属明细账户的期末借方余额合计数，减去“坏账准备”账户中有关预付款项计提的坏账准备期末余额后的金额填列。

4. 根据总账科目和明细账科目余额分析计算填列

如“长期借款”项目，需要根据“长期借款”总账科目余额扣除“长期借款”科目所属的明细科目中将在一年内到期、且企业不能自主地将清偿义务展期的长期借款后的金额计算填列。

（三）资产负债表各项目的填列

1.“货币资金”项目反映企业库存现金、银行基本存款户存款、银行一般存款户存款、外埠存款、银行汇票存款等的合计数。本项目应根据“库存现金”、“银行存款”、“其他货币资金”账户的期末余额合计数填列。

2.“交易性金融资产”项目反映企业为交易目的而持有的债券投资、股票投资、基金投资等交易性金融资产的公允价值。本项目应根据“交易性金融资产”账户的期末余额填列。

3.“应收票据”项目反映企业收到的未到期收款而且也未向银行贴现的商业汇票等应收票据余额，减去已计提的坏账准备后的净额。本项目应根据“应收票据”账户的期末余额减去“坏账准备”账户中有关应收票据计提的坏账准备余额后的金额填列。

4.“应收账款”项目反映企业因销售商品、提供劳务等而应向购买单位收取的各种款项，减去已计提的坏账准备后的净额。本项目应根据“应收账款”和“预收账款”账户所属各明细账户的期末借方余额合计，减去“坏账准备”账户中有关应收账款计提的坏账准备期末余额后的金额填列。

5.“预付款项”项目反映企业预付的款项，减去已计提的坏账准备后的净额。本项目根据“预付账款”和“应付账款”账户所属各明细账户的期末借方余额合计，减去“坏账准备”账户中有关预付账款计提的坏账准备期末余额后的金额填列。

6.“应收利息”项目反映企业因持有交易性金融资产、持有至到期投资和可供出售金融资产等应收取的利息。本项目应根据“应收利息”账户的期末余额填列。

7.“应收股利”项目反映企业应收取的现金股利和应收取其他单位分配的利润。本项目根据“应收股利”账户期末余额填列。

8．“其他应收款”项目反映企业对其他单位和个人的应收和暂付的款项，减去已计提的坏账准备后的净额。本项目应根据“其他应收款”账户的期末余额，减去“坏账准备”账户中有关其他应收款计提的坏账准备期末余额后的金额填列。

9．“存货”项目反映企业期末在库、在途和在加工中的各项存货的可变现净值，包括各种原材料、商品、在产品、半成品、发出商品、包装物、低值易耗品和委托代销商品等。本项目应根据“在途物资（材料采购）”、“原材料”、“库存商品”、“周转材料”、“委托加工物资”、“生产成本”和“劳务成本”等账户的期末余额合计，减去“存货跌价准备”账户期末余额后的金额填列。材料采用计划成本核算以及库存商品采用计划成本或售价核算的小企业，应按加或减材料成本差异，或商品进销差价后的金额填列。

10．“一年内到期的非流动资产”项目反映企业非流动资产项目中在一年内到期的金额，包括一年内到期的持有至到期投资、长期待摊费用和一年内可收回的长期应收款。本项目应根据上述账户分析计算后填列。

11．“其他流动资产”项目反映企业除以上流动资产项目外的其他流动资产，本项目应根据有关账户的期末余额填列。

12．“可供出售金融资产”项目反映企业持有的可供出售金融资产的公允价值。本项目根据“可供出售金融资产”账户期末余额填列。

13．“持有至到期投资”项目反映企业持有至到期投资的摊余价值。本项目根据“持有至到期投资”账户期末余额减去一年内到期的投资部分和“持有至到期投资减值准备”账户期末余额后填列。

14．“长期应收款”项目反映企业长期应收款净额。本项目根据“长期应收款”期末余额，减去一年内到期的部分、“未确认融资收益”账户期末余额、“坏账准备”账户中按长期应收款计提的坏账损失后的金额填列。

15．“长期股权投资”项目反映企业不准备在1年内（含1年）变现的各种股权性质投资的账面余额，减去减值准备后的净额。本项目应根据“长期股权投资”账户的期末余额减去“长期股权投资减值准备”账户期末余额后填列。

16．“固定资产”项目反映企业固定资产的净值。本项目根据“固定资产”账户期末余额，减去“累计折旧”和“固定资产减值准备”账户期末余额后填列。

17．“在建工程”项目反映企业尚未达到预定可使用状态的在建工程价值。本项目根据“在建工程”账户期末余额，减去“在建工程减值准备”账户期末余额后填列。

18.“工程物资”项目反映企业为在建工程准备的各种物资的价值。本项目根据“工程物资”账户期末余额，减去“工程物资减值准备”账户期末余额后填列。

19.“固定资产清理”项目反映企业因出售、毁损、报废等原因转入清理但尚未清理完毕的固定资产的账面价值，以及固定资产清理过程中所发生的清理费用和变价收入等各项金额的差额。本项目应根据“固定资产清理”账户的期末借方余额填列；如“固定资产清理”账户期末为贷方余额，以“－”号填列。

20.“无形资产”项目反映企业持有的各项无形资产的净值。本项目应根据“无形资产”账户期末余额，减去“累计摊销”和“无形资产减值准备”账户的期末余额填列。

21.“开发支出”项目反映企业开发无形资产过程中发生的、尚未形成无形资产成本的支出。本项目根据“开发支出”账户的期末余额填列。

22.“长期待摊费用”项目反映小企业尚未摊销的摊销期限在1年以上（不含1年）的各项费用。本项目应根据“长期待摊费用”账户的期末余额减去将于1年内（含1年）摊销的数额后的金额填列。

23.“商誉”项目反映企业商誉的价值。本项目根据“商誉”账户期末余额填列。

24.“递延所得税资产”项目反映企业应可抵扣暂时性差异形成的递延所得税资产。本项目根据“递延所得税资产”账户期末余额填列。

25.“其他非流动资产”项目反映企业除以上资产以外的其他长期资产。本项目应根据有关账户的期末余额填列。

26.“短期借款”项目反映企业借入尚未归还的1年期以下（含1年）的借款。本项目应根据“短期借款”账户的期末余额填列。

27.“交易性金融负债”项目反映企业发行短期债券等所形成的交易性金融负债公允价值。本项目根据“交易性金融负债”账户期末余额填列。

28.“应付票据”项目反映企业为了抵付货款等而开出并承兑的、尚未到期付款的应付票据，包括银行承兑汇票和商业承兑汇票。本项目应根据“应付票据”账户的期末余额填列。

29.“应付账款”项目反映企业购买原材料、商品和接受劳务供应等而应付给供应单位的款项。本项目应根据“应付账款”和“预付账款”账户所属各明细账户的期末贷方余额合计填列。

30.“预收款项”项目反映企业按合同规定预收的款项。本项目根据“预收账款”和“应收账款”账户所属各明细账户的期末贷方余额合计填列。

31.“应付职工薪酬”项目反映企业应付未付的工资和社会保险费等职工薪酬。本项目应根据“应付职工薪酬”账户的期末贷方余额填列，如“应付职工薪酬”账户期末为借方余额，以“－”号填列。

32.“应交税费”项目反映企业期末未交、多交或未抵扣的各种税金。本项目应根据“应交税费”账户的期末贷方余额填列；如“应交税费”账户期末为借方余额，以“－”号填列。

33.“应付利息”项目反映企业应付未付的各种利息。本项目根据“应付利息”账户期末余额填列。

34.“应付股利”项目反映企业尚未支付的现金股利或利润。本项目应根据“应付股利”账户的期末余额填列。

35.“其他应付款”项目反映企业所有应付和暂收其他单位和个人的款项。本项目应根据“其他应付款”账户的期末余额填列。

36.“一年内到期的非流动负债”项目反映企业各种非流动负债在一年之内到期的金额，包括一年内到期的长期借款、长期应付款和应付债券。本项目应根据上述账户分析计算后填列。

37.“其他流动负债”项目反映企业除以上流动负债以外的其他流动负债。本项目应根据有关账户的期末余额填列。

38.“长期借款”项目反映企业借入尚未归还的1年期以上（不含1年）的各期借款。本项目应根据“长期借款”账户的期末余额减去一年内到期部分的金额填列。

39.“应付债券”项目反映企业尚未偿还的长期债券摊余价值。本项目根据“应付债券”账户期末余额减去一年内到期部分的金额填列。

40.“长期应付款”项目反映企业除长期借款、应付债券以外的各种长期应付款。本项目应根据“长期应付款”账户的期末余额，减去“未确认融资费用”账户期末余额和一年内到期部分的长期应付款后填列。

41.“预计负债”项目反映企业计提的各种预计负债。本项目根据“预计负债”账户期末余额填列。

42.“递延所得税负债”项目反映企业根据应纳税暂时性差异确认的递延所得税负债。本项目根据“递延所得税负债”账户期末余额填列。

43.“其他长期负债”项目反映企业除以上长期负债项目以外的其他长期负债。本项目应根据有关账户的期末余额填列。

44.“股本”项目反映企业各投资者实际投入的资本总额。本项目应根据“股本（实收资本）”账户的期末余额填列。

45."资本公积"项目反映企业资本公积的期末余额。本项目应根据"资本公积"账户的期末余额填列，其中"库存股"按"库存股"账户余额填列。

46."盈余公积"项目反映企业盈余公积的期末余额。本项目应根据"盈余公积"账户的期末余额填列。

47."未分配利润"项目反映企业尚未分配的利润。本项目应根据"本年利润"账户和"利润分配"账户的期末余额计算填列，如为未弥补的亏损，在本项目内以"－"号填列。

四、资产负债表编制实例

【例 16-1】滨海公司 2011 年 12 月 31 日的资产负债表（简表）及 2012 年 12 月 31 日的科目余额表如表 16-2，表 16-3 所示，假设滨海公司在 2012 年度不涉及其他调整事项。

表 16–2　资产负债表（2）

会企 01 表

编制单位：滨海公司　　2011 年 12 月 31 日　　单位：元

资产类	期末余额	年初余额	负债及权益类	期末余额	年初余额
流动资产：			流动负债：		
货币资金	2 109 450		短期借款	450 000	
交易性金融资产	22 500		交易性金融负债	0	
应收票据	369 000		应付票据	300 000	
应收账款	448 650		应付账款	1 430 700	
预付款项	150 000		预收款项	0	
应收利息	0		应付职工薪酬	165 000	
应收股利	0		应交税费	54 900	
其他应收款	7 500		应付利息	1 500	
存货	3 870 000		应付股利	0	
一年内到期的非流动资产	0		其他应付款	75 000	
其他流动资产	150 000		一年内到期的长期负债	1 500 000	
流动资产合计：	7 127 100		其他流动负债	0	
非流动资产：			流动负债合计：	3 977 100	
可供出售的金融资产	0		非流动流动负债：		
持有至到期投资	0		长期借款	900 000	
长期应收款	0		应付债券	0	
长期股权投资	375 000		长期应付款	0	
投资性房地产	0		专项应付款	0	
固定资产	1 650 000		预计负债		
在建工程	2 250 000		递延所得税负债	0	
工程物资	0		其他非流动负债	0	
固定资产清理	0		非流动负债合计：	900 000	
生产性生物资产	0		负债合计：	4877100	
油气资产	0		所有者（或股东）权益：		

续表

资产类	期末余额	年初余额	负债及权益类	期末余额	年初余额
无形资产	900 000		实收资本（或股本）	7 500 000	
开发支出	0		资本公积	0	
商誉	0		减：库存股	0	
长期待摊费用	0		盈余公积	150 000	
递延所得税资产	0		未分配利润	75 000	
其他非流动资产	300 000		所有者（或股东）权益合计	7 725 000	
非流动资产合计：	5 475 000				
资产合计：	12 602 100		负债和所有者（或股东）权益合计	12 602 100	

表 16–3　科目余额表

科目名称	借方余额	科目名称	贷方余额
库存现金	3 000	短期借款	75 000
银行存款	1 208 746.5	应付票据	150 000
其他货币资金	10 950	应付账款	1 430 700
交易性金融资产	0	其他应付款	75 000
应收票据	99 000	应付职工薪酬	270 000
应收账款	900 000	应交税费	340 096.5
坏账准备	–2 700	应付利息	0
预付账款	150 000	应付股利	48 323.78
其他应收款	7 500	一年内到期的长期负债	0
材料采购	412 500	长期借款	1 740 000
原材料	67 500	实收资本	7 500 000
周转材料	57 075	盈余公积	187 155.6
库存商品	3 183 600	利润分配（未分配利润）	327 020.62
材料成本差异	6 375		
其他流动资产	150 000		
长期股权投资	375 000		
固定资产	3 601 500		
累计折旧	–255 000		
固定资产减值准备	–45 000		
工程物资	450 000		
在建工程	642 000		
无形资产	900 000		
累计摊销	-90 000		
递延所得税资产	11 250		
其他长期资产	300 000		
合计	12 143 296.5		12 143 296.5

根据上述资料，编制滨海公司 2012 年 12 月 31 日的资产负债表，见表 16-4。

表 16-4　资产负债表（3）

会企 01 表

编制单位：滨海公司　　2012 年 12 月 31 日　　单位：元

资产类	期末余额	年初余额	负债及权益类	期末余额	年初余额
流动资产：			流动负债：		
货币资金	1 222 696.5	2 109 450	短期借款	75 000	450 000
交易性金融资产	0	22 500	交易性金融负债	0	0
应收票据	99 000	369 000	应付票据	150 000	300 000
应收账款	897 300	448 650	应付账款	1 430 700	1 430 700
预付款项	150 000	150 000	预收款项	0	0
应收利息	0	0	应付职工薪酬	270 000	165 000
应收股利	0	0	应交税费	340 096.5	54 900
其他应收款	7 500	7 500	应付利息	0	1 500
存货	3 727 050	3 870 000	应付股利	48 323.78	0
一年内到期的非流动资产	0	0	其他应付款	75 000	75 000
其他流动资产	150 000	150 000	一年内到期的长期负债	0	1 500 000
流动资产合计	6 253 547	7 127 100	其他流动负债	0	0
非流动资产：			流动负债合计	2389120.28	3 977 100
可供出售的金融资产	0	0	非流动流动负债：		
持有至到期投资	0	0	长期借款	1 740 000	900 000
长期应收款	0	0	应付债券	0	0
长期股权投资	375 000	375 000	长期应付款	0	0
投资性房地产	0	0	专项应付款	0	0
固定资产	3 301 500	1 650 000	预计负债	0	0
在建工程	642 000	2 250 000	递延所得税负债	0	0
工程物资	450 000	0	其他非流动负债	0	0
固定资产清理	0	0	非流动负债合计	1 740 000	900 000
生产性生物资产	0	0	负债合计：	4129120.28	4 877 100
油气资产	0	0	所有者（股东）权益：		
无形资产	810 000	900 000	实收资本（或股本）	7 500 000	7 500 000
开发支出	0	0	资本公积	0	0
商誉	0	0	减：库存股	0	0
长期待摊费用	0	0	盈余公积	187 155.6	150 000
递延所得税资产	11 250	0	未分配利润	327 020.62	75 000
其他非流动资产	300 000	300 000	所有者（股东）权益合计	8 014 176.22	7 725 000
非流动资产合计	5 889 750	5 475 000			
资产合计：	12 143 296.5	12 602 100	负债和所有者（股东）权益合计	12 143 296.5	12 602 100

【课堂测试 16-2】

1．下列关于资产负债表的说法正确的是（　　）

A．资产负债表是反映企业一定日期财务状况的报表

B．资产负债表是静态报表

C．资产负债表是反映企业一定期间财务状况的报表

D．资产负债表是反映企业一定企业经营成果的报表

E．资产负债表是动态报表

2．期末，若“预收账款”科目有借方余额，应将其计入资产负债表中的项目是（　　）

A. 预收账款　　　　B. 应收账款

C. 应付账款　　　　D. 其他应付款

3．资产负债表的“未分配利润”项目，应根据（　　）填列。

A.“本年利润”科目余额

B.“资本公积”科目余额

C.“利润分配”科目余额

D.“本年利润”和“利润分配”科目的余额计算

第三节　利润表

一、利润表概述

利润表是反映企业在一定会计期间经营成果的报表。由于它反映的是某一会计期间的情况，又称为动态报表。有时利润表也称为损益表、收益表。利润表主要提供与企业经营成果方面的信息，通过利润表可以反映企业一定会计期间收入实现、费用耗用等情况。将利润表与资产负债表的信息结合，可以帮助报表使用者计算资产收益率、存货周转率等财务指标，有助于评价企业的经营成果、获利能力、偿债能力以及管理人员的绩效做出评价和考核等。

二、利润表结构

利润表一般有表首、正表两部分。其中，表首包括报表名称、报表编号、编制单位、编制日期、计量单位等内容。正表是利润表的主体，反映形成经营成果的各个项目和计算过程。

利润表正表的格式有两种：单步式和多步式。单步式是将当期所有的收入列在一起，将所有的费用列在一起，两者相减得出当期净利润。由于净利润的计算只有一个抵减步骤，故称为单步式利润表。多步式是通过对当期的收入、费用、支出项目按性质加以归类，按利润形成的主要环节列示一些中间性利润指标，分步计算当期净损益。由于净利润的计算需要经过几个抵减步骤，故称为多步式利润表。

在我国，采用多步式利润表。将不同性质的收入和费用按照类别进行对比，列示了中间的计算过程，提供了丰富的中间信息，比如营业利润、利润总额、净利润等，便于报表使用者对企业的经营业绩进行分析比较，进而预测企业的经营趋势。利润表的编制步骤主要有三步：第一步，计算出营业利润。以营业收入为基础，减去营业成本、营业税金及附加、销售费用、管理费用、财务费用、资产减值损失，加上公允价值变动收益（减去公允价值变动损失）和投资收益（减去投资损失）；第二步，计算出利润总额。在营业利润的基础上，加上营业外收入，减去营业外支出；第三步，计算出净利润（或亏损）。在利润总额的基础上，减去所得税费用，计算出净利润（或净亏损）。

利润表还将各个项目分为“本期金额”和“上期金额”两栏分别填列。我国目前一般企业利润表的格式如表 16-5 所示：

表 16–5　利润表（1）

会企 02 表

编制单位：　　　　　　　　年　　月　　　　　　　　单位：元

项　目	本期金额	上期金额
一、营业收入		
减：营业成本		
营业税金及附加		
销售费用		
管理费用		
财务费用		
资产减值损失		
加：公允价值变动收益（损失以“–”号填列）		
投资收益（损失以“–”号填列）		
其中：对联营企业和合营企业的投资收益		
二、营业利润（亏损以“–”号填列）		
加：营业外收入		
减：营业外支出		
其中：非流动资产处置损失		
三、利润总额（亏损总额以“–”号填列）		
减：所得税费用		
四、净利润（净亏损以“–”号填列）		
五、每股收益：		
（一）基本每股收益		
（二）稀释每股收益		

三、利润表填列方法

1．上期金额的填列方法

利润表“上期金额”栏内的各项数字，应该根据上年该期利润表“本期金额”栏内所列示数字填列。如果上年该期利润表规定的各个项目的名称和内容与本期不一致，应对上年该期利润表各项目的名称和数字按本期的规定进行调整，填入利润表“上期金额”栏内。

2．本期金额的填列方法

利润表“本期金额”栏内各数字一般应该根据损益类科目的发生额分析填列。

3．利润表各项目的具体填列

(1)“营业收入”项目，反映企业经营主要业务和其他业务所确认的收入总额。本项目应根据“主营业务收入”和“其他业务收入”科目的发生额分析填列。

(2)“营业成本”项目，反映企业经营主要业务和其他业务所发生的成本总额。本项目应根据“主营业务成本”和“其他业务成本”科目的发生额分析填列。

(3)“营业税金及附加”项目，反映企业经营业务应负担的消费税、营业税、城市建设维护税、资源税、土地增值税和教育费附加等。本项目应根据“营业税金及附加”科目的发生额分析填列。

(4)“销售费用”项目，反映企业在销售商品过程中发生的包装费、广告费等费用和为销售本企业商品而专设的销售机构的职工薪酬、业务费等经营费用。本项目应根据“销售费用”科目的发生额分析填列。

(5)“管理费用”项目，反映企业为组织和管理生产经营发生的管理费用。本项目应根据“管理费用”的发生额分析填列。

(6)“财务费用”项目，反映企业筹集生产经营所需资金等而发生的筹资费用。本项目应根据“财务费用”科目的发生额分析填列。

(7)“资产减值损失”项目，反映企业各项资产发生的减值损失。本项目应根据“资产减值损失”科目的发生额分析填列。

(8)“公允价值变动收益”项目，反映企业应当计入当期损益的资产或负债公允价值变动收益。本项目应根据“公允价值变动损益”科目的发生额分析填列，如为净损失，本项目以“－”号填列。

(9)“投资收益”项目，反映企业以各种方式对外投资所取得的收益。本项目应根据“投资收益”科目的发生额分析填列。如为投资损失，本项目以“－”号填列。

（10）“营业利润”项目，反映企业实现的营业利润。如为亏损，本项目以“－”号填列。

（11）“营业外收入”项目，反映企业发生的与经营业务无直接关系的各项收入。本项目应根据“营业外收入”科目的发生额分析填列。

（12）“营业外支出”项目，反映企业发生的与经营业务无直接关系的各项支出。本项目应根据“营业外支出”科目的发生额分析填列。

（13）“利润总额”项目，反映企业实现的利润。如为亏损，本项目以“－”号填列。

（14）“所得税费用”项目，反映企业应从当期利润总额中扣除的所得税费用。本项目应根据“所得税费用”科目的发生额分析填列。

（15）“净利润”项目，反映企业实现的净利润。如为亏损，本项目以“－”号填列。

（16）“每股收益”项目分为“基本每股收益”和“稀释每股收益”项目，其中“基本每股收益”反映企业每一普通股可分享的当期净利润。如果企业存在稀释性潜在普通股的，应当分别调整归属于普通股股东的当期净利润和发行在外普通股的加权平均数，并据以计算稀释每股收益。

四、利润表填列实例

【例 16-2】滨海公司 2012 年度，各损益类科目的累计发生额如表 16-6 所示：

表 16–6 滨海公司损益类科目 2012 年度累计发生额

科目名称	借方金额	贷方金额
主营业务收入		1 875 000
投资收益		47 250
营业外收入		75 000
主营业务成本	1 125 000	
营业税金及附加	3 000	
销售费用	30 000	
管理费用	235 650	
财务费用	62 250	
资产减值损失	46 350	
营业外支出	29 550	
所得税费用	127 950	

根据上述资料，编制滨海公司 2012 年度利润表如表 16-7 所示：

表 16-7 利润表（2）

会企 02 表

编制单位： 2012 年 度 单位：元

项 目	本期金额	上期金额（略）
一、营业收入	1 875 000	
减：营业成本	1 125 000	
营业税金及附加	3 000	
销售费用	30 000	
管理费用	235 650	
财务费用	62 250	
资产减值损失	46 350	
加：公允价值变动收益（损失以“-”号填列）	0	
投资收益（损失以“-”号填列）	47 250	
其中：对联营企业和合营企业的投资收益	0	
二、营业利润（亏损以“-”号填列）	420 000	
加：营业外收入	75 000	
减：营业外支出	29 550	
其中：非流动资产处置损失	0	
三、利润总额（亏损总额以“-”号填列）	465 450	
减：所得税费用	127 950	
四、净利润（净亏损以“-”号填列）	337 500	
五、每股收益：		
（一）基本每股收益	（略）	
（二）稀释每股收益	——	

【课堂测试 16-3】

1．下列关于利润表的说法正确的有（ ）。

A．利润表是反映企业一定日期财务状况的报表

B．利润表是静态报表

C．利润表是反映企业一定期间财务状况的报表

D．利润表是反映企业一定企业经营成果的报表

E．利润表是动态报表

2．下列各项利润表项目中，影响营业利润的是（ ）。

A．投资收益 B．公允价值变动损益

C．资产减值损失 D．营业外收入

3．某企业当期主营业务收入 200 万元，主营业务成本 130 万元，营业税金及附加 10 万元，其他业务收入 30 万元，其他业务成本 20 万元，销售费用 10 万元，管理费用 20 万元，财务费用贷方余额 2 万元，营业外支出 5 万元，假如不考虑其他因素，则该企业当期的营业利润是（　　）万元。

A．60　　B．38　　C．42　　D．37

第四节　现金流量表

一、现金流量表概述

现金流量表，是指反映企业一定会计期间现金和现金等价物流入和流出的报表。它是以现金为基础编制的，反映企业一定期间内经营活动、投资活动和筹资活动所引起的现金流入和流出，表明企业获利能力财务报表。它同企业的利润表一样，也是动态报表。通过对现金流量表的分析，可以帮助报表使用者了解和评价企业获取现金和现金等价物的能力，并据以预测企业未来现金流量。所以，现金流量表在评价企业经营业绩、衡量企业财务资源和财务风险，以及预测企业未来前景方面，有非常重要的作用。

二、现金流量表的编制基础

现金流量表以现金及现金等价物为基础编制。现金流量表中的现金是一个广义的概念。它不仅包括库存现金，还包括可以随时用于支付的存款以及现金等价物等。现金具体包括以下方面的内容：

（1）库存现金。库存现金是指企业持有可随时用于支付的现金，与“库存现金”科目的核算内容一致。

（2）银行存款。银行存款是指企业存入金融机构、可以随时用于支取的存款，与“银行存款”科目核算内容基本一致，但不包括不能随时用于支付的存款。例如，不能随时支取的定期存款等不应作为现金；提前通知金融机构便可支取的定期存款则应包括在现金范围内。

（3）其他货币资金。其他货币资金是指存放在金融机构的外埠存款、银行汇票存款、银行本票存款、信用卡存款、信用证保证金存款和存出投资款等，与“其他货币资金”科目核算内容一致。

（4）现金等价物。现金等价物是指企业持有的期限短、流动性强、易于转换为已知金额现金、价值变动风险很小的投资。其中，“期限短”一般是指从购买日起3个月内到期。例如可在证券市场上流通的3个月内到期的短期债券等。

现金等价物虽然不是现金，但其支付能力与现金的差别不大，可视为现金。例如，企业为保证支付能力，手持必要的现金，为了不使现金闲置，可以购买短期债券，在需要现金时，随时可以变现。

三、现金流量表的内容和结构

（一）现金流量表的内容

现金流量表被划分为经营活动产生的现金流量、投资活动产生的现金流量和筹资活动产生的现金流量三个部分，每类活动又分为各具体项目。

1．经营活动产生的现金流量

经营活动是指企业投资活动和筹资活动以外的所有交易和事项。不同行业的企业所进行的经营活动也不一致，对于工商企业来说，经营活动主要包括销售商品、提供劳务、购买商品、接受劳务、支付税费等。经营活动产生的现金流量是指公司在日常生产经营活动中与公司净利润有关的现金流量。当公司销售商品，提供劳务收到现金时，这时公司发生了与销售商品的主营业务相关联的现金流入；当公司购买商品，接受劳务支付现金时，构成经营活动的现金流出。

2．投资活动产生的现金流量

投资活动是指企业长期资产的购建和不包括在现金等价物范围内的投资及其处置活动，既包括实物资产投资，也包括金融资产投资。投资活动产生的现金流入项目主要有收回投资收到的现金；取得投资收益收到的现金；处置固定资产、无形资产和其他长期资产收回的现金净额等。投资活动产生的流出项目主要有构建固定资产、无形资产和其他长期资产支付的现金，投资支付的现金等。

3．筹资活动产生的现金流量

筹资活动是指导致企业资本及债务规模和构成发生变化的活动。这里的资本，既包括实收资本（股本），也包括资本溢价（股本溢价）；而债务则是指对外举债，包括向银行借款，发行债券以及偿还债务等。通常情况下，应付账款、应付票据等商业应付款等属于经营活动，不属于筹资活动。

4．汇率变动对现金及现金等价物的影响

汇率变动对现金的影响，反映企业外币现金流量及境外子公司的现金流量折算为人民币时所采用的现金流量发生日的汇率或平均汇率折算为人民币金额与“现金及现金等价物净增加额”中外币净增加额按期末汇率折算为人民币金额之间的差额。

5．现金流量表补充资料

（1）将净利润调节为经营活动现金流量

现金流量表采用直接法反映经营活动产生的现金流量，同时，企业还应采用间接法反映经营活动产生的现金流量。这是对现金流量表中采用直接法反映的经营活动现金流量进行的核对和补充说明。将净利润进行调整时主要涉及以下项目：一是，实际没有支付现金的费用，比如资产减值准备，本期计提各项资产减值准备时，减值损失已计入本期利润表中的相关损益项目，但实际上与经营活动现金流量无关，因此，在净利润的基础上进行调整计算时，应将其加回。二是，实际没有收到现金的收益，比如收到对外投资收益。三是，不属于经营活动的损益，比如处置固定资产、无形资产和其他长期资产的损失，就是与经营活动无关的现金流量，因此，在以净利润基础计算经营活动现金流量时，应加回或扣除。四是，经营性应收应付项目的增减变动。经营性应收应付项目主要是指与经营活动有关的应收账款、应收票据和其他应收款以及应付账款、应付票据以及其他应付款。

（2）不涉及现金收支的重大投资和筹资活动

不涉及现金收支的重大投资和筹资活动也会对企业的现金流量产生影响，主要有以下几个方面：

①债务转为资本。反映企业本期转为资本的债务金额，表明其对今后生产经营可能产生的影响。

②一年内到期的可转换公司债券。反映企业一年内到期的可转换公司债券的本息，如果到期债券转换为股份，则减少了企业现金流出。

③融资租入固定资产。反映企业本期融资租入固定资产计入“长期应付款”科目的金额，表明企业具有较强的融资能力。同时也表明企业以后各期要支出的现金。

（3）现金和现金等价物的构成

企业应当在附注中披露与现金和现金等价物有关的信息：①现金和现金等价物的构成及其在资产负债表中的相应金额。②企业持有但不能由母公司或集团内其他子公司使用的大额现金和现金等价物金额。

（二）现金流量表的结构

现金流量表一般有表首、正表两个部分。

1．表首

表首说明报表名称、编制单位、编制日期、报表编号、货币名称、计量单位等。

2．正表

正表是现金流量表的主体，采用报告式的上下结构，按直接法编制，有 6 项内容。一是经营活动产生的现金流量；二是投资活动产生的现金流量；三是筹资活动产生的现金流量；四是汇率变动对现金的影响；五是现金及现金等价物净增加额；六是期末现金及现金等价物余额。除了现金流量表反映的信息外，企业还应在附注中以现金流量表补充资料的形式披露。补充资料包括三项内容：一是将净利润调节为经营活动产生的现金流量；二是不涉及现金收支的投资和筹资活动；三是现金及现金等价物净变动情况。现金流量表的结构如表 16-8 所示：

表 16–8　现金流量表（1）

会企 03 表

编制单位：　　　　　　　　　　年　月　　　　　　　　　　单位：元

项目	本期金额	上期金额
一、经营活动产生的现金流量：		
销售商品、提供劳务收到的现金		
收到的税费返还		
收到的其他与经营活动有关的现金		
经营活动现金流入小计		
购买商品、接受劳务支付的现金		
支付给职工以及为职工支付的现金		
支付的各项税费		
支付的其他与经营活动有关的现金		
经营活动现金流出小计		
经营活动产生的现金流量净额		
二、投资活动产生的现金流量：		
收回投资所收到的现金		
取得投资收益所收到的现金		
处置固定资产、无形资产和其他长期资产所收回的现金净额		
处置子公司及其他营业单位收到的现金净额		
收到的其他与投资活动有关的现金		
投资活动现金流入小计		
购建固定资产、无形资产和其他长期资产所支付的现金		
投资所支付的现金		
取得子公司及其他营业单位支付的现金净额		

续表

项目	本期金额	上期金额
支付的其他与投资活动有关的现金		
投资活动现金流出小计		
投资活动产生的现金流量净额		
三、筹资活动产生的现金流量：		
吸收投资所收到的现金		
取得借款所收到的现金		
收到的其他与筹资活动有关的现金		
筹资活动现金流入小计		
偿还债务所支付的现金		
分配股利、利润或偿付利息所支付的现金		
支付的其他与筹资活动有关的现金		
筹资活动现金流出小计		
筹资活动产生的现金流量净额		
四、汇率变动对现金的影响		
五、现金及现金等价物净增加额		
加：期初现金及现金等价物余额		
六、期末现金及现金等价物余额		

表 16-9　现金流量表补充资料（1）

补充资料	本期金额	上期金额
1、将净利润调节为经营活动现金流量：		
净利润		
加：资产减值准备		
固定资产折旧、油气资产折耗、生产性生物资产折旧		
无形资产摊销		
长期待摊费用摊销		
处置固定资产、无形资产和其他长期资产的损失（收益以“-”号填列）		
固定资产报废损失（收益以“-”号填列）		
公允价值变动损失（收益以“-”号填列）		
财务费用（收益以“-”号填列）		
投资损失（收益以“-”号填列）		
递延所得税资产减少（增加以“-”号填列）		
递延所得税负债增加（减少以“-”号填列）		
存货的减少（增加以“-”号填列）		
经营性应收项目的减少（增加以“-”号填列）		
经营性应付项目的增加（减少以“-”号填列）		
其他		

续表

补充资料	本期金额	上期金额
经营活动产生的现金流量净额		
2、不涉及现金收支的重大投资和筹资活动：		
债务转为资本		
一年内到期的可转换公司债券		
融资租入固定资产		
3、现金及现金等价物净变动情况		
现金的期末余额		
减：现金的期初余额		
加：现金等价物的期末余额		
减：现金等价物的期初余额		
现金及现金等价物净增加额		

四、现金流量表的编制方法和程序

（一）列报方法

编制现金流量表时，列报经营活动现金流量的方法有两种，一是直接法，一是间接法。

在直接法下，一般是以利润表中的营业收入为起算点，调节与经营活动有关的项目的增减变动，然后计算出经营活动产生的现金流量。在间接法下，将净利润调节为经营活动现金流量，实际上就是将按权责发生制原则确定的净利润调整为现金净流入，并剔除投资活动和筹资活动对现金流量的影响。

采用直接法编报的现金流量表，便于分析企业经营活动产生的现金流量的来源和用途，预测企业现金流量的未来前景；采用间接法编报现金流量表，便于将净利润与经营活动产生的现金流量净额进行比较，了解净利润与经营活动产生的现金流量差异的原因，从现金流量的角度分析净利润的质量。所以，我国企业会计准则规定企业应当采用直接法编报现金流量表，同时要求在附注中提供以净利润为基础调节到经营活动现金流量的信息。

（二）具体方法

在具体编制现金流量表时，可以采用工作底稿法、T 型账户法或者根据有关科目记录分析填列。

1．工作底稿法

采用工作底稿法编制现金流量表，是以工作底稿为手段，以资产负债表和利润表数据为基础，对每一项目进行分析并编制调整分录，从而编制现金流量表。工作底稿法的程序是：

第一步，将资产负债表的期初数和期末数过入工作底稿的期初数栏和期末数栏。

第二步，对当期业务进行分析并编制调整分录。编制调整分录时，要以利润表项目为基础，从“营业收入”开始，结合资产负债表项目逐一进行分析。在调整分录中，有关现金和现金等价物的事项，并不直接借记或贷记现金，而是分别计入“经营活动产生的现金流量”、“投资活动产生的现金流量”、“筹资活动产生的现金流量”有关项目，借记表示现金流入，贷记表示现金流出。

第三步，将调整分录过入工作底稿中的相应部分。

第四步，核对调整分录，借方、贷方合计数均已经相等，资产负债表项目期初数加减调整分录中的借贷金额以后，也等于期末数。

第五步，根据工作底稿中的现金流量表项目部分编制正式的现金流量表。

2．T型账户法

采用T型账户法编制现金流量表，是以T型账户为手段，以资产负债表和利润表数据为基础，对每一项目进行分析并编制调整分录，从而编制现金流量表。T型账户法的程序是：

第一步，为所有的非现金项目（包括资产负债表项目和利润表项目）分别开设T形账户，并将各自的期末期初变动数过入各该账户。如果项目的期末数大于期初数，则将差额过入和项目余额相同的方向；反之，过入相反的方向。

第二步，开设一个大的“现金及现金等价物”T形账户，每边分为经营活动、投资活动和筹资活动三个部分，左边记现金流入，右边记现金流出。与其他账户一样，过入期末期初变动数。

第三步，以利润表项目为基础，结合资产负债表分析每一个非现金项目的增减变动，并据此编制调整分录。

第四步，将调整分录过入各T形账户，并进行核对，该账户借贷相抵后的余额与原先过入的期末期初变动数应当一致。

第五步，根据大的“现金及现金等价物”T形账户编制正式的现金流量表。

3．分析填列法

分析填列法是直接根据资产负债表、利润表和有关会计科目明细账的记录，分析计算出现金流量表各项目的金额，并据以编制现金流量表的一种方法。

五、现金流量表各项目的填列

（一）经营活动产生的现金流量

1．“销售商品、提供劳务收到的现金”项目，反映企业销售商品、提供劳务实际收到的现金（含销售收入和应向购买者收取的增值税额）。它包括本期销售商品、提供劳务收到的现金，以及前期销售和提供劳务本期收到的现金和本期预收的账款，减去本期退回本期销售的商品和前期销售本期退回的商品支付的现金。企业销售材料和代购代销业务收到的现金，也在本项目反映。本项目可以根据“库存现金”、“银行存款”、“应收账款”、“应收票据”、“预收账款”、“主营业务收入”、“其他业务收入”等账户的记录分析填列。

一般地说，销售商品、提供劳务收到的现金可通过下列公式计算：

销售商品、提供劳务收到的现金=营业收入＋本期发生的增值税销项税额＋（应收账款期初余额－应收账款期末余额）＋（应收票据期初余额－应收票据期末余额）＋（预收账款期末余额－预收账款期初余额）＋当期收回前期核销的坏账－以非现金资产抵偿债务而减少的应收账款和应收票据－当期核销的坏账－本期发生的票据贴现利息±其他调整业务

2．“收到的税费返还”项目，反映企业收到返还的各种税费，如收到的增值税、消费税、营业税、所得税、教育费附加返还等。本项目可以根据“库存现金”、“银行存款”、“营业税金及附加”、“营业外收入”等科目的记录分析填列。

3．“收到的其他与经营活动有关的现金”项目，反映企业除了上述各项目外，收到的其他与经营活动有关的现金流入，如罚款收入、流动资产损失中由个人赔偿的现金收入等。其他现金流入如价值较大的，应单列项目反映。

本项目可以根据“库存现金”、“银行存款”、“营业外收入”等科目的记录分析填列。

4．“购买商品、接受劳务支付的现金”项目，反映企业购买材料、商品、接受劳务实际支付的现金，包括本期购入材料、商品、接受劳务支付的现金（包括增值税进项税额），以及本期支付前期购入商品、接受劳务的未付款项和本期的预付款项。本期发生的购货退回收到的现金应从本项目内减去。

本项目可以根据“库存现金”、“银行存款”、“应付账款”、“应付票据”、“主营业务成本”、“其他业务成本”等账户的记录分析填列。

一般地说，购买商品、接受劳务支付的现金可通过下列公式计算：

购买商品、接受劳务支付的现金=营业成本－（存货期初余额－存货期末

余额）＋（应付账款期初余额－应付账款期末余额）＋（应付票据期初余额－应付票据期末余额）＋（预付账款期末余额－预付账款期初余额）本期以非现金资产抵债减少的应付账款、应付票据的金额＋本期支付的应付票据的利息－本期取得的现金折扣＋本期毁损的外购商品成本－本期销售产品成本和期末存货中产品成本中所包含的不属于购买商品、接受劳务支付现金的费用（如未支付的工资、职工福利费和制造费用中除材料以外的其他费用）±其他特殊调整业务。

5.“支付给职工以及为职工支付的现金”项目，反映企业实际支付给职工，以及为职工支付的现金，包括本期实际支付给职工的工资、奖金、各种津贴和补贴等，以及为职工支付的其他费用。不包括支付的离退休人员的各项费用和支付给在建工程人员的工资等。企业支付给离退休人员的费用（包括支付的统筹退休金以及未参加统筹的退休人员的费用），在“支付的其他与经营活动有关的现金”项目中反映；支付的在建工程人员的工资，在“购建固定资产、无形资产和其他长期资产所支付的现金”项目反映。企业为职工支付的养老、失业等社会保险基金、补充养老保险、住房公积金、支付给职工的住房困难补助，以及企业支付给职工或为职工支付的其他福利费用等，应按职工的工作性质和服务对象，分别在本项目和在“购建固定资产、无形资产和其他长期资产所支付的现金”项目反映。

本项目可以根据“应付职工薪酬”、“库存现金”、“银行存款”等账户的记录分析填列。

6.“支付的各项税费”项目，反映企业按规定支付的各种税费，包括本期发生并支付的税费，以及本期支付以前各期发生的税费和预交的税金，如支付的教育费附加、矿产资源补偿费、印花税、房产税、土地增值税、车船使用税、预交的营业税等。不包括计入固定资产价值、实际支付的耕地占用税等，也不包括本期退回的增值税、所得税，它们应在“收到的税费返还”项目反映。本项目可以根据“应交税费”、“库存现金”、“银行存款”等账户的记录分析填列。

7.“支付的其他与经营活动有关的现金”项目，反映企业除上述各项目外，支付的其他与经营活动有关的现金流出，如罚款支出、支付的差旅费、业务招待费现金支出、支付的保险费等。

（二）投资活动产生的现金流量

1.“收回投资所收到的现金”项目，反映企业出售、转让或到期收回除现金等价物以外的交易性金融资产、可供出售金融资产、长期股权投资（除处置子公司及其他营业单位）以及收回持有至到期投资本金而收到的现金。不包括债权性投资收回的利息，其应在“取得投资收益收到的现金”项目中反映。

本项目可以根据“交易性金融资产”、“可供出售金融资产”、“持有至到期投资”、“长期股权投资”、“库存现金”、“银行存款”等账户的记录分析填列。

2.“取得投资收益所收到的现金”项目，反映企业因股权性投资和债权性投资而取得的现金股利、利息，以及从子公司、联营企业和合营企业分回利润收到的现金，但不包括股票股利。

本项目可以根据“库存现金”、“银行存款”、“投资收益”等账户的记录分析填列。

3.“处置固定资产、无形资产和其他长期资产所收回的现金净额”项目，反映企业处置固定资产、无形资产和其他长期资产所取得的现金，扣除为处置这些资产而支付的有关费用后的净额。由于自然灾害所造成的固定资产等长期资产损失而收到的保险赔偿收入，也在本项目反映。

本项目可以根据“固定资产清理”、“库存现金”、“银行存款”等账户的记录分析填列。

4.“处置子公司及其他营业单位收到的现金净额”项目，反映企业处置子公司及其他营业单位取得的现金减去子公司或其他营业单位持有的现金和现金等价物，以及相关处置费用后的净额。

5.“收到的其他与投资活动有关的现金”项目，反映企业除上述各项目外，收到的其他与投资活动有关的现金流入。如收到的属于购买时买价中所包含的现金股利或已到付息期的利息等。

6.“购建固定资产、无形资产和其他长期资产所支付的现金”项目，反映企业购买、建造固定资产，取得无形资产和其他长期资产所支付的现金，不包括为购建固定资产而发生的借款利息资本化的部分，以及融资租入固定资产支付的租赁费。借款利息和融资租人固定资产支付的租赁费，在筹资活动产生的现金流量中反映。

本项目可以根据“固定资产”、“在建工程”、“无形资产”、“库存现金”、“银行存款”等账户的记录分析填列。

7.“投资所支付的现金”项目，反映企业进行权益性投资和债权性投资支付的现金，包括企业取得的除现金等价物以外的短期股票投资、短期债券投资、长期股权投资、长期债权投资支付的现金，以及支付的佣金、手续费等附加费用。但不包括购买股票和债券时，买价中所包含的已宣告发放但尚未领取的现金股利或已到付息期但尚未领取的利息等，这些现金支出应在投资活动中“支付的其他与投资活动有关的现金”项目中反映。

本项目可以根据“交易性金融资产”、“长期股权投资”、“库存现金”、“银行存款”等账户的记录分析填列。

8.“取得子公司及其他营业单位支付的现金净额”项目，反映企业取得子公司及其他营业单位购买出价中以现金支付的部分，减去子公司或其他营业单位持有的现金和现金等价物后的净额。

9.“支付的其他与投资活动有关的现金”项目，反映企业除了上述各项以外，支付的其他与投资活动有关的现金流出。如购买股票和债券时，支付的买价中所包含的已宣告发放但尚未领取的现金股利或已到付息期但尚未领取的利息等。

（三）筹资活动产生的现金流量

1.“吸收投资所收到的现金”项目，反映企业收到的投资者投入的现金，包括以发行股票、债券等方式筹集的资金实际收到款项净额（发行收入减去支付的佣金等发行费用后的净额）。以发行股票、债券等方式筹集资金而由企业直接支付的评估费、审计费、咨询费等，在“支付的其他与筹资活动有关的现金”项目反映，不从本项目内减去。

本项目可以根据“实收资本（或股本）”、“库存现金”、“银行存款”等账户的记录分析填列。

2.“借款所收到的现金”项目，反映企业本期实际借入的各种短期、长期借款所收到的现金。但本期偿还借款支付的现金不能从本项目中扣除。

本项目可以根据“短期借款”、“长期借款”、“库存现金”、“银行存款”等账户的记录分析填列。

3.“收到的其他与筹资活动有关的现金”项目，反映企业除上述各项目外，收到的其他与筹资活动有关的现金流入。

4.“偿还债务所支付的现金”项目，反映企业以现金偿还债务的本金，包括偿还金融企业的借款本金、偿还债券本金等。企业偿还的借款利息、债券利息，在“分配股利、利润或偿付利息所支付的现金”项目反映，不包括在本项目内。

本项目可以根据“短期借款”、“长期借款”、“库存现金”、“银行存款”等账户的记录分析填列。

5.“分配股利、利润或偿付利息所支付的现金”项目，反映企业实际支付的现金股利，支付给其他投资单位的利润以及支付的借款利息、债券利息等。本项目可以根据“应付股利”、“财务费用”、“长期借款”、“库存现金”、“银行存款”等账户的记录分析填列。

6.“支付的其他与筹资活动有关的现金”项目，反映企业除了上述各项外，支付的其他与筹资活动有关的现金流出，如捐赠现金支出、融资租入固定资产支付的租赁费等。

（四）汇率变动对现金的影响

该项目反映企业外币现金流量及境外子公司的现金流量折算为人民币时，所采用的现金流量发生日的汇率或平均汇率折算的人民币金额与“现金及现金等价物净增加额”中外币现金净增加额按期末汇率折算的人民币金额之间的差额。

（五）补充资料

1. 将净利润调节为经营活动现金流量

(1)“资产减值准备”项目，反映企业计提的各项资产的减值准备。由于本期计提各项资产减值准备时，减值损失已计入本期利润表中的相关损益项目，但实际上与经营活动现金流量无关。因此，在净利润的基础上进行调整计算时，根据“管理费用”、“投资收益”、“营业外支出”等账户的记录分析填列。

(2)“固定资产折旧”项目，反映企业本期累计提取的折旧，由于固定资产折旧并不影响经营活动的现金流量，在净利润基础上的调整计算时，根据“累计折旧”科目的贷方发生额分析填列。

(3)“无形资产摊销”和“长期待摊费用摊销”两个项目，分别反映企业本期累计摊入成本费用的无形资产的价值及长期待摊费用。无形资产、长期待摊费用摊销，增加了成本费用，并在计算净利润时从中扣除，由于没有发生现金流出，所以在净利润调节为经营活动现金流量时，根据“无形资产”、“长期待摊费用”科目的贷方发生额分析填列。

(4)“处置固定资产、无形资产和其他长期资产的损失”项目，反映企业本期由于处置固定资产、无形资产和其他长期资产而发生的净损失。根据“营业外收入”、“营业外支出”、“其他业务收入”、“其他业务支出”等科目所属有关明细科目的记录分析填列；如为净收益，以“一”号填列。

(5)“固定资产报废损失”项目，反映企业本期固定资产盘亏（减盘盈）后的净损失。企业发生的固定资产报废损益，属于投资活动产生的损益，不属于经营活动产生的损益，所以，在将净利润调节为经营活动现金流量时，根据“营业外支出”、“营业外收入”科目所属有关明细科目中固定资产盘亏损失减去固定资产盘盈收益后的差额填列。

(6) 公允价值变动损失。反映企业投资股票等的公允价值发生变动而发生的损失。企业发生的公允价值变动损益，通常与企业的投资活动或筹资活动有关，公允价值变动损失使净利润减少，但不影响企业当期的现金流量，所以应在调整时加回。

（7）“财务费用”项目，反映企业本期发生的应属于投资活动或筹资活动的财务费用。根据“财务费用”科目的本期借方发生额分析填列；如为收益，以“－”号填列。

（8）“投资损失”项目，反映企业本期投资所发生的损失减去收益后的净损失。根据利润表“投资收益”项目的数字填列；如为投资收益，以“－”号填列。

（9）“递延所得税资产”项目，反映企业确认的可抵扣暂时性差异产生的所得税资产。本项目可根据“递延所得税资产”账户（期初余额－期末余额）的差额填列。

（10）“递延所得税负债”项目，反映企业确认的应纳税暂时性差异产生的所得税负债。本项目可根据“递延所得税负债”账户（期末余额－期初余额）的差额填列。

（11）“存货的减少”项目，反映企业本期存货的减少。存货的增减变动一般属于经营活动。存货增加，说明现金减少或经营性应付项目增加；存货减少，说明销售成本增加，净利润减少。所以在调节净利润时，应减去存货的增加数，或加上存货的减少数。存在赊购的情况下，还应通过调整经营性应付项目的增减变动来反映赊购对现金流量的影响。若存货的增减变动不属于经营活动，则不能对其进行调整，如对外投资减少的存货，接受投资者投入的存货等业务。本项目可根据资产负债表中“存货”项目（期初余额－期末余额）的差额＋“存货跌价准备”账户（期初余额－期末余额）的差额填列。

（12）“经营性应收项目的减少”项目，反映企业本期经营性应收项目（包括应收账款、应收票据和其他应收款中与经营活动有关的部分等）的减少。经营性应收项目增加，则收入增加，净利润增加，经营性应收项目的减少，则收回现金，现金增加。所以调整净利润时，应加上经营性应收项目的减少数。本项目可根据资产负债表中“应收账款”、“应收票据”、“预付款项”、“其他应收款”项目（期初余额－期末余额）的差额＋“坏账准备”账户（期初余额－期末余额）的差额填列。

（13）“经营性应付项目的增加”项目，反映企业本期经营性应付项目（包括应付账款、应付票据、应付福利费、应交税费等。经营性应付项目增加，一般情况下，则存货增加，导致销售成本增加，净利润减少，因此，需要将其调整加回。本项目可根据资产负债表中“应付账款”、“应付票据”、“预收款项”、

"其他应付款"、"应付职工薪酬"（除在建工程人员）、"应交税费"（除计入固定资产价值的税金）等项目（期末余额－期初余额）的差额之和填列。

2．不涉及现金收支的重大投资和筹资活动

（1）"债务转为资本"项目，反映企业本期转为资本的债务金额。

（2）"一年内到期的可转换公司债券"项目，反映企业一年内到期的可转换公司债券的本息。

（3）"融资租入固定资产"项目，反映企业本期融资租入固定资产计入"长期应付款"科目的金额。

六、现金流量表编制实例

【例 16-3】根据【例 16-1】和【例 16-2】的资料，滨海公司其他相关资料如下：

1．2012 年度利润表有关项目的明细资料

（1）管理费用的组成：职工薪酬 25 650 元，无形资产摊销 90 000 元，折旧费 30 000 元，支付其他费用 90 000 元。

（2）财务费用的组成：计提借款利息 17 250 元，支付应收票据（银行承兑汇票）贴现利息 45 000 元。

（3）资产减值损失的组成：计提坏账准备 1 350 元，计提固定资产减值准备 45 000 元。上年末坏账准备余额为 1 350 元。

（4）投资收益的组成：收到股息收入 45 000 元，与本金一起收回的交易性股票投资收益为 750 元，自公允价值变动损益结转投资收益 1 500 元。

（5）营业外收入的组成：处置固定资产净收益 75 000 元（其所处置固定资产原价为 600 000 元，累计折旧为 225 000 元，收到处置收入为 450 000 元）。假设不考虑与固定资产处置有关的税费。

（6）营业外支出的组成：报废固定资产净损失 29 550 元（其所报废固定资产原价为 300 000 元，累计折旧为 270 000 元，支付清理费用 750 元，收到残值收入 1 200 元）。

（7）所得税费用的组成：当期所得税费用 139 200 元。递延所得税收益为 11 250 元。

除上述项目外，利润表中销售费用 30 000 元至期末已经支付。

2．资产负债表有关项目的明细资料

（1）本期收回交易性股票投资本金 22 500 元，公允价值变动 1 500 元，同时实现投资收益 750 元。

（2）存货中生产成本、制造费用的组成：职工薪酬 48 7350 元，折旧费 120 000 元。

（3）应交税费的组成：本期增值税进项税额 63 699 元，增值税销项税额为 318 750 元，已交增值税 150 000 元；应交所得税期末余额为 30 145.5 元，应交所得税期初余额为 0 元；应交税费期末数中应由在建工程负担的部分为 150 000 元。

（4）应付职工薪酬的期初数无应付在建工程人员的部分，本期支付在建工程人员职工薪酬 300 000 元。应付职工薪酬期末数中应付在建工程人员的部分为 42 000 元。

（5）应付利息均为短期借款利息，其中本期计提利息 17 250 元，支付利息 18 750 元。

（6）本期用现金购买固定资产 151 500 元，购买工程物资 450 000 元。

（7）本期用现金偿还短期借款 375 000 元，偿还一年内到期的长期借款 1 500 000 元；借入长期借款 840 000 元。

根据上述资料，采用分析填列的方法，编制滨海公司 2012 年度的现金流量表如表 16-10，表 16-11 所示：

表 16-10　现金流量表（2）

会企 04 表

编制单位：滨海公司　　2012 年度　　单位：元

项目	本期金额	上期金额
一、经营活动产生的现金流量：		
销售商品、提供劳务收到的现金	1 968 750	
收到的税费返还	0	
收到的其他与经营活动有关的现金	0	
经营活动现金流入小计	1 968 750	
购买商品、接受劳务支付的现金	588 399	
支付给职工以及为职工支付的现金	450 000	
支付的各项税费	262 054.5	
支付的其他与经营活动有关的现金	120 000	
经营活动现金流出小计	1 420 453.5	
经营活动产生的现金流量净额	548 296.5	
二、投资活动产生的现金流量：		
收回投资所收到的现金	24 750	
取得投资收益所收到的现金	45 000	
处置固定资产、无形资产和其他长期资产所收回的现金净额	45 0450	
处置子公司及其他营业单位收到的现金净额	0	
收到的其他与投资活动有关的现金	0	

续表

项目	本期金额	上期金额
投资活动现金流入小计	520 200	
购建固定资产、无形资产和其他长期资产所支付的现金	901 500	
投资所支付的现金	0	
取得子公司及其他营业单位支付的现金净额	0	
支付的其他与投资活动有关的现金	0	
投资活动现金流出小计	901 500	
投资活动产生的现金流量净额	−381 300	
三、筹资活动产生的现金流量：		
吸收投资所收到的现金	0	
取得借款所收到的现金	840 000	
收到的其他与筹资活动有关的现金	0	
筹资活动现金流入小计	840 000	
偿还债务所支付的现金	1 875 000	
分配股利、利润或偿付利息所支付的现金	18 750	
支付的其他与筹资活动有关的现金	0	
筹资活动现金流出小计	1 893 750	
筹资活动产生的现金流量净额	−1 053 750	
四、汇率变动对现金的影响	0	
五、现金及现金等价物净增加额	−886 753.5	
加：期初现金及现金等价物余额	2 109 450	
六、期末现金及现金等价物余额	1 222 696.5	

表 16-11　现金流量表补充资料（2）

补充资料	本期金额	上期金额
1、将净利润调节为经营活动现金流量：		
净利润	337 500	
加：资产减值准备	46 350	
固定资产折旧、油气资产折耗、生产性生物资产折旧	150 000	
无形资产摊销	90 000	
长期待摊费用摊销	0	
处置固定资产、无形资产和其他长期资产的损失（收益以“-”号填列）	−75 000	
固定资产报废损失（收益以“-”号填列）	29 550	
公允价值变动损失（收益以“-”号填列）	0	
财务费用（收益以“-”号填列）	17 250	
投资损失（收益以“-”号填列）	−47 250	
递延所得税资产减少（增加以“-”号填列）	−11 250	
递延所得税负债增加（减少以“-”号填列）	0	
存货的减少（增加以“-”号填列）	142 950	
经营性应收项目的减少（增加以“-”号填列）	−180 000	
经营性应付项目的增加（减少以“-”号填列）	48 196.5	

续表

补充资料	本期金额	上期金额
其他	0	
经营活动产生的现金流量净额	548 296.5	
2、不涉及现金收支的重大投资和筹资活动：		
债务转为资本	0	
一年内到期的可转换公司债券	0	
融资租入固定资产	0	
3、现金及现金等价物净变动情况		
现金的期末余额	1 222 696.5	
减：现金的期初余额	2 109 450	
加：现金等价物的期末余额	0	
减：现金等价物的期初余额	0	
现金及现金等价物净增加额	−886 753.5	

【课堂测试 16-4】

1．下列现金流量表项目中，能引起现金流量净额变动的是（　　）。

A. 将现金存入银行

B. 提取固定资产的折旧

C. 用银行存款 10 万元清偿债务

D. 用银行存款购买 2 个月到期的债券

2．处置固定资产的净损益属于（　　）产生的现金流量。

A. 经营活动　　B. 筹资活动

C. 投资活动　　D. 经营活动或投资活动

3．采用间接法将净利润调节为经营活动现金流量，下列项目中属于调减项目的是（　　）。

A. 存货的减少　　B. 递延所得税资产减少

C. 应收账款坏账准备　　D. 经营性应付项目减少

4．下列各项中，属于经营活动产生现金流量的有（　　）。

A. 销售材料取得的收入

B. 支付的委托加工物资款

C. 处置固定资产取得净收入

D. 出租固定资产取得的租金收入

E. 支付给离退休人员的各项费用

第五节　所有者权益变动表

一、所有者权益变动表概述

所有者权益变动表是反映构成所有者权益的各组成部分当期的增减变动情况的报表。所有者权益变动表应当全面反映一定时期所有者权益变动的情况，不仅包括所有者权益总量的增减变动，还包括所有者权益增减变动的重要结构性信息，便于报表使用者能够了解企业净资产的变动情况。

所有者权益变动表中，企业至少应当单独列示以下信息：（1）净利润；（2）直接计入所有者权益的利得和损失项目及其总额；（3）会计政策变更和差错更正的累积影响金额；（4）所有者投入资本和向所有者分配的利润等；（5）提取的盈余公积；（6）实收资本或股本、资本公积、盈余公积、未分配利润的期初和期末余额及其调节情况。

二、所有者权益变动表结构

所有者权益变动表的结构由表首和正表两部分组成。表首主要包括报表名称、编制单位、编制日期、报表编号、货币计量单位等。正表是所有者权益变动表的主体，为清楚的表明构成所有者权益各组成部分当期的增减变动情况。所有者权益变动表应当以矩阵的形式列示，一方面，列示导致所有者权益变动的交易或事项，从而按照所有者权益变动的来源来对一定时期所有者变动情况进行全面的反映；另一方面，按照所有者权益各组成部分及其总额列示交易或事项对所有者权益的影响。此外，企业还需要提供所有者权益变动表的比较信息。因此，所有者权益变动表还将各项目再分为“本年金额”和“上年金额”两栏分别填列。所有者权益变动表的格式如表 16-12 所示：

三、所有者权益变动表填列方法

（一）上年金额的填列方法

所有者权益变动表“上年金额”栏内各项数字，应根据上年度所有者权益变动表“本年金额”栏内所列数字填列。如果上年度所有者权益变动表规定的各个项目的名称和内容同本年度不一致，应对上年度所有者权益变动表各项目的名称和数字按本年度的规定进行调整，填入所有者权益变动表“上年金额”

栏内。

（二）本年金额的填列方法

所有者权益变动表“本年金额”栏内各项数字一般应该根据“实收资本（或股本）”、“资本公积”、“盈余公积”、“利润分配”、“库存股”、“以前年度损益调整”科目的发生额分析填列。

（三）所有者权益变动表各项目的列报说明

1.“上年年末余额”项目，反映企业上年资产负债表中实收资本（或股本）、资本公积、盈余公积、未分配利润的年末余额。

2.“会计政策变更”和“前期差错更正”项目，分别反映企业采用追溯调整法处理的会计政策变更的累积影响金额和采用追溯重述法处理的会计差错更正的累积影响金额。为了体现会计政策变更和前期差错更正的影响，企业应当在上期期末所有者权益余额的基础上进行调整得出本期期初所有者权益，根据“盈余公积”、“利润分配”、“以前年度损益调整”等科目的发生额分析填列。

3.“本年增减变动额”项目分别反映如下内容：

（1）“净利润”项目，反映企业当年实现的净利润（或净亏损）金额，并对应列在“未分配利润”栏。

（2）“直接计入所有者权益的利得和损失”项目，反映企业当年直接计入所有者权益的利得和损失金额。其中：“可供出售金融资产公允价值变动净额”项目，反映企业持有的可供出售金融资产当年公允价值变动的金额，并对应列在“资本公积”栏。

“权益法下被投资单位其他所有者权益变动的影响”项目，反映企业对按照权益法核算的长期股权投资，在被投资单位除当年实现的净损益以外其他所有者权益当年变动中应享有的份额，并对应列在“资本公积”栏。

“与计入所有者权益项目相关的所得税影响”项目，反映企业根据企业会计准则规定应计入所有者权益项目的当年所得税影响金额，并对应列在“资本公积”栏。

（3）“净利润”和“直接计入所有者权益的利得和损失”小计项目，反映企业当年实现的净利润（或净亏损）金额和当年直接计入所有者权益的利得和损失金额的合计额。

（4）“所有者投入和减少资本”项目，反映企业当年所有者投入的资本和减少的资本。其中：“所有者投入资本”项目，反映企业接受投资者投入形成的实收资本（或股本）和资本溢价或股本溢价，并对应列在“实收资本”和“资本公积”栏。“股份支付计入所有者权益的金额”项目，反映企业处于等待期中的权益结算的股份支付当年计入资本公积的金额，并对应列在“资本公积”栏。

表 16-12 所有者权益变动表（1）

会企 04 表

编制单位： 年度 单位：元

项目	本年金额						上年金额					
	实收资本(或股本)	资本公积	减：库存股	盈余公积	未分配利润	所有者权益合计	实收本(或股本)	资本公积	减：库存股	盈余公积	未分配利润	所有者权益合计
一、上年年末余额												
加：会计政策变更												
前期差错更正												
二、本年年初余额												
三、本年增减变动金额（减少以“-”号填列）												
（一）净利润												
（二）直接计入所有者权益的利得和损失												
1、可供出售金融资产公允价值变动净额												
2、权益法下被投资单位其他所有者权益变动的影响												
3、与计入所有者权益项目相关的所得税影响												
4、其他												
上述（一）和（二）小计												
（三）所有者投入和减少资本												
1.所有者投入资本												
2. 股份支付计入所有者权益的金额												
3. 其他												
（四）利润分配												
1. 提取盈余公积												
2. 对所有者（或股东）的分配												
3. 其他												
（五）所有者权益内部结转												
1. 资本公积转增资本（或股本）												
2. 盈余公积转增资本（或股本）												
3. 盈余公积弥补亏损												
4. 其他												
四、本年年末余额												

（5）“利润分配”下各项目，反映当年对所有者（或股东）分配的利润（或股利）金额和按照规定提取的盈余公积金额，并对应列在“未分配利润”和“盈余公积”栏。其中：“提取盈余公积”项目，反映企业按照规定提取的盈余公积。

“对所有者（或股东）的分配”项目，反映对所有者（或股东）分配的利润（或股利）金额。

（6）“所有者权益内部结转”下各项目，反映不影响当年所有者权益总额的所有者权益各组成部分之间当年的增减变动，包括资本公积转增资本（或股本）、盈余公积转增资本（或股本）、盈余公积弥补亏损等项金额。为了全面反映所有者权益各组成部分的增减变动情况，所有者权益内部结转也是所有者权益变动表的重要组成部分，主要指不影响所有者权益总额、所有者权益的各组成部分当期的增减变动。其中：“资本公积转增资本（或股本）”项目，反映企业以资本公积转增资本或股本的金额。“盈余公积转增资本（或股本）”项目，反映企业以盈余公积转增资本或股本的金额。“盈余公积弥补亏损”项目，反映企业以盈余公积弥补亏损的金额。

四、所有者权益变动表编制实例

【例 16-4】根据【例 16-1】,【例 16-2】以及【例 16-3】的资料，滨海公司其他相关资料为：提取盈余公积 37 155.6 元，向投资者分配现金股利 48 323.78 元。根据上述资料，滨海公司编制的 2012 年度的所有者权益变动表，如表 16-13 所示：

表 16–13　所有者权益变动表（2）

会企 04 表

编制单位：滨海公司　　2012 年度　　单位：元

项　　目	本年金额						上年金额					
	实收资本(或股本)	资本公积	减：库存股	盈余公积	未分配利润	所有者权益合计	实收资本(或股本)	资本公积	减：库存股	盈余公积	未分配利润	所有者权益合计
一、上年年末余额	7 500 000	0	0	150 000	75 000	7 725 000						
加：会计政策变更												
前期差错更正												
二、本年年初余额	7 500 000	0	0	150 000	75 000	7 725 000						
三、本年增减变动金额（减少以“-”号填列）												
（一）净利润					337 500	337 500						
（二）直接计入所有者权益的利得和损失												

续表

项　目	本年金额						上年金额					
	实收资本（或股本）	资本公积	减：库存股	盈余公积	未分配利润	所有者权益合计	实收资本(或股本)	资本公积	减：库存股	盈余公积	未分配利润	所有者权益合计
1、可供出售金额资产公允价值变动净额												
2、权益法下被投资单位其他所有者权益变动的影响												
3、与计入所有者权益项目相关的所得税的影响												
4、其他												
上述（一）和（二）小计												
（三）所有者投入和减少资本												
1.所有者投入资本												
2．股份支付计入所有者权益的金额												
3．其他												
（四）利润分配												
1．提取盈余公积				37 155.6	-37 156	0						
2．对所有者（或股东）的分配					-48 324	-48 324						
3．其他												
（五）所有者权益内部结转												
1．资本公积转增资本（或股本）												
2．盈余公积转增资本（或股本）												
3．盈余公积弥补亏损												
4．其他												
四、本年年末余额	7 500 000	0	0	187 156	327 021	8 014 176						

【课堂测试 16-5】

1．下列各项中，属于所有者权益变动表中“所有者权益内部结转”项目的是（　　）。

A. 所有者本年购回库存股　　　　B. 资本公积转增资本

C. 盈余公积转增资本　　D. 盈余公积补亏

E. 本年提取盈余公积

2．下列项目，直接计入所有者权益变动表中所有者权益的利得和损失项目的是（　　）。

A. 可供出售金融资产公允价值变动净额

B. 权益法下被投资单位其他所有者权益变动的影响

C. 与计入所有者权益项目相关的所得税影响

D. 现金流量套期工具公允价值变动净额

E. 股份支付计入所有者权益的金额

3．所有者权益变动表中，“会计政策变更”、“前期差错更正”项目，分别反映企业采用未来适用法处理的会计政策变更的影响金额。（　　）

第六节 财务报表附注

财务报表附注是对资产负债表、利润表、现金流量表和所有者权益变动表等报表中列示项目的文字描述或明细资料，以及对未能在这些报表中列示项目的说明等，可以使报表使用者全面了解企业的财务状况、经营成果和现金流量。它是对财务报表的补充说明，是财务会计报告体系的重要组成部分。

附注是为了便于财务报表使用者理解财务报表的内容而对财务报表的编制基础、编制依据、编制原则和方法及主要项目等所做的解释。一般地讲，财务报表附注至少应当包括下列内容：

1．企业的基本情况

主要包括企业的基本情况：比如企业注册地、组织形式和总部地址；企业的业务性质和主要经营活动；母公司以及集团最终母公司的名称等。

2．财务报表的编制基础

财务报表的列表基础是持续经营。在附注中应评价企业的持续经营能力，如对持续经营能力产生重大怀疑，则应进一步披露对持续经营能力产生重大影响的因素。

3．遵循会计准则的说明

企业应当声明编制的财务报表符合企业会计准则的要求，真实、完整地反映了企业的财务状况、经营成果和现金流量等有关信息。

4．重要会计政策和会计估计

会计政策，是指企业在会计确认、计量和报告中所采用的原则、基础和会计处理方法。企业所采用的会计政策，在每一个会计期间和前后各期应保持一致，不得随意变更。会计估计，是指由于不确定因素的影响，某些经济事项难以进行准确计量时，所进行的合理估计。

在附注中应当披露采用的重要会计政策和会计估计及其确定的依据，以及会计估计中所采用的关键假设和不确定因素。包括企业执行的会计制度、会计期间、记账原则、计价基础、利润分配办法等内容，对于需要编制合并报表的企业来说，还要说明其合并报表的编制方法。重要的会计政策信息包括存货、长期股权投资、投资性房地产、固定资产、生物资产、无形资产、非货币性资产交换、资产减值、职工薪酬、企业年金基金、股份支付、债务重组、或有事项、收入、建造合同、政府补助、借款费用、所得税、外币折算、企业合并、租赁、金融工具确认和计量、金融资产转移、合并财务报表、每股收益、分部报告、金融工具列报等信息。

5．会计政策和会计估计变更以及差错更正的说明

在附注中应说明：

（1）与会计政策变更有关的信息：

①会计政策变更的性质、内容和原因；

②当期和各个列报前期财务报表中受影响的项目和金额；

③无法进行追溯调整的，应说明该事实和原因及开始应用变更后的会计政策的时点及具体应用情况。

（2）与会计估计变更有关的信息

①会计估计变更的内容和原因；

②会计估计变更对当期和未来期间的影响数；

③会计估计变更的影响数不能确定的，披露这一事实和原因。

（3）与前期差错更正的有关信息

由于某种原因，以前期间财务报表报出后发现有错误，应在本期进行调整、更正。在附注中应说明：

①前期差错的性质；

②各个列报前期财务报表中受影响的项目和更正金额；

③无法进行追溯重述的，说明事实和原因，以及对前期差错开始进行更正的时点、具体更正情况。

6．重要报表项目的说明

重要事项，主要包括以下事项：或有事项、资产负债表日后事项以及关联

方交易等。

（1）或有事项的说明包括：

①已贴现商业承兑汇票形成的或有负债；

②未决诉讼、仲裁形成的或有负债；

③为其他单位提供债务担保形成的或有负债；

④其他或有负债（不包括极小可能导致经济利益流出企业的或有负债）；

⑤或有负债预计产生的财务影响（如无法预计，应说明理由）；

⑥或有负债获得补偿的可能性。

（2）资产负债表日后事项的说明

主要说明股票和债券的发行、对一个企业的巨额投资、自然灾害导致的资产损失以及外汇汇率发生较大变动等非调整事项的内容，估计对财务状况、经营成果的影响；如无法做出估计，应说明其原因。

（3）关联方关系及其交易的说明

①在存在控制关系的情况下，关联方如为企业时，不论他们之间有无交易，都应说明如下事项：业务经济性质或类型、名称、法定代表人、注册地、注册资本及其变化；企业的主营业务；所持股份或权益及其变化。

②在企业与关联方发生交易的情况下，企业应说明关联方关系的性质、交易类型及其交易要素，这些要素一般包括：交易的金额或相应比例；未结算项目的金额或相应比例；定价政策（包括没有金额或只有象征性金额的交易）。

关联方交易应分别关联方以及交易类型予以说明，类型相同的关联方交易，在不影响财务报表使用者正确理解的情况下可以合并说明。对于关联方交易价格的确定如果高于或低于一般交易价格的，应说明其价格的公允性。

7．其他事项的说明

财务报表中有助于理解和分析会计报表需要说明的其他事项。

【课堂测试 16-6】

1．财务报表附注的内容包括（　　）。

A．企业的基本情况　　B．财务报表的编制基础

C．遵循企业会计准则的声明　　D．分部报表

E．重要会计政策和会计估计

2．企业应当披露重要的会计政策和会计估计，不具有重要性的会计政策和会计估计可以不披露。（　　）

本章小结

财务报告是企业对外提供的反映企业某一特定日期的财务状况和某一会计期间的经营成果、现金流量等会计信息的文件。财务报告包括财务报表和其他应当在财务报告中披露的其他相关信息和资料。企业要定期编制并对外报送财务报表，财务报告至少应当包括资产负债表、利润表、所有者权益变动表、现金流量表以及附注。企业财务报表可以按照不同标准或不同的角度进行划分：按服务对象，可以分为对外报表和内部报表；按报表所提供会计信息的重要性，可以分为主表和附表；按编制和报送的时间分类，可分为中期财务报表和年度财务报表；按编报的会计主体不同，分为个别报表和合并报表。财务报表列报要遵循各项会计准则进行确认和计量；应当以持续经营为列报基础；项目列报考虑重要性和一致性原则；财务报表项目金额间不能相互抵销；列报要提供比较信息；财务报表表首要列明基本信息；列报期间等。

资产负债表是反映企业在某一特定日期财务状况的会计报表。在我国资产负债表采用账户式结构，每个项目又分为“期末余额”和“年初余额”两栏分别填列。各个项目填列的填列一般根据总账账户和明细账账户的余额分析填列。

利润表是反映企业在一定会计期间经营成果的报表。我国采用多步式利润表分步骤计算出营业利润，利润总额以及净利润（或亏损）。利润表还就各个项目分为“本期金额”和“上期金额”两栏分别填列。各项目一般应该根据损益类科目的发生额分析填列。

现金流量表，是指反映企业一定会计期间现金和现金等价物流入和流出的报表。它是以现金为基础编制的，反映企业一定期间内经营活动、投资活动和筹资活动所引起的现金流入和流出，表明企业获利能力的财务报表。现金流量表中的现金不仅包括库存现金，还包括可以随时用于支付的存款以及现金等价物等。现金流量表被划分为经营活动产生的现金流量、投资活动产生的现金流量和筹资活动产生的现金流量三个部分，每类活动又分为各具体项目。编制现金流量表时，列报经营活动现金流量的方法有两种，直接法和间接法。在直接法下，一般是以利润表中的营业收入为起算点，调节与经营活动有关的项目的增减变动，然后计算出经营活动产生的现金流量。在间接法下，将净利润调节为经营活动现金流量，实际上就是将按权责发生制原则确定的净利润调整为现金净流入，并剔除投资活动和筹资活动对现金流量的影响。

所有者权益变动表是反映构成所有者权益的各组成部分当期的增减变动情况的报表。所有者权益变动表中，各项目分为“本年金额”和“上年金额”两栏分别填列。各项数字一般应该根据科目的发生额分析填列。

财务报表附注是对资产负债表、利润表、现金流量表和所有者权益变动表等报表中列示项目的文字描述或明细资料，以及对未能在这些报表中列示项目的说明。一般地讲，会计报表附注至少应当包括下列内容：企业的基本情况；财务报表的编制基础；遵循会计准则的说明；重要会计政策和会计估计；会计政策和会计估计变更以及差错更正的说明；合并财务报表的合并范围；重要报表项目的说明；会计报表中有助于理解和分析会计报表需要说明的其他事项。

【篇后案例】

随着经济市场竞争日趋激烈，市场信息瞬息万变，投资者、债权人等对公开披露的财务报告信息的及时性和相关性提出了更高的要求。《企业会计准则第 32 号——中期财务报告》就是为了规范中期财务报告的编制以及确认和计量原则而制定的。

中期财务报告是以中期为基础编制的财务报告。中期财务报告应该遵循下列原则：第一，与年度财务报告相一致的会计政策原则；第二，应当遵循重要性原则；第三，应当遵循及时性原则。同时，对于其他会计原则，编制中期财务报告时也一样要遵循。

中期财务报告会计要素确认和计量原则与年度财务报表相一致。对各要素的确认条件和原则不能因为报告期间的缩短（相对于会计年度而言）而改变。比如，对于企业在中期资产负债表日对于待处理财产损益项目，也应当像会计年末一样，将其计入当期损益，不能递延到以后中期，因为它已经不符合资产的定义和确认标准。

假设甲公司是从事化工生产的企业，需要编制季度财务报告。2013 年 9 月 30 日，甲公司在盘点库存时，发现一批账面价值为 2 000 000 元的存货已经毁损。对甲公司而言，该批存货已无任何价值，不会再给企业带来经济利益，不再符合资产定义。因此，在甲公司编制第 3 季度财务报告时，该批存货就不能再作为资产列报，而应当确认为一项损失。

资料来源：企业会计准则讲解，2006

核心概念

财务会计报告（financial report ）

资产负债表（balance sheet）

利润表（income statement）
现金流量表（statement of cash flows）
现金等价物（cash equivalent）
经营活动产生的现金流量（cash flow from operating activities）
投资活动产生的现金流量（cash flow from investing activities）
筹资活动产生的现金流量（cash flow from financing activities）
所有者权益变动表（statement of changes in owner equity）
财务报表附注（financial statement annotations）

思考题

1．将财务报告按照不同的标准或角度进行划分，可以分为几类？
2．财务报告列报的基本要求有哪些？
3．资产负债表的结构是怎样的？如何编制资产负债表？
4．利润表的结构是怎样的？如何编制利润表？
5．现金流量表的结构是怎样的？如何编制现金流量表？
6．企业在附注中至少列示的内容有哪些？

练习题

（一）单项选择题

1．下列关于财务报表的说法，错误的是（　　）。

A．财务报表可以分为个别财务报表和合并财务报表
B．财务报表一般分为表首、正表两部分
C．企业至少应当编制年度财务报表
D．财务报表的列报基础是持续经营

2．某公司年末结账前“应收账款”科目所属明细科目中有借方余额 50 000 元，贷方余额 20 000 元；“预付账款”科目所属明细科目中有借方余额 13 000 元，贷方余额 5 000 元；“应付账款”科目所属明细科目中有借方余额 50 000 元，贷方余额 120 000 元；“预收账款”科目所属明细科目中有借方余额 3 000 元，贷方余额 10 000 元；“坏账准备”科目余额为 0。则年末资产负债表中“应收账款”项目和“应付账款”项目的期末数分别为（　　）。

A．30 000 元和 70 000 元　　B．53 000 元和 125 000 元
C．63 000 元和 53 000 元　　D．47 000 元和 115 000 元

3．某股份有限公司从 2012 年 1 月 1 日起对期末存货采用成本与可变现净

值孰低法计价，成本与可变现净值的比较采用单项比较法。该公司 2012 年 6 月 30 日 A、B、C 三种存货的成本分别为：30 万元、21 万元、36 万元；A、B、C 三种存货的可变现净值分别为：28 万元、25 万元、36 万元。该公司当年 6 月 30 日资产负债表中反映的存货净额为（　　）万元。

A．85　　B．87　　C．88　　D．91

4．“预付账款”科目明细账中若有贷方余额，应将其计入资产负债表中的（　　）项目。

A．应收账款　　B．预收账款　　C．应付账款　　D．其他应付款

5．某企业 2012 年 12 月 31 日固定资产账户余额为 2 000 万元，累计折旧账户余额为 800 万元，固定资产减值准备账户余额为 100 万元，在建工程账户余额为 200 万元。该企业 2012 年 12 月 31 日资产负债表中固定资产项目的金额为（　）万元。

A．1 200　　B．90　　C．1 100　　D．2 200

6．甲企业 2012 年发生的营业收入为 2 000 万元，营业成本为 1 200 万元，销售费用为 40 万元，管理费用为 100 万元，财务费用为 20 万元，投资收益为 80 万元，资产减值损失为 140 万元（损失），公允价值变动损益为 160 万元（收益），营业外收入为 50 万元，营业外支出为 30 万元。该企业 2012 年的营业利润为（　　）万元。

A．660　　B．740　　C．640　　D．780

7．企业当期应缴纳的增值税为 54 000 元，当期缴纳的消费税、营业税、资源税、城建税和教育费附加分别为 5 000 元、600 元、8 500 元、6 810 元，则反映在利润表上的营业税金及附加项目的数额应为（　　）元。

A．14 100　　B．20 910　　C．54 000　　D．74 910

8．下列资产负债表项目，可根据有关总账余额填列的是（　　）。

A．货币资金　B．应收票据　C．存货　D．应收账款

9．下列经济事项中，能使企业经营活动的现金流量发生变化的是（　　）。

A．交纳增值税　　B．购买工程物资

C．赊销商品　　D．发放股票股利

10．甲公司为增值税一般纳税企业。2012 年度，甲公司主营业务收入为 1000 万元，增值税销项税额为 170 万元；应收账款期初余额为 100 万元，期末余额为 150 万元；预收账款期初余额为 50 万元，期末余额为 10 万元。假定不考虑其他因素，甲公司 2012 年度现金流量表中“销售商品、提供劳务收到的现金”项目的金额为（　）万元。

A. 1 080　　B. 1 160　　C. 1 180　　D. 1 260

11. 下列经济业务所产生的现金流量中，属于“投资活动产生的现金流量”的是（　　）。

A. 收到的现金股利　　B. 支付的各种税费

C. 吸收投资所收到的现金　　D. 支付货款

12. 企业偿还的长期借款利息，在编制现金流量表时，应作为（　　）项目填列。

A. 偿还债务支付的现金

B. 分配股利、利润和偿付利息支付的现金

C. 支付的其他与筹资活动有关的现金

D. 支付的利息费用

13. 甲企业 5 月 10 日购买 A 股票作为交易性金融资产，支付的全部价款为 50 万元，其中包括已宣告尚未领取的现金股利 1 万元。5 月 20 日收到现金股利，6 月 2 日将 A 股票售出，出售价款 53 万元。如果该企业没有其他有关投资的业务，应计入现金流量表中“收回投资收到的现金”项目的金额为（　　）万元。

A. 49　　B. 50　　C. 51　　D. 53

14. 下列各项中，不属于筹资活动产生的现金流量的是（　　）。

A. 吸收权益性投资所收到的现金

B. 收回债券投资所收到的现金

C. 分配现金股利

D. 借入资金所收到的现金

15. 某企业 2008 年度共发生财务费用 45 000 元，其中：短期借款利息为 30 000 元，票据贴现息为 9 000 元（不附追索权），发行公司债券手续费 6 000 元。则现金流量表补充资料中的“财务费用”项目应填列的金额为（　　）元。

A. 45 000　　B. 35 000　　C. 39 000　　D. 36 000

（二）多项选择题

1. 下列符合财务报表列报基本要求的有（　　）。

A. 项目单独列报的原则仅适用于报表，不适用于附注

B. 财务报表的项目名称、分类、排列顺序等应当在各个会计期间保持一致，不得随意变更

C. 性质和功能类似的项目，一般可以合并列报

D. 非日常活动产生的损益以收入扣减费用后的净额列示，不属于抵销

2．编制资产负债表时，需根据有关资产科目与其备抵科目抵销后的净额填列的项目有（ ）。

A．固定资产　　B．交易性金融资产

C．长期借款　　D．无形资产

3．编制资产负债表时，需根据有关账户期末余额分析、计算填列的项目有（ ）。

A．坏账准备　　B．未分配利润

C．存货　　D．应付票据

4．下列项目中，工业企业应列入资产负债表中“存货”项目的有（ ）。

A．在途物资

B．发出商品

C．工程物资

D．委托加工物资

5．企业在进行利润分配时，可供分配利润的来源有（ ）。

A．本年净利润

B．年初未分配利润

C．投资者投入

D．资本公积转入

6．资产负债表中的“预收账款”项目，应根据（ ）之和填列。

A．“预收账款”明细科目的借方余额

B．“预收账款”明细科目的贷方余额

C．“应收账款”明细科目的贷方余额

D．“应收账款”明细科目的借方余额

7．下列各项，可以计入利润表“营业税金及附加”项目的有（ ）。

A．增值税　　B．城市维护建设税

C．教育费附加　　D．矿产资源补偿费

8．下列各项，影响企业营业利润的项目有（ ）。

A．销售费用　　B．管理费用

C．投资收益　　D．所得税费用

9．下列各项中，属于企业经营活动产生的现金流量的有（ ）。

A．收到的出口退税款

B．收到交易性金融资产的现金股利

C．转让无形资产所有权取得的收入

D. 出租包装物取得的收入

10. 下列属于投资活动产生的现金流量有（　　）。

A. 固定资产的购建与处置

B. 支付贷款利息

C. 收到债券的利息

D. 购买股票支付的现金

11. 从下列交易或事项中，不影响当期现金流量的有（　　）。

A. 计提固定资产折旧

B. 发放股票股利

C. 收到商业承兑汇票

D. 以长期投资偿还长期负债

12. 现金流量表中的“支付给职工以及为职工支付的现金”项目包括（　　）。

A. 支付给职工的奖金

B. 交纳的养老保险金

C. 支付给职工的津贴

D. 支付给在建工程人员的工资

13. 现金流量表中“销售商品、提供劳务收到的现金”一项在分析计算填列时涉及的账户有（　　）。

A. 应收账款　　B. 预收账款

C. 预付账款　　D. 坏账准备

14. 下列各项中，属于现金流量表中现金及现金等价物的有（　　）。

A. 库存现金　　B. 其他货币资金

C. 3个月内到期的债券投资　　D. 随时用于支付的银行存款

15. 下列资产中，属于流动资产的有（　　）。

A. 交易性金融资产　　B. 一年内到期的非流动资产

C. 预付款项　　D. 开发支出

（三）判断题

1. 企业必须对外提供资产负债表、利润表、现金流量表，会计报表附注不属于企业必须对外提供的资料。（　　）

2. 持续经营假设要求财务报表应以持续经营为基础编制，因此财务报表不得以非持续经营为基础编制。（　　）

3. 资产负债表是反映企业某一特定时期财务状况的财务报表。（　　）

4．资产负债表中资产项目的排列依据是资产的流动性。(　　)

5．资产负债表中，应收账款项目需要根据相关总账所属明细账户的期末余额分析填列。(　　)

6．融资租入的固定资产不包括在资产负债表中的“固定资产”项目中，而应在资产负债表的补充资料中进行反映。(　　)

7．我国企业利润表的结构是单步式利润表。(　　)

8．出售无形资产的净收益会影响企业的营业利润。(　　)

9．非流动资产处置的损失应在利润表中单独列报。(　　)

10．现金流量表除了反映企业与现金有关的投资和筹资活动外，还能够反映不涉及现金的投资和筹资活动。(　　)

11．企业购入3个月内到期的国债，会减少企业投资活动产生的现金流量。(　　)

12．交易性金融资产因为流动性较强，因而属于现金等价物。(　　)

13．现金各项目之间、现金与非现金各项目之间的增减变动，均会影响到企业现金流量净额的变动。(　　)

14．所有者权益变动表是反映构成所有者权益的各组成部分当期的增减变动情况的报表。(　　)

15．报表附注中必须说明企业所遵循的基本会计假设。(　　)

（四）核算题

1．某企业2012年12月31日有关账户的余额如下：

应收账款——甲 15 000 元（借方）　　应付账款——A 30 000 元（贷方）

应收账款——乙 12 000 元（贷方）　　应付账款——B 11 000 元（借方）

预收账款——丙 13 000 元（借方）　　预付账款——C 18 000 元（贷方）

预收账款——丁 20 000 元（贷方）　　预付账款——D 10 000 元（借方）

坏账准备贷方余额140元（全部为应收账款计提）。

要求：计算在资产负债表上，以下项目列示的金额是多少？

（1）“应收账款”项目；（2）“应付账款”项目；

（3）“预收账款”项目；（4）“预付账款”项目。

2．甲公司2012年12月有关账户余额如表1所示：

表1　科目余额表　　　　单位：元

科目名称	借方余额	贷方余额
库存现金	1 000	
银行存款	24 000	

续表

科目名称	借方余额	贷方余额
应收账款	367 000	
预付账款	29 000	
库存商品	526 000	
低值易耗品	700	
持有至到期投资	500 000	
固定资产	800 000	
累计折旧		200 000
无形资产	200 000	
累计摊销		50 000
短期借款		34 000
应付账款		
预收账款		100 000
应交税费		2 000
长期借款		800 000
其中：一年内到期的长期借款		100 000
长期应付款		200 000
股本		750 000
资本公积		124 000
利润分配		20 700
合计	2 456 700	2 456 700

注：应收账款、预付账款所属明细账余额均为借方；应付账款、预收账款所属明细账余额均为贷方。

要求：根据上述资料，编制该公司 2012 年度的资产负债表。

3．甲公司 2013 年 3 月损益类账户发生额资料如下表所示：

表 2　损益类客户发生额　　单位：元

账户名称	借方发生额	贷方发生额
主营业务成本	200 000	
销售费用	20 000	
财务费用	30 000	
管理费用	80 000	
营业税金及附加	1 200	
主营业务收入		600 000
营业外收入		50 000
营业外支出	20 000	
所得税费用	148 104	
其他业务收入		70 000
其他业务成本	30 000	
投资收益		80 000

要求：根据上述资料，编制该公司本期利润表。

4．某企业为增值税一般纳税人，适用的增值税税率为 17%。本年度有关资料如下：

表 3 资产负债表有关科目发生额 单位：万元

账户名称	年初余额	本年增加	本年减少	期末余额
交易性金融资产	530	110	300（出售）	340
应收票据	600		500	400
应收账款	800			1 060
坏账准备	40（贷）			53（贷）
应收股利	40	90		25
库存商品	900			1 100
长期股权投资	1 200	150（确认收益）、600（以现金出资）	90（应收股利）	1 860
短期借款	600	500（借入）		400
应付账款	850			1 500
应交税费				
其中：应交增值税		510（销项）	340（进项） 170（已交）	
应交所得税	50	66（计提）		15
应付利息 ——计提的借款利息	20	128		10
长期借款	1 200	500（借入）	800（还本）	900

表 4 利润表有关项目本年发生额 单位：万元

账户名称	借方发生额	贷方发生额
营业收入		3 000
营业成本	1 600	
财务费用：		
其中：贴现息（不附追索权）	3	
借款利息	50	
投资收益：		
其中：出售交易性金融资产		30
权益法下确认投资收益		150

其他有关资料如下：

①出售的交易性金融资产全部收到现金。

②应收、应付款项均以现金结算。

③不考虑该企业本年度发生的其他交易和事项。

要求：计算以下项目现金流入和流出金额（要求列出计算过程）：

（1）销售商品、提供劳务收到的现金（含收到的增值税销项税额）。

（2）购买商品、接受劳务支付的现金（含支付的增值税进项税额）。

（3）支付的各项税费。

（4）分配股利利润和偿付利息支付的现金。

（5）收回投资收到的现金。

（6）取得投资收益收到的现金。

（7）投资支付的现金。

（8）取得借款收到的现金。

（9）偿还债务支付的现金。

参考文献

【1】李桂荣主编. 中级财务会计（第二版）[M]. 北京：对外经济贸易大学出版社，2011.

【2】潘煜双等主编. 中级财务会计学[M]. 大连：东北财经大学出版社，2010.

【3】陈汉文等主编. 中级财务会计[M]. 北京：北京大学出版社，2008.

【4】财政部会计司编写组主编. 企业会计准则讲解[M]. 北京：人民出版社，2007.

【5】财政部会计资格评价中心. 初级会计实务[M]. 北京：中国财政经济出版社，2013.

【6】财政部会计资格评价中心. 中级会计实务[M]. 北京：经济科学出版社，2013.

【7】周星梅主编. 中级财务会计[M] . 北京：清华大学出版社，2011.

【8】赵智全主编. 中级财务会计[M] . 上海：立信会计出版社，2007.

【9】卢佳友等主编. 中级财务会计（第 2 版）[M]. 北京：清华大学出版社，2011.

【10】罗新运主编. 中级财务会计[M]. 北京：高等教育出版社，2010.

【11】陈信元主编. 财务会计[M]. 北京：高等教育出版社，2008.

【12】袁新文主编. 中级财务会计[M]. 厦门，厦门大学出版社，2007.

【13】王歆主编. 中级财务会计[M]. 北京：北京大学出版社，2013 年.

【14】李旭主编. 中级财务会计[M]. 北京：清华大学出版社，2010 年.

【15】杨松令等主编. 财务会计[M]. 北京：清华大学出版社&北京交通大学出版社，2008.

南开大学出版社网址：http://www.nkup.com.cn

投稿电话及邮箱：022-23504636　　QQ：1760493289
QQ：2046170045(对外合作)
邮购部：022-23507092
发行部：022-23508339　　Fax：022-23508542

南开教育云：http://www.nkcloud.org

App：南开书店 app